国家出版基金项目
NATIONAL PUBLICATION FOUNDATION

上海高校服务国家重大战略出版工程资助项目

城市公共经济与社会治理创新研究丛书

总主编　吴柏钧

城市公共产品有效供给机制研究

吴柏钧　唐茂钢　李　振　等　著

華東理工大學出版社
EAST CHINA UNIVERSITY OF SCIENCE AND TECHNOLOGY PRESS
·上海·

图书在版编目(CIP)数据

城市公共产品有效供给机制研究 / 吴柏钧等著.
—上海：华东理工大学出版社，2022.7
ISBN 978-7-5628-6580-3

Ⅰ.①城… Ⅱ.①吴… Ⅲ.①公共物品—供给制—研究—中国 Ⅳ.①F20

中国版本图书馆 CIP 数据核字(2021)第 266313 号

内 容 简 介

我国公共产品部门已经成为国民经济的重要领域，公共产品的供给决定了经济增长水平和社会福利增进水平。本书系统阐述了公共产品的供给理论，重点梳理了公共产品的资源配置和供给机制理论，论述了政府供给机制、市场(私人)供给机制、社会(自愿)供给机制和多元主体合作供给机制，对各国的公共产品供给与供给机制变革进行了比较研究。在此基础上，本书建构了公共产品供给与经济增长关系模型，对我国城市公共产品供给与经济增长关系进行了经验实证分析，继而对我国城市公共产品供给趋势、体制机制的变革进行了分析，并结合城市公共产品供给的实际情况进行经验实证分析，提炼出我国城市公共产品供给的特征，揭示公共产品供给中存在的问题和影响供给机制的主要因素。在公共产品供给的总体分析框架内，本书把城市公共产品分解为城市公共基础设施和公共服务两个部分，分别讨论了城市公共基础设施与公共服务的演变过程、供给机制和供给绩效。最后，本书系统论述了城市公共产品供给的公共政策，分析了影响公共产品供给政策的重要因素，重点分析了我国公共产品供给政策的决策机制，为我国城市公共产品的有效供给和政策选择提出了建议。

项目统筹 / 马夫娇　韩　婷
责任编辑 / 张　云
责任校对 / 章斯纯
装帧设计 / 吴佳斐
出版发行 / 华东理工大学出版社有限公司
地址：上海市梅陇路 130 号，200237
电话：021-64250306
网址：www.ecustpress.cn
邮箱：zongbianban@ecustpress.cn
印　　刷 / 上海中华商务联合印刷有限公司
开　　本 / 710 mm×1000 mm　1/16
印　　张 / 33.25
字　　数 / 556 千字
版　　次 / 2022 年 7 月第 1 版
印　　次 / 2022 年 7 月第 1 次
定　　价 / 168.00 元

本书是国家社会科学基金重点项目“健全城乡融合发展机制研究”（21AZD036）、2017年度上海市教育委员会科研创新计划项目重大课题“城市公共产品有效供给机制研究”（2017－01－07－00－02－E00008）的研究成果。

城市公共经济与社会治理创新研究丛书

编委会

城市公共经济与社会治理创新研究丛书

总　序

中国经济社会经历40余年的快速发展后，近些年呈现出一些新的特点。在经济增长与结构变动方面，一个显著的特点是公共产品部门对国民经济增长的贡献率持续上升。尤其是在2008年世界金融危机以后，为抵御经济衰退，维持较高速度的经济增长和社会稳定，我国政府在公共基础设施建设上持续投入了大量的资金。同时，在城市化和人口制度变革的背景下，为满足人们日益增加的社会福利需要，政府加大了对教育、卫生、安全和社会保障等公共服务领域的投入，这使得经济性和社会性公共产品的供给成为社会总供给的重要组成部分，甚至在一些年份公共产品投资和供给已成为边际经济增长的决定性因素。

在社会发展和结构变化方面，尽管整体的社会形态和权力结构变动较小，但新移民阶层、中等收入阶层和私人资本阶层等基于现代经济活动而产生的社会力量不断增加，对经济和社会发展的影响力也日益增强，这些新兴的社会势力正潜移默化地改变着我国的社会结构，深刻影响着社会利益格局。同时，在人们生产和生活方式日益市场化和社会化的过程中，基层民众的思想观念、社会需要和诉求也发生了很大变化，这为社会治理中如何精准掌握人们的需求偏好和行为动态增加了难题，对如何有效实施公共服务提出了挑战。此外，随着生产方式变化和经济活动空间扩大，人们的社会流动性不断增加，已经远远超出了行政区域所能管辖的范围，这对传统的行政管理体制和政府自上而下的治理机制产生了巨大挑战，对现代政治建设和经济建设中如何重构基层社会治理结构和治理机制提出了新的要求。

当前社会经济变革与转型使我们难以对未来的发展形成确定性的判断。但如果不考虑政治制度变迁因素，我们或许能清晰地认识一些社会经济演变的规律。纵观人类社会发展的历史，技术的变化、生产方式变革和市场扩张等为人们摆脱自然环境束缚、追求富足的生活提供了经济保障，但私人产品部门的发展却难以保证社会成员享有公平的、安全的发展环境。而公共产品部门的发展，无论是在计划经济制度还是市场经济制度下，公共物品和公共服务的供给均为社会成员带来共同享有的社会福利增进。因此，上述两个部门的功能特征及所产生的社会作用，要求一国经济发展过程中必须合理配置资源于私人产品部门和公共产品部门，否则会导致经济和社会关系的失衡。与此同时，许多国家在私人产品部门发展过程中，伴随社会财富的增加，环境破坏、贫富差异和社会不公现象却日益严重，而公共产品部门发展在提升社会福利水平和安全保障的过程中又产生了资源错配、供给效率低下、官僚特权和行政垄断等问题。所以，人们始终在寻求适宜的制度去约束私人产品部门的过度竞争、负外部性和贫富差距扩大，也试图通过制度安排来改善公共产品部门发展中的供给效率和社会效益。

从各国经济发展趋势来看，随着经济的发展和居民收入水平的提高，公共产品部门在经济社会发展中的作用和地位在逐步提升，其资产规模和在社会总供给中的比重在不断增加，这反映了社会经济不断发展的一种状态和趋势。参考各国公共产品部门发展的规律，改革开放后我国公共产品部门的快速发展也是经济社会变化的体现和规律趋势。但我们必须清醒地意识到，在急剧变动的社会经济发展环境中，不仅私人产品部门的增长会遇到技术、市场和制度变化的影响，公共产品部门的发展也将面临许多新的挑战。

第一，如何合理和有效地配置社会经济资源于私人产品部门与公共产品部门的问题。这需要全面地掌握经济和社会的客观需求，并以有效的机制进行资源配置，实现两个部门的供给与个人、社会需求的均衡状态，达到适度的经济增长与社会福利增进的平衡，从而在发展中基本实现经济效率和社会公平两个目标。

第二，如何有效供给公共产品问题，特别是根据中国的国情，从理论上和实践中解决真实地显示民众需求偏好问题，采取合适的公共选择方式，让公众参与到公共产品项目的选择和决策体系中来。这一问题涉及一国的公共产品供给体制与机制，也涉及政治、技术、市场和社会文化等因素，但核心问题在于政治经济体制的安排和机制的设计。如何破除原先“全能型政府”的窠臼，真正做到以人民为中心，政府应有所为而有所不为，放权给基层，为社会组织的发育及其履行社会治理职能释放空间。同时，政府也要通过制度安排和政治程序，改革现有的政府主导的公共产品供给机制，探讨适合中国国情的多元主体合作的公共产品供给机制。

第三，如何打造共建共治共享的社会治理格局，建立“人人有责、人人尽责、人人享有”的社会治理共同体，怎样建立中国共产党领导下政府、社会组织和公众融为一体的社会治理体系，如何激发民众参与社区治理的热情，提高社区工作者、社区事务参与者的能力和水平。

第四，如何创新基层治理方式问题。这要求基层社会治理成为国家治理的基石和重心，成为国家治理体系和治理能力现代化的基础性环节。同时，政府要通过制度安排和法治手段消除基层治理的“空转”现象，建立适应多元治理主体的治理方式，摆脱社区机构及其事务的行政化困境，探索社区基层组织的去行政化改革路径，构建社区基层组织在资源筹措、公共服务提供、公共事务决策中的运行体系和运行机制。

第五，如何基于互联网、大数据和人工智能等新技术，创新公共产品生产和供给方式，提高公共服务效率，提升社区基层治理绩效。这要求不断完善法律法规，使公共服务部门合法地利用信息技术获取社会成员对公共产品和服务的真实需求，为公共决策提供充足信息，为公共服务的监督和绩效评估提供技术手段，以实现有效配置资源和有效供给的目标。

基于上述对中国社会经济长期发展和结构变化的思考和理解，华东理工大学社会科学高等研究院专门成立了研究团队，确立了以探索中国经济社会发展中的公共经济与社会治理问题为研究宗旨，希望在宏大的社会经济变迁格局下，立足社会基层和微观经济层面，对中国社会经济的发展有一个细微的观察和局部的剖析。这些年来，在华东理工大学成长起来的一批公共经济学、社会学和公共管理学科的年轻教师聚焦于公共经济与基层社会治理研究领域，承担了诸多国际合作和国家基金的课题，他们大致围绕三大主题开展了一系列研究：一是研究公共产品部门发展的基本理论与中国的实践，特别是通过学科交叉研究和多研究范式融合，探讨社会发展过程中公共经济与社会治理的结构关系和内在机制；二是在互联网、大数据和人工智能等新技术条件下研究公共经济和社会治理的新方式与新形态；三是对公共基础设施、公共服务、社区基层治理等领域开展社会调查、田野实验和经验实证分析，试图发现一些具有中国特色的、有益的实践经验，以检讨和修正经典的理论观点，拓展理论研究的范畴。本丛书就是我们对前期研究工作的一个初步总结，各分册也大致体现了这几个方面的研究主题。

本丛书的内容主要涉及公共经济、社会治理和社会政策领域。不论属于哪个学科，研究大都基于公共经济学和公共管理学理论，以跨学科的方式来探讨公共经济和社会治理中的科学问题；针对政策问题，我们也以不同学科的视角加以研究。丛书中有5本著作可以归属于公共经济领域。其中，《城市公共产品有效供给机制研究》梳理了公共产品供给理论和研究文献，探讨了我国公共产品供给的机制及其改革得失，重点对城市公共基础设施和公共服务领域的投融资、生产和分配进行了实证分析。《城市基础设施与经济发展研究》总结了中国社会70年来在基础设施建设方面所取得的成就与面临的挑战，从财政分权和比较制度分析等理论视角揭示了基础设施影响地区经济发展的内在机制；利用计量经济分析探索了中国基础设施建设对市场融合、开放发展和民生改善的影响，从政治经济学理论视角提出了基础设施供给模式创新的理论与实现路径。《环境公共品的有效供给机制及路径研究》对多种环境公共品的供给机制进行了研究，重点研究了人们较少关注的家庭部门在环境治理中的功能与行为模式；把家庭部门作为供给主体，将代际因素纳入分析框架，并基于环境公共品的三种价值评估法构建了环境公共品的有效供给理论模型。《城市公共服务空间布局特征及综合能力评价》基于大数据技术，对城市公共服务的发展过程、资源规模、空间布局及服务能力等状况进行了综合分析，客观分析了影响城市公共服务的因素，并提出了优化城市公共服务的策略。有意思的是，《城市共享平台的多元协同治理研究》以共享经济为研究对象，探讨了广泛存在的私人产品公共性问题，该书全面梳理了国内外城市共享平台的发展模式、治理经验及作用机制，提出了自行治理优先、政府监督、社会辅助的共享平台多元协同治理的概念。这项研究突破了传统的城市公共产品供给限制，对新技术环境中私人产品公共消费和生产方式的革命性变化进行了开创性研究。从总体上来看，这些著作以基础设施、环境保护、污染治理等城市主要公共物品和公共服务为研究对象，分析了我国城市公共产品供给的特征及内在运作机制，并对公共产品有效供给提出了制度改革方案和政策建议。

丛书中有5本著作研究了城市社会治理问题。《城市移民与公共治理研究》把城市治理放在城市化过程中加以考察，研究了如何从移民管制转化为移民服务，并借以提升移民治理水平，使移民尽快融入城市。《城市公共安全风险防控体系研究》针对城市公共安全事故频发的现实，系统分析了城市公共安全问题的源头和类型，在深刻解析城市安全风险发生原因的基础上，探讨了有效的安全风险防控内在机制，构建了城市安全风险防控体系。《城市基层矛盾纠纷化解的社会机制研究》以近年来蓬勃发展的人民调解组织为例，剖析以其为代表的社会力量参与城市基层矛盾纠纷化解的现实需求、功能定位、组织网络、运作机制与发展逻辑等，以探索“中国式风险社会”的社会治理机制。《城市社区治理中整合性服务模式建构研究》以上海社区基层治理实践为例，从街道体制改革、政府购买服务、社区社会组织发展和社会力量参与社会治理与社区工作者队伍建设等各个角度考察了基层社会治理的发展状态，深度揭示了基层社会治理存在的新问题，剖析了深层次的社会性和结构性原因，并在此基础上探索现代基层社会治理的治理元素、创新流程和关键环节，提出了构建特大城市基层社会治理体系和实务模式的新设想。《中国城市社区基金会发展及运作研究》以城市社区基金会为研究对象，对行政驱动逻辑下社区基金会的成长环境、本土化特征、治理结构、功能进行了实证分析，以此探讨了中国政治体制下的基层社会组织的发展路径和运行机制。

本丛书出版之际，中国正在经历新型冠状病毒肺炎疫情。在经历“非典”疫情不到20年的时间里，此次规模巨大的全球性公共卫生灾难的暴发再次证明人类尊重自然规律的重要性，同时也提醒我们，应不断反思公共卫生体制和机制改革的有效性问题，反思现行社会治理体制的弊端和公共政策实施的偏差问题。值得欣慰的是，疫情在我国得到了很好的控制，特别是抗疫措施在全国范围内得到严格实施，这充分显示了社区基层组织在公共事件中的动员能力和应对能力，表明了社会治理制度变革中建立基于社会组织和民众参与的多元供给机制的重要性，也再次证明了在现代化强国的建设过程中建立有效的公共产品供给制度的重要性。

本丛书的出版得到了国家出版基金和上海市文教结合“高校服务国家重大战略出版工程”的资助。能够获得资助且得到高质量的出版，也要感谢华东理工大学出版社的鼎力支持和编辑的辛勤劳动！

吴柏钧

2020年5月20日

目　录

contents

第一章　导　言

一、研究背景与问题

现代城市的发展是一国经济发展的结果，也是经济发展的显著标志。通常情况下，人们把城市的经济优势理解为经济要素的集聚和经济活动的正外部性。同样，人们之所以偏好在城市工作和生活，除了考虑就业机会之外，主要是因为城市可以为人们提供便捷的人际交流、医疗服务、文化教育活动和更加充分的社会保障。城市的这些便利和优势，一方面来源于资源空间集聚的效益，另一方面来源于城市所提供的公共基础设施和公共服务，即经济学所定义的公共产品的供给。各种类型的公共产品为城市社会经济运行和居民生活提供了基础条件，促进了城市居民社会福利的增进，同时，它们也是衡量城市社会经济发展水平的重要指标。

中华人民共和国成立后，由于经济发展水平较低，可使用的经济资源基本上被配置到工业体系的建设中，城市公共产品供给能力非常薄弱，难以满足居民的基本需求。直到20世纪80年代，投入我国城市公共基础设施和社会公共服务建设的资金仍很少，城市居民的私人产品和公共产品基本上处于双重短缺的状态。同时，在计划经济体制下，城市的公共产品供给体制机制也带有很强的行政计划特征。

改革开放以来，在经济开发区建设和城镇化的双轮驱动下，城市作为经济增长的载体和引擎，得到飞速的发展。一方面，地方政府以城市为区域经济发展的中心和载体，打破城市以政治为主导的功能属性，使工业、商业和服务业的经济功能日益增强。随之，城市内部空间结构和功能也发生了根本性变化，逐渐形成以城市产业和居民生活需求为导向的城市功能布局。另一方面，城市体系发生了格局性的变化。我国城市体系已经从以单一城市为主的、城市间关系疏离的城市体系，演变为城市群、城市带、中心城市等城市体系。特别是在近些年，随着城市户籍制度的改革，城市的发展在以中等城市为核心的基础上，正呈现出大城市规模继续扩大和中小城镇特色发展的多极趋势。在这种快速的城镇化和现代城市发展过程中，基于城市内部生产生活和城市间联系的需要，经济性和社会性的公共产品供给水平有了很大的提高，公共产品的结构也发生了很大的变化，开始与城市的需求相适应。

回顾中华人民共和国成立以来我国城市公共产品供给的演变过程，探究影响城市公共产品供给的因素，我们可以发现，不同时期驱动公共产品供给的需求不同，影响因素也有很大的差异。我们大致可以把我国城市公共产品供给状况分为三个阶段：第一个阶段是计划经济时期。这一阶段我国经济的主要目标在于建设工业体系，资源也主要投向工业领域，城市的主要功能是为政府管理和工业经济服务，服务于城市居民生活和发展的功能较弱。因此，政府投入城市公共产品部门的资金很少，有限的资金也主要投向为工业发展配套的基础设施建设，导致此阶段的公共产品严重短缺。第二阶段是改革开放以后。随着工业化和城镇化进程的加快，城市的经济功能不断得到强化，尤其是经济开发区的兴起和大量农村劳动力进入城市，在短时期内对公共基础设施和公共服务提出了巨大的需求。根据统计分析，自 20 世纪 80 年代后期至今，城市公共基础设施的投资建设主要是为经济增长服务的，这与计划经济时期并无本质上的区别，但其建设的速度和规模已非昔日可比。此阶段与计划经济时期的不同之处还在于公共产品供给的影响因素方面，城市生活所需的基础设施和公共服务的建设改变了公共产品短缺的状况，公共交通与道路系统、通信网络系统、水电煤气能源供给系统、公共卫生与基础教育系统等得到持续的发展。在制度因素方面，土地使用权出让和转让制度、分税制财政管理体制以及地方政府土地财政和土地金融制度等，为城市公共产品的供给提供了主要的资金。第三阶段和第二阶段大致以 2008 年前后为分界。世界金融危机后，我国政府为保持经济增长的稳定性，开始实施积极的财政政策和宽松的货币政策。受国际市场和国内私人产品市场需求增长缓慢的约束，此阶段私人产品部门的增长速度逐年放慢，增发的货币、财政资金和土地等经济资源大量配置于需求潜力较大而弹性较小的公共产品部门，公共部门的投资和产值迅速增加，刺激了经济持续增长。总体而言，受经济增长目标的驱动，近年来无论是中央政府投资预算下的公共基础设施项目、社会保障项目，还是地方政府的基础设施项目、公共服务项目，都有超常的增长。这种以抵御经济衰退或保持经济增长为目的的公共产品供给策略，曾在 20 世纪 30 年代、50 年代、70 年代等不同时期分别施行于欧美国家的反周期实践中，在日本的战后经济发展中更作为长期的经济战略而加以实施。实践证明，这种以公共产品部门的投资带动经济发展的战略，其短期的效果是显著的，但长期的经济增长效应在学术界仍有较大争议。

因此，在我国经济发展过程中，如果说在2008年世界金融危机以前，城市公共产品供给的增加主要源于工业化和城镇化的内在需求的话，那么在2008年世界金融危机之后，影响公共产品部门发展的动力因素更多的是实现经济增长目标的需求。具体来说，目前决定公共产品部门投资规模和建设项目的因素主要包括如下方面：其一，在城市产业发展和居民需求增长的基础上，公共产品部门的投资是促进经济增长的手段；其二，受国家社会经济发展战略和发展理念变化的影响，以社会安全、公共卫生、基础教育和社会保障为主的社会服务需求不断增加，这成为驱动公共产品部门发展的主要因素；其三，大规模的公共基础设施投资使地方政府背上了沉重的债务，同时也使公共产品部门受地方政府债务的牵连，因此公共产品部门必须继续投资项目，以获得金融市场融资，保证地方政府的预算平衡和债务利息的支付。在这种情况下，从投资规模和经济影响力来看，我国公共产品部门已经成为与私人产品部门并驾齐驱的促进国民经济增长的主导部门，一些公共基础设施和社会服务行业甚至成为发展较为迅速和对经济增长贡献率较大的行业。

公共产品部门规模的扩大和对社会经济影响力的日益增加，改变了中国城市的生产条件、生活方式和景观形态，同时也对现今和未来的中国经济与城市发展提出了一系列需要研究的命题。

第一，公共产品供给所具有的经济基础性、社会公共性和公众福利性等特征，是现代城市运行和发展的基本条件，但公共产品的投资大、回收期长，许多投资项目为非营利性或投资收益率微薄的产品或服务，尤其是社会福利保障的发展带有很强的刚性，任何福利保障的减少均带有巨大的社会风险，因此，要想高水平地持续供给公共产品，必须有强大的公共财力作为基础。这对处于中等收入阶段的国家来说，是难以实现的。由公共产品部门发展引发的国民收入、公共财力与公共产品支出之间的矛盾，会导致国民经济的失衡和经济效率的低下。这种情况在20世纪70年代的欧洲和20世纪90年代的日本都已经出现。因此，我们需要思考：把公共产品部门作为经济增长的主导部门，投入大量的经济资源，是否会超过或已超过了我国的经济实力？公共产品部门的迅速发展，在获得短期经济增长效应后，是否会影响长期的经济增长潜力？未来需要偿付的债务本息和需要维护的公共设施运行费用该如何承担？

第二，通常情况下，公共产品的投资效益和运营效率低于私人产品，但初始投资和运营成本则较高，特别是公共基础设施等项目的投资在一定程度上取决于私人产品部门的发展需要。在这种状况下，我们需要考虑一定时期内投入公共产品部门资源的适度规模问题。反之，过度发展私人产品部门，会造成公共基础设施的严重短缺，也会影响公众社会福利的增进。因此，国民经济运行体系中存在公共产品部门与私人产品部门的平衡发展问题。但如何衡量私人产品部门与公共产品部门的适度规模，如何有效地将资源配置到两个部门，这对经济增长理论的研究来说是现实的挑战。

第三，在公共经济研究领域，由于公共产品的非排他性和非竞争性特征，在外部性和“搭便车”等行为下，常常出现公共产品的需求假象和行为偏差。也就是说，我们难以发现和测定公众对公共产品的真实需求，从而难以保证公共产品供给与公共产品需求之间的平衡。特别是在特定的政治制度环境下，政府和决策者会考虑区域间的竞争、行政考核等因素，甚至一些地方政府被捆绑在债务这辆“战车”上，一旦停止建设新的公共设施，就会面临前期项目的本息偿付危机。因此，在现实经济活动中，既存在公共产品的供给如何与有限的公共财力平衡的问题，也存在公共产品的供给结构如何与社会需求匹配的问题。目前在我国城市公共产品供给中，一方面，公共卫生、基础教育、环境治理等亟须解决的公共产品和公共服务问题长期得不到解决；另一方面，大量建设的灯光工程、绿化工程、大型广场等形象工程，以及超过实际需要而建设的宏大的高铁站和机场等，不仅投入资金巨大，而且未来的运营和维护费用会成为地方政府沉重的财政负担。因此，我们需要根据不同城市经济社会发展和居民的实际需要，客观评估各类公共产品的供给能力与效益，合理规划或优化公共产品结构，有效地将资源配置到紧缺的公共项目之中。

第四，鉴于公共产品的特性，我们认为，私人资本一般不愿意投资非营利性和收益率低的公共产品项目，唯有政府投资建设和运营公共产品项目才是可行的。但由于政府可使用的公共资源有限，公共产品供给总是难以满足社会的需求。不过自 20 世纪 80 年代以来，各国公共产品部门的私有化和市场化实践证明，在完善的法律制度和合适的制度安排下，私人资本和社会资本参与公共产品部门的经济活动可以取得比国有部门更高的经济效益和社会效益。尤其是随着新的工程技术和管理方法的应用，原来一体化的公共工程项目，可以被分割为不同的子系统加以建设和集成运营。同时，随着金融市场的发展，公共产品部门可以利用新的金融工具，并通过产权制度或经营制度的安排，明确公共产品的产权和收益权，使部分公共产品或公共产品系统的某些环节成为可以交易的物权，从而使传统的公共产品投资、生产与供给的方式发生质的变化。一些公共设施和公共服务在保持公共功能的同时，产权性质发生变化，即原来仅仅以纯公共产品方式供给的物品和服务现在也可以以私人产品方式供给，纯公共产品演变为准公共产品，甚至成为私人产品。而一些传统的私人产品则在一定的技术和市场条件下发挥了公共产品的功能。公共产品的投资、生产和分配等方式发生了一系列变化，公共产品供给制度也相应地有所变革，其中最为重要的是公共产品供给机制的多元化变革，即原来单一的政府供给机制演变为政府、市场和社会多元主体合作供给的机制。这也带来了如何根据不同公共产品的属性、系统和运营要求来设计供给机制，以使城市公共产品供给机制更加有效地发挥作用的问题。

第五，与私人产品不同，公共产品的实际需求量和效用难以准确衡量，在缺乏价格机制的情况下，我们很难发现需求者的真实需求偏好，难以建立需求偏好的显示机制，也较难评估公共产品的个体效用和社会总效益。但问题在于如果不能准确获得企业、公众和社会组织对公共产品的真实需求信息，也就难以获得公共产品社会总需求的信息，解决合理的公共产品供给结构问题就很困难。由此引申出其他需要探究的问题：在缺乏有效的消费者需求偏好显示机制的情况下，我们应怎样评估公共产品的经济效益和社会效益，怎样评估公共产品消费者个体的效用？尤其是考虑到时间变量和公共产品供给的普及性或分配的公平性变量以后，我们该如何动态地评估公共产品供给的社会效益？在现代技术和市场制度下，是否有可能通过制度创新来破解消费者公共产品需求偏好显示的难题？

如果我们继续探索下去，有关城市公共产品供给的问题还可以列出许多。事实上，无论是经济学研究者，还是公共管理学、政治学研究者，都在不断地研究上述问题和提出更多的问题，也在不断地提出解决问题的方法。特别是一些研究者在学理上突破了传统的研究范式，以创新的研究方法和思想开辟了全新的研究领域，使公共产品的理论研究不断取得创新成果，也使公共产品的供给有了更多的机制和市场工具。比如，在公共产品投资和生产的许多领域中运用的政府与社会资本合作（public-private-partnership，PPP）模式，打破了传统的公共产品供给机制，是多元供给机制下的一种灵活的公共产品供给方式，这些都为进一步研究公共产品供给问题提供了理论基础和实践启示。

二、研究的意义

迄今为止，围绕公共产品的研究所形成的各种公共经济理论已经枝繁叶茂，从最初古希腊哲贤对一些物品的公共性的认识，到亚当·斯密（Adam Smith）阐述国民经济中具有公共属性的独特经济活动，提出社会中非市场部门的功能。阿瑟·塞西尔·庇古（Arthur Cecil Pigou，1920）又从物品生产与消费的外部性入手，实质性地触摸到了公共产品的内在特性。林达尔（Lindahl，1919）直接提出了公共产品的概念，并试图给出公共产品资源配置与供需均衡的解释。此后，塞缪尔森（Samuelson）、马斯格雷夫（Musgrave）、布坎南（Buchanan）、奥斯特罗姆（Ostrom）等学者不断地建构公共经济的研究框架和理论体系，拓展公共经济的研究范畴，吸收经济学、政治学和公共管理学的理论精髓，建立不同的研究范式，推动了公共产品研究的不断深化。

但回顾公共经济学的各个流派及其理论，公共经济领域还有许多理论问题没有得到很好的破解。这些问题如上文所述源于公共产品本身的特征和公共产品部门复杂的政治经济关系，至今我们仍缺乏合适的观察方法和衡量工具去探测、模拟其内在的机理。新古典经济学以自利行为为前提，对经济活动中的个体行为进行解释，但对社会一般的或个体集合的公共经济行为的研究少有建树。新制度经济学、公共管理学的一些研究范式和研究方法为我们破解公共经济理论的基本问题提供了指引，为探究公共经济部门内部复杂的系统问题带来了希望。尤其是以互联网、大数据和人工智能为代表的科技革命为公共经济问题的研究提供了充分的信息。此外，金融市场的发展、金融工具的创新和公共部门体制机制的变革，为公共产品的生产、分配和消费方式的多样性提供了基础条件，使我们可以用新的视角和方法去分析、理解公共产品的供给过程及其内在机理。

本书的写作目的一方面是希望对已有的公共经济理论和实践做一个总结与梳理，鉴于公共经济研究涉及问题的广泛性，我们主要关注城市公共产品的供给问题，特别是供给机制问题，希望探索在一定的政治经济条件下什么样的供给机制是有效的；另一方面是梳理我国城市公共产品供给机制的演变过程，总结经验教训。这样的研究主要有以下几方面意义。

第一，在经济学研究中，受公共产品的非竞争性、非排他性、外部性等特征的约束，以及受由此产生的“搭便车”“过度拥挤”等行为的影响，我们很难求得符合个人和社会效益最大化的供需均衡。因此，一些学者通过设定外部条件以促使公共产品的供给接近于社会真实的需求，如多数人投票机制、“用脚投票”机制等。但这种策略性的方式在学理上难以给出逻辑自洽的严谨证明，在实践上由于需要诸多的前提条件，也难以得到有效的应用。但我们在实际经济活动中可以观察到，从公共产品的复杂多样性和系统性出发，分解公共产品供给过程的各个环节，使具有不同经济特性的环节分开来建设和运营，有些环节具有纯公共性特征，有些环节则产权明晰，经济剩余可分配，与私人产品的排他性、竞争性没有太大的差异。也就是说，我们可以确保一些公共基础设施和公共服务项目在满足公共需求的同时，通过分解其供给过程，弱化其非排他性，强化其竞争性，采用不同的投资、生产、分配和运营等供给方式，在一定程度上我们可以称这样的方式为公共产品外部性的内生化机制。这种机制或许可以增加提高公共产品供给效率的方法和途径，也让我们可以用更简洁的办法衡量公共产品需求者的真实需求偏好。本书希望通过对公共产品供给实践的剖析和总结，在这些方面有所探索。

第二，通常情况下，我们把公共产品的主要供给机制分为政府供给机制、市场（私人）供给机制和多元主体合作供给机制等，但不同的机制有其制度、技术和市场的基础以及现实约束的条件。如果我们能够清晰地界定不同的公共产品供给机制的约束条件和适宜环境，就可以在理论上更深刻地分析不同供给机制的优势和缺陷，探索不同公共产品项目和同一项目不同环节运用不同供给机制的方式。这样的探索可以深化供给机制的理论研究，也可以为实践活动提供指引性建议。

第三，长期以来，我国公共产品的供给以政府行政计划和财政投入为主，在公共产品严重短缺的时期，更是通过限定户籍、计划供给和降低福利水平来保证低水平的供需平衡。但发展到今天，我国公共产品的供给水平已经大大提高，在公共基础设施和公共服务的诸多领域中，一系列法律法规都使政府、企业、社会组织和个人成为公共产品的供给主体。但在实践中，通过市场机制和政社合作等多元机制来发展公共经济还处于起步阶段，一些公共产品或公共服务项目以市场化和社会化方式运营的目的还局限于融资需求、政府责任转嫁等。公共产品的供给机制变革中也出现了许多以市场化或社会化方式投资和运营的公共产品项目，导致公众利益受损。特别是在教育、科技、卫生、安全和环境等领域，一些项目产权不明晰，私人利益与社会利益的边界不清，公共产品供给的监督机制不健全。另外，对于一些准公共产品，如城市基础设施，政府仍然以行政方式投资、建设与运营，运营效率低下。因此，我们通过对城市不同领域公共产品的经验实证研究，可以客观评估现有供给机制的有效性和存在的问题，系统地设计公共产品有效供给的机制，推动公共产品供给中的法律、经济、技术、市场等规制的制定和实施。

第四，自20世纪70年代以来，信息技术和通信技术发生了革命性的变化，区块链、大数据、云计算等新信息技术彻底革新了数据采集、数据传输、数据储存和数据处理方式，从而促进了政府职能的转变，为城市社会治理和公共产品供给方式的变革提供了条件。特别是新技术和大数据信息为公共产品供给的决策提供了更丰富、更准确的需求依据，改变了传统公共服务的碎片化供给，从而更加精准、个性化和均等化地为城市居民提供公共产品。随着网络社会的发展，城市社会各个领域的不稳定性（volatile）、不确定性（uncertain）、复杂性（complex）和模糊性（ambiguous）日益增强，这给城市社会安全和社会治理带来了非常大的挑战，按照传统的尤其是政府行政管制的、经验式的管理方式对城市进行运营和治理已经行不通了。因此，如何将互联网、大数据等新技术系统地运用于公共产品部门，这些技术的应用会引起什么样的公共产品供给机制变化，是公共经济研究的新领域。对该领域的研究，有利于建构新的公共产品供给理论框架，也有利于深化公共产品供给新机制的研究。

三、主要研究内容

本书主要围绕公共产品的供给机制，全面梳理公共产品供给理论，重点对我国城市公共产品的供给机制进行实证研究；通过对国外城市公共产品的研究和经验总结，系统地分析我国城市公共产品供给水平和供给结构的变化，梳理城市公共产品供给体制机制的演变；观察在行政计划经济的改革过程中，如何改革公共产品的政府供给机制，逐步发育市场机制和多元主体合作供给机制，以此揭示我国城市公共产品供给的特征，评估城市公共产品供给机制的有效性。此外，本书还将城市公共基础设施、公共服务领域作为研究对象，对这两个领域的产品或服务供给机制进行分解和分析；将城市公共政策视为一种特殊的公共产品，作为影响城市公共产品供给的外部因素加以分析。

本书的主要内容与结构如下：

第一章扼要阐明本书的研究背景和研究问题，提出本书的研究主题，从理论和实践两个视角讨论研究的意义，并勾画研究内容和研究框架，同时扼要地阐述本书的研究观点。

第二章系统梳理公共产品的供给机制理论，重点综述公共产品的资源配置理论和公共产品供给机制理论，分析城市公共产品的需求和供给特征。对于政府供给机制、市场（私人）供给机制、社会（自愿）供给机制和多元主体合作供给机制进行理论分析。鉴于对供给取决于需求和供给机制受需求偏好约束的认识，本书特别梳理了公共产品的需求理论。

第三章重点分析公共产品供给与经济发展的关系，特别是与城市发展的关系，在建构公共产品供给水平、结构与经济增长关系模型的基础上，对我国公共产品与经济增长关系进行经验实证分析。同时，针对城市公共产品供给结构对城市经济结构的影响，以全国性的面板数据为基础进行了实证分析。

第四章对中华人民共和国成立以来我国城市公共产品供给的历史趋势进行分析，回顾城市公共产品供给体制机制的变革，分析城市公共产品供给体制机制存在的问题，探索改革的出路。

第五章对国外发达国家公共产品的供给状况与供给体制机制进行比较分析，重点对美国、英国、日本和瑞典等主要发达国家的公共产品供给机制进行梳理，并对其投融资模式和城市公共产品运营模式进行分析，以吸取经验与教训。

第六章对城市公共产品的供给机制进行理论分析，并结合我国城市公共产品供给的实际进行经验实证分析。基于第二章公共产品供给机制的理论，本章重点分析影响城市公共产品供给的因素，并根据我国城市公共产品供给的实际情况，分别对政府供给机制、市场（私人）供给机制和多元主体合作供给机制进行实证分析，最后提出城市公共产品供给机制的绩效评价体系。

第七章重点讨论城市公共产品的投融资机制。在梳理我国城市公共产品投融资机制演变进程的基础上，计算我国城市公共产品的投资水平，分析城市公共产品的投资结构。在分析城市公共产品投资状况的基础上，分别研究公共产品的政府财政投资机制、市场投融资机制和政府与社会、政府与企业合作投融资机制，特别是以 PPP 模式为案例，分析其功能、实施条件和法律规范等，以此讨论政企合作的多元供给机制的发展可能性及其对公共产品有效供给的意义。

第八章分析我国城市公共基础设施的发展状况、类别结构和基本特征，并对影响我国城市基础设施建设的因素进行实证分析。在此基础上，重点讨论我国城市基础设施的投融资和运营的机制，分别对政府机制、市场（私人）机制、多元主体合作机制的运营和绩效进行分析，提出改革的思路和政策性建议。

第九章以城市公共服务为研究对象，讨论城市公共服务的内涵、属性和特征，分析城市公共服务的体系以及我国城市公共服务的发展状况。在此基础上，重点讨论我国城市公共服务的政府供给机制、市场（私人）供给机制和多元主体合作供给机制，对不同供给机制的供给绩效进行实证分析，提出改革我国城市公共服务供给机制的政策性建议。

第十章重点研究城市公共产品供给的公共政策，在系统梳理公共政策理论的基础上，分析影响城市公共产品供给政策的重要因素，剖析我国公共产品供给政策的特点和决策机制，分析城市公共产品政策制定和实施过程中存在的问题。其中，重点研究公共教育政策、公共卫生政策和社会保障政策，对此的研究不仅考虑公共政策对公共服务供给的影响，而且视公共政策为一种特殊的公共产品。因此，从广义的公共政策出发，对我国城市公共产品供给的公共政策选择和决策机制进行讨论。

四、本书研究得出的一些结论和观点

我们深刻认识到理论探索的艰辛和困难，尽管本书期望对上述的城市公共产品供给问题有新的理解和新的实证分析结果，但总体来说，除了局部地、不完整地对现有理论研究文献做了一些梳理和总结，对我国部分城市公共产品供给制度和公共经济活动进行实证分析外，少有创新性的思想和研究发现。为了在并不系统的论述中系统地呈现一些观点和结论，我们在这里介绍一些粗浅的观点和感想。

（一）对公共产品含义的理解

通过对公共产品供给理论演变过程的梳理，本书对公共产品的非竞争性、非排他性和外部性等特征进行了分析。我们发现，不同学科和学派基于公共产品的基本特征，从不同的视角对公共产品的内涵与外延做了许多扩展性解释，给出了不同的定义。但随着公共产品和公共服务日益丰富，公共产品的核心内涵似乎越来越模糊和难以把握。一方面，这表现为公共产品供给的范围是不确定的，既有惠及全社会的，也有局限于集体或团体范围内的。一些公共产品还可以通过制度安排改变传统的供给范围，既可以扩展供给对象，也可以限定供给对象，从而使其公共性发生变化。另一方面，这也表现为那些传统的公共产品项目在产权制度、金融制度的安排下，或通过技术手段，可以分解为不同的子项目，分解后的子项目呈现出很强的私人产品属性，但其总体功能仍然保留着社会的公共性或公益性。更突出的一个新现象是，在新技术革命的背景下，一部分平台性或共创性新经济活动的本质是私人性的经济活动或私人产品，但具有很强的公共性功能。鉴于上述越来越复杂的经济活动和公私功能混合的产品供给情况，我们认为，理解公共产品的本质属性已经不在于其由谁供给，也不在于其是否具有显著的非排他性和非竞争性，而在于其是否具有显著的社会性和公共性。换言之，不论公共产品是否需要付费或是否为有限供给，决定其基本性质的都是其功能、作用和影响，即一种产品或服务的社会性和公共性是决定其公私性质的关键特征。

（二）公共产品部门的社会经济贡献

公共产品供给对于社会经济发展的意义是无可非议的，但考虑到社会经济资源的稀缺性、公私产品的经济效益和福利效应，学界对公共产品供给与经济发展的关系产生了不同的观点。分析相关的研究文献，我们认为这些观点的差异主要在于研究的视角和评价的标准。从公共产品部门对经济增长率的贡献来说，我们通常认为公共产品部门的经济效益较低，尤其是在国有体制机制下生产效率低下。但如果从公共产品对投资拉动和 GDP 增长的贡献来说，本书的实证研究证明，公共产品部门对全国与东、中、西部城市经济增长的效应是正向的，尤其是公共基础设施的建设为制造业和生产服务业的生产效率提升做出了基础性的贡献。但通过异质性分析，我们可以发现，在不同经济发展水平的城市，公共产品产生的增长效应有所不同。东部地区城市经济发展水平较高，公共基础设施和公共服务水平也已达到相对较高的程度，公共产品部门资本存量较大，单纯依靠增加公共产品部门的资金投入来拉动经济增长的潜力正在弱化。而绝大部分中西部地区城市经济发展水平相对较低，基础设施及其配套服务较为落后，公共资本的产出效率和产出弹性要高于东部地区城市。因此，现阶段中西部地区城市公共产品供给对经济增长的贡献率相对较高，增加公共产品部门的资金投入有利于经济增长。但需要说明的是，这样的分析局限于公共产品投资与 GDP 增长的关系，并没有考虑单位公共产品投资的产出效率，也没有细致地辨析公共产品供给所带来的人均社会福利的增进。

上述计量分析的结果，大致体现了我国区域平衡发展的政策效应。随着西部大开发、中部崛起和东北振兴战略的实施，近 20 年来，国家通过中央财政转移支付、建设用地指标交易和公共基础设施建设专项债等手段，筹措了大量建设资金，使中西部地区的公共基础设施建设迅速展开，明显缩小了中西部地区与东部经济发达地区的差距。同样，公共卫生与医疗、基础教育、社会保障等公共服务的全国普及化，也使区域间公共产品供给的均衡性大大改善。这种财政机制和公共产品供给机制，使我国公共产品供给的区域差异得以迅速缩小。

本书的另一项异质性的计量分析表明，经济性公共产品与社会性公共产品对于经济增长的影响有所不同。从全国的和分区域城市的实证结果看，经济性公共产品对经济增长的影响是正向且显著的，中西部城市的经济性公共产品对经济增长的促进作用要大于东部城市。一些研究文献对此也做了解释，认为经济性公共产品对经济增长的促进作用主要来自两方面：一是经济性公共产品的供给形成了公共资本投资，从而直接促进经济增长（Barro，1990；Turnovsky，1996）；二是经济性公共产品中的城市基础设施（如交通、能源、通信等网络性基础设施）具有规模效应和网络效应，这会对经济增长产生溢出效应（刘生龙、胡鞍钢，2010；张学良，2012；郑世林等，2014）。本书的实证研究也表明，我国经济性公共产品供给对全要素生产率的影响是正向且显著的。

但分析全国城市、东部城市、中西部城市社会性公共产品对经济增长的关系，我们发现其影响是负向的。这一方面说明在我国目前经济发展阶段，社会性公共产品支出可能挤占了私人产品和经济性公共产品的投资，对以 GDP 为衡量指标的经济增长有负面的影响；另一方面说明本书的研究分析尚难准确测量公共产品供给对即期经济资源配置效率和长期资源配置效率的影响。进一步的分析表明，我国社会性公共产品对全要素生产率的影响是正向的，但不显著。经过模型的预测，全国层面社会性公共产品支出比例与经济增长之间呈现U形曲线关系：当经济发展到一定阶段时，提高教育、医疗卫生、社会保障等社会性公共产品供给的比例，可降低居民的预防型储蓄支出，增加居民发展型消费支出，促进技术创新和经济的高质量发展等。

这里，我们面临着长期以来存在的公共产品社会效益评估的难题。根据上述分析，我们可以大致确定公共产品，特别是经济性公共产品对经济增长的贡献。但在资源稀缺的条件下，公共产品与私人产品的投资具有替代性，对消费者也具有不同的效用。因此，如何从总体上评估公共产品对国民经济发展的总贡献度是一个很大的难题，在实践中也一直困扰着研究者和政府决策者。我们目前难以选择一个理想的模型加以分析，但本书认为以下几个因素应予以考虑：一是公共产品项目的现期投入与未来建设的成本问题。从大致的计算中我们可以发现，考虑到足够的贴现率，在劳动力成本和其他资源成本较为廉价的条件下，若较早地启动公共基础设施建设，则综合建设成本较低，长期的成本收益率较高。二是公共基础设施和公共服务，包括网络性基础设施和社会保险等，均具有较强的规模性，因此在较短时期内完成系统性的建设，形成规模经营，可以降低经营费用，甚至达到成本与收益的平衡。与较长时期内逐步建设比较，在短时期内集中建设公共设施项目会导致资金紧张且使用效率低下，但从整体的资源配置效率考虑则会显示出长期的效应。三是公共产品供给的社会福利效应。近十几年来，我国投入大量的资金，建设了较为发达的交通系统和通信系统等，使公众的交流和出行更加便利，环境治理和生态保护也提升了社会生态价值。同时，反贫困和社会保障等公共服务水平的提升，也增进了整体的社会福利。不过我们难以在经济增长模型中全面地反映这些隐含的社会福利增进效应。因此，在缺乏公共产品效益定量评估的情况下，公众对公共部门发展的普遍感受和认可是评估的重要指标，社会福利的增进是评估的重要变量。

（三）公共产品的供给机制演变与决策机制

我国经济发展的实践证明，经济体制机制的变革是取得经济成就的关键因素。已有众多的实证研究表明，改革开放以来我国私人产品部门的高速发展得益于市场机制的全面实行。同样，公共产品供给机制也经历了由政府供给机制向市场机制和多元主体合作供给机制的变革，但变革的速度远不及私人产品供给机制，学界和政界对于公共产品供给机制变革的认识也尚未统一，许多理论问题有待厘清，实践中各种机制的绩效也需要客观评估。

1. 公共产品供给机制的演变趋势

分析各国公共产品部门的改革措施，我们可以发现，其主要是变革公共产品的供给机制，一致的改革路径是由政府供给机制逐渐转变为市场供给机制。仔细探究不同国家的公共产品供给机制变革，我们可以发现，一些国家偏向于产权私有化和供给市场化的机制，一些国家则仍然以政府投资为主，鼓励社会资本参与公共产品项目的建设与运营，即采用政府与社会资本合作的方式供给公共产品。绝大部分国家鼓励社会组织等第三部门参与公共服务供给，尽管这种机制对于解决公共产品部门资金短缺问题的作用有限，但对于公共服务项目的选择和发挥更大的社会效益具有很大的作用。从总体上看，随着现代经济中公共产品含义的泛化以及公共产品与私人产品功能的融合，公共产品供给机制的多元性也日渐增强，市场化机制的作用已经渗透到公共产品部门的各个领域。

在我国公共产品部门的发展中，一些公共产品供给领域尝试私有产权制下的市场化机制，但这一机制的应用范围很小，限制较多，并没有成为主要的供给机制。这一方面是因为国民经济体系中私营经济和社会组织力量较薄弱，难以参与到许多公共产品部门的社会经济活动之中，市场机制缺乏市场的主体力量；另一方面是因为作为发展中国家，我国经济的发展呈现出显著的阶段性特征，目前要推动公共产品部门的发展，建构公共产品部门的经济体系，必须依靠政府的力量。但根本性的原因还是在于现有制度的约束。长期以来，我国政府主导着公共产品部门，甚至形成政府公共经济系统，公共产品部门的发展有一定的行政制度的路径依赖，对私人资本和社会资本的进入具有一定的排斥性。

从改革实践来看，我国公共产品供给机制改革的总体方向是在不放弃政府行政控制权的前提下推行市场化机制。其中最为典型的是以政府与社会资本合作（PPP）的方式建设公共基础设施。但由于许多地方政府与社会资本合作的目的不是变革供给机制、提高项目建设的效率和质量，而是解决建设项目的资金问题，因此合作建设中出现了许多问题。例如，一些项目过于强调商业利益而偏离了公共产品项目的公共属性和建设目的。尽管这些年中央有关部门加强了对 PPP 项目的监管，但问题仍然非常突出。我们认为，在公共产品部门改革的过程中，改革单一的政府供给机制，走多元主体合作供给机制的道路是必然的趋势，世界各国的实践也证明这是行之有效的。我国需要加强公共产品部门相关法律法规的建设，健全政府与社会资本合作中的法律体系，只有这样才能规范合作各方的建设与运营行为。

对于未来我国公共产品供给机制的变革，学界通常认为需要根据公共产品的类别来设计不同的供给机制。对于国家安全、基础研究、环境保护等纯公共产品的供给，学界也普遍认为应该以政府为供给主体，其供给规模和水平取决于国家的经济实力和发展战略等因素。但对于医疗、教育、交通设施等准公共产品，以谁为供给的主体，以何种机制供给，学界则存在很大争议，各国实践中采用的机制也不尽相同。这些准公共产品对于我国公众的福利增进、人力发展、社会稳定等影响巨大，尤其是教育、医疗和公共住房等领域的制度安排和市场变动，牵动着所有的家庭，影响着整个社会。自 20 世纪 90 年代开始，我国对教育、医疗和公共住房等供给制度进行了不断的改革，迄今为止改革已有 30 余年，但问题似乎越来越多。目前，在教育、医疗和公共住房领域，我国采取了双轨制的供给模式，即在政府行政体制下，以公立医院、公立教育和公租房方式供给，同时私人和社会资本以私立医院、私立学校和商住房方式供给。与所有的双轨制一样，一个市场实施两种机制，在产生竞争作用的同时，必然会产生一些负面的影响。如何安排合适的制度以规范这些准公共产品的供给，已经成为我国公共产品供给机制改革的一个巨大挑战。

2. 公共产品的决策机制

在公共产品供给中，规划、投资和生产什么样产品和服务决定了公共产品部门的结构，也决定了公共产品所能产生的社会效益。在我国公共产品供给中，无论是以政府机制供给，还是以市场（私人）机制和多元主体合作机制供给，政府在供给中都起着决定性的作用，特别是总体规划和具体项目决策基本上由政府决定。理论上，在公共产品民主决策机制和程序健全的情况下，政府作为公众利益的代表，决定公共产品的供给规划，制定项目目标和功能要求，这具有合理性。但在实际工作中，我国一些城市公共产品项目的立项和建设常常受政治、经济等因素的影响。

探究上述公共产品决策中存在的问题，核心的原因在于我国的决策机制尚未从经验性的公共决策向现代化的科学决策转型。在现行的行政管理体制下，公共决策往往是行政部门内部的一个封闭过程，政府与相关利益者的沟通较少。因此，我国需要学习和吸收先进的现代公共决策理论技术和方法，改变目前以部门工作经验为依据的公共决策方式，改变公共部门的运行机制，改变将行政命令作为公共产品供给工具的做法。特别是应该在政府主导下建立科学的、公开的、能反映公众需要和意志的公共产品供给决策机制。根据一些国家的经验，政府在公共产品项目的规划、决策、审批、建设监管和验收过程中，广泛听取社会公众的意见，特别是在公共产品计划和决策的组织体系中广泛吸收社会各界代表、项目受益方或所在社区公众代表的意见，对于公共产品项目的建设和运营具有重要的作用。

（四）公共产品部门的资金供给与可持续发展

1. 公共产品部门的资金供给问题

在社会发展中，充分认识到公共基础设施和公共服务的重要性是必要的。在社会公平理念下，一个国家也必须通过制度安排不断地供给公共产品，以增进社会福利。但上述对公共产品供给所产生的经济效益和社会效益的讨论，没有充分考虑公共产品项目建设和运营所需资金的供给问题。我们从对经济发达国家公共产品部门发展的比较研究中发现，公共产品部门发展到一定程度后，普遍会出现一些问题：一是政府巨大的财务压力，尤其是以政府为主体供给公共产品的国家，其不断增加的公共产品部门支出带来的财务危机日益严重，绝大部分国家都难以承受这样的压力；二是政府行政体制在一定程度上遏制了公共产品的市场竞争，导致公共产品部门建设和运营效率低下，也使公共产品的供给成本居高不下；三是不断增加的政府财政公共支出，间接导致各种税率高企，使得企业竞争力和个人实际福利水平下降，一些国家执政党的更迭很大程度上就是因为税负过重。因此，要实现公共产品部门的持续发展，首先必须解决资金供给和财务安排问题。许多国家自 20 世纪 70 年代后期开始就进行了公共产品部门的改革，实行公共产品市场供给机制，直接的原因也是资金供给压力大。这对于我国公共产品部门的发展是一种警示，为了公共产品部门的可持续发展，我国必须稳妥地解决新建项目的资金和现有公共产品体系的运营资金问题。

2. 以供给机制变革解决公共产品部门的资金问题

尽管我国公共产品部门的资金问题较严重，但一些学者认为随着经济增长环境的变化，我国公共产品部门大规模投资阶段即将结束，今后公共基础设施项目投资建设速度将放缓，投资规模将大幅度缩小，因此前期巨额投资所带来的政府财政负债将会逐渐减轻。对此，本书的观点有所不同。通过对经济发达国家公共产品部门的考察，以及对前期公共产品部门存量资产的大致估算，我们认为未来即使缩小公共产品部门的投资规模，也并不意味着政府财政压力能够很快减轻。政府低效的公共服务支出，规模巨大的基础设施运营、养护和更新将成为政府财政公共支出的巨大负担。因此，如何寻找合适的机制来有效运营庞大的公共产品部门是未来我国经济发展面临的巨大挑战。总结各国的实践经验，除了少数国家在公共产品部门发展的后期，私人产品部门的发展与创造的税收增长抵销了公共产品部门的支出，从而基本上缓解了公共产品部门的财政压力，大部分国家通过制度的变革来解决公共产品部门的财务危机。因此，要解决公共产品部门的资金问题，唯有不断推进公共产品部门的制度变革，凭借现代技术和金融市场条件，进行公共产品部门的产权制度改革和体制机制创新，鼓励企业和社会组织参与公共产品部门项目的运营管理，尽早进行公共产品部门及其所属国有企业的改革，向私人资本和社会资本转让部分基础设施的产权，以减轻政府的财政压力，提高公共产品的经营效率和供给质量。

3. 重点培育公共产品部门的多元投融资机制

改革开放以来，我国城市公共基础设施投资额持续增加。同时，我国在教育、医疗卫生、社会保障等非经济性公共产品方面也投入了大量资金，对提高居民福利水平、维护社会稳定起到了积极作用。已有的实证研究表明，在我国城市公共产品的投资规模迅速扩大的同时，投融资体制机制也发生了比较大的变化，从改革开放初期全部由政府财政投资，逐步变革为政府财政投资机制、政府土地财政与金融机制、私人与社会资本投资机制、政府与社会资本合作的多元投资机制。

这种公共产品投资机制的变化一方面源于财政体制机制的变革。改革开放以前，包括城市公共产品部门在内的经济社会建设项目均由中央财政投资。20 世纪 90 年代实施分税制以后，中央和地方政府在经济社会发展事务中承担了不同的职责，除了全国性的公共基础设施和公共服务外，地方政府还承担了城市基本的公共基础设施和教育、卫生、社会保障等公共服务的支出责任，这使地方政府的财政收支难以平衡，财政预算严重失衡。另一方面，地方政府为实现比较高的区域经济增长目标，需要大规模投资建设基础设施，改善投资与生产环境，甚至以公共基础设施投资为增长引擎。在这种中央、地方财政关系和地方政府投资动机下，地方政府始终处于积极的投资冲动状态，一些地方政府因公共产品部门投资而产生的各种政府债务，包括地方政府债、城投债和信托基金等，已远远超过其偿债能力。在经济发达地区的地方政府预算结构中，土地收入超过了一般财税收入，经济不发达地区则长期依赖中央政府的财政转移支付。这种中央、地方政府的财政关系和财权与事权的划分，很大程度上决定了地方政府公共产品供给水平，形成了我国独特的城市公共产品投融资结构。也正是这种中央、地方政府的财政关系以及地方政府难以承受的债务压力，使公共产品部门投融资改革出现了倒逼机制，从而开启了我国公共产品投资体制机制的市场化变革之路。

迄今为止，我国城市公共产品部门的投资机制变革尚未能解决政府的债务问题，也没有形成可持续的城市公共产品部门建设和运营的良性投融资机制。因此，我国必须加快改革步伐，调整中央与地方的财政关系，优化中央财政转移支付方式，在土地财政和土地金融能力弱化的情况下，以金融市场为平台，充分利用金融市场工具，变革公共产品部门的产权交易制度，大力引入社会资金，优化公共产品投融资结构；强化财政预算的刚性约束，推进地方政府投资管理体制改革，全面实施财政预算绩效管理，健全内外监督相结合的预算监督体制。

4. 解决公共产品部门的内循环问题

除了上述公共产品部门的资金问题外，从经济增长与居民福利的关系来看，另一个需要关注的问题是，为了持续的经济增长而进行的大规模公共基础设施建设，在供需结构失衡和缺乏有效运营机制的情况下，难以增进绝大部分居民的福利，大量基础设施项目的建设所产生的经济增长效益并不能给居民带来相应的福利，而是形成了公共产品部门的内部经济循环，并在一定程度上对私人产品部门产生挤出效应。这种状况在我国计划经济时期表现得极为明显。在这一时期，为了建立独立的工业体系，国家把大量的经济资源配置到重工业部门，形成重工业部门投资、生产和消费的内部循环式增长，尽管投资的结果是形成了以重工业为特征的工业体系，但其产出没有惠及家庭部门，严重影响了家庭经济的发展和福利水平的提高。如果为了维持经济增长的速度而继续大规模地投资建设公共基础设施，其结果很可能出现计划经济时期重工业内部循环的状况。因此，在未来我国公共产品部门的发展中，必须妥善处理好上述问题。

（五）公共产品部门的运营效率与运营机制

随着公共产品项目投资的不断增长，我国公共产品部门已经累积了巨额存量资产。如何有效配置这些资产，提高运营效率，真正发挥公共产品的功能，已经成为我国城市公共产品部门亟须解决的问题，但对此政府和社会少有关注。一是城市公共产品部门主要由国有企业、事业单位等经营管理，公共基础设施运营的效率低下，运营成本居高不下，许多公共事业性企业收不抵支，依靠政府财政补贴维持运营。部分公共服务收费逐年提高，增加了普通市民的支出压力。二是政府及其所属企业主导公共基础设施和公共服务的运营，导致社会资本难以进入，即使政策许可，但在国有经营单位政府补贴、市场垄断和价格扭曲的情况下，私人资本和社会资本也难以参与经营。三是近年来随着城市公共基础设施的大规模建设，城市基础设施所形成的人口聚集功能、交通运输功能、信息传输功能不断增强，但这也使各类安全风险急剧增加，重大事故频发。我国城市在建设现代化设施的同时，普遍缺乏现代化的城市运营能力，特别是缺乏大城市综合安全管理系统。尽管各级政府都制定了应急预案，但在实际运作过程中行政部门各自为政，缺乏信息共享和统一处置的协调能力。四是在公共产品供给中，公共服务的供给与需求者的需求密切相关，大部分的供给发生在服务的过程中，因此服务水平的提升与供给者的响应速度、专业性和服务态度直接相关。在行政管理体制下，我国的大部分公共服务由政府行政事业单位或国有企业承担，一些服务项目的供给质量较差，一些具有社会管理性质的服务项目以行政管理的方式提供，而不是寓管理于服务之中，颠倒了服务与管理的关系。

因此，未来我国城市公共产品部门的发展重点应转移到如何有效经营公共产品项目上。根据各国从公共产品部门改革中取得的成功经验，公共产品部门中的大部分基础设施和公共服务项目应实行市场化运营机制。除了那些私人资本投资项目或政府与社会资本合作项目应市场化经营外，政府和国有企业投资的项目也应通过政府补贴、外包服务、购买服务等委托经营的方式由企业或社会组织进行市场化经营。近 20 年来，我国城市公共基础设施和公共服务领域也进行了市场化机制改革，通过政府购买服务、委托经营等方式引入企业和社会组织，以市场化方式供给公共产品，取得了明显的成效。

根据本书的研究，要提高我国城市公共产品的运营和服务质量，关键是需要进行三个方面的改革：一是改革现有的行政管理体制机制，打破行政部门、国有企业和事业单位的经营特许权和市场垄断权，创造公平竞争的经营环境。对于确属不宜进行市场化经营的项目，也要通过科学的绩效考核制度实行内部竞争机制。二是对有条件的公共基础设施项目进行产权制度的变革。在项目建成后，通过建设—运营—移交（build-operate-transfer，BOT）的特殊方式，引入私人资本和社会资本经营。三是建立城市公共产品运营与管理的法律体系，规范委托者与经营者的供给行为。四是城市公共基础设施运营和公共服务的水平取决于运营者的专业化程度，因此，政府公共部门的人力资源管理应引入市场机制，改变管理人员的知识结构、任命方式和考核方式，提高运营者的专业水平，增强其服务意识。

上述观点是本书研究所得，也是本书研究者关注的问题，有关主题将在后文相关章节中展开讨论。我们注意到，近年来有关公共产品供给机制的研究已经引起诸多学者的高度重视，他们发表了大量创新性成果，但限于理解能力，本书尚未完全吸收。可以预见，我国公共产品供给问题的进一步讨论将在诸多领域中全面展开，这一方面是源于在现实经济社会的发展中，大量公共产品的供给问题亟须理论研究给予解释和提出解决方案。例如，城乡融合发展战略中如何有效配置公共产品资源问题，城市公共基础设施的系统化运营问题，大城市社会、生产、技术和环境安全问题，等等，这些都需要公共经济学与其他相关学科合作进行系统的研究。另一方面，在我国经济社会发展过程中，经济发展水平和制度安排有其自身的特点，因此，我们要根据现代公共产品理论和中国实际，建构具有中国特色的公共产品供给理论体系，尤其是要厘清公共产品部门中政府、企业和社会组织的关系，论证并设计在政府主导下让市场发挥决定性作用的内在机制。只有这样，我们才能不断提高公共产品供给的有效性，提升居民的社会福利水平，真正找到实现共同富裕的科学道路。

参考文献

[1] Arrow K J, Kruz M. Public investment, the rate of return, and optimal fiscal policy [M]. Baltimore: Johns Hopkins University Press, 1970.
[2] Barro R J. Economic growth in a cross section of countries [J]. The Quarterly Journal of Economics, 1991, 106 (2): 407 - 443.
[3] Chen C, Man C X. Are good governance principles institutionalised with policy transfer? An examination of public-private partnerships policy promotion in China [J]. Australian Journal of Social Issues, 2020, 55 (2): 162 - 181.
[4] Easterly W, Rebelo S. Fiscal policy and economic growth [J]. Journal of Monetary Economics, 1993, 32 (3): 417 - 458.
[5] Kaganovich M, Zilcha I. Education, social security, and growth [J]. Journal of Public Economics, 1999, 71 (2): 289 - 309.
[6] Dickson B J, Landry P F, Shen M M, et al. Public goods and regime support in urban China [J]. The China Quarterly, 2016, 228: 859 - 880.
[7] Shi H, Huang S Q. How much infrastructure is too much? A new approach and evidence from China [J]. World Development, 2014, 56: 272 - 286.
[8] Yang G Q, Chen H, Meng X. Regional competition, labor force mobility, and the fiscal behaviour of local governments in China [J]. Sustainability, 2019, 11 (6): 1 - 21.
[9] 理查德·A. 马斯格雷夫，艾伦·T. 皮考克. 财政理论史上的经典文献 [M]. 刘守刚，王晓丹，译. 上海：上海财经大学出版社，2015.
[10] R. 科斯，A. 阿尔钦，D. 诺斯，等. 财产权利与制度变迁：产权学派与新制度学派译文集 [M]. 刘守英，等译. 上海：上海三联书店，1994.
[11] 王浦劬，莱斯特·M. 萨拉蒙. 政府向社会组织购买公共服务研究：中国与全球经验分析 [M]. 北京：北京大学出版社，2010.
[12] 江庆勇. 公共品供给机制研究 [M]. 北京：知识产权出版社，2016.
[13] 弗兰克·费希尔. 公共政策评估 [M]. 吴爱明，李平，等译. 北京：中国人民大学出版社，2003.
[14] 沙安文，沈春丽. 地方政府与地方财政建设 [M]. 北京：中信出版社，2005.
[15] 詹姆斯·M. 布坎南. 公共物品的需求与供给 [M]. 2 版. 马珺，译. 上海：上海人民出版社，2017.
[16] 王磊. 公共产品供给主体选择与变迁的制度经济学分析：一个理论分析框架及在中国的应用 [M]. 北京：经济科学出版社，2009.
[17] 埃莉诺·奥斯特罗姆. 公共事物的治理之道：集体行动制度的演进 [M]. 余逊达，陈旭东，译. 上海：上海译文出版社，2012.
[18] 约瑟夫·E. 斯蒂格利茨. 公共部门经济学 [M]. 4 版. 郭庆旺，译. 北京：中国人民大学出版社，2020.
[19] 珍妮特·V. 登哈特，罗伯特·B. 登哈特. 新公共服务：服务，而不是掌舵 [M]. 丁煌，译. 北京：中国人民大学出版社，2004.
[20] 戴维·奥斯本，特德·盖布勒. 改革政府：企业精神如何改革着公营部门 [M]. 上海市政协编译组，东方编译所，译. 上海：上海译文出版社，1996.
[21] 曼瑟·奥尔森. 集体行动的逻辑：公共物品与集团理论 [M]. 陈郁，郭宇峰，李崇新，译. 上海：格致出版社，2018.
[22] 休·史卓顿，莱昂内尔·奥查德. 公共物品、公共企业和公共选择：对政府功能的批评

与反批评的理论纷争［M］. 费朝辉，徐济旺，易定红，译 . 北京：经济科学出版社，2000.
［23］王佃利，万筠，姜斯宪 . 走向均衡可持续的发展之路：中国城市公共服务变革 40 年［M］.上海：上海交通大学出版社，2019.
［24］黄有光 . 社会福祉与经济政策［M］. 唐翔，译 . 北京：北京大学出版社，2005.
［25］伍凤兰，董江涛，赵文强 . 区域公共产品的有效供给与实现路径研究［M］. 北京：中国经济出版社，2016.
［26］王志锋 . 城市治理的经济学分析［M］. 北京：北京大学出版社，2010.
［27］史蒂芬・P. 奥斯本 . 新公共治理：公共治理理论和实践方面的新观点［M］. 包国宪，赵晓军，等译 . 北京：科学出版社，2016.
［28］常敏 . 城乡公共产品的多元供给研究：基于长三角地区的探索与实践［M］. 杭州：浙江大学出版社，2013.
［29］樊勇明，薄思胜 . 区域公共产品理论与实践：解读区域合作新视点［M］. 上海：上海人民出版社，2011.
［30］岳军 . 公共投资与公共产品有效供给研究［M］. 上海：上海三联书店，2009.
［31］安德烈・施莱弗，罗伯特・维什尼 . 掠夺之手：政府病及其治疗［M］. 赵红军，译 . 北京：中信出版社，2017.
［32］张晓娣 . 中国公共支出与公共产品研究：宏观优化的视角［M］. 上海：上海社会科学院出版社，2016.
［33］曹光宇，刘晨冉，周黎安，等 . 财政压力与地方政府融资平台的兴起［J］. 金融研究，2020（5）：59 − 76.
［34］陈硕，高琳 . 央地关系：财政分权度量及作用机制再评估［J］. 管理世界，2012（6）：43 − 59.
［35］傅勇，张晏 . 中国式分权与财政支出结构偏向：为增长而竞争的代价［J］. 管理世界，2007（3）：4 − 12.
［36］傅勇 . 财政分权、政府治理与非经济性公共物品供给［J］. 经济研究，2010，45（8）：4 − 15.
［37］郭庆旺，贾俊雪 . 政府公共资本投资的长期经济增长效应［J］. 经济研究，2006，41（7）：29 − 40.
［38］李雪萍 . 城市社区公共产品供给研究［M］. 北京：中国社会科学出版社，2008.
［39］韩峰，李玉双 . 产业集聚、公共服务供给与城市规模扩张［J］. 经济研究，2019，54（11）：149 − 164.
［40］何刚，陈文静 . 公共资本和私人资本的生产效率及其区域差异：基于分位数回归模型的研究［J］. 数量经济技术经济研究，2008，25（9）：42 − 51.

第二章　城市公共产品供给理论

公共经济学的理论体系形成得较晚，但公共产品的思想则源远流长。公共经济学研究的核心问题是公共产品的供给，涉及公共产品部门的资源配置、供给机制等，由此理论的探索从内涵界定、范畴确定到范式研究，形成了不同的理论流派。本章在阐述公共产品的含义和特征的基础上，重点梳理公共产品部门的资源配置理论和公共产品供给机制理论。鉴于公共产品供给与公共产品需求具有直接相关的关系，本章也对公共产品需求显示机制进行了讨论。

第一节　公共产品与城市公共产品

一、公共产品理论溯源

公共性产品的思想可以追溯到 17 世纪中期，托马斯·霍布斯（Thomas Hobbs，1657）提出国防、基础教育等公共性质的产品需要由政府供给。大卫·休谟（David Hume，1739）已经意识到生产和产品供给中存在的“公地悲剧”和“搭便车”行为。亚当·斯密在《国富论》中明确指出，提供国防、治安、建设和维持公共设施应该是政府的职责，并提出了这些具有公共性的产品和服务需要由受益者承担费用的思想，以及地方公共产品应由地方筹资的供给原则。德国等国家的欧陆学者从 19 世纪初期开始更是把国家的财政支出理解为具有生产性的功能，弗里德里希·李斯特（Friedrich List，1841）、威廉·罗舍尔（Wilhelm Roscher，1843）等德国历史学派代表人物强调财政在国民经济中的积极作用。阿尔贝特·舍夫勒（Albert Schaffle）明确地提出国民经济包括私人经济和共同经济两部分，共同经济以国家为主体提供物质资料和公共服务的经济活动。阿道夫·瓦格纳（Adolph Wagner，1883）吸收了德国财政学派的思想，在《财政学》（1883）一书中把国家界定为生产性的组织，国家从事生产性活动或财政经济活动，具有极高的生产性。他还提出国家的每一项活动及其支出的社会效用或价值要大于其社会代价，否则应该予以拒绝（绝对拒绝原则）；如果个人、团体，或者像市政当局这样的公共组织有能力以更低的成本提供同样的服务，那么也应该拒绝由国家来提供相应的服务（相对拒绝原则）。

这些原则被人们称为“瓦格纳法则”。同时，瓦格纳在实证分析中提出了国家财政经济活动应遵循国民收入增长与财政支出、人均收入与政府支出之间的平衡原则。瓦格纳及其他学者在这一时期也讨论了国家财政经济的特性，即消费时的不可分割性（所有消费者都可以享受相同的和数量相等的产品），这开拓了公共产品非竞争性特征的研究（刘守刚，2019）。

同一时期，奥地利、意大利和瑞典等国家的欧陆学者从供给和需求方面对公共产品的理论展开了研究（刘守刚，2019）。乔瓦尼·蒙泰马丁尼（Giovanni Montemartini）从供给角度提出公共产品的供给主体是政治组织（公共企业或政治企业），这些政治组织提供带有强制性的服务或公共产品，这些服务或公共产品是国家政治组织自身利益的需要，而非社会的需要，不存在与私人需求相对的公共需要。在对公共产品需求方面的研究中，马费奥·潘塔莱奥尼（Maffeo Pantaleoni）尽管没有提出公共产品的概念，但他提出了公共产品有效供给的原则，即公共支出项目具有足够高的效益，并且与其他可能投入的项目比较有更高的效益。如果公共支出项目的资金来源于税收，其效益起码要与纳税人纳税带来的损失相当。乌戈·马佐拉（Ugo Mazzola）进一步对公共产品的性质、价格形成机制以及政府的作用进行了研究，并提出了公共产品消费时具有不可分割性和不可排斥性。

公共产品（public goods）这一概念是由林达尔明确提出的，他在自己的博士论文《公平税收》中阐述了公共产品的含义，详细讨论了公共产品的特性及其供求均衡的含义和实现过程。他认为，消费者为公共产品支付的税收价格（林达尔价格）与其获得的边际效用相等，价格总和即产品成本。在这一均衡点上，每个人都会获得最大的消费者剩余，且任何偏离均衡的行为都会导致所有人的福利水平下降。因此，相比于其他状态，所有消费者都会一致偏好于这种均衡状态，并最终达成一致意见，即实现“林达尔均衡”。

上述学者对公共产品的供给与需求关系的研究，没有涉及资源在私人产品和公共产品之间如何配置的问题，也没有讨论公共产品供给的决策问题。对此，瑞典学者克努特·维克塞尔（Knut Wicksell）进行了初步的研究。他认为，如果个人在私人产品和公共产品之间做出花钱的选择的话，那么他不会愿意把钱花在公共用途上。因此，公共产品无法依靠私人市场进行有效供给。运用某种集中的决策机制或者通过某种政治程序加以决策成为必然，集体中所有成员的评价决定了公共产品的供给（马斯格雷夫、皮考克，2015）。在经济人假设条件下，公共产品的个人最优供给点满足消费的边际效用等于税收的边际负效用，这一观点由庇古提出。他分析了资源如何在私人产品与公共产品之间进行最优配置的问题，对公共产品理论的发展做出了贡献。

此后，欧洲学者和美国学者不断地从公共产品的特征、决策机制、生产与分配机制等方面展开研究，并引入了现代经济学的研究范式来建构理论分析框架，特别是以塞缪尔森、马斯格雷夫、斯蒂格利茨（Stiglitz）、布坎南等为代表的经济学家，他们系统地阐述了公共经济理论，形成了现代公共经济学的诸多理论流派。

二、公共产品及其特性

塞缪尔森在《公共支出的纯理论》（1954）一文中承继前人探索的成果，提出了规范表述的公共产品的定义。他认为纯粹的公共产品，是指每个人消费这种产品不会导致其他人对该产品消费的减少。换言之，无论个体是否愿意购买，我们都不能限制其消费和获得，这种产品便是纯粹的公共产品。

对于一种私人物品来说，物品 X_j 的总量等于每一个消费者 i 所拥有或消费的该物品数（X_j^i）的总和，即私人物品在消费者之间可以进行分割，某个人消费或占有一种物品意味着其他人不能同时消费或占有这种物品。但对于纯粹的公共产品来说，任何一个消费者消费的或占有、支配的公共产品是公共产品的一部分，但并不是独立或分割出来的一部分，而是公共产品总量的一个不可分割的组成部分（X_{n+j}），即公共产品在一组消费者中是不可分割的。这可以用如下数学公式表示：

$$X_{n+j} = X_{n+j}^i \tag{2-1}$$

这种产品在消费者之间的不可分割性，称为公共产品消费的非竞争性。

公共产品的另一个特征则由马斯格雷夫在《公共财政理论》（1959）一书中进行了充分的论述。他认为，既然公共产品具有上述消费的非竞争性，增加一个消费者或消费单位的边际成本就为零，因此不可能阻止或限制群体内其他任何人对公共产品的消费，或者说阻止和限制的成本是巨大的和无效的。他由此提出了“公共产品是非竞争性消费的产品，它通常还具有消费上的非排他性”（Musgrave，1959），从而使非竞争性和非排他性成为公共产品的主要特征。

人们对公共产品的含义与特征的理解通常都以上述两个基本特征为前提。但由于公共产品的公共性程度和供给对象等因素，学者从不同角度给出了扩展性的解释。例如，曼瑟尔·奥尔森（Mancur Olson）在《集体行动的逻辑：公共物品与集团理论》（1995）一书中进一步将公共产品定义为“任何一个产品，如果一个集团中 X_1， X_2，…， X_n 中的任何个人 X_i 都能够消费它，它就不能适当地排斥其他人对该产品的消费，那么该产品就是公共产品”。这样的理解把公共产品限定在一个集团或团体范围内，而不考虑对集团外的人是否具有排他性和竞争性的问题。同样，布坎南在《民主财政论：财政制度和个人选择》一书中进一步指出：“任何集团或社团出于任何原因通过集体组织提供的商品或服务，都将被定义为公共产品。”按照这一定义，凡是由集体或团体提供的产品都是公共产品。他以集体单位内的非竞争性和非排他性来认定公共产品，而不考虑其社会范围或市场的非竞争性和非排他性特征。因此，他指出某些公共产品只可以使很小的团体，如由两个人组成的小团体受益，而另外一些公共产品可以使很大的团体甚至全世界的人受益。

通过系统地梳理诸多经济学、政治学和公共管理学研究者对公共产品的不同解释，我们可以对公共产品的特性有一个相对系统的认识。

第一，消费效用的不可分割性（non-divisibility）。基于公共产品的供给、需求以及技术和经济特性，它是向整个社会共同提供的，凡有需求意愿的社会成员都能够消费或使用公共产品。它并不能通过分割为若干部分在社会成员中加以分配，也不能按照“谁付款、谁受益”的原则限定于部分个人或企业使用，公共产品的效用具有全社会性和一体性，难以在社会成员和使用者之间进行分割。

第二，使用的非排他性（non-excludability）。鉴于公共产品的技术和经济特性，一个人的使用难以排除其他人同时使用，或者说排除他人使用的成本太高，以至于不能实施限制行为。因此，不论个人或企业是否为公共产品付款，其都能从公共产品的提供中得到利益。另外，任何个人或企业都无法不受公共产品的影响或逃避使用公共产品。同时，在实践中，政府为了维护社会安全和维持社会秩序，也会做出制度安排，规定任何人除了自身有权使用和消费公共产品外，不能排除他人的公共产品使用权利。

第三，消费的非竞争性（non-rivalness）。此特性表明一个使用者对某种公共产品的消费，不会减少其他使用者对这种公共产品消费的数量。这意味着，增加一个消费者不会减少任何一个使用者对公共产品的消费量，或者说，增加一个消费者，其边际成本为零。一旦生产了某种公共产品，阻止群体内任何其他人消费这种公共产品都是无效的。

由于完全公共性质的公共产品较少，社会上存在的大部分公共产品的公共性特征是不完全的。根据供给的公共产品是否具有非竞争性、非排他性，综合各个学派对公共产品的界定，我们可以将公共产品划分为四种不同的类型（见图 2－1）：如果一种产品既不具有非竞争性，又不具有非排他性，这种产品就为私人产品；如果一种产品既具有非竞争性，又具有非排他性，这种产品就为纯公共产品；如果一种产品具有非竞争性，但不具有非排他性，这种产品就为俱乐部产品；如果一种产品不具有非竞争性，但具有非排他性，这种产品就为公共池塘资源。

	竞争性	**非竞争性**
排他性	**私人产品** 例如：衣服、私人汽车、食品	**俱乐部产品** 例如：有线电视、会员制高尔夫球场、图书馆
非排他性	**公共池塘资源** 例如：区域环境、海洋渔业资源、城市广场	**纯公共产品** 例如：国防安全、基础研究、公共卫生

图 2－1　公共产品分类

尽管我们根据公共产品的特征可以在理论上对公共产品的性质做出界定，但在现实中，政府、市场、社会供给的产品和服务千变万化，特别是在技术革命的浪潮中，许多原来性能难以分割的公共性产品可以通过技术方式被不同的消费者所使用和享用，而无须公共使用。在金融市场的发展过程中，金融交易工具的使用和产权的制度性安排，使一些难以收费或收费成本巨大的公共产品的排他性和竞争性得到增强。特别是一些私人产品，如平台经济中存在的大量收费的服务产品，尽管具有一定的竞争性和排他性，但其公共性越来越强，对社会的公共影响也越来越大。因此，我们对公共产品的认识必须随着制度、市场和技术的变化而发展。传统意义上的公共产品与私人产品的特性将越来越模糊，尤其是以政府供给与否来界定公共产品的思想正在弱化，一种物品或服务的公共功能和公共影响可能会成为判断其公共性的关键特征。

三、城市公共产品及其功能

由于城乡之间经济形态和生活方式的不同，乡村和城市的公共产品的类别和公共性也有所差异。一般认为，城市公共产品是指以实现城市的可持续发展为目标，维持城市生产和生活运行，满足城市居民工作、生活和其他需求的公共产品和公共服务。它包括公共卫生、公共教育、公共安全、道路设施、航空港口设施、公共交通、水源保护、供水与废水处理、公共建筑与庭院、通信系统、固体废弃物与有害废弃物的处理等。城市公共产品的种类繁多、范围广泛、功能齐全，它的受益对象一般是一个城市行政边界以内的全体居民。在现代城市中，人口的流动性和经济的流动性越来越强，因此，城市公共产品的受益面也越来越广（常江、王忠民、张海丽，2009）。

在发展和运行中，城市很大一部分经济职能是基于公共资源的配置和公共产品的供给而实现的。城市公共产品的供给既是经济资源在私人部门与公共部门之间配置的结果，也是经济资源在不同种类公共产品之间配置的结果。前者决定了公共产品的供给规模，也反映了城市化的程度和经济结构；后者决定了公共产品的供给结构和社会福利水平。因此，我们要充分发挥城市的经济功能，根据公共产品的性质和功能对其进行科学分类，实现城市公共产品的最优配置。

第一，按公共产品的公共性划分，城市公共产品可以分为纯公共产品和准公共产品。城市纯公共产品主要包括由政府提供的公共基础设施、经济社会制度与公共政策、基础性公共服务与公益性公共服务等。公共基础设施包括交通道路设施、环境治理设施、公共通信设施、园林绿化、公共广场等；经济社会制度与公共政策包括行政管理体制机制、各项公共政策、城市运营的基本制度、公安司法等；基础性公共服务包括基础性教育、公共文化与体育事业、基础科学研究和公共卫生健康事业等城市公共服务。

城市准公共产品可分为拥挤型准公共产品和俱乐部型准公共产品。由于一种产品或服务是面向社会公共供给的，但其供给的量或功能又是有限制的，因此，这类公共产品的消费在非排他性特征下常常会出现拥挤的情况。城市公共交通、基础教育、公共休闲场所等都属于这一类产品。当使用的人数较少时，这类城市公共产品给居民带来的利益较多；当使用者达到一定数量时，这类城市公共产品的效用会受到影响，或者需要直接限制使用人数，因此会产生消费或使用上的竞争性，也就是说这类产品是拥挤的和准公共的。例如，当很多人同时使用同一条公路时，这条公路常常会出现堵塞状态，事实上这条公路就成为一种竞争性的产品，部分人员的集中使用限制了其他人对这条公路的使用。同时，由于这类公路是免费的，具有消费的非排他性，但当公路达到了一定的拥挤程度时，其又具有排他性，因此这类公路就是拥挤型准公共产品。俱乐部型准公共产品同样是那些使用或消费具有公共性，但供给的规模、范围和空间等受到资源限制的物品或服务。由于此类公共产品可以通过收费的方式将不愿付费者排除在对其消费之外，因此形成了集体的或规模确定的消费俱乐部。但由于在集体或俱乐部内部，这类产品的使用或消费具有非竞争性，增加使用的边际成本是微不足道的，因此俱乐部型准公共产品具有内部的公共性。城市水电煤、邮电通信等就属于这一类公共产品。

第二，按公共产品的功能划分，城市公共产品可分为经济性公共产品和非经济性或社会性公共产品。经济性公共产品是指为城市产业发展服务、直接作用于城市经济活动的公共产品，主要包括交通、能源、通信等城市基础设施。出于城市发展的需要，城市产业需要以公共基础设施为发展基础和条件，城市运行和居民生活也需要能源、交通等基础设施，所以城市经济性公共产品的供给水平反映了城市的经济发展水平和生活便利程度。由于不同城市的经济功能存在差异，城市经济结构也在不断变化中，尤其是随着互联网等信息技术的发展，城市的商业形态不断发生变化，新经济迅速成长，城市的公共基础设施也在发生变化，新能源设施、大数据中心（平台）、人工智能、工业互联网、特高压、城际高速铁路、5G 设施等成为未来城市的主要公共基础设施。经济性公共产品通常具有较大的外部性，同时由于其供给需要较多的资金，因此其必须由城市政府或政府联合市场提供。

非经济性公共产品是指关系城市发展和居民社会福利的公共卫生、文化体育、科技教育、社会保障、环保设施等公共产品。此类公共产品通常不直接与城市产业和经济活动发生关系，但其供给是城市有序运行的基本条件，也决定了城市发展和居民的福利水平。在不同社会经济制度下，城市非经济性公共产品的供给种类有所差异，尤其是在供给机制上，不同国家的城市存在较大的差异。非经济性公共产品中的一部分公共产品具有较强的社会公益性和社会价值取向，如教育产品、健康卫生和住房福利等，这类产品可以通过市场供给而表现出私人产品的特性，但出于社会公益、社会发展和社会公平的考虑，有必要以公共产品的方式供给，这类产品被马斯格雷夫称为有益和有价值的产品。这类产品具有一定的外部性和福利性，其对于增进总体的社会福利具有重要的意义。

第二节　公共产品的资源配置理论

出于经济发展过程中人们对公共产品的需求，社会需要不断配置资源于公共部门，但公共产品所蕴含的非竞争性、非排他性，给投资人的收益带来了不确定性。如何在不断增长的社会需求和不确定收益预期的情况下保证公共产品的供给，以及如何在公共部门有效配置资源，使经济资源在私人部门与公共部门之间、公共部门内部的各部门之间达到均衡，这是经济理论的重要研究命题，也是城市经济发展中的重要战略和公共政策。

一、庇古的公共产品资源配置均衡分析

英国经济学家庇古首先提出了如何在私人产品与公共产品之间优化资源配置的问题。庇古假定个人是一个理性而诚实的经济人，进而研究其如何行动。他假设经济主体的效用函数具有可比性，并且是可微分的，认为每个人在消费公共产品时都能获得一定的正效用。同时，由于每个人都必须为生产这种公共产品而纳税，因此又会产生税收的负效用。基于以上假设，庇古得出以下结论：当个体消费某种公共产品的边际正效用等于纳税的边际负效用时，这种公共产品的供给是最优的。

同时，庇古认为一种物品或服务的社会总效用，是指人们从消费一定数量的这种物品或服务中获得的满足感。一种物品或服务的社会边际效用是指人们对该物品或服务每增加一个单位消费量所增加的满足程度。一种物品或服务的社会总成本是指为生产一定量的这种物品或服务而消耗的所有资源的价值。一

种物品或服务的社会边际成本是指对该物品或服务每增加一个单位生产量所需消耗资源的价值的增加值。最大化资源配置效率的条件，即帕累托效率，是分配给每种物品或服务的资源的社会边际效用等于其社会边际成本。但是，对公共产品来说，其价格并不能充分地反映其社会边际效用和社会边际成本。庇古还认为，公共产品具有效用的不可分割性、消费的非竞争性和非排他性，它是向整个社会或集体成员提供的，全体社会成员或某个集体成员共同消费、共同受益；个体或部分社会成员享用公共产品，并不排斥、妨碍其他社会成员同时享用；从技术上来说，我们无法将拒绝为公共产品付款的社会成员排斥在公共产品的受益范围之外。私人边际收益和社会边际收益、私人边际成本和社会边际成本在公共产品上发生偏离，公共产品的社会边际收益大于私人边际收益，私人边际成本小于社会边际成本（Pigou，1947）。

为了矫正公共产品的正外部性导致其供给不足的问题，庇古提出对公共产品征收消费税，使公共产品的边际正效用等于税收的边际负效用。假设 G_i 为个人 i 消费的公共产品，T_i 为个人 i 支付该公共产品的税收，M_i 为个人 i 的收入，X_i 为个人 i 消费的普通商品，P_i 为其价格，U_i 为个人 i 的效用函数，NU_i 为个人 i 的净效用函数。

假定 $T_i = G_i$，即没有政府的运作成本，那么根据庇古的公共产品均衡理论，个人 i 最大化的净效用函数可用如下数学公式表示：

$$\max NU_i = U_i(G_i) - U_i(T_i) \tag{2-2}$$

其约束条件为

$$G_i + X_i P_i = M_i \tag{2-3}$$

这一最优化问题的拉格朗日函数为

$$L = U_i(G_i) - U_i(T_i) + \lambda(M_i - G_i - P_i X_i) \tag{2-4}$$

其一阶条件为

$$\begin{aligned} \frac{\partial L}{\partial G_i} &= \frac{\partial U_i}{\partial G_i} - \lambda = 0 \\ \frac{\partial L}{\partial T_i} &= -\frac{\partial U_i}{\partial T_i} - \lambda = 0 \end{aligned} \tag{2-5}$$

由此可得其均衡条件为

$$\frac{\partial U_i}{\partial G_i} = -\frac{\partial U_i}{\partial T_i} \tag{2-6}$$

庇古虽然在理论上发现了个人在预算约束下公共产品与私人产品最优配置的均衡点，但实际中并不存在个人公共产品偏好加总的机制。此外，他仅仅采用基数效用的分析方法，并没有找到衡量效用强度的具体方法，因而他的研究实际上属于纯理论层面的研究。尽管如此，庇古的研究仍有助于我们理解公共产品内在的理论含义（戴文标，2005）。

二、林达尔的公共产品资源配置均衡分析

林达尔认为，如果每一个社会成员都按照自己所获得的公共产品的边际收益来支付应分担的公共产品费用，那么公共产品的供给可达到最优水平，即实现公共产品供给的林达尔均衡。这里，林达尔均衡的实现取决于以下两个假设条件：其一，每个社会成员都愿意准确地披露其从公共产品消费中获得的边际收益，而不会为逃避所应分担的成本费用而隐瞒或低估其边际收益；其二，每个社会成员都清楚地了解其他社会成员的收入情况与个人偏好，清楚地掌握公共产品可给彼此带来的真实的边际收益，从而不可能隐瞒其个人边际收益。但是这两个假设条件只有在人数很少的群体中才可能成立，如在一个小村庄或一个单位里。这个群体中的人们彼此之间十分熟悉，甚至能够准确说出公共产品给彼此带来的边际收益是多少。在这种小群体中，人们无法隐瞒其对公共产品的真实偏好。通过讨价还价的决策过程，人们能够依据公共产品的边际收益承担各自应负担的税收，最终在边际社会收益等于社会边际成本的基础上实现公共产品的最佳供给（Lindahl，1958）。

假设 G_i 表示第 i 个个体对公共产品的贡献，则 n 个个体所提供的公共产品总量 $G = G_1 + G_2 + \cdots + G_n$，每个个体的效用函数为 $U_i(X_i, G)$，其中 X_i 是第 i 个个体所消费的私人产品的数量。每个个体所面临的预算约束为 $Y_i = P_x X_i + P_g G_i$，其中 Y_i 是第 i 个个体的收入，P_x、P_g 分别是私人产品和公共产品的价格。对每个个体而言，他会将其他社会成员所提供的公共产品的数量视作固定的，在预算约束下最大化自身效用。

求解其最优化问题的拉格朗日函数为

$$L = U_i(X_i,\ G) + \lambda_i(Y_i - P_x X_i - P_g G_i) \tag{2-7}$$

其一阶条件为

$$\begin{aligned} \partial U_i / \partial G - \lambda_i P_g = 0 \\ \partial U_i / \partial X_i - \lambda_i P_x = 0 \end{aligned} \tag{2-8}$$

即

$$\frac{\partial U_i / \partial G}{\partial U_i / \partial X_i} = \frac{P_g}{P_x} = t_i \tag{2-9}$$

在林达尔均衡下，每个个体的公共产品对私人产品的边际替代率等于其自身所承担的税收份额。林达尔均衡要求每个个体准确地知道自身偏好以及公共产品给自身带来的效益，每个个体根据自身的边际效用承担相应的贡献和税收份额，但每个个体从理性出发，会隐藏自身的真实偏好，产生“搭便车”问题，从而使公共产品供给不足。

三、塞缪尔森的纯公共产品资源配置模型

新古典经济学中的边际主义者将边际效用的概念、边际分析法运用于公共产品理论分析之中，使公共产品理论分析由亚当·斯密时代的劳动价值论转变为效用价值论。鲍文（Bowen）建立的鲍文模型表明，私人产品的市场需求曲线是个人需求曲线横向加总的结果，而公共产品的社会需求曲线是个人需求曲线纵向加总的结果。同时，他认为每个社会成员应自觉地按照自己从公共产品中获得的边际收益来承担相应的成本（Bowen，1943）。庇古运用功利主义分析方法，构建了个体在自己的预算内对公共产品与私人产品进行最佳配置的均衡模型。维克塞尔和林达尔研究了民主制度下公共产品供给数量与公民之间税收负担安排的问题，建立了公共产品供给均衡的“维—林模型”。塞缪尔森在批判“维—林模型”的基础上，运用序数效用、无差异曲线、一般均衡分析和帕累托效率等理论分析了公共产品的最优供给，进一步拓展了公共产品的局部均衡模型，建立了一个关于资源在公共产品与私人产品之间最优配置的一般均衡模型，即塞缪尔森条件（Samuelson conditions）。

塞缪尔森认为，在公共产品供给过程中，应使所有消费者的效用函数 U_i 占一定权重 γ_i 的社会福利函数 W 最大化：

$$W = \gamma_1 U_1 + \gamma_2 U_2 + \cdots + \gamma_n U_n, \quad \gamma_i > 0 \tag{2-10}$$

私人产品的价格为 P_x，公共产品的价格为 P_g，消费者 i 消费的私人产品为 X_i，其收入为 Y_i，公共产品 G 为 n 个消费者共同享用，则社会面临的总预算约束为

$$\sum_{i=1}^{n} Y_i = P_x \sum_{i=1}^{n} X_i + P_g G \tag{2-11}$$

在总预算约束下，求解社会福利函数的最大化可得

$$\sum_i \frac{\partial U_i / \partial G}{\partial U_i / \partial X_i} = \frac{P_g}{P_x} \tag{2-12}$$

式（2-12）所表示的意义即塞缪尔森条件：所有社会成员的公共产品对私人产品的边际替代率之和等于公共产品对私人产品的价格比例（Samuelson，1954）。

四、公共产品资源配置的新制度经济理论

（一）产权配置理论

新制度经济学派侧重于研究交易费用理论、产权理论、制度变迁理论等。新制度经济学派从产权角度分析公共产品，提出了解决公共产品外部性问题的新思路，将公共产品外部性问题与交易费用、产权联系起来进行分析。罗纳德·H. 科斯（Ronald H. Coase）在其 1937 年发表的《企业的性质》一文中提出了交易费用的概念。按照科斯的交易费用理论，公共产品在配置和交易中也存在衡量、界定和保障产权费用，交易信息搜寻费用，交易谈判和合同签订费用，履行契约费用等。同样，拥有和使用公共产品也体现了产权和社会关系，界定产权即规范了人与人之间的行为关系。针对公共产品在技术上的非排他性，科斯认为如果允许排他的产权确立，那么公共产品的外部性问题将会得到解决。科斯在其 1960 年发表的《社会成本问题》一文中指出，如果交易费用为零，那么经济活动的私人成本必然等于社会成本，只要产权界定清晰，当事人自愿交易的结果就可以解决外部性问题，甚至比政府做得更好，政府的唯一

职能则是界定和保护产权，这为公共产品的市场化机制提供了理论基础。但是，交易费用为零的假设在现实中是不可能成立的，并且市场不能自发形成有效的初始产权界定，也无法有效保护产权。同时，界定产权的解决方案同样忽略了“搭便车”问题。虽然界定产权能减少或消除公共产品的外部性问题，但是在很多情况下，界定产权仍无法彻底解决问题。

针对公共产品市场供给难或收费难的问题，科斯根据对英国早期灯塔制度的研究，在《经济学上的灯塔》（1974）一文中反驳了新古典经济学家关于私营投资灯塔无法收费或无利可图的观点，证明通常情况下属于纯公共产品的灯塔也是可以私有化的，问题在于如何安排合理的制度以降低灯塔的收费。张五常进一步把灯塔收费的困难分为两类：一类是偷看灯塔而不认账，拒绝交费；另一类是“搭便车”，承认看了灯塔但就是不交费。前一种情况无足轻重，后一种情况则可以通过政府赋予私人灯塔的“专卖权”来解决。这些研究表明，即便是灯塔这类公共产品也是能够收费的，因此我们不能由灯塔收费的困难引申出必须由政府提供公共产品的结论。就产权问题而言，也就是公有产权的存在并非必要，公有产权私有化是完全有可能实现的，并且在私有产权下效率更高。所以，私有化是克服公有产权效率低下的必由之路。

科斯之后的产权经济学沿着这一思路深入研究了公共产品资源配置理论。阿门·A. 阿尔奇安和哈罗德·德姆塞茨（Armen A. Alchian and Harold Demsetz，1972）认为，产权具有排他性和可让渡性，这两种特性可以作为是否拥有产权的重要标准。哈罗德·德姆塞茨（1994）指出科斯将所有制作为外生变量是不合理的，他认为外部性与产权界定有关，产权则与相对价格有关，因此外部性与相对价格有关。同时，他将排他性、可让渡性作为判别产权的重要标准，并据此将产权分为私有制、国有制和公有制。巴泽尔（Brazel，1982，1997）认为，界定产权需要高昂的费用，如信息搜寻、甄别等策略性行为等，人们决策的依据是界定产权所得的总收益减去交易成本后的净收益，当拥有产权的收益超过交易成本时，人们才会确认产权并行使权利。相反，当人们认为拥有产权所产生的收益并不足以弥补交易成本时，他们就不会去行使产权权利，这样这类产权会留置于公共领域内。

新制度经济学派基于产权安排理论对公共产品供给的讨论，实质上是认为只要产权明确，经济资源就可以按照社会和市场的需求由市场加以配置，政府不需要以非市场的配置方式供给公共产品。由此，新制度经济学派对庇古、塞缪尔森等的观点提出了怀疑和反驳。

（二）公共选择理论

对于公共产品资源如何有效配置的问题，实践中政府失灵和市场失灵是难以避免的，尤其是公共产品的供给涉及社会与公众的利益，因此公共选择理论主张人们通过民主政治过程来决定公共产品的需求、供给和供给结构，通过民主投票将个人选择转化为集体选择，利用非市场决策对资源进行配置。投票规则主要包括一致同意规则和多数票规则。维克塞尔（1896）把所有人从集体行动中受益的可能性与一致同意规则联系起来。与每件公共产品应由一项独立的税收来融资的建议相联系的一致同意规则，构成了维克塞尔的税收“新原理”。

大规模群体中的个人不会像小规模群体中的个人那样以策略性行动、讨价还价等方式进行博弈，相反，他们只是根据其他人的行为对自己的行为做出调整。其他人的行为是个人自我决策的参数，这个参数并不直接或间接地因自己的行为而发生变化。在大规模群体中，对个人而言最优的选择是最大限度地由他人供给公共产品，而自己“搭便车”，即不付费而享有利益。在有机会“搭便车”的环境中，个人会有很强的动机违反已经签订的成本分担协议。因此，只有通过某种方法使全体成员受到潜在协议的约束，有效的制度才能够顺利制定和实施。为此，维克塞尔提议，公共产品供给的集体决策应遵循一致同意规则（袁政，2010）。

但是布坎南和戈登·塔洛克（Gordon Tullock）对一致同意规则提出了怀疑：一是在成员偏好不相同的大型社区内，达到一致同意规则所耗费的时间和协调成本太大；二是这种规则鼓励成员的策略性行为。针对如何安排合理的制度以避免投机行为，布莱克（Black，1948，1958）对各种不同的投票规则展开了详尽的讨论，提出了中位数投票人定理（又称为布莱克定理），即当投票人偏好为单峰时，多数票规则会产生一个均衡结果，并且该均衡结果就是中位数投票人的偏好。此后大量的研究文献对多数票规则进行了讨论，如孔多塞准则（Condorcet criterion）、博尔达计票法（Borda count）、赞同投票法、黑尔体系（Hare system）和库姆斯体系（Coombs system）等。不过，麦凯尔维（Mckelvey，1978）指出，在多数票规则下，个人在诚实投票（投票反映了真实的个人偏好）的情况下会产生潜在的循环，能操纵投票议程的人可以影响决策者选择其期望的议案（阮守武，2007）。总之，民主投票机制并不能保证投票结果总是符合公众利益。

（三）俱乐部产品模型

对于广泛存在的俱乐部型准公共产品的供给，布坎南提出了俱乐部模型（Buchanan，1965），他不仅分析了均衡时供应的公共产品的水平，还分析了均衡时俱乐部成员的最佳规模。假设消费者 i 消费的产品分别为 X_1^i，X_2^i，…，X_n^i，X_{n+1}^i，…，X_{n+m}^i，每种产品共享的成员数分别为 N_1^i，N_2^i，…，N_n^i，N_{n+1}^i，…，N_{n+m}^i，则作为俱乐部成员的消费者 i 的效用函数为

$$U^i = U^i[(X_1^i, N_1^i), (X_2^i, N_2^i), \cdots, (X_{n+m}^i, N_{n+m}^i)] \quad (2-13)$$

因为消费者 i 是俱乐部成员，他要承担缴纳会费等义务，所以他面临一定的支出，假设消费者 i 的成本（或生产）函数为

$$F = F^i[(X_1^i, N_1^i), (X_2^i, N_2^i), \cdots, (X_{n+m}^i, N_{n+m}^i)] \quad (2-14)$$

在均衡时，不仅任意两个产品 X_j 和 X_r 之间消费时效应的边际替代率等于生产（或交换）两种产品的边际替代率，同时还应满足共享产品 X_j 的成员规模与产品 X_r 之间的边际替代率等于对应生产之间的边际替代率，即不仅应满足 $u_j^i/u_r^i = f_j^i/f_r^i$，还应满足 $u_{Nj}^i/u_r^i = f_{Nj}^i/f_r^i$。这表明，对于消费者 i 而言，只有当他从增加一个成员中获得的边际收益（增加一个成员，可以分摊会员费等成本，消费者 i 减少支出从而获得收益）与他从增加一个成员中获得的边际成本（增加一个成员，增加了俱乐部的拥挤程度，降低了消费者 i 的效用）相等时，他才能在俱乐部规模上达到完全平衡。

五、公共产品资源配置的公共管理理论

随着信息化、市场化和知识经济时代的到来，新公共管理学思想的影响日盛，政府管理改革、公共服务市场化的浪潮席卷全球。从本质上看，新公共管理学想要解决的核心问题是社会治理和公共产品供给的绩效，其注重的是实施方式而不是理论机制和数学模型。戴维·奥斯本（David Osborne）和特德·盖布勒（Ted Gaebler）在《改革政府：企业家精神如何改革着公共部门》（2006）一书中强调，政府的角色应该是“掌舵者”而不是“划桨者”。他们试图通过企

业家精神来克服官僚主义，通过全面的质量管理来提高政府的工作效率。美国学者萨瓦斯（Savas，2002）提出，城市公共安全服务可以通过政府直接服务、政府间协议、合同承包和志愿者服务等方式进行提供。

但许多研究者也意识到公共服务市场化所存在的风险。例如，产出测量的困难（Jonhston and Romzek，1999；Boston，1992）；私人部门参与投资常常具有专用性，投资风险较高（Brown and Potoski，2005）；难以监督市场组织的服务产出和运营状况，并且收集运营信息的成本也会很高（Lavery，1999）。总之，公共产品部门的市场制度安排也存在高昂的成本和不确定的风险。为此，自20世纪起，美国出现了对“逆合同化”和“公私混合”制度的探讨和实践（Domberger，1998）。

（一）多中心治理理论

多中心治理理论由埃莉诺·奥斯特罗姆（Elinor Ostrom）等提出，它旨在构建由多个公共和私人机构组成的多中心合作治理体系，从而构成公共产品与公共服务的供给体制。多中心合作治理体系即许多在形式上互相独立的决策中心，在竞争性关系中相互合作，签订各种合约或协议，并从事合作性的活动，或者求助于中央机制来解决冲突（Ostrom et al.，1961；程宇，2006）。以奥斯特罗姆为代表的制度分析学派提出的多中心治理理论，为公共产品有效供给提供了新的分析范式。

多中心是指依靠多个并非单一的权力中心和组织体制来治理公共事物，提供公共服务，注重参与者的互动交流全过程和主观能动性，开创新的基于自发秩序的治理规则与形态。公共产品的多中心治理的重点在于创建“自发的”或多中心的秩序。在多中心治理体系中，每个成员的行为互相独立，没有任何团体或个人能作为最终的权威凌驾于制度与规则之上。但这些行为主体能够相互协调，在一般规则管理体系中处理其内在联系（迈克尔·麦金尼斯，2000）。多中心治理体系被认为是在大都市将公共和私人机构组织在一起，供给城市公共服务的、具有很大优势的一种制度安排，因为在该体系中成员能够相互监督、学习，并且随着时间的推移能够更好地适应环境（Ostrom，2010）。

多中心治理理论对公共产品资源配置的积极意义在于，摆脱单中心体制下权力高度集中的格局，形成由多个权力中心来承担公共产品的供给与配置的格局，并且各权力中心相互展开有效竞争，进而有利于解决“搭便车”和政府成本攀高的困境（郑晓燕，2010）。与此同时，多中心治理体系倾向于增强成员之间相互监督、学习的能力，提高相互之间的可信度，进而提高合作水平（Ostrom，2010；Toonen，2010）。此外，多中心治理理论认为公共服务的供给是一个多元治理主体的合作过程，改变了政府作为单一公共服务供给主体的模式，构建起了政府、市场和社会三维框架下的多中心供给模式，进而合理地弥补了仅依靠市场或政府来实现公共产品供给的不足（程宇，2006）。

多中心治理的理论和实践表明，基于自主治理和自发性的第三部门参与公共产品的供给，有利于公民参与意愿的表达和参与途径的拓展。第三部门的发展壮大与其治理水平、治理能力之间存在着比较明显的正相关关系。因此，多中心治理是以自主治理为基础，允许多个权力中心或服务中心并存，通过竞争和协作形成自发秩序，力求减少“搭便车”行为，提高服务的效率和水准，进而摆脱公共事物治理的困境。与此同时，由第三部门的自治机制来提供公共服务具有相对优势，出于对政府失灵和市场失灵的回应，第三部门的兴起和壮大能够实现公平与效率的良好契合（程宇，2006）。

（二）公共池塘资源模型

奥斯特罗姆将公共池塘资源（public pool resources）界定为一种人们共同使用整个资源系统但分别享用资源单位的公共资源。公共池塘资源既不同于纯粹的公共产品，也不同于私人产品，与可以收费的准公共产品或俱乐部公共产品也不同，它是难以排他但是竞争性较强的资源。因此，公共池塘资源指的是一个自然的或人造的资源系统，这个系统要排除因使用资源而获益的潜在受益者的成本很高（奥斯特罗姆，2011）。在这种资源系统中，理性的个人可能导致资源使用拥挤或资源退化，即公共池塘资源困境问题。

为了解决公共池塘资源困境问题，经济学家们提出的解决方案主要包括如下两种：一是由政府部门处以罚款或实行其他形式的制裁，以限制人们获取公共资源；二是通过私有化方式解决这一困境，即界定公共资源的产权，将其转化为私有资源。然而，这两种方案在现实中均难以有效实施。其原因主要有如下两点：其一，政府管制虽然有效，但其成本很高，尤其是当公共资源分布范围极广时；其二，产权的清晰界定很难做到，并且市场体系的完善程度限制了产权交易效用的发挥。为此，奥斯特罗姆在摒弃政府管制和市场机制两种方案的基础上，建立了自主组织、自主治理理论，以解决公共池塘资源困境问题。

自主组织、自主治理理论主张，个体之间通过相互交流、博弈，自主制定互惠合作的制度、规则，并且在成员之间形成可信承诺，同时对不遵守规则的成员进行制裁，在此基础上建立自主合作治理的规则体系，以解决公共池塘资源困境问题（Ostrom，2000）。

为了实现有效、成功的自组织行动，奥斯特罗姆认为需要解决以下三大问题。

第一，通过相互交流、合作、博弈解决新制度供给问题。当成员在共同的公共池塘资源系统及环境中生活了较长时间后，彼此之间就建立了一定的联系，具备了一定的信任基础，同时也能认识到自身行为对他人产生的影响。共同的行为准则、互惠合作的信任基础，为解决公共池塘资源困境问题提供了社会资本。在拥有社会资本的基础上，成员可以通过沟通、交流、合作等方式解决新制度供给问题。与此同时，他们通过多轮合作博弈，根据新出现的现实情况不断对新制度进行变革，形成制度变迁（Ostrom，2006）。

第二，建立激励机制解决可信承诺问题。为了解决可信承诺问题，奥斯特罗姆提出了通过在成员间建立自我激励机制、实施制裁的方式，监督成员对公共池塘资源的提取，确保可信承诺的实现（Ostrom，Gardner and Walker，1994）。为此，她还提出个体应遵循下列标准做出权变的承诺：（1）规定有权使用公共池塘资源的一组占用者；（2）考虑公共池塘资源的特殊性质和公共池塘资源占用者所在社群的特殊性质；（3）全部规则或至少部分规则由当地公共池塘资源占用者设计；（4）规则执行情况由当地公共池塘资源占用者进行监督；（5）采用分级惩罚法对违规者进行制裁。当所制定的准则符合这些标准时，人们就会做出谨慎、适当和可信的承诺，只要大多数处境相同的个人做出同样的承诺，并认为采用这一策略的预期长期净收益大于采取支配地位的短期策略的预期长期净收益，他们就会遵守自己做出的承诺（Walker et al.，2000；奥斯特罗姆，2011）。

第三，以权变的策略承诺解决相互监督问题。在规则的实施中，组织可以采取分级制裁、渐进制裁的措施加强成员之间的相互监督，即对偶尔犯错误的人采取温和的制裁措施，对持续违规者加重制裁。制裁的目的是使违规者确信，任何人的违规行为都是可能被发现的。采取权变策略增加了监督的可能性，监督又增加了采取权变策略的可能性。同时，使用分级制裁在其初始阶段显示出的信息总价值和最终显示出的威慑价值，既有助于解决承诺问题，又有助于解决相互监督问题。当人们遵守规则并能相互监督时，通过加强制度安排和确保可信承诺，最终可以建立一套虽不完美但一贯遵守规则的制度体系和行为模式（Walker et al.，2000；奥斯特罗姆，2011）。

第三节　公共产品供给机制理论

公共产品资源配置理论为公共产品的供给提供了不同的方式，由于公共产品具有不同的特性和功能，在实践中形成了以政府、市场、社会等不同主体为主导的供给方式，相应地形成了不同的公共产品供给机制，如政府供给机制、市场（私人）供给机制、社会（自愿）供给机制以及由这三种供给机制相结合而形成的多元主体合作供给机制。

在公共产品供给中，存在着不同的供给主体或参与者，主要可以分为消费者、生产者和制度安排者。消费者直接获得或接受服务；生产者直接组织公共产品的生产或向消费者直接提供服务，它可能是政府部门、社会志愿组织、个人、企业、非营利机构等；制度安排者决定公共产品的使用者及分配方式，其主要为消费者指派生产供给者或为生产供给者指派消费者。通常情况下，制度安排者是政府部门，但在不同的机制下，社会志愿组织或个人也可以成为公共产品的制度安排者。

这里，政府公共部门既可以作为制度安排者，也可作为公共产品的生产者，私人部门也一样。根据制度安排者与生产者之间的动态关系，我们可以将公共产品供给的制度安排分为以下 10 种具体形式：（1）政府服务；（2）政府出售；（3）政府间协议；（4）合同承包；（5）特许经营；（6）政府补助；（7）凭单制；（8）自由市场；（9）志愿服务；（10）自我服务（见表 2-1）。

表 2-1　公共产品供给的制度安排

生产者	制度安排者	
	公共部门	私人部门
公共部门	政府服务、政府间协议	政府出售
私人部门	合同承包、特许经营、政府补助	自由市场、志愿服务、自我服务、凭单制

一、政府供给机制理论

长期以来，鉴于公共产品的特性和功能，通过政府的行政体系来供给公共产品似乎是天然的行为。庇古在《福利经济学》（1912）一书中系统地论述了市场机制的缺陷，并揭示了公共产品与市场机制之间的内在矛盾，从而奠定了公共产品政府供给的理论基础。塞缪尔森、马斯格雷夫等进一步阐明了公共产品难以通过市场配置资源的方式进行有效供给，公共产品正外部性的存在使其供给呈现市场失灵状态。公共产品的非竞争性和非排他性导致市场不能有效供给。如上所述，由于公共产品存在外部性、非分割性、非竞争性和非排他性等特征，其供给存在“囚徒困境”和“搭便车”现象，个体理性与集体理性之间必然产生差异和矛盾，这为政府介入公共产品供给以避免社会分配不公和“公地悲剧”提供了理论基础。公共选择学派甚至把任何由政府提供的产品和服务都视为公共产品，认为政府就是为社会提供公共产品而产生和存在的，其责任就在于保证社会的安全运行以及社会和居民所需公共产品的供给。

政府供给机制是政府部门根据公众或企业等需求者的需要或意愿对公共产品进行行政性分配的机制。这里，政府供给机制包括公共产品的政府部门生产、政府出售、政府间协议三种形式。政府部门生产意味着由政府投资和供给，政府同时扮演了制度安排者和公共产品生产者两种角色。这些部门既包括中央政府或地方各级政府的行政部门，也包括国有企业和公营组织。政府出售是指企业和个人可以从政府所属机构购买物品或服务，如购买水、矿产资源和森林资源的使用权，租用政府的建筑物和土地。政府间协议是指一个政府部门与另一个政府部门签订协议，有偿或无偿地委托另一个政府部门提供公共服务。例如，制定河流环保协定，让下流行政区向上流行政区支付水污染治理费用；省、市内部行政区通过向其他行政区购买建设用地指标，以获得土地的开发权。又如，在我国高速公路的建设中，中央政府主管部门与地方政府签订建设协议，以建设地方行政区内的高速公路，并提供出入口等（李增田、赵银红、赵伯艳，2013）。

在公共产品的政府供给机制下，政府通常需要承担公共产品生产的投资、分配、监管和制度安排的责任。对于一些公共产品的供给，政府需要承担上述所有的责任；而对于另外一些公共产品的供给，政府可能仅仅需要承担部分责任。由此也演变出了混合的供给机制。

长期以来，公共产品政府供给机制的合理性和效应受到广泛的质疑。政府行政制度所固有的缺陷常常导致公共产品供给中的制度失灵或失败。首先，非市场配置资源的机制缺乏准确的公共产品需求及其显示机制，政府机构获得的需求信息不足，反馈机制失灵，这导致公共产品的供给者在缺乏需求者个人偏好变化信息的情况下进行生产，难以实现生产效率。特别是在信息不对称和难以完全透明的情况下，行政主管部门对于公共产品需求信息进行筛选成为必然，信息失真和行政计划的主观性导致决策目标偏离实际需求，其实施效果与预期目标之间的偏差也就不可避免，由此导致政府公共产品供给效率低下甚至无效（尚海涛、任宗哲，2010）。其次，政府机构作为公共产品的供给者，也有经济人的自利动机，即内在的机构规模和预算规模最大化的动机，从而导致供给过度。最后，在行政计划配置资源和政府机构管理下，供给成本高于技术成本，也通常会高于市场机制下的配置成本，这不仅导致供给效率低，而且在总预算约束条件下会导致供给不足。

鉴于政府机制在公共产品供给中存在的缺陷，大量的经济学和政治学研究者提出了如何解决和改善政府机制的问题，如减少管理的层次，发挥地方政府在公共产品供给中的作用，以便通过地方公共产品的异质性和普及性使公民“用脚投票”，促使政府提高公共产品供给水平和效率等。

新公共管理理论主张把私人产品部门的经营管理方法和市场竞争机制引入公共产品部门，推动政府行政制度改革，建立企业型政府，在公共产品供给中强调成本—效益分析。奥斯本和特德·盖布勒在《改革政府：企业家精神如何改革着公共部门》（2006）一书中提出了10条改革政府的建议：一是明确政府的职责。政府应是“掌舵者”而不是“划桨者”，政府的主要职责是制定政策，起催化作用，而不是提供具体的公共服务。二是强调基层社区的作用。各级政府应把公共服务的所有权和管理权从行政机构下放到社区中去。三是建设竞争型政府，把竞争机制引入政府公共服务的供给机制中去。四是改变照章办事的官僚组织，建立有使命感的政府组织。五是建设高效和讲效益的政府。公共产品部门应按绩效拨款，只有这样，公共产品部门才能全力改善业绩激励。六是建设受居民需求驱使的政府。政府应满足居民的需求，而不是满足官僚政治的需要，政府要对居民需求做出灵敏反应，积极鼓励和引导居民参与公共资源和产品的配置。七是建设有事业心的政府。政府部门在提供公共服务时，不能仅仅考虑这项公共服务的支出，同时也要分析这项公共服务所能产生的收益，以收益弥补支出。八是建设有预见性的政府，预防而不是治疗。有预见性的政府应从问题的源头寻找解决办法，使用少量资金预防可能出现的问题，而不是花大量资金处理问题。九是改革集权体制，建设分权型政府，由等级制行政体制转化为分权协作体制。分权制通常比集权制更具有灵活性，分权制下的政府部门更了解实际情况，也会对居民的需求做出迅速反应。十是建设以市场为导向的政府，通过市场力量变革政府行为，驱使政府在公共产品供给中发挥市场的作用，形成竞争优势，增强公共产品的供给效应。

二、市场（私人）供给机制理论

由于现实中政府公共产品供给水平的不足和供给效率的低下，从 20 世纪 60 年代起，人们便开始探索是否可以用其他的方式供给公共产品。公共选择学派、奥地利学派、新制度经济学派等对政府在公共产品供给中的优势和作用进行了批判与质疑，从理论上探索了以私人供给或实行市场机制的可行性，同时在实践中也出现了合同承包、特许经营、生产者与消费者补助、凭单制、自由市场等形式的市场（私人）供给机制。

所谓市场（私人）供给机制是指私人、企业以营利为目的供给公共产品，并以市场定价和竞争的机制加以实施。也就是说，在自由交易的市场制度下，公共产品的供给或分配由需求者的购买力和出价决定。在此市场环境下，公共产品的生产者或供给者拥有自由竞争的权利。在纯粹的市场（私人）供给机制下，需求者直接向营利性企业或机构购买公共产品，政府只是作为监管者介入其中。

推动公共产品市场（私人）供给机制发展的原因很多，萨瓦斯（2002）对此做了系统的分析。在他看来，市场（私人）供给机制的发展动力主要在于如下方面：一是公众具有降低税负的要求，并希望提高公共服务的质量。由私人部门供给部分公共产品可能有更高的成本收益比，也可以减轻政府的财政压力。二是在经济发展的过程中，公共服务的多样化和私人部门供给可能性的增加，客观上减少了其对政府的依赖。三是一些公共产品可以由市场（私人）提供，并且具有更高的效率。这种公共产品的市场化还可以增加私人部门的商业机会。四是现实中政府的规模过大，对社会经济的干预过强，对民主构成了威胁，政府的一些政治决策并不值得信赖，社会需要的是一个小的政府。五是在现代社会中，公众需要有更多的公共产品选择权，希望更多地依靠家庭、邻里、教会、种族和志愿团体等，而减少对官僚机构的依赖。

以市场（私人）机制供给公共产品的方式很多：一是纯粹的需求者与生产者完全通过市场进行交易的方式，需求者有自由选择的权利，生产者有自由竞争的权利，即与私人产品一样的市场竞争交易方式；二是由政府主导、控制或由政府投资但交由私营企业生产的市场供给方式；三是政府通过各种方式给予私营企业一定的补贴或补偿，私营企业生产公共产品，但不以市场自由交易的方式出售给需求者，而是由政府统一配置或免费提供给社会公众。下面举例说明一些在政府介入规制下市场（私人）机制供给公共产品的方式。

（一）合同承包

合同承包方式通常是政府与私营企业、非营利组织签订关于公共产品生产和服务供给合同，政府以付费的方式委托私营企业生产公共产品，或向营利机构购买服务。在合同承包方式下，政府是公共产品和服务的决策者、购买者、生产监管者和质量评估者。例如，政府部门与私营企业、非营利组织签订直接服务于社会公众的生产或服务合同，如垃圾收集与处理、道路和医疗救援、交通设施维护、公共医疗服务等。此外，政府通过购买服务，可使大多数社会服务由非营利组织提供。

（二）特许经营

特许经营是公共产品供给的另一种市场化机制。公共产品项目的特许经营是指政府将公共基础设施或社会服务项目的经营权授权给私营企业，让它们在公共产品的特定领域里提供产品或服务。特许经营通常受政府机构的制度约束和价格管制，政府和特许经营方也必须按照特许经营的协议承担各自的责任。特许经营的方式很多，如 PPP、BOT 等，对此后文将做详细的论述。

与合同承包方式类似，在特许经营方式下，政府成为公共产品供给的制度安排者，私营企业成为公共产品的生产者或服务的提供者。但特许经营与合同承包在资金支付方式上存在差异：在合同承包方式下，政府向承包生产者支付委托生产产品的费用；而在特许经营方式下，除部分合约规定的由政府出资或给予补贴外，一般由公共产品消费者向特许经营生产厂商直接支付费用。特许经营方式比较适用于可收费的项目，如电力、天然气、自来水、污水处理、电信服务、港口管理、高速公路运营等。

（三）生产者与消费者补助

为了增强公共产品的供给能力和使用者的需求能力，政府可以采用向私营企业补贴的方式或向消费者发放购物券的方式予以补贴。

政府对企业的补助有多种形式，包括财政资金支持、税收优惠、低息贷款、贷款担保等。补助制度可以降低特定物品供应给符合资格的消费者的价格，从而增强他们的需求能力。我国政府补助的例子很多，如农产品补贴、新技术研发补贴、特殊医疗补贴、公租房建设补贴等。

政府对公共产品使用者的补贴主要是通过发放购物券等形式实现的，购物券等补贴可以是直接的，也可以是间接的。食品券直接发给个人，公租房补贴可能是政府向业主提供补贴从而降低房租。购物券补贴的制度安排可以增强消费者的消费能力，它已经成为社会保障的一种基本项目。购物券类的补助制度目前已广泛实施于住房、医疗服务、幼儿保健、教育、老年服务、家庭护理等领域。

三、社会（自愿）供给机制理论

公共产品社会（自愿）供给机制是社会组织和公民以自愿为基础，以社会捐赠或公益彩票等形式无偿或部分无偿地筹集资金，并将资金直接或间接地用于公共服务和社会福利事业的一种机制。社会（自愿）供给机制与政府供给机制和市场供给机制不同，它是社会力量以利他为目的的公共资源配置机制，是以捐赠为主要方式的公共产品供给机制（樊丽明，2005）。因此，社会（自愿）供给机制具有自愿性和非营利性的特征。

公共产品的社会（自愿）供给机制存在已久，各种服务于公众的志愿性社团、非营利性机构、基金会等一直承担着提供公共产品的职能。归纳起来，社会（自愿）供给机制有两种组织形态：一种是自组织供给机制，主要是向本组织群体供给公共产品；另一种是他组织供给机制，主要是一部分社会成员组织起来向另一部分社会成员供给公共产品。在社会（自愿）供给机制中，非政府组织（NGO）、非营利组织（NPO）、志愿团体等扮演了重要的角色。对于社会（自愿）供给主体行为的动机，经济学和社会学等领域的研究者都做了大量的研究，大部分的研究基于自利性的动机，认为社会（自愿）供给主体可能是为了获得社会荣誉或社会影响力，也可能是为了群体行为的一致性，甚至有可能是非理性的冲动。但越来越多的人认为，在现代社会中，人们亲社会的倾向所产生的自愿供给行为正在起主导的作用，利他主义、社会奉献精神、社会合作与互惠、消除不平等的意愿、社会责任感等在公共产品自愿供给中起着重要的作用。同时，诸多因素也影响着社会（自愿）供给机制的运行和绩效，如信息披露制度、奖惩制度等。

在社会（自愿）供给机制中，社会组织可以直接提供公共产品，也可以与私营企业合作，通过合同或付费方式让私营企业去做。在实践中，社会组织供给公共产品也常常受到政府的指导与监督，并与政府合作开展公共产品供给工作。

四、多元主体合作供给机制理论

随着经济、社会发展水平的提高和技术手段的多样化，公共产品供给可采用的方式不断增加，面对不同公共产品的需求，各种不同的供给机制均有其优点和缺陷。因此，实践中出现了由政府部门、非营利组织、私营企业和公民个人合作提供公共产品，共同分担公共产品供给责任的机制，即公共产品的多元主体合作供给机制。

公共产品的多元主体合作供给机制中蕴含着政府机制、市场（私人）机制和社会（自愿）供给机制。具体而言，在公共产品供给过程中，根据不同公共产品的特性和需求，采用不同供给主体合作，有效地运用多样化、混合式和局部安排的方式提供公共产品。

目前，以多元主体合作方式供给公共产品的领域和项目已越来越多，特别是一些特殊的领域、项目，可以利用多种社会主体和多样化的方式提供特定的产品或服务。例如，各国城市生活垃圾的收集与处理就运用了多元主体合作供给机制，包括政府市政服务、外包合同服务、社会组织服务、私营企业市场服务、公民自我服务等。公共产品部门中有时一个领域运用多种方式供给一种产品或服务，有时多个领域以同一种方式供给公共产品。政府参与多元主体合作供给的方式很多，其中政府补助就是较常见的方式，它可以用来补贴特许经营、自我服务、市场供给和志愿服务等。

在一个公共产品领域或项目中，不同环节采用不同的供给方式或制度安排也被人们广泛采用。一些公共产品或公共服务项目常常是由彼此独立但又相互联系的业务环节或一系列服务活动构成的，不同环节和活动可以通过不同的方式来提供。这样，作为一个整体，特定产品和服务的提供就可以采用不同的机制供给，其他产品或服务由政府部门、私人机构或非营利性机构提供。比如，在公共交通服务中，虽然最基本的服务大多由公共机构提供，但汽车救援服务、交通设施维护等均可委托私营企业提供。又如，在城市自来水的供给中，政府可承担水源保护工作，私营企业承担后续输送工程、水处理和终端输送业务。

不同类型的公共产品供给方式与公共产品类型之间的关系如表 2－2 所示。私人物品可以用 10 余种供给方式中的任何一种方式供给，俱乐部物品可以用除自我服务之外的任何一种方式供给，纯公共产品可以用政府服务、政府间协议、合同承包、志愿服务 4 种方式供给，公共池塘资源可以用政府服务、政府间协议、合同承包、补助、购物券、志愿服务等 6 种方式供给。

表 2－2　公共产品类型与公共产品供给方式

供给方式	私人物品	俱乐部物品	纯公共产品	公共池塘资源
政府服务	√	√	√	√
政府出售	√	√		
政府间协议	√	√	√	√
合同承包	√	√	√	√
特许经营	√	√		
补　助	√	√		√
购物券	√	√		√
自由市场	√	√		
志愿服务	√	√	√	√
自我服务	√			

第四节　公共产品的需求显示理论

公共产品之所以与私人产品不同，除了其具有非竞争性和非排他性等特征外，关键还在于在此类特征的作用下，需求者真实的需求偏好难以通过价格机制显示出来，因此供给的数量和供给品的结构也难以决策，不论在理论上还是在实践上都难以实现公共产品的供求均衡。因此，如何通过合适的机制或有效的制度安排来真实反映需求者的真实需求偏好，成为一个重要的理论命题。对此，不同的学科给出了一些不同的理论解释和解决办法。

一、民主投票机制

由于公共产品自身的特性和全社会性影响，以个体的需求偏好及其总和不能反映真实的社会需求，市场价格难以作为需求增减的信号。因此，从公众的归公众、社会的归社会的决策理念出发，公共选择理论把公共产品的决策视为一种公共政治，把公共产品的供给决策放在一定的规制下去做公共选择。公众根据既定的规则并通过许多人的政治交互作用完成决策，同时在公共产品的供给和融资方面达成协议。在以民主方式进行公共选择的过程中，可供公共产品需求者表达其真实需求偏好的机制称为民主投票机制。民主投票机制可以有很多种方式，但主要的投票规则为一致同意规则和多数票规则。在民主投票机制的理论演变中，布坎南、维克塞尔、塔洛克、布莱克等做出了很大的贡献。对此，前文已有简论，这里不再赘述。

二、偏好显示机制

公共产品的供给需要一个机制，以保证在既有的信息条件下，参与者自愿、真实地显示自身对公共产品的偏好。在公共产品领域，我们无法运用市场机制让居民显示其真实的需求偏好，而且一些居民存在“搭便车”的动机，在一定条件下会隐瞒自己的公共产品消费偏好，由此产生了公共产品供给者与需求者之间的“信息不对称”问题。美国经济学家格罗夫斯（Groves）等在赫维茨（Hurwitz）的机制设计理论的基础上，按照纳什均衡原则设计了一个经济激励机制，以解决公共产品的“搭便车”问题。与之同时，维克里·克拉克（Vickery Clarke）也提出了一种诱使消费者显示其真实需求偏好的激励机制，即克拉克税（Clarke tax）。一般来说，经济机制优劣的评价标准有3个：一是资源是否得到有效配置，二是社会和市场信息是否得到有效利用，三是激励是否相容。资源有效配置的评价标准以帕累托最优标准来衡量，信息有效利用以获得尽可能低的信息成本保证机制运行来衡量，激励相容要求个体理性和集体理性的一致（丁菊红，2008）。

激励相容机制可以使个体在最大化自身利益的同时也能够最大化集体利益。在格罗夫斯机制中，每个代理人要汇报其对公共产品的出价，同时代理人将会获得一定条件下的转移支付。在格罗夫斯机制中，代理人有汇报其真实偏好水平的激励，没有偏离其真实偏好水平出价的激励，按真实偏好汇报是一种占优策略。但是，在此机制中，为了使代理人汇报其真实偏好，我们需要支付其一定的转移支付，因此总的转移支付将会达到一个很高的数值。因此，让代理人讲真话是要付出一定成本的。那么，是否有一种机制既能让代理人讲真话，又能使转移支付的总成本不是很高呢？这就是维克里—克拉克—格罗夫斯（Vickrey-Clark-Groves，VCG）机制，它要求每个代理人支付一个“税收”，而不是获得一定的转移支付。如果能够较好地选择税收函数，转移支付的总成本就能显著降低。比较有名的例子是克拉克（1971）提出的克拉克机制（也称为关键机制）。克拉克机制是 VCG 机制的特殊情形。但是，VCG 机制及其演变机制并没有完全解决公共产品有效提供机制，因为它们所收集的总税收收入往往超过公共产品供给所需成本。格林和拉丰（Green and Laffont，1977）证明，不存在一种主要的激励相容机制，这种机制总是能够产生有效的公共产品水平和精确的预算平衡。这意味着，占优准则下的激励相容机制是不存在的，只有放松约束条件，才能找到符合要求的激励相容机制。现有文献中常见的另外两种评判激励相容机制的准则是最小最大化准则（Deb and Seo，1998；Moulin and Shenker，2001）和平均准则（Rae，1969；Shao and Zhou，2016；Drexl and Kleiner，2012）。

（一）离散公共产品的维克里—克拉克—格罗夫斯机制

假设经济系统中有 n 个代理人，令 c 为公共项目的建设成本，r_i 为代理人 i 的最大意愿支付，s_i 为代理人 i 所支付成本的份额，$v_i = r_i - s_i c$ 为代理人 i 的净值。于是，当 n 个代理人的净值之和大于 0 时，公共项目将被成功建设；否则，公共项目将会失败。即

$$y = \begin{cases} 1, & \sum_{i=1}^{n} v_i \geqslant 0 \\ 0, & \text{其他} \end{cases} \tag{2-15}$$

每个代理人的净值可看作其最大意愿支付减去其为公共项目建设所承担的实际支付之差。当 $\sum_{i=1}^{n} v_i = \sum_{i=1}^{n}(r_i - g_i) \geqslant 0$（$g_i$ 为代理人 i 为公共项目建设所要做出的贡献）时，公共产品会被有效供给。但是，在实际中，代理人的最大意愿支付是私人信息，如果让每个代理人直接报告其最大意愿支付，那么代理人往往会以低于其最大意愿支付的数值报告。因此，我们需要建立合理的机制，让每个代理人如实地报告其对公共产品的最大意愿支付，即公共产品的需求显示机制。维克里—克拉克—格罗夫斯机制就是其中的一种机制。

（二）格罗夫斯机制

在格罗夫斯机制中，每个代理人要汇报其净值。代理人 i 的信息空间 $M_i = R$，格罗夫斯机制定义为 $\Gamma = [M_1, \cdots, M_n, t_1(\cdot), t_2(\cdot), \cdots, t_n(\cdot), y(\cdot)]$，且满足以下几个条件。

（1）$b_i \in M_i = R$。每个代理人 i 汇报其对公共产品的出价，即汇报其净值水平，该净值有可能高于也有可能低于其真实净值水平。

（2）公共产品供给状况由下式决定：

$$y = \begin{cases} 1, & \sum_{i=1}^{n} v_i \geqslant 0 \\ 0, & \text{其他} \end{cases} \tag{2-16}$$

（3）每个代理人 i 将会获得一个转移支付，其水平由下式决定：

$$t_i(b) = \begin{cases} \sum_{j \neq i} b_j, & \sum_{i=1}^{n} b_i \geqslant 0 \\ 0, & \text{其他} \end{cases} \tag{2-17}$$

（4）代理人 i 的收益由下式得出：

$$\phi_i(b) = \begin{cases} v_i + t_i(b) = v_i + \sum_{j \neq i} b_j, & \sum_{i=1}^{n} b_i \geqslant 0 \\ 0, & \text{其他} \end{cases} \tag{2-18}$$

在格罗夫斯机制中，当其他人的出价较高时，$v_i + \sum_{j \neq i} b_j > 0$，代理人按自身的净值水平 v_i 出价，公共产品将会被提供，且代理人获得收益 $v_i + \sum_{j \neq i} b_j$。代

理人 i 没有动机按低于其净值水平的数值出价，因为如果他的出价太低就会导致 $v_i + \sum_{j \neq i} b_j < 0$，他所获得的收益反而降低至 0。当其他人的出价较低，导致 $v_i + \sum_{j \neq i} b_j \leqslant 0$ 时，代理人 i 仍会按其自身的真实净值水平出价，因为这时代理人 i 若按其自身真实净值水平出价，则 $\sum_{i=1}^{n} b_i \leqslant 0$，他的收益为 0，但是高于 $v_i + \sum_{j \neq i} b_j > 0$，所以按真实净值水平出价仍是代理人 i 的占优策略。在格罗夫斯机制中，代理人 i 有汇报其真实净值水平的激励，没有偏离其真实净值水平出价的激励，因此按真实净值水平汇报是一种占优策略。

（三）一般格罗夫斯机制

一般格罗夫斯机制要求每个代理人支付额外的“税收” $d_i(b_{-i})$。在该机制下，向每个代理人支付的转移支付水平由下式得出：

$$t_i(b) = \begin{cases} \sum_{j \neq i} b_j + d_i(b_{-i}), & \sum_{i=1}^{n} b_i \geqslant 0 \\ d_i(b_{-i}), & \sum_{i=1}^{n} b_i < 0 \end{cases} \tag{2-19}$$

此时代理人 i 的收益由下式得出：

$$\phi_i(b) = \begin{cases} v_i + t_i(b) + d_i(b_{-i}) = v_i + \sum_{j \neq i} b_j + d_i(b_{-i}), & \sum_{i=1}^{n} b_i \geqslant 0 \\ d_i(b_{-i}), & \text{其他} \end{cases} \tag{2-20}$$

（四）克拉克机制

如果能够较好地选择函数 $d_i(b_{-i})$，转移支付总成本就能显著降低。比较好的方法是运用克拉克机制，它是一般格罗夫斯机制的特殊情形，其中，函数 $d_i(b_{-i})$ 由下式得出：

$$d_i(b_{-i}) = \begin{cases} -\sum_{j \neq i} b_j, & \sum_{j \neq i} b_j \geqslant 0 \\ 0, & \sum_{j \neq i} b_j < 0 \end{cases} \tag{2-21}$$

在克拉克机制下，$t_i(b)$ 由下式得出：

$$t_i(b)=\begin{cases}0, & \sum_{i=1}^{n} b_i \geqslant 0 \text{ 且 } \sum_{j\neq i} b_j \geqslant 0 \\ \sum_{j\neq i} b_j, & \sum_{i=1}^{n} b_i \geqslant 0 \text{ 且 } \sum_{j\neq i} b_j < 0 \\ -\sum_{j\neq i} b_j, & \sum_{i=1}^{n} b_i < 0 \text{ 且 } \sum_{j\neq i} b_j \geqslant 0 \\ 0, & \sum_{i=1}^{n} b_i < 0 \text{ 且 } \sum_{j\neq i} b_j < 0 \end{cases} \tag{2-22}$$

在使用人数众多的纯公共产品供给中，如果没有一个好的机制设计，就很难避免“搭便车”的问题。因此，我们需要设计一种机制，通过这种机制让使用者愿意真实地表露其偏好，这就是克拉克税的目的。克拉克税是个人或企业的边际税额等于公共产品边际成本（MC）与公共产品所有使用者（不包括纳税人）所获收益之间的差额，它使人们对公共产品的需求变得相对真实。克拉克税是对影响社会决策的关键人进行征税的一种机制，其核心含义在于当一个社会的居民不确定是否需要某类公共产品时，每个居民报告他对这类公共产品取或舍的个人估值，当一方的累计个人估值（aggregate personal worth）超过了对方的估值，居民便做出了对此类公共产品的取或舍的决策。获胜一方的关键选民，即个人估值扭转了决策结果的那些选民，必须缴纳一定数额的税款，其税的总额等于对方的累计个人估值与己方在关键选民不参加投票情况下的累计个人估值的差额。克拉克税鼓励每个独立的选民如实报告其对公共产品的需求偏好，而对那些夸大自己对公共产品的需求偏好而影响投票结果的选民进行税收的惩罚。

（五）蒂布特的“用脚投票”机制

查尔斯·蒂布特（Charles Tiebout）在《地方支出的纯理论》（1956）一文中提出了蒂布特模型，区分了全国性公共产品和地方性公共产品。他认为塞缪尔森的公共产品供给理论对全国性公共产品是适用的，但不适用于分析地方性公共产品的供给。地方社区彼此相互竞争着向公民提供公共产品，事实上形成了竞争的市场机制，这与企业在市场中的竞争一样。如果公民能在区域之间自由流动，那么对需求偏好不同的个人来说，哪个地方提供的公共产品能满足自己的需要，他就会选择去那个地方居住和工作，即会通过“用脚投票”的方式表明自己对某种公共产品需求的偏好，从而有效地得到自己需要的公共产品。他还认为，公共产品像私人产品一样，也是可以通过市场竞争实现有效供给的，这种市场的竞争性就是通过公共产品使用者在社区间的流动或“用脚投票”的机制实现的。

但是，蒂布特模型只有在严格的假设条件下才能成立：(1) 公共产品的使用者是完全流动的，他们可以转移到最有可能满足自己需求偏好的社区。(2) 假设使用者完全了解不同地区之间收入和支出模式的差异，并能对这些差异做出反应。(3) 有大量的社区可供使用者选择。(4) 使用者不需要考虑就业机会的限制。(5) 提供的公共服务不存在社区间的外部经济和外部不经济。(6) 对于每一种社区公共服务，城市管理者都能根据原有居民的偏好设定最优规模。(7) 低于最优规模的社区寻求方法吸引新居民，以降低公共服务的平均成本；高于最优规模的社区正好相反；处于最优规模的社区保持人口规模不变。由于蒂布特模型的要求太严格了，现实中很难找到与之完全相吻合的情况，不过蒂布特模型给我们提供了消费者通过社区间流动而真实显示其公共产品需求偏好的机制。

蒂布特模型引起了学者对地方公共产品需求偏好机制显示问题的广泛研究，之后很多学者对蒂布特模型进行了扩展研究，对蒂布特效应进行了检验。罗德、施特伦普夫（Rhode and Strumpf, 2003）建立了蒂布特扩展模型，预测了当流动成本下降时，个体公共产品需求偏好和公共产品供给在社区间的异质性将增加，并用实证数据验证了这一结论。班茨哈夫、沃尔什（Banzhaf and Walsh, 2008）建立了区位平衡模型，预测了当公共产品得到大幅改善时，社区的人口密度和相对平均收入均会增加，并在空气质量变化的背景下检验了这一假设，实证支持了家庭“用脚投票”环境质量的观点。但也有不少学者对蒂布特模型提出了怀疑，主要有以下几个方面。

第一，居民难以完全自由流动。蒂布特模型假设居民是自由流动的，并且在社区间的流动是无成本的。然而，由于存在户籍限制等，居民很难在不同社区之间自由流动，且无法享受同等的公共服务。此外，由于就业等因素的限制，居民也难以根据自己的偏好迁移到其最满意的社区。

第二，社区数量有限导致居民难以找到理想的公共服务税收组合社区。蒂布特模型要求有足够多的社区供居民选择，但实际中不可能有这么多社区供居民选择。同时，居民对公共服务需求是异质的，这就要求有更多数量的社区。即使有满足居民需求的社区数量，也不能维持一个最优的公共产品生产成本（张海丽，2008）。

第三，存在地方公共服务资本化现象。蒂布特模型假设居民能选择其最偏好的税收—支出方案，并且假设公共服务是通过一次性税收融资的，但实际中公共服务是通过财产税融资的。公共服务水平高且税率较低的地区，其住房价值也较高，存在地方公共服务资本化现象（Oates，1969；梁若冰、汤韵，2008）。这导致部分“搭便车”的居民以“用脚投票”的方式迁移到更好的社区，以增加自身福利（踪家峰、李蕾，2007）。

第四，居民在社区之间的自由流动可能不是帕累托最优状态。假设有A、B两个社区，除了A社区的面积比B社区稍大些以外，其余各方面都相同，且生产同样的公共产品，居民在两个社区之间的流动没有成本。由于A社区的劳动力拥有更多的土地，因此A社区的边际产品多于B社区，这将引起劳动力由B社区向A社区迁移，直到两个社区的要素的边际报酬相等。这种迁移是有效率的。但是，A社区有了更多的人口，就有了更多的税收收入，人均税收负担将少于B社区，从而为本社区的居民带来了更大的消费者剩余。B社区的居民意识到这一点后，会向A社区迁移。显然，这种迁移不是帕累托最优（张海丽，2008）。

事实上，蒂布特模型的实现条件苛刻，居民在不同地区间的自由流动受到诸多条件的约束，文化习惯、流动费用、就业机会、子女教育等都会影响“用脚投票”机制的实现，但这一模型为我们探讨公共产品需求的显示机制提供了有益的启示。

参考文献

[1] Alchian A A, Demsetz H. Production, information costs, and economic organization [J]. American Economic Review, 1972, 62 (5): 777－795.

[2] Arrow K J, Kruz M. Public investment, the rate of return, and optimal fiscal policy [M]. Baltimore: Johns Hopkins University Press, 1970.

[3] Banzhaf H S, Walsh R P. Do people vote with their feet? An empirical test of tiebout's

mechanism [J]. American Economic Review, 2008, 98 (3): 843-863.
[4] Bochet O, Page T, Putterman L. Communication and punishment in voluntary contribution experiments [J]. Journal of Economic Behavior & Organization, 2006, 60 (1): 11-26.
[5] Boston J. Assessing the performance of departmental chief executives: perspectives from New Zealand [J]. Public Administration, 1992, 70 (3): 405-428.
[6] Brown T L, Potoski M. Transaction costs and contracting: the practitioner perspective [J]. Public Performance & Management Review, 2005, 28 (3): 326-351.
[7] Bowen H R. The interpretation of voting in the allocation of economic resources [J]. The Quarterly Journal of Economics, 1943, 58 (1): 27-48.
[8] Buchanan J M. An economic theory of clubs [J]. Economica, 1965, 32 (125): 1-14.
[9] Clarke E H. Multipart pricing of public goods [J]. Public Choice, 1971, 11 (1): 17-33.
[10] Coase R H. The nature of the firm [J]. Economica, 1937, 4 (16): 386-405.
[11] Coase R H. The problem of social cost [J]. The Journal of Law and Economics, 1960, 3: 1-44.
[12] Coase R H. The lighthouse in economics [J]. The Journal of Law and Economics, 1974, 17 (2): 357-376.
[13] Deb R, Seo T K. Maximal surplus from the pivotal mechanism: a closed form solution [J]. Review of Economic Design, 1998, 3 (4): 347-357.
[14] Demsetz H. Toward a theory of property rights [J]. The American Economic Review, 1967, 57 (2): 347-359.
[15] Domberger S. The contracting organization: a strategic guide to outsourcing [M]. New York: Oxford University Press, 1998.
[16] Drexl M, Kleiner A. Optimal private good allocation: the case for a balanced budget [R]. Bonn: Bonn Graduate School of Economics, 2012.
[17] Easterly W, Rebelo S. Fiscal policy and economic growth [J]. Journal of Monetary Economics, 1993, 32 (3): 417-458.
[18] Falkinger J, Fehr E, Gächter S, et al. A simple mechanism for the efficient provision of public goods: experimental evidence [J]. American Economic Review, 2000, 90 (1): 247-264.
[19] Gershkov A, Moldovanu B, Shi X W. Optimal voting rules [J]. The Review of Economic Studies, 2016, 84 (2): 688-717.
[20] Glomm G, Ravikumar B. Productive government expenditures and long-run growth [J]. Journal of Economic Dynamics and Control, 1997, 21 (1): 183-204.
[21] Gordon H S. The economic theory of a common-property resource: the fishery [J]. Journal of Political Economy, 1954, 62 (2): 124-142.
[22] Green J, Laffont J J. Characterization of satisfactory mechanisms for the revelation of preferences for public goods [J]. Econometrica, 1977, 45 (2): 427-438.
[23] Groves T, Ledyard J. Optimal allocation of public goods: a solution to the "free rider" problem [J]. Econometrica, 1977, 45 (4): 783-811.
[24] Groves T, Loeb M. Incentives and public inputs [J]. Journal of Public Economics, 1975, 4 (3): 211-226.
[25] Halloran M A, Walker J M, Williams A W. The voluntary provision of a public good with binding multi-round commitments [J]. Research in Experimental Economics, 2006 (11):

225 – 246.

[26] Hardin G. The tragedy of the commons: the population problem has no technical solution; it requires a fundamental extension in morality [J]. Science, 1968, 162 (3859): 1243 – 1248.

[27] Hochman O, Hochman E. Regeneration, public goods, and economic growth [J]. Econometrica, 1980, 48 (5): 1233 – 1250.

[28] Johnston J M, Romzek B S. Contracting and accountability in state medicaid reform: rhetoric, theories, and reality [J]. Public Administration Review, 1999, 59 (5): 383 – 399.

[29] Kosfeld M, Okada A, Riedl A. Institution formation in public goods games [J]. American Economic Review, 2009, 99 (4): 1335 – 1355.

[30] Lavery K. Smart contracting for local government services [M]. Westport: Praeger Publishers, 1999.

[31] Lindahl E. Just taxation-a positive solution [M] //Classics in the theory of public finance. London: Palgrave Macmillan UK, 1958.

[32] McKelvey R D, Ordeshook P C, Winer M D. The competitive solution for n-person games without transferable utility, with an application to committee games [J]. American Political Science Review, 1978, 72 (2): 599 – 615.

[33] Moulin H, Shenker S. Strategyproof sharing of submodular costs: budget balance versus efficiency [J]. Economic Theory, 2001, 18 (3): 511 – 533.

[34] Colm G, Musgrave R A. The theory of public finance: a study in public economy [J]. The Journal of Finance, 1960, 15 (1): 118.

[35] Oates W E. The effects of property taxes and local public spending on property values: an empirical study of tax capitalization and the tiebout hypothesis [J]. Journal of Political Economy, 1969, 77 (6): 957 – 971.

[36] Ostrom E. Polycentric systems for coping with collective action and global environmental change [J]. Global Environmental Change, 2010, 20 (4): 550 – 557.

[37] Ostrom E. The value-added of laboratory experiments for the study of institutions and common-pool resources [J]. Journal of Economic Behavior & Organization, 2006, 61 (2): 149 – 163.

[38] Ostrom E. Collective action and the evolution of social norms [J]. Journal of Economic Perspectives, 2000, 14 (3): 137 – 158.

[39] Ostrom E, Burger J, Field C B, et al. Revisiting the commons: local lessons, global challenges [J]. Science, 1999, 284 (5412): 278 – 282.

[40] Ostrom E, Gardner R, Walker J. Rules, games, and common-pool resources [M]. Ann Arbor, MI: University of Michigan Press, 1994.

[41] Ostrom V, Tiebout C M, Warren R. The organization of government in metropolitan areas: a theoretical inquiry [J]. American Political Science Review, 1961, 55 (4): 831 – 842.

[42] Pigou A C. A study in public finance [M]. London: Macmillan, 1947.

[43] Rae D W. Decision-rules and individual values in constitutional choice [J]. The American Political Science Review, 1969, 63 (1): 40 – 56.

[44] Rhode P W, Strumpf K S. Assessing the importance of tiebout sorting: local heterogeneity from 1850 to 1990 [J]. American Economic Review, 2003, 93 (5): 1648 – 1677.

[45] Samuelson P A. The pure theory of public expenditure [J]. The Review of Economics and Statistics, 1954, 36 (4): 387 – 389.

[46] Shao R, Zhou L. Optimal allocation of an indivisible good [J]. Games and Economic Behavior, 2016, 100: 95-112.
[47] Shao R, Zhou L. Voting and optimal provision of a public good [J]. Journal of Public Economics, 2016, 134: 35-41.
[48] Tiebout C M. A pure theory of local expenditures [J]. Journal of Political Economy, 1956, 64 (5): 416-424.
[49] Toonen T. Resilience in public administration: the work of elinor and vincent ostrom from a public administration perspective [J]. Public Administration Review, 2010, 70 (2): 193-202.
[50] Walker J M, Gardner R, Herr A, et al. Collective choice in the commons: experimental results on proposed allocation rules and votes [J]. The Economic Journal, 2000, 110 (460): 212-234.
[51] 理查德·A. 马斯格雷夫，艾伦·T. 皮考克. 财政理论史上的经典文献 [M]. 刘守刚，王晓丹，译. 上海：上海财经大学出版社，2015.
[52] R.科斯，A. 阿尔钦，D. 诺斯，等. 财产权利与制度变迁：产权学派与新制度学派译文集 [M]. 刘守英，等译. 上海：上海三联书店，1994.
[53] 埃莉诺·奥斯特罗姆，罗伊·加德纳，詹姆斯·沃克. 规则、博弈与公共池塘资源 [M].王巧玲，任睿，译. 西安：陕西人民出版社，2011.
[54] 埃利诺·奥斯特罗姆. 公共事物的治理之道：集体行动制度的演进 [M]. 余逊达，陈旭东，译. 上海：上海译文出版社，2012.
[55] 程宇. 多中心治理：一种公共服务的供求均衡范式 [M] //中国（海南）改革发展研究院. 聚焦中国公共服务体制. 北京：中国经济出版社，2006.
[56] 丁菊红. 中国转型中的财政分权与公共品供给激励 [D]. 上海：复旦大学，2008.
[57] H. 德姆塞茨. 一个研究所有制的框架 [M] //R. 科斯，A. 阿尔钦，D. 诺斯，等. 财产权利与制度变迁：产权学派与新制度学派译文集. 刘守英，等译. 上海：上海三联书店，1994.
[58] 梁若冰，汤韵. 地方公共品供给中的 Tiebout 模型：基于中国城市房价的经验研究 [J]. 世界经济，2008 (10): 71-83.
[59] 迈克尔·麦金尼斯. 多中心治道与发展 [M]. 王文章，毛寿龙，等译. 上海：上海三联书店，2000.
[60] 迈克尔·麦金尼斯. 多中心体制与地方公共经济 [M]. 毛寿龙，译. 上海：上海三联书店，2000.
[61] 詹姆斯·M. 布坎南. 民主财政论：财政制度和个人选择 [M]. 穆怀朋，译. 北京：商务印书馆，2015.
[62] 詹姆斯·M. 布坎南，戈登·塔洛克. 同意的计算：立宪民主的逻辑基础 [M]. 陈光金，译. 北京：中国社会科学出版社，2000.
[63] 曼瑟尔·奥尔森. 集体行动的逻辑：公共物品与集团理论 [M]. 陈郁，郭宇峰，李崇新，译. 上海：上海三联书店，1995.
[64] 邵挺，袁志刚. 土地供应量、地方公共品供给与住宅价格水平：基于 Tiebout 效应的一项扩展研究 [J]. 南开经济研究，2010 (3): 3-19.
[65] Y.巴泽尔. 产权的经济分析 [M]. 费方域，段毅才，译. 上海：上海三联书店，1997.
[66] 江庆勇. 公共品供给机制研究 [M]. 北京：知识产权出版社，2016.

[67] 理查德·A. 马斯格雷夫．比较财政分析［M］．董勤发，译．上海：上海三联书店，1996.
[68] 约瑟夫·E. 斯蒂格利茨．政府为什么干预经济：政府在市场经济中的角色［M］．郑秉文，译．北京：中国物资出版社，1998.
[69] 约瑟夫·E. 斯蒂格利茨．公共部门经济学［M］．3版．郭庆旺，杨志勇，刘晓路，等译．北京：中国人民大学出版社，2005.
[70] 休·史卓顿，莱昂内尔·奥查德．公共物品、公共企业和公共选择：对政府功能的批评与反批评的理论纷争［M］．费朝辉，徐济旺，易定红，译．北京：经济科学出版社，2000.
[71] 托马斯·霍布斯．利维坦［M］．黎思复，黎廷弼，译．北京：商务印书馆，1985.
[72] 大卫·休谟．人性论［M］．张晖，译．北京：北京出版社，2007.
[73] 亚当·斯密．国富论［M］．郭大力，王亚南，译．北京：商务印书馆，2015.
[74] 戴维·奥斯本，特德·盖布勒．改革政府：企业家精神如何改革着公共部门［M］．周敦仁，等译．上海：上海译文出版社，2013.
[75] 刘守刚．国家的生产性与公共产品理论的兴起：一个思想史的回溯［J］．税收经济研究，2019，24（3）：85－95.
[76] E. S. 萨瓦斯．民营化与公私部门的伙伴关系［M］．周志忍，等译．北京：中国人民大学出版社，2002.
[77] 尚海涛，任宗哲．公共产品多元化供给的难题及解决［J］．贵州社会科学，2010（10）：49－54.
[78] 樊丽明．中国公共品市场与自愿供给分析［M］．上海：上海人民出版社，2005.
[79] 张海丽．城市公共产品有效供给的偏好显示机制研究［D］．西安：西北大学，2008.
[80] 郑晓燕．中国公共服务供给主体多元发展研究［D］．上海：华东师范大学，2010.
[81] 踪家峰，李蕾．Tiebout 模型的研究：50 年来的进展［J］．税务研究，2007（3）：37－42.
[82] 常江，王忠民，张海丽．城市公共产品有效供给的偏好显示困难、税收激励与政策建议［J］．西安电子科技大学学报（社会科学版），2009，19（5）：24－28.
[83] 戴文标．公共经济学新论［M］．杭州：浙江大学出版社，2005.
[84] 罗纳德·H. 科斯．企业、市场与法律［M］．盛洪，陈郁，译．上海：格致出版社，2014.
[85] 袁政．公共选择理论研究评述［J］．北京航空航天大学学报（社会科学版），2010，23（2）：1－6.
[86] 阮守武．公共选择理论及其应用研究［D］．合肥：中国科学技术大学，2007.
[87] 李增田，赵银红，赵伯艳．地方政府学［M］．天津：天津大学出版社，2013.
[88] 戴维·奥斯本，特德·盖布勒．改革政府：企业家精神如何改革着公共部门［M］．周敦仁，等译．上海：上海译文出版社，2013.
[89] 冷功业．中国公共物品非营利组织供给研究［D］．成都：西南财经大学，2010.

第三章　城市公共产品供给与经济发展

公共产品作为城市发展的基础条件，在增加资本存量、扩大经济规模的同时，也改善了城市居民的生活环境，提高了居民的总体福利水平。在经济发展初期，地方政府依靠投资道路交通、通信设施、能源系统等经济性公共产品来拉动经济增长，降低企业商务成本，提高资本投资回报率。在经济高质量发展阶段，政府可通过增加教育、医疗、社会保障和科学研究等非经济性或社会性公共产品的供给，降低居民的预防型储蓄支出，提升居民发展型消费支出比例，促进科学技术创新，提高居民的生活质量。公共产品供给对城市经济增长的影响既表现在总量和规模上，也表现在城市经济结构和功能的变化上。

第一节 公共产品与经济增长理论模型

一、公共产品与经济增长关系的研究综述

公共产品供给及其结构对长期经济增长、居民福利水平等有重要的影响。阿罗（Arrow）和巴罗（Barro）等比较早地开展了公共支出与经济增长关系的研究。阿罗和库尔茨（Kurtz）把公共支出分解为生产性公共支出和消费性公共支出，运用新古典增长模型对不同的公共支出的经济增长效应做了理论分析，认为生产性公共支出对生产具有促进作用，消费性公共支出对提高居民的社会福利水平具有促进作用。

巴罗（1990）则在内生增长分析框架下研究政府公共支出与经济增长的关系，把公共支出以流量形式引入生产函数模型。他认为政府公共支出与私人资本是互补的，两者共同促进产出水平的提高。在此基础上，他进一步考察了政府公共支出规模和公共支出结构与经济增长的关系，得出两者之间呈现倒U形曲线关系。当生产性公共支出对经济增长的直接促进作用大于税收的扭曲影响时，政府公共支出的增加将提升经济增长率；当生产性公共支出对经济增长的直接促进作用小于税收的扭曲影响时，政府公共支出的增加反而会使经济增长率有所降低。二神、森田、柴田（Futagami，Morita and Shibata，1993）从公共

支出形成公共产品资本存量的角度将政府公共支出引入经济增长模型，认为政府公共投资可以形成公共资本，继而对城市经济产生促进作用。

总体来说，公共支出与经济增长的关系通过如下方式来发挥作用：一是减少企业生产成本以提高经济效率；二是提高现有资本存量以促进经济增长；三是政府增加公共服务的供给，以促进人力资本水平与企业生产技术水平的提高，从而促进经济增长（Irmen and Kuehnel，2009）。

事实上，公共产品的供给对经济增长的影响远非简单的线性关系和正效应关系所能表示。一些学者基于巴罗模型开展了更进一步的研究，如研究公共产品供给的调整成本、拥堵效应等对经济增长的影响。娄洪（2004）在一般拥挤性公共基础设施资本的基础上建立了动态一般均衡模型。其结果表明，如果公共资本提供纯公共性基础设施，就能产生恒定的内生增长；如果公共资本只能提供拥挤性基础设施，虽然不能产生恒定的内生增长，但能够减缓增长率随资本积累而递减的趋势，从而提高长期经济增长率。布兰克诺和辛普森（Blankenau and Simpson，2004）考察了政府支出与经济增长的关系，发现经济增长对公共教育支出的反应并非单调的，且这种关系依赖于政府支出水平、税收结构和生产技术参数。

不同类型的公共产品的供给对经济增长的影响不同，学者们对此的研究首先基于对公共产品的分类，如把公共产品分为经济性公共产品和非经济性公共产品，不同的分类方式所得出的结果也不同。学者们还分别研究城市基础设施、公共事业、教育、医疗卫生、社会保障、国防等对经济增长的影响（Landau，1983；Kormendi and Meguire，1985；Ram，1989）。兰多（Landau，1986）把公共支出归结为教育、国防、公共消费、投资和转移等，并通过研究发现，公共教育和国防对经济增长没有产生显著的影响（林玉霞，2010）。克瑞菲尔德和庞加贝安（Crihfield and Panggabean，1995）通过研究 1950—1977 年发达国家的相关数据发现，在统计上公共基础设施投资与经济增长的关系并不显著。德瓦拉简等（Devarajan et al.，1996）将公共支出区分为生产性支出和非生产性支出，通过建立模型得出公共支出结构的变化将导致更高的稳态经济增长率。他们从对 43 个发展中国家 20 年的数据实证研究中发现，经常性支出份额的增加对经济增长有显著的正向效应，但公共支出的资本构成与人均增长之间呈现负向效应，生产性支出的过度使用反而会使其变成非生产性支出。实证结果表明，发展中国家公共支出中的资本支出比例过高，牺牲了经常性支出，导致经济增长效应不强。卡尔博尼和梅达（Carboni and Medda，2011）建立了一个改进的索洛资本积累模型，将公共支出区分为生产性支出和非生产性支出，分析了最优政府规模和公共支出的最优构成，考察了动态情况下公共支出与稳定增长率、长期人均收入水平的关系，结果表明不同份额的公共资源配置将导致不同的经济增长速度。同样，德瓦拉简等（1996）运用 43 个发展中国家 1970—1990 年的相关数据，研究了政府支出结构与经济增长的关系，结果表明公共支出中过度的生产性支出对经济增长有负向影响。

在公共经济研究领域，公共支出在总支出中的比重对经济增长的影响也是重点研究的问题。阿肖尔（Aschauer，1989）发现了生产率与公共资本存量、私人资本存量之间呈现显著的正相关关系；科曼迪等（Kormendi et al.，1985）通过研究 47 个国家 1950—1977 年的相关数据发现，真实 GDP 与政府消费支出、GDP 之间没有显著的相关性；兰多（1983）通过研究 115 个国家（包含 24 个经济合作与发展组织国家）的相关数据发现，人均 GDP 与政府消费支出、GDP 之间呈现显著负相关关系。阿格尔等（Agell et al.，1999）研究了经济合作与发展组织（OECD）国家 1970—1995 年的相关数据，结果表明公共部门的规模与经济增长之间没有明显的相关性。斯蒂芬·福斯特（Stefan Folster，1999）的研究结果则表明，公共部门的规模与经济增长之间呈现负相关关系。巴罗（1991）研究了政府消费支出与人均 GDP 之间的关系，结果表明政府消费支出（不包括国防和教育支出）对经济增长有显著负向作用。但伊斯特利和雷贝洛（Easterly and Rebelo，1993）认为，公共投资与经济增长之间呈现正相关关系。

一般认为，城市基础设施的供给对经济发展是至关重要的（Demurger，2001）。城市基础设施作为一种社会间接资本，可以降低企业的生产和交易成本，从而促进城市的工业化。伊斯特利和雷贝洛（1993）、坝宁和佩德罗尼（Canning and Pedroni，2004）发现了城市基础设施公共投资的长期增长效应的证据。此外，城市基础设施投资对于城市化进程也至关重要。然而，这是否意味着基础设施投资越多越好？巴罗（1990）为基础设施水平与经济增长之间呈现倒 U 形曲线关系提出了理论论证，这表明基础设施投资的增长效应存在一定的极限，超过该极限其投资效应就会减弱。我国有学者发现，2008 年后中国西部地区的基础设施投资出现过度状态，但中国东部和中部地区的基础设施尚处于短缺状态（Shi and Huang，2014）。在经济发展初期，城市基础设施的投资能够有效促进经济增长。但是，在经济发展到一定程度之后，依靠基础设施的投资来拉动经济增长不再有效，这时应加强公共教育、公共卫生等非经济性公共产品的供给，提升人力资本质量，促进经济的高质量增长。很多研究者通过建立包括公共教育支出的内生经济增长模型，来研究教育支出与经济增长的关系。在这些模型里，公共教育支出直接影响人力资本积累，最终影响长期经济增长（Glomm and Ravikumar，1992，1997，1998；Kaganovich and Zilcha，1999）。不同研究者使用的数据有所不同，如汉松和亨雷克松（Hansson and Henrekson，1994）使用OECD国家的横截面数据，埃文斯和卡拉斯（Evans and Karras，1994）使用美国48个州的面板数据，巴罗和萨拉-伊-马丁（Barro and Sala-i-Martin，1995）使用97个国家（地区）的横截面数据，米列尔和鲁塞克（Miller and Russek，1997）使用39个国家的面板数据，布利尼等（Bleaney et al.，2001）使用OECD国家1970—1995年的面板数据。但这些研究者所做的分析均发现公共教育支出对于经济增长具有显著正效应。此外，德瓦拉简等（1996）和布利尼等（2001）的研究发现，公共卫生支出对于经济增长也具有显著的正效应（金戈，2009）。

二、公共产品与经济增长的关系模型

（一）公共产品的经济增长效应模型

我们通过在C-D生产函数中引入公共资本存量这一变量来分析公共产品与经济增长的关系，如式（3-1）所示。尽管在巴罗（1990）的研究文献中，公共资本是以流量形式引入生产函数中的，但这里我们借鉴二神、森田、柴田（1993）的研究，以存量的形式将政府公共资本引入生产函数模型，政府公共资本可以形成公共投资，公共投资对生产具有促进作用。

$$Y_t = A_t K_t^{\alpha} L_t^{\beta} K_{gt}^{\gamma} \tag{3-1}$$

式（3-1）中，Y_t 为 t 时间的经济产出；K_t 为 t 时间的私人资本存量；L_t 为 t 时间的就业人员数量；K_{gt} 为 t 时间的公共资本存量；A_t 为 t 时间的技术水平。

私人资本存量的变化即私人投资，如式（3-2）所示。

$$\dot{K} = I \tag{3-2}$$

公共资本存量的变化即公共投资，如式（3-3）所示。

$$\dot{K}_g = G \tag{3-3}$$

经济产出也可以表示为消费、私人投资和公共投资之和，如式（3-4）所示。

$$Y = C + I + G \tag{3-4}$$

为了分析公共产品的经济增长效应，我们在式（3-1）两边取对数，可得出分析公共产品的经济增长效应的计量模型，如式（3-5）所示。

$$\ln Y_t = \alpha \ln K_t + \beta \ln L_t + \gamma \ln K_{gt} + \varepsilon \tag{3-5}$$

式（3-5）中，α 和 γ 分别度量了私人资本和公共资本的产出弹性。由此可以合理测算出中国各地区的私人资本存量和公共资本存量数据，并结合地区生产总值和劳动力数量等数据，运用固定效应面板模型等计量方法进行实证分析，获得式（3-5）中系数 γ 的估计值。此模型也可以测算出中国各地区公共产品投资的经济增长效应。

（二）公共产品供给结构的经济增长效应模型

德瓦拉简等（1996）通过区分生产性和非生产性公共支出，建构了公共支出结构和经济增长关系模型，并以此模型分析了公共产品供给结构的经济增长效应。他们得出的主要结论是，生产性公共支出占总公共支出的最优比例取决于生产性公共支出的产出效率。同理，非生产性公共支出占总公共支出的最优比例取决于非生产性公共支出的产出效率。哪种性质的公共支出的产出效率高，对总产出的贡献大，其占总公共支出的比例就大。

生产性公共支出主要是指交通、能源、通信等城市基础设施方面的支出；非生产性公共支出主要是指教育、医疗、社会保障、环境治理等有关民生和社会福利方面的支出。产出函数包含三个变量：一是私人资本存量 k；二是生产性公共资本存量 g_1；三是非生产性公共资本存量 g_2。假设生产函数是常数替代弹性（constant elasticity of substitution，CES）函数形式，如式（3-6）所示。

$$y = f(k, g_1, g_2) = [\alpha k^{-\zeta} + \beta g_1^{-\zeta} + \gamma g_2^{-\zeta}]^{-1/\zeta} \tag{3-6}$$

其中，$\alpha > 0$，$\beta \geqslant 0$，$\gamma \geqslant 0$，$\alpha + \beta + \gamma = 1$，$\zeta \geqslant -1$。

根据巴罗（1990）的研究，假设政府征收固定税率的所得税为其支出提供资金，且固定税率为 τ，如式（3－7）所示。

$$\tau y = g_1 + g_2 \tag{3-7}$$

生产性政府资本存量 g_1 占整个政府资本存量 g 的比例为 $\phi(0 \leqslant \phi \leqslant 1)$，且有

$$\left.\begin{aligned} g_1 &= \phi\tau y \\ g_2 &= (1-\phi)\tau y \end{aligned}\right\} \tag{3-8}$$

在政府决定的固定税率 τ 和生产性政府资本存量所占比例 ϕ 给定的前提下，代表性消费者选择消费 c，以最大化自身的福利。

$$U = \int_0^\infty u(c)\mathrm{e}^{-\rho t}\mathrm{d}t \tag{3-9}$$

式（3－9）中，ρ 为贴现率。

消费影响下一期的投资，即资本存量的变化，消费者面临的约束条件如式（3－10）所示。

$$\dot{k} = (1-\tau)y - c \tag{3-10}$$

为了得到模型的解析解，假定消费者的效用函数为等弹性形式，如式（3－11）所示。

$$u(c) = \frac{c^{1-\sigma}-1}{1-\sigma} \tag{3-11}$$

将式（3－11）代入式（3－9），在式（3－6）、式（3－7）、式（3－8）、式（3－10）四个约束条件下求解效用最大化问题，可得出稳态下消费增长率 λ 的函数形式，如式（3－12）所示。

$$\lambda = \frac{\dot{c}}{c} = \frac{\alpha(1-\tau)\{\alpha + (g/k)^{-\zeta}[\beta\varphi^{-\zeta} + \gamma(1-\varphi)^{-\zeta}]\}^{-(1+\zeta)/\zeta} - \rho}{\sigma} \tag{3-12}$$

通过对稳态下消费增长率 λ 与生产性公共资本存量所占比例 ϕ 求导，可得式（3－13）。

$$\frac{\mathrm{d}\lambda}{\mathrm{d}\phi} = \frac{\alpha(1-\tau)(1+\zeta)[\alpha\tau^{\zeta}]^{-(1+\zeta)/\zeta}[\beta\phi^{-(1+\zeta)}][\beta\phi^{-(1+\zeta)} - \gamma(1-\phi)^{-(1+\zeta)}]}{\sigma[\tau^{\zeta} - \beta\phi^{-\zeta} - \gamma(1-\phi)^{-\zeta}]^{-1/\zeta}} \tag{3-13}$$

因为 $\zeta \geqslant -1$，当 $d\lambda/d\phi > 0$ 时，需要满足式（3－14）：

$$\frac{\phi}{1-\phi} < \left(\frac{\beta}{\gamma}\right)^{\theta} \tag{3-14}$$

其中，$\theta = 1/(1+\zeta)$ 是替代弹性。

从式（3－14）可以看出：当生产性公共资本存量所占比例 ϕ 与非生产性公共资本存量所占比例（$1-\phi$）的比值不是太大时，生产性公共资本存量比例的提高有利于稳态下经济增长率的提高；当生产性公共资本存量所占比例 ϕ 与非生产性公共资本存量所占比例（$1-\phi$）的比值超过一定数值时，生产性公共资本存量比例的提高会使稳态下经济增长率有所下降。生产性公共资本存量所占比例 ϕ 的临界值 ϕ^* 如式（3－15）所示。

$$\phi^* = \frac{(\beta/\gamma)^{\theta}}{1+(\beta/\gamma)^{\theta}} \tag{3-15}$$

当 $\zeta = 0$，$\theta = 1$ 时，生产函数为 Cobb－Douglas 函数，此时式（3－14）变为

$$\frac{\phi}{1-\phi} < \frac{\beta}{\gamma} \tag{3-16}$$

式（3－16）表明：如果用于生产性公共资本存量 g_1 和非生产性公共资本存量 g_2 的公共支出份额之比低于它们各自的产出弹性之比，那么公共支出偏向 g_1，能提高经济的长期增长率；当用于生产性公共资本存量 g_1 和非生产性公共资本存量 g_2 的公共支出份额之比高于它们各自的产出弹性之比，那么公共支出偏向 g_2，才能提高经济的长期增长率。

第二节　公共产品与经济增长的实证分析

一、公共产品的经济增长效应实证分析

下面选取 1978—2016 年我国 31 个省（自治区、直辖市）[①] 的地区生产总值、私人资本存量、公共资本存量、年末就业人员数量，以地区生产总值为因变量，私人资本存量、公共资本存量和年末就业人员数量为自变量进行计

① 由于数据搜集有一定难度，这里的分析未包括港澳台地区。

量分析。

各变量的选取和数据获得描述如下：(1) 地区生产总值。地区生产总值数据源于《中国统计年鉴》。为消除物价变动因素的影响，以1978年各地区生产总值为基期，根据历年各地区不变价生产总值指数换算成不变价地区生产总值。(2) 私人资本存量。按照张军等（2004）提出的永续盘存法测算各地区的私人资本存量。基期私人资本存量根据当年的私人投资量和10%的贴现率进行估算，将每年的固定资本形成总额数据作为当年的投资量，固定资产折旧数据源于《中国统计年鉴》和各省（自治区、直辖市）的统计年鉴，部分未公布固定资产折旧数据的省（自治区、直辖市）和残缺年份按一定的折旧率进行估算。各省（自治区、直辖市）历年的私人资本存量根据“本期私人资本存量=上期私人资本存量+当期投资-折旧”计算得出。(3) 公共资本存量。公共资本存量的数据也是按照张军等（2004）提出的永续盘存法进行测算的。基期公共资本存量根据当年的政府财政支出和10%的贴现率进行估算，将每年的政府财政支出数据作为当年的投资量，政府财政支出的数据源于《中国统计年鉴》和《中国财政年鉴》。朱军和姚军（2017）测算的中国公共资本的年折旧率为9.28%，这里公共资本的折旧率也按照9.28%进行计算。各省（自治区、直辖市）历年的公共资本存量根据“本期公共资本存量=上期公共资本存量+当期财政支出-折旧”计算得出。(4) 年末就业人员数量。其数据源于《中国统计年鉴》，利用每年的年末就业人员数量反映当年的劳动力数量。

各变量的描述性统计如表3-1所示。

表3-1　各变量的描述性统计

变　　量	单　位	平均值	最大值	最小值
地区生产总值	亿元	1 480.85	19 326.07	6.65
私人资本存量	亿元	3 319.73	61 568.31	18.50
年末就业人员数量	万人	2 047.16	6 726.00	93.09
公共资本存量	亿元	4 264.92	60 779.08	16.70

资料来源：《中国统计年鉴》（1978—2017年）。

1978年、1994年、2003年、2012年、2016年各省（自治区、直辖市）公共资本存量数据如表3-2所示。

表 3-2 部分年份各省（自治区、直辖市）公共资本存量数据

单位：亿元

省（自治区、直辖市）	1978 年	1994 年	2003 年	2012 年	2016 年
北　京	203.80	529.83	3 026.76	15 868.32	29 200.46
天　津	145.10	369.06	1 398.98	8 028.26	16 347.22
河　北	324.40	775.85	3 004.86	16 327.13	29 360.04
山　西	211.10	488.94	1 754.47	11 012.40	18 795.04
内蒙古	186.90	522.67	1 899.68	12 944.98	23 085.02
辽　宁	313.00	1 050.77	3 783.03	18 681.83	29 359.18
吉　林	163.50	579.60	1 941.04	10 146.91	17 824.65
黑龙江	315.40	778.55	2 747.88	13 139.11	22 116.59
上　海	260.10	759.93	4 390.20	20 078.84	33 569.57
江　苏	283.80	919.16	4 318.70	27 852.90	50 432.20
浙　江	174.30	685.61	3 410.02	18 242.86	33 138.60
安　徽	181.90	513.21	2 321.84	14 693.51	27 314.66
福　建	151.40	592.49	2 259.60	10 264.81	19 871.22
江　西	162.70	469.38	1 737.00	11 048.55	21 890.74
山　东	319.00	1 029.26	4 505.68	23 700.11	43 193.97
河　南	276.70	827.71	3 225.04	19 650.21	36 061.79
湖　北	299.80	729.49	2 681.12	14 588.72	29 193.23
湖　南	244.60	721.54	2 671.46	15 694.36	29 798.56
广　东	270.30	1 511.03	7 685.92	32 306.74	60 779.08
广　西	207.80	583.67	2 063.26	11 449.47	21 144.83
海　南	16.70	153.40	506.95	3 295.85	6 393.40
重　庆	—	—	1 731.38	10 389.67	19 485.30
四　川	367.20	917.22	3 269.06	22 025.58	39 968.08
贵　州	123.00	400.68	1 512.67	9 791.53	19 685.95
云　南	182.80	858.77	3 017.37	13 708.77	25 291.07
西　藏	45.70	130.34	575.89	3 331.17	6 830.61

续 表

省（自治区、直辖市）	1978 年	1994 年	2003 年	2012 年	2016 年
陕 西	183.00	463.40	1 896.91	12 608.06	22 897.04
甘 肃	143.40	385.66	1 362.05	8 137.20	15 161.65
青 海	68.00	146.87	540.15	3 925.03	7 583.82
宁 夏	57.80	128.34	491.08	3 104.51	5 902.35
新 疆	170.20	406.10	1 597.88	9 901.57	19 317.45

资料来源:《中国统计年鉴》（1978—2017 年）。

1978—1994 年、1994—2003 年、2003—2012 年、2012—2016 年各省（自治区、直辖市）公共资本存量增长率数据如表 3-3 所示。

表 3-3 部分年份各省（自治区、直辖市）公共资本存量增长率

单位：%

省（自治区、直辖市）	1978—1994 年增长率	1994—2003 年增长率	2003—2012 年增长率	2012—2016 年增长率
北 京	159.97	471.28	424.27	84.02
天 津	154.35	279.07	473.87	103.62
河 北	139.16	287.30	443.36	79.82
山 西	131.61	258.83	527.68	70.67
内蒙古	179.65	263.46	581.43	78.33
辽 宁	235.71	260.02	393.83	57.15
吉 林	254.49	234.89	422.76	75.67
黑龙江	146.85	252.95	378.15	68.33
上 海	192.17	477.71	357.36	67.19
江 苏	223.88	369.85	544.94	81.07
浙 江	293.35	397.37	434.98	81.65
安 徽	182.14	352.42	532.84	85.90
福 建	291.34	281.37	354.27	93.59
江 西	188.49	270.06	536.07	98.13

续　表

省（自治区、直辖市）	1978—1994 年增长率	1994—2003 年增长率	2003—2012 年增长率	2012—2016 年增长率
山　东	222.65	337.76	426.00	82.25
河　南	199.14	289.63	509.30	83.52
湖　北	143.33	267.53	444.13	100.11
湖　南	194.99	270.24	487.48	89.87
广　东	459.02	408.65	320.34	88.13
广　西	180.88	253.50	454.92	84.68
海　南	818.59	230.47	550.13	93.98
重　庆	—	—	500.08	87.54
四　川	149.79	256.41	573.76	81.46
贵　州	225.75	277.53	547.30	101.05
云　南	369.78	251.36	354.33	84.49
西　藏	185.20	341.85	478.44	105.05
陕　西	153.22	309.35	564.66	81.61
甘　肃	168.94	253.18	497.42	86.33
青　海	115.99	267.76	626.66	93.22
宁　夏	122.04	282.65	532.18	90.12
新　疆	138.60	293.47	519.67	95.09

资料来源：根据《中国统计年鉴》（1978—2017 年）中的相关数据计算得出。

各省（自治区、直辖市）公共资本存量变化趋势如图 3-1 所示。从图中可以看出，2000 年之后公共资本存量快速上升。

利用 Stata 软件，运用面板固定效应模型，计量分析结果如表 3-4 所示。模型的 p 值为 0.000，R^2 为 0.87，模型拟合效果较好。从表 3-4 可以看出，公共资本存量增长 1 个百分点，引起地区生产总值增长 0.17 个百分点；而私人资本存量增长 1 个百分点，引起地区生产总值增长 0.51 个百分点。对于东部地区而言，公共资本存量增长 1 个百分点，引起地区生产总值增长 0.03 个百分点；而私人资本存量增长 1 个百分点，引起地区生产总值增长 0.72 个百分点。对于

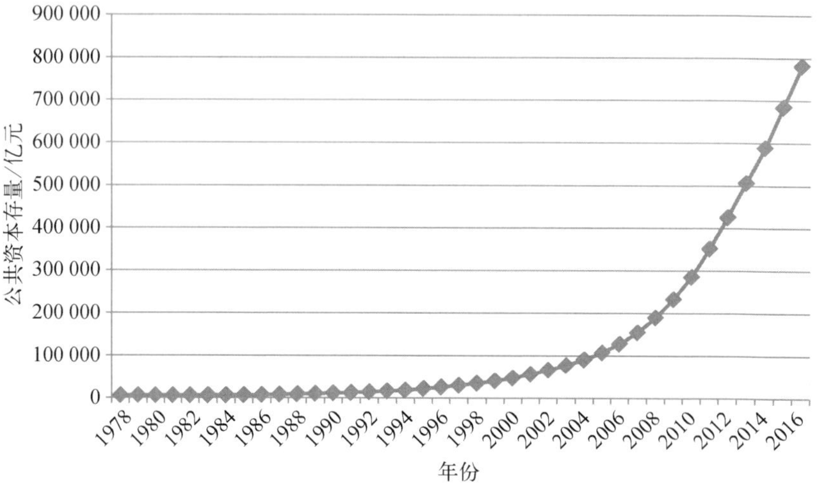

图 3-1 各省（自治区、直辖市）公共资本存量变化趋势

中部地区而言，公共资本存量增长 1 个百分点，引起地区生产总值增长 0.27 个百分点；而私人资本存量增长 1 个百分点，引起地区生产总值增长 0.35 个百分点。对于西部地区而言，公共资本存量增长 1 个百分点，引起地区生产总值增长 0.34 个百分点；而私人资本存量增长 1 个百分点，引起地区生产总值增长 0.29 个百分点。因此，总体来说，在这一段时期内，影响我国经济增长的主要因素是私人资本的投资或私人产品部门的发展，但公共资本的投资和公共产品部门的发展也对经济增长起到了正向效应。

表 3-4 公共资本存量的经济增长效应分析

变　量	全　国	东部地区	中部地区	西部地区
固定资本存量	0.51*** (0.000)	0.72*** (0.000)	0.35*** (0.000)	0.29*** (0.000)
年末就业人员数量	1.17*** (0.000)	0.95*** (0.000)	1.39*** (0.000)	1.09*** (0.000)
公共资本存量	0.17*** (0.000)	0.03*** (0.270)	0.27*** (0.000)	0.34*** (0.000)
常　数	-6.95*** (0.000)	-5.69*** (0.000)	-8.51*** (0.000)	-6.12*** (0.000)
R^2	0.87	0.88	0.87	0.92

注：*** 表示在 1% 水平上显著；括号内的数值表示对应系数的 p 值。

由于经济发展阶段、市场完善程度、区位条件、资源禀赋等社会经济条件的不同，我国东、中、西部地区的公共资本和私人资本在经济增长过程中的产出效率不同，其作用机制也存在较大差异。东部地区经济发展程度较高，最先实行对外开放，市场经济的完善程度较高，拥有独特的区位优势，基础配套设施、投资环境和人力资源方面都有很大的优势，私人资本的产出弹性较大、效率较高，公共资本存量也较高，依靠公共资本的投入促进经济增长的空间不大。然而，中西部地区经济发展程度相对较低，市场化体系的完善程度不高，基础设施及配套较为落后，投资环境也不如东部地区，而且人力资本流失严重，从而导致私人资本的产出效率较低，公共资本的产出效率高于东部地区，产出弹性也大于东部地区。

二、经济性公共产品供给的经济增长效应分析

在经济发展的不同阶段，以及在不同的区域，经济性公共产品和非经济性公共产品对经济增长的促进作用是不同的，我们有必要对此进行区别分析。这里选取全国地级市中的285个，以其2004—2017年的城市面板数据为例，分析经济性公共产品的经济增长效应。经济性公共产品这一指标通过城市交通、通信、能源等指标进行综合评估获得，其评价指标体系如表3－5所示。

表3－5 经济性公共产品供给的评价指标

指标	一级指标	二级指标	单位	权重
经济性公共产品	交通	人均铺装道路面积	平方米	0.53
		每万人拥有公共汽（电）车	辆	0.26
	通信	国际互联网用户数量	万户	0.16
	能源	燃气普及率	%	0.05

各二级指标的权重根据变异系数法测算而得，其具体步骤如下。

第一，求出各指标的均值和标准差：

$$\bar{x} = \frac{1}{n}\sum_{i=1}^{n} x_{it}, \quad s = \sqrt{\frac{1}{n-1}\sum_{i=1}^{n}(x_{it} - \bar{x})^2} \tag{3-17}$$

第二，求出每项指标的变异系数 v_j：

$$v_j = \frac{s}{\bar{x}} \tag{3-18}$$

第三，确定指标权重 V_j：

$$V_j = \frac{v_j}{\sum_{j=1}^{4} v_j} \tag{3-19}$$

获得各二级指标权重之后，再根据如下公式对原始数据进行标准化处理：

$$y_{it} = [x_{it} - \min_i(x_{it})]/[\max_i(x_{it}) - \min_i(x_{it})] \tag{3-20}$$

根据测算的权重对标准化处理之后的数据进行加权平均，得到各城市的经济性公共产品指标数据。以人均 GDP 为因变量，以经济性公共产品为自变量，选取就业人员数量、人口密度、产业结构等指标作为控制变量，运用固定效应面板模型进行回归分析，得出经济性公共产品的经济增长效应分析结果如表 3-6 所示。

表 3-6　经济性公共产品的经济增长效应分析结果

变　　量	全国城市	东部城市	中西部城市
经济性公共产品	245 279. 1*** (0. 000)	170 119. 1*** (0. 000)	344 144. 5*** (0. 000)
就业人员数量	218. 79*** (0. 002)	383. 79*** (0. 000)	31. 12 (0. 795)
人口密度	-2. 24 (0. 532)	-1. 6** (0. 054)	-5. 01 (0. 568)
产业结构	2 538. 36*** (0. 000)	2 887. 69*** (0. 000)	2 293. 77*** (0. 011)
常　数	-220 410. 3*** (0. 000)	-259 777. 4*** (0. 000)	-197 644. 8*** (0. 015)
F 值	22. 30***	240. 39***	10. 39***
观察值	3 990	1 218	2 772

注：**、*** 分别表示在 5%和 1%水平上显著；括号内的数值表示对应系数的 p 值。

从表 3-6 可以看出，对于全国城市、东部城市与中西部城市，经济性公共产品对经济增长的促进作用均是正向且显著的，同时中西部城市的经济性公共产品对经济增长的促进作用要大于东部城市。东部地区经济发展水平较高，城市基础设施较为完善，市场化程度也较高，依赖经济性公共产品促进经济增长的动力有所下降。中西部地区经济发展水平相对较低，城市基础设施仍存在进一步完善的空间，市场化程度也较低，经济性公共产品促进经济增长的空间相对较大。

经济性公共产品对经济增长的促进作用体现在以下两方面：一是经济性公共产品的供给会形成公共资本投资，从而直接促进经济增长（Barro，1990；Turnovsky，1996）；二是经济性公共产品中的城市基础设施（如交通、能源、通信三大网络型基础设施）具有规模效应和网络效应，会对经济增长产生溢出效应（刘生龙、胡鞍钢，2010；张学良，2012；郑世林等，2014）。

三、非经济性公共产品供给的经济增长效应分析

仍以285个地级市2004—2017年的城市面板数据为例，分析非经济性公共产品的经济增长效应。非经济性公共产品这一指标通过城市教育、医疗、文化等指标进行综合评估获得，其评价指标体系如表3-7所示。各二级指标的权重、非经济性公共产品指标数据的测算方法与经济性公共产品的测算方法类似。

表3-7 非经济性公共产品供给的评价指标

指标	一级指标	二级指标	单位	权重
非经济性公共产品	教育	每万人拥有中小学专任教师人数	人	0.31
		中小学学校数	所	0.15
	医疗	每万人拥有医疗卫生机构床位数	张	0.37
	文化	人均公共图书馆藏书量	册	0.17

以人均GDP为因变量，以非经济性公共产品为自变量，仍选取就业人员数量、人口密度、产业结构等指标作为控制变量，运用2004—2017年285个地级市的城市面板数据与固定效应面板模型进行回归分析，得出非经济性公共产品的经济增长效应分析结果如表3-8所示。

表 3-8 非经济性公共产品的经济增长效应分析

变　量	全国城市	东部城市	中西部城市
非经济性公共产品	-64 465.71* (0.094)	-43 256.75*** (0.002)	-73 035.87 (0.200)
就业人员数量	329.57*** (0.000)	448.86*** (0.000)	210.97* (0.064)
人口密度	-4.42 (0.218)	-3.02*** (0.001)	-8.79 (0.316)
产业结构	3 205.64*** (0.000)	3 444.63*** (0.000)	3 207.76*** (0.000)
常　数	-245 312.4*** (0.000)	-279 954.9*** (0.000)	-238 042.2*** (0.003)
F 值	13.9***	153.53***	5.21***
观察值	3 990	1 218	2 772

注：*、*** 分别表示在 10% 和 1% 水平上显著；括号内的数值表示对应系数的 *p* 值。

从表 3-8 可以看出，全国城市、东部城市与中西部城市的非经济性公共产品对经济增长的促进作用均是负向的，中西部城市的经济性公共产品对经济增长的负向作用要大于东部城市且不显著。这说明，在我国目前的经济发展阶段，非经济性公共产品的供给与投资会挤占经济性公共产品的供给与投资，削弱经济性公共产品对经济增长的促进作用。

四、公共产品供给与全要素生产率的变动分析

以上分析了公共产品供给、经济性与非经济性公共产品供给对经济增长的影响，下面进一步分析公共产品供给对技术进步和全要素生产率的影响。仍选取全国地级市中的 285 个，以其 2006—2016 年的面板数据为研究样本，根据各城市的实际 GDP 数据（以 2000 年为基期进行平减）、就业人员数量（采用各城市城镇单位产业人员期末人数进行衡量）、资本存量（运用永续盘存法进行测算）数据，运用 Malmquist 指数方法与 DEAP 2.1 软件，测算各城市的全要素生产率。以全要素生产率为因变量，分别以经济性公共产品、非经济性公共产品为自变量，以人均 GDP、人口密度、产业结构为控制变量，运用固定效应面

板模型进行回归分析，得出公共产品供给对全要素生产率的影响效应分析结果如表 3-9 所示。

表 3-9　公共产品供给对全要素生产率的影响效应分析

变　量	全国城市		东部城市		中西部城市	
	经济性	非经济性	经济性	非经济性	经济性	非经济性
经济性公共产品	0.151*** (0.000)		0.062 (0.427)		0.325*** (0.000)	
非经济性公共产品		0.036 (0.413)		0.120 (0.170)		0.006 (0.907)
人均 GDP	1.66E-07* (0.061)	2.51E-07*** (0.003)	-2.3E-07 (0.162)	-1.74E-07 (0.254)	4.07E-07*** (0.000)	5.27E-07*** (0.000)
人口密度	-1.97E-05*** (0.001)	-2.06E-05*** (0.000)	-2.28E-05*** (0.007)	-2.34E-05*** (0.005)	-1.63E-05* (0.062)	-1.82E-05** (0.039)
产业结构	5.71E-03*** (0.000)	5.96E-03*** (0.000)	6.987E-03*** (0.015)	7.21E-03*** (0.012)	4.70E-03*** (0.000)	5.30E-03*** (0.000)
常　数	0.419*** (0.000)	0.405*** (0.000)	0.348 (0.196)	0.314 (0.247)	0.478*** (0.000)	0.449*** (0.000)
F 值	18.50***	16.42***	2.84**	3.15***	24.94***	19.56***
观察值	3 135	3 135	957	957	2 178	2 178

注：*、**、*** 分别表示在 10%、5% 和 1% 水平上显著；括号内的数值表示对应系数的 p 值。

从表 3-9 可以看出，全国城市与中西部城市的经济性公共产品对全要素生产率的影响均是正向且显著的，东部城市的经济性公共产品对全要素生产率的影响是正向的，但不显著；全国城市、东部城市与中西部城市的非经济性公共产品对全要素生产率的影响均是正向的，但不显著。这说明，在我国现阶段，经济性公共产品的供给能显著提高全要素生产率，非经济性公共产品的供给也能在一定程度上提高全要素生产率，但其作用还不是很明显。交通、能源、通信等经济性公共产品直接参与生产活动，形成公共资本，能够降低企业运输成本和交易费用等，提高生产效率（Fernald，1999；Bronzini and Piselli，2009；刘秉廉、武鹏、刘玉海，2010）。随着城市基础设施资本存量的增加，产品市场的规模也相应扩大，这也提高了企业研发投资的资本回报率，激励企业增加研发投入，从而促进全要素生产率的提高（蔡晓慧、茹玉骢，2016）。

五、公共产品供给结构的经济增长效应分析

下面以各省市人均地区生产总值的5年移动平均值反映经济增长，以各省（自治区、直辖市）的教育、医疗卫生、社会保障支出之和占财政支出的比重（非经济性公共产品支出比例）反映公共产品的供给结构，以人均地区生产总值的5年移动平均值为因变量，以教育、医疗卫生、社会保障支出之和占财政支出的比重为自变量，以第二产业产值占地区GDP的比重、第三产业产值占地区GDP的比重、城市化率、研究与试验发展经费占GDP的比重为控制变量进行自适应半参数模型分析。

（一）散点图和描述性统计分析

非经济性公共产品支出比例与经济增长的散点图如图3－2所示，两者通过线性拟合之后，呈现递增的正向关系。随着非经济性公共产品支出比例的提高，人均地区GDP也相应增加，可见非经济性公共产品支出比例的提高有利于促进经济增长。

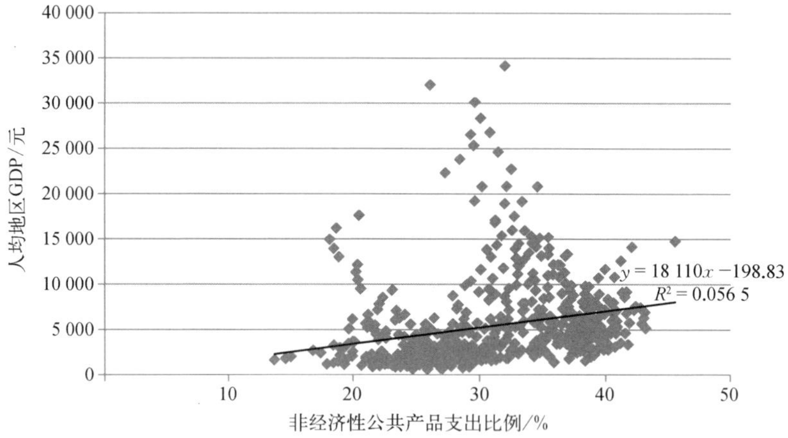

图3－2 非经济性公共产品支出比例与经济增长散点图

全国数据的描述性统计如表3－10所示。

表3－10 全国数据描述性统计

变　　量	单　位	平均值	最大值	最小值
非经济性公共产品支出比例	%	30.90	45.60	13.70
人均地区GDP	元	5 395.62	34 154.88	626.62

续　表

变　　量	单　位	平均值	最大值	最小值
第二产业产值占地区 GDP 的比重	%	59.40	79.60	18.10
第三产业产值占地区 GDP 的比重	%	32.30	65.80	16.80
城市化率	%	47.60	89.60	17.50
研究与试验发展经费占 GDP 的比重	%	1.80	45.40	1.00

东部地区数据的描述性统计如表 3-11 所示。

表 3-11　东部地区数据描述性统计

变　　量	单　位	平均值	最大值	最小值
非经济性公共产品支出比例	%	30.20	45.60	18.10
人均地区 GDP	元	8 745.85	34 154.88	1 687.72
第二产业产值占地区 GDP 的比重	%	65.30	79.60	25.90
第三产业产值占地区 GDP 的比重	%	28.80	48.70	16.80
城市化率	%	60.70	89.60	25.20
研究与试验发展经费占 GDP 的比重	%	2.60	45.40	1.00

中西部地区数据的描述性统计如表 3-12 所示。

表 3-12　中西部地区数据描述性统计

变　　量	单　位	平均值	最大值	最小值
非经济性公共产品支出比例	%	31.30	43.20	13.70
人均地区 GDP	元	3 553.00	13 931.89	626.62
第二产业产值占地区 GDP 的比重	%	56.20	73.10	18.10
第三产业产值占地区 GDP 的比重	%	34.20	65.80	19.50
城市化率	%	40.40	62.60	17.50
研究与试验发展经费占 GDP 的比重	%	1.30	19.90	1.00

从表 3-10 至表 3-12 中可以看出，东部地区非经济性公共产品支出比例略低于中西部地区公共产品支出比例，但东部经济增长水平远高于中西部地区；东部地区第二产业产值占地区 GDP 的比重高于中西部地区，中西部地区

第三产业产值占地区 GDP 的比重高于东部地区；东部地区城市化率平均值比中西部地区城市化率平均值高 20 多个百分点；东部地区研究与试验发展经费占 GDP 比重的平均值为中西部地区的两倍。

（二）自适应半参数模型分析

非参数模型并不假定因变量与自变量之间的函数形式，而是直接对因变量与自变量的数据进行拟合，但是它会带来“维数诅咒”的问题，同时边界数据拟合的误差较大。针对这些问题，我们需要加入惩罚参数 λ，以在偏差和方差之间做出权衡。但是在不同节点之间使用具有不变曲率的二次样条，若回归函数的曲率发生快速变化，则需要较小的惩罚参数 λ 来拟合样条的二阶导数足，以适应曲率变化；若样条函数曲率变化缓慢，则较大的惩罚参数 λ 不会导致较大的偏差，并且会降低拟合自由度和拟合值的方差。因此，惩罚参数 λ 要能够在空间上变化，以适应回归函数的空间异质性。空间自适应半参数模型正好具有这一功能（王镝、唐茂钢，2019）。

令 $\boldsymbol{y}=[y_1,\ y_2,\ \cdots,\ y_n]^{\mathrm{T}}$，设矩阵 $\boldsymbol{C}$ 的第 i 行如下：

$$\boldsymbol{C}_i=[1,\ x_i,\ \cdots,\ x_i^*,\ (x_i-\kappa_1)_+^p,\ \cdots,\ (x_i-\kappa_K)_+^p] \tag{3-21}$$

$\boldsymbol{D}(b)$ 是依赖于 b 前 $(p+1)$ 个对角元素为 0，剩下的对角元素分别为 $b^2(\kappa_1)$，$\cdots$，$b^2(\kappa_K)$ 的对角阵，自适应光滑系数 b 的惩罚性样条估计 $\boldsymbol{\nu}=[\boldsymbol{\beta}^{\mathrm{T}},\ \boldsymbol{u}^{\mathrm{T}}]$ 如下（Ruppert et al.，2003）：

$$\hat{\boldsymbol{\nu}}(\boldsymbol{b})=\{\boldsymbol{C}^{\mathrm{T}}\boldsymbol{C}+\boldsymbol{D}(\boldsymbol{b})\}^{-1}\boldsymbol{C}^{\mathrm{T}}y \tag{3-22}$$

自适应光滑系数 $\boldsymbol{b}=(b_1^*,\ \cdots,\ b_M^*)$ 由最小化广义交叉验证统计量决定（Ruppert et al.，2003）：

$$\mathrm{GCV}(\boldsymbol{b})=\frac{\|y-\boldsymbol{C}\hat{\boldsymbol{\nu}}(\boldsymbol{b})\|^2}{\{1-\mathrm{df}_{\mathrm{fit}}/n\}^2} \tag{3-23}$$

其中，$df_{\mathrm{fit}}(\boldsymbol{b})=\mathrm{tr}[\{\boldsymbol{C}^{\mathrm{T}}\boldsymbol{C}+\boldsymbol{D}(\boldsymbol{b})\}^{-1}\boldsymbol{C}^{\mathrm{T}}\boldsymbol{C}]$ 为拟合的自由度。

为了实证分析经济增长与非经济性公共产品支出比例之间的非线性关系，这里以经济增长为因变量，以非经济性公共产品支出比例为非参数自变量，以第二产业产值占地区 GDP 的比重、第三产业产值占地区 GDP 的比重、城市化率、研究与试验发展经费占 GDP 的比重为线性控制变量，运用自适应半参数模型进行实证分析，其计量模型如式（3-24）所示。

$$y = \beta_0 + \beta_1 x_2 + \beta_2 x_3 + \beta_3 x_4 + \beta_4 x_5 + f(x_1) + \sum_{k=1}^{K_m} b_k (x - \kappa_k^m)_+^p \quad (3-24)$$

式（3-24）中，y 为经济增长；x_1 为非经济性公共产品支出比例；x_2 为第二产业产值占地区 GDP 的比重；x_3 为第三产业产值占地区 GDP 的比重；x_4 为城市化率；x_5 为研究与试验发展经费占 GDP 的比重。

非经济性公共产品支出比例与经济增长之间的自适应半参数模型拟合结果如表 3-13 所示。

表 3-13　非经济性公共产品支出比例与经济增长的自适应半参数模型拟合结果

变　　量		全　国	东部地区	中西部地区
参数项	第二产业产值占地区 GDP 的比重	10 180*** (0.000 0)	-559.3 (0.902 8)	11 980*** (0.000 0)
	第三产业产值占地区 GDP 的比重	15 160*** (0.000 0)	-10 530 (0.149 6)	18 170*** (0.000 0)
	城市化率	22 840*** (0.000 0)	32 520*** (0.000 0)	12 990*** (0.000 0)
	研究与试验发展经费占 GDP 的比重	-9 075** (0.019 6)	-9 585 (0.119 8)	2 389 (0.540 6)
	常数项	-17 580** (0.019 3)	-12 460 (0.184 1)	-17 460*** (0.000 0)
非参项	df	5.338	3.835	2.147
	spar	0.145 2	0.163 3	0.488 1
	knots	35	40	37

注：**、*** 分别表示在 5% 和 1% 水平上显著；括号内的数值表示对应系数的 p 值。

全国层面非经济性公共产品支出比例与经济增长拟合曲线如图 3-3 所示，东部地区非经济性公共产品支出比例与经济增长拟合曲线如图 3-4 所示，中西部地区非经济性公共产品支出比例与经济增长拟合曲线如图 3-5 所示。

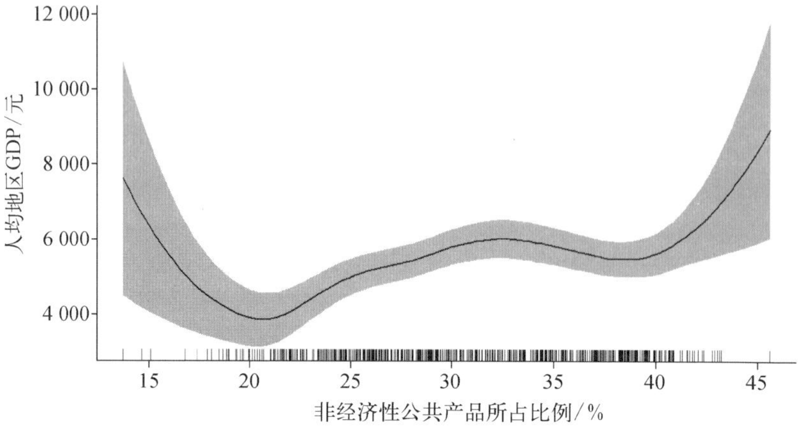

图 3－3　全国层面非经济性公共产品支出比例与经济增长拟合曲线

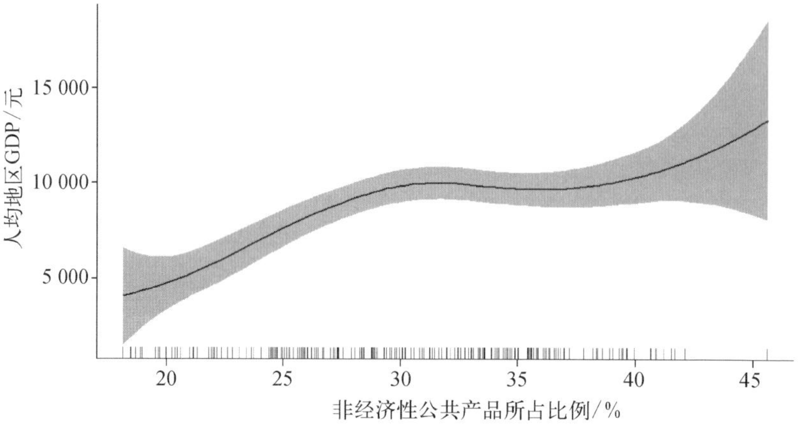

图 3－4　东部地区非经济性公共产品支出比例与经济增长拟合曲线

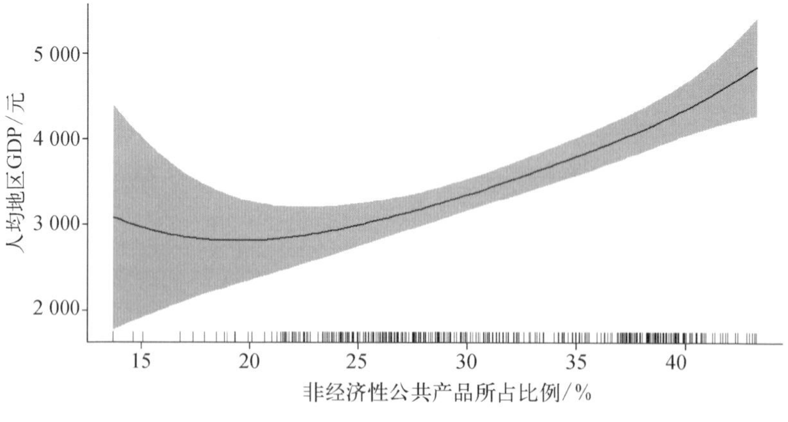

图 3－5　中西部地区非经济性公共产品支出比例与经济增长拟合曲线

从图 3-3 至图 3-5 中可以看出，全国层面非经济性公共产品支出比例与经济增长之间呈现 U 形曲线关系，东部地区和中西部地区非经济性公共产品支出比例与经济增长之间总体上呈现正相关关系，但是中西部有少量样本非经济性公共产品支出比例与经济增长之间呈现负相关关系。对于东部地区，非经济性公共产品支出比例对经济增长的促进作用呈现先变缓后增强的趋势。当经济发展到一定阶段时，提高教育、医疗卫生、社会保障等非经济性公共产品供给的比例，可降低居民的预防型储蓄支出，增加居民发展型消费支出。这一方面可以促进居民消费，另一方面可提高人力资本水平，促进技术创新和经济的高质量发展等。

第三节　公共产品供给与城市经济结构

城市经济结构是城市各经济部门、社会再生产各个环节的组成和构造。城市经济结构可以按不同的功能划分，包括城市所有制结构、城市组织结构、城市产业结构、城市空间结构等。根据不同的研究目的，我们可以依据上述分类对城市经济结构加以分析。不过随着城市社会经济的发展，城市的功能和经济结构也会发生变化（何盛明，1990）。

城市经济结构与国民经济总体结构、农村经济结构不同，其发展和变动有自身的特征。不同性质的城市具有不同的经济结构，一些政治型城市以消费为主，一些经济型城市则以生产或贸易为主。但城市经济具有一个共同的特点，即产业的非自然性和经济的集聚性，集聚使城市产生更大的经济效益。也正是由于经济的非自然性和集聚性要求，城市经济在产生和发展的过程中对于生产基础设施、交通运输设施、生活设施和社会保障设施等公共产品有更高的要求，即公共产品的供给对城市经济结构的影响更大。由于资料有限，本书没有对不同特征的城市进行分析，而是重点分析公共产品供给与一般的城市经济结构的关系。

一、公共产品供给与城市产业结构

一般而言，在城市经济发展过程中，公共基础设施作为经济发展的基础条件，其规模、水平和质量决定了城市经济的发展水平和经济结构。通常情况下，在城市经济发展的初级阶段，经济性公共产品的供给对城市产业发展和企业集聚的影响巨大，这与农村产业的发展有较大差异。但在城市形成基本的经济性公共产品基础以后，城市私人产品的投资和生产决定了城市经济水平和经济结构，特别是当城市经济发展到高质量阶段时，地方政府依靠投资交通、通信、能源等经济性公共产品拉动经济增长的效率大大降低。此时，城市及其企业只有通过技术创新、发展高新技术产业才能获得发展。

但在城市经济发展中，非经济性公共产品对城市经济与产业结构的影响轨迹则有所不同。当城市经济发展到一定水平时，城市对教育、医疗卫生、社会保障、体育、社会服务等非经济性公共产品的需求不断增加，最终导致第三产业部门成为城市的主要经济部门。由此，公共产品部门与准公共产品部门对城市经济规模与经济增长的贡献率不断上升。

（一）经济性公共产品对产业结构的影响效应分析

为了评估我国城市公共产品供给对产业结构的影响，我们首先对经济性公共产品与产业结构高级化的关系进行分析。这里选取 285 个地级市，以其 2004—2017 年的城市面板数据为研究样本，经济性公共产品指标的评估与测算与本章第二节相同。

参照已有研究文献来确定产业结构高级化的测算方法（付凌晖，2010），首先，将 GDP 分为第一、第二、第三产业，以每一产业增加值占 GDP 的比重为空间向量中的一个分量，从而构成一组三维向量 $\boldsymbol{X}_0=(x_{10},\ x_{20},\ x_{30})$；其次，分别计算 $\boldsymbol{X}_0$ 与产业由低层次到高层次排列的向量 $\boldsymbol{X}_1=(1,\ 0,\ 0)$，$\boldsymbol{X}_2=(0,\ 1,\ 0)$，$\boldsymbol{X}_3=(0,\ 0,\ 1)$ 的夹角 θ_1，θ_2，θ_3。

$$\theta_j=\arccos\left\{\frac{\sum_{i=1}^{3}(x_{ij}\cdot x_{i0})}{\left[\sum_{i=1}^{3}(x_{ij}^2)\right]^{1/2}\left[\sum_{i=1}^{3}(x_{i0}^2)\right]^{1/2}}\right\},\quad j=1,\ 2,\ 3 \tag{3-25}$$

最后，定义产业结构高级化指标 W 的计算公式如下：

$$W=\sum_{k=1}^{3}\sum_{j=1}^{k}\theta_j \tag{3-26}$$

式中，W 越大，表明产业结构高级化水平越高。

以产业结构高级化为因变量，以经济性公共产品、人均 GDP、就业人员数量、人口密度为自变量，运用固定效应面板模型，研究经济性公共产品供给对产业结构高级化的影响效应，其结果如表 3-14 所示。由表 3-14 可知，对于全国城市、东部城市和中西部城市，经济性公共产品供给对产业结构高级化的影响是正向且显著的。经济性公共产品供给能够通过形成公共资本提高全要素生产率（Glomm and Ravikumar，1997）、促进产业的专业化和多样化聚集（韩峰、李玉双，2019）、促进生产性服务业的升级（余泳泽、潘妍，2019）等机制提高产业结构高级化水平。但是，由于东部地区城市基础设施的供给已较为充足，相比较而言，中西部地区经济性公共产品的供给对产业结构高级化的促进作用更为明显，未来东部地区应加强新型基础设施的供给，以进一步促进产业结构高级化（郭凯明、潘珊、颜色，2020）。

表 3-14　城市层面经济性公共产品供给对产业结构高级化的影响效应分析

变　量	全国城市	东部城市	中西部城市
经济性公共产品	0.979*** (0.000)	0.272*** (0.000)	1.457*** (0.000)
人均 GDP	8.40E-08*** (0.000)	1.97E-06*** (0.000)	4.4081E-08** (0.037)
就业人员数量	3.43E-04*** (0.000)	2.62E-04** (0.035)	-3.95E-04*** (0.005)
人口密度	1.64E-05*** (0.001)	1.01E-05** (0.027)	3.96E-08*** (0.000)
常　数	6.56*** (0.000)	6.61*** (0.000)	6.49*** (0.000)
F 值	111.92***	104.30***	83.77***
观察值	3 990	1 218	2 772

注：**、***分别表示在 5%和 1%水平上显著；括号内的数值表示对应系数的 p 值。

（二）非经济性公共产品供给比例对产业结构的影响效应分析

下面运用产业结构高级化指标的测算方法，对 1998—2016 年省（自治区、直辖市）级面板数据进行测算，得到产业结构高级化指标的测算结果如表 3-15 所示。

全国、东部、中西部城市 1998—2016 年产业结构高级化指标变化趋势如图 3-6 所示。从图 3-6 中可以看出，全国、东部、中西部城市产业结构高级化指标均呈上升趋势，且东部城市产业结构高级化指标平均值高于中西部城市。

表 3-15 各地区产业结构高级化指标测算

地 区	1998 年	2002 年	2003 年	2008 年	2009 年	2012 年	2013 年	2016 年
北 京	7.07	7.22	7.22	7.47	7.51	7.53	7.54	7.60
天 津	6.79	6.88	6.86	6.77	6.92	6.96	6.99	7.16
河 北	6.11	6.24	6.24	6.32	6.35	6.38	6.37	6.53
山 西	6.32	6.47	6.47	6.61	6.63	6.65	6.66	6.99
内蒙古	5.80	6.09	6.13	6.35	6.51	6.47	6.48	6.64
辽 宁	6.38	6.53	6.55	6.44	6.53	6.54	6.55	6.79
吉 林	5.88	6.15	6.14	6.35	6.37	6.37	6.39	6.58
黑龙江	6.16	6.34	6.33	6.32	6.41	6.36	6.32	6.64
上 海	6.96	7.04	6.99	7.12	7.23	7.26	7.29	7.43
江 苏	6.31	6.46	6.50	6.60	6.64	6.73	6.76	6.90
浙 江	6.31	6.57	6.60	6.72	6.76	6.81	6.83	6.95
安 徽	5.83	6.06	6.19	6.28	6.30	6.31	6.32	6.54
福 建	6.23	6.39	6.41	6.49	6.57	6.55	6.55	6.65
江 西	6.00	6.15	6.16	6.16	6.28	6.37	6.39	6.56
山 东	6.20	6.36	6.36	6.42	6.45	6.58	6.60	6.76
河 南	5.89	6.02	6.14	6.19	6.20	6.28	6.30	6.55
湖 北	6.06	6.33	6.32	6.36	6.40	6.38	6.41	6.57
湖 南	5.93	6.24	6.29	6.23	6.40	6.40	6.45	6.63
广 东	6.38	6.59	6.57	6.74	6.81	6.83	6.86	6.96
广 西	5.82	6.11	6.09	6.15	6.20	6.23	6.25	6.35
海 南	5.92	5.90	5.87	5.97	6.17	6.27	6.33	6.53
重 庆	6.15	6.38	6.40	6.51	6.51	6.58	6.63	6.79
四 川	5.87	6.14	6.15	6.14	6.28	6.30	6.34	6.63
贵 州	5.71	6.03	6.06	6.35	6.58	6.61	6.58	6.45
云 南	5.97	6.11	6.13	6.26	6.31	6.36	6.37	6.53
西 藏	6.01	6.54	6.49	6.73	6.73	6.79	6.80	6.81
陕 西	6.17	6.36	6.41	6.37	6.51	6.45	6.45	6.62

续　表

地　区	1998 年	2002 年	2003 年	2008 年	2009 年	2012 年	2013 年	2016 年
甘　肃	5.98	6.18	6.18	6.36	6.38	6.41	6.42	6.67
青　海	6.27	6.46	6.49	6.38	6.48	6.42	6.40	6.64
宁　夏	6.12	6.29	6.30	6.43	6.59	6.62	6.62	6.72
新　疆	5.95	6.22	6.07	6.21	6.22	6.21	6.23	6.42

资料来源：根据《中国统计年鉴》中的相关数据计算得出。

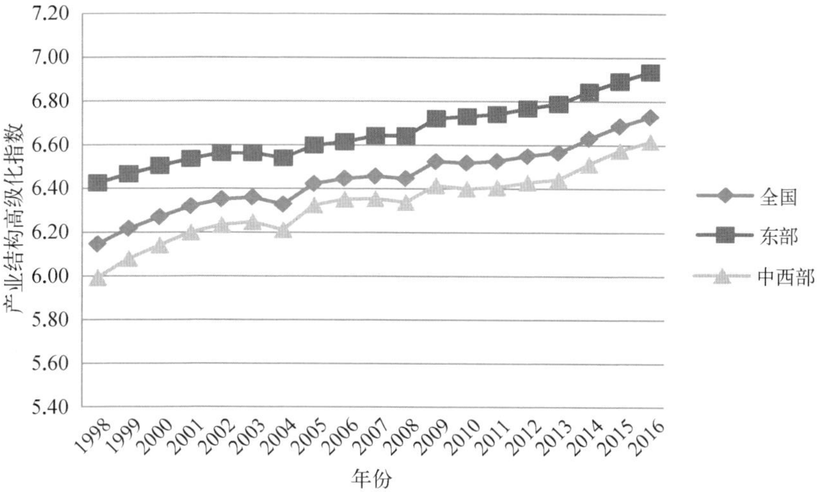

图 3-6　全国、东部与中西部城市产业结构高级化指数变化趋势（1998—2016 年）

全国层面数据描述性统计如表 3-16 所示。

表 3-16　全国层面数据描述性统计

变　　量	单　位	平均值	最大值	最小值
产业结构高级化	无	6.45	7.60	5.71
非经济性公共产品供给比例	%	33.45	45.59	16.81
人均地区 GDP	万元	0.80	3.88	0.12
城市化率	%	50.89	89.60	20.48
城镇人均可支配收入	万元	1.70	5.43	0.72

东部地区数据描述性统计如表 3-17 所示。

表 3-17 东部地区数据描述性统计

变　　量	单　位	平均值	最大值	最小值
产业结构高级化	无	6.66	7.60	5.85
非经济性公共产品供给比例	%	32.58	45.59	18.13
人均地区 GDP	万元	1.27	3.88	0.30
城市化率	%	63.78	89.60	35.23
城镇人均可支配收入	万元	2.22	5.43	0.77

中西部地区数据描述性统计如表 3-18 所示。

表 3-18 中西部地区数据描述性统计

变　　量	单　位	平均值	最大值	最小值
产业结构高级化	无	6.33	6.99	5.71
非经济性公共产品供给比例	%	33.93	43.23	16.81
人均地区 GDP	万元	0.55	1.60	0.12
城市化率	%	43.79	62.60	20.48
城镇人均可支配收入	万元	1.41	2.41	0.72

全国、东部与中西部地区公共产品供给结构与产业结构高级化的拟合曲线如图 3-7 所示。从图 3-7 中可以看出，全国层面非经济性公共产品供给比例与产业结构高级化之间呈现 Z 形曲线关系，即当非经济性公共产品供给比例较小时，其对产业结构高级化没有促进作用；当非经济性公共产品供给比例为 25%~35%时，其对产业结构高级化具有促进作用；当非经济性公共产品供给比例大于 35%时，其与产业结构高级化之间呈现出平缓的直线关系。

东部地区非经济性公共产品供给比例与产业结构高级化之间呈现 S 形曲线关系，即当非经济性公共产品供给比例较小时，其对产业结构高级化具有负向作用；当非经济性公共产品供给比例为 25%~32%时，其对产业结构高级化具有促进作用；当非经济性公共产品供给比例大于 32%时，其与产业结构高级化之间呈现负相关关系。

中西部地区非经济性公共产品供给比例与产业结构高级化之间呈现 U 形曲线关系，即当非经济性公共产品供给比例较小时，其对产业结构高级化具有负向作用；当非经济性公共产品供给比例超过 25%时，其对产业结构高级化具有

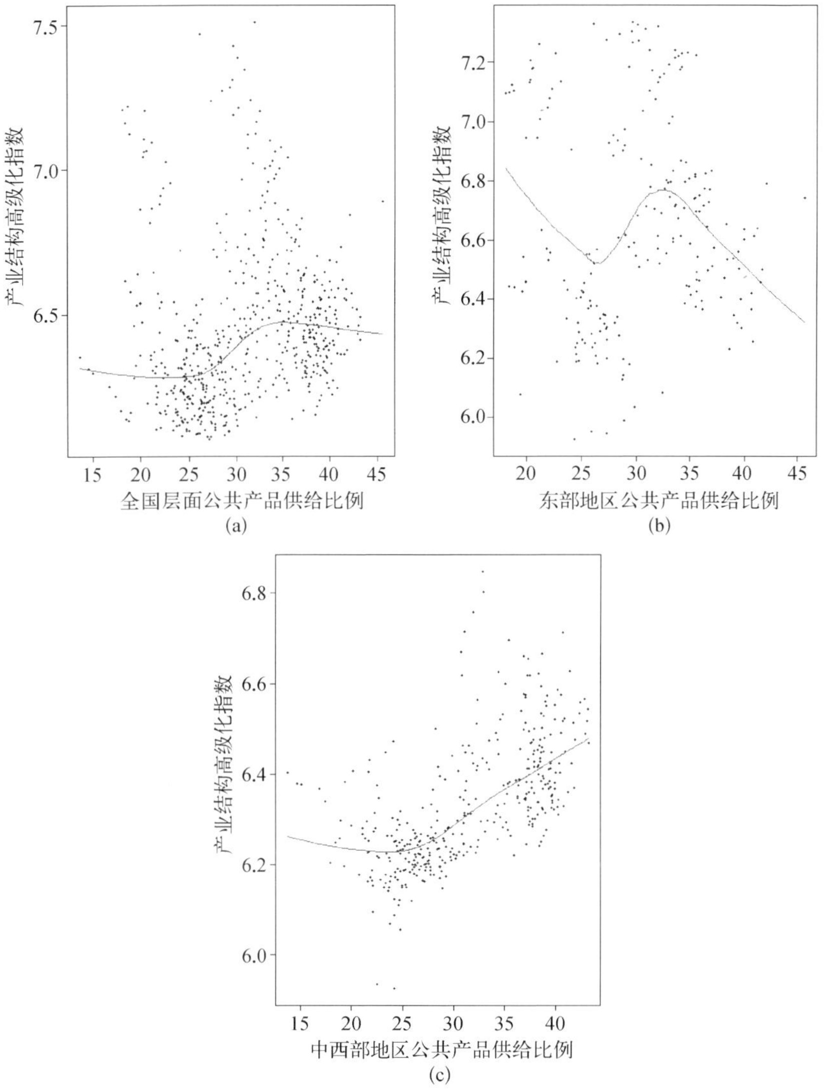

（a）全国公共产品结构与产业结构高级化的关系；（b）东部地区公共产品结构与产业结构高级化的关系；（c）中西部地区公共产品结构与产业结构高级化的关系。

图 3-7　全国、东部与中西部地区公共产品结构与产业结构高级化的关系

正向促进作用。与东部地区不同的是，随着非经济性公共产品供给比例的进一步提高，中西部地区的产业结构高级化水平并未出现下降现象。当经济发展到一定阶段时，非经济性公共产品供给比例的提高有利于提升人力资本水平，并促进企业技术进步，从而促进产业结构高级化（李静、楠玉，2019；周茂等，2019；阳立高等，2018）。

非经济性公共产品供给比例与产业结构高级化的自适应半参数模型拟合结果如表3-19所示。由表3-19可知，对于全国层面、东部地区与中西部地区，人均地区GDP的增加有利于促进产业结构的高级化，但东部地区的结果不显著；城市化率的提高也有利于促进产业结构的高级化，但中西部地区的结果不显著；对于全国层面和东部地区，科技投入强度的增加能显著促进产业结构的高级化，但中西部地区科技投入强度的增加反而能阻碍了产业结构的高级化。

表3-19 非经济性公共产品结构与产业结构高级化的关系

变量		全国	东部地区	中西部地区
参数项	人均地区GDP	1.956E-05*** (0.0000)	3.501E-06 (0.1872)	4.273E-05*** (0.0000)
	城市化率	1.045*** (0.0000)	1.971*** (0.0000)	0.096 (0.4684)
	研究与试验发展经费占GDP比重	0.750*** (0.0038)	0.867*** (0.0010)	-1.433*** (0.0028)
	常数项	5.740*** (0.0000)	5.431*** (0.0000)	6.040*** (0.0000)
非参项	df	3.150	2.859	2.498
	spar	0.3402	0.2542	0.4040
	knots	35	40	37

注：***表示在1%水平上显著；括号内的数值表示对应系数的p值。

二、公共产品供给与城市消费结构

在经济发展初期，为了进一步促进地区经济的发展，地方政府往往会大力投资交通、通信、能源等经济性公共产品。在较为紧张的财政预算中，偏向经济性公共产品的供给，常常会挤占对教育、医疗卫生、社会保障等非经济性公共产品的供给。由于教育、医疗卫生、社会保障等民生福利性支出不足，居民不得不为保障未来消费支出进行预防性储蓄，这会引起当期可支配收入的减少。同时，偏向经济性公共产品的供给能够提高企业的资本投资回报率，但这间接降低了居民可支配收入在收入分配中的比重。因此，偏向经济性公共产品供给的城市公共产品供给结构，一方面挤占了非经济性公共产品的供给，导致居民增加预防型储蓄支出，改变消费偏好，降低消费预期，从而使得消费支出集中在生存型消费上；另一方面提高了企业的资本投资回报率，降低了居民劳动收入在总收入中的比重，使得居民的可支配收入减少，降低了居民的消费能力。同时，当经济发展到高质量阶段，地方政府依靠投资交通、通信、能源等经济性公共产品拉动经济发展的效率大大降低。这时政府应增加教育、医疗卫生、社会保障等非经济性公共产品的供给，以增加居民的可支配收入，提高其发展型消费支出的比例，进而提升人力资本水平，提高研发和技术创新水平，促进经济的高质量发展。

上述情况可以得出一种假说，即当公共产品供给以经济性公共产品供给为主时，居民的消费支出集中在生存型消费上；当公共产品供给转向以非经济性公共产品供给为主时，居民的消费性支出以发展型消费支出为主。也就是说，非经济性公共产品供给比例的提高能促进居民发展型消费支出比例的提高。

全国层面生存型与发展型消费比例的时间趋势如图 3－8 所示。从图 3－8 中可以看出，2000—2016 年，生存型消费的比例呈现平稳下降趋势，发展型消费的比例呈现平稳上升趋势。

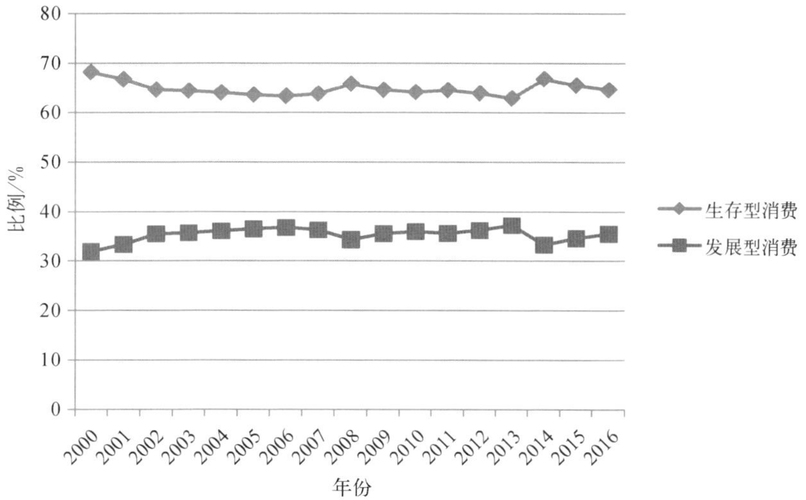

图 3－8　全国层面生存型与发展型消费比例的时间趋势

全国层面非经济性公共产品供给比例与生存型、发展型消费比例的拟合曲线如图 3－9 所示，东部地区非经济性公共产品供给比例与生存型、发展型消费比例的拟合曲线如图 3－10 所示，中西部地区非经济性公共产品供给比例与生存型、发展型消费比例的拟合曲线如图 3－11 所示。

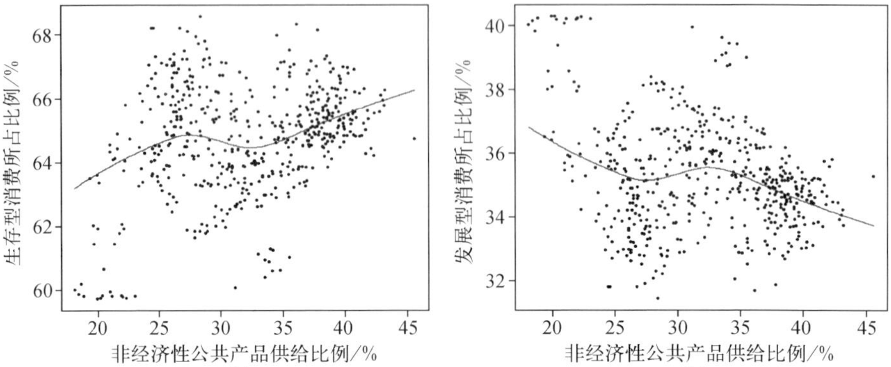

(a)　　(b)

（a）与生存型消费比例关系；（b）与发展型消费比例关系。

图 3－9　全国层面非经济性公共产品结构与生存型、发展型消费比例关系

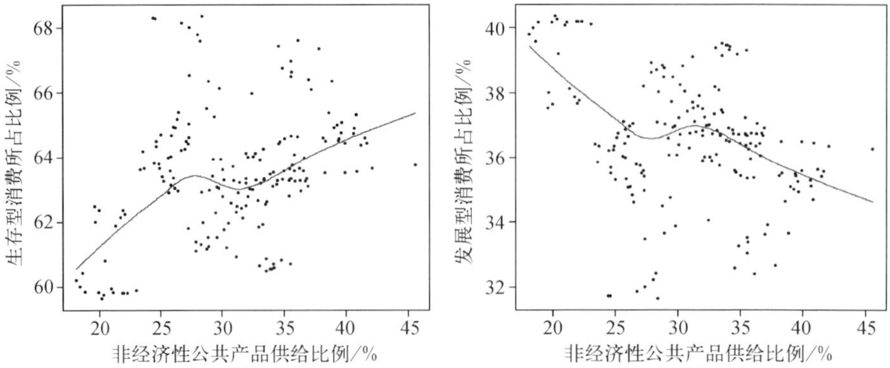

(a)　　(b)

（a）与生存型消费比例关系；（b）与发展型消费比例关系。

图 3－10　东部地区非经济性公共产品结构与生存型、发展型消费比例的关系

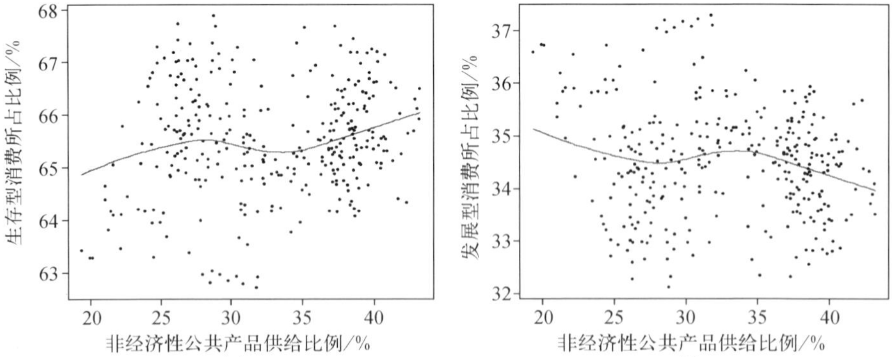

(a)　　(b)

（a）与生存型消费比例关系；（b）与发展型消费比例关系。

图 3－11　中西部地区非经济性公共产品结构与生存型、发展型消费比例的关系

从图 3－9 至图 3－11 可以看出，对于全国层面、东部地区和中西部地区，非经济性公共产品供给比例与生存型消费比例之间呈现 Z 字形曲线关系，而非经济性公共产品供给比例与发展型消费比例之间呈现反向的 Z 字形曲线关系。分析结果表明，在我国现阶段，当非经济性公共产品供给比例较小时（约小于 27%），非经济性公共产品供给比例的提高，有利于促进生存型消费比例的提高，但会使发展型消费比例有所下降；当非经济性公共产品供给比例为 27%～33%时，非经济性公共产品供给比例的提高，有利于促进发展型消费比例的提高，但会使生存型消费比例有所下降；当非经济性公共产品供给比例继续提高时，生存型消费比例会有所提高，发展型消费比例会再次下降。因此，前面假说的结论在我国现阶段只在非经济性公共产品供给比例的一定区间范围内才成立。

三、公共产品供给与城市空间结构

从各国城市空间经济的发展轨迹看，在城市经济发展初期，经济性公共产品供给比例较大虽能优化企业发展环境，提高企业资本投资回报率，但是工业用地与商业用地占据大部分城市空间，挤占了居住用地、市政设施用地、绿化用地等，减少了居民生活与休闲活动的空间，此时工业用地与商业用地的地均产出不高，城市空间结构呈现出“松散、低效”的局面。当城市经济发展到高质量阶段时，通常会提高非经济性公共产品的供给比例，提高居住用地、市政设施用地、绿化用地等的比例，降低工业用地与商业用地的比例。但从各国城市的实际情况看，只有同步提高地均产出等用地强度，使城市空间结构“紧凑、高效”，才能使城市土地利用效率得到提高。

（一）时间趋势分析与描述性统计分析

2004—2016 年，全国、东部地区和中西部地区城市居住用地占城市建设用地比例趋势如图 3－12 所示。从图 3－12 中可以看出，城市居住用地占城市建设用地比例呈现先下降、后上升、再下降的趋势，且东部地区比例低于中西部地区。

2004—2016 年，全国、东部地区和中西部地区城市公共设施用地占城市建设用地比例趋势如图 3－13 所示。由图 3－13 可知，城市公共设施用地占城市建设用地比例整体上呈现稳定的态势，2004—2011 年，城市公共设施用地占城市建设用地比例基本维持在 12%～13%的水平，2012 年上升至 17%以上，之后基本上

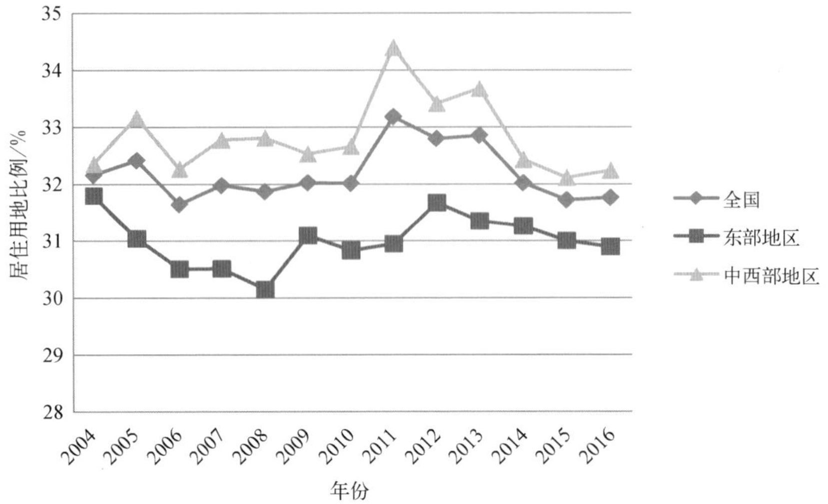

图 3-12　城市居住用地占城市建设用地比例趋势

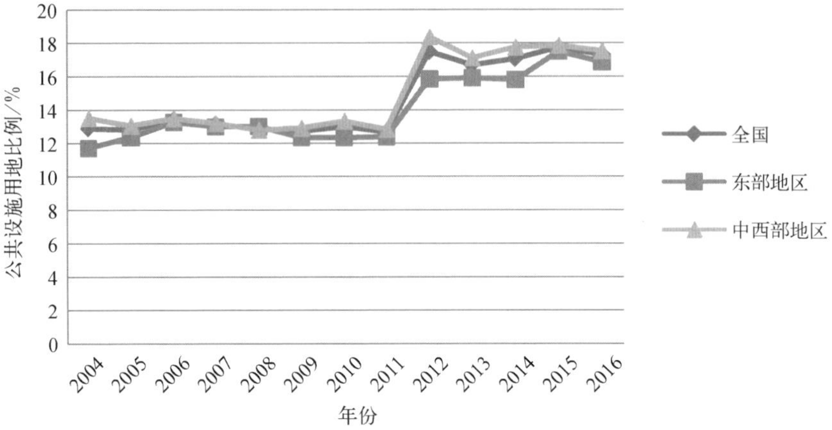

图 3-13　城市公共设施用地占城市建设用地比例趋势

稳定在17%左右。中西部地区城市公共设施用地占城市建设用地比例高于东部地区。

2004—2016年，全国、东部地区和中西部地区城市市政设施用地占城市建设用地比例趋势如图3-14所示。从图3-14中可以看出，城市市政设施用地与城市公共设施用地的变化趋势相似，其占城市建设用地比例整体上呈现稳定的态势，仅在2012年有一定的上升趋势，后又逐渐回落到正常水平。中西部地区城市市政设施用地占城市建设用地比例高于东部地区。

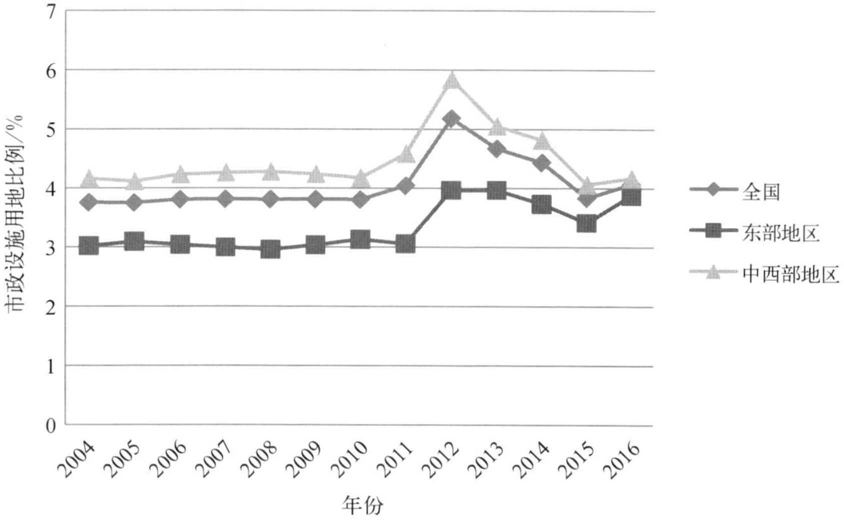

图 3－14　城市市政设施用地占城市建设用地比例趋势

2004—2016 年，全国、东部地区和中西部地区城市交通道路设施用地占城市建设用地比例趋势如图 3－15 所示。从图 3－15 中可以看出，城市交通道路设施用地占城市建设用地比例整体上呈现稳定的态势，仅在 2012 年有一定的下降趋势，后又逐渐回归到正常水平。东部地区城市交通道路设施用地占城市建设用地比例高于中西部地区。

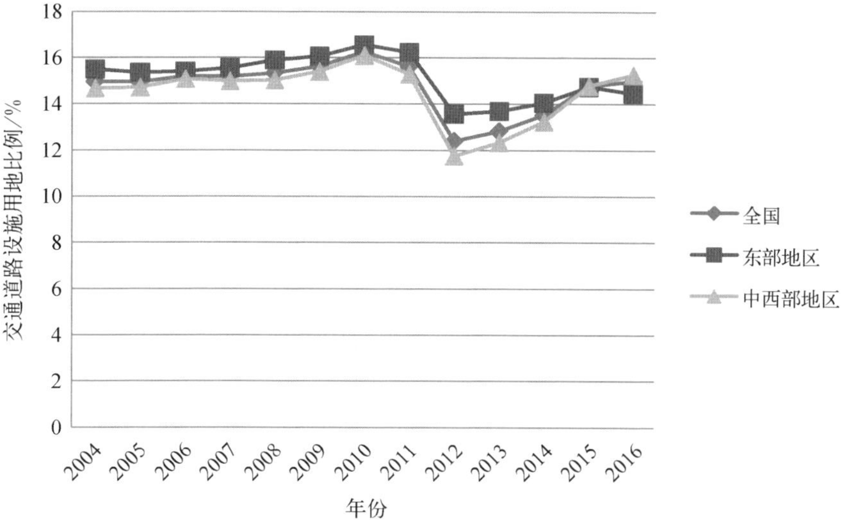

图 3－15　城市交通道路设施用地占城市建设用地比例趋势

2004—2016 年，全国、东部地区和中西部地区城市绿化用地占城市建设用地比例趋势如图 3-16 所示。从图 3-16 中可以看出，城市绿化用地占城市建设用地比例整体上呈现上升态势，2009 年之前东部地区城市绿化用地占城市建设用地比例高于中西部地区，2009 年之后中西部地区城市绿化用地占城市建设用地比例高于东部地区。

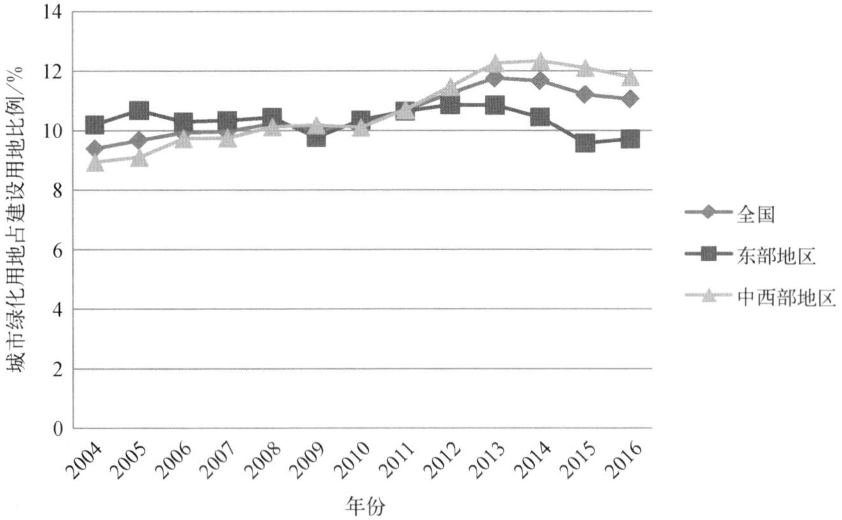

图 3-16　城市绿化用地占城市建设用地比例趋势

全国层面数据描述性统计如表 3-20 所示。

表 3-20　全国层面数据描述性统计

变　　量	单　位	平均值	最大值	最小值
居住用地比例	%	32.18	59.70	23.72
公共设施用地比例	%	14.60	37.10	4.92
市政设施用地比例	%	4.06	11.67	1.27
交通道路设施用地比例	%	14.74	21.02	6.23
绿化用地比例	%	10.53	23.35	2.14
非经济性公共产品供给比例	%	33.45	45.59	16.81
人均地区 GDP	万元	0.80	3.88	0.12
城市化率	%	50.89	89.60	20.48
城镇人均可支配收入	万元	1.70	5.43	0.72

资料来源：根据《中国统计年鉴》中的相关数据计算得出。

东部地区数据描述性统计如表 3－21 所示。

表 3－21　东部地区数据描述性统计

变　　量	单　位	平均值	最大值	最小值
居住用地比例	%	31.00	40.65	25.41
公共设施用地比例	%	14.03	33.66	6.46
市政设施用地比例	%	3.33	11.13	1.27
交通道路设施用地比例	%	15.15	21.02	6.99
绿化用地比例	%	10.32	20.23	2.14
非经济性公共产品供给比例	%	32.58	45.59	18.13
人均地区 GDP	万元	1.27	3.88	0.30
城市化率	%	63.78	89.60	35.23
城镇人均可支配收入	万元	2.22	5.43	0.77

资料来源：根据《中国统计年鉴》中的相关数据计算得出。

中西部地区数据描述性统计如表 3－22 所示。

表 3－22　中西部地区数据描述性统计

变　　量	单　位	平均值	最大值	最小值
居住用地比例	%	32.83	59.70	23.72
公共设施用地比例	%	14.91	37.10	4.92
市政设施用地比例	%	4.46	11.67	2.32
交通道路设施用地比例	%	14.51	20.51	6.23
绿化用地比例	%	10.65	23.35	2.66
非经济性公共产品供给比例	%	33.93	43.23	16.81
人均地区 GDP	万元	0.55	1.60	0.12
城市化率	%	43.79	62.60	20.48
城镇人均可支配收入	万元	1.41	2.41	0.72

资料来源：根据《中国统计年鉴》中的相关数据计算得出。

从表 3－20 至表 3－22 可以看出：中西部地区城市居住用地比例、公共设施用地比例、市政设施用地比例、绿化用地比例的平均值高于东部地区；东部地区城市交通道路设施用地比例的平均值高于中西部地区；中西部地区非经济性公共产品供给比例高于东部地区；东部地区人均地区 GDP、城市化率、城镇人均可支配收入均高于中西部地区。

（二）自适应半参数模型分析

下面分别以居住用地比例、公共设施用地比例、市政设施用地比例、交通道路设施用地比例、绿化用地比例为因变量，以非经济性公共产品供给比例为非参数变量，以人均地区 GDP、城市化率、城镇人均可支配收入为线性控制变量，建立空间自适应半参数模型，如式（3－27）所示。研究样本为 2004—2016 年省（自治区、直辖市）级面板数据。

$$y = \beta_0 + \beta_1 x_2 + \beta_2 x_3 + \beta_3 x_4 + f(x_1) + \sum_{k=1}^{K_m} b_k (x - \kappa_k^m)_+^p \qquad (3-27)$$

式中，y 代表居住用地比例、公共设施用地比例、市政设施用地比例、交通道路设施用地比例、绿化用地比例；x_1 代表非经济性公共产品供给比例；x_2 代表人均地区 GDP；x_3 代表城市化率；x_4 代表城镇人均可支配收入。

全国层面非经济性公共产品供给比例与居住用地、公共设施用地、市政公用设施用地比例的拟合曲线如图 3－17 所示。由图 3－17 可知，在全国层面，随着非经济性公共产品供给比例的提高，居住用地比例呈现下降趋势，但下降趋势变得平缓；随着非经济性公共产品供给比例的提高，公共设施用地比例呈现上升趋势，随着非经济性公共产品供给比例的提高，市政设施用地比例呈现先下降后上升的趋势。

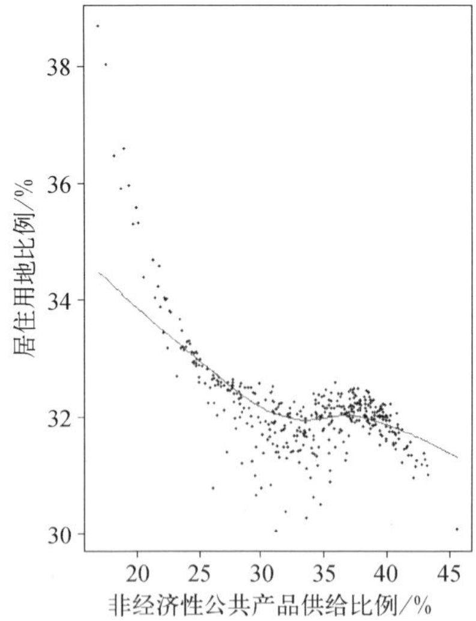

(a)

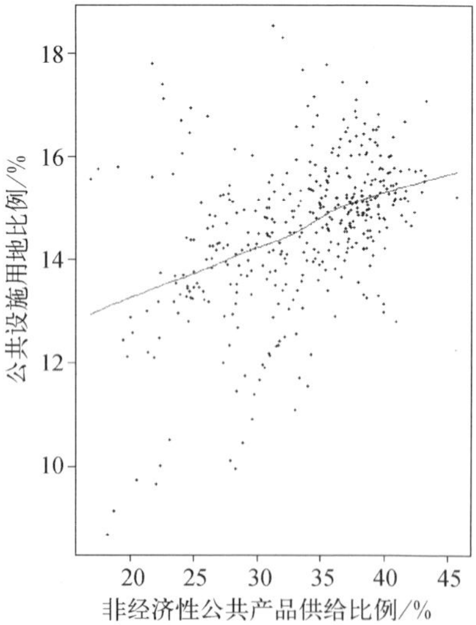

(b)

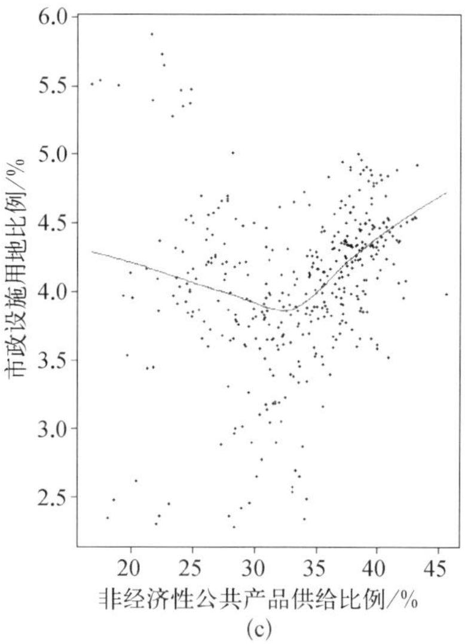

(c)

（a）与居住用地比例的拟合曲线；（b）与公共设施用地比例的拟合曲线；（c）与市政设施用地比例的拟合曲线。

图 3-17 全国公共产品供给比例与居住用地、公共设施用地、市政设施用地比例的拟合曲线

全国层面非经济性公共产品供给比例与交通道路设施用地、绿化用地比例的拟合曲线如图 3-18 所示。由图 3-18 可知，在全国层面，随着非经济性公共产品供给比例的提高，交通道路设施用地比例呈现稳中下降趋势；随着非经济性公共产品供给比例的提高，绿化用地比例呈现较为明显的上升趋势，这与居民对生态环境质量要求的提高有关。

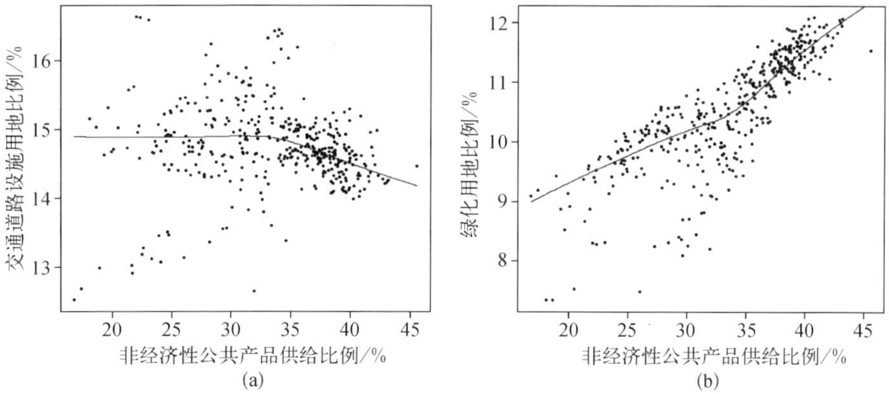

（a）与交通道路设施用地比例的拟合曲线；（b）与绿化用地比例的拟合曲线。

图 3-18 全国公共产品供给比例与交通道路设施用地、绿化用地比例的拟合曲线

东部地区非经济性公共产品供给比例与居住用地、公共设施用地、市政设施用地比例的拟合曲线如图 3－19 所示。

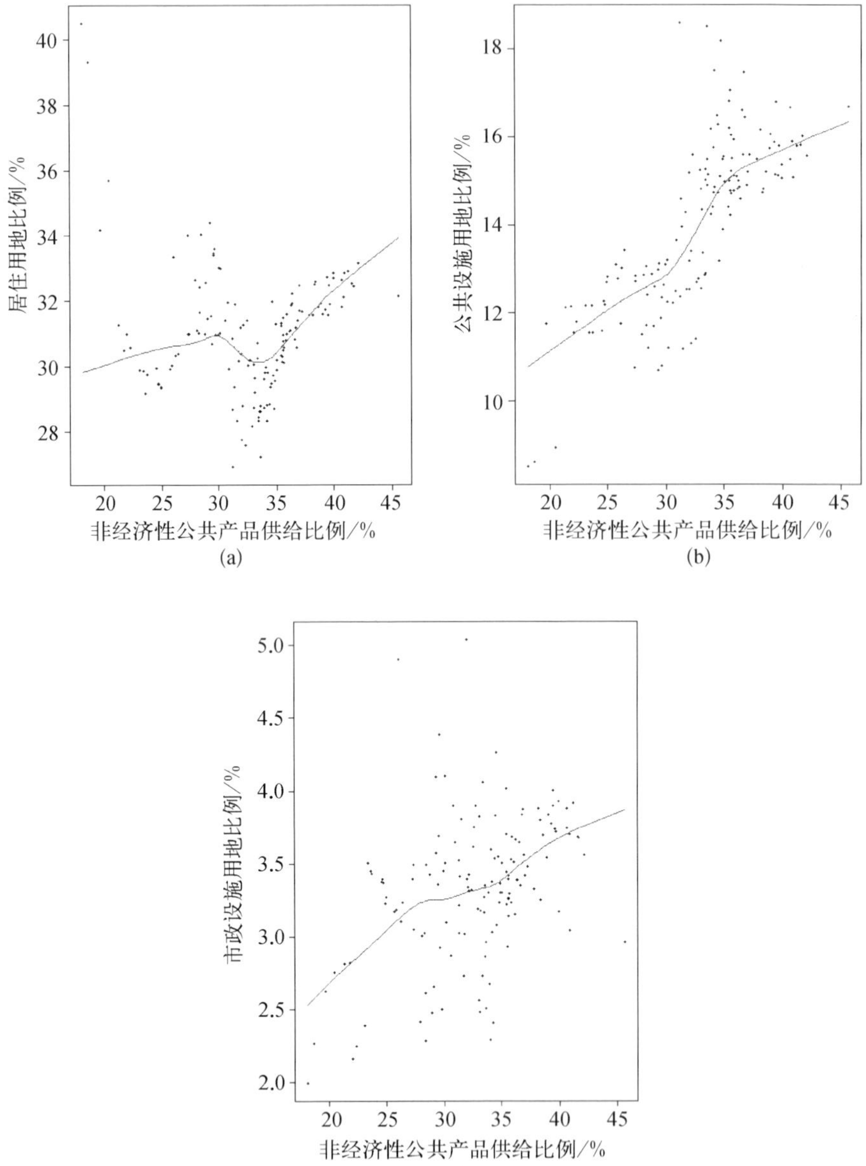

（a）与居住用地比例的拟合曲线；（b）与公共设施用地比例的拟合曲线；（c）与市政设施用地比例的拟合曲线。

图 3－19　东部地区公共产品供给比例与居住用地、公共设施用地、市政设施用地比例的拟合曲线

从图 3-19 中可以看出，在东部地区，随着非经济性公共产品供给比例的提高，居住用地、公共设施用地、市政设施用地比例均呈现上升趋势，仅居住用地在非经济性公共产品供给比例为 30%～35%时有一定程度的下降，但公共设施用地、市政设施用地比例上升的趋势变缓。

东部地区非经济性公共产品供给比例与交通道路设施用地、绿化用地比例的拟合曲线如图 3-20 所示。

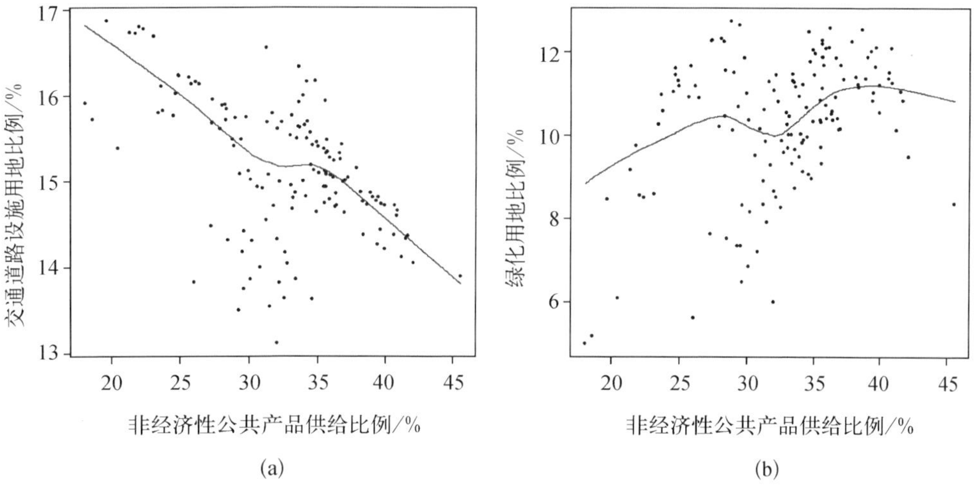

（a）与交通道路设施用地比例的拟合曲线；（b）与绿化用地比例的拟合曲线。

图 3-20　东部地区公共产品供给比例与交通道路设施用地、绿化用地比例的拟合曲线

从图 3-20 中可以看出，在东部地区，随着非经济性公共产品供给比例的提高，交通道路设施用地比例呈现下降趋势，绿化用地比例整体上呈现上升趋势。但当非经济性公共产品供给比例为 30%～35%时，绿化用地比例有所下降。

中西部地区公共产品供给比例与居住用地、公共设施用地、市政设施用地比例的拟合曲线如图 3-21 所示。

从图 3-21 中可以看出，在中西部地区，随着非经济性公共产品供给比例的提高，居住用地比例呈现下降趋势，公共设施用地比例呈现稳中有升趋势，市政设施用地比例呈现先下降后上升趋势。

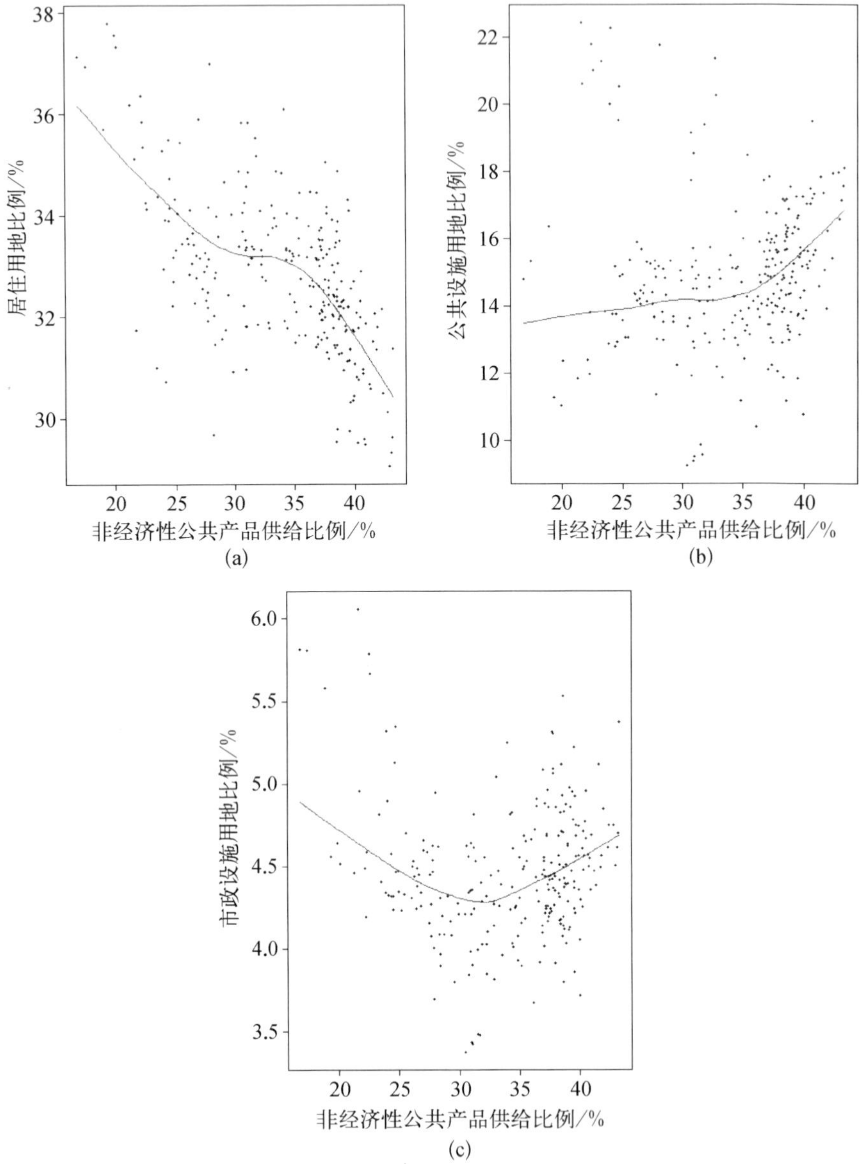

（a）与居住用地比例的拟合曲线；（b）与公共设施用地比例的拟合曲线；（c）与市政设施用地比例的拟合曲线。

图 3－21　中西部地区公共产品供给比例与居住用地、公共设施用地、市政设施用地比例的拟合曲线

中西部地区公共产品供给比例与交通道路设施用地、绿化用地比例的拟合曲线如图 3－22 所示。

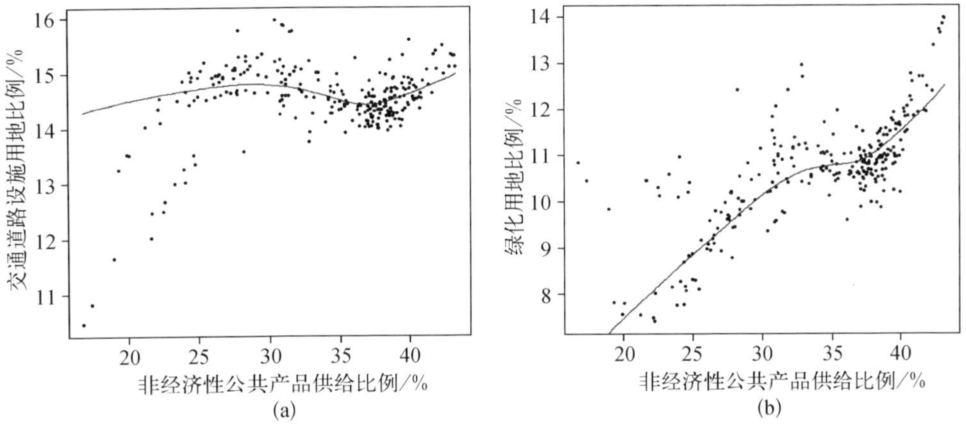

（a）与交通道路设施用地比例的拟合曲线；（b）与绿化用地比例的拟合曲线。

图 3－22 中西部地区公共产品供给比例与交通道路设施用地、绿化用地比例的拟合曲线

从图 3－22 中可以看出，在中西部地区，非经济性公共产品供给比例与交通道路设施用地比例之间的关系总体上较为平稳；随着非经济性公共产品供给比例的提高，绿化用地比例呈现上升趋势。

参考文献

[1] Agell J, Lindh T, Ohlsson H. Growth and the public sector: a reply [J]. European Journal of Political Economy, 1999, 15 (2): 359－366.

[2] Arrow K J, Kruz M. Public investment, the rate of return, and optimal fiscal policy [M]. Baltimore: Johns Hopkins University Press, 1970.

[3] Aschauer D A. Is public expenditure productive? [J]. Journal of Monetary Economics, 1989, 23 (2): 177－200.

[4] Barro R J. Government spending in a simple model of endogeneous growth [J]. Journal of Political Economy, 1990, 98 (5): S103－S125.

[5] Barro R J. Economic growth in a cross section of countries [J]. The Quarterly Journal of Economics, 1991, 106 (2): 407－443.

[6] Barro R J, Sala-i-Martin X. Economic growth [M]. New York: McGraw-Hill, 1995.

[7] Blankenau W F, Simpson N B. Public education expenditures and growth [J]. Journal of Development Economics, 2004, 73 (2): 583－605.

[8] Bleaney M, Gemmell N, Kneller R. Testing the endogenous growth model: public expenditure, taxation, and growth over the long run [J]. Canadian Journal of Economics, 2001, 34 (1): 36－57.

[9] Brauninger B, Vidal J P. Private versus public education of U. S. immigrants [J]. Economic Inquiry, 1999 (40): 177－198.

[10] Bronzini R, Piselli P. Determinants of long-run regional productivity with geographical

spillovers: the role of R&D, human capital and public infrastructure [J]. Regional Science and Urban Economics, 2009, 39 (2): 187 - 199.

[11] Canning D, Pedroni P. The effect of infrastructure on long run economic growth [R]. University of Michigan Department of Economics Working Papers, 2004.

[12] Carboni O A, Medda G. Size and composition of public spending in a neoclassical growth model [J]. Metroeconomica, 2011, 62 (1): 150 - 170.

[13] Crihfield J B, Panggabean M P H. Is public infrastructure productive? A metropolitan perspective using new capital stock estimates [J]. Regional Science and Urban Economics, 1995, 25 (5): 607 - 630.

[14] Demurger S. Infrastructure development and economic growth: an explanation for regional disparities in China? [J]. Journal of Comparative Economics, 2001, 29 (1): 95 - 117.

[15] Devarajan S, Swaroop V, Zou H F. The composition of public expenditure and economic growth [J]. Journal of Monetary Economics, 1996, 37 (2): 313 - 344.

[16] Easterly W, Rebelo S. Fiscal policy and economic growth [J]. Journal of Monetary Economics, 1993, 32 (3): 417 - 458.

[17] Evans P, Karras G. Are government activities productive? evidence from a panel of US States [J]. The Review of Economics and Statistics, 1994, 76 (1): 1 - 11.

[18] Fernald J G. Roads to prosperity? Assessing the link between public capital and productivity [J]. American Economic Review, 1999, 89 (3): 619 - 638.

[19] Futagami K, Morita Y, Shibata A. Dynamic analysis of an endogenous growth model with public capital [J]. The Scandinavian Journal of Economics, 1993, 95 (4): 607 - 625.

[20] Glomm G, Ravikumar B. Public versus private investment in human capital: endogenous growth and income inequality [J]. Journal of Political Economy, 1992, 100 (4): 818 - 834.

[21] Glomm G, Ravikumar B. Productive government expenditures and long-run growth [J]. Journal of Economic Dynamics and Control, 1997, 21 (1): 183 - 204.

[22] Glomm G, Ravikumar B. Flat-rate taxes, government spending on education, and growth [J]. Review of Economic Dynamics, 1998, 1 (1): 306 - 325.

[23] Guo S, Shi Y Y. Infrastructure investment in China: a model of local government choice under land financing [J]. Journal of Asian Economics, 2018, 56: 24 - 35.

[24] Hansson P, Henrekson M. A new framework for testing the effect of government spending on growth and productivity [J]. Public Choice, 1994, 81 (3/4): 381 - 401.

[25] Irmen A, Kuehnel J. Productive government expenditure and economic growth [J]. Journal of Economic Surveys, 2009, 23 (4): 692 - 733.

[26] Kaganovich M, Zilcha I. Education, social security, and growth [J]. Journal of Public Economics, 1999, 71 (2): 289 - 309.

[27] Kormendi R C, Meguire P G. Macroeconomic determinants of growth: cross-country evidence [J]. Journal of Monetary Economics, 1985, 16 (2): 141 - 163.

[28] Landau D. Government expenditure and economic growth: a cross-country study [J]. Southern Economic Journal, 1983, 49 (3): 783 - 792.

[29] Landau D. Government and economic growth in the less developed countries: an empirical study for 1960 - 1980 [J]. Economic Development and Cultural Change, 1986, 35 (1): 35 - 75.

[30] Mauro P. Corruption and the composition of government expenditure [J]. Journal of Public

Economics, 1998, 69 (2): 263 - 279.

[31] Milesi-Ferretti G M, Roubini N. On the taxation of human and physical capital in models of endogenous growth [J]. Journal of Public Economics, 1998, 70 (2): 237 - 254.

[32] Miller S M, Russek F S. Fiscal structures and economic growth: international evidence [J]. Economic Inquiry, 1997, 35 (3): 603 - 613.

[33] Ram R. Government size and economic growth: a new framework and some evidence from cross-section and time-series data [J]. The American Economic Review, 1989, 79 (1): 281 - 284.

[34] Shi H, Huang S Q. How much infrastructure is too much? A new approach and evidence from China [J]. World Development, 2014, 56: 272 - 286.

[35] Turnovsky S J. Optimal tax, debt, and expenditure policies in a growing economy [J]. Journal of Public Economics, 1996, 60 (1): 21 - 44.

[36] Zhang J. Optimal public investments in education and endogenous growth [J]. The Scandinavian Journal of Economics, 1996, 98 (3): 387 - 404.

[37] 蔡晓慧，茹玉骢．地方政府基础设施投资会抑制企业技术创新吗：基于中国制造业企业数据的经验研究 [J]. 管理世界，2016 (11): 32 - 52.

[38] 付凌晖．我国产业结构高级化与经济增长关系的实证研究 [J]. 统计研究，2010，27 (8): 79 - 81.

[39] 郭凯明，潘珊，颜色．新型基础设施投资与产业结构转型升级 [J]. 中国工业经济，2020 (3): 63 - 80.

[40] 郭庆旺，贾俊雪．政府公共资本投资的长期经济增长效应 [J]. 经济研究，2006 (7): 29 - 40.

[41] 韩峰，李玉双．产业集聚、公共服务供给与城市规模扩张 [J]. 经济研究，2019，54 (11): 149 - 164.

[42] 何刚，陈文静．公共资本和私人资本的生产效率及其区域差异：基于分位数回归模型的研究 [J]. 数量经济技术经济研究，2008 (9): 42 - 51.

[43] 李静，楠玉．人力资本错配下的决策：优先创新驱动还是优先产业升级？[J]. 经济研究，2019，54 (8): 152 - 166.

[44] 李兰冰，阎丽，黄玖立．交通基础设施通达性与非中心城市制造业成长：市场势力、生产率及其配置效率 [J]. 经济研究，2019，54 (12): 182 - 197.

[45] 刘秉镰，武鹏，刘玉海．交通基础设施与中国全要素生产率增长：基于省域数据的空间面板计量分析 [J]. 中国工业经济，2010 (3): 54 - 64.

[46] 刘生龙，胡鞍钢．基础设施的外部性在中国的检验：1988—2007 [J]. 经济研究，2010，45 (3): 4 - 15.

[47] 娄洪．长期经济增长中的公共投资政策：包含一般拥挤性公共基础设施资本存量的动态经济增长模型 [J]. 经济研究，2004 (3): 10 - 19.

[48] 王镝，唐茂钢．土地城市化如何影响生态环境质量：基于动态最优化和空间自适应半参数模型的分析 [J]. 经济研究，2019，54 (3): 72 - 85.

[49] 吴敏，周黎安．晋升激励与城市建设：公共品可视性的视角 [J]. 经济研究，2018，53 (12): 97 - 111.

[50] 阳立高，龚世豪，王铂，等．人力资本、技术进步与制造业升级 [J]. 中国软科学，2018 (1): 138 - 148.

[51] 余泳泽，潘妍．中国经济高速增长与服务业结构升级滞后并存之谜：基于地方经济增

长目标约束视角的解释［J］. 经济研究，2019，54（3）：150－165.
［52］张军，吴桂英，张吉鹏 . 中国省际物质资本存量估算：1952—2000［J］. 经济研究，2004（10）：35－44.
［53］张学良 . 中国交通基础设施促进了区域经济增长吗：兼论交通基础设施的空间溢出效应［J］. 中国社会科学，2012（3）：60－77，206.
［54］郑世林，周黎安，何维达 . 电信基础设施与中国经济增长［J］. 经济研究，2014，49（5）：77－90.
［55］周茂，李雨浓，姚星，等 . 人力资本扩张与中国城市制造业出口升级：来自高校扩招的证据［J］. 管理世界，2019，35（5）：64－77，198－199.
［56］朱军，姚军 . 中国公共资本存量的再估计及其应用：动态一般均衡的视角［J］. 经济学（季刊），2017，16（4）：1367－1398.
［57］何盛明 . 财经大辞典：上卷［M］. 北京：中国财政经济出版社，1990.
［58］林玉霞 . 公共支出与经济增长：一个文献综述［J］. 知识经济，2010（8）：39－40.
［59］金戈 . 公共支出与经济增长关系的实证研究：一个文献综述［J］. 浙江社会科学，2009（6）：106－114.

第四章　城市公共产品供给机制的演变

中华人民共和国成立以来，中国城市的经济体制机制经历了比较大的变革，与此相对应，城市公共产品供给的体制机制也发生了较大的变化。在计划经济时期，城市的公共产品基本上由政府及事业单位和国有企业供给，供给机制呈现出典型的政府行政性。改革开放以来，随着社会主义市场经济体制的逐步建立，城市公共产品的供给主体发生了变化，社会组织、私营企业陆续参与到公共产品的供给系统中，形成了政府主导下的多元供给机制，公共产品供给的市场化特征也越来越明显。本章按历史脉络回顾我国城市公共产品供给体制机制演变的过程，重点考察城市公共产品供给由政府主导向市场过渡的过程，综合分析政府供给、市场供给、多元主体合作供给机制的演变过程。鉴于城市公共产品供给体制机制的改革与财政体制改革密切相关，本章也重点考察了公共财政体制的演变过程。

第一节　城市公共产品供给的历史透视

城市公共产品是城市空间范围内供给的地方性公共产品，在现代城市经济中具有广泛的内涵。随着社会经济的发展和技术的变革，城市公共产品的内涵在不断地变化；同时，随着公共产品供给机制的变革，其外延也在不断地扩展。要想梳理和总结我国城市公共产品供给的历史脉络，我们需要对公共产品的内涵与外延的变化有一个大致的把握，并以统一的衡量指标来考察公共产品供给的变化。本书认为，公共产品供给变化的衡量可以基于以下视角：一是利用政府对公共产品部门的财政支出加以衡量，如利用中央和各级地方政府预算支出中的公共卫生与医疗支出来衡量公共医疗水平；二是利用政府公共支出后形成的中间产出加以衡量，如利用每千人拥有的医疗卫生机构床位数、医护人员数量等来衡量公共医疗水平；三是利用消费者获取的公共服务及其效益加以衡量，如以预期寿命来衡量公共医疗与健康水平，不过这是一种宽泛的衡量方法（贾智莲、卢洪友，2010；舒成，2010）。为了便于从历史视角进行比较分析，我们选择第一种方法，即采用公共产品部门的财政支出指标来衡量公共产品供给变化。

中国的城市具有悠久的历史，也有一定的特征。与欧洲以商立市的市民城市不同，中国的城市基本上是政治和军事的中心，因此城市的基础设施建设、生产与生活物品供给、服务供给的财政性较强。在近代，除了上海、青岛等几个口岸城市外，其他的城市即使有了不同程度的现代工业和商业，在公共设施和公共服务供给方面也仍受政府的影响。

中华人民共和国成立以后，基于行政计划经济体制，城市经济以工业体系建设为主，有限的财政资金集中投资于私人产品部门，公共产品部门的投资维持在低水平状态。非经济性公共产品以行政计划机制供给，但由于供给水平低下和供给项目有限，即使是优先保证供给的城市地区，其公共产品也处于严重的短缺状态，难以满足居民的实际需要。改革开放以后，城市经济体制机制发生了根本性变化，以市场机制配置城市资源，但同时又保留了城市在国民经济发展中的主导和优势地位，以开发区建设和城镇化为发展的载体和引擎，城市经济得到迅速发展。与之相适应，城市公共产品部门也得到了快速的发展，尤其是与产业发展相配套的基础设施等经济性公共产品供给快速增长。在公共产品供给机制方面，破除计划经济体制以后，随着市场机制和金融市场的发育，政府供给、市场供给和多元主体合作供给等供给机制逐渐形成。

一、计划经济时期的城市公共产品供给（1949—1978 年）

中华人民共和国成立后，经过短时间的政权巩固和经济恢复，我国从 1953 年开始到 1956 年年底基本完成了向社会主义计划经济过渡。在计划经济时期，为了社会的稳定和集中力量发展经济，中央政府通过行政计划和财政集中划拨资金的方式配置各种经济资源，并通过政府主管部门的指令性计划主导各种生产、分配、消费与投资等任务。在这一时期，国家财政收入与财政支出占 GDP 的比重维持在 1/3 左右（黄佩华、迪帕克，2003）。其中，政府财政支出从 1950 年的 68.05 亿元增加到 1978 年的1 122.09 亿元，年均增长率高达 10.52%（见图 4－1）。

尽管政府财政支出总体上升得比较快，但该时期城市公共产品供给较为匮乏，长期得不到发展。这是因为在计划经济时期，政府不仅主导着公共产品的决策、筹资、生产和分配，还在私人产品供给领域内直接计划、组织和分配私

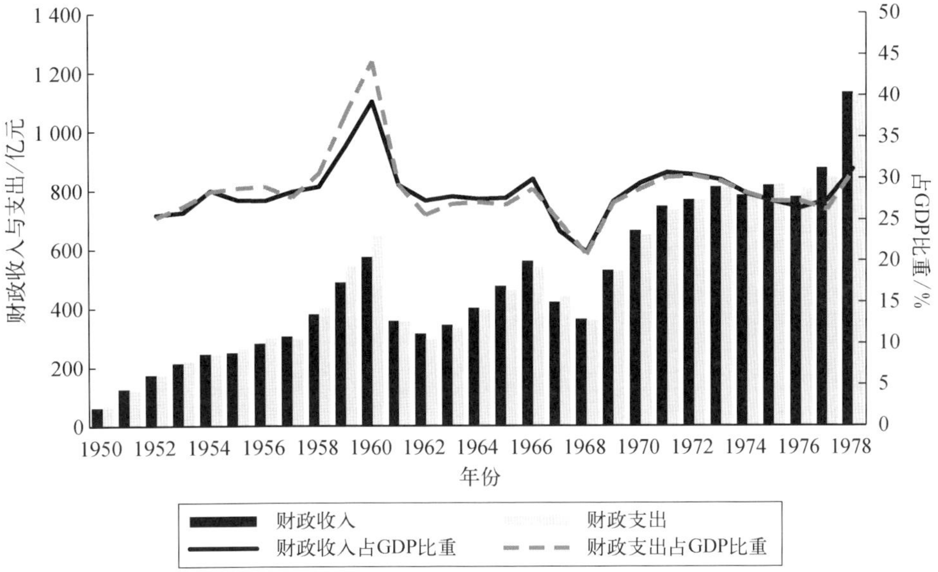

图 4-1　国家财政收入与支出及其占 GDP 的比重（1950—1978 年）

（数据来源：《中国统计年鉴》）

人产品（荀凤丽，2016）。在重工业优先发展战略的指导下，城市公共产品只能安排在生产性建设之后，难以有所作为（王丽英、陈国绪、荆卓，2009）。如表 4-1 所示，在第一个五年计划（以下简称"'一五'计划"）至第四个五年计划（以下简称"'四五'计划"）期间，国民经济各部门的公共基础设施和社会服务业的投资额占比很小。其中，工业投资额占全社会投资总额比重平均为 55.28%，这一比重在第二个五年计划（以下简称"'二五'计划"）时期甚至高达 61.40%；科学研究、文教卫生、社会福利和城市公用事业投资额占全社会投资总额的比重最高仅为 10.70%，在第三个五年计划（以下简称"'三五'计划"）期间甚至不足 5%，加上运输、邮电等城市基础设施投资，"一五"计划期间最高为 27.10%。如果考虑当时的政治经济环境背景，扣除铁道投资，则三项投资额最高时也不过为 16.30%，"三五"计划期间最低，为 7%①。

① 在计划经济时期，铁道的投资有其特殊的政治经济背景，主要服务于当时的"大跃进""三线建设"战略，其作为公共产品尤其是城市公共产品的属性被削弱（彤新春，2009）。因此，本书分析计划经济时期的公共产品供给结构时，也扣除了铁道投资部分。

表 4-1 国民经济各部门基本建设投资额（1953—1975 年）

部门	“一五”计划时期	“二五”计划时期	1963—1965 年	“三五”计划时期	“四五”计划时期
一、全国总投资额/亿元	549.98	1 186.67	403.74	914.71	1 680.37
工业	250.26	728.30	210.18	541.51	977.97
建筑业	21.54	16.30	8.91	17.38	28.57
地质资源勘探	14.36	14.25	1.68	4.57	11.76
农林、水利、气象	41.83	135.71	74.46	104.27	173.08
其中：水利	25.51	94.45	42.35	69.52	119.31
运输、邮电	90.15	163.30	53.78	150.01	317.59
其中：铁道	59.16	104.16	33.95	112.50	173.08
商业、饮食业、服务业和物资供销机构	21.40	24.12	10.44	21.04	50.41
科学研究、文教卫生和社会福利	44.58	46.39	24.05	27.44	55.45
城市公用事业	14.43	27.55	12.31	17.38	33.61
其他	51.43	30.75	7.93	31.11	31.93
二、比重（全国总计为 100%）/%					
工业	45.50	61.40	52.10	59.20	58.20
建筑业	3.90	1.40	2.20	1.90	1.70
地质资源勘探	2.60	1.20	0.40	0.50	0.70
农林、水利、气象	7.60	11.40	18.40	11.40	10.30
其中：水利	4.60	8.00	10.50	7.60	7.10
运输、邮电	16.40	13.80	13.30	16.40	18.90
其中：铁道	10.80	8.80	8.40	12.30	10.30
商业、饮食业、服务业和物资供销机构	3.90	2.00	2.60	2.30	3.00
科学研究、文教卫生和社会福利	8.10	3.90	6.00	3.00	3.30
城市公用事业	2.60	2.30	3.00	1.90	2.00
其他	9.40	2.60	2.00	3.40	1.90

数据来源：《中国统计年鉴》（1981 年）。

从政府财政支出结构的变化来看，有几个特点比较明显：一是在计划经济时期，经济建设支出占比最高，且整体呈上升趋势，1958—1960 年甚至超过 70%。这表明，在高度集中的计划经济体制下，政府在资源配置中占绝对主导地位，为了快速实现工业化，经济建设成为国家财政支出最主要的部分。二是社会文教支出占比在此期间变化较为平稳，为 10%～18%，略高于低收入国家水平。三是国防支出在此期间占比较高，且波动较大。1950—1953 年平均占比一度高达 40%，这是受当时的国际环境的影响，我国的财政带有半战时预算状态。之后财政预算中国防支出占比显著下降，1961 年后开始平稳上升，维持在 20%左右。四是行政管理支出在此期间变化平稳、略有下滑，1953 年后维持在 5%到 10%之间。具体如表 4－2 所示。

表 4－2　按功能分类的财政公共支出结构

单位：亿元

年　份	合计支出	经济建设支出	社会文教支出	国防支出	行政管理支出	其他支出
1950	68.05	17.36	7.55	28.01	13.13	2.00
1951	122.07	35.11	13.44	52.64	17.45	3.43
1952	172.07	73.23	21.11	57.84	15.49	4.40
1953	219.21	87.43	32.44	75.38	19.72	4.24
1954	244.11	123.58	34.61	58.13	21.62	6.17
1955	262.73	137.62	31.89	65.00	21.54	6.68
1956	298.52	159.14	45.96	61.17	26.60	5.65
1957	295.95	163.04	46.42	55.11	22.70	8.68
1958	400.36	278.86	43.54	50.00	22.72	5.24
1959	543.17	389.33	58.60	58.00	30.00	7.24
1960	643.68	460.71	86.95	58.00	31.39	6.63
1961	356.09	210.01	61.25	50.00	27.14	7.69
1962	294.88	152.64	51.73	56.94	21.91	11.66
1963	332.05	174.12	51.45	66.42	23.86	16.20
1964	393.79	209.99	66.09	72.86	26.22	18.63
1965	459.97	254.11	62.70	86.76	26.34	30.06

续 表

年　份	合计支出	经济建设支出	社会文教支出	国防支出	行政管理支出	其他支出
1966	537.65	309.43	67.06	101.01	26.59	33.56
1967	439.84	244.03	60.83	83.02	22.95	29.01
1968	357.84	166.03	47.88	94.09	22.91	26.93
1969	525.86	295.52	49.77	126.18	29.82	24.57
1970	649.41	392.61	52.22	145.26	32.00	27.32
1971	732.17	418.30	63.80	169.47	37.62	42.98
1972	765.86	431.96	75.31	159.39	38.93	60.27
1973	808.78	468.27	88.57	145.39	38.59	67.96
1974	790.25	460.93	95.02	133.39	39.76	61.15
1975	820.88	481.66	103.55	142.46	41.81	51.40
1976	806.20	466.22	120.06	134.45	43.38	42.09
1977	843.53	493.73	119.43	149.04	45.18	36.15
1978	1 122.09	718.98	146.96	167.84	52.90	35.41

数据来源:《中国统计年鉴》(2000 年)。

如果将公共产品分为经济性公共产品与非经济性公共产品，那么在考察我国公共产品结构演变时，我们可以把公共基础设施，如铁路、高速公路、通信、水电供应系统等视为经济性公共产品，把教育、医疗卫生、社会保障与就业、科学技术、文化体育与传媒、环境保护等视为非经济性公共产品。尽管非经济性公共产品比经济性公共产品具有更强的社会效应和外部效应（傅勇，2010；李永友、张子楠，2017；李成宇，2017），但其总体上长期处于供给不足的状态。

由于无法直接引用统计资料中的分类数据，在计划经济时期，各部门经济性和非经济性公共产品的投资基本上由政府安排，因此，我们可以从各经济部门基本投资中析出相应的数据，按经济性和非经济性两类公共产品进行分析。其中，城市经济性公共产品投资根据运输、邮电投资扣减铁道投资来衡量，城市非经济性公共产品投资根据科学研究、文教卫生和社会福利与城市公用事业两项投资来衡量。

如图4－2所示，在计划经济时期，经济性公共产品和非经济性公共产品的投资占比基本保持稳定，为5%～10%。具体来看，在城市经济性公共产品方面，即城市的基础设施方面，在“三五”计划之前，其占全社会各部门投资额的比重长期维持在5%左右，“四五”计划期间虽有所上升，但占比依然较低，为8.60%。此时期，受重工业优先发展战略的影响，城市的基础设施只能安排在生产性建设之后，长期得不到发展。同时，除跨区域项目和重大项目外，地方政府是基础设施建设的主要投资者，投资主体和融资渠道单一，建设资金匮乏。在城市非经济性公共产品方面，在“三五”计划和“四五”计划期间，因特殊的政治经济环境，文教卫生部门受到极大冲击，不能正常运行，更难以投资发展，所以这一时期非经济性公共产品投资额占全社会经济部门投资额的比重维持在5%的低位水平。

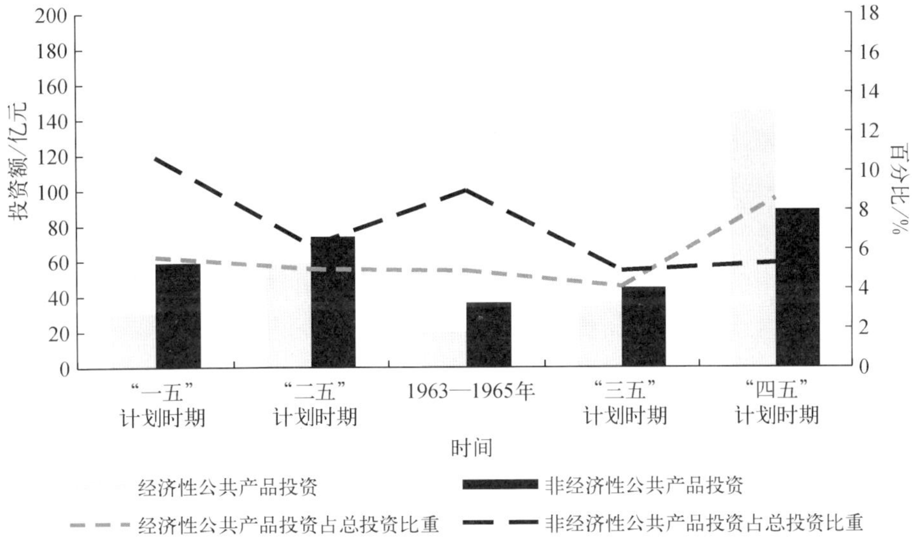

图4－2　经济性和非经济性公共产品投资占比（1953—1975年）

（数据来源：根据《中国统计年鉴》中的相关数据计算得出）

在整个计划经济时期，为了确保重工业优先发展战略的顺利实施，国家通过低工资、低物价的管控政策压低了生活支出和社会保障费用，通过全国统一的工资政策和生活待遇标准压低国有企业和行政事业单位的社会保障费用。尽管国家财政体制高度集中，但在公共产品供给机制上，政府预算仅承担最基本的基础设施建设，实行政府统一标准下的单位供给制，即主要由城镇职工所在的国有企业或事业单位承担供给任务，建立起了一个相对简单、低水平和国家包办的公共服务体系（郁建兴，2011）。例如，社会保障基本交由各单位自己操办，职工的生老病死费用由所在单位全权负责，国有企业主要从生产成本或职工福利费中拨付，行政事业单位、部队、社会团体等则从经费中进行划拨。城市文化教育、卫生事业中也有相当一部分由职工所在企业和行政事业单位兴办。许多企业和行政事业单位都有自己的附属学校、医院、图书馆等设施，并以此作为职工的集体福利。必须说明的是，此时期国有企业、事业单位本身的投资、盈利都归政府财政统一调配和划拨，因此单位的社会保障支出实质上也是政府的支出。

二、改革开放后的城市公共产品供给（1979 年至今）

在这一时期，一方面，城市以开发区为发展载体和引擎，大规模投资建设公共基础设施，吸引国内外资金发展工业生产；另一方面，为了给城市工业经济的发展创造良好的商业环境，也为了给大量涌入城市的农村劳动力提供基本的生活设施，以房地产业为基础，城市商业和服务业得到迅速发展。与之相适应，城市公共产品部门也得到快速发展，实现了“质”与“量”的双提高（万筠、王佃利，2019）。

如图 4－3 所示，从公共支出总体规模上看，国家财政支出从 1979 年的 1 281.79 亿元增加到 2018 年的 220 904.10 亿元，增加了 171.34 倍，年均增长率高达 11.41%，整体高于 GDP 增长速度。

但分阶段来看，在分税制改革之前，财政包干的实施还是造成了激励扭曲（邓子基、唐文倩，2011），致使国家财政收入和支出占 GDP 的比重逐年下降。1979—1994 年，财政收入占 GDP 比重从 28.22%下降到 10.83%，财政支出占 GDP 比重从 31.55%下降到 12.02%。因此，此时期城市公共产品供给虽有一定程度的增长，但其增长率依然低于经济增长率。分税制改革之后，国家财力有了明显提升。1994—2018 年，财政收入占 GDP 比重从 10.83%上升到 20.36%，财政支出占 GDP 比重从 12.02%上升到 24.54%。由此，城市公共产品在整体上有了长足的发展，同时在供给结构方面也开始出现分化。2008 年，受全球金融危机的影响，政府实施积极的财政政策，国家财政赤字规模越来越大，财政收支缺口在 2018 年超过 3.75 万亿元。尤其是为了稳定经济和保持较快的经济

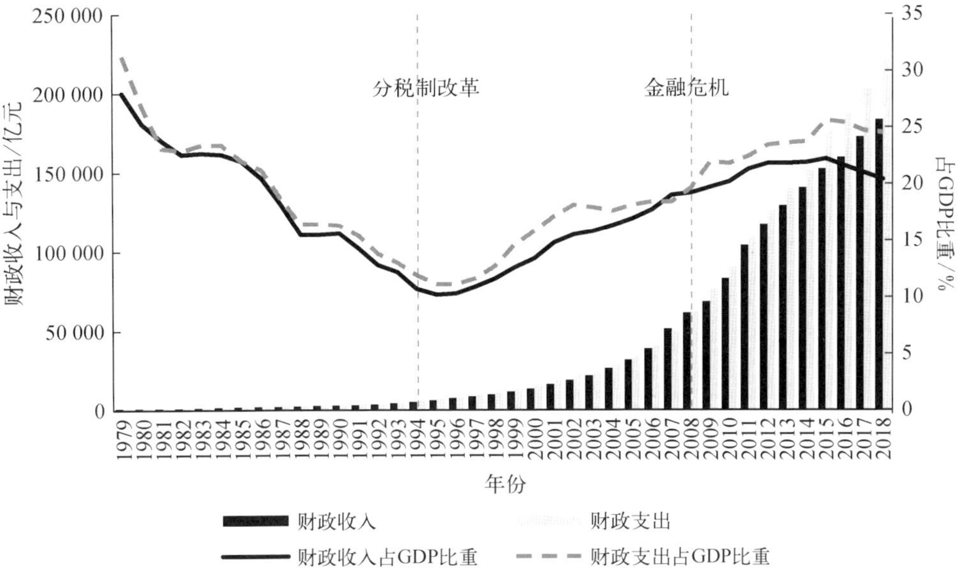

图 4－3　财政收入与支出及其占 GDP 的比重（1979—2018 年）

（数据来源：《中国统计年鉴》）

增长速度，金融危机后我国大力投资建设公共基础设施，基础设施建设规模不断扩大，各级地方政府的公共基础设施和公共服务的投资建设更是以超常的规模进行。下面分阶段进行具体分析。

（一）“分灶吃饭、财政包干”时期城市公共产品供给（1979—1993 年）

这一时期财政体制打破了原来财政权力高度集中的局面，地方政府财政自主权得到了扩大。如图 4－4 所示，从总体规模上看，1979—1993 年，地方财政收入从 915.04 亿元增加到 3 391.44 亿元，年均增长率为 9.81%；地方财政支出从 626.71 亿元增加到 3 330.34 亿元，年均增长率高达 12.67%。

从整体上看，1979—1984 年，地方财政收入占全国财政收入比重一度高达 80%，均值为 70.65%；而地方财政支出占全国财政支出比重却不足 50%，均值为 46.71%。1985—1993 年，地方财政收入在全国财政收入中的占比依然维持在较高水平，均值为 68.22%；而地方财政支出占全国财政支出比重快速上升，均值为 66.14%。这一时期具有“分灶吃饭”特征的财政体制改革，使地方政府形成了自主财政制度，割裂了地方政府的财权与事权的联系。这一财政体制改革虽然强化了财政约束，但也造成了政府责任地方化的事实（Tsui and

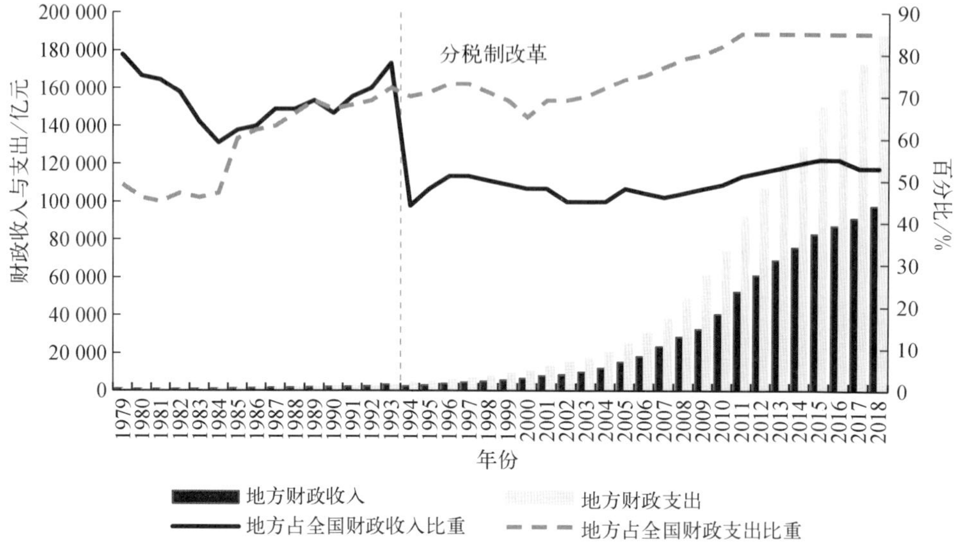

图 4-4 地方财政收入与支出及其占全国财政收入与支出的比重（1979—2018 年）

（数据来源：《中国统计年鉴》）

Wang，2004；黄佩华，2005）。在城市公共产品的供给上，地方政府在财权和事权增加的过程中，开始尝试逐步减轻其在公共事务中的负担。这样做虽然减轻了地方政府的财政负担，但也导致了地方公共产品供给的整体不足。此时期由于地方政府的财政收入主要来源于工业企业，其收入增长也取决于企业的发展，居民的个人所得税并非地方政府的主要财政收入来源（郑鑫，2010），因此地方政府缺乏提供面向公众的非经济性公共产品的激励。这一时期政府面临的城市居民公共服务需求的压力也较小，因为在计划经济时期，尽管城市职工的社会保障水平较低，但在政府和单位双重保障体系下他们拥有基本的福利保障。改革开放后，城镇职工总体的收入水平有所提高，在经济的市场化进程中，城市居民越来越关心如何就业和如何增加收入，对城市环境和基本公共服务的需求较低，这为城市发展以经济建设为主导提供了政治环境。

以医疗保险为例，20 世纪 80 年代初期地方政府为了减轻财政负担，开始进行医疗保障制度改革，将公费医疗与个人负担适当挂钩。但在此项制度下，我国的医疗保障社会化程度一直比较低（见表 4-3）。

表 4－3　1986 年城市居民医疗保障调查情况

医疗保障制度	大城市		中城市		小城市		合　计	
	调查人数/人	占比/%	调查人数/人	占比/%	调查人数/人	占比/%	调查人数/人	占比/%
公费医疗	9 029	16. 53	4 956	15. 53	1 699	16. 83	15 684	16. 23
劳保医疗	26 367	48. 28	14 206	44. 51	3 532	34. 98	44 105	45. 64
部分免费	13 445	24. 62	7 860	24. 62	2 065	20. 45	23 370	24. 15
自费医疗	5 775	10. 57	4 898	15. 34	2 801	27. 74	13 474	13. 94
合　计	54 616	100. 00	31 920	100. 00	10 097	100. 00	96 633	100. 00

数据来源：《中国卫生统计年鉴》（1987 年）。

如表 4－4 和图 4－5 所示，从此时期政府的公共产品供给结构上看，在基础设施建设方面，地方财政支出中基本建设支出占比逐年下降，从 1979 年的 29. 84%下降到 1993 年的 8. 31%。从基本建设支出的绝对额看，直到 1991 年才基本达到 1979 年的支出水平。其主要原因有两点：一是试行于 1979 年的基本建设“拨改贷”政策，改变了基本建设投资由政府预算无偿拨款的制度。二是在 1991 年之前，地方政府在基础设施投资规模和项目上的决策权有一定限制，中央项目的比例一直在 50%以上（魏新亚，2002；张军等，2007）。在科教文卫支出方面，1977 年恢复高考制度等一系列举措的出台，使科教文卫支出额有了明显增加，在财政支出中的比重稳定在 26%左右。总的来说，在改革开放初期，外商投资比例较低，政府的财政收入主要取决于国有企业、私营企业和乡镇企业，尤其是乡镇企业成为地方税收的重要来源（陈硕，2010），政府也尚未开始分税制改革后出现的基础设施等经济性公共产品的投资狂潮。

表 4－4　地方财政主要支出类别

单位：亿元

年　份	合计支出	基本建设支出	支农支出	科教文卫支出	行政管理支出
1979	629. 05	187. 73	85. 13	116. 46	51. 77
1980	564. 33	131. 52	76. 78	138. 46	60. 66
1981	516. 42	83. 86	68. 39	150. 12	65. 18
1982	580. 84	101. 74	72. 15	173. 90	73. 60

续 表

年　份	合计支出	基本建设支出	支农支出	科教文卫支出	行政管理支出
1983	654.36	115.27	69.40	196.53	87.14
1984	799.96	149.53	77.30	230.05	115.81
1985	1 037.92	188.35	79.19	275.58	117.94
1986	1 363.85	198.38	98.68	325.84	138.01
1987	1 409.18	159.52	102.66	348.82	146.46
1988	1 649.35	156.01	124.11	426.28	165.74
1989	1 921.07	154.59	154.69	486.83	190.46
1990	2 083.34	174.07	171.60	540.31	214.10
1991	2 373.09	184.87	189.02	592.32	241.85
1992	2 544.68	212.91	206.12	698.95	303.01
1993	3 289.68	273.28	242.44	851.77	379.99

数据来源：《新中国五十年资料统计汇编》。

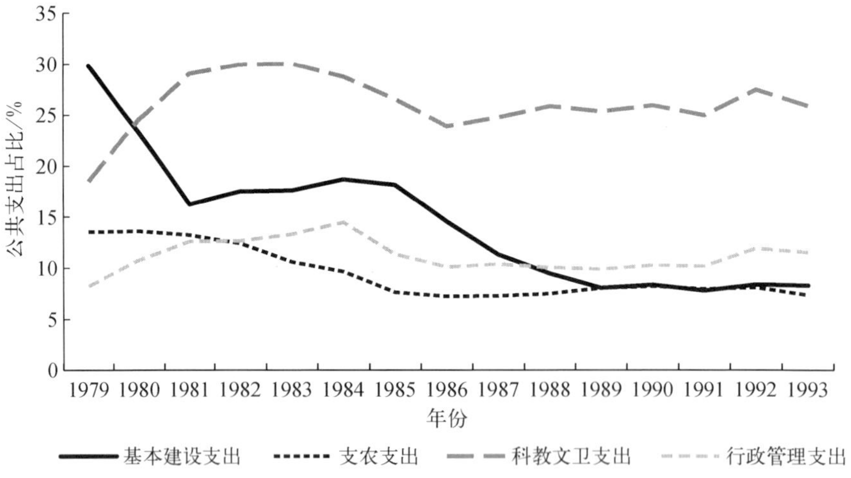

图 4-5　地方财政公共支出占比变化（1979—1993 年）

（数据来源：《新中国五十年资料统计汇编》）

（二）分税制后城市公共产品供给（1994 年至今）

1994 年实行的分税制改革使地方政府的财权上移，事权基本保持不变，政府难以承担不断增加的公共产品供给责任。同时，地方政府在公共产品的供给结构上仍然存在选择偏好，主要表现为非经济性公共支出激励不足，造成非经济性公共产品相对短缺（李永友、张子楠，2017）。具体分析，这种情况在2008年全球金融危机前后还有所不同。

如表4-5和图4-6所示，在2008年全球金融危机前，从公共产品供给结构上看，首先，以地方经济建设支出为经济性公共产品支出来粗略衡量，其支出持续增加，从1994年的1 466.45亿元增加到2006年的9 128.36亿元，年均增长率达16.46%，尽管所占比重由1994年的36.31%下降到2006年的30.00%，但依然高于其他几类支出。经济建设支出比重下降的主要原因在于，中央为防止地方经济投资过热，要求地方政府缩小支出范围。其次，非经济性公共产品供给则相对滞后。科教文卫支出的绝对额尽管在不断增加，从1994年的1 167.48亿元增加到2006年的7 067.77亿元，但年均支出的增长率低于经济建设支出，为16.19%，且两者占比的差距在2002年之前较大。1994年，科教文卫等公共服务领域的支出占比约为28.92%，到2006年这一比例下降到23.23%。社会保障支出在相当长一段时间内占比不足5%，在1998年后快速上升并稳定在13%左右。这一方面得益于1998年中央政府明确提出建立公共财政体制的改革目标，另一方面得益于1998年后事业单位离退休经费和社会保障补助支出开始单列支出项目。行政管理支出在此期间一直维持在16%左右，在此之前，1978年为4.4%，1990年不到10%，1994年已上升到16.6%。这意味着我国的行政管理体制改革较滞后于经济体制改革。

表4-5　地方财政主要公共支出项目（1994—2006年）

单位：亿元

年　份	合计支出	经济建设支出	科教文卫支出	社会保障支出	行政管理支出
1994	4 038.19	1 466.45	1 167.48	94.16	670.56
1995	4 828.33	1 772.38	1 356.02	114.66	803.00
1996	5 786.28	2 143.04	1 591.88	126.74	969.36
1997	6 701.06	2 426.11	1 780.90	141.05	1 060.63
1998	7 672.58	2 758.85	1 985.83	570.55	1 235.72
1999	9 035.30	3 214.82	2 244.78	863.18	1 410.33
2000	10 366.70	3 512.08	2 571.58	1 129.47	1 659.46

续 表

年 份	合计支出	经济建设支出	科教文卫支出	社会保障支出	行政管理支出
2001	13 134.60	4 503.12	3 143.41	1 581.23	2 054.92
2002	15 281.50	4 912.49	3 708.88	2 037.28	2 486.24
2003	17 229.90	5 210.09	4 187.95	2 417.05	2 898.18
2004	20 592.81	6 368.01	4 851.14	2 817.04	3 472.81
2005	25 154.31	7 625.97	5 803.88	3 357.96	4 195.64
2006	30 431.33	9 128.16	7 067.77	4 005.57	4 983.90

数据来源:《中国统计年鉴》(2007 年)。

注:经济建设支出主要包括基本建设支出、支农支出、支援经济不发达地区发展资金、城市维护费、简易建筑费、地质勘探费、土地海域开发建设支出、企业挖潜改造资金、增拨企业流动资金、工交商部门事业费、车辆购置税支出、政策性补贴等;科技三项费用由于是为支持科技事业发展而设立的,可与科教文卫等支出一起纳入传统民生支出;机关事业单位离退休经费和社会保障补助支出先后成为单列支出项目,可将其与抚恤和社会福利救济费合并为社会保障支出;行政管理费是指国家预算用于行政机关、党派、团体、外交事务方面的费用。

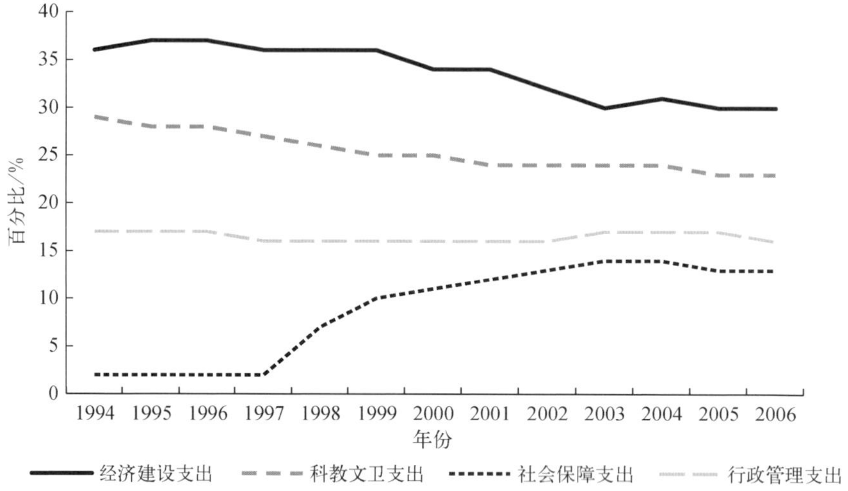

图 4-6 地方财政主要公共支出项目变化(1994—2006 年)

(数据来源:《中国统计年鉴》)

同一时期,地方政府财政支出也呈现出向公共服务转变的趋势,但总体上经济建设作为地方政府最重要的职能,其支出仍占主导地位。在经济分权和政治集权体制下,出于经济增长的目标和相应的激励机制(傅勇、张晏,2007;乔宝云、范剑勇、冯兴元,2005;傅勇,2010;陈硕,2010;张红霞,

2018）以及土地财政模式（汤玉刚、陈强、满利苹，2016），地方政府自然形成了“重经济建设、轻公共服务”的理念。

由于2007年国家对财政收支项目进行了较大改革，特别是调整了财政支出项目的统计口径。为了和前期对公共产品供给结构分析进行比较，下面将改革后的财政支出类别对照改革前财政支出类别进行相应调减。从表4-6和图4-7中可以发现，2007年后尤其是从2008年开始，经济建设支出处于相对高速的增长阶段，从2007年的8 423.87亿元增长到2018年的77 278.76亿元，占公共支出的比重从2007年的21.97%上升到2018年的41.06%，这一时期内年均增长率达22.32%，2017年后占比开始有所下降。科教文卫支出和社会保障支出的比重在2012年前后开始缓慢上升，而行政管理支出比重则呈现明显的下降趋势。

表4-6　地方财政主要公共支出项目（2007—2018年）

单位：亿元

年　份	合计支出	经济建设支出	科教文卫支出	社会保障支出	行政管理支出
2007	38 339.29	8 423.87	10 312.68	5 104.53	6 354.07
2008	49 248.49	11 989.26	13 235.83	6 460.01	7 451.37
2009	61 044.14	22 135.63	16 349.63	7 851.85	8 080.00
2010	73 884.43	29 760.48	19 541.13	8 680.32	8 499.74
2011	92 733.68	38 290.46	25 446.99	10 606.92	10 084.77
2012	107 188.30	43 147.16	31 628.45	11 999.85	11 702.14
2013	119 740.30	49 167.37	34 153.56	13 849.72	12 217.07
2014	129 215.50	54 052.20	37 220.92	15 268.94	12 492.49
2015	150 335.60	64 928.82	42 971.21	18 295.62	12 753.67
2016	160 351.40	68 264.17	46 485.66	20 700.87	13 581.37
2017	173 228.30	71 487.13	50 508.85	23 610.57	15 238.90
2018	188 196.30	77 278.76	54 314.25	25 827.54	16 871.01

数据来源：《中国统计年鉴》（2009年）。

注：经济建设支出包括城乡社区事务支出、农林水事务支出、环保支出、住房保障支出、交通运输支出、金融监管支出、资源勘探电力信息等事务支出、粮油物资储备等管理事务支出、国土资源气象等事务支出、商业服务业等事务支出、灾后重建支出等；科教卫文支出包括科技、教育、医疗卫生、文体传媒四项支出；社会保障支出仅含社会保障和就业支出。一般公共服务支出主要用于保障机关事业单位正常运转，支持各机关单位履行职能，保障各机关部门的项目支出需要，以及支持地方落实自主择业军转干部退役金等，为了与2007年之前的分析一致，可将其纳入行政管理支出。

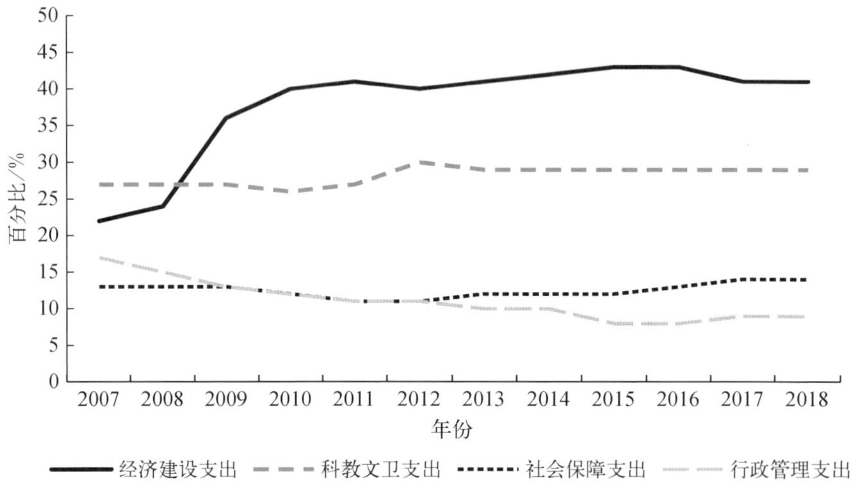

图 4-7 地方财政主要公共支出项目变化（2007—2018 年）

（数据来源：《中国统计年鉴》）

尽管地方出现了经济性和非经济性公共产品供给绝对量的双重增加，但背后的推动因素不尽相同，经济建设支出的迅速增长与 2008 年全球金融危机后的经济发展环境变化有关。受全球金融危机的影响，中国经济面临着外部需求疲软、内部需求不振、经济增速下滑的挑战，政府启动了几轮大规模的财政投资计划，因而地方财政支出加大了对经济性公共产品特别是基础设施建设的投入。而非经济性公共产品的增加，则是受新时期社会主义主要矛盾转化、居民强烈的公共需求的影响。行政管理支出比重的迅速下降，与党的十八大以来中央提出的全面深化改革、坚决执行“八项规定”和反腐等政策措施，以及党的十九大提出的建设人民满意的服务型政府和“放管服”改革等密切相关，公共服务不仅成为地方政府的考核目标，而且成为政府职能转变的主要标志之一。

第二节　城市公共产品供给体制及其改革

影响城市公共产品供给的因素涉及许多方面，其中城市公共产品供给的体制决定了城市公共产品的供给格局和供给机制。受计划经济体制的影响，我国城市公共产品的供给体制有明显的特征，主要表现为中央政府、地方政府和单位企业三级供给体制，而这种供给体制的核心是由公共产品的投资资金决定的，并在不同的时期随着财政体制的变化而发生变化。此外，在我国城市公共产品的供给与分配体制上，“单位”制度一直是一个重要的方面，它对城市政府供给公共产品有着重要的补充作用或一定程度上的替代作用。鉴于公共产品供给体制由财政体制决定，本节主要考察财政体制的变化及其对公共产品供给体制的影响。

一、中央集权财政体制下的公共产品供给体制（1949—1978 年）

改革开放之前，我国主要实行的是集权型的计划财政制度。这一阶段财政制度的特点主要可归结为统一领导、划分收支、分级管理。其间实行过“财权下放”和“财政包干”两次分权试验。第一次“财权下放”试验是 1958 年实施的以收定支的财政体制改革试验。如表 4－7 所示，在这次改革探索中，中央财政收入占比迅速下降（1958 年占比为 80.41%，1959 年占比为 24.38%），下降幅度接近 70%；支出占比在改革当年便下降 37.62%（1957 年占比为 70.97%，1958 年占比为 44.27%）。而地方财政收入占比在改革当年增加了 2.86 倍（1958 年占比为 19.59%，1959 年占比为 75.62%），地方支出占比在改革当年增加了 0.92 倍（1957 年占比为 29.03%，1958 年占比为 55.73%）。

表 4－7 中央与地方财政收支占比（1952—1978 年）

单位：%

年 份	中 央		地 方	
	收入占比	支出占比	收入占比	支出占比
1952	—	74.05	—	28.23
1953	83.01	73.92	16.99	26.08
1954	76.57	75.25	23.43	24.75
1955	77.60	76.52	22.40	23.48
1956	79.28	70.35	20.73	29.65
1957	73.53	70.97	26.47	29.03
1958	80.41	44.27	19.59	55.73
1959	24.38	45.90	75.62	54.10

续 表

年 份	中 央		地 方	
	收入占比	支出占比	收入占比	支出占比
1960	24.95	43.29	75.05	56.71
1961	21.53	45.02	78.47	54.98
1962	29.68	61.60	70.32	38.40
1963	23.06	57.92	76.94	42.08
1964	25.23	57.10	74.77	42.90
1965	32.97	61.78	67.03	38.22
1966	35.17	63.07	64.83	36.93
1967	31.58	61.37	68.42	38.63
1968	29.65	61.34	70.35	38.66
1969	32.48	60.69	67.52	39.31
1970	27.60	58.88	72.40	41.12
1971	16.03	59.50	83.97	40.50
1972	13.80	56.33	86.20	43.67
1973	14.80	55.56	85.20	44.44
1974	17.21	50.34	82.79	49.66
1975	11.85	49.87	88.15	50.13
1976	12.74	46.84	87.26	53.16
1977	13.02	46.67	86.98	53.33
1978	15.52	47.42	84.48	52.58

数据来源：《中国统计年鉴》（1981 年）。

结合图 4-8 和图 4-9 可知，在此次财政体制改革试验中，财权下放的力度较大，地方政府财政能力得到明显提升。第二次分权下放试验是自 1971 年起实行的定收定支、收支包干、结余留用的“大包干”体制。这种包干财政管理体制改革，延续了第一次财权下放探索增加地方财政收入占比的趋势，使地方政府的财政资金因超收节支而增加，激发了地方政府的积极性。

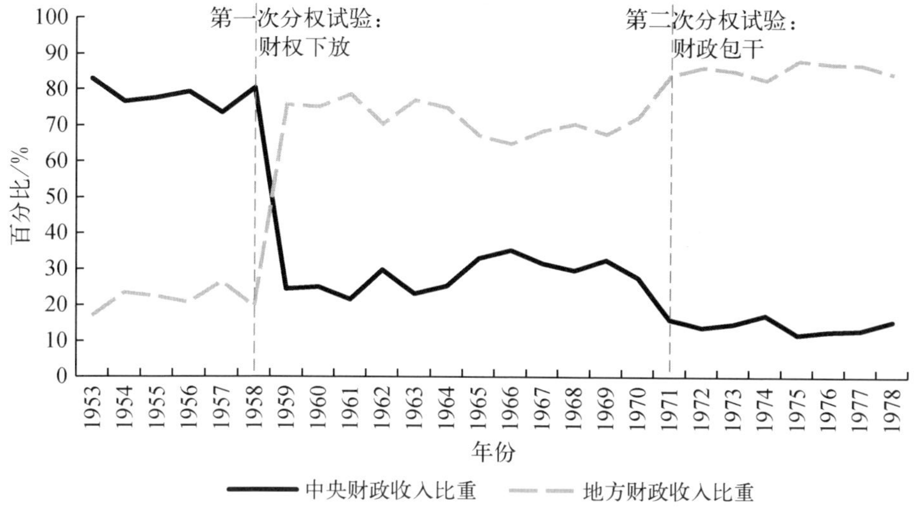

图 4－8　中央与地方财政收入比重变化（1953—1978 年）

（数据来源：《中国统计年鉴》）

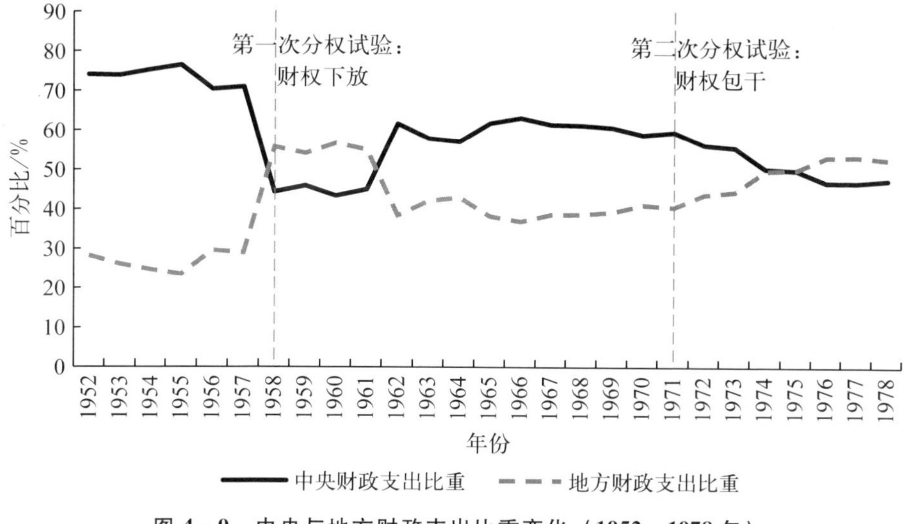

图 4－9　中央与地方财政支出比重变化（1952—1978 年）

（数据来源：《中国统计年鉴》）

但从整个计划经济时期看，尽管出现了两次短暂的分权探索，其间也出现了数次调整（见表 4－8），但无论是“以收定支、五年不变”，还是定收定支、收支包干，地方财权都受到一定限制，改革措施往往“有形无实”，并不属于市场意义上的财政分权模式（丁菊红，2008）。

表 4－8　我国财政体制的演变（1950—1978 年）

时　　间	财 政 体 制 概 述
1950 年	高度集中、统收统支
1951—1957 年	划分收支、分级包干
1958 年	以收定支、五年不变
1959—1970 年	收支下放、计划包干
1971—1973 年	定收定支、收支包干
1974—1975 年	收入按固定比例留成、超收另定分成比例
1976—1978 年	定收定支、收支挂钩、总额分成

资料来源：《我国财政体制 60 年：演进、运行与优化》（王曙光、蔡德发，《商业研究》，2009 年第 10 期）。

在计划财政时期，城市公共产品供给体制带有明显的中央政府管控的特点，但受限于当时重工业发展战略，中央政府在属于非生产性的公共产品供给上长期处于“缺位”状态，此类公共产品往往由政府附属的单位来提供，这些单位组织直接承担着筹措公共产品供给资金和资源的功能。这也是由当时社会资源总量短缺，政府动员资源的能力有限所决定的。这一时期受政治经济体制限制，我国难以建立与现代社会相适应的公共产品供给体制，也难以建立公共产品供给税收体系。政府为了减轻自身的社会公共管理负担，不得不把自身所应承担的公共产品供给责任转交给单位组织，让单位组织承担提供公共产品的重要职能（叶文辉，2003）。在行政计划体制下，社会资源由国家掌控，并分配给不同单位，不同单位对有限的资源进行分配、占有和使用。城市居民的生活和社会保障与单位紧密相连，各类公共产品由不同级别、不同性质的单位提供。国家以单位为媒介来调控社会资源和实现资源的再分配，这成为特定历史条件和经济发展状况下加快工业化进程的次优选择。对政府来说，由单位担负起部分提供城市公共产品和处理公共事务的责任，也是在“成本—收益”权衡下不加重税收负担的制度设计。

二、放权让利财政包干体制下的公共产品供给体制（1979—1993 年）

改革开放以来，伴随着我国经济体制的变革，财政体制机制发生了重大变化，中央与地方的经济关系也处于不断调整之中。1979—1993 年，我国的财政管理体制围绕着“放权让利”，经历了“划分收支、分级包干”等多次调整。这种财政包干体制逐步打破了集权型的财政管理体制，改变了中央和地方的财政利益格局，成为我国财政分权改革的起点和转折点（于长革，2010；丁菊红，2008）。1980 年，国务院颁布《关于实行“划分收支、分级包干”财政管理体制的暂行规定》，决定实行“划分收支、分级包干”的财政管理体制，这一管理体制被一些学者概括为“分灶吃饭”（Tsui and Wang，2004）。在具体实施过程中，该财政管理体制根据不同地区的财政基础与现实，实行不同的管理办法。例如，江苏省延续固定比例包干模式，广东和福建两省推行“划分收支、定额上缴或定额补助”的分权办法，北京、天津、上海则实施“总额分成、一年一定”制度，等等。自此，各省（自治区、直辖市）有了统筹调整当地财政收支的自主性（丁菊红，2008）。与 1978 年之前的分权改革比较，这一时期实行的财政体制，使中央和地方的财政收支范围按照行政隶属关系得以明确，地方政府获得了主动权，同时也使中央与地方的财政关系制度化，充分调动了地方政府的责任心和主动性。但是在分税制实施以前，中央依然承担着繁重的财政开支，公共职能没有分流出去。1985 年之前，中央的财政支出占比一直高于 50%，财政收入占比最高不过 40.51%，并逐年下滑（见表 4－9、图 4－10、图 4－11）①。财政分权削弱了中央的财力，导致中央财政预算连年发生赤字（高培勇，2018）。

表 4－9　中央与地方财政收支占比（1979—1993 年）

单位：%

年　份	中　　央		地　　方	
	收入占比	支出占比	收入占比	支出占比
1979	20.18	51.11	79.82	48.89
1980	24.52	54.26	75.48	45.74
1981	26.46	54.96	73.54	45.04

① 中央支出包括中央经济建设支出、国防支出、外交与中央级科教文卫事业支出、行政管理支出等，地方支出包括地方经济建设支出、地方科教文卫事业支出和行政管理支出等。

续 表

年 份	中 央		地 方	
	收入占比	支出占比	收入占比	支出占比
1982	28.61	52.99	71.39	47.01
1983	35.85	53.89	64.15	46.11
1984	40.51	52.52	59.49	47.48
1985	38.39	39.68	61.61	60.32
1986	36.68	37.93	63.32	62.07
1987	33.48	37.38	66.52	62.62
1988	32.87	33.92	67.13	66.08
1989	30.86	31.47	69.14	68.53
1990	33.79	32.57	66.21	67.43
1991	29.79	32.21	70.21	67.79
1992	28.12	31.28	71.88	68.72
1993	22.02	28.26	77.98	71.74

数据来源：《中国统计年鉴》（1979—1994 年）。

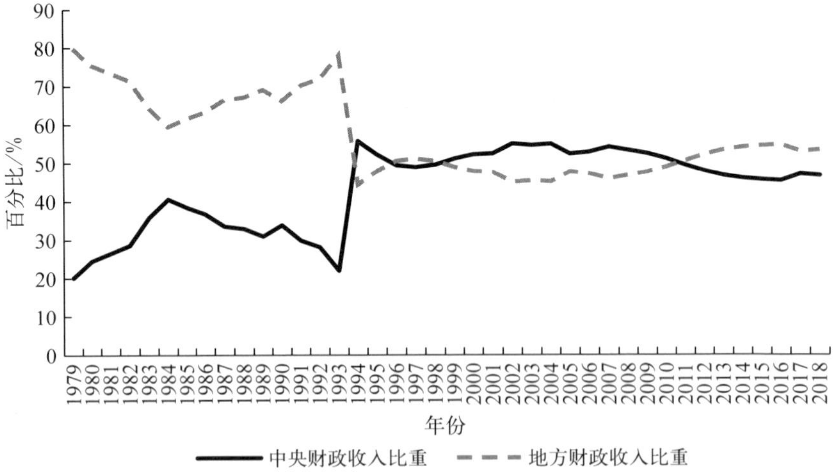

图 4-10 中央与地方财政收入比重变化（1979—2018 年）

（数据来源：《中国统计年鉴》）

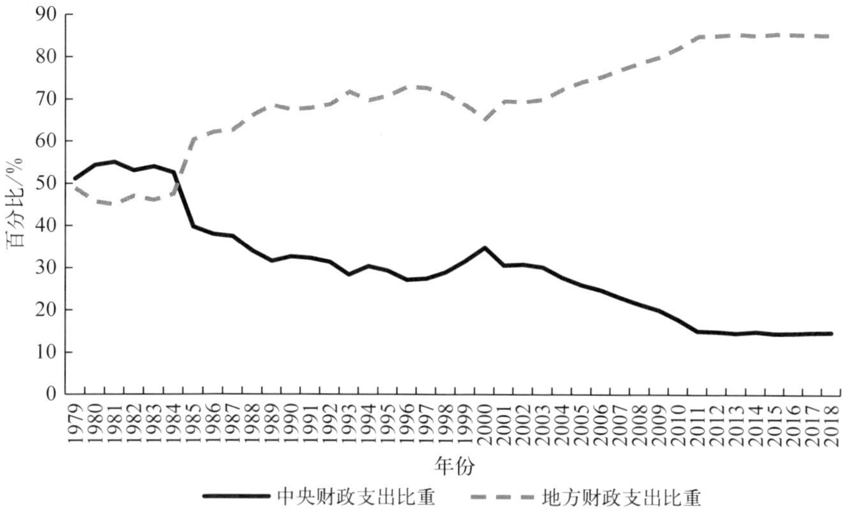

图 4－11　中央与地方财政支出比重变化（1979—2018 年）

（数据来源：《中国统计年鉴》）

1986 年以后，中央和地方的财政状况出现了一些新情况。有些经济发展比较快、财政收入上解比例高的地区，其收入出现了下滑的现象。中央实行的“总额分成”办法被视为“鞭打快牛”（邓子基、唐文倩，2011）。在实践中，一些地方政府与所属企业利用中央政府对地方财税情况及相关信息掌握不充分的劣势，上报时压低收入基数和利润水平。有的地方政府甚至将预算收入调整为预算外收入或非预算收入，以减少与中央政府的分成。这些情况导致经济增长与财力提升较快的沿海地区出现统计上的财政收入滑坡。为了激发地方政府增加财政收入的积极性，制止甚至扭转这种扭曲的局面，1988 年 7 月《国务院关于地方实行财政包干办法的决定》发布，国家开始根据各地区的具体情况实行不同的包干办法，具体如表 4－10 所示。

总的来说，财政包干制的实施显著增强了地方政府的积极性，调整了中央与地方分割经济剩余的格局。但我们也应看到，中央在放权让利的同时，也承担了较大的制度变迁成本，这造成了中央财力下降、地方利益膨胀等不利后果。如图 4－12 所示，1979—1993 年，全国财政收入占 GDP 比重逐年下滑，从 1979 年的 27.96%下降到 1993 年的 12.19%；中央财政收入占全国财政收入在经历短暂的上升后迅速下滑，1984 年为 40.51%，到 1993 年仅为 22.02%。

表 4－10　1988 年中国财政包干办法

包干形式	基　　数	包 干 办 法	实 行 地 区
收入递增包干	1987 年决算收入和地方应得的支出财力	每年地方在收入递增率以内的收入按确定的留成、上解比例实行中央与地方分成；超过递增率的收入，全部留给地方；收入达不到递增率，影响上解中央的部分，由地方用自有财力补足	北京、河北、哈尔滨、江苏、浙江（不包括宁波）、宁波、河南、重庆、辽宁（不包括沈阳和大连）、沈阳
总额分成	1986 年、1987 两年的地方收支情况	以地方预算总支出占预算总收入的比重，确定地方留成和上解中央比例	天津、山西、安徽
总额分成加增长分成	上一年的实际收入	基数部分按总额分成比例留成；增长部分另定分成比例	大连、青岛、武汉
上解额递增	1987 年上解中央的收入	按一定比例递增上解	广东、湖南
定额上解	原来核定的收支基数	收大于支的部分，确定固定的上解数额	上海、山东、黑龙江
定额补助	原来核定的收支基数	支大于收的部分，实行固定数额补助	吉林、江西、甘肃、陕西、福建、内蒙古、广西、西藏、宁夏、新疆、贵州、云南、青海、海南、武汉、重庆

资料来源：《中国政府间财政关系图解》（李萍，中国财政经济出版社，2006）。

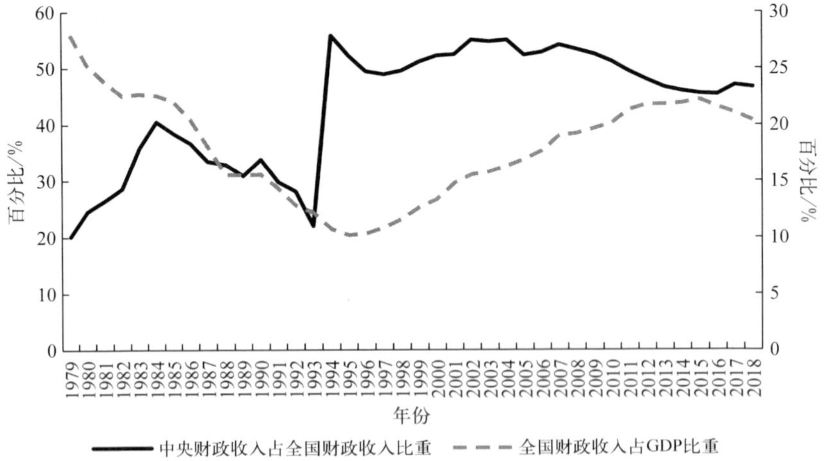

图 4－12　中央财政收入占全国财政收入比重与全国财政收入占 GDP 比重变化

（数据来源：《中国统计年鉴》）

财政体制的调整对城市公共产品供给也产生了比较大的影响，财政包干制的实施打破了中央集权体制。随着中央政府对经济资源和财力控制力度的下降，地方政府的资源筹措能力和财力不断增强，这对地方政府充分利用资源发展经济产生了激励作用，也奠定了此后地方政府承担大部分公共产品供给职能的经济基础。1985年，国家先后公布一系列公共部门改革的决定与意见，包括《中共中央关于教育体制改革的决定》《中共中央关于科学技术体制改革的决定》等，改革聚焦于公共服务的供给体制、管理模式和运营机制，城市公共产品部门全面改革的序幕也由此拉开。首先，在管理体制上，政府开始放松对公共服务部门的垄断，引入市场竞争机制，政府承担一切公共事务职责的管理格局逐渐被打破。其次，政府加大了对公共部门的财政投入力度，基于社会需求的“体制外”的公共服务部门开始出现。

另外，从城市公共产品供给主体和分配体制上看，1978年以后至20世纪90年代中期，各单位组织的职能逐渐从偏向于管理向偏向于经济利益转变，随着自主权的扩大，企业和事业单位拥有了相对独立的经济利益，一些单位成为既相互独立又紧密相连的企业性质的利益机构。因此，不同单位的成员所获得的公共产品出现了差异，那些掌握资源较多和社会地位较重要的单位，其成员常常享有比其他单位更好的社会福利，获得更多的公共产品。因此，此阶段城市居民享受的福利、医疗服务、养老保障等与其所在单位密切相关，单位的原始功能发生变异，出现诸多社会不公现象，导致城市居民获得公共服务的差异程度比行政计划时期更大。

三、分税制财政管理体制下的公共产品供给体制（1994—2002年）

财政包干制虽然激励了地方政府产业发展的积极性，但同时也使得地方政府出于自身利益的考虑，出现少报企业利润或将利润转移到体制外的情况（何艳玲、汪广龙、陈时国，2014）。为了增强中央宏观调控能力，重塑地方政府行为模式，使之适应社会主义市场经济建设的需要，1994年我国开始实行分税制财政管理体制改革。

首先，分税制按税种划分了归属于中央与地方的财政收入，主要分为三种：用于保障中央宏观调控和维护国家权益的中央税，与经济发展直接相关的中央和地方共享税，适合地方征管且较难征收的地方税（见表4－11）。

表 4－11　中央与地方税收划分

中央收入	地方收入	中央与地方共享收入
国内消费税	个人所得税	国内增值税
关税	城镇土地使用税	企业所得税
消费税和增值税	耕地占用税	个人所得税
	固定资产投资方向调节税	印花税
	土地增值税	证券交易税
	房产税	资源税
	遗产税	营业税
	车船使用税	城市维护建设税
	车船使用牌照税	
	契税	
	屠宰税	
	筵席税	
	农业税、牧业税及地方附加	

资料来源：《中国财政体制改革：制度演进与优化》（王小林、徐丽萍，《经济研究参考》，2009 年第 45 期）。

其次，分税制明确了中央与地方各自的事权，并对财政支出的范围进行了划分（见表 4－12）。国防、外交、中央国家机关运转、中央直接管辖的事业发展等经费支出主要由中央财政提供，同时在优化国民经济结构、统筹地区发展和进行宏观调控等方面所必需的支出也由中央财政提供。地区行政机关运转所需支出以及当地经济、公用事业发展所需支出则主要由地方财政提供。

表 4－12　中央与地方财政支出划分

中央财政支出	地方财政支出
国防费	地方行政管理费
武警费	公检法支出
外交和援外支出	部分武警经费
中央级行政管理费	民兵事业费
中央统管的基本建设投资	地方统筹的基本建设投资

续　表

中央财政支出	地方财政支出
中央直属企业技术改造和新产品试制费	地方企业的技术改造和新产品试制费
地质勘探费	支农支出
中央财政安排的支农支出	城市维护建设经费
中央负担国内外债务的还本付息	地方文化、教育、卫生等事业费
中央负担的公检法支出	价格补贴支出及其他支出
文化、教育、卫生、科学等事业费	

资料来源：《中国财政体制改革：制度演进与优化》（王小林、徐丽萍，《经济研究参考》，2009 年第 45 期）

最后，分税制改变了税收征管体制。分税制实施后，我国分别建立了中央、地方税务机构，推行以增值税为主体税种的间接税制，统一企业所得税等。同时，为了调动地方政府的积极性，保障地方政府原有的既得利益，我国还建立了适应分税制所需要的税收返还制度。

实施分税制后，中央财政收入占全国财政收入的比重快速提升，1994 年中央财政收入占比为 55.7%，比 1993 年增长了 153%。同时，随着征收力度和透明度的提高，财政收入占 GDP 的比重也逐年上升。到 1996 年，全国财政收入占 GDP 的比重结束了连续 17 年的下滑趋势，2002 年其占 GDP 的比重超过 15%。此后，中央与地方逐渐形成了相对独立、自我平稳的财政预算体系，中央财政的宏观调控能力不断增强，这在一定程度上缓和了中央与地方较长时期不稳定的预算收支利益博弈，也深化了“地方（城市）的自我觉醒”，强化了地方政府的财政收入增长动机（何艳玲、汪广龙、陈时国，2014）。

但在分税制下，由于大部分公共事务责任由地方政府承担，地方政府的财政压力大，公共部门经济开始被地方政府看成财政的包袱（朱恒鹏，2004）。同时，地区间的经济竞争也使地方政府过度偏向于经济性公共产品的投入，使公共产品供给出现了结构性扭曲（Qian and Roland，1998），导致了“重基本建设、轻公共服务”的地方财政支出偏向（傅勇、张晏，2007；乔宝云、范剑勇、冯兴元，2005；傅勇，2010）。而自上而下的政绩考核，更是使地方政府支出偏好受“晋升”激励影响严重（周黎安，2004；张军、周黎安，2007；何艳玲、汪广龙、陈时国，2014）。衍生于分税制的土地财政模式也促使地方政府热衷于城市基础设施建设（汤玉刚、陈强、满利苹，2016），在其他非经济性公共产品供给上捉襟见肘，难以体现政府的公共财政功能。

此时期另一个重大的变化是，随着经济改革步伐的加快，许多国有企业、事业单位被卷入市场竞争的浪潮中。国有企业的资源垄断权和产品定价权逐步被削弱，这迫使企业进行内部改革，企业职工的部分社会福利逐渐从企业隐性成本转化为显性成本。在国家社会保障制度的改革中，国有企业和事业单位职工的单位福利不断减少，“单位制”开始走向瓦解，城市职工的社会保障等公共服务开始由政府统一供给向政府和市场多元化供给演变。

四、公共财政功能体制下的公共产品供给体制（2003—2012年）

随着经济的发展和人民生活水平的提高，城市公共产品的社会需求大幅增加，其供需矛盾也日益突出。为了缓解社会矛盾，推动城市健康发展，2002年党的十六大将公共服务纳入政府的基本职能。2003年党的十六届三中全会通过了《中共中央关于完善社会主义市场经济体制若干重大问题的决定》，其中一个重要的财税体制改革内容是强调财政的公共性，把建立公共财政体制作为改革的目标。该决定还明确提出了要加快转变政府职能，积极完善财税体制。

这一时期，财政体制机制改革开始将税收作为政府主要收入来源，通过税费改革来规范政府收入结构，压缩政府预算外收入，如撤销车辆购置附加费，将其变更为车辆购置税。在中央与地方政府收入划分方面，继续调整和优化中央与地方的财权划分格局，在证券交易印花税、所得税、出口退税等税种上，科学分配中央与地方收入。同时，对政府间的公共支出划分也实施了调整，为了缓解基层政府财力不足的问题和保障基本公共开支，省、市级政府的支出责任不得转嫁给县、乡级政府，且省、市级政府委托县、乡级政府执行事务时，需要提供配套的专项拨款；对于共同承担的事务，要合理划分承担比例。从整体上看，该时期财税体制改革围绕着公共财政体制的主题，加速推进了政府职能转变，在完善社会主义市场经济、推动基本公共服务均等化、改善民生等方面发挥了重要的作用，促进了经济社会的可持续发展。

从城市公共产品供给主体与分配体制上看，随着市场化程度的进一步提高，城市公共基础设施建设和公共服务的投资力度越来越大，地方政府的财政压力和债务压力也日益增加。政府财政制度向与市场经济相匹配的公共财政体制的顺利过渡，保证了居民平等地获得公共产品，而不是根据居民的“单位”资格划分公共产品受益范围（王玉华，2007）。

五、现代财政制度下的公共产品供给体制（2013年至今）

2013年，党的十八届三中全会通过的《中共中央关于全面深化改革若干重大问题的决定》，明确提出财税体制改革的目标和方向。2014年6月，中共中央政治局审议并通过了《深化财税体制改革总体方案》，确定了财税体制改革的目标是“建立统一完整、法治规范、公开透明、运行高效，有利于优化资源配置、维护市场统一、促进社会公平、实现国家长治久安的可持续的现代财政制度”。该方案还提出到2016年基本完成财税体制改革计划中的重点工作和任务，到2020年基本建立现代财政制度。

这一时期财税体制改革在以下三个方面有了突破：一是在预算管理制度改革方面，不再像过去那样局限于根据一般公共预算来制订改革方案，新的财税体制改革范围扩展到了政府全部的“四本预算”[①] 收支；明确所有财政预决算要规范、透明（除涉密信息外），提升中央一般性转移支付占比，清理、整合、规范专项转移支付；整体上致力于在涵盖政府全部收支的基础上，建立“全面规范、公开透明”的预算管理制度。二是在税收制度改革方面，不再像过去那样局限于税收总量的增减改革，而是朝着优化税收收入结构、完善地方税体系、稳定宏观税负、依法治税的方向推进；着眼于清费立税，提高直接税比重，逐步增加房地产税在地方财政收入中的比重。税收制度改革的目标是在稳定税负的基础上，建立“有利于社会公平、市场统一”的现代税收制度。三是在中央与地方财政关系方面，不再局限于中央与地方之间的财力增减调整，新一轮中央与地方财政关系改革重新梳理了中央与地方的税收权划归问题；根据税种的功能和属性，合理划分中央与地方收入，收入划分调整后，地方形成的财力缺口由中央财政通过税收返还方式解决；建立事权和支出责任相符的制度，在区域性公共服务方面，中央可通过转移支付委托地方承担部分事权支出责任。总之，这一时期财税体制改革的总体方向和原则是在保持现有中

① “四本预算”指一般公共预算、政府性基金预算、国有资本经营预算和社会保险基金预算。

央与地方财力稳定的基础上，建立事权和财政支出责任相适应的制度。

总的来说，这一时期财政体制改革致力于服务国家治理现代化建设，尤其是城市治理现代化建设。2018 年，我国的城市化率已达到 59.85%，尤其是沿海地区已经开始接近或超过发达国家城市化率的平均水平，初步完成了向“城市中国”的转变。这一时期，城市政府作为基本公共服务供给的主体地位得以确立。2018 年 1 月，国务院办公厅发布的《基本公共服务领域中央与地方共同财政事权和支出责任划分改革方案》，明确了中央与地方政府共同承担或各自承担基本公共服务事权和财政负担的范围，确定了政府需要优先和重点保障的基本公共服务事项，包括义务教育、学生资助、基本就业服务、基本养老保险、基本医疗保障、基本卫生计生、基本生活救助、基本住房保障等八大类公共服务。此外，在基本公共服务领域，该方案还规范了中央与地方共同财政事权的支出责任分担方式，并且给出了两者共同财政事权清单及基础标准、支出责任划分情况表，目的是建立起权责清晰、财力协调、标准合理、保障有力的基本公共服务制度体系和保障机制。与此同时，社会组织开始成为城市公共产品供给的重要支撑，城市政府向社会组织购买公共服务的次数逐渐增多。在各地改革实践的基础上，2013 年，《国务院办公厅关于政府向社会力量购买服务的指导意见》发布，致力于引导政府与社会力量形成改善公共服务的合力。党的十八届三中全会通过的《中共中央关于全面深化改革若干重大问题的决定》更是明确提出：“凡属事务性管理服务，原则上都要引入竞争机制，通过合同、委托等方式向社会购买。”总体而言，这一时期城市公共产品供给回应社会和居民的需求，重点投资建设了与居民福利直接相关的公共产品项目。

第三节　城市公共产品供给机制及其改革

中华人民共和国成立后，我国的经济社会实现了较大的发展，人民的生存方式、生活状态也实现了本质的改变。随着经济、社会、文化等各方面的发展，民众的公共产品需求也在不断发生改变，相应地，我国城市公共产品的供给机制也在不断地调整变化。在相当长的时期内，政府在公共产品的供给过程中始终占据着优势地位。自社会主义市场经济体制改革目标确立后，城市计划经济体制日渐式微，随着市场机制和金融市场的发育，政府供给、市场供给和多元主体合作供给的机制逐步形成。

一、"政府包揽"城市公共产品供给的行政机制（1949—1978年）

在计划经济时期，在统收统支的财政体制格局下，我国实行了由政府和国有企业投资建设城市公共基础设施、供给基本的公共服务项目的机制，并按单位或企业性质提供附加的社会福利等公共产品。因此，这一时期我国基本上实行了政府行政供给公共产品的供给机制，中央政府、地方政府、事业单位和国有企业主导了公共产品的投资、生产、分配和运营。其中，政府部门与事业单位、国有企业在具体的公共产品供给上又有不同的分工（见表4－13）。在计划经济时期，政府借助集中的行政计划和财政体制，在资源有限的条件下，基本满足了城市居民最低水平的公共产品需求。

表4－13　计划经济体制下不同类型公共产品的供给主体

供给主体	政府部门	国有企业	事业单位
公共产品	国防	邮政	中小学教育
	外交	电力	体育设施
	司法	铁路	图书馆
	社会治安	市政建设	医院
	消防	公共交通	福利住房

城市公共产品在政府行政供给机制下有以下特点：一是供给水平低。在计划经济时期，尽管政府通过工农产品"剪刀差"和其他财政手段，从农村转移了一部分经济剩余到城市及工业部门，为城市居民建立起了基本保障机制，但由于集中经济资源建设工业体系，特别是重工业体系，试图通过重工业发展实现赶超发达国家的战略目标，总体上难以安排较大比例的财政资金来建设公共基础设施，也难以提供较好的社会保障。因此，此时期城市公共产品和公共服务的供给水平始终处于维持基本生产和生活的低水平状态。二是供给效率低。政府行政部门主导了国有企业对公共产品投资、生产、分配、运营的所有过程，在信息不充分情况下，私人产品的供给计划难以有效制订，更难以获得充分的公共产品真实需求，加上缺乏有效的外部监督机制，公共产品生产质量差、运营效率低下的现象长期存在。例如，在医疗领域，一方面医疗资源严重

短缺，另一方面医生资源和药品又严重浪费。三是公共产品供给在制度上追求绝对意义上的平等，但实际上存在广泛的不公平现象。由于供给短缺，政府制定了一系列政策，旨在为城市居民提供均等的公共产品和服务，但事实上，基于单位性质、企业性质等“身份”因素，无论是公共基础设施的使用，还是公共服务的获得，城市居民之间都存在较大的差异。特别是在单位和企业自办各类公共服务设施的情况下，各单位和企业为职工提供的教育、医疗、住房与社会保障项目均有较大的差异。

二、政府主导下的城市公共产品市场供给机制探索（1979—1992年）

1978年，党的十一届三中全会发出了“以经济建设为中心”的号召，国家经济形态逐步由行政计划经济向市场经济转变。尽管最初的变革发生在私人产品部门，但从20世纪80年代初开始，经济改革也在公共产品部门进行尝试和扩展。这一改革由建立公共服务的社会化体系和公共基础设施的社会投资机制开始。

此时期屡受社会批评的公共卫生部门是改革的着力点。国家在完善城市国有、集体性质医疗卫生机构建设的同时，开始鼓励和允许个人投资医疗卫生事业。1979年，卫生部、财政部、国家劳动总局联合印发的《关于加强医院经济管理试点工作的意见》，以及1981年卫生部发布的《医院经济管理暂行办法》等文件，标志着国家开始运用经济手段管理卫生事业，并开展了“五定一奖”、对医院“定额补助、经济核算、考核奖惩”等试点工作，尝试扭转医疗机构不善于核算经营的状况。在此基础上，1982年卫生部发布的《全国医院工作条例》明确提出，医院经济管理要“运用经济手段促使医院合理地使用人力、物力和财力，提高医疗和服务质量，逐步实行医疗成本核算，讲经济效果”，在总务工作中可以实行企业化管理。同时，1980年国务院批准的《卫生部关于允许个体开业行医问题的请示报告》，为转变国有、集体医疗机构绝对主导医疗服务供应和管理的局面，推动形成多种所有制合作经营的医疗服务体系提供了可能，也进一步拓宽了医疗资源的供给渠道，促使国有医疗机构的改革更加顺利地展开。此后，公共卫生和医疗行业中实施了各种改革方案，尽管改革的成效不甚明显，社会的满意度也比较低，但它们在一定程度上打破了政府行政管制的医疗体系，使社会资本进入医疗行业，政府和社会多元供给机制的雏形开始出现（李纬，2009）。到 1985 年，公共产品供给机制的变革已拓展至公共产品和公共服务的各个领域。《中共中央关于科学技术体制改革的决定》《中共中央关于教育体制改革的决定》《关于艺术表演团体的改革意见》《关于体育体制改革的决定（草案）》《关于卫生工作改革若干政策问题的报告》等一系列文件的密集出台，标志着城市公共产品市场化供给机制改革的大幕全面拉开。

这一时期城市公共产品供给机制的变化有以下特点：一是在投资机制方面，虽然政府仍然占据主导地位，但其已经逐渐放弃过去全权包办的做法，在公共基础设施的投资建设中，开始尝试引入国内私人资本、外资和其他社会资本；允许私人和社会资本投资、经营公共服务部门，公共产品多元投资的机制开始形成。二是开始尝试多样化的公共产品生产与供给机制。为了满足城市居民多样化、多层面的公共产品和公共服务需求，多种公共产品生产和建设方式开始形成。同时，由行政调配和计划供给的公共产品供给机制也逐渐被打破，开始出现了依据市场方式供给公共产品的机制。三是在运营与管控机制方面，此时期国家开始给予城市公共部门一定的管理自主权，允许公共部门与私人部门合作，引入市场运行机制，开始适当地根据市场需求对公共产品的种类和数量进行调整。与此同时，为了缓解城市公共部门运营经费不足的问题，国家开始允许公共部门在一些公用事业的经营上采取灵活多样的收费方式。

三、“政府 + 市场”双重主体的城市公共产品供给机制（1993—2002 年）

1992 年，党的十四大明确了建立社会主义市场经济体制的改革目标，市场在配置资源中的基础性作用得到认可，城市公共产品供给进入了一个崭新阶段。此时期以转变政府职能为核心，推动公共部门的改革，城市公共产品供给的市场化改革进程明显加快。

1993 年，国务院开始了大刀阔斧的机构改革，将航空航天工业部、轻工业部、纺织工业部等国务院 18 个专业经济部门改为经济实体和行业总会，将电力、石油、铁路等行业部门改组为公司。政府部门的改革和职能调整，为公共基础设施等公共产品部门引入社会资本和实行市场机制奠定了制度基础。1995 年，全国事业单位机构和人事制度改革工作会议在郑州召开，会议初步制定了公共事业单位政企分开、现代管理、多元化经营的改革策略。1996 年，中共中央办公厅、国务院办公厅印发的《中央机构编制委员会关于事业单位机构改革若干问题的意见》，对我国公共部门的改革目标和推进方式做了明确部署。中央致力于调整和优化政府职能，以事业单位的机构改革和公共产品供给领域的开放为抓手，加快了向公共产品市场供给机制转型的步伐。1998 年，国务院进行了第四次机构改革，撤销电力工业部、煤炭工业部、邮电部等 15 个部委，这些部委的部分行政职能被下放到企业，或者转交给国家经济贸易委员会和国家计划委员会；城市水、天然气、交通等公用事业的管理和运营由建设部负责；医药行业的进入、产品定价与企业行为等由卫生部和国家药品监督管理局负责管理。此外，基础产品的定价权也有一定程度的下放，赋予了企业通过增加收费获取一定盈利的权利（邹晓东，2007）。2001 年，《国家计委关于促进和引导民间投资的若干意见》明确提出，要“鼓励和引导民间投资以独资、合作、联营、参股、特许经营等方式，参与经营性的基础设施和公益事业项目建设”。以基础教育和公共基础设施为例，1993 年，中共中央、国务院印发的《中国教育改革和发展纲要》，首次明确阐述了我国关于发展民办教育的十六字方针，即“积极鼓励、大力支持、正确引导、加强管理”。到 1996 年年底，民办小学达到 1 453 所，民办普通中学达到 1 467 所（张雪蓉，2009）。1995 年 5 月，国家计划委员会批准了中国第一个 BOT 试点项目——广西来宾 B 电厂项目。2002 年 5 月，上海浦东新区自来水公司将一半的国有股权溢价转让给外资企业威望迪集团（潘胜强，2007）。

这一时期城市公共产品供给机制的变化有以下特点：一是以“优化政府职能”为背景，放宽政府对公用事业等管制的范围；城市公共基础设施和社会服务的部分领域有选择地向社会开放，部分公共事业的管理体制由审批制变更为备案制；变革计划经济时期由事业单位供给部分公共产品的方式，尝试引入市场机制。二是在城市公共基础设施的建设中，引入招投标等市场竞争机制，拓宽基础设施建设的融资渠道。特别是在城市道路与交通运输、通信、医疗、文化教育和体育卫生等部门，试行市场化经营管理方式，以提高财政资金的使用效率和公共产品的供给效率，从而更好地满足城市发展和居民日益增长的需求。三是强化政府对公共产品的监管职能。在强调公共产品市场供给机制的同时，政府仍然通过行政权力体系和制度规范加强对涉及公众利益的公共产品的监管，但开始强化对不同公共部门的专业化管理，对公共服务领域中的“无形公共产品”的质量监管水平也有所提升。

四、“政府+市场+社会”多元主体合作的城市公共产品供给机制（2003年至今）

2003年，党的十六届三中全会首次提出要打破垄断、开放市场，推进市政公用事业和基础设施建设运营的市场化。2004年2月，建设部颁布了《市政公用事业特许经营管理办法》，并于2004年9月制定了配套的《城市供水特许经营协议示范文本》《管道燃气特许经营协议示范文本》《城市生活垃圾处理特许经营协议示范文本》。随后，北京、深圳等城市陆续制定了自身的特许经营办法。2005年2月印发的《国务院关于鼓励支持和引导个体私营等非公有制经济发展的若干意见》中明确提出：“支持非公有资本积极参与城镇供水、供气、供热、公共交通、污水垃圾处理等市政公用事业和基础设施的投资、建设与运营。”这些政策措施激励了非公有资本投资公用事业的积极性（周春山、高军波，2011），民营资本开始有规模地参与到公用事业和基础设施的建设中（郑晓燕，2010），投资领域包括交通、水、电、气、园林绿化、垃圾处理等几乎全部的市政公用领域（贺巧知，2014）。在各项政策措施的推动下，长期以来政府主导市政领域的局面逐步被打破，形成了外资、民营、国有多元投资格局（郑晓燕，2010；刘卫东，2013）。与此同时，基础教育、公共卫生与基本医疗、公共文化体育设施等城市公共产品领域的市场供给机制也在不断演变。2012年7月，国务院印发《国家基本公共服务体系“十二五”规划》，明确了“政府主导、社会参与、公办民办并举”的公共服务供给体制机制。2013年11月，党的十八届三中全会通过的《中共中央关于全面深化改革若干重大问题的决定》中提出，政府购买公共服务的公共产品供给改革方式，规定“凡属事务性服务，原则上都要引入竞争机制，通过合同、委托等方式向社会购买”。

在不断深化和完善城市公共产品市场供给机制的同时，国家还出台了一系列旨在鼓励社会组织（志愿者组织、非营利组织等）发展的政策。2004年9月，党的十六届四中全会对健全社会组织、增强服务社会功能做出了系统而全面的阐述。2007年，党的十七大进一步提出要建立“党委领导、政府负责、社会协同、公众参与”的社会管理体制。2011年3月颁布的《中华人民共和国国民经济和社会发展第十二个五年规划纲要》中提出：“坚持培育发展和管理监督并重，推动社会组织健康发展，发挥其提供服务、反映诉求、规范行为的作用。”政府政策的密集出台，催生了我国社会组织的蓬勃发展。《2018 年民政事业发展统计公报》显示，截至 2018 年年底，全国共有约 81.7 万个社会组织。其中社会团体约为 36.6 万个、基金会为 7 034 个、民办非企业单位约为 44.4 万个。这些社会组织吸纳社会各类人员就业高达 980.4 万人，活动领域涵盖科学研究、教育、卫生、社会服务、文化、体育等。

随着社会组织的数量不断增加、规模不断扩大、布局不断调整、结构不断优化以及质量与实力不断提升，其在公共服务等领域中的作用和影响也日益显现。为了有序地发展社会组织，政府出台了一系列政策来引导和推动社会组织在城市公共产品供给中发挥作用。2008 年 2 月，党的十七届二中全会通过的《中共中央关于深化行政管理体制改革的意见》明确指出，要更好地发挥公民和社会组织在社会公共事务管理中的作用，通过制度安排和创新更加有效地提供公共产品。此外，《国务院办公厅关于政府向社会力量购买服务的指导意见》和《国务院关于促进慈善事业健康发展的指导意见》也先后印发。2017 年，党的十九大报告提出，提高保障和改善民生水平，加强和创新社会治理，推动社会治理重心向基层下移，发挥社会组织作用，实现政府治理和社会调节、居民自治良性互动。在政府一系列明确的政策导向下，社会组织已初步形成了“门类齐全、层次不同、功能互补、覆盖广泛、特色明显”的管理体系（王浦劬、萨拉蒙，2010），与政府、市场（私人）共同形成了公共产品的新型合作供给机制。

尽管社会组织的发展受到了一定的限制，其数量的增加以及规模和活动范围的扩展比较缓慢，但这些社会组织在提供公共服务、完善社会治理等方面已经发挥了无可替代的作用。例如，在 2003 年抗击非典型肺炎（以下简称“非典”）疫情、2008 汶川抗震救灾、2019 年的新型冠状病毒肺炎（以下简称“新冠肺炎”）疫情防控中，各种社会力量各显其能，提供志愿服务，获得了社会各界的广泛认可和关注。

这一时期城市公共产品供给机制的变化有以下特点：一是在政府的主导和支持下，公共产品供给市场化改革全面实施，公共产品产权交易逐步规范。无论是政府投资还是私人或社会资金投资，公共产品项目通过公开招标方式进行选择已经越来越普及和规范。同时，PPP、特许经营制度等也逐步建立并完善。

二是为了确保公共利益和满足居民对公共产品的差异性需求，政府在实施公共产品供给机制改革的过程中，逐步克服单一的行政化或单一的市场化的局限性，不再将自身看作公共产品供给的唯一主体，而是探索在保证自身主体地位的前提下，实现民营企业、外资企业、社会组织等供给主体相融合的多元供给机制，努力克服公共产品供给改革中的体制机制难题。三是随着这一时期社会经济的快速发展，城市公共基础设施投资、建设规模的扩大和速度的加快，特别是2008年全球金融危机以后，我国政府为抵御经济危机，维持经济增长速度，增加了对公共产品部门的投资。中央和地方政府通过财政投入、融资平台等方式筹措资金，对铁路、公路、机场、电力、环保设施等城市公共基础设施进行了大规模投资，同时扩大了社会保障范围，增加了社会服务的项目和内容。但在公共产品投资增加的过程中，也出现了诸多问题，如政府债务增加，过度投资建设一些基础设施项目，投资绩效低下，等等。

第四节　城市公共产品供给的历史经验与启示

一、历史经验与教训

前文对城市公共产品及其供给机制演变过程与特点的分析表明，自中华人民共和国成立以来，城市公共产品供给大致分为计划经济时期的公共产品供给与市场经济时期的公共产品供给两个阶段。在计划经济时期，受制于国民经济恢复和重工业发展战略，城市公共产品供给无论是数量上还是质量上都处于较低水平，仅能维持城市基本的生产和生活需要，难以满足居民的发展需求。改革开放后，随着经济的快速增长和城市化进程的加快，城市公共经济进入了快速发展时期。具体来看，改革开放初期，在相当长的一段时间内，城市经济工作的重心在于经济建设，城市财政呈现出典型的“生产建设财政”特征（高培勇，2018），城市公共产品的供给往往被政府所忽略或轻视（Wong，2004）。这种情况在20世纪90年代初期确立社会主义市场经济体制改革目标和分税制改革之后有所改变。但由于急于满足城市经济发展和城镇化所需的基础设施，公共产品供给结构出现了选择偏向问题，即过度重视经济性公共产品供给，而忽略非经性公共产品供给。21世纪初，随着市场化改革的进一步推进和政府对公共服务职能的强调，城市公共产品供给出现了新的变化，开始重视与民生直接相关的非经济性公共产品的供给。近年来，党中央和地方政府越来越重视基本公共服务体系建设，致力于建设人民满意的服务型政府，不断满足人民多层次、多样化的需求和日益增长的美好生活需要。在城市公共产品供给中，与居民生活直接相关的公共产品供给不断增加。

从前文对城市公共产品供给体制改革的回顾与分析中，我们可以认识到城市公共产品供给体制的改革应放置于财政体制改革的大背景中。这是因为财政体制的变迁在我国城市经济发展和公共产品供给中发挥着举足轻重的作用。回顾我国财政体制机制的改革，我们可以发现，其以调动中央和地方的“两个积极性”为核心，以实现公共产品供给效率与公平的统一、推动城市和国家治理现代化为目标，经历了中央统收统支、分级包干、分税制改革、突出公共财政职能、建立现代财政制度五个时期。与之相关联，城市公共产品供给的体制机制也发生了一系列变革，经历了由政府主导向市场供给过渡，最终形成以政府为主导、市场与社会组织参与的多元主体合作供给体系。考察我国财政体制与城市公共产品公共体制机制变革的过程，我们可以发现，变革的核心和关键是转变政府职能，培育社会力量，发挥市场的作用机制，目的是满足居民对公共产品的多样化和差异化需求，提升居民的公共服务获得感。

二、未来发展的启示

在对城市公共产品供给的历史演变和体制机制的变迁进行详细考察后，对于未来公共产品部门的发展和公共产品供给体制机制的改革，本书有以下几点认识。

第一，深入推进行政管理体制改革，切实转变政府职能，建设人民满意的服务型政府。我国政府的行为取向与职能定位主要受党和国家的发展理念及具体的考核机制影响（郁建兴，2011）。在“人民城市人民建，人民城市为人民”的理念下，合理界定政府、市场、社会在城市公共产品供给中的角色，深入推进政企分开、政事分开，既有助于政府的核心职能向基本公共服务转变，也有助于民间社会资本参与公共产品的投资、生产和运营，进而达到公共产品供给的效率、公平和质量的协调统一。

第二，积极推进财政体制改革，规范中央地方政府间的财政关系。现阶段地方政府的财权在50%左右，但事权高达85%，财权与事权不匹配带来超过30%的支出缺额，使得地方政府的公共产品供给责任不断加重。面对这种收支不对称的情况，地方政府只能通过增加土地出租转让金、政府收费等非税收入来解决问题。因此，我国必须理顺中央和地方的权责关系，发挥中央与地方的“两个积极性”，兼顾效率与公平，统筹当前与长远（楼继伟，2014；刘昆，2020），促使权力与责任、办事与花钱相匹配，全面提高城市治理效率。

第三，完善城市公共产品多元供给模式。在城市公共产品供给中，我们除了要确立政府的主导地位外，还要充分发挥市场机制与社会多元主体合作机制的作用，不断深化和细化公共产品供给中各种参与方的角色定位与职能分工。政府、市场（私人）和社会组织将是公共产品供给的三大主体。一个完善的城市公共产品多元化供给格局应该是，那些可以由市场供给的公共产品由市场来完成，可以由社会组织供给的公共产品供给由社会组织来完成，市场和社会组织都不能生产或提供的公共产品由政府来负责托底。

第四，建立健全城市公共产品供给的需求显示与表达机制，不断完善公共产品供给绩效评估体系。从城市公共产品的需求来看，现阶段我国依然缺乏有效的需求显示与表达机制。公众利益表达的正式渠道匮乏且作用有限，不但会降低公共决策的有效性，还会导致非制度化的利益诉求行动（如发生群体性事件）。此外，我国政府“自上而下”的公共决策程序，也会导致城市公共产品供给与居民的真实偏好和需求发生脱节。当前信息技术的发展，已经为推进政府决策科学化、社会治理精准化、公共产品供给高效化提供了强有力的保障。因此，我国应加快建立健全城市公共产品供给的需求显示与表达机制，同时，稳步扩大城市公共产品供给决策与预算编制中的公众参与，完善公共决策机制。

第五，充分利用社会融资渠道和资本市场的资金配置功能，创新公共基础设施的投融资机制与产权交易机制。一般来说，公共基础设施具有投资规模大、资金沉淀时间长、资金回流慢等特点，在现阶段国家的宏观政策背景下，如何在有限的财政资源条件下，满足城市建设和居民对于公共基础设施不断增长的需求，是政府必须尽快解决的问题。为此，政府需要充分发挥金融市场的作用，多渠道融资。例如，基础设施不动产投资信托基金（REITs）作为一种新兴的投资模式，能够提高直接投融资规模占比，促进基础设施建设资本市场投资工具的多样化发展。多元投资机制也有利于社会投资者的资产配置多元化。2020 年 4 月，《中国证监会 国家发展改革委关于推进基础设施领域不动产投资信托基金（REITs）试点相关工作的通知》的印发，标志着我国基础设施公募 REITs 试点工作正式启动。2021 年 6 月，首批 REITs 正式在证券交易所挂牌交易，这标志着这一金融工具正式运用到基础设施的建设中。

另一项重要工作是纠正基础设施建设中 PPP 模式出现的问题，充分发挥社会资本在公共产品供给中的作用。近年来，PPP 模式在基础设施建设中的作用愈发凸显，但在实践过程中，也出现了诸如"明股实债、小股大债"等与 PPP 设立目标不一致的问题。同时，社会资本中国有资本占比过高，也不符合政府采用 PPP 模式的初衷。一些地方政府的财政收支矛盾甚至较之前有所加剧，存在发生系统性金融风险的可能性。这就要求政府部门在推广 PPP 模式的过程中，一方面加强对地方隐性债务的核查与监管，防止地方政府过度举债；另一方面营造良好的市场环境，以吸引社会资本尤其是非国有资本的参与，并发挥其在基础设施领域中的积极作用。

参考文献

[1] Qian Y Y, Roland G. Federalism and the soft budget constraint [J]. American Economic Review, 1998, 88 (5): 1 143 - 1 162.

[2] Tsui K Y, Wang Y Q. Between separate stoves and a single menu: fiscal decentralization in China [J]. The China Quarterly, 2004, 177: 71 - 90.

[3] Wong J. The adaptive developmental state in east Asia [J]. Journal of East Asian Studies, 2004, 4 (3): 345 - 362.

[4] Zhuravskaya E V. Incentives to provide local public goods: fiscal federalism, Russian style [J]. Journal of Public Economics, 2000, 76 (3): 337 - 368.

[5] 贾智莲，卢洪友．财政分权与教育及民生类公共品供给的有效性：基于中国省级面板数据的实证分析［J］．数量经济技术经济研究，2010，27（6）：139 - 150.

[6] 舒成．中国地方财政分权体制下的地方公共品供给：理论与实证［D］．南昌：江西财经大学，2010.

[7] 黄佩华，迪帕克，等．中国：国家发展与地方财政［M］．吴素萍，王桂娟，等译．北京：中信出版社，2003.

[8] 苟凤丽．公共产品供给主体结构与行为优化研究：理论分析框架及在我国的应用［D］.北京：中共中央党校，2016.

[9] 王丽英，陈国绪，荆卓．我国城市基础设施建设投融资方式创新研究［J］．中央财经大学学报，2009（12）：53 - 57.

[10] 彤新春．新中国铁路投资的周期性与经济增长［J］．当代中国史研究，2009，16（6）：59 - 69.

［11］王玉华．我国财政支出结构研究［D］．大连：东北财经大学，2007.
［12］傅勇．财政分权、政府治理与非经济性公共物品供给［J］．经济研究，2010，45（8）：4－15.
［13］李永友，张子楠．转移支付提高了政府社会性公共品供给激励吗？［J］．经济研究，2017，52（1）：119－133.
［14］李成宇．中国城镇化进程中地方公共物品的有效供给研究［D］．大连：东北财经大学，2017.
［15］郁建兴．中国的公共服务体系：发展历程、社会政策与体制机制［J］．学术月刊，2011，43（3）：5－17.
［16］万筠，王佃利．走向均衡与可持续的发展之路：中国城市公共服务40年［J］．城市治理研究，2019（1）：11－30，1－2.
［17］黄佩华．21世纪的中国能转变经济发展模式吗？［M］//吴敬琏．比较：第18辑．北京：中信出版社，2005.
［18］郑鑫．我国财政体制对城市规模的影响分析［D］．北京：中国社会科学院研究生院，2010.
［19］魏新亚．中国基础设施建设投资构成的地区差异［J］．上海经济研究，2002（12）：20－25.
［20］张军，高远，傅勇，等．中国为什么拥有了良好的基础设施？［J］．经济研究，2007（3）：4－19.
［21］陈硕．分税制改革、地方财政自主权与公共品供给［J］．经济学（季刊），2010，9（4）：1427－1446.
［22］傅勇．中国式分权、地方财政模式与公共物品供给：理论与实证研究［D］．上海：复旦大学，2007.
［23］乔宝云，范剑勇，冯兴元．中国的财政分权与小学义务教育［J］．中国社会科学，2005（6）：37－46.
［24］张红霞．对外贸易差异影响我国区域经济协调发展研究［M］．北京：人民出版社，2018.
［25］周黎安．晋升博弈中政府官员的激励与合作：兼论我国地方保护主义和重复建设问题长期存在的原因［J］．经济研究，2004（6）：33－40.
［26］张军，周黎安．为增长而竞争：中国增长的政治经济学［M］．上海：上海人民出版社，2007.
［27］汤玉刚，陈强，满利苹．资本化、财政激励与地方公共服务提供：基于我国35个大中城市的实证分析［J］．经济学（季刊），2016，15（1）：217－240.
［28］林毅夫，蔡昉，李周．中国的奇迹 发展战略与经济改革［M］．上海：上海三联书店，1994.
［29］丁菊红．中国转型中的财政分权与公共产品供给激励［D］．上海：复旦大学，2008.
［30］王曙光，蔡德发．我国财政体制60年：演进、运行与优化［J］．商业研究，2009（10）：1－6.
［31］叶文辉．中国公共产品供给研究［D］．成都：四川大学，2003.
［32］高培勇．中国财税改革40年：基本轨迹、基本经验和基本规律［J］．经济研究，2018，53（3）：4－20.
［33］邓子基，唐文倩．从新中国60年财政体制变迁看分税制财政管理体制的完善［J］．东南学术，2011（5）：31－39.

［34］李萍．中国政府间财政关系图解［M］．北京：中国财政经济出版社，2006.
［35］何艳玲，汪广龙，陈时国．中国城市政府支出政治分析［J］．中国社会科学，2014（7）：87－106.
［36］王小林，徐丽萍．中国财政体制改革：制度演进与优化［J］．经济研究参考，2009（45）：2－11.
［37］朱恒鹏．地区间竞争、财政自给率和公有制企业民营化［J］．经济研究，2004（10）：24－34.
［38］朱恒鹏．分权化改革、财政激励和公有制企业改制［J］．世界经济，2004（12）：14－24.
［39］傅勇，张晏．中国式分权与财政支出结构偏向：为增长而竞争的代价［J］．管理世界，2007（3）：4－12.
［40］楼继伟．深化财税体制改革　建立现代财政制度［J］．求是，2014（20）：24－27.
［41］邹晓东．从公共服务的政府垄断到多元化供给：面向新公共管理的政府管制研究［D］．上海：复旦大学，2007.
［42］张雪蓉．新中国成立60年来民办教育发展的历史变迁与反思［J］．教育与职业，2009（30）：16－19.
［43］周春山，高军波．转型期中国城市公共服务设施供给模式及其形成机制研究［J］．地理科学，2011，31（3）：272－279.
［44］郑晓燕．中国公共服务供给主体多元发展研究［D］．上海：华东师范大学，2010.
［45］贺巧知．政府购买公共服务研究［D］．北京：财政部财政科学研究所，2014.
［46］刘卫东．当代中国公共产品供需选择制度研究［D］．长春：吉林大学，2013.
［47］王浦劬，莱斯特·M．萨拉蒙．政府向社会组织购买公共服务研究：中国与全球经验分析［M］．北京：北京大学出版社，2010.
［48］王永超．我国当前城市公共品供给现状分析与研究［J］．技术经济与管理研究，2012（5）：78－81.
［49］刘昆．坚持不懈深化财税体制改革　加快建立完善现代财政制度［J］．旗帜，2020（2）：49－51.
［50］潘胜强．城市基础设施建设投融资管理及其绩效评价［D］．长沙：湖南大学，2007.
［51］李纬．中国医药和医疗体制改革的回顾与反思：一个基于利益集团的分析［D］．天津：南开大学．2009.
［52］于长革．中国财政分权的演进与创新［M］．北京：经济科学出版社，2010.

第五章　城市公共产品供给的国际比较

由于各个国家的经济发展水平不同，且在政治制度、经济结构、文化习俗等方面存在较大差异，城市公共产品的供给水平、供给结构和供给机制也存在很大的差异。就公共产品和服务的供给水平而言，不同发展水平的国家差别巨大，一些国家至今难以建设基本的公共基础设施，提供基本的公共社会服务。可喜的一点是，进入 21 世纪以来，大多数发展中国家开始致力于发展公共部门，加快了公共基础设施的建设和公共服务的供给，即使是一些发展水平较低的国家，在国际社会的资金援助下也取得了明显的进步。考察各国的公共产品供给机制，市场供给机制和政府供给机制都被广泛地采用，只是程度有所不同，有些国家以政府供给为主，也有一些国家以市场供给为主。但最近几十年出现了以政府、市场和多元主体合作机制为主流的趋势。本章对世界各国公共产品供给的发展趋势和供给机制做了总结，也对个别公共部门比较发达的国家的案例进行了研究，以从中获取一些经验与教训。

第一节　各国公共产品供给的发展趋势

一、各国公共产品供给的基本情况和变动趋势

世界各国对公共产品含义的理解基本上是一致的，普遍关注基础设施、基础教育、基本医疗卫生、基本社会保障、公共安全、环境保护、就业服务等方面。一国政府通常根据本国国情和经济社会发展水平，构建适合本国实际情况的公共产品供给体系。

一般来说，各国公共产品供给都具有三个基本特征：一是普惠性，即每个公民都被赋予享有公共产品的权利。二是平等性。公共产品的供给建立在正义、平等的基础上，所有公民都公平地享有公共产品。三是动态性。不同的经济发展阶段催生出对公共产品的不同需求（国家行政学院课题组等，2008），因此公共产品的供给并不是一成不变的，而是随经济社会条件的变化而动态演变，呈现出涵盖内容不断扩展、提供标准逐步提高的趋势。

鉴于各国公共产品资金投入的主要渠道都是政府的财政支出，我们可以通

过对各国财政支出及其结构的分析，大致获得各国公共产品供给总量和结构方面的信息。

据 OECD 数据库的相关统计，2019 年世界主要国家的公共支出总额占 GDP 比重均值为 39.94%，其中发达国家公共支出占比均值为 41.44%，而发展中国家公共支出占 GDP 比重均值为 33.23%。从总量变化来看，如图 5－1 所示，2010 年后，发达国家公共支出占 GDP 的比重有所下降，而发展中国家公共支出占 GDP 的比重在波动中有所上升。与此同时，近年来，发达国家与发展中国家之间的差距在缩小，在经济发展过程中新兴国家与发展中国家的公共支出增长速度和比重在加大，尤其是经济增长状况较好的发展中国家，加大了公共基础设施和公共服务的资金投入和政策支持力度，并取得了较好的绩效。

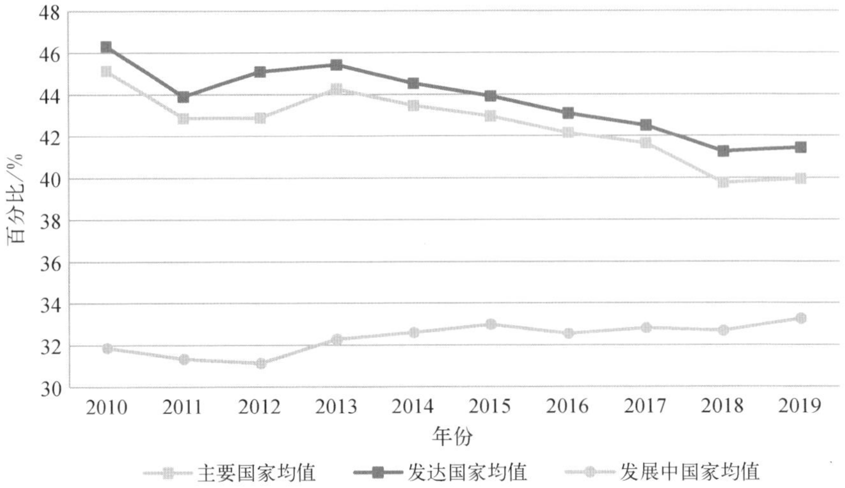

图 5－1 主要国家公共支出占 GDP 的比重（2010—2019 年）

（数据来源：OECD 数据库。其中，选择美国、英国、法国、德国、意大利、日本、韩国、瑞典、芬兰、丹麦、挪威、澳大利亚代表发达国家，选择中国、印度、俄罗斯、南非、巴西代表发展中国家）

这一变动趋势表明，随着人均收入的提高，人们对公共产品的需求不断增长并超过人均收入增长，这使得政府支出规模相应扩大。塞缪尔森对第二次世界大战后美国公共经济发展做出预言：政府支出上升的趋势将会持续。斯蒂格利茨（1988）的实证研究也表明，其选取的 12 个主要国家的公共支出占 GDP 比重最低的是日本，为 35%，而瑞典则高达 70%。

根据国际货币基金组织对世界主要国家公共支出的统计，20 世纪 90 年代后期至今，各国政府财政支出占其 GDP 比重整体已趋于稳定，但各国之间很不平衡。近 10 年来，各主要国家公共支出呈现波动趋势且出现分化（见表 5-1）：以市场制度为主的国家，如美国、英国、澳大利亚等，其公共支出占 GDP 的比重相比 20 世纪 90 年代中期有一定程度的提高。尤其是美国，1995 年其公共支出占 GDP 的比重仅为 20.53%，而到 2018 年已上升至 37.77%。以瑞典、芬兰等北欧国家为代表的传统福利制度国家，其公共支出占 GDP 的比重相比 20 世纪 90 年代中期则有较大幅度下降。而新兴国家和发展中国家的公共支出占 GDP 的比重近年来均有所上升，其中以中国的上升幅度最为明显，但各国的支出差距依然明显，如印度的公共支出水平近年来虽有增长，但始终低于世界主要国家的平均水平。

表 5-1　世界主要国家公共支出占 GDP 比重的比较

单位：%

国　别	1995 年	2000 年	2005 年	2010 年	2015 年	2018 年
美　国	20.53	17.92	33.93	39.91	35.15	37.77
英　国	37.48	33.80	38.16	44.47	39.67	40.98
法　国	54.81	51.65	53.29	56.88	56.80	55.86
德　国	55.12	47.76	46.82	48.14	44.10	44.41
意大利	51.62	46.54	47.24	49.93	50.32	48.25
日　本	34.00	36.00	34.60	38.55	38.02	38.95
韩　国	21.00	23.57	27.90	29.60	30.40	31.14
瑞　典	62.19	52.19	51.30	49.07	48.16	49.87
芬　兰	61.05	47.94	49.02	53.91	56.49	53.24
丹　麦	58.53	52.68	51.24	56.67	54.53	50.77
挪　威	50.66	42.42	42.49	45.39	49.28	49.16
澳大利亚	—	35.29	33.49	34.38	36.18	38.67
俄罗斯	—	32.73	29.62	39.35	39.57	34.16
巴　西	—	—	—	42.04	49.26	48.26
南　非	—	33.81	34.96	37.88	60.00	42.28
印　度	24.55	25.64	26.43	27.45	27.06	27.13
中　国	11.09	16.14	18.12	24.96	31.32	34.95

数据来源：国际货币基金组织数据库。

从表 5-1 中可以看出，在公共产品供给中，无论是发达国家还是发展中国家，政府所承担的责任都越来越大。同时，随着公共部门的发展和公共产品支出的逐年增长，各国政府面临的财政压力也越来越大。这些促使各国积极寻求更为多元化的公共产品供给方式，尤其是尝试市场（私人）和第三部门等社会力量的供给方式，多方筹措资金，以缓解社会对公共产品需求的增长和政府供给不足的矛盾。

从各主要国家的公共财政支出结构来看（见图 5-2），除国防支出外，教育、医疗、社会保障支出是各国公共支出的重要组成部分，且社会保障支出在各国公共支出中的比重远超其他支出的比重。2010—2018 年，各国民生类公共支出占 GDP 的比重变化不大，但发达国家与发展中国家的民生类支出差距依然较为明显，特别是社会保障支出，2018 年发达国家比发展中国家高 8.84 个百分点。同样，在教育与医疗方面，发达国家与发展中国家也存在着不小的差距，只是在总体公共支出水平存在差异的情况下，发展中国家普遍重视对教育的投入。上述公共支出方面的差距主要源于各国经济发展水平与财政实力的差距。从现阶段来看，发达国家已经具有较强的经济实力，能建立起较为完善的社会保障等公共服务体系，但发展中国家受制于经济实力的不足，还在为建立基本的社会保障制度而努力。

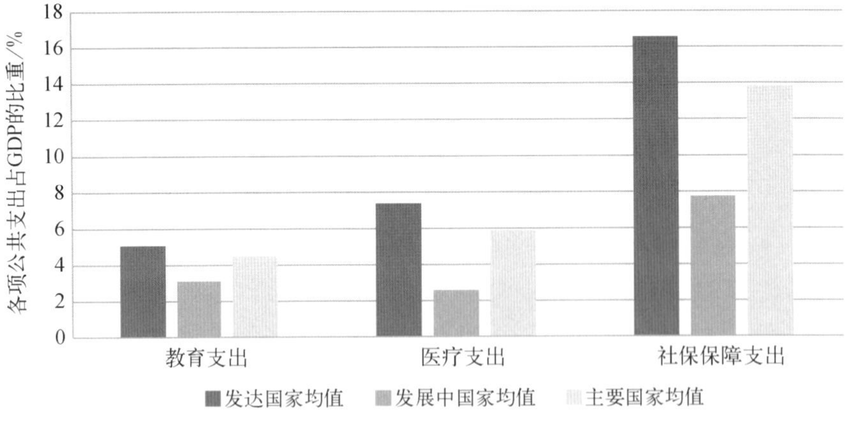

图 5-2　2018 年发达国家与发展中国家各项公共支出占 GDP 的比重

从公共支出结构看，发达国家与发展中国家由于实行不同的公共产品供给机制，公共财政中有关社会保障费用的支出比重差异较大。在欧美发达国家中，美国、澳大利亚等国家的公共产品的市场化供给程度较高，其社会保障等公共服务支出在财政总支出中的比重低于欧洲的一些发达国家，而北欧福利国家的社会保障支出占比相对较高。在金砖五国中，俄罗斯和巴西受传统制度和历史因素的影响，社会保障支出的比重相对较高。近年来，我国大力改善公共产品供给的努力已初见成效，教育、医疗和社会保障支出的水平已经大幅度提高，与发达国家之间的差距在快速缩小，具体如表 5－2 所示。

表 5－2　世界主要国家主要公共支出占 GDP 比重（2018 年）

单位：%

国　别	教育支出	医疗卫生支出	社会保障支出
美　国	5.94	9.29	7.53
英　国	4.90	7.60	15.14
法　国	5.11	8.10	23.82
德　国	4.17	7.24	19.44
意大利	3.94	6.83	20.71
日　本	3.30	7.66	16.13
韩　国	4.78	4.69	6.91
瑞　典	6.89	7.00	19.56
芬　兰	5.51	7.02	24.21
丹　麦	6.40	8.29	21.86
挪　威	5.43	8.24	19.12
澳大利亚	5.86	7.34	9.79
俄罗斯	3.43	3.16	11.49
巴　西	2.33	2.10	12.81
南　非	5.67	4.36	5.55
印　度	0.42	0.27	1.40
中　国	4.02	6.40	7.40

数据来源：国际货币基金组织数据库。

从支出占比的情况看，虽然世界各国的公共产品供给水平与差距有所缩小，但结合各国的经济规模与政府财政实力来看，发达国家与发展中国家之间依然存在较大的差距。以卫生服务情况为例，OECD 国家人均卫生开支为 4 000 美元,其中美国人均开支超过 10 000 美元，墨西哥人均开支仅为 1 150 美元，两者相差 10 倍有余。

为了提高居民的生活水平，近 20 年来大部分发展中国家致力于提高公共产品的供给水平。按联合国人居署 2020 年统计，进入 21 世纪以来，发展中国家的净水供应、环境卫生、住房、电力、清洁燃料和交通设施等已有了巨大的改善。总体而言，随着政府对公共产品重视程度的提升，世界各地教育、医疗卫生、基础设施等公共产品的供给水平得到了快速提升。表 5－3 反映了 2000 年、2019 年世界各地区公共产品供给情况。以非洲地区为例，其获得电力的人口比例从 2000 年的 26%提高到 2020 年的 48%；获得基本卫生服务的人口比例从 2000 年的 23%提高到 2019 年的 31%；获得基本饮用水服务的人口比例从 2000 年的 46%提高到 2019 年的 61%；小学学业完成率从 2000 年的 54%提高到 2019 年的 68%。即便如此，世界各国的教育、医疗卫生、基础设施等公共产品的差距依旧很大，非洲地区 2019 年的很多发展指标还远低于欧洲、拉丁美洲地区 2000 年的水平。

表 5－3　世界各地区部分公共产品发展指标

单位：%

指　标	非洲地区		东亚和太平洋地区		欧洲和中亚地区		拉丁美洲和加勒比海地区		中东和北非地区		南亚地区	
	2000 年	2019 年	2000 年	2019 年	2000 年	2019 年	2000 年	2019 年	2000 年	2019 年	2000 年	2019 年
互联网使用者（占人口百分比）	<1	25	2	51	2	73	3	66	<1	60	<1	30
获得电力（占人口百分比）	26	48	92	98	100	100	91	98	89	96	57	92
获得基本卫生服务（占人口百分比）	23	31	56	82	86	94	72	86	82	89	20	59

续　表

指　标	非洲地区		东亚和太平洋地区		欧洲和中亚地区		拉丁美洲和加勒比海地区		中东和北非地区		南亚地区	
	2000年	2019年	2000年	2019年	2000年	2019年	2000年	2019年	2000年	2019年	2000年	2019年
获得基本饮用水服务（占人口百分比）	46	61	80	92	93	96	90	96	86	93	80	92
小学学业完成率（适龄儿童百分比）	54	68	92	98	94	97	98	99	81	90	69	92

数据来源：《2000年世界发展报告》《2020年世界发展报告》。

公共产品供给的巨大差异不仅体现在各大区域，发达国家与发展中国家之间的差距也极其明显。根据世界银行发布的《2020年世界发展报告》，发展中国家的基础设施建设依旧存在巨大的缺口，私营部门在基础设施总投资中所占的份额只有9%~13%，巨大的投资需求得不到满足，这些直接制约了发展中国家的经济发展。报告还显示：全球有近8.4亿人用不上电，其中大部分生活在非洲和南亚地区，还有数亿人的电力供应很不稳定；全球约有30亿人仍在用污染性燃料做饭，这给人们的身体健康、经济发展和气候变化造成严重的不利影响。

在其他公共服务方面，发展中国家与发达国家之间的差距依旧不容忽视。在教育方面，低收入和中等收入国家的学习贫困[①]率高达53%。在医疗方面，尽管医疗社会保障的重要性已经逐步得到世界各国的重视，但发展中国家居民每年需要自付的医疗费用超过5万亿美元。根据世界卫生组织测算，这将给逾9.25亿人带来财务困难，并使近9 000万人陷入极端贫困。而大量发展中国家薄弱的财力导致其公共治理能力减弱，阻碍了公共服务供给质量的提升。

二、各国公共产品供给机制的历史变革与理论反思

在经济发展史上，当私人产品部门发展到一定程度时，社会对公共产品的

① 在2019年9月的联合国大会上，世界银行提出了“学习贫困”这个概念。

需求会不断增加，公共基础设施等经济类的公共产品更是经济发展的基本条件之一。因此，公共部门的发展是经济发展的一种必然需求和现象。但受经济发展阶段性特征的影响，公共产品的供给机制经历了市场供给和政府供给的不断反复，从经济类公共产品的市场（私人）供给到社会类公共产品的政府供给，再发展到绝大部分公共产品由政府供给或政府主导下的多元主体合作供给等。

从时间上考察，在资本主义兴起的最初时期，各国的公共产品基本上以市场供给为主。到 19 世纪工业革命和城市的兴起，为了缓解大量移民涌入城市带来的社会问题，政府开始参与城市基础设施的建设和社会救助与保障的提供，并将公共产品供给正式纳入自身的职能中，试图扭转公共部门的市场失灵局面。总体来看，西方国家的公共产品供给，大体经历了以下时期。

（一）公共产品的政府有限供给时期

19 世纪上半叶以前，资本主义国家的政府基本不提供现代意义上的公共产品，战争相关费用是政府最主要的公共支出。到了 19 世纪下半叶，随着工人阶级对生存权利的争取，出于维持劳动力再生产的需要，西方国家开始提供一部分的社会保障，主要是针对劳动工人的社会保障。19 世纪末 20 世纪初，西方国家普遍面临贫困、疾病和失业等社会矛盾，为了维护社会稳定和促进资本主义发展，奥地利、匈牙利、英国等西方国家纷纷出台各种社会保障措施，为社会成员提供基本的社会福利。同时，这些西方国家还颁布了一系列社会保障配套法律，如劳动保险法、救济法等，以进一步强化社会成员的福利保障（国家行政学院课题组等，2008）。

在公共产品的政府有限供给阶段，西方国家提供以面向工人阶级为主要对象、以社会保障为主要内容的公共服务。这一阶段政府提供公共服务的初衷仅仅是为了维护社会稳定，缓和生产力与生产关系之间的矛盾。

（二）公共产品供给的快速发展时期

1929—1933 年的经济大危机引发了西方国家的经济大萧条。为了抵御经济危机，缓和社会矛盾，美国出台了以救济、复兴、改革为主的罗斯福新政，政府大力建设公共工程（主要是基础设施），同时提供养老保险、失业保险和社会救济等公共服务。第二次世界大战后，西方资本主义国家为恢复经济制订战后重建计划，全面介入经济活动，政府通过财政手段大幅度地增加了财政支出，大量建设公共基础设施，推动公共服务体系建设。英国于 1942 年发布了《贝弗里奇报告》，创建了英国的现代福利制度，为其他西方国家改进公共产品供给提供了经验。同时，凯恩斯主义为政府干预经济和发展公共经济部门提供了理论基础。此时期发达资本主义国家纷纷实施“普遍福利”政策，政府对经济社会的干预范围随之扩大，干预力度也随之加强。到 20 世纪 60 年代，西方国家普遍建立起了较为完善的公共服务体系。

（三）公共产品供给的改革时期

20 世纪 70 年代初，随着石油危机的爆发和经济发展“黄金时期”的结束，西方国家纷纷陷入了严重的经济“滞胀”危机。随着政府公共财政支出的不断加大，政府无力维持庞大的公共支出与福利支出，政府失灵现象开始在西方福利国家大量出现，而政府提供公共产品的低效率问题与公共产品供给不足问题受到诟病。因此，西方国家出现了以新公共管理理论和新公共选择理论为代表的反思政府有效性的思潮，对国有经济和政府参与经济的有效性提出反思和怀疑。新公共管理理论以市场竞争机制为基础，强调以市场制度取代政府配置社会资源，主张通过公共企业的私有化、公共服务的市场化，来解决政府和公共部门的低效率问题（程样国、韩艺，2005）。

在自由主义思想的推动下，20 世纪 70 年代后期，越来越多的国家开始探索私营化改革，其中也包括公共部门的投资与经营方式的私营化变革，公共产品的供给机制开始寻求公共产品私人供给与政府供给之间的平衡。在这场变革中，英国、新西兰是改革的先行者，加拿大、美国及其他发达国家也纷纷跟上。尽管新公共管理理论及相关的新制度经济学和公共选择理论在不断地发展，变革的实践也在不断演变，但这场变革并没有达到预期的效果。私营化在变革政府职能和提高公共产品供给效率的同时，出现了其固有的市场失灵弊端，并产生了政府公信力和社会福利效应受损的外部性后果。此后的一系列改革，包括政府服务外包和鼓励社会组织等第三部门参与公共产品供给等，促使西方国家开始了新一轮“拟私有化”改革，许多供给方式开始出现，但其本质上仍是政府与市场合作的多元供给模式。由此，新的公共产品供给模式开始形成，即以国家为主体的政府供给机制，以私营企业为主体的市场供给机制，以政府、私营企业和社会组织等主体合作的多元供给机制。

三、各国公共产品供给的特征

通过对各国公共支出的演变情况和公共产品供给机制类型的梳理，我们可以发现目前各国的公共产品供给具有如下一些特征。

第一，理论上对公共产品供给机制的认识逐渐达成共识，实践上更希望在政府与市场供给上取得平衡。亚当·斯密在《国富论》中指出，政府只需要充当“守夜人”的角色，市场能够实现资源的最佳配置，对于一些缺乏市场配置效能或市场机制难以发挥作用的公共产品，则需要政府提供。这样的理念长期以来影响了各国对公共产品供给的理论研究和社会实践。到20世纪60年代后期，各国面临着公共产品部门效率低下和政府财政预算压力大等问题，理论上开始质疑公共产品供给中的政府唯一性命题，重新开始探索以市场机制供给公共产品的可能性。20世纪70年代，大规模私有化运动和金融市场的发展，为公共产品项目的市场化资源配置和运营提供了新的金融工具，以市场为主体供给公共产品成为理论研究和实践运用的主流。同时期，稳定的经济增长、经济全球化和信息化使各国的经济发展环境发生了比较大的变化；各国民众的民主意识和参与社会公共事务意识的增强，大量社会组织的社会影响力的扩大，为新公共管理理论和新制度经济学等理论的发展奠定了经济社会基础。尤其是以奥斯特罗姆等为代表的制度分析学派提出的多中心治理理论，影响较大。它强调各供给主体按照一定的规则约束形成一种有序的关系，通过相互博弈达到良好的非均衡平衡状态（李雪萍，2008）。这种治理理论不仅总结了欧美发达国家百年来进行现代化、多元化公共产品供给的实践经验，而且为发展中国家改革公共产品的供给机制提供了理论依据。由此，社会组织日渐成为公共产品供给的主体之一，形成了政府供给、市场（私人）供给、社会组织自愿供给和社会多元主体合作供给等多种供给机制。

总体来看，西方国家公共产品的供给受社会基本制度和民治思想的影响较大，其供给模式的选择具有实用主义倾向。政府受财政预算的约束，通常会选择成本最低且能够满足民众基本需求的供给项目。城市公共产品的供给既取决于政府在公共产品供给体系中的角色定位，也取决于公共产品的供给机制。但无论是政府直接供给，还是通过市场机制供给，各国政府在公共产品供给上都不同程度地加以干预，也就是说，各国公共产品供给机制的主要不同之处在于政府的介入程度。市场与非市场的选择并不是“单纯”的选择，而是对各种机制发挥作用程度的选择。一个国家的公共产品供给由政府主导还是由市场主导，取决于该国的具体国情和体制，同时也取决于该国所面临的主要问题。

从目前各国公共产品供给机制来看，政府的干预程度大致可分为弱、强、中等三种状态，典型市场经济国家的政府干预相对较弱，而发展中国家的政府干预则相对较强。但经济发达的西方福利制国家则是其中的特例，福利资本主义政策导向使得这些国家的公共产品供给在注重效率的同时，更强调公平，由此也出现了所谓“福利病”问题。

第二，公共产品供给机制日趋多元化。最近几十年来，在各国公共产品供给中，企业与社会力量有所加强，但政府在公共产品供给目标、策略、保障标准的制定，以及对公共产品供给的运营监督等方面仍然发挥着重要的作用。

考察各国的实践和制度安排，公共产品供给机制的多元化主要表现在以下两方面：其一，各国基于社会历史和经济基础，并根据各类公共产品的供给特点，选择不同的供给模式，决定不同的供给结构；其二，公共产品供给的参与主体日趋多元化，政府、私营企业、社会组织等多方面共同参与供给成为各国公共产品供给的基本方式。除了上述社会政治等因素外，从各国的情况看，公共服务支出给各国财政造成的沉重负担，也是促使公共产品供给机制多元化发展的重要因素。以公共卫生和医疗开支为例，OECD 预计，到 2030 年各国与公共卫生和医疗相关的开支占其 GDP 的比重将上升至 10.2%，而目前大部分国家都由公共财政承担公共卫生和医疗支出，财政压力逐年增加。同样，2005—2016 年，OECD 国家的高等教育支出平均增长了 28%，是学生入学率增长（12%）的两倍多，其中私人来源的支出占 30%以上。这种公共服务支出的持续增长，一方面表明各国政府对加强社会福利供给和平衡国民社会保障差距所做的努力，另一方面也说明如今单纯由政府供给公共产品的模式已难以为继，政府需要借助私营企业和社会组织的力量来弥补公共产品供给的资金短缺。总体而言，西方发达国家单纯由政府供给公共产品的模式已日渐式微，而政府和市场“双主体”供给模式，甚至是政府、市场和社会组织共同参与的多主体供给模式正广为流行。这种单一化供给模式向多元化供给模式的转变，也使公共产品供给机制更加注重市场的作用和公平原则。

在公共产品的供给上，尽管政府的直接投资和运营项目在减少，但鉴于公共产品的社会影响性和公共效应，各国政府并没有放弃对公共产品领域投资目标的指引和建设营运的监管。政府的主导性主要体现在其制定相关的制度规范和政策，而具体的投资、生产和运营等活动则采用市场机制。公共产品供给模式可以分为两类：一类为公平主导型供给模式，以英国、法国和北欧国家为代表，强调实行较高程度的全民保障，其特色是覆盖面更广泛、服务项目更多、服务体系更健全；另一类为公平与效率兼顾型供给模式，以美国、德国等为代表，其特点是以政府调节分配为前提，核心是以个人自助为主，以政府补助、商业保险为辅（马雄光，2012）。通过对世界主要国家各项公共服务支出比重的分析，我们可以发现，发达国家社会保障支出占 GDP 的比重为 10%～15%，其中传统的福利制国家的社会保障支出占 GDP 的比重在 20%以上（李银秀，2013）。由于社会保障资金主要源于政府税收，较为单一的资金来源渠道与供给模式使得政府的社会保障支出负担过重，且日益严重的老龄化问题使公共服务的需求增加，这直接导致政府财政赤字持续增加。

在政府财政压力日益加大、国民对公共服务的需求持续增加的双重影响下，各国正寻求更多的政企合作机会，吸纳民间私人资本，并引入基金等多样化的资金供给渠道，以加强公共服务的资金安全性，扩大公共服务的覆盖面，满足更多特殊群体的需求。目前，在公共产品供给机制转变的过程中，出现了外包、竞标、第三部门供给、PPP 等新的供给方式。这些供给方式的运用，使政府与社会力量能够协作起来完善公共产品供给渠道，更好地利用市场对需求快速反应的特点来增加公共产品的多样性，从而减轻政府的财政负担。

考察各国公共产品供给机制改革的实践，我们可以发现，原先理论界担心的私人资本是否有参与积极性的问题已经不存在，政府税收、补贴、产权交易等制度安排以及法律法规体系的健全，使得私人与社会组织参与公共产品供给的积极性普遍提高。但引入市场自由竞争的供给模式，也出现了一些私人资本趋利性的弊端，造成了公共产品供给不均和质量低下的问题，损害了公众的利益。因此，政府在开放公共产品市场的同时，依然需要发挥规则制定与监管作用，协调各方在公共产品供给中的职责，平衡各群体的利益，协助市场起到调节作用。

第三，以法律制度保障公共产品供给机制的有效实施，并逐步建立公众监督机制。有效的公共产品供给机制不仅需要多元化的供给主体，还需要一套能确保公共产品有效供给的激励机制和监督制度。在开放的、市场化的公共产品领域，公众与利益相关者的参与和监督可以直接影响公共产品的供给效率，而法律制度是确保公共产品供给机制有效实施的基础。

经济发达国家在发展公共产品部门的过程中，根据供给机制的变化，普遍重视对法律关系的调整，对政府所应履行的职能和所应承担的责任予以明确的规定，从而规范了政府在公共产品供给中的财权与事权；在公共产品部门的改革过程中，配合交通、电信、电力等公共产品领域的私有化和市场化改革，出台了一系列配套的法律法规，限制政府的职权，规范私人资本和社会资本的参与，从而建立了基于法律规范的公共产品市场供给秩序。

基于社会力量参与社会公共事务制度的建立，一些经济发达国家的工会、社会组织和公众也逐步介入公共产品部门的决策。在公共服务供给中，社会组织和公众参与到监督的组织体系中。同时，各国普遍强化了公共产品供给中的问责机制：一是对政府作为公共产品供给委托人或公众利益代理人的问责制，即对政府在公共产品供给中的失职行为和结果进行问责，以确保公共产品供给的公平性和公正性，并提高公共产品供给的效率；二是对企业、社会组织等作为公共产品供给代理人或投资运营者的问责制，即对企业、社会组织在公共产品生产与供给中的失职行为和结果进行问责，以确保公共产品供给的质量和效率，特别是保障公共产品供给过程中公众的利益。

从各国对公共产品的民主决策和对供给过程的监督实践看，除了完善的法律体系外，有效实施公共产品供给的一个基本条件是建立公共产品信息公开透明制度，尤其是政府行政管理和公共服务的信息公开，并充分利用现代信息技术，解决传统公共产品供给中的信息不对称问题。

总体而言，目前经济发达国家正努力改变政府在公共产品供给中的角色定位，建立公共产品供给新方式，并根据不同公共产品的特性确定不同的供给方式，使政府在公共产品供给中只起到政策制定、规范管理和流程监管的作用，而具体项目的建设与运营通过市场主体投资运作，以充分发挥市场机制的作用。

第二节　公共产品的市场供给机制：以美国为例

一、美国公共产品的供给状况

美国是发达国家中公共产品供给市场化程度较高的国家之一，其公共服务支出基本上以政府财政支出为主。据 OECD 统计，2015 年美国由私人提供的社会公共产品支出占 GDP 的比重为 12.35%，远高于英国（6.24%）、日本（3.07%）、瑞典（3.64%）等国家。据统计，美国政府公共支出占 GDP 的比重约为 38%。受金融危机的影响，特别是新冠肺炎疫情发生后，美国政府的公共支出预算有所增加（见图 5－3）。

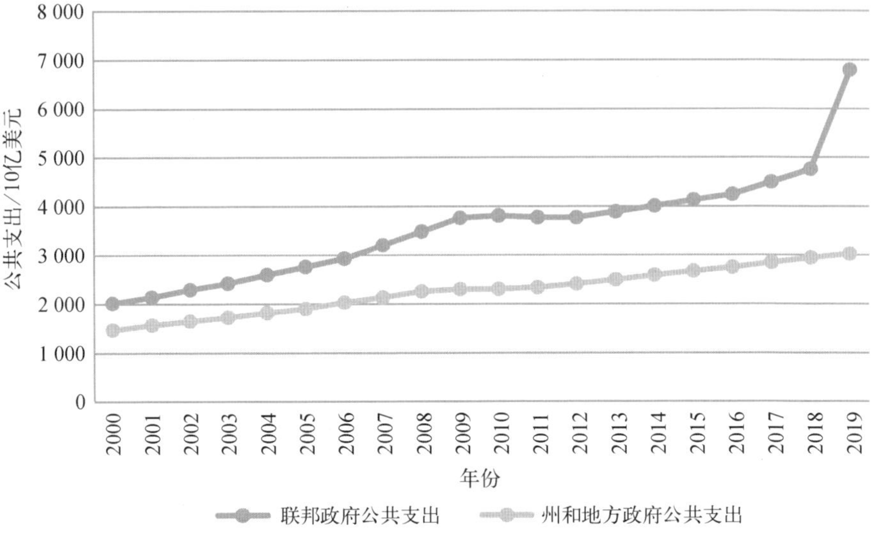

图 5－3　美国联邦政府、州和地方政府公共支出变动

（资料来源：美国经济分析局网站和美国联邦储备银行 Fred 数据库）

但美国按功能分类的公共支出结构变化不大（见表 5－4）。

由表 5－4 可知，2019 年美国财政总支出构成中，除一般公共服务支出外，主要的公共支出为卫生健康、社会保障和教育，分别占总支出的 24.45%、19.87%和 15.46%。美国由政府供给的公共产品主要集中于社会福利事业。与其他 OECD 国家比较，在美国公共服务总支出中，社会保障支出的占比较小，

表 5－4　美国公共支出结构

支出分类	2016 年		2017 年		2018 年		2019 年	
	金额/10 亿美元	占总支出比重/%	金额/10 亿美元	占总支出比重/%	金额/10 亿美元	占总支出比重/%	金额/10 亿美元	占总支出比重/%
一般公共服务	1 059.85	14.80	1 101.44	14.84	1 184.98	15.20	1 253.63	15.33
国防	598.72	8.36	617.75	8.32	662.26	8.50	718.23	8.79
公共秩序和安全	378.28	5.28	387.93	5.23	405.02	5.20	417.30	5.10
经济事务	641.46	8.96	668.57	9.01	701.42	9.00	733.87	8.98
住房和社区服务	96.72	1.35	110.42	1.49	103.88	1.33	105.88	1.30
卫生健康	1 741.42	24.31	1 811.24	24.39	1 905.77	24.45	1 999.29	24.45
教育	1 143.45	15.96	1 181.18	15.91	1 228.26	15.76	1 263.70	15.46
社会保障	1 450.31	20.25	1 490.74	20.08	1 545.89	19.83	1 624.21	19.87
娱乐和文化	52.30	0.73	54.33	0.73	56.89	0.73	58.94	0.72
公共支出总额	7 162.51	100.00	7 423.60	100.00	7 794.37	100.00	8 175.05	100.00

资料来源：OECD 数据库。

这反映了美国公共服务市场化机制的特征，也反映了美国在联邦制下州政府承担了较大的社会保障责任。美国实行分级财政制度，联邦政府仅负责国防、社会保障、大型公共设施建设等项目的拨款，而教育、医疗、治安、消防等更加贴近民生的公共产品则主要由州政府负责，因此政府的财政预算支出主要用于增强国力与基础设施建设等方面。同时，为了缓解各级政府的财政赤字问题，联邦政府还积极引入市场机制，鼓励私人企业涉足民生领域，采用合同承包制提供更为丰富的公共产品，以满足不同群体的需求并提供个性化服务。这种市场模式不仅减轻了联邦政府的财政压力，而且在竞争机制的推动下保证了社会服务充足且高品质的供给。但在医疗健康领域，尽管历届政府都以改革医疗保障制度为施政纲领，但收效甚微。在美国政府公共总支出中，卫生健康支出占比较高，但其医疗保障的水平始终难以提高，受益者的覆盖面也难以扩大。

二、美国公共产品的供给机制

（一）美国公共产品供给机制的演变

自1776年以来，美国政府奉行的经济政策经历了自由放任、政府干预、新自由主义等阶段，其公共产品供给机制也大致经历了三个阶段：第一阶段为1776—1932年，以市场供给机制为主；第二阶段为1933—1980年，以政府供给机制为主；第三阶段为1981年至今，以市场供给机制与政府供给机制相结合，并推动社会多元主体合作供给。

在第一阶段，美国政府在公共产品供给方面的主要职能为间接供给或只发挥有限的作用。自由放任的经济政策使得公共产品主要由私人部门提供，通过市场竞争配置资源，加之当时美国的经济实力较为薄弱，政府只有在私人部门供给不足时才提供有限的支持。由私人部门提供的公共产品主要是准公共产品，包括桥梁、道路、码头等交通基础设施以及煤气、电力、自来水等基础能源。此外，私人资本也投资建设学校、通信、消防等设施并负责其运营，部分社会机构还参与贫困救济等社会保障项目。早在18世纪，美国公共产品供给中便产生了私人供给，其范围涵盖了经济基础设施、教育文化设施、市政公共设施、公共卫生和医疗保健、公共服务、社会安全等领域。例如，1781—1801年，美国各州成立的300多家公司中，1/3以上的公司都与收费公路、桥梁、铁路和航运等公共运输设施及服务有关（张隆高、张晖、张农，2005）。1865—1890年，美国85%～90%的铁路由私人投资建设，这为美国“东西大动脉”（太平洋铁路）的建成奠定了坚实的基础（Scheiber，1983）。1900年，美国私人部门拥有的煤气厂为951个、发电厂为2 572个、水厂为1 539个；而政府管辖的煤气厂、发电厂和水厂分别为14个、490个和1 787个（Griffith，1974）。19世纪80年代，私人救助机构蓬勃发展，1824年马萨诸塞州共有83家收容所，1860年达到了219家（Handler，1995）。

这一时期，限于财力，政府并不直接大规模投资公共产品，但仍发挥着重要作用。一方面，美国政府通过财政补助、税收减免、贷款发放、债券发行等手段，提供政策和资金支持，以鼓励私人部门提供公共产品。在太平洋铁路建设期间，北方太平洋铁路公司、中央太平洋铁路公司、南太平洋铁路公司、联合太平洋铁路公司、圣菲铁路公司都获得了联邦政府赠予的土地（Scheiber，1983）。另一方面，美国政府承担了诸如教育、社会保障等方面的部分责任。自1862年《莫里尔赠地学院法案》颁布后，美国的公立学院不断成立，1872年和1880年分别达到70所和85所；中小学公立教育也有所发展，1880年有1 550万名5~16岁儿童接受公立学校的义务教育（Luedke，1991）。1865年，美国国会建立了第一个联邦福利机构——自由民局，1865—1869年自由民局开设了100余家医院，开办了4 000余所学校（黄安年，1997）。

在第二阶段，美国政府加强了对公共经济领域的干预，采用直接供给的方式提供公共产品，公共产品的数量和规模显著增加，政府成为公共产品的主要供给者。1929年，股票市场暴跌导致了经济大萧条，金融行业崩溃、大量人员失业、资产大幅贬值，这表明自由放任的经济政策存在不可避免的缺陷。1933年富兰克林·罗斯福（Franklin Roosevelt）就任美国总统后，转而奉行凯恩斯主义，实施了一系列复兴政策，大幅增加了政府的公共产品供给。1928—1932年，美国政府经常性转移支付的社会福利支出均值为12.26亿美元，而1933—1937年这一数字增长到18.72亿美元①。

罗斯福新政期间，美国政府对公共产品的供给由间接供给转为直接供给，较为典型的案例是1933年田纳西河流域管理局的成立。它由联邦政府完全控制并直接经营，致力于全面治理和开发面积超过10万平方千米的田纳西河流域，包括兴建水利工程、进行航运控制、修建电力设施、执行育林和资源开发计划等。此外，罗斯福新政期间成立的工程进度管理署在1935—1942年共开支约105亿美元，修建了66.4万英里②道路、2.4万英里下水道、7.7万座桥梁、285个机场、12.2万座公共建筑以及许多公园、水库等设施（Scheiber，1983）。1935年，联邦政府根据《社会保障法》成立社会保险署，设立由养老金、失业保险、老年保险和救济金构成的社会保险。此法律在20世纪下半叶修订为综合的社会保险方案，包括老年保险、幸存者保险、伤残保险和健康保险等。

① 来源：美国联邦储备银行Fred数据库。

② 1英里≈1.609千米。

第二次世界大战后，美国联邦政府转向投资建设全国性和地方性的公路。1921—1971年，美国各级政府为公路建设花费3 260亿美元，为水运和铁路的建设分别花费150亿美元和2亿美元。同时，美国1946年通过的《联邦机场法》拟定了“全球机场计划”，要求联邦政府向下级政府拨款以建设机场。1947—1963年，联邦政府向地方政府提供了7.22亿美元补助款，加上私人部门赞助的7.49亿美元，美国共修建1 763个机场（陈宝森，1983）。联邦政府还对公共教育和公共卫生提供巨额资金支持，兴办学校、图书馆、医院、公共住房等，加利福尼亚大学伯克利分校、密歇根大学、威斯康星大学等公立大学都是在这一时期得到较快的发展。

在第三阶段，受自由主义思潮的影响，以及政府债务和财政预算赤字压力的不断增加，美国政府大幅度缩小政府供给公共产品的范围和规模，在诸多公共产品供给领域实施市场化改革。20世纪70年代，美国的通货膨胀与经济停滞并行，政府提供公共产品的高成本和低效率问题非常突出。1981年，里根政府选择减少政府对公共产品的供给，在诸多公共产品领域引入私人部门的力量，推动公共产品供给的市场化改革。

美国公共产品供给的市场化改革，采用了合同承包、特许经营、使用者付费和凭单制等方式，引入市场竞争机制。合同承包主要适用于环境保护、交通和公用设施建设以及消防救护服务等；特许经营是一种特殊的合同承包方式，最广为人知的是BOT模式，它在这场市场化改革中经常被用于基础设施建设、学校经营管理等；公用事业、公共设施与服务、垃圾排污处理等是使用者付费方式的主要对象；食品券发放是凭单制的主要表现，1993年，近2 700万人每人每月能够得到68美元的食品券补助，一个没有收入的四口之家每月获得的食品券补助最多可以达到375美元（罗纳德·C. 费雪，2000）。但在特殊时期，美国政府仍然发挥着社会保障的基础性功能，尤其是新冠肺炎疫情暴发以来，美国政府一方面拨巨款以建设公共卫生和医疗设施，另一方面直接对失业的家庭进行补贴救助。

（二）美国公共产品供给机制的特征

美国联邦制政府在分权制下，事权和财政支出的责任在联邦、州、地方政府三级中划分，联邦和州是一种合作关系，按宪法规定各自权限，承担独立事权责任，州政府享有宪法未规定的其他权利（见表5-5）。自2008年经济危机以来，特别是新冠肺炎疫情暴发后，联邦政府的支出大幅增加，同时税收收入减少，政府负债急剧增加。从税种划分来看，联邦政府主要征收所得税、社会保险税，其中个人所得税占80%以上。州政府税收包括部分个人所得税、从价税（销售税、房产税）等，财产税全部归地方政府征收，占其全部税收收入的3/4。同时，相关法律规定，由联邦政府支出但由州政府实施的项目，通过联邦政府的财政转移支付划拨资金（白景明等，2015）。

表5-5　美国各级政府事权和支出责任划分

级　次	事　权　范　围	支　出　责　任
联邦政府	联邦行政、国防、外交、征税、借款和货币发行，对州政府、地方政府的补助，规定对内、对外贸易政策，管理全国邮政，统一版权与专利，提供社会保障，对能源、环境、农业、住宅、交通等项目的资助，等等	全国性公共产品和使全体公民受益的服务开支，包括国防、空间科学技术、大型公共工程、农业补贴、社会保障、联邦行政管理等开支，其中，重点是军事、退伍军人福利、社会保险、医疗保险、收入保险等开支，社会保险和国防开支几乎全部由联邦政府承担
州政府	收入再分配，提供基础设施和社会服务	公路建设、基础设施、公共福利项目、医疗保健、收入保险、警察、消防、煤气与水电供应、州政府债务还本付息等
地方政府	由州宪法和相关法律规定，受制于州政府	地方行政管理、治安、消防、交通管理、公用事业、地方教育、地方基础设施投资建设与管理等

资料来源：《建立事权与支出责任相适应财税制度操作层面研究》（白景明、朱长才、叶翠青等，《经济研究参考》，2015年第43期）。

经过长期演变，美国公共产品供给多采用各级政府与社会资本合作的模式。早期公私合作模式多用于交通基础设施建设，后拓展至公共教育、医疗、环保等领域，政府、社会组织、私人资本均作为公共产品供给的主体。这种公私合作的模式之所以成为美国主流性的公共产品供给方式，一方面是因为公共产品的巨大投入使政府财政难以承担，另一方面是因为美国有崇尚自由竞争的市场经济的传统。此外，市场经济的体制机制也促使这一模式成为美国的主流性供给方式。这种模式一方面能够充分利用市场化优势，通过竞争机制增加公共产品的种类，提高公共产品供给的质量，满足民众的多元化需求；另一方面能够避免市场机制的弊端，防止资本逐利性导致的部分公共产品供给过少或费用高昂，同时也能减轻政府的财政压力，防止政府负担过重。在政府与社会资本合作过程中，《联邦公路资助法》（*Federal Highuay Funding Act*）、《21 世纪运输公平法案》（*Transportation Equity Act for the 21th Century*）等联邦法律发挥了重要的指导作用。

在公共产品供给的公私合作中，一般由政府确定公共产品的项目与标准，面向市场进行购买。其具体表现为政府外包与市场竞争相结合的公共产品供给模式，即由政府首先确定公共产品供给的数量和标准，通过市场机制，选择最合适的私人部门或非营利部门（王树文，2014）。具体的公共产品供给方式如表 5－6 所示。

表 5－6 美国公共产品供给方式

供给主体	供给方式	案例
政府	政府经营公共产品生产单位	城市消防局或警察机构
企业	与私营企业签约进行外包	扫雪、街道维护服务外包
企业	确立服务标准并购买服务	政府签发许可证，提供出租车服务
政府/企业	签发凭单，居民购买服务	食品券、教育凭单、医疗补助
政府	与其他政府单位签约	购买污水处理服务
政府/企业	政府供给与市场购买相结合	城市巡逻由政府与外包企业共同承担

资料来源：《多中心体制与地方公共经济》（迈克尔·麦金尼斯，上海三联书店，2000 年）。

除传统的 PPP 模式外，美国政府还创造性地引入了 REITs 投资基础设施建设。2007 年，美国国家税务局批复同意基础设施成为 REITs 的投资对象。基础设施 REITs 可以由契约型基金或公司型基金设立，信托公司或股份有限公司既可以投资基础设施建设，也可以收购已建成的基础设施的产权或特许经营权，而后通过经营来实现收益。

美国联邦政府、州政府和地方政府供给的公共产品同构性较低，且较为分散和灵活。地方政府供给的公共产品一般包括初中教育、灾害防治、垃圾处理、公共设施修理、治安维护，州政府供给的公共产品一般包括本州内的高等教育、公用事业、医疗卫生、社会劳动保障等，联邦政府供给的公共产品一般包括州际交通、国防、外交、邮政、航空、能源保障等（倪星，2007）。

图5-4显示了1958—2018年美国联邦政府、州政府和地方政府经常性支出的变化情况。与州政府和地方政府相比，联邦政府的经常性支出规模较大，占比始终在50%以上，且支出增长迅速，2018年比2000年增长了135.89%。

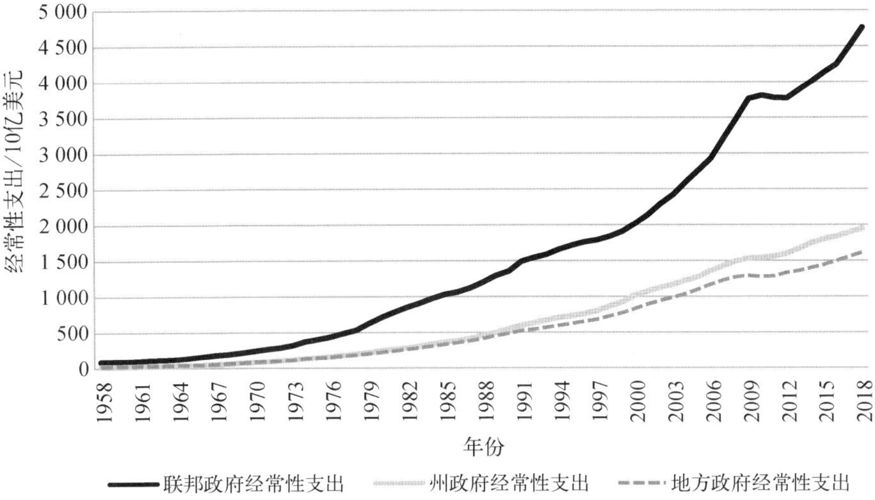

图5-4　1958—2018年美国政府经常性支出变化

（数据来源：美国联邦储备银行 Fred 数据库）

（三）美国主要公共产品供给案例分析

1. 公共基础教育制度

美国现行的教育制度是地方分权制。美国教育部没有直接领导的权力，但可以通过制定教育法规、拨发教育经费等方式来引导和监管各州教育供给情况。例如，美国总统乔治·沃克·布什（George Walker Bush）签署了《不让一个孩子落后法案》，统一了联邦教育问责机制，美国总统奥巴马（Obama）签署了《每个学生都成功法案》，等等。美国各州可以根据自己所处的社会环境、经济发展水平、财力条件等调整教育供给方式，州教育委员会是各州教育供给的决策机关，负责确定教育政策、组织机构、课程设置、学制等具体细节。

在普及公共基础教育方面，美国采取了一些措施以改革传统公立学校体制，为学生家长择校提供了多样化的选择，学生家长可以根据自身条件和教育需求选择学校。具体措施包括如下方面：一是发放教育券和减免教育税。政府向适龄儿童发放教育券，学校凭教育券向发券单位兑换教育经费。一些地区还通过直接减免教育税或所得税的形式减轻学生就学压力。二是更大范围地开放入学。政府允许学生在更大范围内选择适合的公立学校，同时给予学校和学生一定的经费资助和交通补贴。三是举办特许学校。州政府或地方政府教育部门通过法律或合约成立公立学校，特许学校的承办者可以是学校董事会、家长团体等各类组织。四是举办“磁石学校”（一种特色学校）。这是最早的公共资助的择校形式，致力于增加生源和专业多样性。这些教育供给的类型，体现了政府与市场间动态的合作与博弈关系，既能够防止学校的官僚主义和效率低下问题，又能够提升入学率，为更多学生提供较为公平的教育机会。

总体而言，第二次世界大战以后，美国联邦政府和州政府对公共教育的投入不断增加。各州政府主要采用等额补助、基准补助、保障税基和统一分配模式进行教育补助（王瑜，2013）。另外，据统计，美国联邦政府拨付的教育经费由1960年的4.4%增长到1970年的8.0%，州政府拨付的教育经费由1970年的39.9%增长到1980年的46.8%（Ravitch，1983）。

2. 公共卫生事业与医疗保险制度

20世纪80年代末，公共卫生安全愈发受到美国政府的重视，国会和州议会在食品安全、环境保护、突发性公共安全事件、疾病伤害预防控制等方面都制定了相应的法律法规。

联邦政府的公共卫生工作管理部门是美国卫生和人类服务部（The Department of Health and Human Service，HHS），它由公共卫生学会（American Public Health Association，APHA）、医疗保健研究与质量局（Agency for Healthcare Research and Quality，AHRQ）和食品药品监督管理局（The Food and Drug Administration，FDA）组成。美国负责公共卫生工作的管理机构还包括疾病控制与预防中心（Centers for Disease Control and Prevention，CDC）、卫生资源和服务管理局（Health Resources and Services Administration，HRSA）、医疗保险和医疗补助服务中心（Centers for Medicare and Medicaid Services）等。在具体的公共卫生事务分工上，联邦政府、州政府和地方政府分别承担不同的职责。联邦政府的主要职责在于制定法律法规、处理州际特殊事件、拨发财政款项和监督公共卫生的公平性。各州的卫生机构设置和运行模式存在较大差异，但州政府是推进公共卫生工作的核心力量，它们通常负责制定具体政策、整理分析数据、开展监察活动和调配资源等。地方政府则根据州政府的政策框架开展具体的工作。

2005年，美国政府问责办公室的报告显示，美国政府向公立医院拨付相当大一部分费用，以使其能提供公费医疗，这一费用显著高于私营营利性医院和私营非营利性医院投入的费用，而私营非营利性医院比私营营利性医院提供的免费医疗要多一些。公立医院除了获得政府的拨款外，还接受医疗援助、联邦医疗保险和私营医疗保险公司支付的医疗费用。美国医院协会（American Hospital Association，AHA）的数据显示，2010 年美国共有 4 985 家社区医院，其中私营非营利性医院、私营营利性医院及州政府与地方政府所属的公立医院数分别为 2 904 家、1 013 家和 1 068 家；而 2020 年美国共有 5 141 家社区医院，其中私营非营利性医院、私营营利性医院及州政府与地方政府所属的公立医院数分别为 2 946 家、1 233 家和 962 家。可以看到，政府所属的公立医院数量和比重都有所减少。

美国的医疗保障制度始建于 20 世纪初，1906 年政府颁布的《联邦食品、药品和化妆品法案》标志着公共保健领域法治化和政府服务的开展。1930 年，美国国家健康研究所的成立，标志着美国政府开始介入医疗卫生领域。20 世纪 30 年代，一些大学教师自发加入医疗保险计划，这成为美国医疗保险“蓝十字计划”的雏形，也是早期美国现代医疗保险制度的一种形式。此后，美国逐步建立了相对系统的医疗保险制度（见表 5 - 7）。

表 5 - 7　美国医疗保险制度发展历程

年　份	事　　件	意　　义
20 世纪 30 年代	加利福尼亚州推出“蓝十字计划”；蓝盾协会成立	美国现代医疗保险制度形成
1942	通过平衡法案；采纳雇员医疗保险计划	政府税收补贴使医疗保险覆盖人群迅速增加
1948	全国性“双蓝”协会成立	成为美国早期医疗保险制度的主要形式并延续至今
1965	国家医疗保险计划正式实行	形成由公立和私立保险机构共同组成的医疗保障体系
1973	通过《健康维护者组织法案》	引入竞争机制，降低医疗费用
1996	通过《健康保险可转移和核算法案》	进入医疗保险制度改革期
2010	通过全民医疗保险法案	增强医疗保险的公平性

美国医疗保险制度具有一些明显的特点，体现了美国在公共产品供给中引入市场机制的特征。一是市场机制和政府机制共同发挥作用，私人、营利性与非营利性企业、政府均为医疗保险的参与主体。美国医疗保险制度一直在改革调整中，但基本的方向是遵循在市场机制下增加政府的财政支持与补贴的原则。二是公共医疗保险与商业医疗保险的分层服务体系。公共医疗保险服务于普通大众，政府为低收入家庭、贫困老人和残疾人提供最基本的医疗服务，其补助支出由州政府负责管理，补助条件与标准由各州按联邦政府政策并结合本地实际情况确定。商业医疗保险服务于中高收入阶层，由此也形成了不同医疗服务的服务范围。目前美国的商业医疗保险在市场中发挥着巨大的作用，覆盖人群已超越政府提供的健康福利保险。据统计，截至2006年，有2/3的美国人购买了私人保险，27%的美国人享受由政府提供的健康福利保险；此外，有67%的美国人购买了商业医疗保险，其中还有部分同时拥有私人保险与雇主保险或政府提供的保险（Carmen，Proctor and Smith，2006）。

3. 其他社会保障制度

除了上述医疗保险制度外，美国还建立了较为完整的社会保障制度，其中养老保险制度设立时间较早。1920年，《公务员退休法案》开始实施，联邦政府雇员每月将2.5%的工资用于缴纳养老保险，在任职时间超过15年并达到退休年龄后即可领取养老金，养老金数额可达最后10年平均工资的30%~60%。1935年通过的《社会保障法》则确立了养老和失业保障制度（马凯旋、侯风云，2014；林俏，2012）。

由老年保险、幸存者保险、伤残保险、健康保险组成的综合社会保险以及针对贫困、残障、年迈群体的社会救助，共同构成了美国较为完善的社会保障制度。美国现代社会保障制度的最大特点是社会保障项目组织和资金来源的多元化，其供给主体包含联邦政府、州政府、地方政府、私人企业和第三方非营利组织等。

4. 交通基础设施

美国传统的基础设施建设投资主要依赖于政府资金，由于财政赤字严重和政府供给效率低下等，美国政府在基础设施领域引入了PPP模式，引导私人资本参与基础设施建设，包括公路、铁路、机场、地铁、港口等的建设。私营企业可以与政府签订长期项目合同。合同规定，私营企业负责交通基础设施的建设和维护，同时享有建成后一定时期内的过路费征收权；政府与商业银行共同向该企业发放贷款，提供部分资金，在交通基础设施建成后获得其所有权，并在一定时期后收回过路费征收权。

例如，马萨诸塞州3号公路北段修缮扩建项目通过州特别立法，获得了长期免税融资、社会资本与政府共享收益等建设权益。尽管项目最终延期交付且合作失败，但这次尝试为获得低融资成本和公私合作模式提供了经验。此外，迈阿密港隧道、纽约肯尼迪国际机场4号航站楼等都是以PPP模式建设的代表性项目。

三、美国公共产品供给机制存在的问题及改革措施

与其他经济发达国家的情况类似，尽管美国公共产品供给的市场化程度较高，但自20世纪60年代以来，随着政府公共产品供给项目和规模的不断增加，政府的财政压力越来越大，同时，公共产品的供给效率有所下降，公共产品的受益面难以扩大、公平性难以提高。在教育方面，基础教育的质量甚至有所下降。2000年，美国一项教育素质调查报告显示，美国50个州的教师综合素质均低于教育质量标准中的B+级。在公共卫生和医疗方面，较突出的问题在于医疗费用的不断增加，但医疗保障的覆盖面有限，大量的低收入者难以获得全面的医疗保障。在基础设施的建设方面，受政府财政预算的约束，基础设施难以更新，新的基础设施难以建设。

针对公共产品供给中出现的问题，美国政府一直致力于基础教育、医疗卫生、公共基础设施等领域的改革。例如，在基础教育方面，2002年美国出台了《不让一个孩子落后法案》，规定核心课程教师必须持有教师资格证或通过教师执业考试，学生每年必须参加阅读和数学的标准化测试。2009年，美国联邦政府颁布《2009美国复苏与再投资法案》，其规定政府拨款1 410亿美元支持教育改革，同时实施教师服务奖学金计划、教师配对计划和教师奖惩计划，尽力保证所有美国人接受全面教育。2010年，美国政府在教育上的预算高达1 278亿美元，比2009年的462亿美元高出176.62%（何振海、宁海波，2012）。2013年，美国政府出台高等教育改革方案《让更多人上得起大学》。首先，将以学生人数为基础分配的财政资助改为以学校绩效为基础，按照入学（入学助学金学生比例）、可承受性（学费和奖学金）和办学成果（毕业率、

毕业生收入和毕业生升学比例）确定学校绩效，并公布在高校排行榜网站上。其次，实行“力争上游”计划，通过联邦政府的10亿美元竞争性拨款，激励各州投资公立高等教育院校。再次，推行大规模开放式在线课堂（MOOCs）、翻转课堂等新型教学形式，降低学习成本。最后，实行“收入驱动偿还计划”，以帮助高校贷款学生灵活还贷，将贷款学生偿还额度限制为月收入的10%。2015年，美国政府颁布《每个学生都成功法案》，它替代了《不让一个孩子落后法案》。《每个学生都成功法案》提高了对学生进步不明显和辍学率较高的学校的考核要求，同时更多地关注低收入家庭、残疾人和无家可归的儿童对学习英语的需求（朱伟强、叶珏，2018）。

围绕社会保障制度问题，21世纪初，美国政府推动养老保障改革，实行部分养老金运营的私有化。新的制度规定，个人可以将自己缴纳的2.25%的退休金转移到个人投资账户中，交由私人资本退休金公司管理，而不是固定地交由政府账户管理。这样未来养老金可以由政府社会保障机构和个人账户共同负担，既减轻了政府的财政压力，又增加了个人养老金，因为个人账户投资保守型债券和股票获得的收入可能高于政府账户。不仅如此，政府还增加了职工养老金“401K计划”账户的免税存款限额，允许参加者同时获得包括住房贷款在内的多项贷款。2001年5月，美国联邦政府下令成立“强化社会保障总统委员会”，负责部分社会保障税投资于金融市场的改革计划。这些举措的目的在于推动社会保障费用的市场化运营，以提高社会保障费用的管理效率，减轻政府的财政压力。

此外，美国的医疗卫生领域也面临着巨额的财政支出和较低的医疗效益（Robert Pea，2003）。尽管美国两党都主张进行医疗卫生体系改革，但政策主张差异很大，美国政府一直在努力寻找有效的改革方案。小布什政府曾通过税收优惠推广健康储蓄账户，即消费者将购买保费较低、税款起付线较高的意外医疗保险节省下来的开支存入健康储蓄账户，该账户余额可在年底取出并用于个人消费。2003年11月，美国国会参议院通过《医疗照顾计划处方药改革法案》，其规定给予老年人更多的优惠和照顾。同时，该法案也引入了竞争机制，允许医疗照顾计划受益人选择政府或私人的医疗保障计划。奥巴马政府更是希望对医疗卫生体系进行彻底改革。面临急剧增加的医保费用（Maura Reynolds，2009），以及严重的政府财政赤字，2009年美国推出医疗改革计划。2010年

3 月，奥巴马签署《患者权益保护与可负担医疗服务法》。它要求强制投保，公民从 2014 年开始必须购买医疗保险，否则将面临滞纳金处罚，小于 26 岁的人可以使用父母的保险；50 人以上的大中型企业必须为员工购买符合员工需求的医疗保险；贫困家庭或个人以及低收入的中小型企业可以享受一定比例的补助。同时，该法规定保险公司不得因客户健康状况不良而收取高额保费或拒绝投保，且团体保险计划的赔付率不低于 80%。除此之外，该法还倡导“以价值为基础的购买计划”，对高质量服务和低水平服务的医院奖惩分明（王思敏等，2019）。由于不同政府的政策主张不同，美国的医疗卫生体系改革在推进过程中波动较大，成效也不甚显著，但政府和社会始终在努力解决公共卫生和医疗保险中存在的问题。

第三节　公共产品供给的私有化与市场化：以英国为例

一、英国公共产品的供给状况

英国是经济发达国家中实行社会救济和社会保障制度较早的国家之一，其 1601 年通过的《伊丽莎白济贫法》，被视为世界历史上最早的社会保障法案。随着工业化、城市化和资本主义经济的发展，英国大规模地建设公共基础设施，并为缓和资本家与劳动者的矛盾，逐步建立起了社会保障制度。随着国家财税的增加，政府也逐渐替代教会承担起公共产品的供给责任。尤其是在 20 世纪 30 年代经济大危机和第二次世界大战后的城市重建中，政府全面介入国民经济活动，对公共经济部门进行深度干预，以国有企业的方式投资建设基本公共基础设施，并建立了以政府投入为主的公共服务供给机制。

前文所述的西方发达国家普遍出现的政府失灵现象，公共部门的低效率和政府难以承受的财政压力，迫使各国进行公共部门的改革，英国是率先进行公共部门私有化改革的国家。总体来说，自 1979 年撒切尔政府进行的改革开始，英国公共部门的经济体制机制发生了根本性的变化，大部分国有企业私有化，公共产品的供给机制由政府单一的供给机制转化为政府、市场和社会多元主体合作供给的机制，政府公共支出不断增加的趋势得以缓解，私营企业和社会组织参与公共产品供给的领域也逐步扩大，公共产品的市场化机制发挥着越来越重要的作用。

据OECD统计，近10年英国财政支出占其GDP的比重有所下降，从2010年的47.56%降至2019年的41.0%。由于英国公共部门所有支出的资料收集起来比较困难，本书以政府预算中的公共支出加以分析（表5-8）。

由表5-8可知，在英国的公共支出中，社会保障支出占总支出的35%左右，但有下降趋势；卫生健康支出占总支出的20%左右；教育支出约占总支出的11%；经济事务的支出比例较小，约占总支出的8%，但有上升趋势。

二、英国公共产品的供给体制

英国是中央集权的单一制国家，实行高度集权的财政体制，税收管理权主要集中在中央政府层面。从具体的税种来看，中央政府不仅征收个人所得税、企业所得税、增值税、社会保险税、国内消费税、关税等，还征收资本利得税、土地开发税、遗产税等，而其中个人所得税、企业所得税、增值税和社会保险税是最为主要的税收来源；地方税则主要包括市政税和营业税两种（杨红燕、陈天虹，2013）。

英国的社会保障制度包括社会保险、国民保健、专项津贴、个人社会服务、社会救济等方面。在具体的公共服务和社会保障中，英国实行公共预算模式，其中社会保障收入和支出是政府的经常性收支，统一在政府公共预算中进行安排（杨红燕、陈天虹，2013）。从具体的资金来源看，英国公共服务的资金主要来源于以下方面：一是个人缴纳的部分，如个人缴纳的国民保险基金；二是企业缴纳的部分，雇主需要为员工缴纳国民保险基金；三是财政预算拨款，这一项也是国民保险资金的主要来源；四是国民保险基金投资收益。为了实现地区间社会福利保障的平衡发展，中央政府对地方政府实行社会保障专项财政转移支付，由于主要的税收集中在中央政府层面，因此地方政府对转移支付的依赖程度较高。此外，中央政府对地方政府的收支实行统一管理，以保证中央政府对财政资金的监管。

英国公共产品供给主要由社会保障部、就业部、卫生部和地方政府的社会服务部门共同负责。其中，社会保障部是英国负责社会保障工作的主要行政管理机构，由中央总部和专门机构组成。中央总部负责制定社会保障制度、政策

表 5-8 英国公共支出结构

支出分类	2015—2016 年		2016—2017 年		2017—2018 年		2018—2019 年		2019—2020 年	
	金额/百万英镑	占总支出比重/%	金额/百万英镑	占总支出比重/%	金额/百万英镑	占总支出比重/%	金额/百万英镑	占总支出比重/%	金额/百万英镑	占总支出比重/%
一般公共服务	75 243.00	10.59	79 967.00	11.07	85 168.00	11.43	81 455.00	10.64	81 653.00	10.29
国防	36 627.00	5.16	37 132.00	5.14	38 670.00	5.19	40 238.00	5.26	42 171.00	5.31
公共秩序和安全	30 207.00	4.25	30 070.00	4.16	31 467.00	4.22	32 410.00	4.24	34 454.00	4.34
经济事务	46 991.00	6.62	49 184.00	6.81	53 263.00	7.15	60 727.00	7.94	65 372.00	8.24
环境保护	11 612.00	1.64	11 045.00	1.53	11 788.00	1.58	11 049.00	1.44	11 665.00	1.47
住房和社区设施	9 835.00	1.38	10 301.00	1.43	11 356.00	1.52	12 047.00	1.57	14 462.00	1.82
卫生健康	138 499.00	19.50	142 589.00	19.74	147 338.00	19.77	152 917.00	19.99	164 130.00	20.68
娱乐、文化和宗教	11 366.00	1.60	11 606.00	1.61	11 479.00	1.54	11 388.00	1.49	12 065.00	1.52
教育	84 914.00	11.96	84 905.00	11.76	86 057.00	11.55	88 051.00	11.51	92 395.00	11.64
社会保障	264 901.00	37.30	265 426.00	36.75	268 728.00	36.05	274 811.00	35.92	275 350.00	34.69
公共支出总额	710 195.00	100.00	722 225.00	100.00	745 314.00	100.00	765 093.00	100.00	793 717.00	100.00

资料来源：英国财政部网站。本表中公共支出总额未包含欧盟的内部交易（Total EU transactions），因而比实际值略小。

和管理办法，处理重大纠纷等；专门机构管理社会保险、津贴、社会救济等具体事务。就业部主要负责管理失业救济金的发放。就业部设有就业服务局，与社会保障局合作为劳动力的就业和培训提供服务。卫生部主要为公众提供医疗卫生和健康服务。随着公共卫生问题的不断出现，卫生部的地位和重要程度已越来越高。同时，地方政府的行政管理机构是英国社会保障体系的重要组成部分。比如，英格兰、威尔士、苏格兰和北爱尔兰的地方政府均设立了社会服务局（部），负责为地方老年人、青少年、儿童、残疾人和困难家庭提供各种社会服务。

此外，英国的社区组织、志愿服务团体、慈善机构在社会服务与社会保障体系中发挥着重要的作用。英国有大量的社会组织会为老年人、残疾人和特殊困难家庭提供社会服务。这些组织除了向社会和企业筹措经费外，也通过向政府提供外包服务的方式获得资金（李景光，1994）。

三、英国公共产品的供给机制

（一）英国公共产品供给机制的演变

在英国资本主义发展初期，随着城市发展和市场贸易规模扩大而建设的公共基础设施，其投资主体主要是私人资本，政府也有一定程度的参与，但规模较小。第一次世界大战后，政府在国民经济中的影响力有所增强，财税也有所增加，因此政府对城市公共基础设施和社会服务的投入有所增加，但其建设和运营基本上采用市场化机制。20 世纪初，资本主义制度的内在矛盾激化，社会上出现追求平等和公平的思想浪潮。经济学中的福利经济学思想，也为现代社会福利制度的建立提供了理论基础。在实践中，英国通过强化税收征管，增强了政府财力，开始建立以社会保障制度为主的现代公共服务体系。这一产品供给体系建立后，随着社会经济条件的变化，公共产品的供给机制也历经了一系列变革。英国公共产品供给机制的演变大致可以分为以下几个时期。

1. 现代公共服务机制的确立时期（20 世纪 40—70 年代）

第二次世界大战期间，英国经济遭受严重损失，战后一方面面临激增的失业劳动力和大量贫困人口引发的社会动荡，另一方面又需要恢复重建。1945 年，以艾德礼（Attlee）为首的工党成为英国的执政党。艾德礼政府为了解决社会问题，开始以政府之力建立英国的公共服务体系。这一体系的三大支柱为社会保障、个人社会服务和国民医疗卫生服务。这一时期英国的公共服务供给的目标是增加政府投资，以创造就业机会、建立国民保险和医疗保健制度、发展公共教育、为低收入者提供公共住房等（周学英，2010）。为此，英国从一个自由放任的资本主义国家，转变为公共经济部门国有化的福利制国家，公共产品的供给机制也由市场供给机制转化为政府供给和市场供给并重且以政府供给为主的机制。

这一时期英国的公共产品供给机制具有以下特点。一是建立了以政府投资为主导的公共产品供给体系。政府通过财政预算和国有投资机制将资源配置到公共产品部门，并将私有的公共产品生产企业收归国有，推行公共事业的国有化，这增强了政府对公共产品部门的控制能力。由此，英国基本上将公共基础设施和公共服务纳入政府的管理体系中，由政府向社会和公众提供公共服务。二是制定了完整的社会保障制度。政府投资相关的公共服务设施并把社会保障费用纳入政府的财政预算开支中；建立了较为完善的公共服务供给体系，将卫生健康与医疗保险、教育、养老和失业保险、社会救助、公共住房等社会保障，以及交通、邮政通信等公共基础设施的供给掌握在自己的手中，提供廉价的公共服务和社会福利。三是建立了完善的法律体系。基于政治上的共识，保守党和工党在这一时期内的意见较为一致，并制定了一系列法律法规，以规范公共产品的供给行为。同时，英国颁布了《国民保险法》《国民救济法》《工业伤害保险法》《国民健康服务法》《家庭补助法》等社会保障法规。此后，英国公共服务方式的变革均是立法先行的，以法律制度来规范公共服务行为。

建立国有公共服务体系后，英国政府的公共服务和社会福利支出急剧增加，1951—1975 年，英国社会福利支出增长了约 13 倍，福利支出占 GDP 的比重从 14%增加到 28%（周学荣，2010）。福利化社会保障体系的实施改善了国民的社会福利状况，在一段时间内福利支出刺激了消费和投资需求，增加了就业机会，缓和了社会冲突，在一定程度上促进了社会公平。但这种高福利的社会制度隐含着内在的矛盾和危机，主要表现在如下方面：其一，在全民福利制度下，政府是主要的公共服务供给者，日益增加的社会福利支出使其难以承担，出现巨额的财政赤字。在经济增长与税收自然增长难以支撑庞大的政府财政支出的情况下，英国政府只能采取增税或发行公债的方式来应付财政危机。但税率的增加反过来又增加了企业的经营成本，影响了企业的市场竞争力。在宽松的货币政策下，物价不断上涨，通货膨胀严重，民众难以应付日常开支，高赋税对企业的发展造成了巨大的阻碍，巨额财政赤字成为政府开展工作的巨大掣肘，从而引发了经济增长滞胀（周学荣，2010）。其二，公共产品部门的国有化经营出现了投资和经营效率低下的问题。在政府主导和国有企业供给机制下，英国公共事业企业普遍缺乏有效的管理机制，生产效率低下。公共产品部门的行政官僚体制和国有企业垄断经营，导致公共产品供给的效率低下，也直接影响了公共产品的供给质量。其三，公共产品部门官僚主义严重，缺乏市场竞争力。为了推行全民的社会保障制度，英国公共产品部门投入了大量的人力、物力。1960—1975 年，英国公共部门（包括政府部门、国有企业）的职工人数在全部就业人口中的比例达到了 28.2%（刘章才，2001）。这些导致政府部门日益膨胀，国有企业的冗员问题日益严重，企业职工缺乏工作积极性和竞争性。最终不断增加公共部门的成本支出，导致政府失灵。

2. 公共产品供给机制变革时期（20 世纪 70 年代末至 20 世纪 90 年代）

面对经济的衰退和公共产品部门出现的问题，1979 年 8 月，以撒切尔（Thatcher）为首的保守党开始对公共产品部门进行改革，全面实施公共产品供给的私有化和市场化。基本的改革方略如下：能够以私有化和市场化方式投资、运营的公共产品，通过产权变革实现私有化和市场化经营；政府不能转交出去的公共产品领域，引入市场化的经营方式增加内部的竞争性，以竞争手段和消费驱动的方式打造“企业家政府”。具体的改革措施如下：一是国有基础设施的私有化。1979 年，英国开始推行国有企业私有化，至 1992 年约有 1/3 的国有企业转为私营企业。二是政府对社会福利制度进行改革。在住房领域，政府制定优惠政策出售公共住房，65%的公共住房被出售，这直接提高了住房私有率，由 1979 年的 55.3%上升至 1989 年的 66%（孙洁，2008）。在医疗保险领域，英国政府从 1982 年开始对国民医疗保险制度进行改革。1989 年，英国政府出台了《医疗制度改革白皮书》，目的是减轻政府的财政压力，放开医疗市场，将私人医院纳入公费就医范围。在养老保险领域，英国政府改革养老金制度，降低国家养老金给付标准，鼓励有关方面建立职业养老金制度和私人养老金制度。在公共教育领域，1988 年英国通过了《教育改革法》，目的是改革高校奖助学金制度，削减政府的教育支出等（蒋道霞，2017）。三是对公共服务的供给体制进行改革。在改革过程中，英国政府不仅对经济和社会关系进行了调整，而且对自身内部进行了调整（周学荣，2010）。例如，1980 年英国政府出台《地方政府规划与土地法》，首次在公共服务领域引入强制性投标政策，由此开始了在地方政府提供的公共服务领域引入市场机制。同时，政府还通过“雷纳评审”与“未来行动计划”推进公共服务成本节约和行政效率提高的改革（曹现强，2007）。

经过 30 多年的改革，英国原有的政府公共产品供给机制发生了比较大的变化。一方面，大量的公共产品由以私营企业为主体的市场供给；另一方面，政府的公共服务部门也采用外包、购买服务等市场化机制，部分公共基础设施领域采用了政府与社会资本合作的方式。英国公共产品部门的改革取得了一定的成效，主要表现为放松了经济领域的政府管制政策，缩减了公共开支，扩大了公共部门的私人投资，刺激了消费，促进了经济增长。国有企业的私有化改革，改善了公共部门的经营效率，发挥了市场竞争的作用。

随着社会经济的发展，人们的收入普遍提高，需求结构也发生了变化，英国出现了公众需求与公共产品供给之间的矛盾。这一方面对政府提供公共服务造成了很大压力，另一方面也使公众对公共服务私人供给的高收费等产生了不满，由此给新的政府提出了进一步改革的要求。

3. 构建多元合作供给新机制时期（20 世纪 90 年代至今）

为了应对公共服务面临的挑战，1990 年梅杰（Major）执政后，对社会福利制度进行了一定程度的调整，加大了对公共交通、公共教育、医疗服务等公共部门的财政支持力度。1997 年，布莱尔（Blair）领导的工党上台后，以“第三条道路”政治理论为改革的指导思想，进一步对英国的社会保障制度进行改革和完善（闵凡祥，2009；周学荣，2010）。

具体来看，这一阶段英国新的公共服务改革大致包括以下方面。一是改变对公共产品供给主体的认识。布莱尔政府既不以国家福利主义为公共服务供给的思想基础，也不主张实施公共部门的完全私有化和市场化，而是希望走“社会资本”的道路，由政府、企业、社会和个人等共同参与并分担公共产品的投资，以形成多元主体合作供给公共产品的机制，这在一定程度上平衡了经济效率与社会公平的关系（周学荣，2010）。二是建立公共服务费用的社会筹措制度，以增加公共服务开支。布莱尔政府不仅重视企业保险和商业保险，而且通过对公共服务项目实行支出费用限额等方式来减轻政府的财政负担。同时，政府增加对卫生保健服务、教育、交通等部门的投入，满足公众对公共服务种类和质量的需求。三是强调第三部门和社区在公共服务供给中的作用。布莱尔政府主张政府公共部门与私人、社会第三部门形成合作伙伴关系，通过政府、企业、社区志愿组织合作的方式供给公共产品。英国的第三部门组织遍布全国，活跃于社会生活的各个领域，是保障英国公共服务供给的重要力量之一。四是强调权利和责任的统一，关注公平和效率的平衡。这一时期英国政府强调公众享受的公共服务权利应该与承担的责任相一致，国家在公共服务供给中需要寻求权利与义务的平衡。为此，政府制定并实施了一系列政策。例如，实施促进就业的“工作福利”政策，要求公民通过工作来享受社会福利津贴；制定消除儿童贫困的未成年社会福利政策，对贫困儿童给予补贴；重新制定旨在促进社会公正的教育和培训政策，改变依靠市场办教育的政策，增加政府对教育的投入，并提出“终身教育”计划。五是以公共服务的最佳价值模式来扩展传统的公共服务绩效评估，重点关注公共部门组织文化的变革和对地方政府提供的全部公共服务的绩效评估，要求地方政府按照最佳价值的核心原则审视所有公共服务，在中央政府绩效标准与目标的基础上增强责任心，采用灵活的方式供给公共服务，并提高公共服务供给的效率和质量（王庆兵，2003）。

（二）英国公共产品供给机制的特征

英国公共产品的供给机制在不断变革中，一些方面承继了历史传统，但更多的是适应社会经济发展需要，有了许多新的特征。

1. 政府供给机制转化为多元主体参与的市场化机制

英国现代的社会保障制度基本上在第二次世界大战后建立。其基本思想和制度框架源于工党政府为战后英国规划的社会保障制度，即贝弗里奇（Beveridge）的《社会保险和相关服务》（*Social Insurance and Allied Service*）研究报告。该报告提出了战后社会保障制度建设的整体框架，首次提出了“福利国家”概念，还提出了由国家统筹经费的社会保险计划。该报告提出的社会保障原则至今仍然是英国社会保障制度的重要衡量标准，如统一费率、统一待遇原则，专门机构统一管理原则，适度和适量原则，普遍性和分类性原则，等等。在社会成员共济互助的理念下，英国构建了社会保险、国民救助、自愿保险的国家保障体系，具体包括医疗保险、工伤保险、失业保险、住房补助、社会救助等方面（刘晓梅、闫天宇，2020）。

自全民社会福利保障制度建立后，英国一直坚持国家主导公共支出和承担社会保障费用的原则。自 1945 年 7 月上台执政的艾德里政府，到 1979 年社会经济改革前的政府，都坚持福利国家的思想，将社会福利待遇的供给视为国家行为。直到 1979 年，撒切尔政府对社会福利制度和国有经济进行改革，否定了以政府财政收入承担所有社会保障费用的制度，建立了以政府、企业、个人和社会组织为公共产品供给主体的系统。撒切尔政府通过私有化和市场化改革，建立了公共产品政府供给机制、市场（私人）供给机制和多元主体合作供给机制合为一体的机制体系，强调了社会保障制度中国家责任、雇主责任和个人责任的统一。此后的历届政府虽然在局部政策上有所调整，但基本上继承了撒切尔政府对公共服务和社会保障的改革，即在市场供给公共产品的同时，强调政府对公共产品供给的引导和监督作用。

英国公共产品部门的多元主体供给机制，表现在公共产品资产上，即大量的公共基础设施由私营企业持有和运营。政府、私人机构和社会组织均参与公共服务的供给。在政府财政供给的公共服务方面，政府采用购买服务、外包合同等供给方式。而在公共基础设施的建设和运营中，政府更是广泛采用了与社会资本合作供给的方式。由此，英国的公共部门总支出中形成了政府、企业、雇主、个人和社会组织共同出资的多元资金结构。

2. 建立了公共产品多元供给机制下的管理体系

英国公共产品部门私有化以后，形成了不同的供给机制，尤其是在公共基础设施领域，同时采用私有化、国有化和公私合作的投资与经营方式，政府也采用了不同的管理方式（臧跃茹，1996）。

第一，国有企业私有化后的管理方式。20 世纪 80 年代，英国大部分国有公共基础设施实现了私有化，以市场机制运营。为了防止公共基础设施私有化后的垄断经营，也为了防止私人资本过于追求利润而导致公众利益受损，国家专门设立了非政府的行政管理机构，对这些领域的经营进行监督管理。政府指派部门并不干预基础设施行业的经营管理活动，只是依据反垄断法和公平贸易法对经营基础设施的私人企业进行督查。另外，英国政府对电力、供水、通信等行业实行最高限价管理，价格大致维持在企业可以获得适度利润的水平上，但不能涨价过多而损害公众利益。

第二，公共基础设施的国有管理方式。英国公共基础设施私有化后，仅剩公路、铁路、邮政等基础设施归国有企业经营。这些企业的管理基本上沿袭原有的管理模式，建设资金和运营费用由政府财政预算拨款，使用者向政府缴纳消费税。

第三，政府与社会资本合作方式。英国在建设公共基础设施的过程中，出于投资资金筹措的需要，更多的是为了消除国有企业效率低下、官僚主义等弊病，采用了政府与社会资本合作（PPP）的方式，允许私人和社会资本投资经营公共基础设施，以提高基础设施领域的竞争性和经营效益。目前，英国以PPP方式建设的项目包括桥梁、铁路公路、电力设施、机场等。

第四，在公共服务领域，政府采用了委托服务、购买服务、合同外包等方式，通过引入社会组织、私营企业等，增强公共服务的专业性（王雁红，2015）。

3. 全民社会福利转化为选择性福利

传统的英国社会保障政策具有全民性和全面性的特征，凡是符合社会保障条件的英国公民都能享受相应的社会福利待遇。1946 年的《国民保险法》实行普遍性原则，对所有行业实行失业保险制度。1948 年的《国民补助法》放松公民救助条件，让不能缴纳保险金的公民也可以享受国民补助。此外，全体国民可以享受住房补助、家庭津贴、义务教育、医疗卫生等社会福利。在福利国家时期，英国为民众提供了涵盖其一生的全方位的社会公共福利（蒋道霞，2017）。

鉴于全民社会福利政策实施中存在种种弊端，自 20 世纪 80 年代起，英国政府在公共产品部门的市场化和私有化过程中，重新思考社会保障制度中的普遍性原则，提出了“无责任即无权利”的社会福利原则，强调社会福利的权利和责任应该结合起来。同时，英国重新界定了国家在公共服务供给中的责任，明确国家的责任是向公民提供基本的生活保障，为公民的自我发展提供机会。英国社会福利制度从“普遍性”向“有选择性”转变，对低收入者、残疾人和特殊贫穷家庭提供社会保障，但对其他国民设立享受社会保障和公共服务的条件，使不同条件的国民获得不同的社会福利。其中较为关键的是，为了解决不愿工作的人享受社会福利待遇的问题，英国设计了社会福利的“工作条件”和严厉的控制措施。目前英国公共部门支出费用和社会福利过快增长的势头得到了一定程度的抑制，政府对公共服务和社会保障的调控性增强。在社会福利的价值选择上，公众逐渐转变了对国家的依赖心理和普遍性福利的思想，建立了社会福利与就业政策相联系的体系。

4. 公共产品部门发展和社会保障制度建立在全面、完整的法律法规体系基础之上

英国社会自 17 世纪初制定《济贫法》开始，在公共服务和社会保障制度方面就有立法先行的传统。资产阶级掌握国家权力后，1795 年制定了《斯皮纳姆兰法案》，明确了社会保障制度中以食品价格和低收入家庭人口为救济金发放标准的原则。1834 年英国议会通过了《济贫法修正案》，停止对有劳动能力的贫民进行救济，集中了济贫事务的行政管理权。

英国工业革命后，随着工业化和市场化的推进，大量农民转化为城市市民，英国的社会保障立法开始以职业保障为主。例如，1897 颁布了《劳工伤害赔偿法》，为工伤劳动工人提供保障；1908 年颁布了《老年年金保险法》，规定为年满 70 岁的低收入老年人提供养老金；1911 年颁布了《失业保险与健康保险法》和《伤残保险法》；1925 年推出针对孤寡人群的《寡妇孤儿及老年年金法》；1934 年修订《失业保险法》。第二次世界大战后，英国的社会保障法律更趋全面和完善：1945 年修订和颁布《家庭补助法》，1946 年颁布《国民保险法》《国民工业伤害保险法》《国民医疗保健服务法》，1948 年推出《国民补助法》。这些法律为英国建立以政府公共支出方式实施普遍的公民社会保障体系提供了坚实的支撑。目前，英国社会保障适用的成文法主要有《社会保障缴费和补贴法》（1992 年颁布）、《社会保障行政管理法》（1992 年颁布）、《求职者法》（1995 年颁布）、《社会保障法》（1998 年颁布）等。除了上述成文法外，英国调整和处理社会保障关系的还有规章与判例法（罗伯特·伊斯特，2003；张举国，2009）。

基于上述法律法规的规定，英国历次社会保障制度的变革过程也是法律关系的调整过程。其中，社会保障相关法律法规的修订有如下几个特征：一是随着公共服务和社会保障目标的变化，立法的理念由维护社会稳定向赋予公民权利转变，《国民保险法》《社会保障法》等法律的制定保证了公民拥有社会保障的基本权利。二是第二次世界大战后英国强调国家的责任和规范政府的行为，20 世纪 90 年代转向强调国家、社会和个人共同承担社会保障责任，但国家所承担的立法责任、财政责任、监管责任并没有减轻。三是与社会保障责任变化相适应，社会保障立法在保证全民基本社会保障权利的同时，也规范了受益者的义务，使社会保障权利与义务相匹配（林俏，2012）。

（三）案例分析：英国住房保障制度改革

住房问题是城市公共服务的重点问题之一，特别是中低收入居民的居住问题事关社会稳定，是政府公共服务供给的重要着力点。解决住房问题最为直接的方式是由政府直接投资建设公共住房或提供租赁房。第二次世界大战后，英国的公共住房主要由政府主导建设，面向低收入者提供。此后英国所进行的一系列住房政策改革也基本围绕政府主导的方式开展。

1. 英国住房保障制度建立的背景与历程

英国是世界上较早建立公共住房制度的国家之一。工业革命后，随着资本主义经济的发展，大量农民迁移到城市，城市出现了严重的住房短缺问题，部分低收入工人和无固定工作的移民居无定所。为了解决这一突出的社会问题，英国政府开始干预城市住房问题，于1890年颁布了《工人阶级住宅法》，试图通过政府主导来解决城市的住房问题。此后历届政府通过不断出台法律来改革并完善住宅制度。据统计，1890—1996年，英国共计修订了48部住宅法，成为世界各国中修订住宅法最为频繁的国家（顾志敏、陆开和，2003）。第一次世界大战后，英国政府直接介入住房的供给，开始通过财政预算投资建设公共住房。但英国现代公共住房制度的真正建立是在第二次世界大战以后，并历经多次变革。目前，英国城市居民中约有70%的家庭拥有自有产权住房，30%的租赁住房的居民中，有2/3的居民租赁由政府提供的公共住房。第二次世界大战后，英国的公共住房发展经历了以下三个阶段。

第一阶段为政府投资建设公共住房阶段（1945年至20世纪70年代末）。此时期政府为解决战争中居民住房受损和失业者住房问题，投入了大量的资金建设公共住房。20世纪50年代英国新建住房中，公共住房占60%以上，到20世纪70年代仍有一半的新建住房是政府投资建设的公共住房。

第二阶段为公共住房私有化改革阶段（20世纪80—90年代）。撒切尔领导的保守党执政后，英国开始对公共经济部门进行改革，国有资产私有化，大幅削减政府的公共支出，全面实行市场化机制。一方面，以优惠价格将公共租赁住房出售给租户或者转让给非营利性的住房协会，减少公有住房存量；另一方面，严格控制新建住房并大力减少住房方面的公共支出。到20世纪90年代，英国公共住房占全社会住房的比例下降到20%左右。

第三阶段为公共住房制度调整与完善阶段（20世纪90年代末至今）。布莱尔领导的工党执政后，针对私有化后低收入群体的住房困难问题，制定了新的公共住房政策，除了适当增加政府公共住房的支出预算外，重点改善居住环境和住房质量，并保障失业者和特殊困难家庭等的居住权（徐军玲等，2012）。

2. 英国住房保障制度及其改革

如前文所述，英国公共住房发展经历了不同阶段，相应地，其公共住房的供给机制也发生了变革，这种变革从市场（私人）供给机制到政府供给机制，再到市场（私人）供给机制，进入21世纪后又逐渐出现了对政府干预作用的强调。英国的公共住房供给机制主要体现在住房保障的法律法规和政策上（见表5－9）。

表5－9　英国住房保障制度发展历程

供给方式	时　间	主要法规	主要内容
私有，市场供给	1890—1913年	《劳动阶级租住公寓法》《工人阶级住宅法》	工人阶级住房问题
私有，市场供给，政府介入	1914—1945年	《房租和抵押贷款利率增加法》（1915），《住宅法》（1930），《住房金融法》（1933）	房租管制，政府直接投资建设公共住房、发放住房补贴
国有和私有，政府与市场供给	1945—1979年	《住宅法》（1946、1949、1961、1974），《住宅补贴法》（1956），《住宅出租和补偿法》（1975）	政府投资建设公共住房，实行住房补贴
私有，市场供给，政府补充	1979年至今	《住宅法》（1980），《住宅法》（1988）	国有住房私有化，削减住房公共支出，调整公共住房政策

资料来源：根据英国住房法律法规和政策整理。

英国公共住房的保障制度和住房政策基本上可以分为两类。一类是第二次世界大战后福利主义思想指导下的国有住房和保障公民居住权的制度。当时政府的职责被界定为满足每一个公民的住房需求，保障每个家庭拥有一套住房，特别是要为低收入者、失业者、特殊困难家庭提供住所。此时期的住房保障制度更多的是体现了社会福利性，也体现了较为典型的政府公共住房供给机制。另一类是1979年保守党执政后的住房保障制度。以1980年的《住宅法》为标志，英国开始全面推行住房私有化和市场化。在出售国有住房和大量减少公共住房支出的基础上，英国确立了新的公共住房发展战略和住房保障制度。此后不论是保守党还是工党执政，以市场供给为主的基本住房制度都没有改变。

具体来看，英国公共住房供给有以下特征：一是国有住房私有化，政府制定购房制度，以租赁期为条件鼓励租户购房。二是政府的公共住房制度更注重于保障低收入者、残疾人和特殊困难家庭等的家庭住房供给。三是政府公共住房的政策目标和公共支出的重点倾向于住房的环境与质量。四是政府住房的管理重心由中央政府向地方政府转移。自从出售公共住房和缩减住房公共支出后，英国中央政府的主要职责在于制定公共住房的法规和政策，管理的事务减少了，权限也缩小了；而地方政府则负责公共住房的建设规划、申请、审核、租金标准制定和租金补贴发放等具体的事务，公共住房的管理权限反而扩大了（徐军玲、谢胜华，2012）。目前，英国的公共住房政策制定和建设运营管理，涉及财政部、环境部、交通部和区域部、社会福利保障部等部门。财政部主要负责制定与公共住房有关的财政政策，拨付与公共住房有关的预算；环境部、交通部和区域部主要负责制定住房政策和实施措施，分配公共住房的建设、维修等财政预算资金；社会福利保障部主要保障居民的住房贷款、失业居民的居住问题等。此外，地方政府也通过住房建设规划等对住房的建设进行管理（贾康、刘军民，2007）。五是随着基本住房供给制度的改变，公共住房建设的投融资方式也转向多样化，公共住房的建设资金既有政府财政预算资金，也有私营企业和非营利组织的资金，还有一部分是金融市场的贷款资金。这也使公共住房的供给主体发生了变化，即由单一的政府供给主体转化为政府、企业和社会组织的多元供给主体。

总体来看，英国住房保障制度的改革缓解了政府的财政压力，使大量公民从享有政府的租赁房福利转为拥有私有住房产权，同时也遏制了政府行政管理和国有住房经营中的官僚腐败现象，降低了全社会公共住房的建设和经营成本，发挥了公共住房的市场供给机制的作用，使得住房制度能够顺应时代发展和社会的需求。

四、英国公共产品供给机制存在的问题及改革措施

（一）存在的问题

英国对公共产品部门及社会福利制度的改革，都是为适应当时的社会经济

状况而进行的，在不同的时期这些改革都取得了一定的成效。但对于直接关系到公众利益的公共产品部门及社会福利制度的改革，某种程度上存在着两难的改革悖论：公共产品部门的私有化和市场化，或者说社会福利与义务的一致性改革，会减少或损害一部分公众的公共福利；而为了避免社会矛盾激化，适当提升公共服务和社会福利水平，又会增加政府的财政压力。英国与其他发达国家基本一样，其公共部门及社会福利制度不断在社会矛盾和利益权衡中进退。总体而言，英国公共产品部门中存在的普遍性问题有以下几个方面。

第一，巨大的财政压力始终难以消除。长期的低经济增长率使英国政府的财政收入增长非常缓慢，尤其是2008年全球金融危机以后，国民经济陷入低谷。与此同时，失业率居高不下、人口老龄化日益严重等都加重了社会保障的负担。仅养老金一项，2019年英国的养老金支出达到2 754亿英镑，占公共支出总额的36%，且每年养老金的缺口达600亿英镑（刘晓梅、闫天宇，2020）。因此，尽管政府通过各种方式减少社会保障的公共支出，但政府的财政赤字仍然很大，难以实现财政预算的收支平衡。

第二，改革导致的利益重新分配，引起部分企业和公众的不满。政府为了缩减公共事业的财政支出，不断地调整政策。在养老领域，政府大力发展职业养老金制度和私人养老金制度，但这加重了企业的负担，导致企业竞争力减弱。在失业保障领域，政府明确失业津贴的保障人群范围，禁止具有劳动能力却不劳动的人领取失业津贴。上述这些政策措施使养老金水平长期偏低，引起了低收入群体的不满，原本低收入公民依赖持续增长的高水平福利才能勉强维持生活。社会福利的削减导致的结果是精英与富豪的日常生活不受影响，而那些徘徊在社会底层的低收入公民受到较大的冲击（刘晓梅、闫天宇，2020）。据估计，按英国目前的国民基本养老金水平，未来20年将有超过1 200万的退休人员面临贫困处境。在医疗领域，近些年政府对医疗保险政策的调整，削减了医疗费用预算，减少了公立医院的数量，也提高了居民的医疗质量和便捷程度。住房、教育等领域的改革，在削减政府公共财政支出预算的同时，也将社会保障福利支出尽可能地转嫁给普通公民，引起了民众普遍的不满（汪建强，2007）。

第三，英国政府部门的社会保障管理效率低下。英国政府设立了社会福利保障部及所属的6个子机构，加上相关的政府部门，管理队伍十分庞大，社会福利保障部职员达100多万人，但管理效率低下，工作频繁出错。

此外，尽管英国公共产品部门面临多种困难，但执政党出于民主选举的选票压力和执政收益，即便国家财政收入没有增加，也不能过多压缩社会福利，而是通过持续给选民更高的福利待遇来维持其政治地位。对于高水平福利的依赖也使部分社会成员滋生了“福利病”，助长了部分社会成员的懒惰习气，甚至出现了几百万人自愿失业，以领取政府津贴为生的情况。

（二）改革措施

英国政坛工党和保守党经常轮换执政，党派间执政理念和目标差异很大，经济发展思想和政策也不相同，两党对英国的社会福利制度的建立和发展都做出了贡献。在公共服务和社会保障等方面，尽管两党的一些具体政策措施存在差异，但基本的原则和改革方向具有一致性。总体来看，无论是上一轮执政的工党，还是目前执政的保守党，都主张不断地寻找适宜的改革方向和目标，继续对公共产品部门进行改革，改革的重点在于建立更加有效的社会保障制度，坚持私有化和市场化的道路，共同关注教育、医疗、贫困等社会问题。

第一，减少政府对公共产品部门的干预，严格控制政府的公共支出。布莱尔领导的政府遵循西方“第三条道路”的思想观点，充分发挥社会组织等的作用，寻求“公平”与“效率”之间的平衡；同时，通过发展公共部门的市场经济，达到国有与私有之间的平衡发展。保守党上台后，反对“第三条道路”，主张实行有竞争性的市场经济，更加坚定地实施公共产品部门的私有化和市场化；同时，在公共产品部门的管理中，进一步实施私有化，放松市场限制，并在公共产品部门内部引入市场竞争机制，充分利用内部经营管理的竞争性，提高投资经营效率。

第二，在社会保障制度的改革中，英国继续倡导责任与权利相结合，变消极福利为积极福利，致力于增强劳动力的就业能力，促进经济增长，为促进社会公平奠定基础。同时，政府进一步调整社会保障方针和制度，调整养老保险、失业保险和医疗保险，改变目前社会保障覆盖面过广的状况，提高社会保险税，改善政府公共部门的财政压力，建立一个以满足公众需要为目标、管理有效的社会保障体系。

第三，改革政府管理部门的行政垄断和官僚作风，进一步采取“缩减政府边界”政策，继续坚持从政府本位、市场本位、公民本位到社会本位的改革路径。在公共服务供给方面，政府倡导公民自治，以实现“小政府”的目标；进一步推行“混合多元”的公共产品供给模式。国家通过将权力下放至基层政府部门来缓解中央政府的压力，并采取多种措施以鼓励公共服务提供者提供个性化服务，同时鼓励企业和社会组织承担更多的保险费用，鼓励发展社会保障类商业性保险，鼓励个人积极参加所在单位的保险和商业保险。

第四，强调法律和秩序，改善公共产品部门的决策程序和监管体制。无论是哪一个政党执政，努力提高公共服务的供给水平与质量、提升公众满意程度都是英国政府的重要目标。英国政府注重对政府购买公共服务、合同外包等供给过程的监管。无论是购买的决策、信息的公开，还是招投标的程序、服务的过程，政府均以法律法规为依据严格监管，以减少长期以来政府管理部门和公共产品部门中存在的违法违规现象。例如，英国政府详细规定和规范了公共服务采购程序，包括公共服务采购流程、采购信息的公开、建议征询环节民众的参与等方面。每个环节的工作须层层递进，以防止采购过程中出现违规行为。在合同履约方面，政府也制定了严格的合同管理制度。

第四节　公共产品的多元供给机制：以日本为例

一、日本公共产品的供给状况

日本是经济发达的国家中公共产品供给内容较为丰富，公共服务供给的覆盖面较大且质量较好的国家。日本在第二次世界大战以后的经济恢复时期，经济资源主要投入私人产品部门。但到了 20 世纪 70—80 年代，随着房地产业的发展和经济的转型，日本以政府为主导，采用各种投融资手段，大力建设公共基础设施，现代公共部门得到迅速发展，逐步形成了以政府供给为主的多元主体合作的公共产品供给体系。

日本是亚洲最早实现福利制度的国家，政府财政支出中有关公共产品方面的支出一直保持较高的比例。据 OECD 统计，2008—2018 年，日本财政公共支出占 GDP 比重有所上升，从 2008 年的 36.28%上升至 2018 年 38.32%。在国防、住房和社区服务、教育、健康、社会保障这几项支出项目中，社会保障支出在近 10 年呈现小幅上涨趋势，而教育、健康、住房和社区服务等领域的支出占比变化不大（见表 5 - 10），这与日本老龄化社会的发展背景有关。

表 5-10 日本公共支出结构

支出分类	2015 年		2016 年		2017 年		2018 年	
	金额/10亿美元	占总支出比重/%	金额/10亿美元	占总支出比重/%	金额/10亿美元	占总支出比重/%	金额/10亿美元	占总支出比重/%
一般公共服务	211.73	10.45	202.28	10.16	199.15	9.89	200.14	9.74
国防	47.22	2.33	44.59	2.24	47.41	2.35	49.72	2.42
公共秩序和安全	65.18	3.22	63.38	3.18	63.13	3.13	65.56	3.19
经济事务	192.01	9.48	185.78	9.33	188.10	9.34	194.42	9.46
住房和社区服务	35.28	1.74	34.71	1.74	33.61	1.67	35.03	1.70
健康	394.03	19.46	385.93	19.38	394.89	19.60	404.36	19.68
教育	176.56	8.72	170.64	8.57	171.09	8.49	174.03	8.47
社会保障	824.92	40.73	824.37	41.42	837.18	41.57	850.87	41.42
娱乐、文化和宗教	19.07	0.94	19.21	0.96	19.78	0.98	20.54	1.00
环境	59.28	2.93	60.05	3.02	60.08	2.98	60.08	2.92
公共支出总额	2 025.28	100.00	1 990.94	100.00	2 014.42	100.00	2 054.75	100.00

资料来源：OECD 数据库。

日本政府的层级划分包括中央、都道府县和市町村，每一级政府具有清晰的公共产品供给分工。一般来说，中央与地方的财政支出比例大约为 1∶2，地方政府主要负责公共服务的供给（董敬怡，2018）。20 世纪 50 年代，日本已经实现教育均等化，每个适龄儿童均拥有平等的受教育机会。为了保障充足的教育财政支出，日本有 30%的财政支出用于教育领域。自 20 世纪 60 年代起，日本的公共产品供给机制便以高速增长的经济为依托，向欧美福利制国家看齐，不断扩大供给的覆盖范围，提高供给效率与水平，以政府供给为主导的模式实现社会的稳定、快速发展。

然而在发展过程中，日本长期实施的政府主导型发展模式也导致政府公共产品供给效率低下等一系列问题，社会矛盾不断凸显。因此，自 20 世纪 80 年代起，日本通过学习发达国家的经验，积极引入社会组织和企业参与社会公益事业及服务。在基本医疗服务方面，日本政府强制全民参加医疗保险，同时针对不同的人群，制定了两种不同的医疗保障政策。截至 2018 年，日本的医疗保险基本实现了百分之百的全民参保率。在养老保障方面，日本规定参保人员超过65周岁后，即可领取基础年金。同时，日本的社会养老保障范围还扩大到参保人员的配偶，参保人员及其配偶可享受同等待遇（杨光、李宏，2014）。

近年来，随着日本老龄化和少子化问题的不断加剧，以及国际和国内经济的持续低迷，政府支出总体呈现波动趋势，而社会保障、养老等开支的持续增加则对政府财政造成了沉重负担。2018年，日本的财政支出总额为97亿日元，比2017年下降约2%，但社会保障支出高达33亿日元，占比约34%。日本在教育与医疗方面的政府投入与其他发达国家相比并不高，可见其在基础民生保障方面的供给机制改革取得了一定成效（李三秀，2018）。这方面主要的法规依据是《公共服务改革法》，它鼓励独立行政法人参与社会公共事务供给，通过政府购买的方式提高供给效率，并通过严格的监督管理来保证公共产品的质量。

在“少子老龄化”的情况下，为保证公共产品供给的可持续性，日本政府也在持续努力，期望通过明确目标、制定措施、改革税制等方式完善供给机制。日本新一轮公共产品供给机制改革主要针对社会保障制度，重点在于对市民自立、自助和自强制度的设计，并通过增强年轻一代市民的就业能力，来增强整体市民的经济能力。此外，日本政府还将以往以保险费和税收为社会保障主要资金来源，转变为以消费税为主要资金来源，以稳定社会保障资金的供给。

二、日本公共产品的供给体制

日本政府由中央、都道府县和市町村三级政府组成，地方政府是中央政府的行政分支组织。第二次世界大战后，日本在美国主导下进行政治体制变革，通过1949年的税制改革，并经历20世纪80年代以来的财政分权改革，地方财政的事权和财权发生了变化，地方政府的公共事业建设和财政自主性得到增强，形成了日本现行的公共产品供给体制。

（一）公共产品供给体制

1. 公共教育体制

长期以来，日本社会和政府非常重视教育的发展，尤其是大力建设公共基础教育。日本教育体系包括初等教育、中等教育和高等教育三部分。初等教育为小学6年，中等教育包括初中3年、高中3年，高等教育根据专业类型和学校性质设置不同年限。第二次世界大战期间，日本经济严重衰退，但在随后的经济恢复期，日本重视教育事业的发展，重点普及初等义务教育。1947年，日本政府颁布的《基本教育法》，提出实施九年制免费义务教育。到20世纪70年代，日本的九年制免费义务教育已经得到普及。随后，日本政府的教育目标转为普及高中教育，到20世纪80年代，日本的高中入学率已经超过英国、德国等西方发达国家（王欣双，2011）。日本政府对教育的巨额投入，直接推动了日本教育事业的快速发展。

同时，日本通过制定与教育相关的法律制度进一步规范、约束教育公共产品的供给，如出台了《教育基本法》《义务教育费国库负担法》等法律，对义务教育经费的责任进行了明确的规定。总体来看，日本中央政府承担的公共教育责任比例更大（李祥云，2004）。

2. 公共健康与医疗保险

在医疗保障方面，日本建立了面向全民的医疗保障制度，要求民众必须参加政府规定的保险项目，包括国民健康保险、疾病统筹保险等（陈永正，2017）。

雇员健康保险的参保对象不仅包括企业雇员，还包括其家属。保费的额度是参保人员工资收入的8.5%，单位和个人各承担50%。由于中小型企业雇员的收入相对较低，国家负担其保险支付的13%（高山宪之、王新梅，2020）。对于雇员健康保险覆盖不到的人群，如农民、个体经营者、无业人员等，日本政府会提供国民健康保险。此外，日本还有面向特定人群的疾病统筹保险，如针对船员的船员保险、面向公务员的公务员保险等。针对老年人，日本也有老年保险制度。日本所有医疗保险制度的自付比例都为30%（杨晶鑫、王欣昱，2010）。

3. 其他社会保障制度

除了覆盖全民的医疗保障之外，日本政府还提供就业、社会救济等公共服务。随着日本老龄化问题的日益突出，社会保障费用日益增加，社会保障费用占财政支出的比重逐年攀升，目前已达到三成以上。在社会保障支出的责任方面，中央财政主要负担社会保障与福利等内容，地方财政主要负担社会福利、医疗卫生等方面。另外，中央政府通过地方交付税、国库支出金和地方让与税三种方式对地方政府进行转移支付（杨鹏、杨昊雯，2019）。

4. 公共交通系统

日本政府在交通基础设施建设中发挥着主导作用，大型交通设施多为政府投资建设，国家拥有产权。中型项目由道府投资建设并拥有产权，小型项目则由联合建设的合作组织与私人企业建设，政府给予全部投资80%~90%的财政补贴。总体而言，日本交通基础设施建设的资金来源以政府发行的国债为主。同时，日本还以国家担保的方式吸引养老保险金、邮政储蓄等资金的低息贷款或以市场利率贷款进行资金筹集，利用官民合资、股份制改革、PPP融资和私人主动融资（private finance initiative，PFI）等方式为交通基础设施建设筹集资金，融资渠道较为广泛（张微，2020）。此外，日本政府还制定了与投融资有关的法律法规，明确了道路基础设施建设与管理权限；利用低税率、政策优惠、低息等方式促进私人资本投资，构建低息信贷制度，规范投融资行为；制定了严格的考核与审查制度来防范融资风险，并将融资计划纳入国会监管中。

（二）公共产品供给管理体制

在公共产品供给管理方面，日本政府采取中央与地方共同分担公共事权、多元化主体供给等方式，具体体现在以下几个方面。

1. 中央与地方相互补充，构建多层级的公共产品管理体制

中央政府与地方政府在公共产品供给领域相互补充，根据公共产品的不同类型确定各自的事权（见表5-11）。在中央与地方多层级的管理体系中，各级政府各司其职，这为推动日本公共产品的快速发展奠定了坚实的基础，也在一定程度上满足了民众日益增长的公共服务需求。

表5-11　日本各级政府公共事权划分

类别	中央	都、道、府、县	市、町、村
安全秩序	国防、外交和公安	警察	消防、户籍、居民基本信息
社会资本	高速公路、国道（指定区间）、一级河川	国道（其他）、都道府县道、一级河川（指定区间）、港湾、公营住宅、城市规划	城市规划、市町村河川管理、港湾、公营住宅、上下水道
教育	国立大学、私立大学	高中、特殊教育学校、中小学校教职员工的工资和人事、私立学校补助、都道府县立大学	幼儿园、小学、初中、市立大学

续　表

类　别	中　　央	都、道、府、县	市、町、村
福利卫生	社会保险、医生执照、医药品许可执照及其他基准的设定	生活保障（町、村）、儿童福利、老年人保健福利、保健站、环境规制	生活保障（市）、老年人保健福利、护理保险、国民健康保险、垃圾粪便处理、保健站
产业经济	货币、关税、通信和邮政、经济政策	地区经济振兴、职业训练、中小型企业指导	地区经济振兴、农田利用调整

资料来源：《建立事权与支出责任相适应财税制度操作层面研究》（白景明、朱长才、叶翠青等，《经济研究参考》，2015 年第 43 期）。

除了从财税体制方面对不同层级政府的事权与支出责任进行明确的划分外，日本政府还通过法律条款对公共服务进行规定，如 2006 年颁布实施了《公共服务改革法》，保障了公民享有公共服务的权益。

2. 社会资本参与公共产品供给，构建公共产品多元供给管理体系

近 30 年来日本经济增长缓慢，政府财政面临困境，但公共产品的供给必须保证在一定标准上，以满足民众的需求，所以政府不得不采取措施控制预算。为了保证公共产品的供给，缓解财政赤字，日本借鉴英国的 PFI 模式，运用"性能发包"和"项目融资"，充分利用社会资本的力量，力求把公共服务做到质量更优、价格更低。图 5－5 展示了日本 PFI 项目数量与合同金额的演变情况。

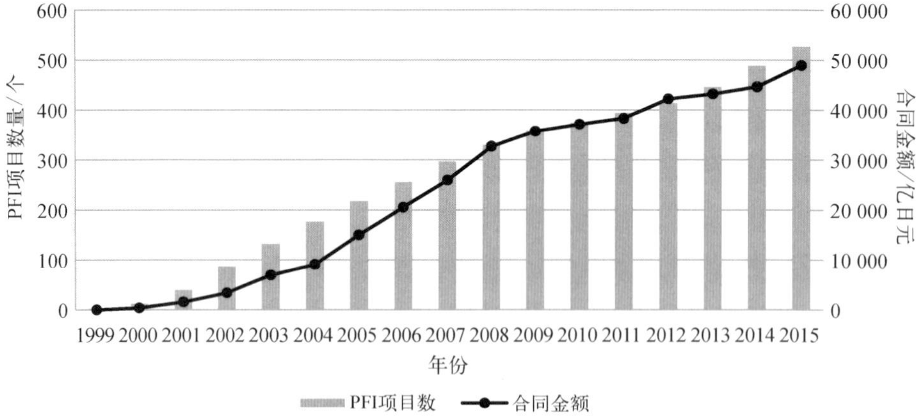

图 5－5　日本 PFI 项目数量与合同金额演变（累计）

（资料来源：日本内阁府统计数据）

日本也鼓励都道府县和市町村把公共产品供给的任务外包给社会企业（张豪、张向前，2017）。外包的公共项目普遍是一些辅助性的业务，具体的大类包括行政类、卫生环境类、公立学校服务类和其他公共服务（见图5-6）。根据日本总务省2016年发布的数据，都道府县、指定都市和市町村的公共项目的平均外包率分别为93.2%、93.5%和89.3%。

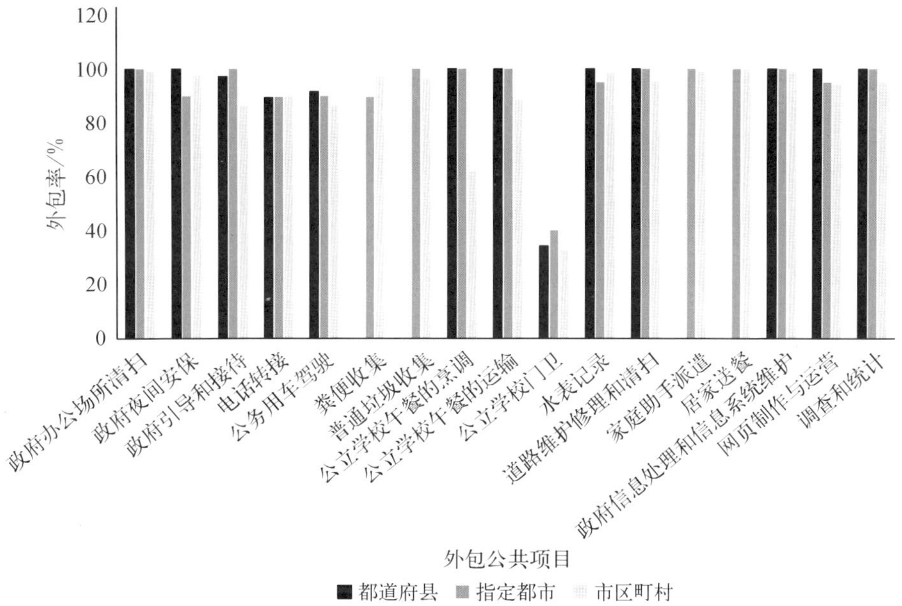

图5-6　日本政府的公共项目外包情况

（资料来源：日本内阁府统计数据）

（三）财政体制与公共产品投资

日本的公共财政体制具有明显的中央集权特点，地方政府必须按照中央政府的预算来使用资金，并且需要定期汇报财政资金使用情况。20世纪90年代后，日本的财政体制由中央集权转向地方分权，财政分权的目的在于确定地方政府间相对独立的事权，以更好地发挥地方政府在提供公共产品时的作用，避免中央政府过多参与而导致的市场扭曲（陈志敏等，2015）。

日本的财政预算实行法制化管理，清晰地确定中央与地方各自所承担的公共产品供给责任，并规定了地方政府承担社会职责所应获取的公共资金（白景明等，2015）。因此，日本的财政体制既集权又在一定职权上分权。集权体现在中央政府对于具体公共产品供给的范围、规模大小具有决策权；分权体现在地方政府在公共产品供给中发挥着主要作用，承担供给的责任（赵惠敏、董蕾，2007）。这种财政体制的最大特点在于全国财政税制结构统一和中央政府对地方的大规模转移支付，即收入集中在中央政府而支出分散在各个地方政府。1980 年之后，日本地方政府财政收入中来自中央的财政转移支付约占 40%（李江涛，2011）。中央政府对地方政府的财政转移支付的根本原则，是保证地方政府有能力为辖区内居民提供一定标准的公共产品。

三、日本公共产品的供给机制

（一）公共产品供给机制的演变

日本公共产品供给最初采用单一的政府供给模式，自 20 世纪 90 年代以来，随着私人资本和社会资本对公共产品领域投资的增加，日本逐渐形成了以政府为主导的多元主体合作供给模式。

1. 政府直接供给的机制

长期以来，日本政府都将公共服务供给改革作为政府工作的重要内容，并对公共产品的供给机制进行了积极的探索。例如，20 世纪 80 年代，日本政府探索了国有铁路民营化改革，同时允许具有特殊法人资格的社会组织和企业参与到公共事业的建设中。其后，各届政府均积极探索公共产品供给的模式。此外，日本政府还划分了基本公共服务与非基本公共服务，前者包括基础性社会公益事业，如中小学教育、一部分高等教育、基本医疗服务、基础科学研究和重要的文化事业等，由政府设立的公法人机构承担供给责任；后者包括宗教、慈善、福利事业、经贸服务、特殊教育、私立高等教育、医疗服务事业等，由具备民间公益法人资格的各类企业、营利性组织和非营利性组织参与供给（潘华，2015）。

2. 多元主体合作供给机制

日本政府自 20 世纪 90 年代开始加大公共投资，同时，借鉴英国 PFI 的经验，将公共服务领域向民间资本开放，引入竞争机制，选择私营企业参与公共服务的供给，以提高公共服务供给的效率与质量，并创造更多私营投资的商业机会。

日本政府除了发挥自身的主导作用外，还积极引导和鼓励社会力量参与公共产品供给，逐渐形成了以政府为主导、社会力量广泛参与的多元化供给模式。在这一方面，日本的“指定管理者制度”具有代表性。2003 年 6 月，日本国会决定设立“指定管理者制度”。该制度明确以往只有地方政府部门或其外围团体才能从事的公共设施的管理和运营工作，向私营企业组织和团体开放。按此制度，政府确定某项公共基础设施外包后向社会公布，有意向的组织机构进行申请，申请通过后与当地政府达成协议。“指定管理者制度”的实质是公共服务的合同外包，其目的不在于推进私有化，而是放松管制，通过破除市场进入壁垒来激发企业等社会力量的参与热情。由于政府要对负责外包的企业进行有效监督和评估，因此这一制度也促进了政府评估标准的完善和评估能力的提升（金雪涛、于晗、杨敏，2013）。2006 年，日本政府颁布实施《公共服务改革法》，以法律的形式确立了社会主体参与公共产品供给的合法性和途径，提高了供给质量和供给效率。

（二）日本公共产品供给机制的特征

总体来说，日本公共产品供给机制较为明显地体现了多元主体合作的特征。

1. 允许企业和社会组织参与公共产品的供给

在具体的实践中，政府和社会力量的职责清晰，各自在公共部门领域的分工明确。具体来看，基本公共服务领域主要指基础性社会公益事业，如基础教育、基本医疗服务、基础科学研究和文化事业等，除此之外的均属于非基本公共服务。

从资金来源看，政府财政拨款是主要的资金来源。此外，政府还通过许多方式对承担公共服务供给的民间公益法人提供经济支持，如减免税收、鼓励个人捐赠或公司捐赠等，对积极参与其中的社会组织或个人提供扶持。

日本政府在鼓励民间参与公共产品供给的同时，也通过法律法规的监管来规范供给市场，如 1999 年出台《独立法人通则法》、2006 年通过和实施《公共服务改革法》等。此外，为了规范公共服务的供给过程，日本于 2006 年出台了《关于导入竞争机制改革公共服务的法律》（财政部综合司，2014）。

2. 各级政府职责明晰，经费负担主体明确

日本的中央、都道府县和市町村三级政府之间事权划分清晰，各级政府都有明确的责任事项。例如，国防、外交、公安等由中央政府负责；公路、河流、教育、社会福利、劳动、卫生等公共服务由中央政府与地方政府共同负责（董敬怡，2018）。

事权明确后，与之对应的是财权的匹配，日本各级政府有明确的财源。其中，个人所得税、法人税和消费税由中央政府征收；都道府县民税、个人事业税、法人事业税和地方消费税等是都道府县政府的主要税种；市町村民税、公共设施税和固定资产税是市町村政府的主要税种（王德祥，2005）。

同时，日本强调地方政府在公共产品供给中的自主权，中央政府通过财政转移支付保障其公共开支。在事权与财权明确划分的基础上，中央政府给予地方政府充分的管理自主权。由于地方政府负担主要的公共服务支出，但是大量的财政收入集中在中央政府，因此转移支付制度成为关键性的财政收入分配制度，成为补充地方政府公共支出经费的重要方式（夏子敬，2014）。

3. 社会机构、非营利组织在公共服务供给中的作用凸显

这方面主要是以政府购买的方式引入竞争激励机制。2004 年，日本政府推出“推进规制改革、民间开放三年计划”，在众多公共服务领域开展市场化试验，将多项公共服务事业以竞标的方式委托给民间经营（财政部综合司，2014）。

非营利组织是日本公共服务多元化体系的重要组成部分，在促进社会组织和社会资本参与公共服务供给中发挥了重要作用。近 20 年来，日本公共服务领域的非营利组织数量逐年增加。据统计，日本得到认证的非营利组织的总数从 1998 年的 23 个增加到 2016 年的 50 902 个（见图 5－7）。

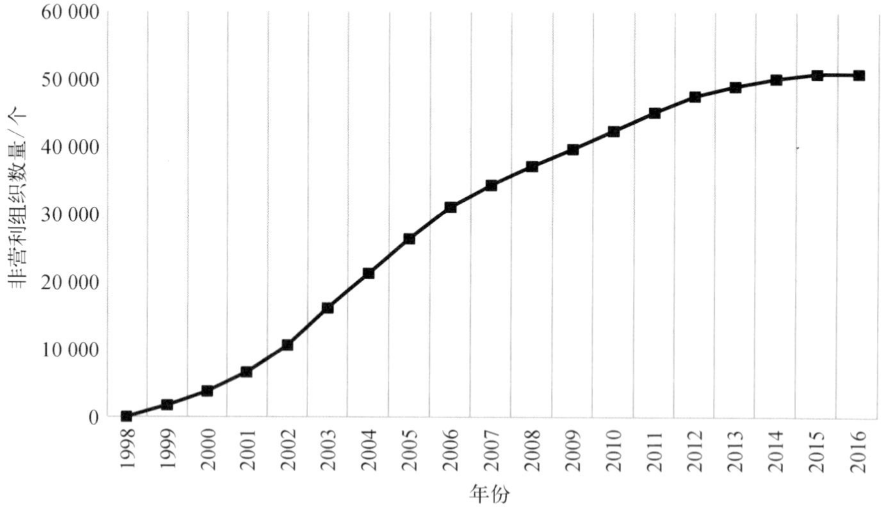

图 5－7　日本得到认证的非营利组织的数量

（资料来源：日本内阁府统计数据）

日本的非营利组织涉及的公共服务领域也在逐步扩大，从工会活动、妇女权利维护扩展到了环境保护、消费者维权、残疾人保护等领域（胡澎，2015）。日本的少子化和老龄化现象日渐严重，除了政府和企业为老年人的医疗保健提供服务外，社会组织也发挥着重要的作用（金艾裙、孙计红，2012）。此外，日本的非营利社会组织还参与到街区建设和社会发展等公共事务中（胡澎，2015）。城镇化进程的加快，也导致一些地方政府在城镇化改造的过程中急功近利，忽视对老街区和街道的保护，致使一些文物受损。一些保护历史古迹和文化传统的社会组织由此产生。例如“小樽运河保存协会”等社会组织与当地的城市规划部门合作，开展保护小樽运河的活动。总体来看，日本的非营利社会组织在公共事务上与政府有着基本相同的目标，它们与政府建立起了互补性的合作关系。一方面，社会组织有基层优势，比较了解公众对社会服务的需求，提供了政府无法提供的公共服务；另一方面，日本政府也积极地支持社会组织的发展，通过与社会组织建立契约关系向其购买公共服务（胡澎，2013，2015）。

（三）公共产品多元主体合作供给案例：城市更新项目的多元合作机制

通过制度探索和法律保障两方面的实践，日本形成了多元主体合作的公共产品供给机制，其中城市建设的更新在实施过程中充分反映了多元主体合作供给的特点。经过多年的实践，日本在城市更新项目中积极引入社会力量，已经形成了以政府为主导、以企业为主体、社会组织与居民共同参与的供给机制。

1. 城市更新制度的背景与历程

日本建立城市更新制度的目的是解决城市发展中的就业困难、抗灾能力弱、环境污染和交通堵塞等问题，以此重新激发城市经济社会的活力和提高国民生活品质。日本为此制定了《都市再生特别措施法》，以此作为城市更新建设项目的法律指南。城市更新涉及城市规划、产业结构调整、环境保护、城市居民生活等多个领域，还需要兼顾城市经济发展与生态建设。

日本的城市更新工作历史悠久。1923 年关东大地震后，城市援建、复建和更新就是灾后重建的重要内容。随着经济的高速发展，日本城市问题凸显，为了解决城市发展中存在的各种问题，提高民众生活质量，日本政府于 2003 年出台了《都市再生特别措施法》，确定了城市再生的基本方针，包括紧急整备地区、审核制度、经济支援、纳税特例等。为了实现控制城市规模、改善城市居住环境等基本目标，日本政府进一步完善了城市更新制度，同时，还制定了涉及城市更新规划、生态环境保护等诸多方面的规章制度。为了充分发挥地方政府在城市更新中的作用，2014 年后日本政府修正了《都市再生特别措施法》，2019 年 3 月修订了《都市开发诸制度运用方针》，允许地方政府合理配置公共服务设施，赋予地方政府在城市更新中更多的自治权（高舒琦，2016）。

2. 城市更新建设的运作机制

日本的城市更新工作经过几十年的实践，已经形成了政府主导下以社会民间力量为主的多主体合作规划和建设的体系。依据城市再生的基本法案，日本将需要进行城市开发的地区称为都市再生紧急整备地区。中央政府设立都市再生本部，地方政府根据《都市再生特别措施法》向都市再生本部申请设立都市再生紧急整备地区，都市再生本部根据申请内容制订草案，并向专家咨询专业意见，之后会同地方行政机关对草案进行意见听证，最后由内阁会议决定并发布行政命令，完成都市再生紧急整备地区的设立工作。某一地区在成为都市再生紧急整备地区后，还可就特定地区申请设立都市再生特别地区（施媛，2018）。设立的方式可分为两种：一种是由企事业单位制订规划方案进行审批提报，另一种是由各行政单位制订规划方案进行提报。据统计，2013 年日本 60 个特别地区申请中，由企事业单位提报规划方案的达到 44 个，可见社会力量在城市更新计划中占据主要地位。无论以哪种方式设立，在规划方案制订过程中，社会力量均有参与（孔明亮、马嘉、杜春兰，2018）。

在城市更新实践中，日本已经形成一套城市更新规划体系和城市更新制度。其主要特征如下：一是形成由中央政府控制、地方政府主导并实施的分权规划体系；二是形成由政府主导、以社会力量为建设主体和各方力量相互协调的制度体系。日本的城市更新常常以街区、社区、市政道路甚至单体建筑等为更新改造对象，通过更新市政基础设施、提升公共服务质量等综合措施，提高土地空间利用率和土地空间价值，打造现代化的新城区。在城市更新改造中，日本特别强调对历史建筑、历史街区的保护。在城市更新建设方案的制订过程中，政府通过与社会力量合作，广泛征求意见，能够更充分地反映地区居民的意见，并保障更新建设计划相关者的利益。通常情况下，征求意见后的规划方案由负责建设的企业提交给政府部门，由政府部门对其进行审议，最后由地区居民组成的地区协议组织对规划方案中涉及公共利益的内容进行评定（孔明亮、马嘉、杜春兰，2018）。

四、日本公共产品供给机制存在的问题及改革措施

（一）存在的问题

日本经过长期的实践，形成了以政府为主导、各种社会力量共同参与的公共产品多元供给机制，建立了发达的现代公共经济部门。但由于政府行政体制所固有的官僚等级制弊端，公共产品供给也出现了一系列问题。

第一，无论是公共基础设施的建设和运营还是公共服务的提供，都涉及众多行政部门，行政管理的协调性较差，供给效率不高。

第二，公共基础设施的建设采用政府与社会资本合作的形式，涉及的投资和运营主体多元，特别是与项目关联的政府部门多，项目的规划、提案、审批、实施环节众多，需要投入大量的人力、物力。部门之间和政府与建设单位之间信息不对等，产生许多隐性费用，项目成本难以控制。运营管理流程也较繁复，影响了公共产品的供给效率。

第三，监管体制弱化。公共产品的供给涉及政府、投资者、建设经营者、民众等利益相关者。尽管日本政府努力使政府信息公开、透明，但依旧难以保证公共产品的整个建设和运营过程透明，这影响了项目的选择和有效实施，也影响了公共服务质量的稳定性与可靠性。

第四，在以政府为主导的公共产品供给机制下，政府的财政压力不断增加，产生了巨大的政府债务。日本的公共经济部门的投资主要由政府承担，自第二次世界大战后的大规模公共基础设施建设，到 20 世纪 90 年代开始的区域开发和城市更新，政府财政预算中公共部门的支出比重越来越大，一些地方政府仅仅是社会保障费、债息和基础设施运营费就难以做到财政的收支平衡。按照 2020 年惠誉评级公司发布的全球政府报告，2020 年日本政府债务达到了 11.8 万亿美元，占 GDP 的比重高达 238%。

（二）改革措施

面临公共产品供给中的一系列体制机制问题，日本政府不断地对公共基础设施和公共服务领域的供给制度进行改革，取得了一定的效果，也为其他国家提供了一些有益的经验。

第一，通过法律明确公共产品供给过程中各参与主体的责任。例如，《公

共服务改革法》明确国家行政机构、地方共同团体和民间事业者均为公共服务的实施主体，可以从事公共服务活动。为了明确政府、社会组织和企业在公共服务供给中的责任和功能，日本划分了基本公共服务领域和非基本公共服务领域。

第二，迫于沉重的财政压力，日本在进行公共产品建设投融资的改革时，在坚持以政府财政性投资资金为主的情况下，鼓励、引导社会资金广泛参与公共基础设施和公共服务的建设与运营。这一方面缓解了公共产品供给中的资金压力，另一方面也保证了建设项目的公共性特征，避免出现为了商业利益而损害公众利益的情况。

第三，在公共产品项目规划和建设过程中，充分征求公共意见，保障各方权益的实现。如前文所述，在公共项目的规划、提案申请和建设过程中，由于信息不透明，公共项目的建设常达不到目的，难以满足公众的需求。因此，在改革过程中，政府强调公共事务的公开性，加强与社会各界的沟通，民间力量的主导性更为突出；更加注重与企业、社会团体和居民等各方力量的沟通与协调，公众意见也能够在审议过程中得到有效反映。特别是在企业主导的城市公共项目中，政府保障属地居民的公共权利，防止建设和运营过程中出现明显的利益偏向，制约企业开发建设中的无序行为。

第四，多元主体参与公共产品供给，培育了公共部门的市场竞争机制。为了规范公共产品供给各方的竞争行为，日本出台了《市场测试法》，对项目投资和运营各个环节的参与行为做出详细的规定，减少了政府垄断导致的效率低下问题，也限制了公共部门引入市场竞争机制后可能出现的损害公众利益的行为。

第五节　政府公共产品供给机制：以瑞典为例

一、瑞典公共产品的供给状况

瑞典的公共服务起源较早，在 18 世纪就有教会施行社会救济，随着资本主义经济的发展，瑞典也逐渐建立起了公共产品供给体系。尽管经历多次经济危机，但瑞典的经济发展水平仍然处于世界前列。2019 年，瑞典人均 GDP 排名世界第11，是全世界较富有的国家之一，也是世界上公共经济部门较为发达的国家之一。瑞典“从摇篮到坟墓”的保障性福利体系在全世界独树一帜，成为现代福利制国家的代表之一。

据OECD统计，2009年瑞典财政公共支出占GDP比重高达52.70%，到2018年回落至49.87%，但与OECD发达国家平均占比水平相比，依然较高。瑞典作为社会福利保障水平很高的国家，经过不断的改革和调整，政府公共支出的结构与英国、日本等日益接近（见表5－12）。

表5－12　瑞典公共支出结构

支出分类	2016年		2017年		2018年		2019年	
	金额/百万瑞典克朗	占总支出比重/%	金额/百万瑞典克朗	占总支出比重/%	金额/百万瑞典克朗	占总支出比重/%	金额/百万瑞典克朗	占总支出比重/%
一般公共服务	33.61	13.51	35.56	13.82	38.48	14.17	39.06	14.00
国防	6.01	2.41	6.17	2.40	6.61	2.44	6.96	2.50
公共秩序和安全	6.38	2.56	6.66	2.59	7.06	2.60	7.41	2.65
经济事务	21.25	8.54	21.86	8.50	23.63	8.70	24.99	8.96
住房和社区服务	2.65	1.06	2.93	1.14	3.91	1.44	3.87	1.39
健康	34.36	13.81	35.77	13.90	38.15	14.05	39.60	14.19
教育	33.17	13.33	35.01	13.61	37.54	13.82	39.25	14.07
社会保障	102.84	41.32	104.39	40.56	106.58	39.24	107.78	38.62
娱乐、文化和宗教	6.42	2.58	6.51	2.53	6.86	2.53	7.31	2.62
环境	2.19	0.88	2.44	0.95	2.73	1.01	2.80	1.00
公共支出总额	248.88	100.00	257.30	100.00	271.55	100.00	279.03	100.00

资料来源：OECD数据库。

由表5－12可知，与其他经济发达国家一样，瑞典政府公共支出中，除了一般公共服务支出外，最大的支出是社会保障支出，其次为健康和教育支出。近年来，为了加强经济基础设施建设，瑞典政府在经济事务方面的公共支出稍微有所增长，到2019年达到了8.96%。住房和社区服务支出占比相对偏低，

2019年仅为1.39%，这是由于瑞典建立了较为成熟的廉租房体系，因此不需要每年安排较多的财政支出。

从资金来源看，瑞典政府公共服务的资金主要来源于政府税收。从瑞典统计局公布的公共财政评估数据来看，瑞典的税收主要包括中央政府征收的工资税、资产税和财产税，省级政府征收的所得税，市政府征收的房产税、燃油税、电池税、教堂税等杂项税收。瑞典的税收水平较高，2021年的平均个人所得税税率为52.85%，远超欧洲其他国家的平均个人所得税税率。

二、瑞典公共产品的供给体制

瑞典的福利制公共服务主要由政府供给，政府为所有国民提供全面且完善的社会服务，倡导“充分就业”“财富均等”，通过劳资集体协议制度推行福利政策。瑞典的社会保障制度涵盖养老金、教育、健康医疗、住房等方面。瑞典由政府主导的公共服务供给机制源于其平等主义的社会价值观。单一民族性与文化积淀，使瑞典形成了人人平等的社会价值观，因而政府在制定社会公共服务供给制度时，坚持公平公正、人人同享的原则，通过税收再分配保证弱势群体的利益，缓解由市场竞争机制导致的财富与公共服务分配不均的情况。瑞典公共产品供给机制的核心是劳资合作的集体主义福利制度，通过集体协议制度解决社会矛盾，充分体现国民合作的集体福利文化。

从20世纪30年代瑞典建设全面的福利体系开始，其公共产品供给体制机制共经历了三种模式：20世纪30年代由国家主导公共服务供给，到20世纪60年代平衡企业与政府的关系，再到20世纪70年代后建立雇员投资基金以多元化供给。此外，瑞典实行中央、省、市三级行政管理体系，各级政府负责不同社会保障项目，分工明确且互相监督，更易于提高为民服务的质量与效率。在社会保障的具体项目中，瑞典各级政府分别承担不同的责任：中央政府主要制定全国的社会保障与公共服务法律法规，负责公共安全、养老保障和高等教育等全国性和涉及所有国民的公共服务，中央政府不干预省、市的公共政策制定；省级政府负责执行中央政府的社会保障和公共服务的法规与政策，负责公共卫生与医疗服务、高中教育以及其他省级公共服务事务；市级政府负责学前教育、义务教育、环境保护与治理、市政建设与运营等公共服务事务，并为老年人、残疾人、低收入家庭提供服务和社会救助等。瑞典的各级政府对于公共产品项目的建设和实施可以互相监督，通过合作与监督提高公共项目的实施绩效。

三、瑞典公共产品的供给机制

（一）瑞典公共产品供给机制的演变

瑞典的工业化进程滞后于其他欧洲国家，受此影响，其经济水平也在很长一段时间内处于落后水平，公共服务也起步较晚。随着自由开放思想的流行，瑞典从1842年开始普及义务教育，1891年建立了医疗保险制度，1901年设立了社会保障局，并在1913年出台了全国社会保障计划，1914年建立了养老局，自此瑞典开启了高福利社会的时代。

1. 社会民主党上台与制度初步建立（20世纪30年代至第二次世界大战结束）

社会民主党执政为瑞典的福利制度奠定了一定的基础。社会民主党强调社会的就业与公平分配。自此，瑞典逐步建立起公共产品供给制度。1937年，瑞典政府颁布《家庭补贴法》，自此，鼓励生育、向家庭子女提供生活补助成为政府的职能；1944年颁布《工人运动战后纲领》，对合理就业、公平分配等问题进行了探索；1946年颁布《健康保险法》，从法律角度强制企业落实医疗保险制度；1957年出台《社会救助法》，弱势群体的权益得到了更大程度的保障。更为重要的是，在这一阶段，瑞典还探索建立了普遍性的全民养老金制度，个人缴纳一定的费用即可享受养老金福利，并且通过补充养老金进一步保障民众的生活。到20世纪70年代，瑞典已经建立了基本完善的养老金制度（罗依晨，2017；刘杨，2015）。

在住房保障方面，1933年瑞典成立了社会住房委员会和国家住房贷款办公室，负责公共住房事务。1938年，瑞典实施让乡村居民享有城镇居民住房权利的政策，为低收入家庭建造私人住宅提供住房贷款。这一政策措施大大改善了瑞典居民的住房条件，并间接遏制了瑞典生育率下降的问题（丁建定，2004）。

瑞典社会民主党执政40多年，始终坚持其福利制度，并积极调整其中的不完善方面。社会民主党推行的高福利政策及提供的公共服务得到了瑞典民众的支持。

2. 福利制度全面确立（第二次世界大战结束后至20世纪70年代）

第二次世界大战以后，瑞典开始全面建立公共服务制度，主要体现在养老金与医疗保险方面，其制度得到了完善和补充。

在养老金方面，瑞典政府先后进行了多次改革，最终确立了由国家基本养老金制度和补充养老金制度构成的养老金制度。国家基本养老金是一种普遍型养老金，政府补助雇员缴纳基本养老金的所需费用，津贴标准与收入没有联系；雇员和自我雇用者都可以参加补充养老金，雇主必须为所有雇员缴纳补充养老金，全部补充养老金的费用由雇主承担，津贴标准与收入相关联（苗红培等，2006）。

在医疗保险方面，瑞典政府在第二次世界大战后相继出台了新的健康保险法和国民保险法，改革强制性国家保险的管理机构，增加健康保险津贴的种类，提高健康保险日现金津贴的标准，扩大健康保险制度的覆盖范围，并建立了强制性的健康保险制度。总之，这一时期，瑞典政府全面加强了其在公共服务方面的作用，建立和完善了高福利型的现代公共服务体制（周云红，2012）。

在失业保险和家庭生活保障方面，瑞典建立了政府主办的基本失业保险津贴制度和工会主办、国家给予财政补贴的失业保险津贴制度。其中国家的基本失业保险津贴由雇主缴纳保险费，雇员无须缴纳保险费。工会的失业保险津贴只有工会会员才能享受。除了失业保障制度外，政府还设立公共就业服务机构为失业者提供就业信息，并对失业者进行职业培训。此外，瑞典政府还为低收入和残疾人家庭等提供基本的生活保障，具体包括儿童基本生活保障、家庭基本生活保障、残疾人基本生活补贴等（刘丹丹，2105）。

3. 制度的改革与调整（20 世纪 70 年代至今）

与英、美等其他发达资本主义国家相同，瑞典的社会保障制度和公共服务制度在 20 世纪 70 年代遇到了很多问题与挑战，其根源在于经济的滞胀危机。经济上的危机也影响了基本公共服务制度，加上基本公共服务制度本身存在的不足，瑞典出现了公共开支膨胀、税收负担沉重、政府机构臃肿和浪费严重等一系列问题。这些问题成为制约经济发展的包袱，引发了通货膨胀、失业等一系列社会问题（王亚萍，2004）。不断增加的政府财政赤字、巨大的“财政黑洞”，阻碍了政府继续提供高福利的公共产品（袁群、安晓敏，2007）。为此，瑞典进行了公共服务供给机制改革，紧缩公共财政开支，公共部门向社会资本开放，多渠道筹措公共产品的供给资金，通过市场机制的引入提高公共产品的供给效率。同时，瑞典还实施了公共服务地方化改革，扩大地方政府权限。

（二）瑞典公共产品供给机制的特征

1. 公共服务和社会保障的全民普及性

瑞典不仅建立了完整的公共服务体系，还建立了养老、医疗、失业、教育、住房等完善的社会保障制度，受益面覆盖了所有居民。无论是瑞典国籍的居民，还是在瑞典定居的非瑞典籍居民，都可以获得瑞典的社会保障待遇，包括享受瑞典覆盖全民的医疗保险服务。

2. 高福利水平

瑞典的保障项目津贴水平较高，并且随着物价变动而动态调整。以医疗服务为例，超出一定标准的诊疗费用全部免交；购买药品不论总额多少，病人都只要支付固定的少量费用。瑞典政府还提供幼儿津贴，每月还为有孩子的家庭提供免税的子女津贴。如果一个家庭有一个以上孩子，那么其还可获得额外的大家庭补助。在教育服务方面，瑞典实行从小学到大学的免费教育制度，在大学期间政府每月给予学生 3 000 克朗的生活费。在养老方面，瑞典居民退休后均享有养老金，并获得政府提供的老年护理服务（丁刚，2018）。

3. 公共服务具有高度的社会公平性

瑞典政府历来关注收入平等、充分就业等问题。在地区层面，为了实现地区间的经济平衡，瑞典政府通过税收、转移支付等措施缩小经济发达地区与经济欠发达地区之间的差距。瑞典政府还有专门针对低收入家庭、老年人、残障人士等弱势群体的扶持政策，以缩小不同群体间的差距。对弱势群体、落后地区的扶持，体现了瑞典公共产品的社会公平性（罗依晨，2017）。

4. 政府财政负担沉重，财政预算失衡

瑞典高福利的公共产品供给对政府财政依赖程度极高，给政府带来了沉重的财政负担。20 世纪 70 年代以后，瑞典经济进入停滞状态，财政收入增长缓慢，但失业保险和其他社会福利支出连年上升。为了维持高福利水平，瑞典政府的财政预算长期处于赤字状态，政府承受了越来越大的财政压力，因此制定了很高的税收标准，这引起了企业和就业者的不满。

5. 公共产品供给的效率较低

尽管瑞典建立了较为健全的与公共产品供给相关的法律法规，也建立了严格的公共产品供给监督机制，但政府供给机制天然具有的行政无效率和竞争性缺乏，使公共产品的建设和运营成本较高，效率低下，且长期以来难以改善。

（三）瑞典主要公共产品供给案例：瑞典保障性住房供给

住房供给问题是瑞典各级政府主要关注的问题。瑞典政府将住房保障作为国家的重要战略，确保“所有居民都可以以合理的价格享受到高质量的住宅”是瑞典政府住房供给的宗旨，其政策目标是避免收入和其他因素导致居民出现住房困难。因此，瑞典政府在解决住房短缺、提高家庭住房质量、稳定住房价格等方面做出了很大的努力。目前瑞典约有40%的居民拥有自有住房，另有60%的居民居住租赁住房，其中有20%的居民租赁私人住房，15%的居民租赁合作社住房、25%的居民租赁公共住房（姚玲珍，2009）。

1. 瑞典住房保障制度的建设背景与历程

瑞典从20世纪30年代开始实施公共租赁住房制度。当时瑞典的住房供需矛盾非常突出，而且住房质量差、居住环境恶劣。为了解决民众的住房问题，瑞典政府出台了相关的法律，并组建了住宅公司（粟芳、魏陆，2010）。第二次世界大战期间和第二次世界大战后，瑞典作为中立国，其经济的发展一直处于相对稳定状态，这为建立完善的社会保障制度提供了坚实的经济基础。瑞典公共住房制度的建立和完善可以分为以下几个阶段。

第一，为低收入人群提供住房保障阶段（20世纪30年代—20世纪40年代末）。1932年，社会民主党上台执政后，把住房保障问题列为政府工作的重点。社会民主党主张经济发展应该遵循市场经济的规律，但主张通过社会改良来解决社会问题。为了解决住房问题，1933年瑞典政府成立了社会住房委员会，专门负责制定住房政策；同时，设立国家住房贷款办公室，负责住房贷款事务。为了改善乡村家庭和城市低收入家庭的居住条件，政府为其住房的重建、修缮提供贷款或资助（粟芳、魏陆，2010）。由此，瑞典居民住房建设得到了快速发展。

第二，面向所有人群提供住房保障阶段（20世纪50年代—20世纪70年代）。从20世纪50年代开始，瑞典经济得到快速发展，城市化过程中大量人口涌入城市加剧了住房的供需矛盾。为此，瑞典政府于1965年推出“百万住房工程”，10年间建造了100万套提供给中低收入者的公共住房，较大限度地解决了住房矛盾（王瑞民、张钢，2018）。

第三，公共住房改革阶段（20世纪70年代末至今）。20世纪70年代，欧洲经济出现滞胀现象，瑞典高福利、高社会保障带来的负面效应也逐步显现。

为了减轻福利社会带来的沉重压力，瑞典政府对社会保障制度进行了适当的调整：一方面从扩大住房建设的规模向注重住房建造质量转变；另一方面开始调整公共住房机制和政策，引入市场化机制，弱化住房供给的全民福利特征，取消全社会普遍性的住房补贴，重点针对有孩子的低收入家庭发放补贴。

2. 瑞典住房保障制度及其改革

瑞典中央政府、地方政府在住房供给体制机制中承担不同的职能，协力解决住房保障问题。中央政府通过财政资金保障公民居住权，负责制定全国性的住房政策、管理住房津贴。瑞典住房政策的实施主要由地方政府的市政当局负责，由此形成了两种住房供给模式：一种是公共租赁住宅模式。《瑞典住房供应法》规定，瑞典政府通过投资组建国有市政住房公司进行公共住宅的规划、建造和供给，保障政府住房政策的实施。市政住房公司归当地市政府所有，负责为本地居民提供公共租赁住房。市政住房公司是非营利性的公司，因此它所供给的住房向所有公民开放。它还承担为住房市场提供基准租金以稳定市场租金的职责。另一种是住房合作社模式。除了政府直接提供保障性住房外，住房合作社也是瑞典公共住房保障体系的重要组成部分。住房合作社是20世纪三四十年代兴起和发展起来的。住房合作社是民间自发组建的非政府、非营利性组织，为解决公众的住房难题提供了更多的可能（丛金洲，2019；黄燕芬、张超、杨宜勇，2018）。民众可以通过加入住房合作社的方式拥有房屋的使用权。政府通过低息贷款、财政补贴等形式，为住房合作社提供支持。

除了政府和住房合作社供给住房外，住房津贴制度也是瑞典公共住房保障体系的重要组成部分，且发挥的作用日益增大（陈杰，2009）。瑞典的住房津贴主要为低收入等特定收入群体和家庭提供，以改善低收入家庭的居住条件。除租房者可获得住房津贴外，购买住房的居民也可以获得住房津贴，津贴的标准根据家庭结构、现有住房情况和家庭财产与收入核定。

总体来看，瑞典住房保障制度改革具有以下特征：一是从政府单一提供公共租赁住房转向了政府供给和住房合作社共同投资开发相结合的多元住房供给机制；二是公共租赁住房为住房市场提供基准租金参考，减少租房市场价格波动的不确定性，在一定程度上保证了市场租金的稳定性；三是针对特定人群的倾斜性住房补贴政策，增强了低收入家庭和特殊困难家庭的住房租赁能力（陈杰，2009）。改革后的瑞典住房保障制度缓解了政府供给住房所产生的巨大财政压力，减少了政府供给住房的能力限制，从而确保了公民获得基本住房公共服务的权利。

四、瑞典公共产品供给机制存在的问题及改革措施

瑞典高福利的公共产品供给保障了民众的福利，提高了民众的生活水平。然而，高福利制度的实施有赖于政府充裕的公共财政收入，这一切需要较强的经济发展能力来支撑。多次世界性金融危机的发生，使瑞典经济发展陷入泥潭，也直接导致了一系列公共产品供给问题的发生，福利国家制度也受到了一定的质疑。一是在经济衰退时期，高福利导致的政府财政压力越来越大，单一地依靠政府财政资金来维持公共产品的供给已经非常困难。与其他福利水平较低的国家不同的是，由于瑞典社会保障水平和公共基础设施水平较高，因此除了城市更新等新的建设项目外，现存的公共经济部门的运营费用也非常高，这进一步加重了政府的财政负担。而在长期的高税率状况下，希望通过提高税收水平来增加政府财政收入几乎没有可能。二是在政府供给模式下，公共产品的规划、建设和运营服务效率低下。政府行政体制机制所产生的官僚主义也影响了瑞典公共经济部门的运行效率。同时，过度强调地区之间和不同阶层居民之间的社会福利均等化，也导致公共经济资源配置的效率低下。

为此，顺应 20 世纪 70 年代欧洲各国私有化的浪潮，瑞典也对公共部门进行了一些改革和政策调整。但与英国等其他国家不同，瑞典政府对公共部门及公共产品供给方式的改革不是走私营化的道路，而是在政府机制中引入市场竞争机制（Ragnar Stolt，2009）。以养老制度的改革为例，1992 年，瑞典推出《新地方政府法案》，允许地方政府将一部分养老服务等公共服务外包给营利或非营利组织。同时，瑞典还颁布了《公共采购法》，从法律角度对公共采购进行约束，允许社会机构通过竞争招标方式成为政府购买公共服务的承接主体。供应商与地方政府签订的合同最长有效期可达 4 年。招标分为 3 种情形：一是地方政府规定服务价格，供应商就服务质量展开竞争；二是地方政府规定服务质量标准，供应商就服务价格展开竞争；三是供应商同时在价格和服务质量标准上展开竞争（钟慧澜、章晓懿，2016；仲利娟，2018）。为了遏制垄断，2009 年瑞典颁布了《公共部门选择系统法》，地方政府开始引入消费者选择模式，即个人可以从官方认证的服务供应商名单系统中选择一个供应商，这一模

式主要适用于居家养老服务。由此，瑞典的公共服务从国家福利制度逐渐转变为混合福利制度。

瑞典政府的积极努力取得了较为明显的效果，从 20 世纪 90 年代开始，随着瑞典经济的发展，政府财政状况日趋好转，这为瑞典实行高福利政策奠定了坚实的经济基础。与此同时，企业的国际竞争力明显提高，这为瑞典解决长期积累的“福利病”问题创造了条件。然而，公共部门的市场化也可能降低一部分福利的水平，影响社会的公平性，这对崇尚公平和长期习惯于高福利的国家来说是一个挑战，需要瑞典政府进行探索。

参考文献

[1] Halsey A H. British social trends since 1900 [M]. London: Palgrave Macmillan UK, 1988.

[2] Carmen D W, Proctor B D, Smith J C. Income, Poverty, and health insurance coverage in the United State: 2006 [R]. Washington, D. C.: U. S. Government Printing Office, 2007.

[3] Ravitch D. The troubled crusade: american education 1945 – 1980 [M]. New York: Basic Books, 1983.

[4] Griffith E S. A History of American city government 1900 – 1920 [M]. New York: Praeger Publisher Inc. , 1974.

[5] Stiglitz J E. Economics of the public sector [M]. 2nd ed. New York: W. W. Norton & Company, 1988.

[6] Handler J F. The poverty of welfare reform [M]. London: Yale University Press, 1995.

[7] Jones K. The making of social policy in Britain [M]. 2nd ed. London: Athlone Press, 1994.

[8] Pugh M. State and society, British political and social history 1870 – 1992 [M]. London: Edward Arnold, 1994.

[9] Stolt R, Winblad U. Mechanisms behind privatization: a case study of private growth in Swedish elderly care [J]. Social Science & Medicine, 2009, 68 (5): 903 – 911.

[10] Taylor P, Parker K, Fry R, et al. Is college worth it? College presidents, public assess, value, quality and mission of higher education [R]. Washington, D. C. : Pew Research Center, 2011.

[11] 张志银．公共产品与政府职能：以新公共管理运动为视角［J］．理论学刊，2007（2）：84 – 87.

[12] 顾丽梅．新公共服务理论及其对我国公共服务改革之启示［J］．南京社会科学，2005（1）：38 – 45.

[13] 刘守刚．国家的生产性与公共产品理论的兴起：一个思想史的回溯［J］．税收经济研究，2019，24（3）：85 – 95.

[14] 王浦劬，莱斯特·M．萨拉蒙．政府向社会组织购买公共服务研究：中国与全球经验分析［M］．北京：北京大学出版社，2010.

[15] 李永友．公共服务型政府建设与财政支出结构效率［J］．经济社会体制比较，2011（1）：67 – 78.

［16］楚廷勇．中国医疗保障制度发展研究：基于国际比较的视角［D］．大连：东北财经大学，2012.
［17］张馨，杨志勇，郝联峰，等．当代财政与财政学主流［M］．大连：东北财经大学出版社，2000.
［18］李雪萍．城市社区公共产品供给研究［M］．北京：中国社会科学出版社，2008.
［19］卢晓丹．我国城市社区公共产品多元供给机制研究［J］．市场研究，2016（5）：23－25.
［20］郑功成．社会保障学［M］．北京：商务印书馆，2000.
［21］岳颂东．呼唤新的社会保障［M］．北京：中国社会科学出版社，1997.
［22］杨美英．发达国家公共产品供给发展的差异及启示［J］．东北师大学报（哲学社会科学版），2011（1）：212－213.
［23］齐晓安，杨美英．发达国家公共产品供给发展的一般特征及启示［J］．东北师大学报（哲学社会科学版），2009（5）：42－47.
［24］国家行政学院课题组，姜异康，袁曙宏，等．关于公共服务体系和服务型政府建设的几个问题（上）［J］．国家行政学院学报，2008（4）：8－12.
［25］李银秀．我国民生类政府财政支出的国际比较［J］．湖北经济学院学报，2013，11（6）：76－81.
［26］亚当·斯密．国民财富的性质和原因的研究［M］．郭大力，王亚南，译．北京：商务印书馆，1974.
［27］唐祥来．公共产品供给模式之比较［J］．山东经济，2009，25（1）：13－18.
［28］叶文辉．城市公共产品供给的市场化与公共服务的效率改善［J］．江西社会科学，2004（4）：130－133.
［29］李永琳．美国公共产品的提供机制及其对中国的启示［D］．长春：吉林大学，2006.
［30］何振海，宁海波．奥巴马政府教育改革述评：基于国情咨文教育主题的分析［C］//中国教育学会．中国教育学会教育史分会第十三届学术年会论文集，2012.
［31］刘承韪．美国公私合作关系（PPP）的法治状况及其启示［J］．国家行政学院学报，2018（4）：140－146，152.
［32］马凯旋，侯风云．美国养老保险制度演进及其启示［J］．山东大学学报（哲学社会科学版），2014（3）：88－95.
［33］林俏．美国社会保障法律制度探究［J］．沈阳工业大学学报（社会科学版），2012，5（2）：174－177.
［34］王树文，文学娜，郝红枚．美国以合同承包为主导公共服务市场化改革对我国的借鉴［J］.知识经济，2014（20）：7－8.
［35］E. S. 萨瓦斯．民营化与公私部门的伙伴关系［M］．周志忍，等译 北京：中国人民大学出版社，2002.
［36］约翰·梅纳德·凯恩斯．就业、利息和货币通论［M］．宋韵声，译．北京：华夏出版社，2005.
［37］诺曼·弗林．公共部门管理［M］．曾锡环，等译．北京：中国青年出版社，2004.
［38］张志银．公共产品与政府职能：以新公共管理运动为视角［J］．理论学刊，2007（2）：84－87.
［39］周义程．公共产品民主型供给模式的理论建构［M］．北京：中国社会科学出版社，2009.
［40］陈雪娟，余向华．政府购买公共服务的演进动因和实践反思：国际视野的比较与启

示 [J].改革与战略，2020，36（5）：75－84.

[41] 邹武捷．美国医疗保险改革分析：以奥巴马医改与特朗普医改对比为例 [J]. 中国保险，2020（3）：61－64.

[42] 张隆高，张晖，张农．美国企业史 [M]. 大连：东北财经大学出版社，2005.

[43] 刘承韪．美国公私合作关系（PPP）的法治状况及其启示 [J]. 国家行政学院学报，2018（4）：140－146.

[44] 林俊．美国 PPP 发展经验及启示 [J]. 财会月刊，2017（30）：75－79.

[45] 刘淑琪．公平而卓越：21 世纪美国基础教育政策研究 [D]. 桂林：广西师范大学，2017.

[46] 龙洋，王少勇．美国基础教育评价改革新动向：减少不必要的、低质量的高利害测验：奥巴马政府“测验行动计划”研究 [J]. 外国教育研究，2016，43（10）：118－128.

[47] 苏华．PPP 模式的反垄断问题与竞争中立：基于美国路桥基础设施建设项目的分析 [J].国际经济合作，2016（9）：76－83.

[48] 高晓燕，刘琪，李腾．美国社会保障制度及其发展：兼谈我国社会保障制度改革 [J]. 开发研究，2016（4）：149－156.

[49] 曾晓琳．公共卫生领域中的政府职能研究：以美国公共卫生法为视角 [D]. 北京：中共中央党校，2016.

[50] 朱明芸．美国联邦政府基础教育政策发展研究（1993—2009）[D]. 南京：南京师范大学，2016.

[51] 范必，郭濂，杜帅，等．利用 PPP 模式优化地方政府债务结构和管理：美国基础设施投融资 PPP 模式的做法与借鉴 [J]. 开发性金融研究，2015，4（4）：44－47.

[52] 曾晓东，高扬，刘莉．“供给激励”还是“需求干预”：美国联邦学前教育政策的制度意义 [J]. 基础教育，2015，12（5）：91－97.

[53] 文太林．美国医疗保险改革演进及对中国的启示 [J]. 中国卫生政策研究，2014，7（12）：1－8.

[54] 阚阅，王蓉．奥巴马政府高等教育改革方案解析 [J]. 中国高教研究，2014（8）：50－54.

[55] 荣霞．美国全民医疗改革：从克林顿到奥巴马 [D]. 南京：南京大学，2014.

[56] 苏晓娟，钟建强，毛钧庆．美国加强关键基础设施保障的主要举措探析 [J]. 信息安全与通信保密，2014（5）：63－69.

[57] 马凯旋，侯风云．美国养老保险制度演进及其启示 [J]. 山东大学学报（哲学社会科学版），2014（3）：88－95.

[58] 戴昌桥．中美地方公共产品供给模式比较研究 [J]. 中南财经政法大学学报，2013（3）：30－35.

[59] 王瑜．公平视域下美国义务教育改革研究 [D]. 重庆：西南大学，2013.

[60] 邓大松，丁怡．国际社会保障管理模式比较及对中国的启示 [J]. 社会保障研究，2012（6）：3－8.

[61] 傅林．从《2009 美国复苏与再投资法案》看奥巴马时代的美国教育改革动向 [J]. 比较教育研究，2010，32（4）：57－61，66.

[62] 徐彤武．奥巴马政府的医疗改革及其前景 [J]. 美国研究，2010，24（1）：7－32.

[63] 张颖．美国公共产品供给演进轨迹研究 [D]. 沈阳：辽宁大学，2008.

[64] 薛新东．美国医疗保障体制改革评析 [J]. 郑州航空工业管理学院学报，2008（2）：92－95.

[65] 杨静萍．浅谈布什关于美国社会保障制度的私有化改革［J］．湖南科技学院学报，2006（1）：118－119.
[66] 朱伟强，叶珏．论美国教育评价改革的新取向：以《让每个学生成功法案》为例［J］．当代教育科学，2018（11）：90－96.
[67] 王思敏，徐伟，崔子丹，等．价值医疗导向的医保支付方式初探：以中美典型按价值付费项目为例［J］．卫生经济研究，2019，36（2）：9－12.
[68] 陈振海，杨恺杰．美国公共服务的市场化改革［J］．党政论坛，2004（3）：45－47.
[69] 张占平，王洪春．布什政府的社会保障政策［J］．山东工商学院学报，2004（1）：1－4，31.
[70] 李珍，刘子兰．小布什社会保障改革思路评析［J］．经济学动态，2002（7）：7－11.
[71] 李克锋．美国养老金制度及其对中国的启示：基于小布什总统任期内的养老政策［J］．经济研究导刊，2009（16）：74－75.
[72] 黄安年．社会救济时期的社会保障：17 世纪初至 20 世纪 30 年代的美国［J］．山东师范大学学报（人文社会科学版），1997（4）：33－40.
[73] 陈宝森．美国经济与政府政策：从罗斯福到里根［M］．北京：世界知识出版社，1988.
[74] 罗纳德·C. 费雪．州和地方财政学［M］．2 版．吴俊培，译．北京：中国人民大学出版社，2000.
[75] 倪星．行政组织理论［M］．2 版．北京：高等教育出版社，2007.
[76] 皮埃尔·莱昂．世界经济与社会史：二十世纪后半期（1947 年至今）［M］．谢荣康，等译．上海：上海译文出版社，1985.
[77] 孙洁．英国的政党政治与福利制度［M］．北京：商务印书馆，2008.
[78] 阎照祥．英国史［M］．北京：人民出版社，2003.
[79] 杨红燕，陈天红．英国财政社会保障支出制度结构与公平性分析［J］．武汉理工大学学报（社会科学版），2013，26（4）：582－587.
[80] 阎照祥．英国政治思想史［M］．北京：人民出版社，2010.
[81] 孙洁．英国的政党政治与福利制度［M］．北京：商务印书馆，2008.
[82] 比尔·考克瑟，林顿·罗宾斯，罗伯特·里奇．当代英国政治［M］．孔新峰，蒋鲲，译．北京：北京大学出版社，2009.
[83] 曹现强．当代英国公共服务改革研究［M］．济南：山东人民出版社，2009.
[84] 蒋道霞．1945 年至 2007 年英国社会福利保障政策的演进［J］．产业与科技论坛，2017，16（20）：150－152.
[85] 王余生，陈越．当代英国公共服务供给模式及其对我国的启示［J］．四川行政学院学报，2016（4）：37－42.
[86] 谢德成．20 世纪 80 年代以来英国福利制度改革述论［J］．理论导刊，2003（11）：42－44.
[87] 韩文秀．英国社会保障制度的经验和教训［J］．中国工业经济研究，1994（6）：75－80.
[88] 程样国，韩艺．国际新公共管理浪潮与行政改革［M］．北京：人民出版社，2005.
[89] 马雄光．转型：漫谈基本公共服务均等化［M］．北京：中央编译出版社，2012.
[90] 周学荣．英国公共服务改革及其启示［J］．国家行政学院学报，2010（6）：34－39.
[91] 刘章才．英国“福利国家”困境论析［J］．中共成都市委党校学报（社会科学版），2001（5）：45－48.
[92] 闵凡祥．论布莱尔“新工党”政府的社会福利制度改革［J］．南京工业大学学报（社

会科学版)，2009，8（3）：62－69.
［93］王庆兵．英国地方政府公共服务改革：最佳价值模式的评析［J］．中国行政管理，2003（5）：51－55.
［94］刘晓梅，闫天宇．英国福利思想与制度变化的再思考［J］．社会保障研究，2020（4）：93－101.
［95］王雁红．公共服务合同外包：理论逻辑与改革实践［J］．北京航空航天大学学报（社会科学版)，2015，28（3）：23－32.
［96］陈伯庚，顾志敏，陆开和．城镇住房制度改革的理论与实践［M］．上海：上海人民出版社，2003.
［97］贾康，刘军民．中国住房制度改革问题研究：经济社会转轨中“居者有其屋”的求解［M］.北京：经济科学出版社，2007.
［98］丁开杰．社会保障体制改革［M］．北京：社会科学文献出版社，2004.
［99］孙洁．英国的政党政治与福利制度［M］．北京：商务印书馆，2008.
［100］丁建定．保守党与英国现代社会保障制度建立的关系［J］．河南大学学报（社会科学版)，2000（6）：52－56.
［101］丁建定，杨凤娟．英国社会保障制度的发展［M］．北京：中国劳动社会保障出版社，2004.
［102］陈晓律．英国福利制度的由来与发展［M］．南京：南京大学出版社，1996.
［103］罗伯特·伊斯特．社会保障法［M］．周长征，井涛，周宝妹，等译．北京：中国劳动社会保障出版社，2003.
［104］张举国．英国社会保障立法体系的演进与运思［J］．求索，2009（3）：144－146.
［105］林俏．英国社会保障法律制度及其对中国的启示［J］．辽宁行政学院学报，2012，14（2）：49－50.
［106］汪建强．英国养老金制度的困境及对我国的启示［J］．经济纵横，2007（20）：93－95.
［107］俞祖成．日本政府购买服务制度及启示［J］．国家行政学院学报，2016（1）：73－77.
［108］李三秀．日本如何化解公共养老金“穿底”之忧［J］．中国财政，2018（16）：80－82.
［109］王欣双．日本教育供给对我国的启示［J］．中国集体经济，2011（12）：239－240.
［110］高舒琦．日本土地区划整理对我国城市更新的启示［C］//中国城市规划学会．2016中国城市规划年会论文集，2016.
［111］施媛．“连锁型”都市再生策略研究：以日本东京大手町开发案为例［J］．国际城市规划，2018，33（4）：132－138.
［112］邹东升，张奇．提案型公共服务：日本民营化运作模式［J］．日本问题研究，2015，29（1）：31－37.
［113］孔明亮，马嘉，杜春兰．日本都市再生制度研究［J］．中国园林，2018，34（8）：101－106.
［114］金雪涛，于晗，杨敏．日本公共文化服务供给方式探析［J］．理论月刊，2013（11）：173－177.
［115］刘杨．养老金制度改革的国际比较分析［J］．人力资源管理，2015（7）：112.
［116］赵永生．国民皆保险：现代日本医疗保障制度综览［J］．中国医疗保险，2009（2）：62－64.
［117］李祥云．义务教育财政转移支付制度：日本与美国模式［J］．教育与经济，2004（2）：54－57.

[118] 杨晶鑫，王欣昱．日本医疗保险制度的改革进程及对我国的启示［J］．东北亚论坛，2010，19（1）：115－122.
[119] 杨鹃，杨昊雯．公共财政与社会保障体系关系研究：兼析美、日、澳国家社会保障财政制度［J］．价格理论与实践，2019（3）：69－72.
[120] 白景明，朱长才，叶翠青，等．建立事权与支出责任相适应财税制度操作层面研究［J］.经济研究参考，2015（43）：3－91.
[121] 高山宪之，王新梅．日本公共医疗保险制度的互助共济机制［J］．社会保障评论，2020，4（1）：48－66.
[122] 张甲雄．日本交通建设的资金筹措［J］．现代日本经济，1994（5）：36－40.
[123] 潘华．日本公共服务供给体制改革：明确分工、引入竞争、健全法制［N］．中国经济导报，2015－05－16（B5）.
[124] 陈永正．西方发达国家公共服务财力投入模式与借鉴（上）：公共教育和公共医疗卫生方面［J］．行政论坛，2017，24（1）：115－121.
[125] 张微．交通基础设施投融资机制改革的国际经验及启示［J］．中国中小企业，2020（3）：192－193.
[126] 周宇宏，孙士和．日本财政体制对我国的借鉴意义［J］．经济研究参考，2003（88）：13－21.
[127] 赵惠敏，董蕾．日本的财政分权体制及对中国的借鉴［J］．经济研究参考，2007（17）：45－52.
[128] 张豪，张向前．日本政府购买服务、社会资本合作与社会组织发展［J］．现代日本经济，2017（1）：15－26.
[129] 李江涛．日本政府间财政关系与转移支付制度及其对我国的借鉴意义［J］．经济研究参考，2011（41）：5－7，32.
[130] 王朝才．日本财政运行机制的特点及借鉴思考［J］．财政研究，1999（7）：60－64.
[131] 项中新．日本中央地方关系的特征与启示［J］．财政研究，2003（4）：60－62.
[132] 杨光，李宏．日韩基本公共服务供给经验［J］．中国财政，2014（15）：72－73.
[133] 胡澎．非营利组织在日本社会治理中的作用［J］．社会治理，2015（1）：148－153.
[134] 夏子敬．日本财政支出及其对经济增长的影响分析（1969—2011）［D］．长春：吉林大学，2014.
[135] 黄范章．瑞典“福利国家”的实践与理论：“瑞典病”研究［M］．北京：商务印书馆，2016.
[136] 刘尚希，杨元杰，张洵．基本公共服务均等化与公共财政制度［J］．经济研究参考，2008（40）：2－9.
[137] 王亚萍．评瑞典福利制度模式：兼论其对中国建立社会保障体系的启示［J］．世界经济与政治论坛，2004（4）：84－87.
[138] 袁群，安晓敏．北欧福利国家的改革及对我国的启示［J］．经济问题探索，2006（11）：139－142.
[139] 钟慧澜，章晓懿．从国家福利到混合福利：瑞典、英国、澳大利亚养老服务市场化改革道路选择及启示［J］．经济体制改革，2016（5）：160－165.
[140] 孙洁茹．瑞典社会保障制度研究［D］．沈阳：辽宁大学，2015.
[141] 粟芳，魏陆．瑞典社会保障制度［M］．上海：上海人民出版社，2010.
[142] 杨玲．美国、瑞典社会保障制度比较研究［M］．武汉：武汉大学出版社，2006.
[143] 陈杰．城市居民住房解决方案：理论与国际经验［M］．上海：上海财经大学出版

社，2009.
[144] 丛金洲．中国、瑞典保障性住房的供给主体比较及启示［J］．经济研究导刊，2019（7）：36－37，149.
[145] 黄燕芬，张超，杨宜勇．福利体制理论视阈下瑞典住房保障政策研究［J］．价格理论与实践，2018（8）：23－29.
[146] 王瑞民，张钢．瑞典发展公共租赁与合作住宅的经验与启示［J］．中国发展观察，2018（17）：56－58，55.
[147] 姚玲珍．中国公共住房政策模式研究［M］．修订版．上海：上海财经大学出版社，2009.
[148] 财政部综合司．政府购买服务的国际经验与思考［J］．中国财政，2014（13）：17－20.
[149] 王德祥．现代外国财政制度［M］．武汉：武汉大学出版社，2005.
[150] 罗依晨．瑞典模式下的瑞典社会福利制度研究［D］．武汉：华中师范大学，2017.
[151] 丁建定．瑞典社会保障制度的发展［M］．北京：中国劳动社会保障出版社，2004.
[152] 刘婉平．瑞典社会保障支出探讨［J］．广西经济管理干部学院学报，2014，26（4）：22－27.
[153] 周云红．美国、德国和瑞典的社会政策建设及启示［D］．济南：山东大学，2012.
[154] 刘丹丹．社会保障实现机制对劳资关系的影响效应研究［D］．济南：山东大学，2015.
[155] 仲丽娟．典型国家养老服务资源供给比较研究［D］．武汉：华中科技大学，2018.

第六章　城市公共产品供给机制的实证研究

随着社会经济的发展，城市公共产品不断丰富，现已发展成为功能综合、种类繁多的复杂系统。公共产品供给机制也不断演变，现已形成了包括政府供给机制、市场（私人）供给机制、社会（自愿）供给机制和多元主体合作供给机制等体系。我们通常认为，政府供给机制主要适用于公益性强的、非竞争性和非排他性的纯公共产品；市场（私人）供给机制主要适用于准公共产品，包括基础设施类公共产品和管网载体类公共产品；社会（自愿）供给机制主要是借助社会力量、社会资本，积极发挥第三方组织或非营利性组织的作用，拓宽公共产品的供给渠道，增加供给方式；多元主体合作供给机制主要是政府与企业、社会主体合作，适用于各类公共产品的建设和经营。在实践中，一些公共产品明确由政府或市场（私人）投资、生产和分配，但许多公共产品难以划清是由政府供给还是由市场（私人）供给，现代公共产品部门经济也与私人产业部门一样具有混合经济的性质，在公共产品的供给中政府机制和市场机制均发挥着作用。2008 年全球金融危机以后，世界各国强化了政府与社会力量的合作，一方面加大对公共产品部门的投资和管理力度；另一方面以更高的市场化程度吸引社会资本的投资，形成了以多元主体合作供给为主的公共产品供给机制。本章重点分析影响城市公共产品供给的因素，在此基础上，根据我国城市公共产品供给的实际情况，从制度演变和机制培育的角度，分别对政府供给机制、市场（私人）供给机制、社会（自愿）供给机制和多元主体合作供给机制进行实证分析。

第一节　城市公共产品的供给机制

一、城市公共产品供给机制的类型

城市公共产品供给主要涉及公共产品的供给主体、供给内容、供给机制等。城市公共产品的供给主体包括政府、企业和社会组织等；城市公共产品的供给内容包括交通运输、电信、能源、环境等基础设施，以及教育、医疗、社会保障等公共服务；城市公共产品的供给机制研究的是公共产品以何种方式供给，决定公共产品供给的各种要素如何发生关系，以及其特征和机理。

（一）政府供给机制

在城市公共产品的供给体系中，大部分公共物品和公共服务具有显著的公益性，其供给存在外部性，因此其权益难以排他，实际投资和运营中也就不具有竞争性，市场机制发挥不了作用，存在市场失灵现象。所以，私人厂商在投资权益难以清晰界定和经济剩余无法控制的情况下一般不愿意投资这些公共物品和公共服务，只有政府为了公众利益才会投资。

改革开放以前，由于我国实行计划经济体制机制，因此无论是哪一类公共产品，均由政府投资建设和运营，也由政府统一分配。改革开放以后，我国公共产品的供给机制不断演变，但政府投资与供给一直是我国城市公共产品的主要供给机制。目前，城市道路、地下管线、交通设施、环境污染治理、水电煤供给设施等都由政府或政府控股的国有企业投资建设，邮政、民航、文体、基础教育、公共医疗、社会保障等公共服务也由政府提供。随着市场经济的发展，政府投资一些公共基础设施和公共服务后，采用外包经营的方式，或采用补助、凭单制方式供给。有些公共产品甚至由政府与社会企业合作投资，再委托商业性企业经营，但这些公共产品的资产通常属于国有，并由政府控制其分配权或经营权，这实质上是政府供给机制的一种改良方式。政府供给的公共产品包括国防安全、基础教育、公共卫生、科学技术、广播电视等。由国有企业提供的公共服务主要有通信基础设施、能源基础设施及其他公用设施等。政府补助是指国家为了实现特定的政治、经济和社会目标向特定主体提供一定补助或津贴，如城市住房补贴、医疗设施和医疗器械行业的补贴、文化体育补助等。凭单是政府部门为特定群体发放的某种物品或服务的优惠券，如中小学的学费凭单、医疗卡、给老年人和残疾人的交通凭单等（张康之、郑家昊，2019）。

政府可通过直接投资或资本金注入的形式提供公共产品。在改革开放以前，公共产品部门的所有领域都由政府投资，但随着公共产品部门引入市场机制，政府主要的公共产品投资领域应该是不适合市场投资的，或市场主体不愿意投资的，如纯公共性的基础设施、生态环境保护、基础科研、国家安全等公共领域。政府供给的公共产品通常是非经营性的，主要投向公益性和基础性建设。政府原则上不投资经营商业性的项目。对于鼓励社会资本参与的生态环境保护、农林水利、市政基础设施、社会事业等重点领域，政府根据实际情况给予适当的资金支持。随着公共产品部门投资体制的改革，为了吸引更多的社会资本参与到公共产品的投资建设中来，在同等条件下政府投资优先支持引入社会资本的项目，根据不同项目情况，通过投资补助、基金注资、担保补贴、贷款贴息等方式支持社会资本参与重点领域建设。

（二）市场（私人）供给机制

在城市社会经济活动中，许多承担公益性功能的产品和服务，其公共性并不完全，通过一定的技术手段和市场交易方式能够明确其产权，消除其排他性，也可以引入市场竞争机制对其进行投资建设和经营。这类产品和服务通常是城市基础设施的终端项目和可选择性服务，如城市交通运输服务、水电煤供应、医疗服务、高等教育、广播电视等，称为准公共产品。这些公共产品有的以俱乐部的机制供给，也有的以合同承包制、特许经营、使用者付费等市场供给机制供给。

在市场供给机制下，公共产品除了由私营厂商直接投资经营外，政府还通过一些经营模式的创新，引入市场竞争机制。合同承包制就是一种常用的方式。合同承包制是政府先确定某种公共物品或公共服务的数量、质量标准或任务要求，然后向经营性企业和非营利性单位招标承包，中标者按照与政府签订的合同内容和规定提供公共物品或公共服务。在合同承包制下，政府作为投资方，承担了提供城市社会和公众需要的公共产品的责任，承包商承担了建设或经营、服务的责任。合同承包制突破了传统的公共产品全部由政府投资经营的格局，通过引入市场竞争机制来提高供给效率。目前，我国城市的环保、健康医疗、社会治理、道路交通、通信等领域已实施合同承包制的经营方式，其中政府购买就是一种重要的合同承包制方式。例如，在社区卫生服务领域，政府通过购买服务，把医疗、保健、康复、健康教育等服务项目外包给经营性企业和机构经营管理。

特许经营是政府许可私营企业或社会组织在一定范围内享有排他性的经营许可权利，由特许经营者投资建设和经营公共基础设施以及提供公共服务。这是政府将部分公共产品供给职能交给特许经营者经营的一种制度（郑德山，2015）。一般来说，城市公共基础设施项目具有较强的社会性、公益性、共享性，且建设规模较大，需要巨额投资。同时，公共基础设施的使用寿命一般较长，长期收益比较稳定。比如，电力系统、煤气和天然气供应系统、自来水供应系统、污水处理系统、垃圾收集与处理等，对于这些公共基础设施与公共服务，政府可以采用特许经营的方式，与企业签订特许经营合同，规定特许权授予的条件，让企业来建设和经营这些项目（蒋牧宸，2014）。2015 年 4 月，经国务院同意，国家发展改革委等六部委印发了《基础设施和公用事业特许经营管理办法》，决定在能源、交通、水利、环保、市政等基础设施和公用事业领域开展特许经营，对于社会资本进入特许经营领域给出了导向性意见。目前，我国绝大部分市政基础设施委托国有企业建设、经营，国有企业事实上成为特许经营者。

随着技术的发展和市场机制的不断完善，在现代城市中，大量具有公共产品性质的公共基础设施和公共服务采用了使用者付费的方式供给。个人、家庭、企业和各类组织在消费公共物品和公共服务时，根据消费数量和消费等级向政府部门或经营企业交纳费用。这类付费消费方式在有线电视、医疗卫生、高速公路等领域广泛运用。随着公共产品部门引入市场竞争机制，一些公共产品的供给方式逐渐多样化，在付费模式下消费者有着充分的选择权利，他们的选择和需求偏好决定了公共产品的供给量和供给结构。

（三）社会（自愿）供给机制

政府机制和市场机制是公共产品供给中最为重要的两种机制。然而，政府机制和市场机制均存在失灵的可能，这主要是由于公共产品具有不可分割性和非排他性特征，人们在消费公共产品时容易产生“搭便车”的动机。同时，公共产品的供给往往具有正外部性。公共产品的这些特性使得市场在供给公共产品的过程中容易出现失灵，难以提供最优规模的公共产品，且无法达到最佳的资源配置状态。由于市场供给机制不可避免地会出现失灵现象，政府供给机制可以在一定程度上弥补此缺陷。但一般而言，政府对公共产品的供给定位往往是满足大多数人的需求，或者是“中位选择”，忽略了一小部分群体的特殊需求或超额需求（席恒，2006），因而政府供给也会出现失灵现象。

市场失灵和政府失灵的存在，为公共产品社会（自愿）供给机制的出现创造了契机。公共产品社会（自愿）供给机制是社会成员在自愿的基础上建立一种自治组织，通过互惠互利的机制实现各自的公共需求（周业安、宋紫峰，2008）。作为政府供给机制和市场供给机制的补充，社会（自愿）供给机制能在一定程度上弥补政府失灵和市场失灵带来的缺陷，完成市场不愿做、政府无法做的一部分公共产品的供给任务。在社会（自愿）机制下，社会成员自主成立以非营利为目的的社会组织，即所谓第三部门，从事政府部门和企业不能履行或不能有效履行的公共服务职能（王绍光，1999）。

社会组织主要以两种机制供给公共产品：其一，社会组织独立开展公共服务活动。在这种供给机制下，社会组织在政府政策指引和鼓励下，由企业给予资金或自筹资助，基于明确的公共服务目标来制订志愿服务的计划，针对特定人群提供服务（袁浩、刘绪海，2014）。其二，社会组织受政府或企业组织委托，从事公共产品供给活动。在这种供给机制下，政府或企业作为委托人将本应由它们供给的公共产品委托给社会组织实施，社会组织则作为代理人向公众或特定群体提供公共产品，从而形成政府、企业、社会组织之间的互补合作关系（席恒，2006）。

正如政府和市场机制都可能失灵一样，社会组织也有其局限性，这被称为志愿失灵。志愿失灵最突出的表现是社会组织所能筹集的资源有限，难以实现其公共服务供给目标（Salamon and Anheier，1997）。此外，社会组织对政府部门的依赖、第三部门的业余性、慈善组织的“家长作风”以及志愿活动中存在的腐败行为等问题，都是导致志愿失灵的因素（王绍光，1999；席恒，2006）。志愿失灵使得政府有必要对社会组织的活动进行监督和指导。政府一方面通过立法鼓励和保护社会组织，另一方面加强对社会组织服务过程的评价、审计和监督。

（四）多元主体合作供给机制

城市公共产品的多元主体合作供给机制是指政府、企业、社会组织、居民等共同参与公共产品的生产、供给和经营管理。在这一机制中，政府通常是公共产品供给的规划者、组织者和主导者，其通过构建适宜的合作机制和规范，与企业、社会组织等供给主体建立具有法律效力的合作关系，发挥多元主体合作供给的协同效应（冷功业，2010）。同时，政府通过机制设计来最大限度地解决公共产品供给面临的公众偏好显示困境和公众偏好趋同的难题，构建居民对城市公共产品需求的表达与识别机制、民主决策机制、财政支持机制、多元治理机制和监督反馈机制（罗丽英、姚卫，2012）。

多元主体合作供给机制的实现方式主要包括政府与社会资本合作（PPP）、政府与第三方组织合作等。这一机制在能源、交通运输、水利、环保、医疗、卫生、养老、教育、文化等公共产品领域有较多的运用。尤其是近些年来，我国的公共基础设施领域推广运用PPP模式，引入社会资本参与公共产品供给，增强了投资能力，提升了公共产品供给的质量和效率。PPP模式有利于充分发挥市场机制的作用，改革创新公共产品供给机制和投入方式，发挥市场在资源配置中的决定性作用，实现公共利益最大化。

二、影响城市公共产品供给的因素

改革开放以来，我国公共产品部门的体制机制不断变革，公共产品供给主体和供给机制逐步多样化，初步形成了政府主导、市场和社会组织积极参与的公共产品供给机制。但是，与城市发展和社会公众日益增长的公共产品需求相比，公共产品的供给水平和供给质量还比较低，公共产品的结构与需求之间还存在着不平衡现象。影响城市公共产品有效供给的因素很多，其中主要因素是城市经济发展水平、产业结构、财政体制与财政收入机制、公共产品配置与供给机制和公共产品决策机制等（宋建华，2020；冷功业，2010）。

（一）城市经济发展水平

经济发展水平首先会影响政府的财政收入，从而影响政府的财政政策和宏观调控政策，进而影响公共产品的供给量和供给结构。在经济发展初期，政府的主要目标是增加投资、促进经济增长，对公共产品尤其是非经济性公共产品关注不多。此时公共产品供给以经济性公共产品供给为主，公共产品的供给水平低下。当经济发展到一定程度时，政府财政收入有所增加，其关注的目标转向经济社会的高质量发展，更加重视公共产品尤其是非经济性公共产品的供给。此时公共产品供给总量增加，供给结构向非经济性公共产品供给转变。

图6-1描述了1990—2018年我国经济发展水平和公共产品供给之间的关系及趋势。以历年GDP反映经济发展水平，以财政预算支出反映公共产品供给，如图所示，经济发展水平与公共产品供给之间呈现同步上升的趋势，但是公共产品供给的增长速度比经济发展的增速要慢。

（二）城市产业结构

产业结构对公共产品供给的影响主要体现在公共产品需求结构的变化上。以农业为主的传统社会对公共产品的需求较少，公共产品的结构比较单一。在城市产业发展过程中，产业结构会随着城市发展水平的提高而调整，其突出地

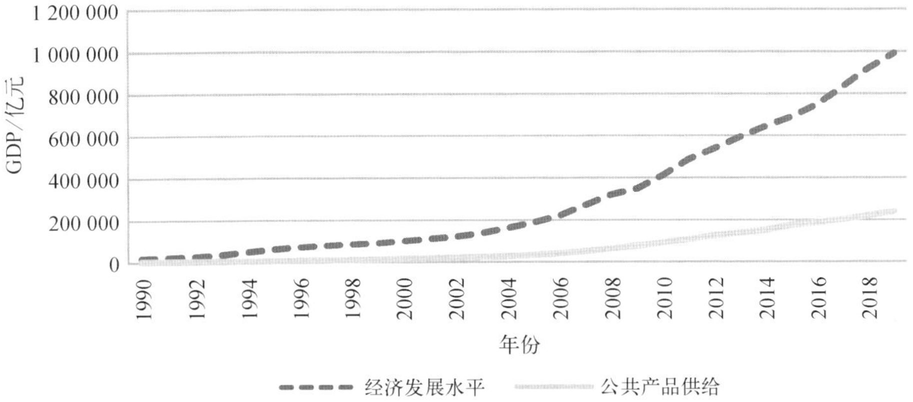

图 6-1 我国经济发展与公共产品供给之间的关系及趋势（1990—2018 年）

表现为工业、商业与服务业之间的结构变化。同时，城市产业也表现为人力集聚性和技术集聚性。因此，对于不同发展阶段和不同经济类型的城市，其产业结构存在较大差异，这些城市经济特征会影响公共产品的供给结构。在以工业为主导产业的城市地区，制造业和交通物流的发展会使公共基础设施、普通劳动者的公共住房、基础教育、基本医疗和社会保障等的需求增加。以文化旅游、教育服务业和科技产业为主导产业的地区，其劳动力流动水平较高，对交通运输、通信、文化教育、科技服务等公共服务的需求会有所增加（敏琪，2011）。

有关我国产业结构与公共产品供给的关系，这里我们简单地做一个实证分析，以 1990—2018 年财政预算支出反映公共产品供给，以第二产业产值占 GDP 比重、第三产业产值占 GDP 比重反映产业结构，以第三产业产值与第二产业产值之比反映产业结构高级化水平，1990—2018 年我国产业结构与公共产品供给之间的关系及趋势如图 6-2 所示。从图中可以看出，产业结构水平基本持平，变化不大。然而，产业结构高级化与公共产品供给之间基本呈现同步上升趋势，特别是 2009 年之后，该趋势特别明显。这表明，产业结构高级化与公共产品供给之间可能存在相互影响、相互促进的关系。

（三）城市财政体制与财政收入机制

财政体制是政府间财政关系的基本制度安排，直接决定地方政府的财政收支权限。中央与地方政府间不同的财权与事权会影响地方政府对于公共产品供给方式的选择。财政体制应该有利于激励地方政府合理确定公共产品供给规模和供给结构，有利于提高地方公共产品的供给质量和效率，并尽可能增加地方

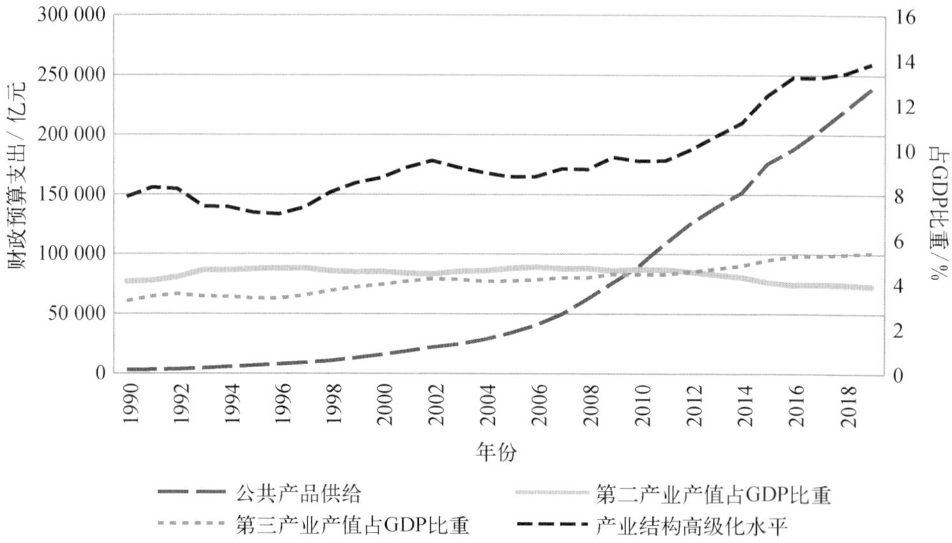

图 6-2　全国产业结构和公共产品供给之间的关系及趋势（1990—2018 年）

辖区的社会福利。

财政收入机制是指地方政府为有效供给公共产品而建立的筹资与融资模式。对地方政府而言，构建一个合理的财政收入机制是形成激励约束相容的经济型分权财政体制的关键。地方财政收入机制应当权利明确、来源清晰、责任落实到位、用途确定，从而能够合理规划、有效约束地方公共产品的供给内容和供给规模。

政府在决定供给公共产品前要决定生产多少公共产品，这就涉及政府公共支出的规模与结构，而财政体制机制的有效性决定了政府在资源有限的条件下可达到的最大公共支出。同时，不同群体有着不同的选择偏好，在有限的财政资源约束下形成合理的公共产品供给结构，满足并协调不同群体的利益诉求，也是由财政体制机制的有效性决定的。这就意味着，有效的财政体制机制决定了合理的城市公共产品供给结构。此外，财政体制机制还影响着公共产品供给的成本。任何城市公共产品的供给都需要一定的投入，有效的财政体制机制意味着以最少的投入生产一定数量的公共产品，或以一定的投入生产更多的公共产品。也就是说，有效的财政体制机制有利于降低城市公共产品的供给成本，提高供给效率（西南财经大学财政税务学院课题组，2012）。

财政体制机制还影响着公共产品投资资金的分担方式，即财政体制机制决定了公共产品的资金来源和筹资方式，同时也决定了公共产品的购买方式。公共财政理论中的“维克塞尔—林达尔均衡”认为，只有当每个社会成员都按照自己对公共产品的真实效用来承担公共支出时，公共产品的供给才能达到最优规模。但是在现实中，人们不可能完全按照“维克塞尔—林达尔均衡”所体现的受益原则，选择公共产品资金的分担方式或公共产品的收费方式。这是因为对于公共产品需求来说，一方面，在很多场合人们不会根据自身需求真实地表露自己的偏好；另一方面，社会公众的支付能力有较大差异，弱势群体的支付能力较弱，但这些支付能力较弱的群体恰恰是公共产品的最大需求者。因此，公共产品的建设投资和运营成本除了部分来源于收费外，还需要政府的财政拨款，也需要市场机制下的社会资金补充。

这里，财政体制中的集权与分权问题对我国城市公共产品的供给产生了比较大的影响。财政分权能提高城市公共产品的供给效率，同时财政分权下的“标尺竞争”效应等能有效降低城市公共产品的生产成本。在我国的实践中，分税制改革以后，财政分权下地方政府间的税收竞争所产生的收入约束有利于控制政府预算，也有利于控制地方公共产品的规模。同时财政分权下的地方政府具有信息优势，能更好地选择与当地居民需求偏好相匹配的公共产品，从而使公共产品的供给结构更加合理（Zhang，2006；张晏、龚六堂，2005）。政府运用集权方式供给城市公共产品会导致公共产品供给水平与需求水平的不平衡，出现供给水平低于需求水平的状况，并且会增加公共产品的供给成本。但是，集权方式有利于全国性公共产品供给和区域间公共产品供给之间的平衡，弥补区域外溢公共产品供给不足的缺陷。

（四）城市公共产品配置与供给机制

城市公共产品配置结构的合理性、配置机制的灵活性和供给机制的多元化会影响公共产品供给的效率与公共性。随着城市化的深入推进，居民对基础设施、公共服务等的需求量日益增加，对城市公共产品供给质量的要求也越来越高，这就要求城市公共产品的配置要保持合理的结构，同时要能充分反映居民的公共需求。因此，城市公共产品配置机制要从以“自上而下”为主的机制逐渐转变为以“自下而上”为主的机制，构建完善的居民需求表达机制、居民参与机制和监督反馈机制，从而提供真正满足居民需求的公共产品，提升城市公共产品配置结构的合理性，降低城市公共产品的供给成本，提高城市公共产品的供给效率（夏策敏，2013）。城市公共产品供给机制要从政府“单一化”供给机制向“多元化”供给机制转变，通过有效的机制设计，使政府、企业、社会组织、居民等共同参与城市公共产品的生产、供给与管理，充分发挥政府机制、市场机制、社会机制以及社会组织与居民在城市公共产品供给中的积极作用。

（五）城市公共产品决策机制

公共产品决策机制是政府或社会对公共产品需求的反应方式，也是公共产品项目与公共收入获取方式的选择机制。在不同的政治制度安排下，社会成员对公共产品需求和公共收入方式选择的参与程度有所不同。

从公共选择方式看，现有文献讨论较多的公共产品需求表达的决策机制主要有三种，即集中决策、“用手投票”和“用脚投票”机制。集中决策机制是指一个人或一个小集团对集体选择进行决策，其他集团成员只能服从。集中决策具有低决策成本、高执行效率的特点，但是它存在以个人或小团体意志代替集体偏好等缺陷。“用手投票”机制是指人们在公共产品决策中，按照规定的程序和规则，运用手中的选票表达对公共产品的偏好，从而体现集体对公共产品的偏好，并按规则形成集体行动决策（罗丽英、姚卫，2012）。“用脚投票”机制是根据蒂布特模型（Tibout，1956）总结出来的，是指在假定个人可以无成本地自由流动的情况下，鉴于各个地区提供不同的公共产品组合，且个人充分了解每个地方的公共产品组合，个人就会选择在一个有自己满意的公共产品组合的社区定居，由此显示个人对公共产品的偏好。对于每个地区而言，当供给的公共产品组合的人均成本最低时，其供给的社会规模会达到最优状态（刘楠楠，2015；西南财经大学财政税务学院课题组，2012）。尽管这些理论在实践中会因诸多约束条件而难以发挥制度设计的效应，但它们为人们探索公共产品的公共需求偏好和优化决策机制提供了基本的思路。

第二节　城市公共产品的政府供给机制

一、我国城市公共产品政府供给机制的演变

城市公共产品的政府供给机制是指由政府部门、国有企业和公共事业单位

直接供给和委托生产公共产品。人们通常认为，政府供给公共产品主要是为了弥补市场失灵的缺陷。城市公共产品的特性决定了其供给具有外部性，尤其是使用中的非排他性使市场竞争机制难以发挥作用，供需之间的信息不对称也必然带来市场效率损失。因此，以趋利性私人投资为基础的市场机制难以使公共产品的供需达到平衡，也难以避免市场效率的损失。唯有政府对公共产品进行投资和经营，才能满足社会经济发展过程中民众对公共产品的需求。同时，在不同时期，政府供给公共产品还有实现政府对社会资源分配和履行社会管理职能的功能。

城市公共产品由政府直接生产和供给，即政府及其控股的国有企业直接参与城市公共服务提供以及基础设施建设和经营等具体的供给过程。公共产品供给的主体由政府直接出资组建，或以财政拨款的方式提供建设和运营费用，由此形成了政企合一的产权特征。政府通过制订公共产品投资与生产计划、颁布促进公共产品供给的政策、拨付公共产品建设与运营资金、任命项目负责人等方式发挥作用。

在公共产品的政府供给机制方面，各国的制度和政策都受到了诸多批评。大量的实践也表明，政府部门、事业单位或政府控股的企业直接投资、建设和经营城市公共产品，会产生政府行政垄断、效率低下和官员腐败等情况。在政府垄断的情况下，由于政府既是规则的制定者、监督者，又是规则的执行者，其完全可以通过行政措施长期地、完全地保护政府公共部门及其控股企业。政府垄断抑制了公共企业技术创新的动力，使企业失去了追求成本最小化的激励，经营管理效率低下，成本费用膨胀，最终偏离了维护公共利益的目标（蒋牧宸，2014；吴美香，2008）。

委托生产方式是指政府将其提供的公共产品直接委托给政府公共部门以外的营利性企业或社会组织进行建设和经营。在委托生产方式下，政府是公共产品的投资者和所有者，投资权益归政府所有。受托方承担建设和经营管理责任，并享有协议确定的投资或经营收益。政府一般会以招投标的方式或直接授权的方式选择受托企业，与受托企业签订委托协议，将其投资项目的建设权或经营权交给委托企业。委托生产实质上是政府公共部门与私人部门的一种合作，是将政府对公共产品部门的投资和经营管理的一部分职能分离出来，使政府能集中资源进行公共领域的建设和经营监管，提高公共产品领域的经营效率

（部建人，2004）。

政府委托生产方式的缺陷在于，由于存在信息不对称且公共产品难以定价等问题，综合的生产和经营成本难以准确衡量。在实践中，对于存在经营难度和服务质量问题的项目，政府通过招投标的方式难以解决准确衡量成本收益的问题。同时，在委托生产方式下，政府难以第一时间准确地了解公众对公共产品的真实需求，建设的项目与社会公众的需求不一定匹配，从而使一些公共产品的社会效益难以发挥。此外，委托生产方式也存在着一定的道德风险，一些受托企业只追求商业利益，使公共产品的社会效益受损。

在计划经济时期，我国城市公共基础设施和公共服务等供给采用单一的政府供给机制，政府根据社会经济发展状况和城市居民的需要，组织和实现公共产品的生产与供给。由于上述政府供给存在的缺陷，改革开放以来，政府在城市公共产品供给中不断引入市场机制。一方面，政府通过公开招标、定向委托、邀标等委托形式，将一部分公共产品供给的职能转交给企事业单位和社会组织；另一方面，政府积极推动市场供给机制的实施。

梳理城市公共产品政府供给机制的演变过程我们可以发现，其大体上分为以下三个阶段。

（一）公共产品由行政计划配置，政府直接供给公共产品阶段

在计划经济时期，政府包揽城市公共产品的供给。例如，城市交通道路设施、通信设施、自来水、电力和天然气等公用事业被纳入政府行政投资和管理范围，教育、卫生、体育等公共服务也被视为公益性事业由政府供给。同时，这一时期的绝大部分公共产品的价格基本不受供求关系和成本变动的影响。

计划经济时期，城市公共产品供给的基本模式是政企高度合一，由事业单位和国有企业直接生产、经营，政府既是公共产品供给的决策者，又是直接的生产和经营管理者。具体来说，政府在城市公共产品的供给过程中制订建设计划，筹措资源，直接投资生产和经营。公共产品的建设和经营单位或企业由政府投资组建，建设和经营活动受政府监督管理，分配的方式、原则和标准由政府决定，供给价格由政府行政计划制定。城市公共基础设施项目的建设资金完全由政府财政拨付，项目建设和经营企业缺乏市场主体地位，没有生产经营的决策权，缺乏激励机制。

（二）逐步引入市场机制，政府退出包揽公共产品供给阶段

改革开放之后，为了打破计划对经济竞争的约束，政府尝试实行有计划的市场经济体制，推行计划和市场的“双轨制”，城市的公共产品供给制度产生分化，一部分公共产品的投资与生产从政府部门分离出来，开始由企业负责。随着我国市场经济体制的确立，经济增长速度逐渐加快，居民收入与生活水平大大提高，居民对基础设施与公共服务的需求不断增加，基础设施与公共服务投入资金的缺口越来越大。供需之间的矛盾和财政的压力，迫使政府退出部分公共产品的生产与供给环节，引入社会资本建设公共设施项目，以市场机制构建公共产品的供给体系。

最初的市场机制是引入 BOT 模式。20 世纪 80 年代中期，我国开始试行以 BOT 模式建设城市公共基础设施项目，最早以 BOT 模式建造的基础设施项目是沙角 B 电厂。1994 年，国务院第十六次常务会议审议通过了《90 年代国家产业政策纲要》，提出了“切实加强基础设施和基础工业”“扩大利用外资的规模和领域，鼓励外商直接投资基础设施和基础工业”，由此在政策上鼓励外资和国内民营资本参与基础设施的建设，但实际上国内民营资本参与城市公共基础设施建设的项目很少。据统计，2000 年，全国各地区民营资本对交通、城建、社会发展等基础设施领域的投资比重均未达到总投资的 10%。

2001 年以后，特别是加入世界贸易组织后，我国改革开放的进程加快，国民经济各领域逐渐放松了对外资和民营资本投资的限制，中央和各级地方政府都出台了一系列鼓励民营资本投资的法规政策。2001 年 12 月印发的《国家计委关于促进和引导民间投资的若干意见》《“十五”期间加快发展服务业若干政策措施的意见》要求逐步放宽投资领域。十六届三中全会报告进一步指出：“清理和修订限制非公有制经济发展的法律法规和政策，消除体制性障碍。放宽市场准入，允许非公有资本进入法律法规未禁止的基础设施、公用事业以及其他行业和领域。非公有制企业在投融资、税收、土地使用和对外贸易等方面，与其他企业享受同等待遇。”从此，各地公共基础设施领域逐步对外资和民营资本开放，非国有资本成为城市公共基础设施的投融资主体之一。

（三）政府主导下的多元主体合作供给阶段

近 10 年来，随着经济发展方式的转型，为了充分激发民营经济的活力，政府进一步简政放权，其在公共产品供给中的定位从直接供给者逐步转变为政

策制定者、行业规制者和绩效监管者。政府运用法律、经济、行政等手段而非行政干预手段，通过引入市场化机制来供给公共产品。职能转变后，政府仍然承担基本公共产品供给的责任，但更多的是以投资者的身份，将具体的建设和经营工作逐步委托给商业性市场主体。对此，2014 年，《国家发展改革委关于开展政府和社会资本合作的指导意见》指出，政府在公共产品供给中的主要职能是政策制定、发展规划、市场监管和服务指导，政府及公共事业单位应该从公共产品的直接“提供者”转变为间接的“合作者”和“监管者”。2019 年，国家发展改革委等多部门联合印发《加大力度推动社会领域公共服务补短板强弱项提质量　促进形成强大国内市场的行动方案》，强调政府要在做好政策制定、规划引领、环境营造和监管服务的前提下，在公共产品领域充分发挥市场和社会组织的作用，鼓励社会力量参与公共服务供给，推动非基本公共服务市场化、多元化、优质化。随着有关公共产品部门投资建设的国家法律法规的逐步完善，近 10 年来外资和国内民营资本已经广泛介入公共基础设施建设和公共服务的投资领域，政府与社会资本合作已经成为城市公共产品供给的一种主要方式。

二、财政体制与城市公共产品政府供给

公共产品的政府供给与财政体制直接相关，这不仅与政府财力的强弱有关，也与中央政府与地方政府的财政关系有关。在计划经济时期，我国的财政体制表现为中央集权化的特征，中央以“统收统支”的方式安排财政资金。改革开放以后，我国的财政体制不断变革，主要的改革方向是中央对地方政府的逐步放权。20 世纪 80 年代，我国进行了三次影响较大的财政体制改革：1980 年实行“划分收支、分级包干”财政体制；1985 年实行“划分税种、核定收支、分级包干”财政体制；1988 年实行“多种形式包干”财政体制（赵云旗，2009）。这些以财政包干为主要改革措施的财政体制改革，实现了部分财政“分权”的目的。与原有的体制不同，改革后地方政府向中央政府上缴一定比例或一定额度的税收收入后，税收收入的余额可以保留。与此同时，地方政府需要承担一部分公共产品的生产和供给职能。此阶段的财政体制改革在一定程度上明确了地方政府的责任，给予地方政府筹措和支配财政收入的权力，也给予了地方政府发展经济、增加财政收入和供给公共产品的激励。但这种

财政“包干制”也导致了地方经济的市场割据、项目重复建设和政府间盲目竞争等问题。在财政“包干制”下，由于预算外资金管理体制改革的滞后，部分地方政府将预算内的财政收入转移到预算外，或通过税收减免的方式“藏富于民”，这损害了中央政府的财政收入（黄君洁，2007；涂立桥，2013；夏策敏，2013）。

为了推进我国财政体制的改革，纠正财政“包干制”改革中所出现的问题，1994 年我国开始实施分税制的财政体制。分税制确定了中央和地方政府各自承担的事权和所拥有的财权，中央政府掌握税收收入分配的决策权，预算内财政收入集中于中央。地方政府获得了预算收入的使用权，财政支出中除了专项转移支付资金和法定支出外，中央政府对地方政府财政资金的使用方向不做明确的规定。同时，为了缩小地区间经济和财力的差距，中央以转移支付的方式对那些财力不足以维持基本公共支出的地方政府进行补贴。分税制改革对于公共产品部门的发展影响较大，除了国家安全和全国性的公共产品供给外，地方政府辖区内的公共基础设施、基础教育、医疗卫生、社会保障等公共产品均由地方政府供给。

总体来说，分税制改革保障了中央政府的财政收入，增强了中央的财力和宏观调控能力，同时也给予地方政府发展经济、筹措财政收入和投资建设公共基础设施的激励。但在实践中，新的财政制度也出现了一些问题。关于分税制的利弊得失，不少学者做了深入的研究。这些研究的观点大致如下：其一，分税制财政体制调动了地方政府增加财政收入、筹措建设资金的积极性。有研究者发现，中国财政分权改革为地方政府追求经济发展提供了有效激励。尤其是在城镇化和开发区建设过程中，一些经济发达地区的土地转让收入越来越多，许多城市的土地转让收入甚至超过了一般财政收入，这为地方政府投资公共产品提供了资金条件（Qian and Weingast，1997）。其二，在分税制财政体制下，公共产品部门的供给能力和供给有效性得到增强。地方政府在公共产品供给上具有获得需求信息的优势，供给的代理成本更低，在区域竞争格局下具有标尺竞争和创新的激励（Boadway，2006；Hayek，1945）。蒂布特（1956）指出，地方政府之间的竞争会导致公共产品供给趋向帕累托有效状态。其三，财政的分权体制有利于提高经济效率（Oates，1972）。其四，财政分权和地方政府竞争会产生一些负面影响。有学者指出，在中国的财政分权制改革过程中，出现了政治集中与经济分权相分离的特有状况，也出现了软预算约束下的诸多制度缺陷（Qian and Roland，1998）。平新乔和白洁（2006）的研究表明，地方政府拥有更多对预算外支出的支配权，预算外收支是地方政府主要的财政激励来源。有学者指出，在财政分权背景下，地方政府之间的竞争会导致公共支出结构的系统性扭曲（Keen and Marchand，1997）。李婉和江南（2010）的实证研究表明，财政支出分权会导致地方政府财政支出规模的扩大，而收入分权却因地方政府收入自主权的缺失而无法产生有效约束。一些学者也研究了财政分权体制对公共产品部门的影响，他们指出，为经济增长而竞争的分权体制使地方政府财政支出的结构出现偏离。在分权体制下，为了实现招商引资、城镇化和开发区建设等地区经济增长目标，地方政府偏向于对基础设施等生产性公共产品的投资，但严重忽视了对教育、医疗等社会性公共产品的投入（傅勇，2007；涂立桥，2013），导致了公共产品供给结构的失衡。

鉴于上述财政分权体制的弊病，不少学者提出了进一步改革财政体制的建议，针对现有财政体制对公共产品部门的影响也提出了改进的方案。例如，有学者提出了以中央财政转移支付来平衡区域公共产品供给的建议，认为出于基本公共服务均等化的目标，中央政府有必要利用财政转移支付来解决区域间流动不足和保障制度缺陷导致的公共服务差异化问题（丁菊红、邓可斌，2008；范子英、张军，2013）。

三、我国城市公共产品的政府供给机制的实证分析

（一）城市财政支出与公共产品供给

根据城市经济性和非经济性公共产品评价方法，我们可以测算出2004—2017年我国城市经济性公共产品与非经济性公共产品的供给指数，经济性公共产品供给指数排在前5位的城市如表6-1所示，非经济性公共产品供给指数排在前5位的城市如表6-2所示。从表中可以看出，经济性公共产品供给指数排在前5位的城市基本上是经济发展水平较高或经济快速发展的城市；非经济性公共产品供给指数排在前5位的城市则与前者稍有差异，东莞、成都、苏州等虽然也是经济发展水平较高和发展速度较快的城市，但它们也是社会发展水平较高的城市。

表 6-1 经济性公共产品供给指数排在前 5 位的城市

年份	城市				
2004	上海市	深圳市	北京市	广州市	天津市
2005	上海市	深圳市	北京市	广州市	东莞市
2006	上海市	深圳市	北京市	广州市	天津市
2007	上海市	深圳市	北京市	鄂尔多斯市	广州市
2008	上海市	深圳市	北京市	天津市	昆明市
2009	上海市	深圳市	北京市	昆明市	天津市
2010	上海市	深圳市	鄂尔多斯市	重庆市	福州市
2011	重庆市	深圳市	广州市	北京市	哈尔滨市
2012	深圳市	上海市	广州市	北京市	南宁市
2013	深圳市	广州市	北京市	上海市	潍坊市
2014	天津市	深圳市	青岛市	广州市	上海市
2015	天津市	深圳市	上海市	重庆市	眉山市
2016	深圳市	重庆市	成都市	苏州市	上海市
2017	重庆市	深圳市	苏州市	成都市	上海市

资料来源：排名根据《中国城市统计年鉴》（2005—2018 年）中的相关数据计算得出。

表 6-2 非经济性公共产品供给指数排在前 5 位的城市

年份	城市				
2004	上海市	北京市	东莞市	深圳市	重庆市
2005	上海市	北京市	深圳市	广州市	重庆市
2006	深圳市	东莞市	上海市	北京市	广州市
2007	深圳市	东莞市	上海市	北京市	临汾市
2008	深圳市	上海市	北京市	东莞市	重庆市
2009	深圳市	上海市	北京市	东莞市	临汾市
2010	深圳市	上海市	北京市	重庆市	广州市
2011	深圳市	广州市	武汉市	上海市	北京市
2012	武汉市	深圳市	东莞市	北京市	重庆市

续　表

年份	城　　市				
2013	深圳市	东莞市	上海市	北京市	重庆市
2014	深圳市	东莞市	上海市	北京市	遵义市
2015	深圳市	东莞市	上海市	北京市	克拉玛依市
2016	深圳市	东莞市	鄂尔多斯市	上海市	北京市
2017	东莞市	重庆市	深圳市	广州市	上海市

资料来源：排名根据《中国城市统计年鉴》（2005—2018 年）中的相关数据计算得出。

在上述两类城市中，深圳的经济性公共产品供给和非经济性公共产品供给均排在全国的前列，这表明深圳经济社会的综合发展水平处于比较协调的状态。为了分析深圳财政支出对公共产品供给的影响，我们对深圳市地方预算内财政支出的相关数据进行了统计分析，由于 2007 年财政支出项目有所调整，其数据分列在表 6-3 和表 6-4 中。通过测算我们可以知道，2002—2006 年，深圳市基本建设支出占一般预算支出的比例为 19%~31%，基本建设支出加上基金预算支出占地方预算内财政支出的比例为 21%~32%，而教育、科学研究、医疗卫生和城市维护费等非经济性公共产品支出占一般预算支出的比例仅为 18%~19%。这说明，这段时期深圳市公共产品的供给以基本建设等经济性公共产品供给为主，非经济性公共产品的供给比重较低。

表 6-3　2002—2006 年深圳市地方预算内财政支出

单位：万元

项　　目	2002 年	2003 年	2004 年	2005 年	2006 年
地方预算内财政支出	3 121 929	3 591 471	3 862 873	6 131 996	5 844 526
一般预算支出	3 077 761	3 489 526	3 775 720	5 991 560	5 714 231
基本建设支出	975 608	967 480	1 030 730	1 163 851	1 294 500
企业挖潜改造资金	76 164	67 583	82 334	91 801	95 196
科技三项费用	168 543	148 567	188 451	274 750	285 699
教育支出	321 830	389 452	419 957	509 773	620 662
科学研究支出	14 076	15 274	13 754	16 833	20 851

续　表

项　　目	2002 年	2003 年	2004 年	2005 年	2006 年
医疗卫生支出	108 940	129 977	129 078	150 319	191 373
行政事业单位离退休支出	32 856	41 733	39 081	59 397	68 832
行政管理费	184 477	266 062	295 003	360 788	460 825
公检法司支出	244 007	329 012	370 732	467 631	508 305
城市维护费	116 713	132 964	165 308	214 855	247 733
专项支出	46 033	51 079	76 000	86 887	111 738
基金预算支出	44 168	101 945	87 153	140 436	130 295

资料来源：《深圳市统计年鉴》（2003—2007 年）。

表 6－4　2007—2017 年深圳市地方预算内财政支出

单位：万元

年份	一般预算支出	教育支出	科学研究支出	文化体育与传媒支出	社会保障与就业支出	医疗卫生支出	基金预算支出
2007	7 279 677	905 646	500 263	91 236	251 242	254 677	1 988 478
2008	8 898 555	1 030 900	546 820	128 691	379 028	326 089	1 641 881
2009	10 008 394	1 366 266	791 591	345 197	414 619	549 917	1 532 373
2010	12 660 668	1 524 955	1 166 617	567 668	478 158	619 987	2 327 722
2011	15 905 599	1 967 928	704 863	460 504	518 856	786 926	1 920 221
2012	15 690 071	2 461 343	792 651	328 388	667 785	1 052 925	3 102 863
2013	16 908 280	2 877 280	1 329 814	329 433	784 985	1 069 185	3 613 114
2014	21 661 841	3 294 137	945 707	580 070	738 828	1 576 028	4 621 312
2015	35 216 708	2 885 520	2 143 182	527 260	845 801	1 505 974	3 427 517
2016	42 110 429	4 147 269	4 035 240	547 941	1 054 524	2 012 739	4 137 502
2017	45 938 003	5 090 971	3 518 252	571 218	2 397 159	2 442 264	5 370 357

资料来源：《深圳市统计年鉴》（2008—2018 年）。

2007 年之后，深圳市逐渐重视非经济性公共产品的供给。通过测算我们可以知道，深圳市 2007—2017 年非经济性公共产品供给比例均在 30%以上，有的年份甚至在 60%以上。

（二）财政分权、地方政府竞争与城市公共产品供给

学者们已从财政分权、地方政府竞争等角度对公共产品供给的影响进行了大量的实证研究，但是大多是基于省级数据进行研究的，且大多没有区分经济性公共产品和非经济性公共产品，或者只是就经济性公共产品或非经济性公共产品中的一种或几种公共产品进行实证分析，没有测算综合的经济性公共产品或非经济性公共产品的供给指数。本书以2004—2017年我国地级市中的285个市为研究样本，实证研究财政分权、地方政府竞争对经济性公共产品和非经济性公共产品供给的影响。其中，以地方政府预算内财政自主度（以地方财政预算内收入除以地方财政预算内支出进行衡量）代表财政分权（高琳，2012）。借鉴朱雅玲（2019）等的做法，选取实际利用外资额占GDP的比重来衡量各城市政府的竞争程度。同时，我们选取人均GDP、人口密度、从业人员数、产业结构（利用第二、第三产业产值之和占GDP的比重进行测算）作为控制变量。数据均来自《中国城市统计年鉴》。我们建立的实证模型分别如下：

$$ecopub_{it} = \alpha_0 + \alpha_1 czfq_{it} + \beta X_{it} + u_i + v_t + \varepsilon_{it} \tag{6-1}$$

$$ecopub_{it} = \alpha_0 + \alpha_1 czfq_{it} + \alpha_2 zfjz_{it} + \beta X_{it} + u_i + v_t + \varepsilon_{it} \tag{6-2}$$

$$ecopub_{it} = \alpha_0 + \alpha_1 czfq_{it} + \alpha_2 zfjz_{it} + \alpha_3 czfq_{it} \times zfjz_{it} + \beta X_{it} + u_i + v_t + \varepsilon_{it} \tag{6-3}$$

$$ecopub_{it} = \alpha_0 + ecopub_{i,\ t-1} + \alpha_1 czfq_{it} + \alpha_2 zfjz_{it} + \alpha_3 czfq_{it} \times zfjz_{it} + \beta X_{it} + u_i + v_t + \varepsilon_{it} \tag{6-4}$$

$$necopub_{it} = \alpha_0 + \alpha_1 cz_{it} + \beta X_{it} + u_i + v_t + \varepsilon_{it} \tag{6-5}$$

$$necopub_{it} = \alpha_0 + \alpha_1 czfq_{it} + \alpha_2 zfjz_{it} + \beta X_{it} + u_i + v_t + \varepsilon_{it} \tag{6-6}$$

$$necopub_{it} = \alpha_0 + \alpha_1 czfq_{it} + \alpha_2 zfjz_{it} + \alpha_3 czfq_{it} \times zfjz_{it} + \beta X_{it} + u_i + v_t + \varepsilon_{it} \tag{6-7}$$

$$necopub_{it} = \alpha_0 + necopub_{i,\ t-1} + \alpha_1 czfq_{it} + \alpha_2 zfjz_{it} + \alpha_3 czfq_{it} \times zfjz_{it} + \beta X_{it} + u_i + v_t + \varepsilon_{it} \tag{6-8}$$

式中，*ecopub* 为经济性公共产品供给；*necopub* 为非经济性公共产品供给；*zfjz* 为地方政府竞争程度；X_{it} 为控制变量，包括人均GDP、人口密度、从业人员数和产业结构四个变量；u_i 和 v_t 分别为个体固定效应和时间固定效应；ε_{it} 为

误差项。

根据以上模型进行分析，得出地方政府财政自主度、地方政府竞争程度与经济性公共产品供给的实证结果如表 6－5 所示。根据表 6－5 中模型 1 的结果可知，地方政府预算内财政自主度对经济性公共产品供给的影响是负向的；模型 2 的结果进一步表明，加入地方政府竞争程度这一变量以后，地方政府财政自主度与地方政府竞争程度对经济性公共产品供给的影响均是负向的；模型 3 的结果表明，加入地方政府财政自主度和地方政府竞争程度的交乘项之后，地方政府财政自主度对经济性公共产品供给的影响仍是负向的，但地方政府竞争程度对经济性公共产品供给的影响是正向的，地方政府财政自主度和地方政府竞争程度的交乘项对经济性公共产品供给的影响是负向的；模型 4 的结果表明，在模型 2 的基础上加入经济性公共产品供给滞后项之后，地方政府财政自主度与地方政府竞争程度对经济性公共产品供给的影响均是负向的，经济性公共产品供给滞后项对经济性公共产品供给的影响是正向的。基于上述实证结果，我们给出以下解释：一方面，财政自主度越高的城市，政府调节财政支出结构的灵活性越高（贾俊雪、郭庆旺，2008），同时地方政府也有了更大的动力去谋求经济发展（张晏、龚六堂，2005；周黎安，2007），从而显著提升其基础设施水平，带动其经济性公共产品的供给。另一方面，财政自主度低的城市意味着其需要获得更多的中央转移支付，转移支付制度在缓解地区间财力不均等、促进公共服务均等化等方面发挥了一定的作用（余泳泽、王岳龙、李启航，2020），有利于促进地方非经济性公共产品的供给。地方政府财政自主度对经济性公共产品供给的影响效果取决于这两方面作用机制。实证结果显示，地方政府财政自主度对经济性公共产品供给的影响始终为负向的。这说明，财政自主度高的城市的经济性公共产品供给效应，要弱于财政自主度低的城市的非经济性公共产品供给效应。

表 6－5　地方政府财政自主度、政府竞争程度与经济性公共产品供给的实证结果

变　　量	模型 1	模型 2	模型 3	模型 4
经济性公共产品供给滞后项				0.5516^{***} (0.000)

续 表

变 量	模型 1	模型 2	模型 3	模型 4
地方政府财政自主度	−0.039 3*** (0.000)	−0.035 6*** (0.000)	−0.024 4*** (0.000)	−0.022 1*** (0.010)
地方政府竞争程度		−1.208 6*** (0.000)	0.552 5 (0.460)	−1.128 2*** (0.000)
地方政府财政自主度×地方政府竞争程度			−3.149 9*** (0.011)	
人均 GDP	3.89E−08*** (0.000)	3.82E−08*** (0.000)	3.84E−08*** (0.000)	1.84E−08*** (0.001)
人口密度	−8.78E−08*** (0.000)	−8.49E−06*** (0.000)	−8.35E−06*** (0.000)	−6.77E−06*** (0.000)
从业人员数	4.59E−04*** (0.000)	4.52E−04*** (0.000)	4.42E−04*** (0.000)	2.11E−04*** (0.000)
产业结构	0.002 9*** (0.000)	0.002 8*** (0.000)	0.002 8*** (0.000)	0.002 1*** (0.000)
常数项	−0.136 5*** (0.000)	−0.131 5*** (0.000)	−0.136 2*** (0.000)	−0.125 3*** (0.000)
F 值	112.7***	97.24***	84.41***	255.16
观测值	3 990	3 990	3 990	3 705

注：*** 表示在 1%水平上显著；括号内的数值表示对应系数的 *p* 值。

地方政府财政自主度、地方政府竞争程度与非经济性公共产品供给的实证结果如表 6－6 所示。表 6－6 中模型 5 的结果显示，地方政府预算内财政自主度对非经济性公共产品供给的影响是正向的；模型 6 的结果进一步显示，加入地方政府竞争程度这一变量以后，地方政府财政自主度对非经济性公共产品供给的影响仍是正向的，地方政府竞争程度对非经济性公共产品供给的影响是负向的；模型 7 的结果表明，加入地方政府财政自主度和地方政府竞争程度的交乘项之后，地方政府财政自主度、地方政府竞争程度对非经济性公共产品供给的影响均是正向的，两者的交乘项对非经济性公共产品供给的影响是负向的；模型 8 的结果表明，在模型 6 的基础上加入非经济性公共产品供给滞后项之后，地方政府财政自主度对非经济性公共产品供给的影响是正向的，地方政府竞争程度对非经济性公共产品供给的影响是负向的，非经济性公共产品供给滞后项对非经济性公共产品供给的影响是正向的。参考对表 6-5 结果的解释，财政自主权越低的城市，获得的中央转移支付越多。这缓解了地区间财力不均等的状况，促进了地区间公共服务的均等化，从而也带动了地方非经济性公共产品的供给。

表 6-6 地方政府财政自主度、政府竞争程度与非经济性公共产品供给的实证结果

变量	模型 5	模型 6	模型 7	模型 8
非经济性公共产品供给滞后项				0.466 0*** (0.000)
地方政府财政自主度	0.075 9*** (0.000)	0.078 1*** (0.000)	0.083 9*** (0.000)	0.047 8*** (0.000)
地方政府竞争程度		-0.706 0** (0.022)	0.211 2 (0.791)	-0.047 1 (0.874)
地方政府财政自主度×地方政府竞争程度			-1.640 5 (0.212)	
人均 GDP	-1.17E-08* (0.09)	-1.21E-08* (0.081)	-1.20E-08* (0.083)	-7.32E-10 (0.905)
人口密度	4.27E-07 (0.778)	5.97E-07 (0.694)	6.71E-07 (0.658)	-1.90E-06 (0.222)
从业人员数	-9.4E-05*** (0.001)	-9.84E-05*** (0.001)	-1.03E-04*** (0.000)	3.85E-06*** (0.885)
产业结构	-0.000 9*** (0.002)	-8.975E-04*** (0.002)	-8.99E-04*** (0.002)	-4.11E-05 (0.888)
常数项	0.198 2*** (0.000)	0.201 0*** (0.000)	0.198 6*** (0.000)	0.060 1** (0.028)
F 值	18.15***	16.01***	13.95***	149.66
观测值	3 990	3 990	3 990	3 705

注：*、**、*** 分别表示在 10%、5%和 1%水平上显著；括号内的数值表示对应系数的 *p* 值。

与以往实证结果不同的是，本书的实证研究表明，预算内财政自主度的提高有利于非经济性公共产品的供给，而不利于经济性公共产品的供给。地方政府竞争程度一方面会进一步增加预算内财政自主度对经济性公共产品供给的负向影响，另一方面会减少预算内财政自主度对非经济性公共产品供给的正向影响。当经济进入高质量发展阶段时，国家应高度重视非经济性公共产品的供给，提高其供给的质量和效率。为此，国家有必要提高地方政府的预算内财政自主度，将以往的预算外收入纳入预算内管理，同时应加强地方政府之间在公共产品供给上的协作。

四、城市公共产品政府供给效率

（一）测算方法

在测算城市公共产品政府供给效率时，运用的较多的方法主要是查恩斯等（Charnes et al.，1978）提出的数据包络分析（data envelopment analysis，DEA）法。该方法从投入、产出两个维度评估公共支出效率，考虑在产出给定的情况下投入能否最小化，或者在投入给定的情况下产出能否最大化。设有 n 个决策单元 $DMU_j(1 \leqslant j \leqslant n)$，每个决策单元有 m 种投入和 s 种产出，$\boldsymbol{x}_i$ 和 $\boldsymbol{y}_i$ 分别代表投入和产出的列向量，则 $\boldsymbol{x}$ 和 $\boldsymbol{y}$ 分别为 $m \times n$ 阶的投入矩阵和 $s \times n$ 阶的产出矩阵，那么第 i 个决策单元综合技术效率的测算就转化为线性规划问题，其可以根据式（6－9）和式（6－10）测算获得。

$$\min \theta \tag{6-9}$$

$$\text{s. t.} \begin{cases} \sum_{j=1}^{n} X_j \lambda_j + s^- = \theta X_t \\ \sum_{j=1}^{n} Y_k \lambda_k - s^+ = Y_t \\ \sum_{j=1}^{n} \lambda_k = 1 \\ \lambda_j \geqslant 0, \quad s^- \geqslant 0, \quad s^+ \geqslant 0 \end{cases} \tag{6-10}$$

式中，s^-、s^+ 分别为投入冗余和产出不足的松弛变量；$\sum_{j=1}^{n} \lambda_j$ 为规模综合技术效率中的规模效率；θ 值为所求的综合效率，效率值的区间为［0，1］，效率值越接近 1，表示效率越高，否则效率越低。

（二）测算指标

在效率的测算中，投入指标、产出指标的选择至关重要。陈诗一和张军（2008）在对中国省级财政支出效率进行测算研究时，考虑了单一产出与单一投入的情况，将人均预算内财政支出作为投入变量，将教育、卫生、基础设施三类指标的加权平均作为产出指标。王德祥和张权（2011）在对中国地级市2008年的公共支出效率进行测算研究时，选用预算内财政支出作为投入变量，并且构建了城市产出综合指标作为产出变量。庞伟和孙玉栋（2018）在对中国省级财政支出效率进行测算时，采用DEA模型，将一般公共预算支出作为投入指标，将地区GDP和城乡居民可支配收入作为产出指标。张权（2018）在对中国35个大中型城市的财政支出效率进行测算时，将公共预算支出作为投入变量，并且构建了由教育、医疗卫生、通信等十类指标计算得到的综合指标作为产出变量。

考虑到城市层面公共支出数据的可得性，参照一般文献的做法，本书选用政府公共预算支出作为城市公共产品供给的投入变量。在产出变量方面，这里构建了一个综合的公共支出产出指标，产出综合指标由教育、医疗卫生、基础设施这三类指标简单加权平均而得，每类产出指标则由各自正规化后的子指标简单平均而得。各指标及其子指标的选取如表6－7所示。

表6－7　城市公共产品政府供给效率的测算指标

类　别	指　　标	子　　指　　标
产出指标	教　　育	小学师生比（小学专任教师数/在校学生数），中学师生比（中学专任教师数/在校学生数）
	医疗卫生	每万人拥有医疗卫生机构床位数，每万人拥有卫生技术人员数
	基础设施	人均城市道路面积，每万人拥有公共汽车数
投入指标	政府公共预算支出	人均公共预算支出

（三）测算结果及分析

本书运用DEAP 2.1软件测算了中国地级市中的267个地级市的公共产品政府供给效率，表6－8、表6－9分别显示了2005年、2014年这267个地级市公共产品政府供给效率。从表6－8中可以看出，2005年，267个地级市公共产品政府供给效率的平均值为0.456，排在前10位的城市分别是深圳、黄冈、周口、亳州、黑河、菏泽、宿州、咸阳、阜阳、宝鸡，供给效率值分别为1.000、1.000、1.000、1.000、1.000、0.986、0.958、0.881、0.843、0.835；排在倒数后10位的城市分别是防城港、固原、榆林、汕头、陇南、吕梁、宿州、通辽、池州、重庆，供给效率值分别为0.232、0.242、0.246、0.252、0.253、0.260、0.261、0.272、0.274、0.274。从公共产品政府供给效率值上来看，城市间的差距比较大。

表6-8 267个地级市公共产品政府供给效率（2005年）

城市	效率	城市	效率	城市	效率	城市	效率	城市	效率
北京	0.620	运城	0.516	盘锦	0.427	牡丹江	0.458	湖州	0.375
天津	0.435	忻州	0.297	朝阳	0.340	黑河	1.000	绍兴	0.412
石家庄	0.404	吕梁	0.260	葫芦岛	0.315	绥化	0.443	金华	0.356
唐山	0.372	呼和浩特	0.403	长春	0.434	上海	0.526	衢州	0.328
秦皇岛	0.433	包头	0.434	吉林	0.397	南京	0.453	舟山	0.345
邯郸	0.559	乌海	0.459	四平	0.463	无锡	0.527	台州	0.333
邢台	0.682	赤峰	0.281	辽源	0.432	徐州	0.469	丽水	0.296
保定	0.638	通辽	0.272	通化	0.378	常州	0.447	合肥	0.472
张家口	0.367	鄂尔多斯	0.415	白山	0.446	苏州	0.455	芜湖	0.411
承德	0.358	呼伦贝尔	0.442	松原	0.364	南通	0.449	蚌埠	0.609
沧州	0.577	巴彦淖尔	0.280	白城	0.363	连云港	0.432	淮南	0.410
廊坊	0.320	乌兰察布	0.283	哈尔滨	0.454	淮安	0.342	马鞍山	0.396
衡水	0.503	大连	0.464	齐齐哈尔	0.417	盐城	0.417	淮北	0.586
太原	0.548	鞍山	0.433	鸡西	0.576	扬州	0.430	铜陵	0.415
大同	0.347	抚顺	0.439	鹤岗	0.400	泰州	0.357	安庆	0.541
阳泉	0.396	本溪	0.495	双鸭山	0.435	宿迁	0.441	黄山	0.323
长治	0.312	锦州	0.386	大庆	0.536	杭州	0.462	滁州	0.537
晋城	0.400	营口	0.352	伊春	0.432	宁波	0.365	阜阳	0.843
朔州	0.261	阜新	0.341	佳木斯	0.351	温州	0.399	宿州	0.958
晋中	0.345	辽阳	0.440	七台河	0.391	嘉兴	0.373	六安	0.590

续　表

城市	效率	城市	效率	城市	效率	城市	效率	城市	效率
亳州	1.000	烟台	0.407	驻马店	0.646	汕头	0.252	自贡	0.515
池州	0.274	潍坊	0.484	黄石	0.649	湛江	0.401	攀枝花	0.433
宣城	0.324	济宁	0.392	十堰	0.587	肇庆	0.367	泸州	0.440
福州	0.396	泰安	0.417	宜昌	0.509	惠州	0.293	德阳	0.404
厦门	0.451	威海	0.529	襄樊	0.534	梅州	0.448	绵阳	0.442
莆田	0.577	日照	0.604	鄂州	0.402	汕尾	0.438	广元	0.387
三明	0.509	莱芜	0.407	荆门	0.575	阳江	0.343	遂宁	0.494
泉州	0.297	临沂	0.703	孝感	0.807	中山	0.330	内江	0.461
漳州	0.633	德州	0.587	荆州	0.690	揭阳	0.544	乐山	0.377
南平	0.562	聊城	0.656	黄冈	1.000	云浮	0.296	南充	0.500
龙岩	0.421	滨州	0.278	咸宁	0.413	南宁	0.407	眉山	0.465
宁德	0.465	菏泽	0.986	随州	0.781	柳州	0.397	宜宾	0.321
南昌	0.370	郑州	0.453	长沙	0.492	桂林	0.427	广安	0.447
景德镇	0.393	开封	0.548	株洲	0.394	梧州	0.366	雅安	0.287
萍乡	0.354	洛阳	0.331	湘潭	0.485	北海	0.289	资阳	0.543
九江	0.434	平顶山	0.424	衡阳	0.694	防城港	0.232	六盘水	0.352
新余	0.334	安阳	0.445	邵阳	0.700	钦州	0.501	遵义	0.437
鹰潭	0.327	鹤壁	0.355	岳阳	0.496	贵港	0.717	安顺	0.346
赣州	0.496	新乡	0.491	常德	0.465	玉林	0.617	昆明	0.504
吉安	0.325	焦作	0.366	张家界	0.512	百色	0.335	曲靖	0.402
宜春	0.387	濮阳	0.478	益阳	0.582	贺州	0.340	玉溪	0.335
抚州	0.395	许昌	0.802	郴州	0.396	河池	0.396	保山	0.328
上饶	0.444	漯河	0.393	永州	0.629	来宾	0.284	昭通	0.352
济南	0.477	三门峡	0.311	怀化	0.696	崇左	0.295	丽江	0.313
青岛	0.523	南阳	0.505	娄底	0.676	海口	0.373	临沧	0.290
淄博	0.371	商丘	0.558	广州	0.505	三亚	0.319	西安	0.397
枣庄	0.349	信阳	0.449	韶关	0.275	重庆	0.274	铜川	0.535
东营	0.506	周口	1.000	深圳	1.000	成都	0.437	宝鸡	0.835

续 表

城市	效率	城市	效率	城市	效率	城市	效率	城市	效率
咸阳	0.881	商洛	0.527	武威	0.374	陇南	0.253	中卫	0.290
渭南	0.757	兰州	0.468	张掖	0.320	西宁	0.451	乌鲁木齐	0.700
延安	0.315	嘉峪关	0.477	平凉	0.391	银川	0.531	克拉玛依	0.591
汉中	0.672	金昌	0.372	酒泉	0.387	石嘴山	0.386		
榆林	0.246	白银	0.412	庆阳	0.280	吴忠	0.318		
安康	0.595	天水	0.449	定西	0.409	固原	0.242	均值	0.456

表6-9展示了2014年这267个地级市公共产品的政府供给效率，从中我们可以看到，随着时间的推移，城市公共产品政府供给效率有了一定程度的提高。2014年，267个地级市公共产品政府供给效率的平均值为0.664，排在前10位的城市分别是深圳、鄂尔多斯、开封、揭阳、邢台、沧州、榆林、昆明、保定、贵港，供给效率值分别为1.000、1.000、1.000、1.000、0.977、0.971、0.970、0.967、0.967、0.930；排在倒数后10位的城市分别是昭通、贺州、广安、陇南、崇左、汕头、抚州、安顺、宜春、六安，供给效率值分别为0.389、0.406、0.416、0.421、0.424、0.441、0.443、0.446、0.447、0.462。可见，城市间公共产品政府供给效率的差距在逐步缩小。

表6-9 267个地级市公共产品政府供给效率（2014年）

城市	效率	城市	效率	城市	效率	城市	效率	城市	效率
北京	0.568	承德	0.684	朔州	0.512	通辽	0.608	锦州	0.624
天津	0.541	沧州	0.971	晋中	0.863	鄂尔多斯	1.000	营口	0.619
石家庄	0.721	廊坊	0.611	运城	0.855	呼伦贝尔	0.818	阜新	0.663
唐山	0.658	衡水	0.650	忻州	0.586	巴彦淖尔	0.721	辽阳	0.752
秦皇岛	0.839	太原	0.894	吕梁	0.561	乌兰察布	0.712	盘锦	0.609
邯郸	0.827	大同	0.696	呼和浩特	0.774	大连	0.725	朝阳	0.689
邢台	0.977	阳泉	0.716	包头	0.655	鞍山	0.703	葫芦岛	0.666
保定	0.967	长治	0.625	乌海	0.619	抚顺	0.690	长春	0.849
张家口	0.763	晋城	0.745	赤峰	0.642	本溪	0.821	吉林	0.736

续 表

城市	效率	城市	效率	城市	效率	城市	效率	城市	效率
四平	0.817	扬州	0.576	池州	0.501	潍坊	0.748	黄石	0.755
辽源	0.728	泰州	0.633	宣城	0.556	济宁	0.918	十堰	0.778
通化	0.786	宿迁	0.551	福州	0.747	泰安	0.638	宜昌	0.710
白山	0.743	杭州	0.757	厦门	0.594	威海	0.832	襄樊	0.557
松原	0.678	宁波	0.646	莆田	0.521	日照	0.609	鄂州	0.622
白城	0.602	温州	0.769	三明	0.730	莱芜	0.648	荆门	0.727
哈尔滨	0.848	嘉兴	0.728	泉州	0.743	临沂	0.639	孝感	0.633
齐齐哈尔	0.644	湖州	0.657	漳州	0.693	德州	0.674	荆州	0.601
鸡西	0.788	绍兴	0.624	南平	0.622	聊城	0.778	黄冈	0.907
鹤岗	0.789	金华	0.640	龙岩	0.675	滨州	0.699	咸宁	0.549
双鸭山	0.785	衢州	0.563	宁德	0.575	菏泽	0.705	随州	0.643
大庆	0.906	舟山	0.597	南昌	0.693	郑州	0.707	长沙	0.833
伊春	0.785	台州	0.594	景德镇	0.655	开封	1.000	株洲	0.831
佳木斯	0.701	丽水	0.587	萍乡	0.546	洛阳	0.693	湘潭	0.766
七台河	0.639	合肥	0.845	九江	0.642	平顶山	0.632	衡阳	0.766
牡丹江	0.735	芜湖	0.778	新余	0.488	安阳	0.613	邵阳	0.614
黑河	0.585	蚌埠	0.717	鹰潭	0.565	鹤壁	0.575	岳阳	0.643
绥化	0.712	淮南	0.593	赣州	0.487	新乡	0.611	常德	0.650
上海	0.492	马鞍山	0.603	吉安	0.553	焦作	0.640	张家界	0.589
南京	0.746	淮北	0.646	宜春	0.447	濮阳	0.590	益阳	0.577
无锡	0.747	铜陵	0.705	抚州	0.443	许昌	0.776	郴州	0.818
徐州	0.642	安庆	0.639	上饶	0.616	漯河	0.583	永州	0.548
常州	0.697	黄山	0.630	济南	0.876	三门峡	0.698	怀化	0.825
苏州	0.733	滁州	0.767	青岛	0.770	南阳	0.563	娄底	0.558
南通	0.693	阜阳	0.662	淄博	0.716	商丘	0.609	广州	0.774
连云港	0.502	宿州	0.494	枣庄	0.581	信阳	0.495	韶关	0.586
淮安	0.557	六安	0.462	东营	0.798	周口	0.912	深圳	1.000
盐城	0.639	亳州	0.535	烟台	0.810	驻马店	0.676	汕头	0.441

续 表

城市	效率	城市	效率	城市	效率	城市	效率	城市	效率
湛江	0.728	玉林	0.676	内江	0.582	临沧	0.468	张掖	0.568
肇庆	0.684	百色	0.508	乐山	0.592	西安	0.699	平凉	0.660
惠州	0.713	贺州	0.406	南充	0.554	铜川	0.645	酒泉	0.624
梅州	0.650	河池	0.466	眉山	0.673	宝鸡	0.676	庆阳	0.634
汕尾	0.598	来宾	0.475	宜宾	0.552	咸阳	0.727	定西	0.572
阳江	0.529	崇左	0.424	广安	0.416	渭南	0.641	陇南	0.421
中山	0.658	海口	0.704	雅安	0.463	延安	0.547	西宁	0.782
揭阳	1.000	三亚	0.488	资阳	0.549	汉中	0.674	银川	0.706
云浮	0.479	重庆	0.501	六盘水	0.643	榆林	0.970	石嘴山	0.792
南宁	0.660	成都	0.876	遵义	0.573	安康	0.493	吴忠	0.572
柳州	0.691	自贡	0.613	安顺	0.446	商洛	0.465	固原	0.507
桂林	0.623	攀枝花	0.757	昆明	0.967	兰州	0.740	中卫	0.518
梧州	0.556	泸州	0.549	曲靖	0.577	嘉峪关	0.720	乌鲁木齐	0.831
北海	0.568	德阳	0.656	玉溪	0.626	金昌	0.666	克拉玛依	0.617
防城港	0.473	绵阳	0.771	保山	0.466	白银	0.699		
钦州	0.672	广元	0.622	昭通	0.389	天水	0.502		
贵港	0.930	遂宁	0.636	丽江	0.668	武威	0.541	均值	0.664

从整体上看，城市公共产品政府供给效率近些年虽有提升，但还有很大的提升空间。从全国来看，省会城市、副省级市及各省的主要中心城市的公共产品政府供给效率比同省其他地区城市要高，大多数地级市的公共产品政府供给效率依旧偏低。

从区域来看，城市公共产品政府供给效率存在显著的地区差异，特别是中部、西部地区的政府供给效率远低于东部、东北地区。表 6 - 10 反映了 2005—2014 年东部、中部、西部和东北地区城市公共产品政府供给效率。受经济条件等因素的影响，东、中、西部地区城市公共产品政府供给效率存在着很大的差距，但是随着财政体制的逐步完善，各区域平均政府供给效率值有了显著提高。这主要是因为东部和西部地区的政府供给效率有了明显的提高，其中西部、中部地区的政府供给效率提高得更为明显。

表 6－10　分地区城市公共产品政府供给效率（2005—2014 年）

地　区	2005 年	2006 年	2007 年	2008 年	2009 年
东北	0. 439	0. 631	0. 656	0. 692	0. 598
东部	0. 446	0. 621	0. 653	0. 685	0. 608
中部	0. 508	0. 646	0. 642	0. 659	0. 549
西部	0. 420	0. 559	0. 573	0. 582	0. 490
地　区	2010 年	2011 年	2012 年	2013 年	2014 年
东北	0. 647	0. 681	0. 611	0. 543	0. 723
东部	0. 643	0. 672	0. 661	0. 574	0. 682
中部	0. 588	0. 638	0. 636	0. 545	0. 661
西部	0. 531	0. 573	0. 558	0. 488	0. 626

第三节　城市公共产品的市场（私人）供给机制

一、城市公共产品市场（私人）供给的基本内容

城市公共产品的市场（私人）供给主要在城市基础设施和城市公共服务两方面发挥作用。哪种公共产品适合市场（私人）机制供给，需要根据公共产品的属性决定。根据产品或服务的供给是否必须通过输送管网才能完成，可以将城市基础设施分为网络型基础设施和无网络型基础设施。城市自来水、管道燃气、供热、城市公交等行业，在向居民提供产品或服务的过程中，必须通过一定物理输送网络，才能完成整个供应过程，这类基础设施称为网络型基础设施。网络型基础设施具有以下特点：一是投资额巨大，投资回收周期长。二是资产专用性强，沉没成本大。网络型基础设施的功能具有专属性，其建成后的使用范围比较确定，除了特定的用途和服务对象外，不能转作他用。三是规模经济显著，且具有显著的外部性。一般来说，网络型基础设施的消费量越大，单位成本就越低，边际成本递减趋势就越明显。其显著的外部性能够优化城市发展条件，推动城市经济的发展。网络型基础设施的这三个特点决定了这一行

业具有自然垄断性（王俊豪，2011）。

通常情况下，产品和服务的竞争性和排他性越强、生产的沉没成本越低，以市场机制供给的有效性和可能性就越大；而具有较强的非竞争性和非排他性的产品，则越适合以政府供给机制供给（Kessides，1993）。但在技术和市场条件变化的情况下，一定的制度安排可以改变产品的竞争性和排他性，从而使政府或市场的供给机制更具灵活性和适用性。随着我国经济的发展与城市化的推进，城市基础设施产品和服务逐渐呈现以下特点：一是竞争性逐渐增强。随着公共基础设施使用率的提高，各种网络型基础设施会逐渐变得拥挤，消费者与消费量的增加会影响其他人的消费，因此，公共性较强的城市基础设施也会显现出一定的竞争性。二是排他性显著增强。消费者只有与网络型基础设施相连接才可以使用其产品和服务，否则就会被排除在外，如管道燃气、自来水与排污设施等。三是自然垄断性逐渐弱化。传统的城市能源、交通、通信等公共基础设施必须依赖特定的专用管道网络进行传输，因此，这些设施具备较强的网络外部性、规模经济等特征，易于形成自然垄断（郜建人，2004；黄桂林，2009；Kunneke，1999）。但随着科学技术的发展，城市基础设施业务的垂直分解不断深化，网络系统可以分割为不同的技术环节。大部分公共基础设施网络系统都可以根据业务流程，将附属于网络系统中的产品和服务分解成若干不具有自然垄断性质的产品和服务，这样能够显著降低业务的自然垄断程度。例如，将城市供水系统分解为供水管网系统和非管网系统，前者自然垄断性较强，后者则具有非自然垄断性质。这样，除供水管网系统外，自来水生产、输送、供应等非管网系统设施和服务就具有了非自然垄断性质。通过技术处理、市场分化和功能切割，城市基础设施的性质发生变化，其排他性显著增强。城市基础设施的自然属性与经济属性的变化，会对生产和供给方式产生深远的影响（郜建人，2004；杨军，2003）。

城市基础设施与服务供给相类似，在较长一段时期内，我国城市公共服务体制是“一元”的政府供给体制，政府根据消费者的需求，甚至仅仅是出于社会管理的需要，向公众提供公共服务。这种政府行政供给机制导致公共服务供给质量和效率低下，服务提供者的责任心和服务态度较差。为了进一步提高公共服务供给的质量和效率，改革开放以后，政府在公共服务领域引入市场机制，通过外包、购买服务等形式，将原本由政府部门承担的公共服务供给责任转交给社会组织、私营企业等。经过多年的实践，这一改革加快了公共服务市场化的进程，在一定程度上提高了公共服务供给的质量和效率，增加了公共服务的供给项目（徐家良、赵挺，2013）。

公共服务市场化意味着原来由政府承担的一些项目直接交由市场主体承担，或者市场主体受政府委托代表政府履行公共服务供给的职能（陈奇星、胡德平，2011）。公共服务市场供给机制具有一些新的特点：一是公共服务供给的项目决策与项目执行、服务提供分离。政府从原来的公共服务的规划者、生产者、经营管理者转变为公共服务的规划决策者、资源组织者和实施监督者，不再作为服务的直接提供者履行职责。二是公共服务供给主体多元化。在公共服务市场化供给过程中，政府不再作为唯一的供给主体，企业、社会组织和个人都能够作为直接供给者参与公共服务供给。公共服务供给主体的多元化使公共服务供给模式变得多样化，如以招投标、公私合作、特许经营、凭单制等模式来供给公共服务。三是在市场机制下公共服务供给更注重公民的需求和偏好，各供给主体可以有更多的渠道广泛征求民意，了解公民的公共服务需求和偏好，这有利于各供给主体科学决策公共服务供给项目。

二、我国城市公共产品市场（私人）供给机制的演变

我国城市基础设施建设和运营中的市场供给机制探索起源于20世纪80年代，但此阶段国家并没有颁布相应的政策和规章制度。20世纪90年代初期，随着市场经济的发展，公共产品部门也开始进行市场化变革，中央制定了一系列政策来推动城市基础设施建设的市场化试点工作。1995年发布的《对外贸易经济合作部关于以BOT方式吸收外商投资有关问题的通知》，对地方政府采取BOT模式吸引外商投资提出了若干要求。1995年8月，国家计划委员会、电力部、交通部共同颁布《关于试办外商投资特许权项目审批管理有关问题的通知》，提出为促进交通、能源等基础设施建设，拟借鉴国外经验，采用BOT的投资方式，试办外商投资的公共基础设施项目。至2002年，中央各部委连续颁布了多项推动政府和社会资本合作的政策文件，包括《关于加强国有基础设施资产权益转让管理的通知》《国家计委关于促进和引导民间投资的若干意见》等。

在实际的建设工作中，基础设施领域的市场化机制试点工作也在同步推

进。1994 年，国家计划委员会选择了广西来宾 B 电厂项目、广东电白高速公路项目、成都第六水厂项目、长沙望城电厂项目和武汉军山长江大桥项目 5 个项目进行 BOT 模式的试点。与此同时，地方政府也推出了一些 BOT 项目，比较典型的有北京第十水厂 BOT 项目、北京房山大学城项目、上海黄浦江大桥 BOT 项目、新疆托克逊电厂项目、北京肖家河污水项目、北京西红门经济适用房项目等。这些以 BOT 模式建设和运营的项目推动了我国基础设施领域市场化机制的运用，为后续的改革积累了丰富的经验（刘徽，2016）。

我国加入世界贸易组织以后，对外经济迅速增长，国民经济的各个领域加快开放，公共产品部门也加快了市场化改革的步伐。2003 年十六届三中全会通过的《中共中央关于完善社会主义市场经济体制若干问题的决定》提出，“大力发展和积极引导非公有制经济……放宽市场准入，允许非公有资本进入法律法规未禁入的基础设施、公用事业及其他行业和领域”。与此同时，原建设部也印发了《关于加快市政公用行业市场化进程的意见》等文件。这些政策文件的实施一方面加快了外资进入公共基础设施领域的步伐，另一方面消除了民营资本投资公共基础设施和公共服务领域的政策壁垒，地方政府开始在市政公用设施的建设中引入外资和民营资本，采用市场化的运作方式。为了推动政府公共产品部门的供给机制变革，2004 年建设部发布《市政公用事业特许经营管理办法》，将特许经营模式正式引入市政公用事业的建设和运营中。2005 年 2 月发布的《国务院关于鼓励支持和引导个体私营等非公有制经济发展的若干意见》，进一步放宽了非公有制经济的市场准入领域，为民营资本进入城市公共基础设施和公共服务领域提供了制度保障。2010 年 5 月发布的《国务院关于鼓励和引导民间投资健康发展的若干意见》，鼓励和引导民营资本参与基础设施、市政工程和其他公共服务的供给，特别是为政府与社会资本合作投资建设公共基础设施和公共服务项目提供了具体的政策指南。由此，以 PPP 模式投资建设城市公共基础设施成为一种趋势，也成为政府与社会资本合作供给公共产品的一种主导方式。

顺应国家的鼓励政策，同时也受区域经济和城市快速发展的影响，近 20 年来我国城市开展了大规模的公共基础设施建设，尽管大部分公共产品项目仍为政府及国有企业投资建设，但绝大部分项目运用了市场机制，有一部分项目直接由民营资本和外资投资建设，采用市场化的投融资和建设运营方式。具体的项目涉及自来水厂、垃圾和污水处理、地铁、高速公路等诸多领域，代表性的项目有北京地铁 4 号线项目、合肥王小郢污水处理厂项目、苏州市吴中静脉园垃圾焚烧发电项目、兰州自来水股权转让项目、天津市北水业公司部分股权转让项目、北京亦庄燃气 BOT 项目等。

2008 年全球金融危机对我国经济增长产生了严重的影响，为了稳定经济，我国政府采取积极的财政政策，投入巨资建设公共基础设施，由此开启大规模的基础设施建设。在这一时期，民营企业直接参与投资的基础设施建设项目较少，主要是政府投资建设，民营企业主要承担工程承包的业务。很快财政超规模投资的负面效应就显现了，政府开始重新认识到民营资本参与基础设施建设的重要性。2010 年，《国务院关于鼓励和引导民间投资健康发展的若干意见》《国务院办公厅关于鼓励和引导民间投资健康发展重点工作分工的通知》等政策接连出台，鼓励和引导民营企业投资公共基础设施和公共服务等领域。从 2013 年开始，国家给予包括民营资本在内的社会资本参与公共基础设施建设更大的支持，并出台了一系列政策。政策的主要变化是鼓励民营资本以 PPP 模式参与公共设施建设。PPP 模式之所以成为政府选择的投资建设模式，主要是因为公共基础设施建设的初期投资规模较大，一般的民营企业难以承担，也缺乏金融市场的支持，唯有与政府合作才能在项目建设、运营中获得政府和社会资源。在中央政策的推动下，各个地方政府也出台了鼓励社会资本投资建设基础设施的政策，并在实践中积极探索社会投融资在城市基础设施项目中的应用和创新模式。尤其是近年来，政府在解决基础设施项目中的资金筹措和股权交易问题方面有了很大的突破。例如，政府在建设项目中引入保险资金投资，拓宽项目资本金来源渠道；鼓励通过股权转让、资产交易和资产证券化等方式，盘活项目存量资产，构建社会资本的进入和退出渠道等。

随着城市基础设施建设领域的社会资本和市场化机制的引入，公共服务领域的市场化机制也逐步建立起来，并逐步形成了政府主导、社会参与、公办与民办并举的公共服务供给模式。公共服务领域的市场供给模式主要包括政府补助、特许经营、政府购买服务、凭单制等。对于特许经营，前文已述，这里不再赘述。

目前，我国一部分公共服务项目由社会组织直接投资建设与供给，政府对于收益率比较低、风险相对较大或者收益预期不稳定的公共服务项目给予一定的经济补助，以确保服务供给者能够正常运营公共服务项目。政府补助的方式包括财政补贴、税收减免等（郑德山，2015；吴美香，2008）。

政府购买服务模式是我国公共服务领域主要的市场供给模式。政府购买服务即政府将部分公共服务项目通过公开招投标的方式向社会发布，择优选定具备条件的社会力量承担，并根据服务数量和质量向其支付费用。2013 年 9 月，《国务院办公厅关于政府向社会力量购买服务的指导意见》出台，其明确规定了购买主体、承接主体、购买内容、购买机制和管理办法等，从政策上支持地方政府推行政府购买服务工作。目前，政府购买服务已经成为社会力量进入公共服务领域的主要方式。

此外，凭单制也是我国公共服务市场化供给的一种方式。凭单制是政府部门为有资格消费某种公共物品或服务的社会成员发放消费券，这部分社会成员由此可以得到一种政府对消费品费用支付的承诺，从而可以在市场上购买到自己需要的商品或服务。商品或服务的供给方再拿凭单让政府兑现。凭单制直接补贴消费者而非生产者，其实质是在公共服务中引入市场机制的一种制度安排，它增强了消费者的消费能力，增加了消费者的消费选择权，给公共服务供给者带来了竞争压力（李红霞，2005）。凭单制可广泛运用于教育、医疗卫生、食品、住房、交通、幼儿保健、养老、救护车服务、职业培训等领域。

总体而言，我国公共产品部门的市场化变革是在政府主导下进行的，市场供给机制中也具有较强的政府参与性和干预性。纯属私人性质的公共产品投资建设项目较少，规模也较小，并不是公共产品市场（私人）供给的主要方式。

三、城市公共产品市场（私人）供给的效率

市场完善程度对城市公共产品市场（私人）的供给效率有着比较大的影响。这里选取人均 GDP、人口密度、从业人员数和产业结构作为控制变量，以 2004—2017 年 285 个地级市面板数据为研究样本，实证分析市场完善程度对城市经济性与非经济性公共产品供给的影响（见表 6 - 11）。分析结果表明，市场完善程度对城市经济性与非经济性公共产品供给的影响均是正向的，但是，其对经济性公共产品供给的影响是显著的，对非经济性公共产品供给的影响是不显著的，同时，其对经济性公共产品供给的正向影响程度要高于非经济性公共产品。这说明，城市经济性公共产品的供给更适合运用市场（私人）供给机制。

表 6－11　市场完善程度影响经济性与非经济性公共产品供给的实证分析

变　　量	经济性公共产品	非经济性公共产品
市场化程度	0.002 2*** (0.009)	0.000 9 (0.321)
人均 GDP	3.88E－08*** (0.000)	－1.19E－08* (0.088)
人口密度	－8.94E－06*** (0.000)	5.53E－07 (0.718)
从业人员数	4.65E－04*** (0.000)	－1.00E－04*** (0.001)
产业结构	0.002 9*** (0.000)	－0.000 9*** (0.001)
常数项	－0.171 1*** (0.000)	0.228 3*** (0.000)
F 值	109.95***	5.83***
观测值	3 990	3 990

注：*、*** 分别表示在 10% 和 1% 水平上显著；括号内的数值表示对应系数的 p 值。

为了测算城市公共产品市场（私人）供给的效率，本书选取了 2017 年全国 PPP 管理库项目数据，从中得到各城市项目总投资额。以各城市的 PPP 项目总投资额为投入变量，以人均铺装道路面积、每万人拥有公共汽（电）车数量、国际互联网用户数量、燃气普及率为经济性公共产品供给的产出变量，以每万人中小学专任教师人数、中小学数量、每万人拥有医疗卫生机构床位数、人均公共图书馆藏书量为非经济性公共产品供给的产出变量，运用随机前沿生产函数方法（stochastic frontier analysis，SFA）测算城市经济性与非经济性公共产品市场（私人）供给的效率。SFA 模型通过极大似然估计来确定前沿边界，是具有复合扰动项的随机边界模型。同时，由于前沿面是随机的，因此所得的结论更接近于真实情况。2017 年城市公共产品市场（私人）供给效率的测算结果如表 6－12 所示。结果表明，经济性公共产品的市场（私人）供给效率排在前 5 位的城市分别是乐山市、北京市、天津市、安康市和焦作市，非经济性公共产品的市场（私人）供给效率排在前 5 位的城市分别是重庆市、上海市、郑州市、北京市和鄂尔多斯市。经济性公共产品的市场（私人）供给效率与市场（私人）在经济性公共产品方面的投资规模、市场完善程度以及市场（私人）对经济性公共产品供给的激励机制等因素有关，非经济性公共产品的市场（私人）供给效率也与市场（私人）在非经济性公共产品方面的投资规模、市场完善程度以及市场（私人）对非经济性公共产品供给的激励机制等因素有关。

表 6-12 2017 年城市公共产品市场（私人）供给效率的测算结果

经济性公共产品				非经济性公共产品			
城　市	供给效率	城　市	供给效率	城　市	供给效率	城　市	供给效率
乐山市	0.241 659	资阳市	0.195 747	重庆市	0.999 533	石家庄市	0.999 524
北京市	0.231 871	台州市	0.195 452	上海市	0.999 530	晋城市	0.999 524
天津市	0.210 817	广安市	0.194 643	郑州市	0.999 529	安阳市	0.999 524
安康市	0.207 164	商洛市	0.193 913	北京市	0.999 528	长治市	0.999 524
焦作市	0.205 809	鄂尔多斯市	0.193 818	鄂尔多斯市	0.999 527	温州市	0.999 524
咸阳市	0.205 039	渭南市	0.193 743	沧州市	0.999 527	漳州市	0.999 524
乌鲁木齐市	0.204 659	南平市	0.193 742	西安市	0.999 527	榆林市	0.999 524
雅安市	0.204 535	双鸭山市	0.192 869	青岛市	0.999 526	包头市	0.999 524
许昌市	0.204 265	宝鸡市	0.192 495	天津市	0.999 526	邯郸市	0.999 524
榆林市	0.203 504	衡水市	0.192 395	咸阳市	0.999 526	邢台市	0.999 524
西安市	0.201 847	泉州市	0.192 213	衢州市	0.999 526	赣州市	0.999 524
鞍山市	0.201 577	丽水市	0.192 181	武汉市	0.999 526	丽水市	0.999 523
安阳市	0.199 960	商丘市	0.191 731	南宁市	0.999 526	大同市	0.999 523
攀枝花市	0.199 296	呼和浩特市	0.191 715	哈尔滨市	0.999 525	三门峡市	0.999 523
唐山市	0.198 615	牡丹江市	0.191 456	西宁市	0.999 525	三明市	0.999 523
自贡市	0.197 849	宜春市	0.191 407	克拉玛依市	0.999 525	十堰市	0.999 523
温州市	0.197 764	玉林市	0.191 257	大连市	0.999 525	攀枝花市	0.999 523
巴中市	0.197 507	佳木斯市	0.190 807	呼和浩特市	0.999 525	衡水市	0.999 523
平顶山市	0.197 439	重庆市	0.190 712	泉州市	0.999 525	新乡市	0.999 523
宜宾市	0.197 273	赣州市	0.190 413	乌鲁木齐市	0.999 525	广元市	0.999 523
新乡市	0.196 535	汉中市	0.190 116	银川市	0.999 524	龙岩市	0.999 523

续 表

经济性公共产品				非经济性公共产品			
城 市	供给效率	城 市	供给效率	城 市	供给效率	城 市	供给效率
周口市	0. 190 036	乌兰察布市	0. 187 508	开封市	0. 999 523	阳泉市	0. 999 522
南宁市	0. 189 962	龙岩市	0. 187 461	秦皇岛市	0. 999 523	信阳市	0. 999 522
宁德市	0. 189 639	晋城市	0. 187 223	驻马店市	0. 999 523	南通市	0. 999 522
青岛市	0. 189 567	邯郸市	0. 187 218	荆门市	0. 999 523	南充市	0. 999 522
泸州市	0. 189 518	晋中市	0. 187 206	周口市	0. 999 523	泸州市	0. 999 522
扬州市	0. 189 228	长治市	0. 187 193	佳木斯市	0. 999 523	鞍山市	0. 999 522
通辽市	0. 189 160	克拉玛依市	0. 187 136	牡丹江市	0. 999 523	渭南市	0. 999 521
郑州市	0. 188 825	衢州市	0. 187 135	赤峰市	0. 999 522	雅安市	0. 999 521
武汉市	0. 188 811	荆州市	0. 187 077	呼伦贝尔市	0. 999 522	乌兰察布市	0. 999 521
南充市	0. 188 635	十堰市	0. 187 067	遵义市	0. 999 522	扬州市	0. 999 521
廊坊市	0. 188 435	葫芦岛市	0. 187 051	平顶山市	0. 999 522	宁德市	0. 999 521
南通市	0. 188 434	广元市	0. 187 039	玉林市	0. 999 522	许昌市	0. 999 521
漳州市	0. 188 352	三明市	0. 187 013	商丘市	0. 999 522	安康市	0. 999 521
沧州市	0. 188 083	呼伦贝尔市	0. 186 959	宝鸡市	0. 999 522	晋中市	0. 999 521
遵义市	0. 188 002	忻州市	0. 186 950	双鸭山市	0. 999 522	宜春市	0. 999 521
哈尔滨市	0. 188 000	石家庄市	0. 186 834	焦作市	0. 999 522	南平市	0. 999 521
眉山市	0. 188 000	银川市	0. 186 825	黄山市	0. 999 522	商洛市	0. 999 521
邢台市	0. 187 936	三门峡市	0. 186 735	鹤岗市	0. 999 522	资阳市	0. 999 521
荆门市	0. 187 918	西宁市	0. 186 725	襄阳市	0. 999 522	新余市	0. 999 520
驻马店市	0. 187 887	襄阳市	0. 186 713	营口市	0. 999 522	葫芦岛市	0. 999 520
秦皇岛市	0. 187 877	新余市	0. 186 712	吉安市	0. 999 522	自贡市	0. 999 520
信阳市	0. 187 764	鹤岗市	0. 186 700	廊坊市	0. 999 522	眉山市	0. 999 520
吉安市	0. 187 716	黄山市	0. 186 605	宜宾市	0. 999 522	广安市	0. 999 520
开封市	0. 187 657	赤峰市	0. 186 597	唐山市	0. 999 522	巴中市	0. 999 520
阳泉市	0. 187 642	包头市	0. 186 593	台州市	0. 999 522	通辽市	0. 999 520
大连市	0. 187 604	大同市	0. 186 587	绵阳市	0. 999 522	汉中市	0. 999 520
上海市	0. 187 590	绵阳市	0. 186 583	忻州市	0. 999 522	乐山市	0. 999 519
营口市	0. 187 543			荆州市	0. 999 522		

四、城市公共产品市场（私人）供给机制存在的问题

城市公共产品的市场（私人）供给机制能够有效提高公共产品供给的效率和质量，但是在缺乏有效监管的情况下也会导致公共产品供给的公共性缺失，引起私营垄断，政府角色转换不到位，难以形成公平、合理、有效的城市公共产品定价机制。同时，由于政府对公共产品市场供给的绩效评估不够全面、科学，政府的监督机制不够完善，城市公共产品供给在效率和公平性方面均存在一些问题。

第一，城市公共产品的市场（私人）供给机制导致公共产品供给的公共性缺失。城市公共产品市场（私人）供给机制打破了政府对城市基础设施、公用事业、公共服务的行政性垄断。在公共产品供给过程中引入竞争机制，可以提高供给效率和服务质量。但是，在实践中，部分政府部门存在认识上的偏差，往往把市场化等同于私有化，将城市公用事业、公共服务等的供给职责完全交给私人资本，从而使得公共产品供给的自然垄断变为私人资本垄断，导致城市公共产品供给的公共性缺失（董明涛，2011）。

第二，政府角色转换不到位。在城市公共产品部门市场化变革中，政府的职能和角色应该随之转换，对于一部分以市场机制供给的公共产品，政府应由直接生产者和供给者转换为供给的规划者、决策者和监管者，具体的公共基础设施项目投资建设和公共服务供给应由企事业单位承担。但目前部分政府的角色和职能还没有转变到位，常常以行政指令直接管理公共产品项目，同时缺乏有效监管（蒋牧宸，2014）。

第三，公平、合理、有效的城市公共产品定价机制尚未形成。政府部门和私营部门应合理界定各自的责任、义务和风险，以有效约束各方。在经营收益方面，企业在保证可以收回成本并有合理利润的前提下，必须设计合理的收入承诺机制，形成公平、合理、有效的城市公共产品定价机制，保证企业生产与运营的可持续性，降低融资成本，形成有效的激励机制。

第四，政府对企业公共产品生产行为与过程的绩效评价不够全面、科学，同时缺乏有效的监督机制。政府作为公共利益的代表，须对公共产品供给的全过程进行监管。但目前政府的监管方式较为单一，常常以行政检查方式进行监管，缺乏专业性，也没有形成一个全方位的和系统性的监管体系。此外，政府

的监管侧重于资格监管和经济性监管，缺少社会性监管，也没有发挥社会力量监管的作用。

第四节　城市公共产品的社会（自愿）供给机制

一、实现公共产品社会（自愿）供给的可能性

公共产品的社会（自愿）供给方式，是除政府与市场之外的另一种公共产品供给方式，是社会组织、企业和个人等自愿为社会提供公共产品。公共产品社会（自愿）供给机制是以社会捐赠或公益彩票等形式无偿或部分无偿地筹集资金，并将筹集到的资金用于文化教育、体育、济贫、公共福利等方面，它是对政府供给和市场供给公共产品的一种补充（樊丽明，2005）。社会（自愿）供给公共产品的范畴主要有如下几点：一是特殊群体的公共服务。社会非营利组织，即所谓第三部门为社会弱势群体和有特殊需要的社会群体提供公共服务，包括养老服务、失业人员技能培训、慈善救济、青少年帮教等。二是社区公共产品供给。这是社会组织经常开展的志愿活动，包括帮困助残、帮老爱幼、社区安全、社区文化教育、法律援助等。

公共产品社会（自愿）供给机制发挥作用，需要有良好的社会基础和文化环境，国家要建立相应的法律保障体系来规范和保护志愿活动，社会和政府也要构建志愿者激励机制。首先，针对个人公共产品自愿供给，政府可制定规定性志愿服务制度。规定性志愿服务可以使每个参与者融入社会和了解社会，培养公民的社会责任感和奉献精神，塑造互惠互信的道德规范。其次，建立多层次的激励制度，如政府可以通过减免税收、财政补贴方式等对个人和企业进行激励等。最后，社会组织要积极进行组织建设，提高自身的专业化服务水平（李雪萍，2007）。

公共产品社会（自愿）供给机制会对整个社会的公共产品供给产生积极的效应：一是规模效应。社会（自愿）供给在一定程度上可以扩大公共产品的供给规模，满足日益增长的公共产品需求。二是竞争效应。社会（自愿）供给作为一种公共产品供给机制，与政府供给、市场供给形成了竞争格局，这有利于提高公共产品的供给效率。

影响公共产品社会（自愿）供给的因素主要包括集体规模、个体投资公共产品的边际收益、初始禀赋分配、社会偏好等。一般来说，在缺乏合适的制度安排的情况下，公共产品供给范围和规模较大，使用者或享有者“搭便车”的动机较强，公共产品的自愿供给意愿和供给水平也会受到影响。个体投资公共产品的边际收益越高，成员的激励越强，公共产品自愿供给水平就越高，即个体投资公共产品的边际收益与公共产品自愿供给水平呈现正相关关系（Buckley and Croson，2006；Carpenter，2007）。初始禀赋分配越公平，公共产品自愿供给水平也就越高（Cherry，Kroll and Shogren，2005；Sadrieh and Verbon，2006）。个体会通过互惠或纯粹利他等社会偏好影响公共产品的自愿供给，产生影响的途径主要包括利他偏好、光热效应（warm glow）和条件性合作（conditional operation）。利他偏好是指个体改善他人处境的愿景。具有此类偏好的个体即使其他个体选择“免费乘车”，其也愿意投资公共产品（Goeree，Holt and Laury，2002）。光热效应是指个体通过给予行动获得效用。不论其他个体的行动是什么，这类个体总是会选择进行某一特定数额的公共产品投资（Palfrey and Prisbrey，1997）。条件性合作是指在其他个体合作的基础上选择的合作。当其他个体选择投资公共产品时，该类个体也会选择投资公共产品，以此作为对与他人合作的一种回报（Fischbacher and Gachter，2006）。

二、公共产品社会（自愿）供给的机制设计

从理论上说，公共产品社会（自愿）供给的行为是存在的，实践中也涌现了不少事例。我们需要研究的是如何进行各种制度安排与机制设计，以及如何促进城市公共产品社会（自愿）有效供给。

社会（自愿）供给机制设计主要包括信息披露、交流与承诺、自愿惩罚机制等（张晏、夏纪军，2009）。信息披露主要包括决策信息披露和身份信息披露。如果社会组织和个体能预期到自己的行为会被公开并得到社会的认可，那么其就可以提高志愿供给公共产品的贡献量，决策信息被披露的可能性会提高成员的合作水平。披露参与者的个人信息能够缩小参与者之间的社会距离，增进相互认同，也可以提高参与者对地方福利的关心程度，从而提高志愿供给公共产品的水平。在公共产品的社会（自愿）供给机制中，通过身份信息传递自愿与合作行为的信号，能够促进参与者或供给者之间的协调。同时，每个社会

组织和个体在决定自己的贡献方式与供给数量时，通常也会参考同类参与者的行为和贡献情况，此时，身份信息的披露可以影响志愿者参照系的选择。相较于对公共产品供给志愿者身份信息的披露，志愿者之间、社会上志愿信息的交流能更有效地提高公共产品的志愿供给水平。无论是视频交流、语音交流还是网络交流，都能提高公共产品的志愿供给水平。此外，在长期的社会（自愿）供给行为及志愿者与政府、相关组织合作中，来自社会及合作者内部可信的惩罚威胁可以有效维持志愿供给行为的有效性和合作性。在互利偏好中，采取内部惩罚机制或第三方惩罚机制，可以有效提高合作水平，增强约束力，实现更持久和更有效的公共产品供给。

总之，要想有效实现公共产品的社会（自愿）供给，我们需要重视信息，发挥互联网、大数据、人工智能等先进信息技术的作用，有效建设城市公共产品供给的信息平台与互动平台，促进社会组织和个人对公共产品的自愿供给。政府部门应大力扶持、引导和规范社会组织，使其在城市公共产品供给中发挥积极作用。以公益性为取向、以利他为目的的社会组织，能够扩大公共产品对民众需求的覆盖范围。社会组织与志愿者对公众的需求有较为直接的了解，能充分发现公众的公共产品需求偏好。此外，社会组织与志愿者参与公共产品供给更能有效发挥监督机制的作用（王春福，2007）。

三、我国公共产品社会（自愿）供给机制的演变与案例分析

（一）我国公共产品社会（自愿）供给机制的演变

长期以来，我国公共产品部门具有较强的行政控制性，同时也由于社会经济发展水平的限制，我国的社会服务组织、社会基金组织和社会志愿者队伍发展缓慢，规模也比较小。经过近 10 年的社会经济发展，第三部门逐渐发展起来。根据《2019 年民政事业发展统计公报》，截至 2019 年年底，全国共有 86.6 万个社会组织、64.3 万个基层群众自治组织、52.8 万个各类社区服务机构和设施，城市社区综合服务设施覆盖率达 92.9%；全国共有 1.3 万个经常性社会捐赠工作站、点和慈善超市（其中慈善超市有 3 528 个），2019 年全年有 1 664.2 万人次在民政领域提供了 4 326.9 万小时的志愿服务，2019 年全国社会组织捐赠收入达 873.2 亿元；全国备案慈善信托有 239 个，慈善信托资产规模为 27.6 亿元。

我国社会组织的发展主要经历了由双重管理体制、社会组织备案制度到建立现代社会治理体制等过程。20 世纪 80—90 年代，我国对社会组织的管理主要实行的是由社会组织的登记管理机关和业务主管单位共同负责的双重管理体制。1988 年国家颁布了《基金会管理办法》，1989 年又颁布了《社会团体登记管理条例》，建立分别由登记管理机关（也就是民政部门）和业务主管单位双重负责的管理体制。1998 年，国务院第八次常务会议通过了新修订的《社会团体登记管理条例》和《民办非企业单位登记管理暂行条例》，这标志着社会组织的双重管理体制正式形成（袁浩、刘绪海，2014）。大量研究表明这套体制存在诸多约束性机制，导致社会组织呈现缺乏活力、对体制依附性强等特征（王旭，2005；王名、贾西津，2002；严振书，2010；黄晓春，2015）。进入 21 世纪之后，中央政府开始积极探索鼓励发展社会组织的思路，不断释放积极发展社会组织的政策信号。实际上，北京、上海、广州、深圳等城市的地方政府自 2005 年起就开始探索基层社区社会组织备案制度，并探索“公益招投标”等政府购买社会组织服务的新型制度（黄晓春，2015）。党的十八大以来，党和政府高度重视社会组织在社会治理中的作用，积极鼓励社会组织参与公共服务和社会治理工作，激发社会组织活力，加快形成社会组织体制，创新社会治理体制。随着我国社会进入新时代，党中央提出要建立共建共治共享的社会治理格局。为此，政府可以通过购买服务和招投标等方式，将一部分公共事业交给社会组织承担，充分发挥社会力量和公众的协同作用，提升社会治理的社会化水平（董俊林，2018）。

（二）案例分析：上海市社区公益创投项目的社会（自愿）供给机制

2009 年以来，上海市民政局及其下属各级民政部门对公益金的资助方式做了创新性探索，借鉴美国与欧洲的慈善实践经验，引进了社区公益创投（venture philanthropy）这一市场化购买公共服务的运作机制。其目的是发现社区居民的需求，培育受社区居民欢迎的公益服务项目，提高社区居民对慈善公益项目的认知度和参与度，动员社会组织参与社区公益服务，推动社区公益事业的专业化和职业化发展，扶持培育一批有能力、讲诚信的社会公益服务组织，不断满足社区居民的多元化、个性化公共服务需求。

制订公益创投项目计划，开展社区公益创投活动，是上海民政部门支持社会组织从事社会志愿服务活动的一种方式。政府通过公益招投标的方式选择社会组织，以市场化运作模式将风险投资的工具运用于公益慈善事业，向社会组织购买社区公益服务项目，并为从事社会服务的组织提供资金与社会资源的支持（宋程成，2020；刘志阳、邱舒敏，2014；李健、唐娟，2014）。上海市民政局每年从福利彩票收入中安排一定比例的市级公益金，按市、区（县）两级地方政府配套资金，委托非营利组织管理公益创投项目，通过社区公益服务项目招投标的方式，遴选具有投资和支持价值的为老服务、助残服务、青少年服务、救助帮困服务及其他公益项目，评选通过的予以正式立项（Jing and Gong，2012）。经过几年的探索实践，公益创投计划的实施已初步形成了创新社会管理的社会志愿服务新模式：一是政府积极引导和支持；二是社区居民、社会组织、社会工作者广泛参与；三是通过公开、公平、公正的市场竞争，遴选社区居民真正需要的公益项目；四是引入社会第三方进行项目审计和绩效评价。这种模式让更多的社区居民得到了实惠，促进了社区公益服务的专业化、规范化发展，扶持了一批社会组织，尤其是“草根”民生服务组织。

上海市的社区公益创投项目实现了政府与社会组织的合作，打破了传统的公益金资助机制，探索出政府与社会组织合作供给公共产品的新机制。在项目实施过程中，社会组织扮演着重要的角色：一是服务生产者。在购买服务中社会组织负责具体的运作和管理，社会第三方组织进行项目的审计和绩效评价，这样政府就从具体的公共产品供给事务中解放出来了。二是社会资源整合者。社会组织的加入优化了资源的配置和利用。政府向社会组织购买服务，给予社会组织公益金的支持，社会组织利用这些资金提供社会需要的公共服务，提高了资金的利用效益。三是政府公共服务的合作者。社会组织参与社会治理和公共服务活动后，成为协助政府进行社会治理的重要补充力量，政府与社区组织的协作实现了政府社会治理目标与社区实际需求的良好契合，既避免了公共服务供给中的政府失灵，也避免了市场失灵。

然而，上海市社区公益创投项目在推广过程中也存在一些问题。一是目前社区公益创投项目的资金主要来源于政府的拨款，因此其缺乏长期性和稳定性。而社区的公益事业一般是长期的和固定的，因此这类服务项目受资金的约束较大，对社会组织的运营能力提升和治理结构优化的促进作用也有限（Jing and Gong，2012）。二是政府部门设立部分公益创投项目是出于社会行政管理目的，而不是出于建立社区公共服务系统和满足居民公共服务需要的目的，因此供需之间存在着矛盾。三是社会组织管理者和服务人员的公益意识、慈善意识不足，他们较多考虑如何完成政府委托的行政管理事务，而对如何更好地服务社区居民的职责有所忽视。四是公益创投项目是以政府行政为主导的，在规划决策过程中社会组织和社区居民的参与度不高，因此一些项目与社会需求的契合度不高，也不利于发挥社会组织的积极性与创新性（李健、唐娟，2014）。五是公益创投项目的过程监管、质量控制、绩效考核缺乏科学的量化评估方法和体系（李健、唐娟，2014；Jing and Gong，2012），第三方组织的评估也过多地考虑是否有利于政府部门管理职能的实现。

针对这些问题，我们认为社区公益创投应充分借鉴欧美国家的实践经验，并结合我国国情和社区实际情况，进一步完善运行机制，注重合理运用政府资金和各类慈善基金，特别要重视与慈善基金会、商业创投的合作，加强运用多元化投资工具的能力，帮助社会组织更好地提升运营能力、完善治理结构，促进其社会公共服务供给质量和效率的提升（宋程成，2020；李友梅，2018；刘志阳、李斌，2018；刘志阳、邱舒敏，2014）。

第五节　城市公共产品的多元主体合作供给机制

一、我国城市公共产品多元主体合作供给机制的演变

如前文所述，城市公共产品的多元主体合作供给机制是政府、私人部门和社会组织等合作进行公共产品的生产、供给和管理的一种机制。通常情况下，政府是公共产品多元主体合作供给机制的组织者和主导者，负责确定公共产品供给项目的规划和内容，动员社会资本参与公共产品供给项目的建设和运营。

自 20 世纪 90 年代起，我国一直在尝试吸收民营资本参与公共基础设施建设，也出台了一系列政策。基于我国传统的经济体制机制，民营资本独立参与公共产品供给的个案很少，我国公共产品供给的市场化就表现为政府与社会资本合作的多元主体性。2014 年 4 月，国务院常务会议决定在基础设施建设领域引入社会资本，并确定了首批 80 个基础设施建设公私合作项目，这标志着政府与社会资本合作由政策引导阶段转向实践推进阶段（郭文卿，2014）。

2014年12月，财政部政府和社会资本合作中心正式成立，并下发了30个PPP合作示范项目名单和操作指南。同年，《国家发展改革委关于开展政府和社会资本合作的指导意见》《政府和社会资本合作项目通用合同指南》发布；《国务院关于创新重点领域投融资机制鼓励社会投资的指导意见》明确提出了要积极推动社会资本参与市政基础设施建设与运营，通过特许经营、投资补助、政府购买服务等多种方式，鼓励更多社会资本主动参与投资城镇供水、供热、污水与垃圾处理、建筑垃圾资源化利用和处理、城市综合管廊、公园配套服务、公共交通、停车设施等市政基础设施项目。2015年4月，国家发展改革委、财政部、住房和城乡建设部等六部委联合发布《基础设施和公用事业特许经营管理办法》（以下简称《管理办法》）。《管理办法》对政府采用特许经营、PPP模式以鼓励和引导社会资本参与公共产品供给影响较大，它明确了特许经营的原则、合作协议内容与管理办法等。2016年8月印发的《国家发展改革委关于切实做好传统基础设施领域政府和社会资本合作有关工作的通知》，对能源、交通运输、水利、环境保护、农业、林业和重大市政工程共七大类基础设施领域的PPP项目做了具体工作部署，这加快了基础设施领域PPP项目的推进速度。2019年3月，财政部发布《关于推进政府和社会资本合作规范发展的实施意见》，要求充分发挥PPP模式的积极作用，补齐基础设施短板，推动经济高质量发展；各级财政部门应结合自身财力状况，因地制宜采取注入资本金、运营补贴等方式支持规范的PPP项目（付军明、周雨、刘东旭，2019）。

同时，多元主体合作机制逐渐拓展到城市公共服务、教育、医疗卫生和养老等领域，大量相关政策文件相继出台。2016年10月，财政部发布《关于在公共服务领域深入推进政府和社会资本合作工作的通知》，要求加大PPP模式的应用力度，积极引导各类社会资本参与垃圾处理、污水处理等公共服务领域的项目投资与建设。2017年，财政部等发布《关于运用政府和社会资本合作模式支持养老服务业发展的实施意见》，提出推动政府与社会资本在养老服务业中的合作，以形成多层次、多渠道、多样化的养老服务市场。2020年2月，财政部颁布《政府购买服务管理办法》，对政府购买服务的购买主体与承接主体、购买内容与目录、购买活动的实施、合同与履行、监督管理、法律责任等做了明确的规定。

二、城市公共产品多元主体合作供给的方式

公共产品多元主体供给机制首先涉及的是由谁来供给的问题。对此，理论上和实践中始终存在着比较大的争议，政府失灵或市场失灵均成为各种主张的基本理由。但人们通常认为政府必须承担提供必需的、最基本的公共产品的责任，如提供国防、公共基础设施、公共安全等公共产品，建设维系经济社会协调与可持续发展的基本平台。而对于具有竞争性和一定排他性的公共产品，可以由私人部门以市场机制供给。但对于大量的公共性物品和服务，单纯由政府部门供给或单纯由私人部门供给均存在着效率和效益问题，因此有必要充分发挥社会组织和私人部门的积极作用，建立由多元主体构成的投资、生产和供给的体系。在公共产品多元主体合作供给机制下，政府处于主导地位，承担公共产品的主要供给责任，但其作为供给公共产品平等竞争的合作伙伴之一，应与营利组织和非营利组织平等合作。

要想建立有效的公共产品多元主体合作供给机制，必须有合适的制度安排。在多元主体合作的公共产品供给中，原有的单一主体转化为多元主体，因此多元主体间的关系需要重构。这里蕴含了主体角色分离、主体选择、角色分配以及主体间关系、功能与权益构建等内容。在理论上，以竞争性的选择方式来选择参与主体、激励主体并规范主体行为是有效的制度安排。在实践中，有效的合作需要遵循权利共享、信息透明、责任清晰、绩效评估、合作意愿与稳定性以及公众参与和监督等主要原则。这里，要协调好各主体之间的关系和角色分配，关键是要转变政府职能，明确政府与市场的边界，提升政府的管理能力。只有这样才能构成有效的供给网络，协调好各方的目标，整合各方资源，发挥比较优势，最终实现市场效率与公共利益的统一。

要想建立有效的公共产品多元主体合作供给机制，还需要通过机制设计来最大限度地解决公共产品需求的公众偏好显示困境和公众偏好集结的难题，构建居民对城市公共产品需求的表达与识别机制、民主决策机制、财政支持机制、多元治理机制和监督反馈机制。在实践中，充分发挥市场机制的作用，鼓励各类社会组织和民众参与公共产品的供给决策，可以显著增强公共产品决策和供给的有效性。

目前，我国城市公共产品多元主体合作供给的方式主要包括政府购买服

务、PPP 模式等。政府购买服务模式主要运用于公共服务、教育、养老、医疗卫生等领域，PPP 模式主要运用于城市基础设施建设领域。近几年来，政府购买服务模式发展迅速，许多地区运用这一模式供给城市非经济性公共产品，取得了较好的效果。例如，宁夏积极拓展政府购买学前教育服务，引导民办园向社会提供学前教育服务，构建了多层次的学前教育服务供给体系；甘肃兰州城关区于 2009 年创建了一家由政府主导、企业加盟、市场运作、社会参与的虚拟养老院，采取政府向社会力量购买服务的方式，满足了一部分老年人在家享受专业化、标准化养老服务的需求（王明霞，2020）；四川遂宁河东新区探索市政服务的市场化模式，通过政府购买服务的方式向市民提供市政服务，实现市政管理部门的职能转变，即由市政服务的供给者和生产者转变为供给者和监管者，有效节约了财政资金，提升了市政服务质量。

总体来说，经过多年的发展，我国多元主体合作供给公共产品的机制发挥了积极的作用，在城市公共基础设施建设和公共服务供给中引入了市场竞争机制，合作项目的确定与合作者的选择等的规范性有所增强。同时，社会组织参与公共产品的供给也在一定程度上弥补了政府财政资金、运营管理能力和专业技能的不足，提高了公共产品的供给水平。

三、政府与社会资本合作的方式与规模

前文从市场主体参与公共产品供给领域的角度，阐述了我国政府与社会资本合作（PPP）的建立和发展过程。从本质上来说，PPP 是一种较为典型的政府与社会资本合作供给公共产品的方式。PPP 是公共部门与私人部门共同参与公共产品的生产、供给的一种组织方式和制度安排。联合国开发计划署认为，PPP 是政府、企业和社会组织基于某个项目而形成的相互合作关系。

按照 2014 年发布的《国家发展改革委关于开展政府和社会资本合作的指导意见》，PPP 项目主要是政府负有提供责任且又适宜市场化运作的公共服务、基础设施类项目，如燃气、供电、供水、供热、污水与垃圾处理等市政设施，公路、铁路、机场、城市轨道交通等交通设施，医疗、旅游、教育培训、健康养老等公共服务项目，以及水利、资源环境和生态保护等项目。经营性的 PPP

项目，即具有明确的收费基础，并且经营收费能够完全覆盖投资成本的项目，可通过政府授予特许经营权，采用建设—运营—移交（BOT）、建设—拥有—运营—移交（build-own-operate-transfer，BOOT）等模式供给。准经营性的项目，即经营收费不足以覆盖投资成本，需要政府补贴部分资金或资源的项目，可通过政府授予特许经营权附加部分补贴或直接投资参股等措施，采用 BOT、建设—拥有—运营（build-own-operate，BOO）等模式供给。非经营性项目，即缺乏使用者付费基础、主要依靠政府付费回收投资成本的项目，可通过政府购买服务，采用 BOO、委托运营等市场化模式供给。

PPP 项目可以根据不同的项目性质和合作条件，采用不同的运作模式，主要包括特许经营、委托运营、管理合同、BOT、BOO、转让—运营—移交（transfer-operate-transfer，TOT）、购买—建设—运营（buy-build-operate，BBO）、建设—移交—经营（build-transfer-operate，BTO）、建设—租赁—移交（build-lease-transfer，BLT）、改建—运营—移交（retrofit-operate-transfer，ROT）、建设—租赁—运营—移交（build-lease-operate-transfer，BLOT）、建设—租赁—维护—移交（build-lease-maintenance-transfer，BLMT）、运营—维护（operation-maintenance，OM）、租赁—运营—移交（lease-operate-transfer，LOT）等模式。这些模式实施的范围和条件不同，也各具特色和优势，在我国的公共设施建设实践中，BOT 模式是政府与社会资本合作的基本模式，目前已经在收费公路、电厂、废水处理设施等基础设施项目上得到广泛的实施（曾佳辉，2018；吴美香，2008）。

据统计，2014 年至 2021 年 5 月末，全国 PPP 综合信息平台项目管理库累计入库项目为 10 132 个，投资额为 15.7 万亿元；累计签约落地项目为 7 340 个，投资额为 12 万亿元，落地率为 72.4%；累计开工项目为 4 444 个，投资额为 6.9 万亿元，落地项目开工率为 60.5%。全国 PPP 综合信息平台项目管理库累计投资额行业分布如图 6－3 所示，从图中可以看出，累计投资额排在前 5 位的行业分别是交通运输（52 469 亿元）、市政工程（45 355 亿元）、城镇综合开发（19 681 亿元）、生态建设和环境保护（10 709 亿元）、旅游（4 103 亿元），合计占管理库总投资额的 84.4%。PPP 项目的实施有效提高了城市基础设施的供给水平、质量和效率。

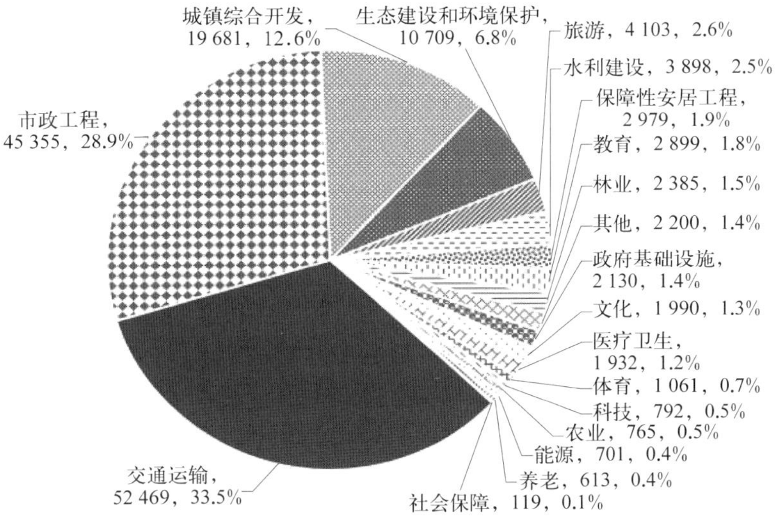

图 6-3　全国 PPP 综合信息平台项目管理库累计投资额行业分布（单位：亿元）

（资料来源：《全国 PPP 综合信息平台项目管理库 2021 年 5 月报》）

四、城市公共产品多元主体合作供给的案例分析

（一）北京地铁 4 号线项目的公私合作模式①

北京地铁 4 号线（以下简称“4 号线”）是北京市轨道交通路网中的主干线之一，线路全长 50 千米，车站总数为 35 座。4 号线工程总投资额为 153.8 亿元，于 2004 年 8 月正式开工，2009 年 9 月 28 日通车试运营，目前日均客流量已超过 100 万人次。

4 号线一期（公益西桥站至安河桥北站）建设项目是我国现代城市轨道交通领域的首个大型 PPP 建设项目，由北京市基础设施投资有限公司（以下简称“京投公司”）规划承包并组织实施，项目采用 PPP 融资合作模式。4 号线一期工程投资建设分为 A、B 两个相对独立的组成部分：A 部分为隧道洞体、车站等土建工程，投资额约为 107 亿元，约占整个项目总投资额的 70%，由京投公司成立的全资子公司北京地铁四号线投资有限公司（以下简称“四号线公

① 北京地铁 4 号线项目案例根据以下资料编写：佚名．国家发展改革委发布政府和社会资本合作（PPP）典型案例——北京地铁 4 号线项目［J］．中国工程咨询，2015（9）：23-26；中国财政学会公私合作（PPP）研究专业委员会课题组，贾康，孙洁．北京地铁四号线 PPP 项目案例分析［J］．经济研究参考，2014（13）：56-61；王广宏，赵永珊，徐学才．北京地铁四号线项目 PPP 模式应用研究［J］．合作经济与科技，2015（23）：44-46.

司”）负责；B 部分为车辆、信号等工程配套设施与设备部分，投资额约为 46 亿元，约占整个项目总投资额的 30%，由 PPP 项目公司北京京港地铁有限公司（以下简称“京港地铁公司”）负责。京港地铁公司是由京投公司、香港铁路有限公司和北京首都创业集团有限公司根据 2∶49∶49 的出资比例设立。

4 号线一期工程项目竣工并通过验收后，京港地铁公司通过租赁取得四号线公司的 A 部分资产的使用权。京港地铁公司负责 4 号线的日常运行与运营管理、全部车站基础设施（包括 A 和 B 两部分）的定期维修与日常保养、车站除洞体外所有公共资产的更新以及车站内的商业经营运作。京港地铁公司通过地铁票款收入与站内商业经营收入回收投资并获得合理投资收益。项目特许经营协议期为 30 年，特许经营期满后，京港地铁公司将 B 部分项目设施完好、无偿地移交给北京市政府指定部门，将 A 部分项目基础设施归还给四号线公司。

4 号线一期项目设计了合理的票价补偿机制和客流控制机制，建立了政府和市场风险共担机制，为社会资本投资方带来了合理的预期收益，有效激励了投资方参与该项目的建设。在票价补偿机制方面，该项目约定了票价差额补偿和收益差额分享机制，构建了对地铁票价潜在风险分担的长效机制。当实际票价收入低于测算票价收入时，北京市政府按不足差额给予特许经营公司补偿；当实际票价收入高于测算票价收入时，特许经营公司将其差额的 70%返还给北京市政府。在客流控制机制方面，当实际客流量连续三年低于预测客流量的 80%时，特许经营公司可申请补偿，或者放弃项目；当实际客流量高于预测客流量时，北京市政府分享超出预测客流量 10%以内票款收入的 50%和超出预测客流量 10%以上票款收入的 60%。

地铁 4 号线项目的政府与社会资本合作取得了较好的效果，无论是社会效益还是经济效益都实现了预期的目标。由于政府与特许经营公司在合作过程中科学设置了影响双方关键利益的机制，因此双方能够妥善处理合作过程中出现的问题，使项目建设和经营能够顺利开展。

（二）深圳大运中心公私合作模式①

深圳大运中心（以下简称“大运中心”）位于深圳市龙岗区龙翔大道，

---

① 深圳大运中心项目案例参考以下资料编写：佚名．国家发展改革委发布政府和社会资本合作（PPP）典型案例——深圳大运中心项目［J］．中国工程咨询，2015（9）：34－36；郑芳媛．论 PPP 模式在公共体育场馆项目中的应用［J］．商业经济，2018（1）：120－122，155；曾克．基于 ROT 运营模式的体育中心赛后改造策略研究——以深圳大运中心为例［D］．哈尔滨：哈尔滨工业大学，2015.

距离市中心约 15 千米，是深圳举办 2011 年第 26 届世界大学生夏季运动会的主场馆区，也是深圳实施文化立市战略、发展体育产业、推广全民健身的中心区。大运中心含“一场两馆”，即体育场、体育馆和游泳馆，总投资约 41 亿元。大运中心工程量巨大，南北长约 1 050 米，东西宽约 990 米，总用地面积为 52.05 万平方米，总建筑面积为 29 万平方米，场地面积相当于 132 个标准足球场。其中体育场总体于 2010 年年底完工，是深圳的地标性建筑。

在第 26 届世界大学生夏季运动会成功举办之后，大运中心的运营管理与维护遇到了难题，每年高达 6 000 万元的维护成本成为深圳市政府的沉重负担。为了解决大型赛事结束后场馆永续利用和经营的难题，深圳市政府采用了与社会资本合作的模式。根据大运中心建筑物特点、运行技术要求和社会需求等，深圳市政府最终选择了 ROT 模式，把大运中心周边 1 平方千米的土地资源交给龙岗区政府开发、运营，并与大运中心联动开发建设。龙岗区政府将其投资建成的大运会场馆委托给深圳佳兆业集团股份有限公司（以下简称“佳兆业集团”）运营管理，双方约定委托管理期限届满后，再由佳兆业集团将全部设施移交给龙岗区政府。

佳兆业集团获得大运中心所有场馆的使用权和经营权后，成为大运中心的总运营商，同时鉴于体育运动的特点，引入专业运营团队，通过专业的商业运作，提升了大运中心及其场馆的运营竞争力。具体来说，总运营商引入德国 AEG、英皇集团、体育之窗等一批具有国内外赛事、演艺资源以及场馆运营经验的专业运营团队参与运营，形成总运营商与专业团队合作的运营模式。依托场馆平台，运营商把体育与文化、会展、商业有机串联起来，把体育产业链植入商业运营模式中，构建了商业—场馆—片区的联动商业模式；同时，创立了运营调蓄基金，利用商业经营利润支持场馆运营，进而带动大运新城的开发建设。

在此项目中，政府对项目运营给予财政政策扶持。前 5 年政府给予总运营商每年不超过 3 000 万元的补贴，用于赛事、演艺的专项补助，扶持总运营商引进更多、更好的赛事和演艺活动，提升场馆的人气和档次。在场馆运营期间，项目设立了由佳兆业集团与龙岗区政府共同管理的调蓄基金，调蓄基金从运营利润中提取，主要用于场馆的日常维护与保养，以增加赛事活动数量，提升赛事活动影响力等。项目还建立了高效的运营绩效考核机制，每年由管理部门对总运营商进行绩效评估和公众满意度测评，并邀请有国际化场馆运营经验的第三方机构进行评估。此外，项目还成立由文体旅游、发展改革委、财政、公安、交通、城管等相关职能部门组成的运营监管协调服务机构，协助总运营商做好运营工作。

将 ROT 模式植入公共体育场馆的运营之中，不仅降低了政府的运营成本，而且调动了社会资本进入公共体育场馆运营领域的积极性，提高了公共体育场馆的运营效率，并有利于推动公共体育场馆运营管理制度的改革。大运中心采用政府与社会资本合作的机制经营公共基础设施项目，在公私双方的责、权、利分配，商业模式选择，财政扶持政策，绩效考核机制等方面，为全国公共体育场馆运营管理改革提供了有益的经验。

（三）对我国已实施的 PPP 项目的总体评估

自 2014 年以来，在中央政策的鼓励、支持下，地方政府大力推广社会资本参与公共基础设施和公共服务项目的建设与运营，激发了社会资本参与公共产品部门投资建设的积极性，缓解了政府的财政压力，有效提升了城市基础设施供给的水平、质量和效率。总结全国已实施的 PPP 项目，我们可以发现，在投资收益的回报机制方面，PPP 项目中可行性缺口补助类项目投资额占据了绝大部分比重，每年占 80%以上，部分年份甚至高达 99%。在项目的运营模式方面，以 BOT 模式为主，财政部 PPP 中心项目库 2009—2019 年数据显示，BOT 模式占总项目数的 85%以上，另外一部分项目采用 BOO、ROT、TOT 模式，这三种模式合计仅占总项目数的 7%左右。少量项目采用 TOT+BOT 模式，约占总项目数的 3%。

尽管国家允许在公共产品部门的绝大部分领域采用 PPP 模式，但在实践中，采用 PPP 模式的行业主要是交通运输、市政工程、城镇综合开发、生态建设和环境保护等行业。政府采用 PPP 模式主要还是考虑到资金的因素，资金有时甚至成为唯一的考虑因素，希望引入社会资本以解决财政困难，因此思想上认识不到位，把 PPP 模式作为解决政府财政危机的权宜之计，不是真正想变革公共产品部门的供给机制，这也是部分 PPP 项目实施中出现难以执行合约责任问题的基本原因。同时，PPP 合约中的职权界定、收益分配、风险承担等方面的规范性和适宜性也有待完善，一些实施中的 PPP 项目出现严重亏损或暴利的现象。目前国家已颁布了一系列有关政府与社会资本合作的政策文件，但仍缺乏全局性、系统性和专门性的法律法规。鉴于 PPP 项目实施中出现的问题，政府不断地加以整顿、督查和指导，清理了一些问题较大的项目。2019 年财政部发布《关于推进政府和社会资本合作规范发展的实施意见》，要求各地在推进 PPP 项目的过程中，遵循“规范运行、严格监管、公开透明、诚信履约”的原则，特别是提出要健全制度体系，严格项目的入库，建立项目的动态调整机制，对 PPP 项目进行全生命周期的管理。此外，该意见还要求各地方政府在推进 PPP 项目的过程中坚持必要的、可承受的财政投入原则，项目决策坚持审慎、科学的原则，公平、公正、公开择优选择社会资本方。此后，我国 PPP 项目的规范性有所增强。但要真正完善 PPP 项目制度，提升 PPP 项目的社会效益和投资效率，国家仍需要不断完善相关法律制度，进一步提高市场化程度，优化营商环境，降低制度成本和市场交易成本。

参考文献

[1] Boadway R. Intergovernmental redistributive transfers: efficiency and equity [M] //Ahmad E, Brosio G. Handbook of fiscal federalism. UK: Edward Elgar Publishing, 2006.

[2] Buckley E, Croson R. Income and wealth heterogeneity in the voluntary provision of linear public goods [J]. Journal of Public Economics, 2006, 90 (4/5): 935 - 955.

[3] Carpenter J P. Punishing free-riders: how group size affects mutual monitoring and the provision of public goods [J]. Games and Economic Behavior, 2007, 60 (1): 31 - 51.

[4] Charnes A, Cooper W W, Rhodes E. Measuring the efficiency of decision making units [J]. European Journal of Operational Research, 1978, 2 (6): 429 - 444.

[5] Cherry T L, Kroll S, Shogren J F. The impact of endowment heterogeneity and origin on public good contributions: evidence from the lab [J]. Journal of Economic Behavior & Organization, 2005, 57 (3): 357 - 365.

[6] Kessides C. The contributions of infrastructure to economic development [M]. Washington, D. C.: The World Bank, 1993.

[7] Fischbacher U, Gachter S. Heterogeneous social preferences and the dynamics of free riding in public goods [R]. Institute for Empirical Research in Economics Working Papers, 2006.

[8] Goeree J K, Holt C A, Laury S K. Private costs and public benefits: Unraveling the effects of altruism and noisy behavior [J]. Journal of Public Economics, 2002, 83 (2): 255 - 276.

[9] Hayek F A. The use of knowledge in society [J]. American Economic Review, 1945, 35: 519 - 530.

[10] Jing Y J, Gong T. Managed social innovation: the case of government-sponsored venture philanthropy in Shanghai [J]. Australian Journal of Public Administration, 2012, 71 (2): 233 - 245.

[11] Keen M, Marchand M. Fiscal competition and the pattern of public spending [J]. Journal of Public Economics, 1997, 66 (1): 33 - 53.

[12] Kunneke R W. Electricity networks: how "natural" is the monopoly? [J]. Utilities Policy, 1999, 8 (2): 99 - 108.
[13] Oates W E. Fiscal federalism [M]. New York: Harcourt Brace Jovanovich, 1972.
[14] Qian Y Y, Roland G. Federalism and the soft budget constraint [J]. Journal of Economic Literature, 1998, 88 (5): 1 143 - 1 162.
[15] Palfrey T R, Prisbrey J E. Anomalous behavior in public goods experiments: how much and why [J]. American Economic Review, 1997, 87: 829 - 846.
[16] Qian Y Y, Weingast B R. Federalism as a commitment to preserving market incentives [J]. Journal of Economic Perspectives, 1997, 11 (4): 83 - 92.
[17] Sadrieh A, Verbon H A A. Inequality, cooperation, and growth: An experimental study [J]. European Economic Review, 2006, 50 (5): 1 197 - 1 222.
[18] Salamon L M, Anheier H K. Defining the nonprofit organization [M]. New York: Walter de Gruyter, 1997.
[19] Sobel J. Interdependent preferences and reciprocity [J]. Journal of Economic Literature, 2005, 43 (2): 392 - 436.
[20] Tiebout C M. A pure theory of local expenditures [J]. Journal of Political Economy, 1956, 64 (5): 416 - 424.
[21] Zhang X B. Fiscal decentralization and political centralization in China: implications for growth and inequality [J]. Journal of Comparative Economics, 2006, 34 (4): 713 - 726.
[22] 陈奇星，胡德平. 政府公共服务方式的多元化选择：趋势与策略 [J]. 上海行政学院学报，2011，12 (3): 31 - 39.
[23] 陈诗一，张军. 中国地方政府财政支出效率研究：1978—2005 [J]. 中国社会科学，2008 (4): 65 - 78.
[24] 邓金霞. 政府购买公共服务的"委托管理"模式：基于上海两个典范社区文化活动中心的经验 [J]. 中国政府采购，2015 (9): 44 - 46.
[25] 董明涛. 农村公共产品供给机制创新研究 [D]. 天津：天津大学，2011.
[26] 丁菊红，邓可斌. 政府偏好、公共品供给与转型中的财政分权 [J]. 经济研究，2008 (7): 78 - 89.
[27] 范子英，张军. 转移支付、公共品供给与政府规模的膨胀 [J]. 世界经济文汇，2013 (2): 1 - 19.
[28] 傅勇，张晏. 中国式分权与财政支出结构偏向：为增长而竞争的代价 [J]. 管理世界，2007 (3): 4 - 12.
[29] 高琳. 分权与民生：财政自主权影响公共服务满意度的经验研究 [J]. 经济研究，2012, 47 (7): 86 - 98.
[30] 顾昕，王旭. 从国家主义到法团主义：中国市场转型过程中国家与专业团体关系的演变 [J]. 社会学研究，2005 (2): 155 - 175.
[31] 郜建人. 城市基础设施的市场化运营机制研究 [D]. 重庆：重庆大学，2004.
[32] 黄桂林. 我国城市基础设施产业化发展研究 [D]. 哈尔滨：哈尔滨工业大学，2009.
[33] 黄晓春. 当代中国社会组织的制度环境与发展 [J]. 中国社会科学，2015 (9): 146 - 164.
[34] 贾俊雪，郭庆旺. 政府间财政收支责任安排的地区经济增长效应 [J]. 经济研究，2008 (6): 37 - 49.
[35] 蒋牧宸. 地方政府公共服务供给机制改革研究：基于公共治理的视角 [D]. 武汉：武

汉大学，2014.
[36] 乐园. 公共服务购买：政府与民间组织的契约合作模式——以上海打浦桥社区文化服务中心为例 [J]. 中国非营利评论，2008，2 (1)：143 - 160.
[37] 冷功业. 中国公共物品非营利组织供给研究 [D]. 成都：西南财经大学，2010.
[38] 李健，唐娟. 政府参与公益创投：模式、机制与政策 [J]. 公共管理与政策评论，2014，3 (1)：60 - 68.
[39] 李婉，江南. 中国式财政分权与地方政府财政支出规模的膨胀：实证检验“利维坦”模型在中国的有效性 [J]. 当代财经，2010 (6)：26 - 31.
[40] 李友梅. 当代中国社会治理转型的经验逻辑 [J]. 中国社会科学，2018 (11)：58 - 73.
[41] 刘徽. 基于政策文本计量的中国 PPP 政策演变研究 [D]. 天津：天津大学，2017.
[42] 刘志阳，李斌. 公益创投运行机制研究：兼论与商业创投的异同 [J]. 经济社会体制比较，2018 (3)：181 - 191.
[43] 刘志阳，邱舒敏. 公益创业投资的发展与运行：欧洲实践及中国启示 [J]. 经济社会体制比较，2014 (2)：206 - 220.
[44] 罗丽英，姚卫. 公共物品的需求显示机制理论研究 [J]. 经济学动态，2012 (11)：45 - 48.
[45] 庞伟，孙玉栋. 财政分权、地方政府竞争对财政支出效率的空间效应 [J]. 现代经济探讨，2018 (10)：42 - 49.
[46] 平新乔，白洁. 中国财政分权与地方公共品的供给 [J]. 财贸经济，2006 (2)：49 - 55.
[47] 乔宝云，范剑勇，冯兴元. 财政分权与小学义务教育：中国案例 [J]. 中国社会科学 (英文版)，2006 (2)：62 - 76.
[48] 宋程成. 从公益创投到创造性治理：基于江南县实践的制度分析 [J]. 公共管理学报，2021，18 (1)：90 - 101.
[49] 宋建华. 新型城镇化背景下城市基础设施投资预测及 PPP 融资机制研究 [D]. 北京：北京交通大学，2020.
[50] 宋金波，宋丹荣，姜珊. 垃圾焚烧发电 BOT 项目的风险分担研究 [J]. 中国软科学，2010 (7)：71 - 79.
[51] 王春福. 公共产品多元治理模式的制度创新 [J]. 管理世界，2007 (3)：160 - 161.
[52] 王德祥，张权. 中国城市政府公共支出效率分析：基于四阶段 DEA 方法的实证研究 [J].财经科学，2011 (3)：41 - 48.
[53] 王俊豪. 深化中国城市公用事业改革的分类民营化政策 [J]. 学术月刊，2011，43 (9)：60 - 63.
[54] 王名，贾西津. 中国 NGO 的发展分析 [J]. 管理世界，2002 (8)：30 - 43.
[55] 王绍光. 多元与统一：第三部门国际比较研究 [M]. 杭州：浙江人民出版社，1999.
[56] 吴美香. 公共服务供给方式研究 [D]. 厦门：厦门大学，2008.
[57] 西南财经大学财政税务学院课题组. 地方公共物品有效供给研究 [M]. 北京：经济科学出版社，2012.
[58] 席恒. 利益、权力与责任：公共物品供给机制研究 [M]. 北京：中国社会科学出版社，2006.
[59] 夏策敏. 中国式财政分权与公共品供给研究综述 [J]. 财经论丛，2013 (3)：32 - 37.
[60] 徐家良，赵挺. 政府购买公共服务的现实困境与路径创新：上海的实践 [J]. 中国行政管理，2013 (8)：26 - 30.

[61] 严振书. 现阶段中国社会组织发展面临的机遇、挑战及促进思路 [J]. 北京社会科学, 2010 (1): 12－17.
[62] 杨军. 基础设施投资论 [M]. 北京: 中国经济出版社, 2003.
[63] 杨伟东, 夏海波, 裴长利, 等. PPP 项目法律实务 [M]. 北京: 人民法院出版社, 2017.
[64] 姚华. NGO 与政府合作中的自主性何以可能: 以上海 YMCA 为个案 [J]. 社会学研究, 2013, 28 (1): 21－42.
[65] 余泳泽, 王岳龙, 李启航. 财政自主权、财政支出结构与全要素生产率: 来自 230 个地级市的检验 [J]. 金融研究, 2020 (1): 28－46.
[66] 袁浩, 刘绪海. 社会组织治理的公共政策研究 [M]. 桂林: 广西师范大学出版社, 2014.
[67] 曾佳辉. H 污水处理 PPP 项目合同中提前终止财务补偿问题研究 [D]. 长沙: 湖南大学, 2018.
[68] 闵琪. 从公共品需求到公共品供需均衡: 理论与现实 [D]. 济南: 山东大学, 2011.
[69] 张康之, 郑家昊. 公共管理学 [M]. 2 版. 北京: 中国人民大学出版社, 2019.
[70] 张权. 公共支出效率促进产业结构升级的实现机制与经验辨识 [J]. 财贸经济, 2018, 39 (5): 146－159.
[71] 张晏, 龚六堂. 分税制改革、财政分权与中国经济增长 [J]. 经济学 (季刊), 2005 (4): 75－108.
[72] 张晏, 夏纪军. 公共品自愿供给机制研究进展 [J]. 经济学动态, 2009 (1): 90－95.
[73] 郑德山. 城市公共服务市场化探析: 以天津市河东区环卫行业为例 [D]. 天津: 天津大学, 2015.
[74] 周黎安. 中国地方官员的晋升锦标赛模式研究 [J]. 经济研究, 2007 (7): 36－50.
[75] 周业安, 宋紫峰. 公共品的自愿供给机制: 一项实验研究 [J]. 经济研究, 2008 (7): 90－104.
[76] 朱雅玲. 晋升锦标赛下地方政府竞争对消费结构的影响: 基于公共品供给竞争视角 [J].中国经济问题, 2019 (5): 76－93.
[77] 刘楠楠. 地方公共品: 三种需求表达机制效率的实证分析 [J]. 地方财政研究, 2015 (3): 36－44.
[78] 涂立桥. 中央转移支付对区域财力均衡影响的实证分析 [J]. 财经论丛, 2013 (3): 21－25.
[79] 黄君洁. 中国财政分权的现实问题研究 [J]. 厦门大学学报 (哲学社会科学版), 2007 (6): 97－104.
[80] 赵云旗. 新中国财政 60 年 [J]. 经济研究参考, 2009 (62): 2－16.
[81] 傅勇. 中国式分权、地方财政模式与公共物品供给: 理论与实证研究 [D]. 上海: 复旦大学, 2007.
[82] 樊丽明. 中国公共品市场与自愿供给分析 [M]. 上海: 上海人民出版社, 2005.
[83] 李雪萍. 城市社区公共产品供给研究 [D]. 武汉: 华中师范大学, 2007.
[84] 王名, 董俊林. 关于新时代社会治理的系统观点及其理论思考 [J]. 行政管理改革, 2018 (3): 24－27.
[85] 杨团. 非营利机构评估: 上海罗山市民会馆个案研究 [M]. 北京: 华夏出版社, 2001.
[86] 付军明, 周雨, 刘东旭. 规范促进 PPP 高质量发展: 浅析财金 [2019] 10 号文 [J]. 中国工程咨询, 2019 (4): 32－35.

[87] 申学锋，赵云旗. 财税改革 40 年大事记 [J]. 中国财政，2018 (24)：31-41.
[88] 郭文卿. PPP 模式概要解析 [J]. 经济论坛，2014 (10)：88-91.
[89] 王明霞. 兰州市“互联网+”智慧健康养老服务研究 [J]. 西安石油大学学报（社会科学版)，2020，29 (4)：54-61.

第七章　城市公共产品投融资机制

城市公共产品的供给水平、供给结构取决于投资规模和投资方向，而经济发展的目标和战略又决定了公共产品的投资规模和投资方向。国民经济体制机制不同，公共产品的投资主体和投资机制也会存在较大的差异。本章总结我国公共产品投资体制的演变历程，分析我国城市公共产品投融资结构，重点研究公共产品政府财政投资机制、市场投融资机制和多元主体合作投融资机制，总结分析各类投融资机制的发展趋势和模式，在实证分析中揭示其存在的问题，并提出相应的解决方案。

第一节　城市公共产品投资机制概述

一、城市公共产品投资内容和投资主体

城市是由各种资源及其生产物组成的，城市发展的过程是不断地通过投资活动以开发利用自然资源和经济资源的过程。这种投资开发活动既包括直接的生产和生活活动，也包括为保障生产、生活而提供基础设施和公共服务的活动。投资活动的对象和性质不同，构成了城市私人产品部门和公共产品部门。城市私人产品的投资对象涉及众多生产和生活领域，其特殊性在于非农业生产性。随着生产的复杂化和技术的变化，城市私人产品部门形成了不同的产业结构。城市公共产品部门的投资内容由城市生产和生活方式所决定，其投资规模也受城市生产和居民生活的需求影响。一般来说，城市公共产品投资的内容包括如下方面：一是城市生产和居民生活所需的经济性公共基础设施，如供排水设施、能源设施、交通设施、邮电通信设施、环境设施、防卫防灾安全设施等；二是国民发展和改善生活质量所需的社会性公共基础设施，如教育卫生设施、体育文化设施、社会福利设施和公共管理设施等；三是为有效利用经济性和社会性公共基础设施而提供的公共服务系统，如公共基础设施的运营系统、公共服务机构的设立与运营等。

从城市内部发展动力视角看，城市公共产品投资的目的是增强城市的生产和生活功能，实现城市社会经济效益最大化和可持续发展。从城市外部竞争视

角看，城市公共产品投资的目的在于提升城市的经济增长和市场竞争能力，实现城市社会经济和生态环境的协调发展。基于公共产品的公共性和社会性特征，政府一般承担公共产品投资主体的职能。但在城市发展史上，不同阶段和不同城市的公共产品投资主体变动较大，从最初的私人投资，到第二次世界大战以后普遍以政府投资为主，再到20世纪90年代出现的政府与社会资本等合作投资。目前，政府、企业、社会组织等都成为城市公共产品的投资主体，但从各国的实践看，政府仍然是基本的和最重要的投资主体。我国城市公共产品部门的体制机制在改革开放前后发生了很大的变化，由计划经济时期完全由政府投资，逐步转变为由政府、市场（企业、私人）、社会组织等多元主体投资。

二、城市公共产品的投资机制

城市公共产品的投资机制通常受公共产品的功能、运营绩效和政府财政状况影响。为了保障城市生产和居民生活的正常进行，保证城市社会经济活动的有序开展，增强城市综合竞争力，提升城市居民生活质量和幸福感，城市会采用不同的投资机制，最大限度地筹措资金来投资其所需的公共产品领域。根据资源配置方式、产权归属等条件的不同，城市公共产品的投资会采用不同的机制，总体上有以下三种。

（一）政府投资建设机制

政府投资建设机制是指由政府直接投资建设公共基础设施或服务类项目，这是我国城市中较为普遍的一种公共产品投资机制。该机制的优点是城市政府可以控制城市资源的使用方式和经营模式，按社会需求配置资源，以满足公众对公共产品的需求，不需要与私人性的投资人商谈投资项目的公共功能。同时，政府能够对公共项目进行严密的投资控制并对运营过程进行监管，尤其是可以根据这些公共项目的目标实行具有针对性的政策和措施。但该机制的缺点也显而易见：一是政府需要承担投资建设和运营所需的全部费用，财政负担重；二是政府除了要承担项目投资风险外，还要持续地承担项目运营和维护的全部成本，不断支出公共服务项目所需费用；三是在政府行政管理体制下，项目建设和运营的专业人才缺乏，决策程序繁复，导致项目运营能力不强，运营效率低下。

（二）市场投资建设机制

市场投资建设机制是由非政府性质的企业、私人和其他单位投资建设公共产品项目，政府不参与项目的投资活动，而是通过财政担保、项目建设与运营授权及招投标等方式，把项目全权委托给承建商和运营商组织实施。公共产品的市场投资机制可以采用不同的方式，如可以由私人（企业）根据政府项目要求投资建设，也可以建成后在一定期限内由投资者经营。鉴于公共产品项目的投资期长或营利性弱，政府可以给予投资建设者特许经营权、税收优惠，以保证其一定的营利性。对于一些需要占用土地等的公共资源项目，政府也可以通过划拨的方式投入其中。在市场投资建设机制中，尽管公共产品项目全面，由企业等私人资本和社会资本投资，但通常项目建设的规划、功能由政府决策，投资建设者必须满足政府的目标要求。

市场投资建设机制涉及公共产品的投资建设与运营的委托问题，需要有较为成熟的市场经济体制机制，社会需要高度法制化和规范化。从各国的实践来看，公共产品市场投资建设机制的优点在于可以减轻政府的财政资金压力，政府可以在资金短缺的情况下组织资源建设公共基础设施项目，打破现期的资金约束以发展城市经济，同时不需要承担项目建设和运营过程中的风险责任。更重要的是，采用市场投资建设机制有利于形成公共产品部门投资与运营的竞争机制，提高公共部门的投资与运营绩效。但公共产品部门的市场投资建设机制在运行中也常常会出现一些问题，常见的问题是投资企业出于盈利的目标，会采用各种方式降低成本，进而降低建设项目的质量或服务标准，这会影响公共产品项目的功能。因此，公共产品的市场投资建设机制不是政府与投资者简单的委托合同关系，而是包含了政府与投资者之间共同的公共产品供给责任关系。

（三）政府与社会资本合作投资建设机制

政府与社会资本合作投资建设机制通常采用政府与社会资本合作的方式，社会资本由企业和社会组织构成。此种机制介于政府投资建设机制与市场投资建设机制之间。政府与社会资本合作投资建设公共产品项目有一些优点：一是可以更好地利用社会资金参与公共基础设施建设，发展城市公共产品部门，减轻政府投资的财政压力和公共部门的债务负担。二是各投资主体依据不同原则，在城市公共产品项目建设运营中相互补充、相互支持和相互监督，发挥各自的优势和社会功能。政府以辖区公众利益为导向，可以做出全面的规划安排。企业和社会组织的灵活性强且与公众距离较近，能够更好地满足公众需求，并且扩大公共品的覆盖范围和外延。三是以市场化方式投资运营，有助于提高城市公共产品的运营效率。与完全私人化的市场投资建设机制相比，政府与社会资本合作投资建设机制可以更有效地实现项目的建设目标，降低项目的风险。

同样，政府与社会资本合作投资建设机制也有一些弊端：一是投资商和运营商的经营目的在于商业利益，其在取得城市公共品的建设运营权后，可能会做出一些有违公众利益的行为，这与政府制定的项目目标有偏差。为此，政府需要与合作者充分沟通和协调，并把目标要求清晰地表达于合作协议中。二是城市公共产品项目的建设与运营周期普遍较长，许多项目是长期性的，合作投资商与运营商的资产和业务稳定性对项目运营有着直接的影响，一旦运营商本身出现经营问题，项目的运营就会受到影响。同时，一些公共项目运营成本高，价格受到限制，收益率较低，这就要求投资商与运营商具有较强的资金实力和足够的现金流量，否则很容易因收不抵支而出现经营风险（尹成果，2005）。

在政府与企业合作投资运营的项目中，政府通常通过招标、授权经营、参股等方式，吸引投资者参与项目的建设与经营。现在许多发达国家和发展中国家广泛采用政府与社会资本合作的机制来投资建设公共产品项目，该机制主要应用于能源（电力、燃气）、供水、排污、电信、教育、卫生以及最常见的交通基础设施（机场、港口、道路、桥梁等）等建设领域。

三、我国公共产品投资体制的演变

公共产品投资体制是在一定的经济制度条件下，政府部门组织和管理公共产品投资行为的具体制度。它包括投资主体的构成、投资手段或投资工具的选择、投资渠道及其网络的联系、投资激励与约束机制的建立、投资评价体系的构建等全过程的组织形式和活动方式。

在计划经济时期，政府作为国民经济活动的唯一投资主体，其投资内容非常宽泛，所有经济领域均由政府投资。改革开放后，我国明确提出建立社会主义市场经济体制的改革目标，为了解决行政计划投资体制与现实经济运行和社会需求之间的矛盾，我国对投资体制进行了相应的改革。从总体上看，我国公共产品投资体制主要经历了两个发展阶段：一是改革开放以前的政府行政计划型投资体制；二是改革开放后逐渐形成的市场化与多元化公共产品投资体制。在计划经济时期，我国的公共产品完全由政府投资，财政收入是唯一的投资资金来源。改革开放以后至20世纪90年代初期，政府是公共产品的投资主体，资金来源基本上仍为财政税收，但在部分公共产品项目中试行将社会收费作为投资资金来源。这一阶段，政府通过提高税率、设立新的税种来增加财政收入，对城市基础设施建设资金实行专款专用。同时，部分城市开始对基础设施的使用收费，以筹集资金建设基础设施（吕冰洋、台航，2018）。主要的城市基础设施建设、维护的税费项目包括如下方面：一是城市维护建设税；二是土地使用费；三是市政公用设施配套费和城市公用设施增容费；四是土地使用权转让收入（韩军，2006）。

20世纪90年代中后期至2003年，政府仍是公共产品的投资主体，但开始在城市公共设施建设领域试行市场机制。20世纪90年代中后期，我国加快了城市基础设施投融资体制改革的步伐：一是放宽了城市公共基础设施领域的投资政策，允许外资和民营资本以独资、合作、联营、参股、特许经营等方式参与公共基础设施的投资建设；二是加快了市政公用事业市场化改革的进程，开始建立市政公用事业特许经营制度，推进了基础设施使用费和公用事业价格改革等；三是在公共基础设施项目建设中推行项目法人责任制，试行投资项目资本金制度，并实行招投标制和工程监理制等（张传吉，2006；郭玉清、毛捷，2019）。

2003—2012年，在分税制和国有土地使用权交易改革的基础上，城市公共产品的投资机制进入土地财政融资阶段。这一阶段又可分为两个阶段：一是将土地出让金及相关土地收入作为公共基础设施建设主要资金的阶段（2003—2008年）。20世纪90年代以后，随着城市房地产市场的快速发展，公共基础设施建设中土地财政和土地融资模式逐渐占主导地位。在土地财政机制下，地方政府投资建设公共基础设施的资金约束得以突破，政府成为公共产品的投资主体。二是以“土地抵押+融资平台（城投债）”为主的阶段（2008—2012年）。2008年全球金融危机之后，为了筹措城市基础设施项目的资金，我国地方政府投融资平台纷纷建立起来。在实践中，地方投融资平台作为城投债的发行主体，公开发行企业债和中期票据，并采取土地质押或变相担保的方式进行融资增信（綦鲁明、许琳，2017；杨继东、杨其静、刘凯，2018）。

2012年以后，中央政府一方面加大了公共基础设施的财政预算拨款，另一方面加大了以市政建设为主的专项债的发行规模，城市公共产品的投资规模逐渐扩大。这一时期随着城市建设规模的扩大，我国加快了公共产品建设的市场化改革进程，大力发展政府与社会资本合作（PPP）模式，形成多元主体合作的公共产品投资机制。为此，《国务院关于创新重点领域投融资机制鼓励社会投资的指导意见》鼓励民营、社会资金参与基础设施和公共服务领域的投资建设，对民营、社会资本参与开发建设的范围和合作方式提出了建议。此后，政府在公共基础设施建设中大力推行各类PPP模式，引入了国有和民营资本投资公共产品项目，减轻了地方政府债务压力（綦鲁明、许琳，2017）。

与此同时，为了加快经济发展，更大规模地建设公共基础设施，2015年以后政府增加了债券的发行量，使中央和地方专项债成为城市公共产品投资的重要资金来源。就债券融资的功能而言，地方政府债券就是市政债券，但就发债机制而言，我国地方债的行政性、规范性较差，市场透明度比较低，自我约束机制不健全。自2009年以来，我国地方债的发行方式先后有“代发代还”“自发代还”和“自发自还”等。为了规范政府的债券发行工作，2014年修正的《中华人民共和国预算法》（以下简称《预算法》）和2015年颁布的《地方政府一般债券发行管理暂行办法》明确规定，地方政府必须通过在预算约束下自发自还政府债券的方式举债，公益性事业发展项目没有收益的，政府发行一般债券融资以一般公共预算收入偿还（张庆君、闵晓莹，2020；李华、任龙洋，2013；张路，2020）。目前，地方债和土地出让收入已经成为城市公共产品投资的重要资金来源。

据国家统计局和财政部的统计：2020年政府获得的土地出让金收入为8.4万亿元；2020年年末中央国债余额实际数为208 905.87亿元；截至2020年12月末，全国地方政府债务余额为256 615亿元，控制在全国人大批准的限额之内，其中一般债务为127 395亿元，专项债务为129 220亿元，政府债券为254 864亿元，非政府债券形式的存量政府债券为1 751亿元；2020年年末中央和地方政府债务共计46.6万亿元。根据2020年财政部发布的财政收支情况，2020年地方政府专项债券用于交通、市政和产业园区基础设施以及职业教育、托幼、医疗、养老等民生服务领域的支出约占八成。由此我们可以估计，地方政府债务中直接投资于公共产品部门的约为23万亿元。

第二节　我国城市公共产品投资水平与结构

一、城市公共产品投资水平分析

自改革开放以来，我国在城市市政公用设施建设方面投入了大量资金，城市市政公用设施建设固定资产投资额如表 7－1 所示。表中数据表明，城市市政公用设施投资额从 1978 年的 12 亿元增长到 2018 年的 20 123.2 亿元，在一些年份增长很快，投资规模占同期全社会固定资产投资的比重为 1.7%～8.1%，占同期 GDP 的比重为 0.3%～3.3%。

表 7－1　城市市政公用设施建设固定资产投资额

年　份	投资完成额/亿元	增长率/%	占同期全社会固定资产投资的比重/%	占同期 GDP 的比重/%
1978	12.00	—	1.79	0.33
1979	14.20	18.02	2.02	0.35
1980	14.40	1.77	1.58	0.31
1981	19.50	43.81	2.03	0.40
1982	27.20	39.07	2.21	0.51
1983	28.20	3.72	1.97	0.47
1984	41.70	47.89	2.27	0.57
1985	64.00	53.60	2.52	0.70
1986	80.10	25.13	2.57	0.77
1987	90.30	12.79	2.38	0.74
1988	113.20	25.39	2.38	0.75
1989	107.00	-5.54	2.43	0.62
1990	121.20	13.30	2.68	0.64
1991	170.90	40.99	3.05	0.78
1992	283.20	65.71	3.50	1.04
1993	521.80	84.28	3.99	1.46
1994	666.00	27.64	3.91	1.37

续 表

年　份	投资完成额/亿元	增长率/%	占同期全社会固定资产投资的比重/%	占同期 GDP 的比重/%
1995	807. 60	21. 26	4. 03	1. 32
1996	948. 60	17. 46	4. 14	1. 32
1997	1 142. 70	20. 45	4. 58	1. 43
1998	1 477. 60	29. 31	5. 20	1. 73
1999	1 590. 80	7. 66	5. 33	1. 76
2000	1 890. 70	18. 85	5. 74	1. 89
2001	2 351. 90	24. 40	6. 32	2. 12
2002	3 123. 20	32. 79	7. 18	2. 57
2003	4 462. 40	42. 88	8. 03	3. 25
2004	4 762. 20	6. 72	6. 76	2. 94
2005	5 602. 20	17. 64	6. 31	2. 99
2006	5 765. 10	2. 91	5. 24	2. 63
2007	6 418. 90	11. 34	4. 67	2. 38
2008	7 368. 20	14. 79	4. 26	2. 31
2009	10 641. 50	44. 42	4. 74	3. 05
2010	13 363. 90	25. 58	4. 81	3. 24
2011	13 934. 20	4. 27	4. 47	2. 85
2012	15 296. 40	9. 78	4. 08	2. 83
2013	16 349. 80	6. 89	3. 66	2. 75
2014	16 245. 00	-0. 63	3. 17	2. 52
2015	16 204. 40	-0. 25	2. 88	2. 35
2016	17 460. 00	7. 75	2. 88	2. 35
2017	19 327. 60	10. 70	3. 01	2. 34
2018	20 123. 20	4. 12	3. 12	2. 24

数据来源：《中国城市建设统计年鉴》（2018 年）。

随着城市市政公用设施投资额的持续快速增加，城市市政公用设施水平也大大提高，相关数据如表 7－2 所示。1981—2018 年，城市供水普及率从

53.70%上升至98.36%，燃气普及率从11.60%上升至96.70%，人均道路面积从1.80平方米上升至16.70平方米，人均公园绿地面积由1.50平方米上升至14.11平方米。污水处理率由1991年的14.86%也上升至2018年的95.49%。虽然我国城市市政公用设施水平已大幅度提高，但是与居民日益增加的高品质生活需求相比，其水平还有很大的提升空间。

表7-2　城市市政公用设施水平

年　份	供水普及率/%	燃气普及率/%	人均道路面积/平方米	污水处理率/%	人均公园绿地面积/平方米
1981	53.70	11.60	1.80		1.50
1982	56.70	12.60	2.00		1.65
1983	52.50	12.30	1.90		1.71
1984	49.50	13.00	1.80		1.62
1985	45.10	13.00	1.70		1.57
1986	51.30	15.20	3.10		1.84
1987	50.40	16.70	3.10		1.90
1988	47.60	16.50	3.10		1.76
1989	47.40	17.80	3.20		1.69
1990	48.00	19.10	3.10		1.78
1991	54.80	23.70	3.40	14.86	2.07
1992	56.20	26.30	3.60	17.29	2.13
1993	55.20	27.90	3.70	20.02	2.16
1994	56.00	30.40	3.80	17.10	2.29
1995	58.70	34.30	4.40	19.69	2.49
1996	60.70	38.20	5.00	23.62	2.76
1997	61.20	40.00	5.20	25.84	2.93
1998	61.90	41.80	5.50	29.56	3.22
1999	63.50	43.80	5.90	31.93	3.51
2000	63.90	45.40	6.10	34.25	3.69
2001	72.26	60.42	6.98	36.43	4.56
2002	77.85	67.17	7.87	39.97	5.36

续 表

年 份	供水普及率/%	燃气普及率/%	人均道路面积/平方米	污水处理率/%	人均公园绿地面积/平方米
2003	86.15	76.74	9.34	42.39	6.49
2004	88.85	81.53	10.34	45.67	7.39
2005	91.09	82.08	10.92	51.95	7.89
2006	97.04	88.58	12.36	55.67	9.30
2007	93.83	87.40	11.43	62.87	8.98
2008	94.73	89.55	12.21	70.16	9.71
2009	96.12	91.41	12.79	75.25	10.66
2010	96.68	92.04	13.21	82.31	11.18
2011	97.04	92.41	13.75	83.63	11.80
2012	97.16	93.15	14.39	87.30	12.26
2013	97.56	94.25	14.87	89.34	12.64
2014	97.64	94.57	15.34	90.18	13.08
2015	98.07	95.30	15.60	91.90	13.35
2016	98.42	95.75	15.80	93.44	13.70
2017	98.30	96.26	16.05	94.54	14.01
2018	98.36	96.70	16.70	95.49	14.11

数据来源:《中国城市建设统计年鉴》(2018 年)。

注:1. 自 2006 年起，人均指标与普及率指标按城区人口和城区暂住人口合计为分母计算，以公安部门的户籍统计和暂住人口统计。

2. “人均公园绿地面积”指标在 2005 年以前为“人均公共绿地面积”。

从 20 世纪 90 年代中后期开始，我国城市不仅增加了市政公用设施建设方面的投入，而且逐步增加了教育、医疗卫生、社会保障等非经济性公共产品方面的投入，相关数据如表 7-3 所示。全国教育经费由 1992 年的 867.05 亿元上升到 2018 年的 46 135 亿元，教育经费投入的大幅度增加使教育类公共产品的供给水平明显提升，也使我国人力资本水平得到大幅度提升（安体富，2008）。1985—2016 年，考虑技术替代弹性差异的全国广义人力资本增长 4.6~8.2 倍，近 10 年的年均增长率为 3.6%~5.3%[①]。卫生总费用由 1992 年的 1 096.86 亿元

① 中央财经大学中国人力资本与劳动研究中心:《中国人力资本报告 2019》，2019 年 12 月。

上升到 2018 年的 59 121.9 亿元。卫生总费用的大幅度增加加快了医院的建设和医疗设施的改善，也提高了医疗卫生水平和居民健康水平。截至 2019 年年末，我国每千人口拥有医疗卫生机构床位数为 6.30 张，每千人口拥有注册护士为 3.18 人，每万人口拥有全科医生为 2.61 人，每万人口拥有专业公共卫生机构人员为 6.41 人；人均卫生总费用为 4 656.7 元，卫生总费用占 GDP 的比重为 6.6%①。

改革开放以来，我国社会保障制度逐步完善，已由保障公民的基本民生工具转变为维护公民发展和实现合理共享的财富分配机制（郑功成，2010）。我国社会保险基金支出由 1995 年的 877.1 亿元上升到 2018 年的 67 792.7 亿元。社会保险基金支出的大幅度增加使得我国养老保险、医疗保险、工伤保险、失业保险和生育保险的参保人数不断增加。截至 2019 年年末，全国参加城镇职工基本养老保险的人数为 43 482 万人，参加城乡居民基本养老保险的人数为 53 266 万人，参加基本医疗保险的人数为 135 436 万人，参加失业保险的人数为 20 543 万人，参加工伤保险的人数为 25 474 万人，参加生育保险的人数为 21 432 万人（马建堂，2020）。参保人数的增加对维护社会的稳定、公平和正义起到积极作用。

表 7－3　全国教育经费、卫生费用和社会保险基金支出情况

单位：亿元

年　份	教育经费总计	卫生总费用	社会保险基金支出
1992	867.05	1 096.86	
1995	1 877.95	2 155.13	877.10
2000	3 849.08	4 586.63	2 385.60
2001	4 637.66	5 025.93	2 748.00
2002	5 480.03	5 790.03	3 471.50
2003	6 208.27	6 584.10	4 016.40
2004	7 242.60	7 590.29	4 627.40
2005	8 418.84	8 659.91	5 400.80
2006	9 815.31	9 843.34	6 477.40

① 国家卫生健康委：《2019 年我国卫生健康事业发展统计公报》，2020 年 6 月。

续 表

年 份	教育经费总计	卫生总费用	社会保险基金支出
2007	12 148. 07	11 573. 97	7 887. 80
2008	14 500. 74	14 535. 40	9 925. 10
2009	16 502. 71	17 541. 92	12 302. 60
2010	19 561. 85	19 980. 39	15 018. 90
2011	23 869. 29	24 345. 91	18 652. 90
2012	28 655. 31	28 119. 00	23 331. 30
2013	30 364. 72	31 668. 95	27 916. 30
2014	32 806. 46	35 312. 40	33 002. 70
2015	36 129. 19	40 974. 64	38 988. 10
2016	38 888. 39	46 344. 88	46 888. 40
2017	42 562. 01	52 598. 28	57 145. 60
2018	46 135. 00	59 121. 90	67 792. 70

数据来源:《中国统计年鉴》(2019 年)。

二、城市公共产品投资结构分析

在经济发展的起飞阶段和工业化阶段，政府对公共部门的投资常常在社会总投资中占有较高的比重，这些公共部门投资为经济发展提供了社会基础设施、社会服务和人力资本等基础性条件。经济发展进入后工业化阶段，城市化水平较高，公共部门的投资与支出将发生变化，公共基础设施的投资会逐渐减少，教育、卫生、医疗保健与社会福利等支出会逐步增加。表 7 - 4 显示了 2007—2018 年我国城市公共产品的投资结构。

表 7 - 4　2007—2018 年我国城市公共产品投资结构

年份	财政支出/亿元	非经济性公共产品投资额/亿元	经济性公共产品投资额/亿元	非经济性公共产品供给比例/%	经济性公共产品供给比例/%
2007	49 781. 35	27 217. 01	22 564. 34	54. 67	45. 33
2008	62 592. 66	33 669. 34	28 923. 32	53. 79	46. 21
2009	76 299. 93	37 703. 35	38 596. 58	49. 41	50. 59

续　表

年份	财政支出/亿元	非经济性公共产品投资额/亿元	经济性公共产品投资额/亿元	非经济性公共产品供给比例/%	经济性公共产品供给比例/%
2010	89 874.16	43 352.06	46 522.10	48.24	51.76
2011	109 247.79	54 537.93	54 709.86	49.92	50.08
2012	125 952.97	65 120.66	60 832.31	51.70	48.30
2013	139 744.26	72 237.29	67 506.97	51.69	48.31
2014	151 785.56	78 105.84	73 679.72	51.46	48.54
2015	175 877.77	89 754.54	86 123.23	51.03	48.97
2016	187 755.21	99 171.22	88 583.99	52.82	47.18
2017	203 085.49	109 702.78	93 382.71	54.02	45.98
2018	220 904.13	148 842.39	72 061.74	67.38	32.62

资料来源：《中国统计年鉴》（2007—2018 年）。

从 2007—2018 年城市公共产品的投资结构可以看出，除了 2008 年全球金融危机爆发后，国家推出强刺激的财政投资计划导致经济性公共产品供给比例有所上升之外，经济性公共产品供给比例从 2010 年开始呈现下降趋势，相应地，非经济性公共产品供给比例呈现上升趋势（见图 7－1）。

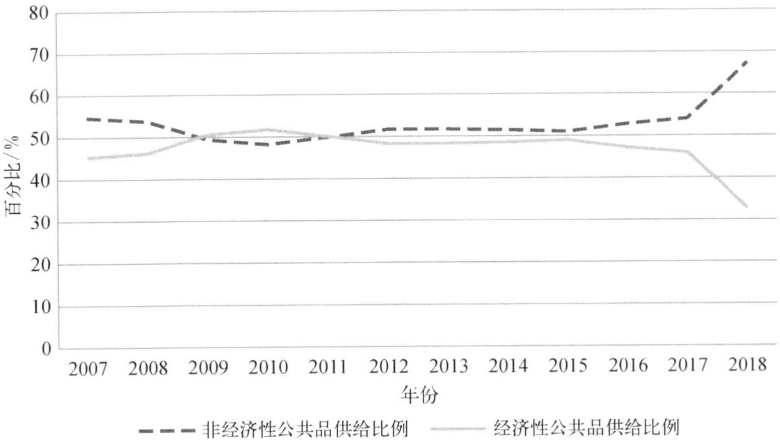

图 7－1　经济性与非经济性公共产品供给比例

教育经费的投入结构也发生了变化，表 7－5 显示了教育经费总计、国家财政性教育经费、民办学校教育经费、社会捐赠经费和事业费收入等情况。其中，国家财政性教育经费在总教育经费中所占比重在2000—2005年有所下降，2006年以后开始逐年上升，到2017年已达80%以上（见图7-2）。但是民办教育经费和社会捐赠经费在总教育经费中所占比例较低，截至2017年，两者相加的比例仍不到1%。

表7-5 教育经费情况

单位：万元

年份	教育经费总计	国家财政性教育经费	民办学校教育经费	社会捐赠经费	事业费收入	其他教育经费
1992	8 670 491	7 287 506		696 285		
1995	18 779 501	14 115 233	203 672	1 628 414		
2000	38 490 806	25 626 056	858 537	1 139 557	9 382 717	1 483 939
2001	46 376 626	30 570 100	1 280 895	1 128 852	11 575 137	1 821 643
2002	54 800 278	34 914 048	1 725 549	1 272 791	14 609 169	2 278 722
2003	62 082 653	38 506 237	2 590 148	1 045 927	17 218 399	2 721 943
2004	72 425 989	44 658 575	3 478 529	934 204	20 114 268	3 240 414
2005	84 188 391	51 610 759	4 522 185	931 613	23 399 991	3 723 842
2006	98 153 087	63 483 648	5 490 583	899 078	24 073 042	4 206 736
2007	121 480 663	82 802 142	809 337	930 584	31 772 357	5 166 242
2008	145 007 374	104 496 296	698 479	1 026 663	33 670 711	5 115 225
2009	165 027 065	122 310 935	749 829	1 254 991	35 275 939	5 435 371
2010	195 618 471	146 700 670	1 054 254	1 078 839	41 060 664	5 724 045
2011	238 692 936	185 867 009	1 119 320	1 118 675	44 246 927	6 341 005
2012	286 553 052	231 475 698	1 281 753	956 919	46 198 404	6 640 278
2013	303 647 182	244 882 177	1 474 089	855 445	49 262 087	7 173 384
2014	328 064 609	264 205 820	1 313 476	796 700	54 271 581	7 477 031
2015	361 291 927	292 214 511	1 876 620	869 960	58 097 239	8 233 597
2016	388 883 850	313 962 519	2 032 733	810 447	62 768 292	9 309 860
2017	425 620 069	342 077 546	2 250 061	849 974	69 575 734	10 866 754

数据来源：《中国统计年鉴》（2018年）。

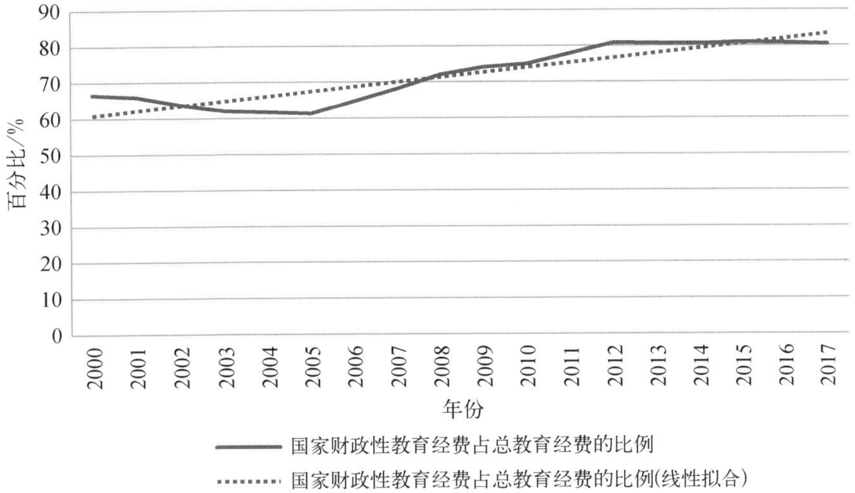

图 7－2　国家财政性教育经费在总教育经费中所占比例

我国卫生费用以个人支出和社会支出为主。如表 7－6 所示，在 2006 年以前，特别是 1995—2005 年，个人卫生支出甚至占到卫生总费用的一半以上。经过十几年的变化，卫生费用中政府卫生支出比重有所增加，社会卫生支出占比较大，2018 年社会卫生支出占卫生总费用的比重为 43.66%，政府卫生支出和个人卫生支出占卫生总费用的比重分别为 27.74%、28.61%。与经济发达国家比较，我国政府的卫生支出比重较小，因此，有必要大幅提高我国卫生和健康领域的财政支出水平，以提高医疗卫生服务的水平，尤其是提高农村医疗和农村居民的医疗保险水平。

表 7－6　卫生费用情况

年份	卫生总费用/亿元	政府卫生支出		社会卫生支出		个人卫生支出	
		绝对数/亿元	占卫生总费用的比重/%	绝对数/亿元	占卫生总费用的比重/%	绝对数/亿元	占卫生总费用的比重/%
1978	110.21	35.44	32.16	52.25	47.41	22.52	20.43
1979	126.19	40.64	32.21	59.88	47.45	25.67	20.34
1980	143.23	51.91	36.24	60.97	42.57	30.35	21.19
1981	160.12	59.67	37.27	62.43	38.99	38.02	23.74
1982	177.53	68.99	38.86	70.11	39.49	38.43	21.65

续 表

年份	卫生总费用/亿元	政府卫生支出		社会卫生支出		个人卫生支出	
		绝对数/亿元	占卫生总费用的比重/%	绝对数/亿元	占卫生总费用的比重/%	绝对数/亿元	占卫生总费用的比重/%
1983	207.42	77.63	37.43	64.55	31.12	65.24	31.45
1984	242.07	89.46	36.96	73.61	30.41	79.00	32.64
1985	279.00	107.65	38.58	91.96	32.96	79.39	28.46
1986	315.90	122.23	38.69	110.35	34.93	83.32	26.38
1987	379.58	127.28	33.53	137.25	36.16	115.05	30.31
1988	488.04	145.39	29.79	189.99	38.93	152.66	31.28
1989	615.50	167.83	27.27	237.84	38.64	209.83	34.09
1990	747.39	187.28	25.06	293.10	39.22	267.01	35.73
1991	893.49	204.05	22.84	354.41	39.67	335.03	37.50
1992	1 096.86	228.61	20.84	431.55	39.34	436.70	39.81
1993	1 377.78	272.06	19.75	524.75	38.09	580.97	42.17
1994	1 761.24	342.28	19.43	644.91	36.62	774.05	43.95
1995	2 155.13	387.34	17.97	767.81	35.63	999.98	46.40
1996	2 709.42	461.61	17.04	875.66	32.32	1 372.15	50.64
1997	3 196.71	523.56	16.38	984.06	30.78	1 689.09	52.84
1998	3 678.72	590.06	16.04	1 071.03	29.11	2 017.63	54.85
1999	4 047.50	640.96	15.84	1 145.99	28.31	2 260.55	55.85
2000	4 586.63	709.52	15.47	1 171.94	25.55	2 705.17	58.98
2001	5 025.93	800.61	15.93	1 211.43	24.10	3 013.88	59.97
2002	5 790.03	908.51	15.69	1 539.38	26.59	3 342.14	57.72
2003	6 584.10	1 116.94	16.96	1 788.50	27.16	3 678.67	55.87
2004	7 590.29	1 293.58	17.04	2 225.35	29.32	4 071.35	53.64
2005	8 659.91	1 552.53	17.93	2 586.40	29.87	4 520.98	52.21
2006	9 843.34	1 778.86	18.07	3 210.92	32.62	4 853.56	49.31
2007	11 573.97	2 581.58	22.31	3 893.72	33.64	5 098.66	44.05

续　表

年份	卫生总费用/亿元	政府卫生支出		社会卫生支出		个人卫生支出	
		绝对数/亿元	占卫生总费用的比重/%	绝对数/亿元	占卫生总费用的比重/%	绝对数/亿元	占卫生总费用的比重/%
2008	14 535. 40	3 593. 94	24. 73	5 065. 60	34. 85	5 875. 86	40. 42
2009	17 541. 92	4 816. 26	27. 46	6 154. 49	35. 08	6 571. 16	37. 46
2010	19 980. 39	5 732. 49	28. 69	7 196. 61	36. 02	7 051. 29	35. 29
2011	24 345. 91	7 464. 18	30. 66	8 416. 45	34. 57	8 465. 28	34. 77
2012	28 119. 00	8 431. 98	29. 99	10 030. 70	35. 67	9 656. 32	34. 34
2013	31 668. 95	9 545. 81	30. 14	11 393. 79	35. 98	10 729. 34	33. 88
2014	35 312. 40	10 579. 23	29. 96	13 437. 75	38. 05	11 295. 41	31. 99
2015	40 974. 64	12 475. 28	30. 45	16 506. 71	40. 29	11 992. 65	29. 27
2016	46 344. 88	13 910. 31	30. 01	19 096. 68	41. 21	13 337. 90	28. 78
2017	52 598. 28	15 205. 87	28. 91	22 258. 81	42. 32	15 133. 60	28. 77
2018	59 121. 90	16 399. 13	27. 74	25 810. 78	43. 66	16 911. 99	28. 61

数据来源：《中国统计年鉴》(2019 年)。

我国各项社会保险基金主要由企业和个人承担，但政府给予不同比例的补贴，总的补贴水平在 20%左右。我们搜集了 2013—2019 年全国社会保险基金的社会保险费收入与财政补贴收入，以及企业职工基本养老保险、城乡居民基本养老保险、居民基本医疗保险基金的保险费收入和财政补贴收入等数据，并分别测算了财政补贴收入所占比重，结果如表 7 – 7 至表 7 – 10 所示。

表 7 – 7　2013—2019 年全国社会保险基金收入来源情况

年份	全国社会保险基金			
	总收入/亿元	社会保险费收入/亿元	财政补贴收入/亿元	财政补贴收入占总收入比重/%
2013	32 829. 00	24 664. 00	7 180. 00	21. 90
2014	37 667. 00	28 088. 00	8 212. 00	21. 80
2015	44 660. 34	32 518. 48	10 198. 15	22. 80

续　表

年份	全国社会保险基金			
	总收入/亿元	社会保险费收入/亿元	财政补贴收入/亿元	财政补贴收入占总收入比重/%
2016	50 112. 00	36 479. 00	11 089. 00	22. 10
2017	58 437. 57	42 417. 66	12 351. 76	21. 10
2018	72 649. 22	52 543. 20	16 776. 83	23. 10
2019	80 844. 09	57 849. 05	19 392. 61	24. 00

数据来源：2013 年、2014 年数据分别引自财政部公布的《2013 年全国社会保险基金预算情况》《2014 年全国社会保险基金预算情况》；2015 年、2016 年、2017 年数据分别引自财政部公布的《关于 2015 年全国社会保险基金决算的说明》《关于 2016 年全国社会保险基金决算的说明》《关于 2017 年全国社会保险基金决算的说明》；2018 年、2019 年数据引自《中国财政年鉴》（2019—2020 年）。

表 7－8　2013—2019 年企业职工基本养老保险收入来源情况

年份	企业职工基本养老保险			
	总收入/亿元	保险费收入/亿元	财政补贴收入/亿元	财政补贴收入占总收入比重/%
2013	18 791. 00	15 501. 00	2 669. 00	14. 20
2014	21 489. 00	17 554. 00	3 038. 00	14. 10
2015	26 554. 00	21 096. 00	3 893. 00	14. 70
2016	28 519. 00	22 407. 00	4 291. 00	15. 00
2017	33 542. 04	26 228. 39	4 955. 13	14. 80
2018	37 520. 97	29 507. 15	5 355. 43	14. 30
2019	38 174. 79	30 008. 75	5 587. 76	14. 60

数据来源：2013 年、2014 年数据分别引自财政部公布的《2013 年全国社会保险基金预算情况》《2014 年全国社会保险基金预算情况》；2015 年、2016 年、2017 年数据分别引自财政部公布的《关于 2015 年全国社会保险基金决算的说明》《关于 2016 年全国社会保险基金决算的说明》《关于 2017 年全国社会保险基金决算的说明》；2018 年、2019 年数据引自《中国财政年鉴》（2019—2020 年）。

表 7－9　2013—2019 年城乡居民基本养老保险收入来源情况

年份	城乡居民基本养老保险			
	总收入/亿元	保险费收入/亿元	财政补贴收入/亿元	财政补贴收入占总收入比重/%
2013	2 098. 00	617. 00	1 414. 00	67. 40
2014	2 296. 00	648. 00	1 569. 00	68. 00

续　表

年份	城乡居民基本养老保险			
	总收入/亿元	保险费收入/亿元	财政补贴收入/亿元	财政补贴收入占总收入比重/%
2015	2 879.00	708.00	2 044.00	71.00
2016	2 956.00	737.00	2 092.00	70.80
2017	3 339.30	829.62	2 319.19	69.50
2018	3 870.12	881.10	2 775.74	71.70
2019	4 149.44	1 000.17	2 880.51	69.40

数据来源：2013 年、2014 年数据分别引自财政部公布的《2013 年全国社会保险基金预算情况》《2014 年全国社会保险基金预算情况》；2015 年、2016 年、2017 年数据分别引自财政部公布的《关于 2015 年全国社会保险基金决算的说明》《关于 2016 年全国社会保险基金决算的说明》《关于 2017 年全国社会保险基金决算的说明》；2018 年、2019 年数据引自《中国财政年鉴》（2019—2020 年）。

表 7－10　2013—2019 年居民基本医疗保险基金收入来源情况

年份	居民基本医疗保险基金			
	总收入/亿元	保险费收入/亿元	财政补贴收入/亿元	财政补贴收入占总收入比重/%
2013	3 763.00	716.00	3 012.00	80.00
2014	4 399.00	816.00	3 523.00	80.10
2015	5 405.00	1 114.00	4 212.00	77.90
2016	6 095.00	1 406.00	4 612.00	75.70
2017	6 838.33	1 812.72	4 918.68	71.90
2018	7 967.64	2 487.07	5 374.10	67.40
2019	8 679.84	2 773.31	5 796.24	66.80

数据来源：2013 年、2014 年数据分别引自财政部公布的《2013 年全国社会保险基金预算情况》《2014 年全国社会保险基金预算情况》；2015 年、2016 年、2017 年数据分别引自财政部公布的《关于 2015 年全国社会保险基金决算的说明》《关于 2016 年全国社会保险基金决算的说明》《关于 2017 年全国社会保险基金决算的说明》；2018 年、2019 年数据引自《中国财政年鉴》（2019—2020 年）。

表 7－7 至表 7－10 的数据显示，在全国社会保险基金收入中，财政补贴收入占总收入的比重逐年上升，由 2013 年的 21.90% 上升至 2019 年的 24.00%。企业职工基本养老保险收入中的财政补贴收入占总收入的比重维持在 14.00% 以上。城乡居民基本养老保险中的财政补贴收入占总收入的比重维持在

70.00%左右。一方面，企业职工、城乡居民养老保险中财政补贴收入的绝对数值在快速上升，其年复合增长率分别达到16.00%与13.00%。另一方面，企业职工、城乡居民养老保险中财政补贴收入占总收入的比重虽有波动，但总体呈上升趋势。虽然居民基本医疗保险基金收入中的财政补贴收入占总收入的比重呈现下降趋势，但其绝对数值也在快速上升，由2013年的3 012.00亿元上升至2019年的5 796.24亿元，其年复合增长率为14%。财政补贴比重刚性上升的原因是人口老龄化趋势的加剧和社会保险缴费率的下降。以上分析说明，我国养老保险、医疗保险等保险体系的运转，仍需要依赖财政补贴，单纯依靠社会保险基金自身的运转是难以维持收支相抵的。

养老保险、医疗保险、工伤保险、失业保险等保险基金中均有政府补贴的部分，因此这些保险基金在年末均有结余，政府补贴起到了平衡基金收支的作用（见表7-11）。社会保障作为各国重要的基本制度安排，正在由维护社会稳定、保障民生的工具转变为维护公平与正义、实现合理共享的财富分配机制。我们可以看到，在城乡居民基本养老保险基金和居民基本医疗保险基金中，财政补贴超过了保险费收入，这两种养老医疗保障支出主要由财政补贴满足。也就是说，财政补贴为非职工提供了社会保障，这对维护社会稳定有着积极的作用。

表7-11　2019年全国社会保险基金收支决算情况总表

单位：亿元

项　目	合　计	企业职工基本养老保险基金	城乡居民基本养老保险基金	职工基本医疗保险基金	居民基本医疗保险基金	工伤保险基金	失业保险基金
一、收入	83 152.13	38 174.79	4 149.44	15 638.36	8 679.84	804.68	1 248.77
其中： 1. 保险费收入	59 991.47	30 008.75	1 000.17	14 898.45	2 773.31	744.73	1 059.88
2. 财政补贴收入	19 103.12	5 587.76	2 880.51	92.88	5 796.24	14.46	0.17
二、支出	74 740.78	34 719.77	3 148.31	12 489.78	8 271.05	800.66	1 284.32
其中：社会保险待遇支出	72 914.48						

续　表

项　目	合　计	企业职工基本养老保险基金	城乡居民基本养老保险基金	职工基本医疗保险基金	居民基本医疗保险基金	工伤保险基金	失业保险基金
三、本年收支结余	8 411. 35	3 455. 02	1 001. 13	3 148. 58	408. 79	4. 02	-35. 55
四、年末滚存结余	96 545. 31	51 482. 67	8 283. 60	22 315. 66	5 212. 87	1 774. 58	4 510. 16

数据来源：《中国财政年鉴》（2020 年）。

第三节　公共产品政府财政投资机制

一、我国公共产品的政府财政预算体制机制

（一）我国现行的政府财政预算管理体制

公共产品投资与政府的预算体制直接相关。我国预算管理体制根据地方各级政府的职责范围来划分各级预算收支范围和管理权限。在财政预算管理上，我国实行一级政府一级预算，国务院编制中央预算，地方各级政府编制本级预算，由同级人大批准后执行。中央预算收支和地方各级预算收支分别称为中央财政收支和地方财政收支。

我国现行的预算体系包括一般公共预算、政府性基金预算、国有资本经营预算、社会保障基金预算。2018 年修正的《预算法》规定，政府所有的收入和支出均须纳入当年预算。一般公共预算是对以税收为主体的财政收入，安排用于保障和改善民生、推动经济社会发展、维护国家安全、维持国家机构正常运转等方面的收支预算。由于各地区的经济发展水平和财力有差异，中央一般公共预算中包括对下一级地方政府的税收返还和转移支付的预算。政府性基金预算是对依照法律、行政法规的规定，在一定期限内向特定对象征收、收取或者以其他方式筹集的资金，专项用于特定公共事业发展的收支预算。它主要是国家通过向社会征收以及出让土地、发行彩票等方式取得收入，专项用于支持特定基础设施建设和社会事业发展的收支预算。政府性基金预算根据基金项目收入情况和实际支出需要，以收定支，具有专款专用性。国有资本经营预算是

对国有资本收益做出支出安排的收支预算。值得关注的是，近年来政府强调在国有资本经营预算中安排资金调入一般公共预算，以增加政府的预算收入来源。社会保险基金预算是对社会保险缴款、一般公共预算安排和其他方式募集的资金，专项用于社会保险的收支预算。社会保险基金预算应当按照统筹层次和社会保险项目分别编制，以反映各项社会保险基金的收支情况。

（二）我国中央与地方政府分税制财政预算体制

我国自1994年1月1日起实行分税制财政管理体制，各级政府在划分事权范围的基础上，通过划分税收等各项收入来确定各自的预算收入范围。经过多年的实践，虽然分税制的内容和收入划分比例有所调整，但基本原则没有变化。总体上，分税制的主要内容包括中央与地方政府的财政收入和财政支出的划分，中央政府对地方政府的财政转移支付制度。这些内容直接决定了中央与地方政府的公共产品供给责任和供给结构。

当前中央政府财政主要承担全国性的一般公共服务支出，外交、公共安全、国防支出，由中央直接管理的农业、环境保护支出，教育、科技、文化、卫生、体育等社会事业发展支出，社会保障和就业支出，等等，同时承担实施宏观经济调控、调整国民经济结构、平衡地区发展所必需的支出以及中央直接管理的社会事业发展支出。地方政府财政主要承担本地区一般公共服务支出，以及本地区经济、社会事业发展所需的各项支出。

在收入的划分中，按照事权与财权相匹配的原则，将那些关系国家重大利益和影响宏观经济格局的税种划归中央，如消费税、关税、银行总行和保险总公司营业税、资源税等；将那些与地方经济密切相关并适合地方征管的税种划归地方，如营业税、地方企业所得税、个人所得税、房产税、土地增值税、契税等。其中，与经济发展直接相关的一些税种为中央与地方共享，如增值税、企业所得税和个人所得税等。

尽管分税制明确了中央与地方政府的事权和财权，但由于各地经济发展水平存在差异，不同地方政府的财力差距巨大。为了均衡地区间的基本财力，我国实施了财政转移支付制度。财政转移支付包括中央对地方的转移支付和地方上级政府对下级政府的转移支付。除了一般预算的转移支付外，还有专项转移支付，主要用于处理紧急救援、重大工程等特定事项。国家统计局统计的数据显示，近5年来中央财政转移支付的总额与各项转移支付占中央财政支出的比例逐年增加，一般性转移支付的增加尤为显著（见表7－12）。

表7－12　中央对地方的转移支付状况

年份	全国财政支出/亿元	转移支出总额		一般转移支付		专项转移支付		税收返还	
		金额/亿元	占比/%	金额/亿元	占比/%	金额/亿元	占比/%	金额/亿元	占比/%
2015	175 878	55 098	31	28 455	16	21 624	12	5 019	3
2016	187 755	59 401	32	31 865	17	20 709	11	6 827	4
2017	203 085	65 052	32	35 146	17	21 883	11	8 023	4
2018	220 904	69 681	32	38 722	18	22 927	10	8 032	4
2019	238 858	74 360	31	66 798	28	7 562	3	—	—
2020	245 588	83 218	34	69 460	28	13 758	6	—	—

资料来源：《中国统计年鉴》（2015—2020年）。

注：1. 转移支付总额不包括上年结转。

2. 2018年之后未公布税收返还。

3. 2018年后将专项转移支付中的一部分划为一般转移支付中的共同事权项目，所以专项转移支付骤降。

4. 2020年设立第三大类特殊转移支付5 992亿元，此处统计到了专项转移支付中。

（三）财政预算软约束与预算管理体制改革

一般而言，政府财政预算的执行具有强制性，但长期以来，在分税制的分权体制下，中央、地方政府的事权和财权划分与实际需求出现偏差，地方政府基本上难以按预算内收入保证基本公共支出和建设支出，《预算法》中不准出现赤字预算的规定难以实现，所谓财政预算软约束成为常态。在现行体制下，政府财政缺乏有效的民主监督，纳税人无法控制财政资源的流向和用途，地方政府财政预算软约束现象越来越普遍（赵永亮、杨子晖，2012；方红生、张军，2009）。此外，平新乔和白洁（2006）研究发现，我国部分地方政府的财政出现了“预算内软约束”“预算外无约束”的状况。财政预算软约束使部分地方政府随意超规模支出，并伴随非理性的过度举债行为，严重影响了地方经济的安全运行和可持续发展（陈抗，2002；伏润民、王卫昆、缪小林，2008）。

造成政府财政预算软约束的因素较多（Fromaget，2008；Wildasin，2004），但主要有三个方面。一是财政分权的失当。在分税制财政体制下，中央与地方政府事权和财权的不对称性，导致部分地方政府财力不足以支撑公共事务和建设项目，不得不另辟财源，通过融资平台举债投资（曹光宇等，2020）。二是随着社会经济的发展，政府承担的公共事务和社会服务越来越多，但财政分权缺乏透明性和法律规范存在不确定性等因素，使中央与地方政府在财权上互相争夺，在事权上互相推诿，导致制度供给失衡和地方政府支出压力过大（姚洋、杨雷，2003）。三是部分地方政府长期以来以经济工作为中心，过度开发和投资，导致财力严重不足。加上部分地方政府在资源获取和配置中缺乏约束力，通过对土地、矿产等资源的索取和设立融资平台等获得财政收入，突破财政预算的约束。

为了解决财政预算软约束等问题，中央不断进行预算管理制度改革，颁布了一系列法律法规和政策，总体的目标在于把所有的政府收支纳入预算，并建立“全面规范、公开透明”的现代预算管理制度，控制地方政府的建设项目和债务规模。为了严格控制政府预算的赤字规模，防止年度间的债务转移，我国建立了跨年度预算平衡机制，健全中央和地方政府债务管理与风险预警机制。同时，为了解决地方政府在经济发展中的资金短缺问题，中央允许地方政府通过发债完成政府投资。《国务院关于加强地方政府性债务管理的意见》要求强化预算约束和债务约束，并规定地方政府对其举债负有偿还责任，中央政府实行不救助原则（华国庆，2016；王永钦、陈映辉、杜巨澜，2016）。此外，为了解决地方政府在公共基础设施建设中的资金不足问题，财政部于 2015 年出台了《地方政府专项债券发行管理暂行办法》，将专项债券纳入财政预算管理，不计入财政赤字，发行方式也相对灵活，这有助于减轻地方政府的预算表内赤字压力，也有助于地方政府债务的显性化（刁伟涛、王楠，2017）。

二、中央与地方公共产品的投资水平

根据公共产品的总投资中政府支出的水平以及中央与地方政府支出的比例，一方面我们可以通过对财政支出的统计大致衡量预算内的投入水平，另一方面我们可以通过土地出让收入和政府基金等来估算政府的公共产品投入水平，特别是公共基础设施的投入水平。

全国、中央与地方公共产品政府投资支出，以及地方财政支出占比和地方财政收入占比的数据如表 7－13 所示。

表 7－13　全国、中央与地方公共产品政府投资支出

年　份	全国财政支出/亿元	中央财政支出/亿元	地方财政支出/亿元	地方财政支出占比/%	地方财政收入占比/%
1990	3 083.59	1 004.47	2 079.12	67.43	66.21
1991	3 386.62	1 090.81	2 295.81	67.79	70.21
1992	3 742.20	1 170.44	2 571.76	68.72	71.88
1993	4 642.30	1 312.06	3 330.24	71.74	77.98
1994	5 792.62	1 754.43	4 038.19	69.71	44.30
1995	6 823.72	1 995.39	4 828.33	70.76	47.83
1996	7 937.55	2 151.27	5 786.28	72.90	50.58
1997	9 233.56	2 532.50	6 701.06	72.57	51.14
1998	10 798.18	3 125.60	7 672.58	71.05	50.47
1999	13 187.67	4 152.33	9 035.34	68.51	48.89
2000	15 886.50	5 519.85	10 366.65	65.25	47.82
2001	18 902.58	5 768.02	13 134.56	69.49	47.62
2002	22 053.15	6 771.70	15 281.45	69.29	45.04
2003	24 649.95	7 420.10	17 229.85	69.90	45.36
2004	28 486.89	7 894.08	20 592.81	72.29	45.06
2005	33 930.28	8 775.97	25 154.31	74.14	47.71
2006	40 422.73	9 991.40	30 431.33	75.28	47.22
2007	49 781.35	11 442.06	38 339.29	77.02	45.93
2008	62 592.66	13 344.17	49 248.49	78.68	46.71
2009	76 299.93	15 255.79	61 044.14	80.01	47.58
2010	89 874.16	15 989.73	73 884.43	82.21	48.87
2011	109 247.79	16 514.11	92 733.68	84.88	50.59
2012	125 952.97	18 764.63	107 188.34	85.10	52.09
2013	139 744.26	20 471.75	119 272.51	85.35	53.41

续 表

年 份	全国财政支出/亿元	中央财政支出/亿元	地方财政支出/亿元	地方财政支出占比/%	地方财政收入占比/%
2014	151 785. 56	22 570. 07	129 215. 49	85. 13	54. 05
2015	175 877. 77	25 542. 15	150 335. 62	85. 48	54. 51
2016	187 755. 21	27 403. 85	160 351. 36	85. 40	54. 66
2017	203 085. 49	29 857. 15	173 228. 34	85. 30	53. 00
2018	220 904. 13	32 707. 81	188 196. 31	85. 19	53. 39

数据来源:《中国财政年鉴》(2019 年)。

1994 年分税制改革以后，中央政府上收了财权，大量支出责任仍留给地方政府，这导致地方政府财政出现困境（谢旭人，2009；杨见龙、尹恒，2015）。由表 7 - 13 可知，分税制改革后，地方财政支出的占比整体呈上升趋势，1994—2004 年在 70%上下波动，2005—2018 年由 74. 14%快速上升至 85. 19%；地方财政收入的占比却始终保持在 45%~55%的水平，这充分反映了地方政府财权和事权的不对等。当然，分税制改革后，地方政府在信息上的优势和地方政府之间的竞争，使得地方政府的事权和支出分权能够提高资源的配置效率，促进生产效率的提高。但是，支出分权导致财政支出结构更偏向经济性支出项目，这在一定程度上阻碍了基本公共服务的均等化（傅勇、张宴，2007；张军等，2007；陈硕、高琳，2012）。这种状况也使中央财政的转移支付承担更大的区域财政收入平衡和全国社会保障等非经济性支出的责任。具体的中央财政预算和地方财政预算的基础设施投资将在第九章中论述。事实上，我国地方政府的基础设施和公共服务投入主要依靠全国政府的基金收入，而大部分地方政府的基金收入中土地出让收入占比较高，其他收入科目如城市基础设施配套费收入、彩票公益金收入和车辆通行费收入等占比较小。

为了估算政府投资中源于土地出让收入的具体金额，我们首先要测算土地财政收入。根据窄口径土地财政范围，近年来我国国有土地使用权出让收入情况如表 7 - 14 所示。

表 7－14　我国国有土地使用权出让收入情况

年　份	2013	2014	2015	2016	2017	2018	2019	2020
国有土地使用权出让收入/万亿	3.9	4.0	3.1	3.6	5.0	6.5	7.1	8.4
国有土地出让收入占地方政府财政收入比重/%	57.0	53.0	37.0	41	55.0	66.0	72.0	84.0

资料来源：根据《国土资源统计年鉴》（2014—2021 年）和《中国财政年鉴》（2014—2021 年）中的相关数据计算得出。

由表 7－14 可知，我国国有土地出让收入占地方政府财政收入的比重在 2013—2015 年有所下降之后，开始持续上升，且上升趋势明显。2020 年，全国地方政府财政收入为 10 万亿元，而国有土地使用权出让收入为 8.4 万亿元，占比为 84.0%。另据杨良松等的分析，总体上地方财政对土地出让收入的依赖程度较高，且东、中、西部地区普遍依赖土地出让收入。土地出让收入高度分权，以 2019 年为例，全国土地出让收入占一般公共预算收入的比重为 38.0%，中央为 0.1%，地方为 72.0%；四大直辖市市本级为 32.0%，而其他非直辖市地区省本级仅为 2.4%；直辖市区县为 56.0%，其他省市县为 91.0%。《国务院办公厅关于规范国有土地使用权出让收支管理的通知》等文件规定，土地出让收支纳入地方基金预算管理，使用范围受到严格限制。如果土地出让收入扣除征地和拆迁补偿支出等一系列费用，政府可得的土地出让净收入大约占土地出让总收入的 20%。

在公共基础设施的投资来源方面，除了政府安排的财政预算外，地方政府还通过融资平台获得资金。融资平台是地方政府以财政拨款、基础设施经营权、土地、股权、规费、国债等国有资产或财产权为注册资金而设立的国有独资经济实体，其主要功能是作为融资主体为地方政府投资项目提供融资服务。2014 年修正的《预算法》实施之前，地方政府不具备发行政府债券的权利，通过融资平台借款成为地方政府最重要的融资方式（毛捷、徐军伟，2021）。地方政府借助融资平台进行融资主要有三种方式：一是银行贷款；二是发行城投债；三是项目股权融资（何杨、满燕云，2012；张莉、魏鹤翀、欧德赟，2019）。其中，银行贷款所占比例最高，原因在于融资平台公司拥有土地资源的优质抵押物，而且部分地方政府官员对银行信贷决策具有一定的影响力（卢峰、姚洋，2004；孙铮，2005；何贤杰、朱红军、陈信元，2008）。这使得一些银行在审批融资平台公司贷款时政策过宽、标准过松，导致地方政府融资平台债务快速累积，同时也导致土地抵押贷款总额和抵押面积快速上升。

据统计，截至 2018 年 6 月 30 日，地方政府融资平台数为 11 736 家，退出的有 2 629 家，实际运营的有 9 107 家。刘元春（2020）和曹婧等（2019）整理的地级市层面城投债数据显示，从 2008 年起，由于经济刺激计划，城市融资平台快速增加，城投债发行总额和支数迅速上升，2016 年分别达到近 3 万亿元和 3 500 支。地方政府的融资规模如表 7－15 所示。

表 7－15　地方政府融资规模

年份	土地抵押贷款总额/亿元	土地抵押面积/万公顷	城投债/亿元	利率/%	融资平台债务/亿元
2007	25 100. 00	50. 31	235. 80	5. 27	40 917. 00
2008	19 000. 00	54. 48	495. 00	6. 04	57 925. 00
2009	25 900. 00	21. 7	2 602. 38	6. 00	92 714. 00
2010	35 300. 00	25. 82	2 725. 00	5. 94	119 394. 00
2011	48 000. 00	30. 08	4 394. 00	6. 51	143 643. 00
2012	59 500. 00	34. 87	11 443. 38	6. 87	167 762. 00
2013	77 600. 00	40. 39	13 603. 48	6. 47	200 904. 00
2014	95 100. 00	45. 10	19 215. 91	7. 04	236 515. 00
2015	113 300. 00	49. 08	18 315. 36	5. 60	259 667. 00

数据来源：土地抵押贷款总额与土地抵押面积数据引自 2007—2015 年的《中国国土资源统计公报》与《中国国土资源年鉴》；城投债、利率与融资平台债务数据引自《以地生财、基础设施建设与区域经济增长》（任宛竹、张莉，《上海经济》，2019 年第 6 期）。

地方政府的融资平台收入很大一部分来自土地抵押收入与城投债收入。根据万得资讯对 2014 年 7 936 个地方政府融资平台的统计，70%的地方政府融资平台为建设性融资平台，明确用于城市建设的融资平台占 15. 4%，这些融资平台的主要融资方式为银行贷款和发行城投债券。所以，土地财政、地方政府债务与城市基础设施投融资在逻辑上具有一致性。尤其是在 2008 年以后，中央政府推行财政刺激，加强了土地融资对经济的主导作用，使以地融资逐渐取代成本日益高涨的土地出让，成为城市建设与基础设施融资的主要手段（刘守英，2017）。

为了限制地方政府的融资规模，2009 年中央政府要求银行严格控制地方融资平台的信贷规模，无经营性收入的融资平台不得贷款。相应地，政策放松了地方政府城投债的发行（綦鲁明、许琳，2017）。总体来说，自 2008 年以来，地方政府基本上形成了以“土地财政+地方融资平台”为核心的投融资模式。尽管这种模式在城市公共基础设施建设中发挥了重要作用，但它在一定程度上扭曲了地方政府的经济行为，引发了政府的债务风险。对此，中央政府多次发文要求规范地方政府融资平台和控制地方政府融资规模，地方政府的以地融资行为逐步得到遏制。

三、中央与地方公共产品的投资结构

以上分析了中央和地方公共产品的投资水平，下面有必要分析中央与地方在一般公共服务、教育、社会保障和就业、医疗卫生和计划生育、交通运输、节能环保等公共产品上的投资结构。综合相关统计资料，全国、中央与地方一般公共服务支出、教育支出、社会保障和就业支出、医疗卫生和计划生育支出、交通运输支出、节能环保支出如表 7－16 至表 7－18 所示。

表 7－16　一般公共服务支出和教育支出

单位：亿元

年份	一般公共服务支出			教育支出		
	全国	中央	地方	全国	中央	地方
2007	8 514. 24	2 160. 17	6 354. 07	7 122. 32	395. 26	6 727. 06
2008	9 795. 92	2 344. 55	7 451. 37	9 010. 21	491. 63	8 518. 58
2009	9 164. 21	1 084. 21	8 080. 00	10 437. 54	567. 62	9 869. 92
2010	9 337. 16	837. 42	8 499. 74	12 550. 02	720. 96	11 829. 06
2011	10 987. 78	903. 01	10 084. 77	16 497. 33	999. 05	15 498. 28
2012	12 700. 46	998. 32	11 702. 14	21 242. 10	1 101. 46	20 140. 64
2013	13 755. 13	1 001. 46	12 753. 67	22 001. 76	1 106. 65	20 895. 11

续 表

年份	一般公共服务支出			教育支出		
	全国	中央	地方	全国	中央	地方
2014	13 267.50	1 050.43	12 217.07	23 041.71	1 253.62	21 788.09
2015	13 547.79	1 055.30	12 492.49	26 271.88	1 358.17	24 913.71
2016	14 790.52	1 209.15	13 581.37	28 072.78	1 447.72	26 625.06
2017	16 510.36	1 271.46	15 238.90	30 153.18	1 548.39	28 604.79
2018	18 374.69	1 503.68	16 871.01	32 169.47	1 731.23	30 438.24
2019	20 344.66	1 985.16	18 359.50	34 796.94	1 835.88	32 961.06

数据来源:《中国财政年鉴》(2008—2020年)。

表7－17 社会保障、就业支出和医疗卫生、计划生育支出

单位:亿元

年份	社会保障和就业支出			医疗卫生和计划生育支出		
	全国	中央	地方	全国	中央	地方
2007	5 447.16	342.63	5 104.53	1 989.96	34.21	1 955.75
2008	6 804.29	344.28	6 460.01	2 757.04	46.78	2 710.26
2009	7 606.68	454.37	7 152.31	3 994.19	63.50	3 930.69
2010	9 130.62	450.30	8 680.32	4 804.18	73.56	4 730.62
2011	11 109.40	502.48	10 606.92	6 429.51	71.32	6 358.19
2012	12 585.52	585.67	11 999.85	7 245.11	74.29	7 170.82
2013	14 490.54	640.82	13 849.72	8 279.90	76.70	8 203.20
2014	15 968.85	699.91	15 268.94	10 176.81	90.25	10 086.56
2015	19 018.69	723.07	18 295.62	11 953.18	84.51	11 868.67
2016	21 591.45	890.58	20 700.87	13 158.77	91.16	13 067.61
2017	24 611.68	1 001.11	23 610.57	14 450.63	107.60	14 343.03
2018	27 012.69	1 184.55	25 827.54	15 623.55	210.65	15 412.90
2019	29 379.08	1 231.53	28 147.55	16 665.34	247.72	16 417.62

数据来源:《中国财政年鉴》(2008—2020年)。

表 7－18 交通运输支出和节能环保支出

单位：亿元

年份	交通运输支出			节能环保支出		
	全国	中央	地方	全国	中央	地方
2007	1 915.38	782.25	1 133.13	995.82	34.59	961.23
2008	2 354.00	913.20	1 440.80	1 451.36	66.21	1 385.15
2009	4 647.59	1 069.22	3 578.37	1 934.04	37.91	1 896.13
2010	5 488.47	1 489.58	3 998.89	2 441.98	69.48	2 372.50
2011	7 497.80	331.11	7 166.69	2 640.98	74.19	2 566.79
2012	8 196.16	863.59	7 332.57	2 963.46	63.65	2 899.81
2013	9 348.82	722.99	8 625.83	3 435.15	100.26	3 334.89
2014	10 400.42	731.16	9 669.26	3 815.64	344.74	3 470.90
2015	12 356.27	853.00	11 503.27	4 802.89	400.41	4 402.48
2016	10 498.71	812.12	9 686.59	4 734.82	295.49	4 439.33
2017	10 673.98	1 156.42	9 517.56	5 617.33	350.56	5 266.77
2018	11 282.76	1 313.71	9 969.05	6 297.61	427.56	5 870.05
2019	11 817.55	1 422.32	10 395.23	7 390.20	421.19	6 969.01

数据来源：《中国财政年鉴》（2008—2020 年）。

由表 7－16 至表 7－18 可知，2007 年，中央政府的一般公共服务支出占全国一般公共服务支出的比重约为 25%，地方政府一般公共服务支出占全国一般公共服务支出的比重约为 75%，并且地方政府承担的支出比重逐年增加，到 2019 年占到近 90%；在 2019 年的年度预算中，教育支出占全国一般公共预算支出的比重约为 15%，中央政府教育支出占全国教育支出的比重约为 5%，地方政府约占 95%；社会保障和就业支出占全国一般公共预算支出的比重约为 12%，中央政府社会保障和就业支出占全国社会保障和就业支出的比重约为 4%，地方政府社会保障和就业支出占全国社会保障和就业支出的比重约为 96%；医疗卫生和计划生育支出占全国一般公共预算支出的比重约为 7%，中央政府医疗卫生和计划生育支出占全国医疗卫生和计划生育支出的比重约为 1%，地方政府约占 99%；交通运输支出占全国一般公共预算支出的比重约为 5%，中央政府交通运输支出占全国交通运输支出的比重约为 12%，地方政府约占88%；节能环保支出占全国一般公共预算支出的比重约为3%，中央政府节能环保支出占全国节能环保支出的比重约为6%，地方政府约占94%。

四、政府投资公共产品存在的问题及改革建议

我国政府财政体制在实施分税制以后，根据现实情况在不断地微调，公共产品的政府预算管理体制也有所调整，但在实践过程中仍存在着一些问题。前文已述的事权与财权的不平衡、预算软约束、财政信息透明度低、政府预算决策过程公开性差等问题，制约了公共产品有效供给机制的建立。

（一）存在的问题

1. 公共产品供给的政府财政预算软约束

在中央集中管理的行政体制下，中央政府需要对地方政府最终的财政收支承担平衡责任。即使在实施分税制以后，中央与地方政府的事权和财权已经分解清楚，地方政府也有履行财政预算平衡的责任。但部分地方政府为经济发展而安排的基础设施建设等预算投入超出自身能力，导致公共产品项目在建设过程中出现资金不足和预算不平衡问题。为此，中央政府唯有用转移支付来“救市”。此种状况导致部分地方政府习惯于安排超出自身财力的经济建设项目，尤其是在一些大型基础设施项目的建设中，由于资金需求量大，当出现预算不足的情况时，地方政府无力支撑项目继续建设，只能求助于中央政府，如果中央政府不“救济”此类项目，前期投入的预算资金就会浪费。此种行为使建设项目及受此影响的整个政府预算约束力不强。同时，一些项目的预算不平衡也会影响其他公共产品项目的安排和供给，尤其是会拖延供给居民急需的社会服务项目或缩小供给规模。

2. 政府财政预算决策缺乏科学论证，预算信息、决策过程的公开性和透明性较差

城市公共产品的供给是否有效取决于公共产品是否符合社会和民众的需求。因此，在公共产品项目的决策过程中，决策者一方面要有科学、公开地获得民众需求信息的机制，使民众具有选择公共产品项目的权利；另一方面要让民众参与公共产品的供给过程，使其充分了解和掌握政府详细、可靠的公共财政信息，并行使监督权（郭玉清、何杨、李龙，2016；邓玉莲、刘潋滟，2019）。财政信息透明度的提高，能够减少地方政府与辖区内居民的信息不对

称问题，使辖区内居民了解公共产品的真实成本和自身承担的税收负担，有利于真实反映居民对公共产品的偏好，从而改进公共产品的供给机制，提高供给效率（储德银、左芯，2019）。然而，在我国目前的实践中，公共产品项目决策所依据的规划的科学性和实施性较弱，政府部门的行政目标和主管意志发挥着主要作用，公开征求意见常常流于形式。在对上负责的行政体制下，地方政府的公共产品供给预算往往受到上级政府的激励机制影响，很少受到地方居民的影响。同时，在现行的经济体制和财政体制下，公共产品项目计划和决策的主管部门与财政预算部门分属不同的行政部门，财政部门的预算编制和执行集于一身，信息不透明；地方各级人大缺乏实际的预算审核、批准和监督功能；审计部门缺乏强制惩戒手段，对于审计中发现的问题处理和整改不彻底。上述原因导致城市公共产品项目决策与实际的需求常常出现偏差，财政预算的合理性与执行的强制性不足，公共产品项目的财政信息公开的完整度和透明度较低，进而影响了公共产品有效供给机制的建立。

3. 公共产品供给预算监督机制不完善

尽管我国在公共产品项目建设与预算执行中引入了人大监督机制，但是人大主要是审议年度总体的建设资金或特别重大的建设项目，提交审议的财政预算缺乏详细的项目资料，难以有效评议。尤其是在具体的公共支出预算管理中，部分地方政府为了追求实际权力运作的迅捷，往往通过行政程序简化等方式实现“权力的一元化”，回避或排斥人大对于公共预算的监督制约。不少学者在对拥有地方立法权的省、市人大及其常委会的调查中发现，尽管地方人大对财政预算监督的基本制度已经建立，相关规定也较为明确，但在实际运作中，受到被监督者的配合程度与其他行政力量的影响，部分地区的公共产品供给预算调整甚至不需要人大常委会事前审批（林慕华、马骏，2012）。中央在10余年间建立和强化了审计制度，但审计的重点在项目建设的合规性方面，项目决策的科学性、项目预算的合理性及项目的绩效难以评估，并且审计带有滞后性，已成事实的投资问题难以纠正。最关键的是，我国尚未建立真实、有效的社会公众对于政府公共决策事项的意见反馈机制，这影响了公共产品供给的投资有效性和预算合理性的改善。

4. 公共产品供给预算管理规范程度不一

政府财政预算管理的规范化对于有效使用财政资金和防范风险至关重要。

但我国现行的政府财政资金管理中只有一般公共财政预算的收支透明度较高，预算内容须经过各级人大审议批准，管理较为严格。政府性基金预算为专款专用资金，由征收部门使用管理，无须各级人大批准，也难以受到政府主管部门的日常监督。国有资本经营预算中仅部分国有企业被纳入预算管理，事实上政府主管部门和公众难以行使监督权。对于社会保险基金预算，政策法规对其收支内容、标准和范围做出了严格规定，实行专款专用，但各级人大和政府主管部门以备案的方式行使监督权。总体来说，取消预算外收支科目之后，地方政府的所有收支预算规范性虽有所增强，但依然存在较大的提升空间。

（二）改革建议

为了进一步解决政府公共产品投资中的财政预算等问题，本书吸收了一些学者的观点，认为应该深化财政体制机制的改革，强化财政预算的管理：一是继续强化财政预算管理，增强预算的约束力。公共预算执行的有效性取决于用途的明确性，因此，政府需要做好公共基础设施建设的长期投资计划，做到年度预算与中期预算的结合，增强财政预算用途的计划性。二是健全预算监督体制机制，充分发挥人大和审计部门的审核、督查作用，以增强财政预算使用的时效性和约束力，提高各级地方政府财政预算及其执行情况的透明度（刘煜辉、沈可挺，2011；曾碧娟，2019）。三是推进地方政府投资管理体制机制改革，逐步改变地方政府以土地财政和融资平台为基础的财政模式，构建以市政债券市场为基础的多元化地方政府融资模式。四是积极提高预算的社会经济效益，推行全面预算绩效管理，实现财政预算与绩效管理的有机结合，建立有效的预算绩效管理体系（王宏斌、刘敏、程文，2020）。五是以基本公共服务均等化为目标进一步完善省级以下财政管理体制。省级以下地方政府应明确财政体制的改革和完善目标，在全国统一的财政体制改革和完善目标下，对本地区的基本公共服务均等化负责。中央要及时跟踪、总结地方政府的正确做法，推广好的经验，纠正地方政府体制建设中的偏差，以保证全国上下一致地朝正确的体制目标前进。六是发挥社会力量在政府财政预算中的作用，充分听取公众对公共产品供给的意见，建立公共产品的公众选择和监督机制。在公共产品建设项目的编制过程中，政府应通过各种途径充分听取社会机构和公众的意见，科学决策；在公开透明的财政预算信息披露制度的基础上，实施参与式预算，让公众参与到预算项目的决策过程中。实施参与式预算可以促使公众充分显示其对公共产品的偏好，从而建立公众对公共产品的选择机制，也可以发挥公共监督机制的作用，真正形成现代化的公共财政体制机制。

第四节　公共产品市场投融资机制

一、我国公共产品市场投融资的发展趋势

20 世纪 90 年代以前，我国城市公共产品资金基本上由政府财政资金承担。考虑到财政资金难以满足日益增长的公共产品供给的需要，以及财政资金利用效率低下等问题，国家开始探索公共产品市场化投融资模式。1994 年国家实行分税制财政体制以后，地方政府拥有了较大的筹措财政资金的权限，土地批租制度、政府债券发行制度和国有企业融资平台等一方面为政府获得财政资金提供了多方面的渠道，另一方面也为政府利用融资平台和其他方式与社会资金合作，以筹措公共产品建设资金提供了条件，为引入市场化融资机制奠定了制度基础。

改革开放以来，我国公共基础设施建设项目中引入市场化融资机制始于 1984 年沙角电厂项目，此项目建设运营中以特许经营模式引入了商业性资本。经过 30 多年的实践，我国城市市政及其他公共基础设施建设项目中大量引入私人和社会资本，在公共基础设施建设中形成了一系列市场化运作的制度规范。基础设施特许经营模式创新了公共产品供给的投融资机制，拓宽了社会资本投融资渠道，解决了过去公共产品供给单纯依靠政府财政资金投入面临的资金不足等问题，同时也提高了公共产品供给的效率和质量（肖林，2016）。

自 2003 年起，我国基础设施市场化投融资进入了改革的深入阶段，各地的市场化投融资实践层出不穷，市场化投融资项目的数量也呈快速增长的趋势。2004 年，建设部出台《市政公用事业特许经营管理办法》，为市场化投融资项目提供了法规依据。政府采用特许经营方式引入社会资本，加快了市政基础设施建设和公用事业市场化经营的步伐。同时，特许经营制度为投资人的投资与收益提供了保证，也对政府的履约和监管行为进行了约束，如果社会投资人按照特许经营协议的约定履行职责，接受政府监管，那么合理的回报和相对较低的风险水平是可以预期的。对非纯公益性的基础设施项目来说，政府通过

设置合理的项目条件并进行适当的风险分配，也是可以吸引社会资本的。在实践中，从基础设施的特殊性和安全性方面考虑，政府往往采用市场竞争（如招标、竞争性谈判等）的方式选择投资人。市场化投融资项目的运作模式也是多种多样的，项目融资、股权转让、项目并购、经营权转让、融资租赁等方式都得到了广泛的运用。

2013 年党的十八届三中全会提出“市场在资源配置中起决定性作用”，这加快了公共产品部门的市场化改革步伐，政府与社会资本合作供给公共产品的模式也开始兴起，我国公共产品多元投融资机制逐步形成。2014 年 9 月，《国务院关于加强地方政府性债务管理的意见》明确鼓励社会资本以 PPP 等方式参与公共基础设施的投资和运营。2014 年 11 月，《国务院关于创新重点领域投融资机制鼓励社会投资的指导意见》进一步要求加快公共基础设施与重点建设领域的市场化改革，健全政府与社会资本合作的投资机制，增强公共产品有效供给的能力。政策颁布后，鉴于 PPP 模式实施中出现的一些问题，中央出台了一系列政策文件来规范地方政府与社会资本的合作，也控制了 PPP 项目的审批和规模。但迄今为止，PPP 模式仍然是我国公共产品部门实施市场化机制的一种有效的模式。为了深化公共产品部门的市场化改革，激活公共基础设施存量资产的市场交易，2020 年 4 月中国证监会与国家发展改革委联合发布了《关于推进基础设施领域不动产投资信托基金（REITs）试点相关工作的通知》，允许基础设施领域的存量资产以信托基金方式上市交易，这为盘活固定资产和促进基础设施高质量发展提供了金融市场条件。

二、公共产品市场投融资的方式

公共产品供给的金融市场融资既包括银行贷款等间接融资，也包括股权证券化的直接融资。由信贷融资、股权融资、债券、保险等多种工具组成的金融市场体系的建成，有助于拓宽城市基础设施投资等公共产品项目的融资渠道。建立有效的市场融资机制需要设立政府引导、市场化运作的基础设施建设基金和公共服务发展基金等，创造条件吸引私人和社会资本参与。同时，公共产品部门的市场投融资机制的建立，也要求完善相关法律法规，以规范地方政府的举债、融资和与社会资本合作的机制。

我国公共产品部门市场投融资的方式多种多样，大致包括以下几种。

（一）“政府投资+基金”机制

在“政府投资+基金”机制下，政府按照公共基础设施项目的性质和建设需要，安排一定的财政投资预算资金，并在此基础上根据不同项目的资金需求，设立基础设施建设基金、公共服务发展基金、住房保障基金等各类基金。政府在一些基础设施项目中也可以设立股权投资基金和创业投资基金等，并在这些基金中设定投资和收益回报条件等，以招募社会资本投资这些基金。在这一机制下，政府与社会资本等投资主体以投资额或股权行使其在项目建设和运营中的权利，政府不应对社会资本设置歧视性的条件。“政府投资+基金”机制一方面保证了政府对公共产品项目建设目的的引导或控制，另一方面可以充分利用社会资本，加快建设公共基础设施。

（二）债券融资机制

债券融资是公共产品的资金筹措方式之一，它具有融资成本低的特点。《预算法》修正实施后，地方政府建设公共基础设施项目的债券融资有了法律保障，债券融资成为地方政府的主要融资渠道。目前，地方政府债券规模已经超过了国债，债券结构也由以一般债券为主向以专项债券为主转变（杨帆、安晓冉，2018）。

但从总体上看，地方政府债券发行额度还远不能满足公共产品部门项目建设的需求，地方政府建设资金的压力尚未得到缓解。关键的是，一些地方政府债券的实际担保和偿债能力比较弱，存在着较大的偿债风险，因此，亟须完善地方政府债券发行额度管理，建立差异化的地方政府定价机制，提高债券市场化定价水平。同时，目前地方政府的财政和债务信息披露机制有待健全，信用评级有待公正化和合理化，地方政府债券管理的法律法规有待完善，以便构建更加严格的债券监管与偿还保障机制，降低债券违约风险，增强地方政府债券的市场交易性和提高地方政府债券的信用度（杨帆、安晓冉，2018）。

（三）信托融资机制

城市公共产品信托是资金委托人将其资金委托给受托人，由受托人将信托资金投入城市公共产品项目，为委托人获取一定的收益或实现特定的目的。信托的种类多样，按投资方式或权益实现方式可分为权益信托、贷款信托、融资租赁信托、不动产信托等。城市公共产品信托的资金用途是建设公共事业项目，项目的资产通常归属于政府，所以这类信托产品有一定的特殊性，其信托的偿还保证为政府财政资金、公共项目预期收益等。因此，城市公共产品信托的安全性较高（王永超，2012）。

为了发展和规范我国的信托业，第九届全国人大常委会第二十一次会议通过了《中华人民共和国信托法》（以下简称《信托法》），规范了信托设立、信托产品、信托当事人关系等。城市公共产品部门的信托产品主要有贷款信托、股权投融资信托、财产权信托、产业基金信托等。

1. 贷款信托

这是指信托公司通过信托方式来吸收资金，并将信托资金以贷款形式投向城市公共产品项目，到期回收信托贷款本息。贷款信托产品的特点比较明显，信托和贷款的流程比较简单，产品收益因参照银行利息而比较确定。一般来说，贷款信托产品的风险可控性强，公众也容易理解此类信托产品，其发行容易被公众接受。

2. 股权投融资信托

这是指信托公司通过信托方式来吸收资金，并运用信托资金以参股方式，与公共产品项目主办方联合发起成立项目公司，或者用信托资金对已设立的项目公司进行增资扩股，以此获取股权收益。股权投融资信托资金可增加项目公司的资本金及其所有者的权益，使政府主办的公共产品项目引入社会资本，实现项目公司股权结构的变革。信托公司常常会委派董事或股东代表参与项目公司的管理，这样有利于优化项目公司的治理结构。

3. 财产权信托

这是指政府部门或公用事业法人将其所持有的特定财产或财产权作为信托财产，委托信托公司设立财产权信托。信托的财产通常可分为动产信托、不动产信托、有价证券信托和其他财产权信托。城市公共产品财产权信托中的财产主要为经营性的和可金融化的基础设施。政府部门或公用事业法人因设立信托取得信托受益权，信托公司受托后向投资者转让其持有的信托受益权进行融资，信托产品投资者交付认购资金后成为信托的受益人。

4. 产业基金信托

这是指信托公司通过集合信托计划的方式吸收信托资金，设立产业基金信托。城市公共产品产业基金信托主要是对城市公共基础设施项目进行股权、债权或权益投资。产业基金信托的特点之一是信托公司通常参与投资项目的管理工作，或者委托专业的顾问管理信托资产（王永超，2012）。

特别需要指出的是，《信托法》对公益信托也做了详细的规定，明确凡是为了救济贫困、救助灾民、扶助残疾人，发展教育、科技、文化、艺术、体育事业，发展医疗卫生、环境保护事业及其他社会公益事业，维护生态环境，均可设立公益信托，并对公益信托的信托财产及其收益处置等做了明确规定。

（四）基础设施资产证券化

资产证券化（asset-backed securities，ABS）是以特定的资产组合为支持，发行可交易证券的一种融资方式。一般资产证券化以特定资产的未来现金流为偿付支持，通过结构性设计进行信用增级，在此基础上发行资产支持证券。利用资产证券化方式可以为基础设施建设与运营筹措社会资金，也可以增强资产的流动性，盘活存量资产，提高资金运作效率（王文峰，2015）。基金业协会制定的《资产证券化业务基础资产负面清单指引》中，规定了基础设施建设中资产证券化的两种方式：一是将已建成的基础设施项目的未来收益权作为基础资产进行证券化；二是将 PPP 项目中的债务人（地方政府）应该支付或承担的财政补贴资金作为基础资产进行证券化。目前，我国已发行的基础设施收费等权益类资产证券化产品可分为能源类、轨道交通类和市政建设类产品。

在资产证券化方式中，资产支持票据（asset-backed notes，ABN）也是一种债务融资工具。该票据由特定资产所产生的未来现金流为还款支持，约定在一定期限内还本付息。资产支持票据通常由企业、金融机构把可产生现金流的资产出售给受托机构，受托机构将这些资产作为支持基础发行商业票据，由此在市场上获得所需资金。

基础设施的资产证券化对于城市公共产品部门的发展具有重要的意义。它解决了公共基础设施资产流动性差的难题，可以获得比银行信贷或资本市场筹资成本更低的融资。同时，资产证券化有利于减少风险资产，改善公共部门资产的质量。

三、我国城市公共产品市场投融资的实证分析

（一）地方债、城投债与基础设施投资效率

为了实证分析地方债、城投债融资模式对城市基础设施投资效率的影响，我们分别搜集、测算获得了 2012—2017 年 30 个省（自治区、直辖市）地方债

务余额、2010—2017 年 30 个省（自治区、直辖市）城投未偿还债券余额和基础设施投资效率数据①。

各省（自治区、直辖市）基础设施投资效率的测算运用基于投入产出指标的 DEA 方法中的 BCC（Banker Charnes Coopor）模型。按《中国统计年鉴》的指标，投入指标具体包括以下几类：一是水、电、煤、气等能源类的生产与供应投资；二是交通运输、仓储和邮政业的投资；三是水利、环境和公共设施管理业的投资；四是信息传输、计算机服务和软件业的投资；五是卫生、文化、体育和娱乐业的投资；六是教育投资。在产出指标方面，本书选取各省（自治区、直辖市）的人均 GDP 和城镇化率作为产出指标。

运用固定个体和时间效应的面板模型，实证分析地方债、城投债对基础设施投资效率的影响，实证结果如表 7－19 所示。

表 7－19　地方债、城投债与基础设施投资效率的实证结果

变　量	因变量：基础设施投资效率	
	模型 1	模型 2
地方债	−0.000 047 9*** (0.000)	
城投债		−0.000 042 1*** (0.004)
常数项	0.735*** (0.000)	0.521*** (0.000)
个体固定效应	有	有
时间固定效应	有	有
F 值	38.44	8.28
样本量	166	240

注：*** 表示在 1%水平上显著；括号内数值表示对应系数的 p 值。

① 由于数据搜集有一定难度，这里的分析未包括港澳台地区。同时由于西藏自治区数据不全，其也不在研究样本之内。2012 与 2013 年地方债务余额数据来源于各省（自治区、直辖市）审计厅的债务审计结果，2015—2017 年地方债务余额数据来源于财政部公布的全国各地区地方政府债务余额情况，2014 年地方债务余额数据根据项后军和巫姣（2017）的测算方法测算获得。城投未偿还债券余额数据来源于万得数据库，根据万得数据库城投债券发行和到期日期测算得到，并利用各省（自治区、直辖市）每年的发行债券日期与发行年限，计算出每年该省（自治区、直辖市）的债券余额量。

实证结果表明，地方债、城投债对基础设施投资效率有显著的负向影响。事实上，地方债除了弥补地方政府公共投资的财政资金缺口外，还能成为跨期优化地方政府公共投资的一种重要模式；政府债务融资能够促进生产要素的优化配置，提高投资效率（World Bank，2004；Yakita，2008），但是其前提是要有规范的地方债管理制度与合理的债务规模（贾俊雪、郭庆旺，2011）。债务融资能否促进生产要素的优化配置和投资效率的提升，与政府债务管理制度是否有效有很大关系（缪小林、赵一心，2019）。实证结果反映了我国目前增加地方债、城投债规模不利于基础设施投资效率的提升。这一方面与我国政府债务管理制度的有效性有关，另一方面与地方政府之间过度竞争有关。在追求短期经济产出最大化目标的驱动下，各地区地方债、城投债规模超过其能优化要素配置效率、提高投资效率的最优范围，继续扩大地方债、城投债规模只会给投资效率带来负面影响。当前我国应进一步改革与完善地方政府债务管理制度。

（二）市场化投融资与基础设施行业产值、基础设施投资效率

上述分析表明，地方债、城投债融资模式难以促进城市基础设施投资效率的提高。下面继续分析市场化投融资模式对基础设施行业产值与基础设施投资效率的影响，研究样本和计算期为2007—2016年全国30个省（自治区、直辖市）[①]。对于基础设施行业产值，由于数据搜集与度量指标的限制，这里仅根据《中国统计年鉴》选取了交通基础设施行业产值，运用交通运输、仓储和邮政行业产值测算交通基础设施行业产值。基础设施投资效率测算的投入产出指标和测算模型与上述实证分析思路一致。

宏观经济环境、地方政府投资决策、人口增长、教育、卫生等因素也会对基础设施投资效率产生影响。首先，基础设施投资与经济发展水平、城市化率之间相互影响，经济发展水平、城市化率等对基础设施的投资规模与投资效率均有一定的影响。其次，城市人口的数量会影响基础设施的需求水平。通常情况下，城市人口越多，居民对公共基础设施的质量、投资水平和投资效率的要求也就越高。再次，地方政府财政收入、投资决策对基础设施投资有很大影

① 由于数据搜集有一定难度，这里的分析未包括港澳台地区。同时由于西藏自治区数据不全，其也不在研究样本之内。市场化投融资数据通过各省（自治区、直辖市）全社会固定资产投资资金来源中的本年资金来源减去国家预算内资金得到，数据来源于《中国固定资产投资统计年鉴》（2008—2017年）。

响。最后，教育的发展水平会影响人力资本，进而也会对基础设施投资效率产生影响。基于上述理由，这里的实证分析选取人均 GDP、人口、城市化率、人均受教育年限、财政自给率作为控制变量。城市化率以城镇人口占总人口比重来衡量。人均受教育年限的测算方式如下：小学教育按人均受教育年限 6 年计算，初中教育按人均受教育年限 9 年计算，普通高中和中职按人均受教育年限 12 年计算，大学专科按人均受教育年限 15 年计算，大学本科按人均受教育年限 16 年计算，研究生按人均受教育年限 19 年计算，根据全国人口变动情况抽样调查样本数据，将每个省（自治区、直辖市）不同学历人数乘以对应的人均受教育年限，相加之后再除以该省（自治区、直辖市）总调查人口数量，得到其人均受教育年限数据。

市场化投融资与基础设施行业产值的实证结果如表 7－20 所示。

表 7－20　市场化投融资与基础设施行业产值的实证结果

变　　量	交通基础设施行业产值
市场化投融资规模	0.033 0*** (0.000)
人均 GDP	0.006 8*** (0.001)
人　口	0.089 6*** (0.000)
城市化率	0.177 1 (0.958)
财政自给率	252.475 9 (0.181)
常数项	-373.483 7*** (0.001)
个体固定效应	有
时间固定效应	有
F 值	287.83*** (0.000)
样本量	300

注：*** 表示在 1% 水平上显著；括号内数值表示对应系数的 p 值。

实证结果表明，市场化投融资规模对交通基础设施行业产值的影响是显著正向的。

市场化投融资与基础设施投资效率的实证结果如表 7－21 所示。

表 7－21　市场化投融资与基础设施投资效率的实证结果

变　　量	基础设施投资效率
市场化投融资	-6.68E-06*** (0.003)
人均 GDP	3.53E-06*** (0.015)
人　口	-4.45E-05*** (0.000)
城市化率	0.011 7*** (0.000)
人均受教育年限	-0.042 3* (0.079)
财政自给率	-0.434 8*** (0.001)
常数项	0.552 4*** (0.000)
个体固定效应	有
时间固定效应	有
F 值	94.28*** (0.000)
样本量	300

注：*、*** 分别表示在 5%和 1%水平上显著；括号内数值表示对应系数的 p 值。

实证结果表明，市场化投融资规模对基础设施投资效率的影响是显著负向的。在我国现阶段，市场化投融资模式虽然能提高基础设施行业的产值，但是仍不能提高基础设施投资效率。这可能与我国当前的市场化程度不高、市场化机制不健全、市场交易成本过高有关。

（三）市场化投融资与市政设施投资效率

为了实证分析市场化投融资模式对市政设施投资效率的影响，下面以城市市政基础设施投资效率为因变量，以城市市政设施的市场化投融资规模为核心自变量，并选取人均GDP、人口、城市化率、人均受教育年限、财政自给率作为控制变量，运用控制个体效应和时间效应的面板模型进行实证分析。研究样本和计算期为2009—2017年我国30个省（自治区、直辖市）的面板数据①。下面选取《中国城市建设统计年鉴》中全国城市市政公用设施的资金来源数据，分别以"国内贷款+债券"表示市场化投融资模式1、"本年资金来源小计-中央财政拨款-地方财政拨款"表示市场化投融资模式2，来测算城市市政设施的市场化投融资规模；根据《中国统计年鉴》（2010—2018年）的统计，选取城市用水普及率、城市燃气普及率、每万人拥有公共交通车辆数、人均城市道路面积、人均公园绿地面积以及每万人拥有公共厕所数作为投入指标，选取人均地区生产总值和城镇化率作为产出指标。运用CCR（Charnes Coopor Rhodes）模型和Malmquist生产率指数模型，测算2009—2017年我国30个省（自治区、直辖市）的城市市政设施投资效率。控制变量的选取、测算及数据来源与市场化投融资与基础设施投资效率的分析类似。

市场化投融资模式与城市市政设施投资效率的实证结果如表7-22所示。

表7-22　市场化投融资与城市市政设施投资效率的实证结果

变　量	模型1	模型2	模型3	模型4
市场化投融资模式1	1.07E-08** (0.041)	-1.92E-09 (0.543)		
市场化投融资模式2			9.35E-09*** (0.004)	1.11E-11 (0.996)
人均GDP		-1.36E-06** (0.029)		-1.39E-06** (0.028)
人　口		-4.95E-06* (0.061)		-5.15E-06** (0.057)

① 由于数据搜集有一定难度，这里的分析未包括港澳台地区。同时，由于西藏自治区数据不全，其也不在研究样本之内。

续 表

变 量	模型 1	模型 2	模型 3	模型 4
城市化率		0.010 4*** (0.000)		0.010 4*** (0.000)
人均受教育年限		0.002 1 (0.853)		0.002 3 (0.838)
财政自给率		0.063 2 (0.357)		0.058 3 (0.395)
常数项	0.713 4*** (0.000)	0.193 6*** (0.010)	0.697 7*** (0.000)	0.192 0*** (0.010)
个体固定效应	有	有	有	有
时间固定效应	有	有	有	有
F 值	4.23** (0.041)	97.22*** (0.000)	8.21*** (0.005)	97.39*** (0.000)
样本量	270	270	270	270

注：*、**、*** 分别表示在 10%、5%和 1%水平上显著；括号内数值表示对应系数的 *p* 值。

实证结果表明，在未加入控制变量之前，市场化投融资模式 1 对城市市政设施投资效率的影响是正向的，加入控制变量之后，市场化投融资模式 1 对城市市政设施投资效率的影响变为负向但不显著；在未加入控制变量之前，市场化投融资模式 2 对城市市政设施投资效率的影响是正向的，加入控制变量之后，市场化投融资模式 2 对城市市政设施投资效率的影响仍为正向但不显著。这表明市场化投融资模式 1 对城市市政设施投资效率的影响整体上是负向的，市场化投融资模式 2 对城市市政设施投资效率的影响整体上是正向的。同时这也说明，当前我国“国内贷款+债券”的市场化投融资模式仍不足以提高市政基础设施投资效率，只有依靠这些方式之外的社会资本、私人资本等投融资模式才有可能提高市政设施投资效率。

四、公共产品市场投融资存在的问题及解决方案

在我国城市公共产品投融资变革中，市场化投融资机制的发展经历了由单一投融资机制向多元投融资机制转化的过程。总体而言，城市公共产品投融资改革

的方向是培育和完善市场投融资机制，发展政府与社会资本合作供给机制。然而，在实践中，我国公共产品供给领域中市场化、多元化投融资机制的作用还没有得到充分发挥，还不能完全适应市场对资源配置的要求，其主要存在以下问题。

（一）城市公共基础设施建设过于依赖土地财政

现阶段我国城市建设的投融资模式，本质上是以土地财政为引擎的增量扩大模式，地方政府以土地出让收入为基础撬动土地融资规模，扩大城市建设投资规模。2014 年修正的《预算法》实施之前，城市建设投融资以融资平台公司的融资模式为主，融资通常以土地出让收入为担保，地方政府的土地出让收入影响融资平台公司的债务偿还能力（杨继东、杨其静、刘凯，2018；张莉、年永威、刘京军，2018）。2014 年修正的《预算法》实施之后，政府融资平台公司的融资受到限制，城市建设中地方政府发行地方债成为重要的融资模式。在地方政府债券融资模式下，作为主体的专项债券通过项目对应的政府性基金收入和专项收入偿还，其偿债来源仍高度依赖于土地出让收入（刘锐、龙小燕，2021）。同样，在 PPP 模式下，大量政府付费类或缺口补助类 PPP 项目收入来源也是以土地出让收入为主体的政府性基金预算（吴有红，2020）。

（二）地方政府隐性债务风险集聚

地方政府隐性债务是在法定政府债务限额之外直接或者承诺以财政资金偿还以及违法提供担保等方式举借的债务（毛捷、徐军伟，2019），其具体方式既包括地方国有企事业单位等替政府举债且由地方政府提供担保或财政资金支持偿还的债务，也包括借助政府投资基金、政府与社会资本合作和政府购买服务等，通过约定回购投资本金或承诺保底收益等产生的中长期债务（徐军伟、毛捷、管星华，2020）。地方政府债务的隐性化趋势明显，其名目非常繁杂，包含国有企事业单位举借债务、拖欠工程款项、信托融资债务等，这些隐性债务的规模大，监管难度较大（刘尚希、石英华、武靖州，2017）。地方政府隐性债务的存在加剧了政府总体的债务风险。2014 年修正的《预算法》实施后，尽管在统计上地方政府隐性债务金额不直接计为政府债务，但实质上仍存在加重政府财政债务的风险。

（三）地方融资平台公司很难真正实现市场化转型

在以分税制为基础的分级财政背景下，财政分权为融资平台举债融资创造了基础条件（毛捷、刘潘、吕冰洋，2019）。在分权财政体制下，中央政府对地方政府的预算软约束和隐性担保问题不可避免地存在（王永钦、陈映辉、杜巨澜，2016；郭玉清、何杨、李龙，2016；马文涛、马草原，2018），这为地方融资平台公司举债提供了制度保险。同时，地方融资平台公司举债通常以地方政府的土地出让收入为担保（杨继东、杨其静、刘凯，2018；张莉、年永威、刘京军，2018；刘元春、陈金至，2020）。在现有的制度基础与政府投融资体制下，地方融资平台公司天然地具备为政府融资的功能，其无法彻底脱离政府信用，很难真正实现市场化转型。

为了解决上述城市公共产品部门市场投融资机制中存在的问题，本书提出以下政策性建议。

第一，建立科学的公共产品价值补偿机制，创新补贴方式。为了促进公共产品市场化投融资模式的发展，政府应从建立公共产品价值补偿机制、创新补贴方式入手。政府一方面应实施公共产品尤其是城市公共基础设施的使用者付费、受益者付费机制；另一方面应深化公共基础设施领域的价格机制改革，健全公共产品合理的价格形成、调整和补偿机制，健全项目的投资回报机制。同时，政府也应积极履行监管职责，实现公共产品供给的正外部性内部化。

第二，改革政府投融资体制，促进政府信用驱动模式向企业和市场信用驱动模式转型。为了促进城市公共产品市场化投融资模式的可持续发展，一是要构建政府投资与市场投资相适应的投融资体制，强化市场约束，规范政府投资行为（毛捷、徐军伟，2021）；二是要重构信用结构，促进投融资模式从政府信用驱动模式转向政府、企业和市场信用驱动模式；三是力促土地财政转型，推动土地财政收入转向土地和税收收入，推广房产税，将与土地相关的专项税作为地方政府相对稳定的主体财源（吴有红，2020）。

第三，优化公共产品市场化融资项目的融资结构。针对城市公共产品市场化融资项目，我国应通过提高直接融资比重、拓宽长期资金参与渠道等措施，不断优化融资结构。在推进城市经济发展的过程中，为了促进公共产品的有效供给，我国应将公共产品投融资模式从以间接融资为主的模式转变为以间接融资与直接融资相结合为主的模式，不断提高直接融资的比重，稳步扩大债券融资的规模并提升其地位，厘清政府与市场之间的关系，推动地方政府债务显性化和透明化，以立法的方式约束地方政府的市场化债务融资。同时，我国还应拓宽长期资金参与公共产品供给的渠道，以更好地匹配融资项目期限。比如，保险资金是目前国内最主要的长期资金，可将其引入公共产品市场化投融资项目之中，这能在一定程度上缓解城市公共产品融资项目期限与投资回报周期不匹配的问题。

第四，推进地方政府融资平台公司的市场化转型。目前融资平台所存在的共性问题难以在短时间内彻底解决。诸多学者对融资平台市场化转型的实现路径提出了建议（毛捷、徐军伟，2021；徐军伟、毛捷、管星华，2020）：一是调整中央与地方政府的财政关系，综合平衡地方政府的公共事务与财力；客观评估和分析事权与财政的匹配关系，根据不同地区的实际情况重新确定财政收入的分配比例，并进行动态调整，以化解财政纵向失衡问题；建立财政收入和公共产品供给、政府债务之间的平衡机制，完善全面预算管理与绩效管理，摈弃预算软约束和中央政府的隐性担保。二是构建政府投资与吸收社会资本投资相适应的市场化体制机制；对于融资平台公司，培育市场化增信机制以替代依靠政府信用与担保的体系；根据政府公共产品部门的特殊性，通过创新金融市场的金融工具来满足投资需求。三是依照现代企业制度完善融资平台公司的治理结构，推进其建立政企分开、产权明晰、层级简明、资本充足的现代企业管理制度。此外，地方政府、融资平台及其他利益相关者要明确各自的任务职责，协同聚力推进市场化转型。为了有效化解地方政府的隐性债务风险，实现地方融资平台公司的市场化转型，我国应采取分类、分步实施的原则（毛捷、徐军伟，2021）逐步剥离政府融资功能，妥善化解地方政府融资平台公司的存量隐性债务；政府应与融资平台公司建立新型市场契约关系，让融资平台公司成长为自负盈亏、自主经营的市场主体，成为市场约束下的现代化地方国企。

第五，形成政府、市场协同发力的公共产品投融资主体多元化格局。为此，我国需要从如下方面入手：一是强化政府投资的刚性约束，将政府投资重点限制在弥补市场失灵的职能范围内；二是大力推进公共产品投融资的市场化改革，放开公共产品投资市场，拓宽公共产品融资渠道，降低融资成本，提高公共产品的投资回报率；三是赋予社会资本在竞争性公共产品投资中的市场主体地位，鼓励社会资本参与城市基础设施建设、公共服务提供等的全过程，充分发挥社会资本的专业能力和优势。

第五节 公共产品多元主体合作投融资机制

一、公共产品多元主体合作投融资的发展趋势

公共产品多元主体合作投融资模式，是指政府与企业等社会资本合作投资建设公共产品项目。在多元主体合作投融资模式下，各方签订合作协议，明确各方的权利和义务，通过利益共享、风险共担的方式共同出资建设城市公共产品项目。该模式综合了政府财政投资机制和市场投融资机制的优点，因而更有利于城市公共产品的公平、有效供给。总体来说，公共产品多元主体合作投融资机制的建立过程，也是政府投资方式改革和市场投资机制培育的过程。

在我国城市公共基础设施建设中，政府以特许经营方式与社会资本合作已经积累了丰富的经验，陆续形成了一套制度规范。经过大量的实践探索，特许经营模式由最初的 BOT 模式，逐渐衍生出了 BOOT、TOT 等模式。为了鼓励和引导社会资本参与基础设施和公用事业的建设运营，提高公共服务质量和效率，保护特许经营者的合法权益，保障社会公共利益和公共安全，2015 年 3 月国家发展改革委和国家开发银行联合发出《关于推进开发性金融支持政府和社会资本合作有关工作的通知》，明确提出要灵活运用基金投资、银行贷款、发行债券等各类金融工具，建立多元化的 PPP 项目资金保障机制。2015 年 4 月国家发展改革委等六部委联合印发《基础设施和公用事业特许经营管理办法》，对特许经营活动的范围与原则，特许经营协议的订立、履行、变更、终止，监督管理、公共利益保障和法律责任等做了详细规定，明确了基础设施和公用事业特许经营可以采取的各种方式，规定了特许经营的期限。政府主管部门也发布了一系列政策文件，鼓励和规范政府与社会资本合作进行公共基础设施建设。特别是财政部等在 2015 年 5 月发布《关于在公共服务领域推广政府和社会资本合作模式指导意见》（以下简称《指导意见》），提出为了转变政府职能，激发市场活力，增加公共产品和公共服务的供给，改革创新公共服务供给机制，应大力推广政府与社会资本合作模式。《指导意见》要求构建保障政府与社会资本合作模式持续健康发展的制度体系，明确了规范推进政府与社会资本合作项目的实施细则，并建议在能源、交通运输、水利、环境保护、农业、

林业、科技、保障性安居工程、医疗、卫生、养老、教育、文化等公共服务领域广泛采用政府与社会资本合作模式。2016 年 10 月国家发展改革委印发《传统基础设施领域实施政府和社会资本合作项目工作导则》，针对政府与社会资本合作中出现的问题提出了解决办法，规范了传统基础设施领域 PPP 项目的操作流程。

实践证明，在公共产品和公共服务领域，政府与社会资本合作有利于创新城市公共产品投融资机制，拓宽社会资本投资渠道，促进城市公共产品的多元化供给，加快政府职能的转变，充分发挥政府投资机制和市场投资机制在公共产品供给过程中的优势。

二、公共产品多元主体合作的主要投融资模式

公共产品多元主体合作投融资模式主要包括特许经营、PPP 和 PFI 三大类模式。特许经营模式主要包括 BOT 模式以及在此基础上衍生的 BOOT、TOT 等模式；PPP 模式现已在城市基础设施建设、特色小镇开发建设、公用事业、养老产业等领域得到了广泛应用；PFI 模式是在城市基础设施、公用事业、公共服务等领域引进私人投资的模式。下面分别介绍这三种模式。

（一）特许经营模式

特许经营模式有不同的方式，下面主要介绍两种。

1. BOT 模式

BOT 模式是指在城市基础设施建设项目中，政府与企业签订特许权协议，授予企业所设立的项目公司承担项目的投资、融资、建设和经营责任，在特许期限内，项目公司有权向基础设施的使用者收取费用或出售产品，以回收投资、清偿贷款并获取一定的收益，政府部门拥有这一基础设施项目的监督权、调控权。待特许期满，项目公司根据协议将该基础设施无偿或有偿移交给政府部门。BOT 模式除了以市场化的方式建设和运营基础设施以提高效率外，最主要的还在于项目的市场化融资。采用 BOT 方式的项目公司有其法律规定的特点：一是项目权利转移期的有限性，即项目公司只在协议有效期内拥有经营权；二是责任的转移，即政府依据协议把项目建设和经营的责任在协议期内转移给了项目公司；三是项目所需资金基本上由签约的投资方负责解决，政府不提供担保责任，但可以通过参股等方式共同投资。政府采用 BOT 模式建设基础设

施，可以减轻财政负担，避免项目建设和经营中的风险，也可以提高经营管理水平，增强项目的市场竞争力。世界银行总结了世界各国的 BOT 模式，指出 BOT 在实践中有三种形式，除了 BOT 这一基本形式外，还有 BOO 和 BOOT。BOO 是政府将特许权授予项目公司的投资方，并授予其在协议期内进行投资、融资、建设和经营的权利，项目建成后项目公司拥有项目的经营权和收益权，无须在一定时期后把项目转让给政府。BOOT 是政府将特许权授予项目公司的投资方，并授予其在协议期内进行投资、融资、建设、拥有和经营的权利，项目公司在项目建成后的一定时期内拥有公司资产的所有权，但协议期结束须按协议规定把项目的产权转移给政府。一般来说，BOOT 与 BOT 的差异在于，在 BOOT 模式下，项目公司在协议期内既有经营权又有所有权，而且这种模式的协议期长于 BOT 模式。

2. TOT 模式

TOT 模式是指政府或国有企业把已经投产运营的基础设施项目的经营权在一定期限内有偿转让给投资者，由投资者在约定期限内行使经营权，通过经营收回全部投资并获得合理的利润，特许经营的合约期满后，政府或国有企业再将项目的经营权收回。TOT 模式是一种项目投融资模式，除了在特殊情况下，它只涉及已建基础设施项目的经营权转让，一般不涉及股权转让。

采用 TOT 模式的益处在于有利于盘活城市基础设施的存量资产，转让经营权所获资金可以建设新的项目，加快城市建设速度；有利于促进政府职能的转变，政府从直接经营公共基础设施转为真正代表公众利益来监督和保证基础设施发挥公共功能。同时，市场机制的引入，使社会资源得到了有效配置，公共基础设施经营的效率得到了提高（乔恒利，2008；刘伊生，2004）。

（二）PPP 模式

PPP 模式主要是政府公共部门与民营企业签订特许权协议，合作建设和运营公共基础设施项目，形成利益共享、风险共担和全生命周期合作的伙伴关系。与 BOT 等政府特许经营模式相比，在 PPP 模式下，政府对项目的建设和后期经营介入得更多，民营企业对于项目的前期规划参与得较多。PPP 模式是政府通过给予合作企业以项目建设、运营及获取收益的特许经营权，以筹措项目建设资金，因此其实际上是一种公共基础设施的融资模式。在 PPP 模式下，政府与社会资本的合作不仅是经营权的合作，而且是产权与收益权的合作。在这一模式下，合作企业利用自有资金或通过贷款筹措资金投资项目，并通过使用者付费或部分政府付费和补贴获得合理的投资回报。

城市公共基础设施项目采用 PPP 模式的优势主要有如下方面：一是可以广泛动员社会资本参与项目的建设，减轻政府的财政压力，增强公共产品部门的供给能力。二是民营企业合作者参与项目建设的全过程，可以有效提高项目建设的质量和效率。在 PPP 模式下，合作企业在项目前期就参与规划设计，有利于引入先进的技术和管理经验，发挥企业的专业性。三是政府和企业合作组成项目战略联盟，可以增强项目的信用，易于获得金融市场的资金，增强财务的稳健性。四是对政府来说，既可以减少投资，也可以拥有一定的项目建设和运营控制权；对合作企业来说，可以规避项目前期和运营中涉及的制度性风险。

但在 PPP 模式的实施过程中，政府与社会资本也需要处理好合作中的关系，其中关键的是政府代表的项目公共利益与企业追求的资本利益之间的关系，政府公共部门行政流程的规范性与市场灵活经营的变通性之间的关系，基于政府背景的 PPP 项目的相对垄断性与完全私人性项目的市场竞争性之间的关系。处理这些关系的核心在于 PPP 模式要严格按照相关法律法规实施，合作各方也要严格按照协议履行各自的职责。

（三）PFI 模式

PFI 模式是由私营企业投资、建设和运营基础设施项目的一种模式。在 PFI 模式下，政府公共部门根据社会需求提出拟建设的基础设施项目，通过公开招投标由获得特许权的私营企业承建和经营基础设施项目。一般情况下，特许权授予期满后，企业把项目转让给政府公共部门。因此，PFI 模式与 BOT 模式有许多相似之处，两者都是政府特许企业进行项目的建设和经营，企业最终将项目转让给政府。但 PFI 模式与 BOT 模式也有一些不同的地方：一是在 BOT 模式下，政府事先确定好项目的规划和要求，根据已制定好的具体的建设方案进行招投标；在 PFI 模式下，一般来说政府只提出需求条件和初步规划，具体的项目规划和建设方案均由企业根据政府要求来制订。二是在 BOT 模式下，政府发布特许经营项目时，会事先明确项目用地供给方式、政府补贴等；PFI 模式则由政府给出一个最低的收益担保，具体的收益分配、政府补贴、土地供给方式、价格等都需要根据实际的建设和运营情况谈判决定，具有更大的灵活性或不确定性。三是在 PFI 模式下获得特许权的私营企业与在 BOT 模式下获得特许权的企业不同，前者不一定具有全面的专业建设和经营能力，通常会委托专业公司协作建设和经营。四是在 BOT 模式下，企业在特许权授予期满后，若没有特殊情况的特别约定，则须将项目资产无偿地交给政府；PFI 模式下获得特许权的私营企业有所不同，一般情况下，特许项目的合同期满后，根据不同项目的特点以及企业经营情况和成本收回情况等，企业可以继续拥有或以续租的方式获得项目的经营权。

在城市基础设施的建设中，PFI 模式最大的优势是受政府制度和政策约束较少，建设和经营中可以根据市场需求变化情况灵活调整经营策略。实行 PFI 模式更有利于吸引社会资本参与城市公共基础设施项目的建设。同时，由于在 PFI 模式下私营企业的权利较多，项目建设经营中可以更好地发挥市场机制的作用，有利于提高建设效率以及转移项目风险（姚洁，2009）。

三、我国城市公共产品多元主体合作投融资的实证分析

改革开放以来，随着城市化和工业化的快速发展，我国城市公共基础设施建设的需求急剧增加，这给政府造成了巨大的财务压力，也推动了政府公共部门体制机制的变革。如表 7－23 所示，2014—2018 年，地方政府债券、基础设施投资市场化项目、PPP 项目和 PPP 规模都有超过 10 倍的增长，基础设施投资项目正在逐步走向市场化，利用民间资本满足基础设施项目的资金需要正在成为一种重要的趋势和手段。

表 7－23 基础设施投资项目市场化发展动态

项目	2014 年	2015 年	2016 年	2017 年	2018 年
地方政府债券/亿元	4 000	38 351	60 458	43 581	41 652
基础设施投资市场化项目/亿元	3 591	12 964	43 286	58 747	32 149
PPP 项目/个	115	846	2 527	3 381	2 275
类 PPP 项目/个	182	601	858	907	784
PPP 规模/亿元	2 072	7 477	33 386	51 673	27 489
类 PPP 规模/亿元	1 519	5 487	9 900	7 073	4 660

数据来源：《2018 基础设施投资领域发展报告》。

如表7-24所示，在成交PPP项目社会资本的所有制结构中，民营企业提供将近一半的社会资本，而地方国有企业也提供了30%左右的社会资本。这两种企业提供的社会资本构成了PPP项目社会资本的主要来源。另外，地方国有企业提供的社会资本比例正在逐步上升，有挤出民营社会资本的趋势。

表7-24 成交PPP项目的所有制结构

单位：%

所有制	2015年	2016年	2017年	2018年
中央企业	18.20	24.00	25.10	19.60
地方国有企业	20.50	25.40	30.10	33.10
民营企业	60.60	49.60	43.90	46.20
其他	0.80	1.00	0.90	1.10

数据来源：《2018基础设施投资领域发展报告》。

31个省（自治区、直辖市）① 2016—2019年PPP项目数如表7-25所示。2016—2019年，各省（自治区、直辖市）PPP项目数整体上呈递增趋势，PPP项目数较多的省份是浙江、山东、河南、四川、贵州。

表7-25 31个省（自治区、直辖市）2016—2019年PPP项目数

单位：个

省（自治区、直辖市）	2016年	2017年	2018年	2019年
北京	98	87	104	111
天津	17	36	54	68
河北	450	574	461	464
山西	41	189	371	404
内蒙古	828	680	392	382
辽宁	487	383	250	294
吉林	61	107	165	173
黑龙江	144	226	135	139
上海	1	4	6	8

① 由于数据搜集有一定难度，这里的统计未包括港澳台地区。

续　表

省（自治区、直辖市）	2016 年	2017 年	2018 年	2019 年
江　苏	346	470	501	453
浙　江	317	421	565	589
安　徽	180	258	448	474
福　建	280	353	424	431
江　西	311	411	415	455
山　东	1 087	1 141	1 036	1 036
河　南	795	1 339	1 046	1 063
湖　北	132	569	714	730
湖　南	316	578	437	429
广　东	118	229	454	524
广　西	183	181	235	247
海　南	155	171	164	142
重　庆	66	78	48	56
四　川	848	1 293	1 245	750
贵　州	1 788	1 829	1 251	1 199
云　南	417	387	450	477
西　藏	—	4	2	2
陕　西	316	478	464	476
甘　肃	470	239	106	124
青　海	72	116	71	52
宁　夏	72	140	51	51
新　疆	852	1 420	528	508

数据来源：国家发展改革委 PPP 项目库。

31 个省（自治区、直辖市）2016—2019 年 PPP 项目投资额如表 7－26 所示。2016—2019 年，各省（自治区、直辖市）PPP 项目投资额整体上也呈递增趋势，PPP 项目投资额较高的省份是江苏、浙江、山东、河南、四川、贵州、云南。用 PPP 项目投资额除以 PPP 项目数我们可以得出，平均单个项目投资额较高的省（自治区、直辖市）是北京、天津、吉林、江苏、重庆、西藏、甘肃、宁夏。

表 7-26　31 个省（自治区、直辖市）2016—2019 年 PPP 项目投资额

单位：亿元

省（自治区、直辖市）	2016 年	2017 年	2018 年	2019 年
北　京	2 317.00	2 610.44	2 459.50	2 511.35
天　津	150.00	1 360.82	1 782.52	2 927.06
河　北	6 788.00	7 607.07	7 400.66	7 897.75
山　西	551.00	1 580.33	2 847.58	3 734.17
内蒙古	7 096.00	7 214.62	3 876.67	3 479.53
辽　宁	5 619.00	4 567.01	3 180.79	3 300.13
吉　林	1 309.00	2 894.06	3 099.81	2 955.41
黑龙江	2 023.00	2 285.59	1 539.14	1 485.90
上　海	14.00	30.25	43.03	46.69
江　苏	6 798.00	10 104.15	10 287.04	9 101.75
浙　江	5 432.00	8 120.99	10 953.54	11 186.14
安　徽	2 118.00	2 700.84	5 003.21	5 157.51
福　建	3 983.00	4 386.65	4 582.05	4 396.63
江　西	1 806.00	2 525.47	3 523.76	3 972.70
山　东	12 229.00	11 927.22	11 406.59	11 117.64
河　南	9 538.00	15 712.87	13 473.41	13 337.96
湖　北	2 391.00	7 189.88	9 520.79	9 863.63
湖　南	5 109.00	9 023.08	6 229.85	5 706.27
广　东	1 902.00	3 447.12	6 042.10	6 393.45
广　西	2 137.00	1 819.25	3 065.43	3 512.68
海　南	1 653.00	1 575.41	1 333.22	1 199.19
重　庆	2 141.00	2 414.19	1 254.41	2 128.03
四　川	9 180.00	15 747.65	18 569.87	13 210.93
贵　州	16 034.00	17 836.14	16 808.54	17 934.98
云　南	10 302.00	10 455.37	11 152.34	11 302.27
西　藏	—	119.92	97.44	97.44

续 表

省（自治区、直辖市）	2016 年	2017 年	2018 年	2019 年
陕 西	3 310.00	5 118.96	5 313.24	5 453.67
甘 肃	5 732.00	4 373.82	2 623.84	3 045.57
青 海	1 126.00	1 252.00	1 291.09	1 299.68
宁 夏	1 736.00	2 317.03	528.11	807.84
新 疆	4 393.00	13 070.61	7 014.60	7 197.26

数据来源：国家发展改革委 PPP 项目库。

如表 7－27 所示，PPP 项目成交行业涵盖面非常广，交通运输、生态建设和环境保护、市政工程、片区开发、旅游、保障性安居工程、公共服务等行业均有较多的 PPP 项目。在公共服务方面，PPP 项目较多地集中在医疗卫生、教育和文化行业，养老和社会保障领域的 PPP 项目相对较少。

表 7－27 各行业 2016—2019 年 PPP 项目数

单位：个

行 业	2016 年	2017 年	2018 年	2019 年
能 源	195	212	150	155
交通运输	1 375	1 941	1 771	1 707
水利建设	518	678	566	543
生态建设和环境保护	633	958	1 076	1 114
市政工程	3 998	5 049	4 704	4 699
片区开发	688	841	803	794
农业	111	154	119	114
林业	17	35	56	97
科技	127	180	163	164
保障性安居工程	515	530	303	243
旅游	659	865	626	583
医疗卫生	494	561	405	382
养老	283	295	190	169

续 表

行　　业	2016 年	2017 年	2018 年	2019 年
教育	553	714	603	559
文化	317	416	325	310
体育	208	242	183	173
社会保障	103	112	68	61
政府基础设施	175	324	271	257
其他	936	317	242	217

数据来源：国家发展改革委 PPP 项目库。

各行业 2016—2019 年 PPP 项目投资额如表 7－28 所示。与 PPP 项目数类似，PPP 项目投资额较高的行业也主要是交通运输、生态建设和环境保护、市政工程、片区开发、旅游、保障性安居工程、公共服务等行业。在公共服务方面，PPP 项目投资额也较多地集中在医疗卫生、教育和文化行业，养老和社会保障领域的 PPP 项目投资额相对较低，其中以社会保障领域最低。

表 7－28　各行业 2016—2019 年 PPP 项目投资额

单位：亿元

行　　业	2016 年	2017 年	2018 年	2019 年
能源	1 220.00	1 416.49	807.68	845.48
交通运输	39 573.00	53 885.06	52 812.18	54 702.61
水利建设	3 874.00	5 626.06	4 938.19	4 697.59
生态建设和环境保护	6 534.00	10 502.81	11 311.67	11 603.99
市政工程	37 801.00	49 207.79	49 565.76	48 953.46
片区开发	13 984.00	18 720.88	23 452.41	23 124.62
农业	747.00	1 189.38	1 044.35	1 267.90
林业	80.00	543.48	977.75	1 805.58
科技	1 087.00	1 421.53	1 186.61	1 115.33
保障性安居工程	7 560.00	7 916.39	4 749.76	3 742.93
旅游	7 154.00	11 108.80	8 293.99	7 325.87

续　表

行　　业	2016年	2017年	2018年	2019年
医疗卫生	2 333.00	2 770.91	2 620.14	2 522.60
养老	1 659.00	1 886.16	1 178.28	1 048.72
教育	2 189.00	3 330.24	3 342.67	3 056.54
文化	2 141.00	2 920.04	2 765.81	2 779.99
体育	1 405.00	1 913.00	1 591.51	1 658.93
社会保障	252.00	289.27	219.59	217.29
政府基础设施	2 000.00	3 103.73	2 668.91	2 608.85
其他	3 405.00	3 858.05	3 100.83	2 950.51

下面利用表7-26中31个省（自治区、直辖市）2016—2019年PPP项目投资额数据，再结合《中国城市建设统计年鉴》中各省（自治区、直辖市）2016—2019年城市市政设施水平数据，选取供水普及率、燃气普及率、人均道路面积、污水处理率、建成区绿化覆盖率这五个指标反映城市市政设施水平，运用省（自治区、直辖市）级面板数据模型进行计量分析。PPP投资模式对城市市政设施水平的影响效应如表7-29所示。

表7-29　PPP投资模式对城市市政设施水平的影响效应

变　　量	供水普及率	燃气普及率	人均道路面积	污水处理率	建成区绿化覆盖率
PPP项目投资额	-0.000 101** (0.015)	-0.000 340*** (0.003)	0.000 167 (0.127)	0.000 215** (0.013)	0.000 037 (0.636)
常数项	98.632*** (0.000)	97.112*** (0.000)	15.415*** (0.000)	92.363*** (0.000)	39.682*** (0.000)
个体固定效应	有	有	有	有	有
时间固定效应	有	有	有	有	有
F 值	6.22	9.13	2.38	6.50	0.23
样本量	90	90	90	90	90

注：**、***分别表示在5%和1%水平上显著；括号内数值表示对应系数的 p 值。

分析结果表明，PPP投资模式对供水普及率和燃气普及率的影响是显著负向的；PPP 投资模式对人均道路面积和建成区绿化覆盖率的影响是正向的，但是不显著；PPP 投资模式对污水处理率的影响是显著正向的。由此可以看出，PPP 投资模式比较适用于能够产生稳定现金流、需要较长后期经营时间的项目，如污水处理厂，这些项目利用社会资本的经营管理能力，能够提高其运营效率。相反，对于纯公益性的市政设施项目，如市政道路，运用 PPP 投资模式对提高运营效率的作用不是那么明显，但是这类项目与社会资本合作，可以缓解政府的资金压力。

下面继续利用表 7－26 中 31 个省（自治区、直辖市）2016—2019 年 PPP 项目投资额数据，以平均受教育年限、每千人拥有医疗卫生机构床位数、人均社会保障支出度量城市非经济性公共产品供给，以 2016—2019 年 31 个省（自治区、直辖市）的面板数据为样本，实证分析 PPP 投资模式对非经济性公共产品供给的影响效应，实证结果如表 7－30 所示。

表 7－30　PPP 投资模式对非经济性公共产品供给的影响效应

变　　量	平均受教育年限	每千人拥有医疗卫生机构床位数	人均社会保障支出
PPP 项目投资额	−0.000 084*** (0.000)	0.000 059*** (0.000)	0.029 9*** (0.000)
常数项	9.743*** (0.000)	5.395*** (0.000)	610.347*** (0.000)
个体固定效应	有	有	有
时间固定效应	有	有	有
F 值	17.00	13.30	16.05
样本量	90	90	90

注：*** 表示在 1% 水平上显著；括号内数值表示对应系数的 p 值。

实证结果表明，PPP 投资模式对每千人拥有医疗卫生机构床位数和人均社会保障支出的影响是显著正向的，对平均受教育年限的影响是显著负向的。这说明，PPP 投资模式能够增加医疗卫生、社会保障等社会事业的供给量。但是，在我国现阶段，PPP 投资模式还难以促进教育等社会事业供给量的增加。

四、公共产品多元主体合作投融资存在的问题及解决方案

在公共产品投融资机制中，多元主体合作投融资是一种较为理想的投资机

制，可以达到多方合作、优势互补、风险共担、利润共享的局面。但目前社会资本参与公益性事业的投资和运营在我国尚处于探索阶段，在项目推进过程中，有很多问题凸显出来，亟待解决。

（一）政企沟通合作机制不畅

在多元主体合作项目纠纷案例中，大部分企业与政府沟通协商之后，双方的争议并未得到解决，这主要是因为政企沟通合作机制不畅。政企沟通合作机制不畅成为制约多元主体合作投融资项目顺利开展的重要因素。在多元主体合作中，部分地方政府往往依赖行政权力行事，很难做到真正服务、关心企业，认真听取企业的意见和建议；部分企业则容易过度强调私人收益，忽视社会责任，甚至损害公共利益。这些因素都使得政企协作共享的合作伙伴关系难以建立。同时，在政府与企业之间存在信息不对称的现实情况下，如果企业难以获取及时、准确的投融资信息，高效的政企沟通机制就难以建立，多元主体合作的质量和效率也会下降。

（二）多元主体合作法律法规不健全

健全的法治环境、良好的营商环境是建立高效的公共产品多元主体合作投融资机制的关键。我国有关多元主体合作的政策文件已有很多，但目前尚缺乏系统性，还没有法律层面上的规范。关于多元主体合作的立法工作虽然从 2014 年已经开始，但至今尚未颁布有关法律。多元主体合作法律法规不健全，缺乏良好的营商环境，从而增加了社会资本参与多元主体合作的制度性交易成本，降低了社会资本方对地方政府的信心（沈言言、郭峰、李振，2020）。

（三）社会资本方承担过多公共产品负担

由于多元主体合作项目的建设与运营周期通常长达 10~30 年，在如此长的时间里，有关法律法规、市场条件、公共产品需求、项目责任方领导等，都将发生很多不可预期的变化，这就导致政府和社会资本方在签订合约时，不可能穷尽所有可能发生的变化并在合约中加以明确（杨瑞龙，2006；Hart，2003）。于是，我国多元主体合作市场一直存在一种可以称为“公共产品负担”的现象。地方政府让社会资本承担过多的公共产品负担，导致社会资本参与多元主体合作项目的风险显著提升（柯永建、王守清、陈炳泉，2009；亓霞、柯永建、王守清，2009）。

（四）多元主体合作项目的交易成本较高

不少实证研究表明，目前政府制定的一系列规章制度和政策比较繁复，企业遵守所需付出的各种税费较高，加上政府与社会资本合作项目的合约签订、执行等均涉及高额的交易成本，特别是在投资具有资产专用性的情况下，项目难以根据市场环境和社会需求变化而及时调整，企业缺乏经营的灵活性（和军、刘凤义，2016）。在沉淀成本过高、政企双方存在策略行为和交易要挟行为、合作项目的进入与退出难等情形下，多元主体合作项目的交易成本会大大提高，多元主体合作融资绩效也会降低（和军、刘凤义，2016）。此外，上述提到的几点，如政企沟通合作机制不畅、多元主体合作法律法规不健全、社会资本方承担过多公共产品负担，也进一步增加了多元主体合作项目的交易成本。

针对多元主体合作过程中存在的问题，本书提出以下建议：

第一，改善多元主体合作的营商环境。良好的营商环境对于减少社会资本参与多元主体合作的制度性交易成本，增强社会资本方对地方政府的信心，促进社会资本方的参与具有重要的价值。为了吸引社会资本进入 PPP 项目，地方政府应改善营商环境，简化行政审批手续、优化产权保护、放松管制，从而减少社会资本方的制度性交易成本和信息成本（沈言言、郭峰、李振，2020）。

第二，建立畅通的政企沟通机制。建立良好的政府与企业沟通机制是改善政企关系的关键所在。为此，政府要建立高效的政企沟通制度，形成常态化沟通机制。政府应把与企业进行对话沟通、为企业提供服务作为重要的工作制度加以落实，及时收集和处理企业的意见和建议，向企业宣传、解释相关法律法规，为企业提供业务咨询、办事指引等服务，与企业保持及时、通畅的沟通。同时，政府也要利用信息化手段，搭建政企沟通平台，建立规范化、机制化的政企沟通渠道。此外，政府应认真听取企业的合理建议和意见，有效解决企业的合理诉求。

第三，优化政企合作中的风险分担机制和利益补偿机制。随着社会资本逐渐参与到社会基础设施建设中，多元主体合作项目供应量迅速增加，而随着公共基础设施环境的改善和经济后发优势的减少等，社会资本参与公共基础设施建设面临的市场风险比过去更高。因此，地方政府的最优策略不再是通过高持股吸引社会资本进入，而是应该通过政府行为让社会资本对未来收益成本形成清晰预期，只有这样才能充分调动社会资本参与公共基础设施建设的积极性。

具体的措施如下：首先，地方政府应该增强公共产品定价的专业性，减轻社会资本因市场价格变动而承担的公共产品负担。例如，政府可试点第三方定价，由专业的第三方机构为公共产品定价提供决策。这样能够综合考虑社会资本、地方政府、社会公众的利益诉求和承担的风险，最大限度地保障公共产品定价的公正性和公信力。其次，政府应建立具有公信力的利益补偿与风险补偿机制，有关部门应该完善风险分担机制的顶层设计。同时，政府应结合各行业、地区发展水平等情况对风险分担原则进行进一步的补充说明，结合实际情况分析风险承受能力、控制成本以及风险与收益的匹配，合理确定风险分担比例。最后，政府应清晰界定社会资本参与项目的责任边界。由于公共产品建设具有外部性，因此建设方需要承担一定的社会责任，如果没有法律的规定与约束，部分地方政府可能会以社会责任为由让社会资本承担过重的公共产品负担。因此，政府应该制定相应的规范，以界定社会资本需要承担的社会责任，提振社会资本的信心，保障公共产品供给的作用得到更好的发挥（龚强、张一林、雷丽衡，2019）。

第四，降低制度性交易成本。降低多元主体合作过程中的制度性交易成本，需要完善法律法规、优化审批流程。首先，有关部门应健全相关的法律法规和管理制度。根据国外的经验和我国实际情况，抓紧研究和制定多元主体合作的相关法律法规，可以从法律上对政府与社会资本合作中的项目规划、投融资、资产归属与处置、运营权利、项目收费和产权转移等进行明确规定，特别是可以明确项目产权、经营权和收益分配权的归属问题，降低项目的制度风险和市场风险（庄学敏，2019）。其次，政府应优化项目的规划设计、决策立项、协议签订、建设与经营等管理的审批流程。通常情况下，公共基础设施项目的合作主体较多，建设周期较长，经营的不确定性和风险较大，涉及社会经济的各个方面，牵涉的利益方比较多，因此政府应优化项目的审批流程，提高建设和经营效率，降低项目的制度性成本。最后，有关部门应健全基础设施项目的配套机制，设计合理的多元主体合作模式中的治理结构，建立违约惩罚机制等，以保障多元主体合作投融资机制的有效运行。

参考文献

[1] Fromaget X. The soft budget constraint problem in transition and developing countries [D].

Tampere: University of Tampere, 2008.
[2] Hart O. Incomplete contracts and public ownership: remarks, and an application to public-private partnerships [J]. The Economic Journal, 2003, 113 (486): C69 - C76.
[3] Oates W E. Fiscal federalism [M]. New York: Harcourt Brace Jovanovich, 1972.
[4] Tiebout C M. A pure theory of local expenditures [J]. Journal of Political Economy, 1956, 64 (5): 416 - 424.
[5] Wildasin D E. The institutions of federalism: Toward an analytical framework [J]. National Tax Journal, 2004, 57 (2): 247 - 272.
[6] World Bank. Should borrowing by the public sector be decentralized [R]. Decentralization Thematic Team Report, 2004.
[7] Yakita A. Sustainability of public debt, public capital formation, and endogenous growth in an overlapping generations setting [J]. Journal of Public Economics, 2008, 92 (3/4): 897 - 914.
[8] 安体富. 民生财政：我国财政支出结构调整的历史性转折 [J]. 地方财政研究, 2008 (5): 4 - 8.
[9] 曹光宇，刘晨冉，周黎安，等. 财政压力与地方政府融资平台的兴起 [J]. 金融研究, 2020 (5): 59 - 76.
[10] 曹婧，毛捷，薛熠. 城投债为何持续增长：基于新口径的实证分析 [J]. 财贸经济, 2019, 40 (5): 5 - 22.
[11] 常晨，陆铭. 新城之殇：密度、距离与债务 [J]. 经济学（季刊）, 2017, 16 (4): 1 621 - 1 642.
[12] 陈抗，Arye L. Hillman，顾清扬. 财政集权与地方政府行为变化：从援助之手到攫取之手 [J]. 经济学（季刊）, 2002 (4): 111 - 130.
[13] 陈硕，高琳. 央地关系：财政分权度量及作用机制再评估 [J]. 管理世界, 2012 (6): 43 - 59.
[14] 储德银，左芯. 财政公开的经济社会效应研究新进展 [J]. 经济学动态, 2019 (5): 135 - 148.
[15] 邓淑莲，刘潋滟. 财政透明度对地方政府债务风险的影响研究：基于政府间博弈视角 [J].财经研究, 2019, 45 (12): 4 - 17.
[16] 刁伟涛，王楠. 我国各省地方政府偿债能力的空间格局和动态演进：一般债务和专项债务的分类评估 [J]. 财经论丛, 2017 (4): 26 - 36.
[17] 方红生，鲁玮骏，苏云晴. 中国省以下政府间财政收入分配：理论与证据 [J]. 经济研究, 2020, 55 (4): 118 - 133.
[18] 韩军. 中国城市基础设施建设融资制度创新研究 [D]. 天津：南开大学. 2006.
[19] 方红生，张军. 中国地方政府扩张偏向的财政行为：观察与解释 [J]. 经济学（季刊）, 2009, 8 (3): 1065 - 1082.
[20] 伏润民，王卫昆，缪小林. 我国地方政府债务风险与可持续性规模探讨 [J]. 财贸经济, 2008 (10): 82 - 87.
[21] 傅勇，张晏. 中国式分权与财政支出结构偏向：为增长而竞争的代价 [J]. 管理世界, 2007 (3): 4 - 12, 22.
[22] 高培勇. 中国财税改革 40 年：基本轨迹、基本经验和基本规律 [J]. 经济研究, 2018, 53 (3): 4 - 20.
[23] 龚强，张一林，雷丽衡. 政府与社会资本合作（PPP）：不完全合约视角下的公共品负

担理论［J］. 经济研究，2019，54（4）：133－148.

［24］郭玉清，何杨，李龙. 救助预期、公共池激励与地方政府举债融资的大国治理［J］. 经济研究，2016，51（3）：81－95.

［25］郭玉清，毛捷. 新中国70年地方政府债务治理：回顾与展望［J］. 财贸经济，2019，40（9）：51－64.

［26］张传吉. 中国城市建设融资研究［D］. 大连：东北财经大学，2006.

［27］和军，刘凤义. 交易成本、沉淀成本、自然垄断与公私合作治理机制［J］. 华东经济管理，2016，30（11）：150－156.

［28］何贤杰，朱红军，陈信元. 政府的多重利益驱动与银行的信贷行为［J］. 金融研究，2008（6）：1－20.

［29］何杨，满燕云. 地方融资平台债务：规模、风险与治理［J］. 财政研究，2012（2）：34－37.

［30］洪源，陈丽，曹越. 地方竞争是否阻碍了地方政府债务绩效的提升：理论框架及空间计量研究［J］. 金融研究，2020（4）：70－90.

［31］贾俊雪，郭庆旺. 财政规则、经济增长与政府债务规模［J］. 世界经济，2011，34（1）：73－92.

［32］姜子叶，胡育蓉. 财政分权、预算软约束与地方政府债务［J］. 金融研究，2016（2）：198－206.

［33］柯永建，王守清，陈炳泉. 私营资本参与基础设施PPP项目的政府激励措施［J］. 清华大学学报（自然科学版），2009，49（9）：1480－1483.

［34］李华，任龙洋. 财政分权、预算约束与地方公共品供给效率［J］. 当代财经，2013（3）：35－43.

［35］林慕华，马骏. 中国地方人民代表大会预算监督研究［J］. 中国社会科学，2012（6）：73－90，207.

［36］刘锐，龙小燕. 地方政府债券银行：理论逻辑、实践基础与实现路径［J］. 中央财经大学学报，2021（4）：14－23.

［37］刘尚希，石英华，武靖州. 制度主义公共债务管理模式的失灵：基于公共风险视角的反思［J］. 管理世界，2017（1）：5－16.

［38］刘煜辉，沈可挺. 中国地方政府公共资本融资：问题、挑战与对策：基于地方政府融资平台债务状况的分析［J］. 金融评论，2011，3（3）：1－18.

［39］刘元春，陈金至. 土地制度、融资模式与中国特色工业化［J］. 中国工业经济，2020（3）：5－23.

［40］卢峰，姚洋. 金融压抑下的法治、金融发展和经济增长［J］. 中国社会科学，2004（1）：42－55.

［41］罗党论，佘国满. 地方官员变更与地方债发行［J］. 经济研究，2015，50（6）：131－146.

［42］吕冰洋，台航. 从财政包干到分税制：发挥两个积极性［J］. 财贸经济，2018，39（10）：17－29.

［43］马恩涛，李鑫. PPP模式下项目参与方合作关系研究：基于社会网络理论的分析框架［J］. 财贸经济，2017，38（7）：49－63.

［44］马拴友，于红霞. 转移支付与地区经济收敛［J］. 经济研究，2003（3）：26－33.

［45］马文涛，马草原. 政府担保的介入、稳增长的约束与地方政府债务的膨胀陷阱［J］. 经济研究，2018，53（5）：72－87.

[46] 毛捷，刘潘，吕冰洋. 地方公共债务增长的制度基础：兼顾财政和金融的视角 [J]. 中国社会科学，2019 (9)：45 - 67.
[47] 毛捷，徐军伟. 中国地方政府债务问题研究的现实基础：制度变迁、统计方法与重要事实 [J]. 财政研究，2019 (1)：3 - 23.
[48] 毛捷，徐军伟. 地方融资平台公司的市场化转型研究：制度溯源、个性刻画与实现路径 [J]. 财贸经济，2021，42 (3)：28 - 43.
[49] 缪小林，赵一心. 地方债对地区全要素生产率增长的影响：基于不同财政独立性的分组考察 [J]. 财贸经济，2019，40 (12)：50 - 64.
[50] 平新乔，白洁. 中国财政分权与地方公共品的供给 [J]. 财贸经济，2006 (2)：49 - 55.
[51] 沈言言，郭峰，李振. 地方政府自有财力、营商环境和 PPP 项目的引资 [J]. 财贸经济，2020，41 (12)：68 - 84.
[52] 孙琳，楼京晶. 中期预算制度对债务规模约束有效吗 [J]. 财贸经济，2017，38 (4)：71 - 85.
[53] 孙铮，刘凤委，李增泉. 市场化程度、政府干预与企业债务期限结构：来自我国上市公司的经验证据 [J]. 经济研究，2005 (5)：52 - 63.
[54] 王宏斌，刘敏，程文. 全面实施公共财政预算绩效管理的重点与难点 [J]. 中国集体经济，2020 (21)：43 - 44.
[55] 王永钦，陈映辉，杜巨澜. 软预算约束与中国地方政府债务违约风险：来自金融市场的证据 [J]. 经济研究，2016，51 (11)：96 - 109.
[56] 吴小强，韩立彬. 中国地方政府债务竞争：基于省级空间面板数据的实证研究 [J]. 财贸经济，2017，38 (9)：48 - 62.
[57] 吴有红. 构建可持续的城市建设投融资机制 [J]. 中国发展观察，2020 (22)：47 - 49.
[58] 项后军，巫姣，谢杰. 地方债务影响经济波动吗 [J]. 中国工业经济，2017 (1)：43 - 61.
[59] 肖林. 公共产品融资的市场化改革：从特许经营到 PPP 模式 [J]. 科学发展，2016 (2)：45 - 55.
[60] 谢旭人. 健全中央和地方财力与事权相匹配的体制　促进科学发展和社会和谐 [J]. 财政研究，2009 (2)：2 - 4.
[61] 徐军伟，毛捷，管星华. 地方政府隐性债务再认识：基于融资平台公司的精准界定和金融势能的视角 [J]. 管理世界，2020，36 (9)：37 - 59.
[62] 杨帆，安晓冉. 我国地方政府债券融资的问题与对策 [J]. 中国经贸导刊，2018 (16)：71 - 73.
[63] 杨继东，杨其静，刘凯. 以地融资与债务增长：基于地级市面板数据的经验研究 [J]. 财贸经济，2018，39 (2)：52 - 68.
[64] 杨龙见，尹恒. 县级政府财力与支出责任：来自财政层级的视角 [J]. 金融研究，2015 (4)：82 - 98.
[65] 杨瑞龙，聂辉华. 不完全契约理论：一个综述 [J]. 经济研究，2006 (2)：104 - 115.
[66] 姚洋，杨雷. 制度供给失衡和中国财政分权的后果 [J]. 战略与管理，2003 (3)：27 - 33.
[67] 亓霞，柯永建，王守清. 基于案例的中国 PPP 项目的主要风险因素分析 [J]. 中国软科学，2009 (5)：107 - 113.
[68] 曾碧娟. 浅析强化财政预算管理和财政预算监督体制改革 [J]. 财会学习，2019 (36)：

99，101.
[69] 张军，高远，傅勇，等. 中国为什么拥有了良好的基础设施？[J]. 经济研究，2007（3）：4－19.
[70] 张莉，年永威，刘京军. 土地市场波动与地方债：以城投债为例 [J]. 经济学（季刊），2018，17（3）：1103－1126.
[71] 张莉，魏鹤翀，欧德赟. 以地融资、地方债务与杠杆：地方融资平台的土地抵押分析 [J]. 金融研究，2019（3）：92－110.
[72] 张路. 地方债务扩张的政府策略：来自融资平台“城投债”发行的证据 [J]. 中国工业经济，2020（2）：44－62.
[73] 赵永亮，杨子晖. 民主参与对公共品支出偏差的影响考察 [J]. 管理世界，2012（6）：74－85.
[74] 郑华. 预算软约束视角下地方政府过度负债偏好的制度成因分析 [J]. 财政研究，2011（1）：48－51.
[75] 郑功成. 中国社会保障改革与未来发展 [J]. 中国人民大学学报，2010，24（5）：2－14.
[76] 綦鲁明，许琳. 改革公共产品投融资模式，补齐公共产品短板 [J]. 经济研究参考，2017（26）：44－61.
[77] 张庆君，闵晓莹. 制度变迁、规模结构与地方政府债务风险化解 [J]. 江汉论坛，2020（1）：24－30.
[78] 马建堂. 经济更加发展的成色十足：习近平新时代中国特色社会主义经济思想的生动实践 [J]. 理论导报，2020（7）：37－40.
[79] 华国庆，汪永福. 论我国中央与地方财政关系的法治化：以地方债发行为视角 [J]. 安徽大学学报（哲学社会科学版），2016，40（5）：134－141.
[80] 王永超. 信托机制、信托融资与城市公共品供给模式研究 [J]. 现代管理科学，2012（7）：53－55.
[81] 王文峰. 我国地方政府融资平台风险及防范研究 [D]. 北京：首都经济贸易大学，2015.
[82] 乔恒利. 基础设施性质与基础设施项目投融资模式关系研究 [J]. 华东经济管理，2008（3）：74－78.
[83] 刘伊生. 建设项目管理 [M]. 2 版. 北京：清华大学出版社，2004.
[84] 姚洁. PFI 在公共项目融资中的运用 [J]. 当代经济，2009（2）：100－101.
[85] 庄学敏，曾富君. 基于交易成本理论的 PPP 风险分担问题研究 [J]. 建筑经济，2019，40（9）：39－45.

第八章　城市公共基础设施的供给机制

城市公共基础设施作为城市社会经济活动的重要空间物质载体、联系纽带与动力传输系统，与城市居民生活质量、城市生产水平密切相关，对城市发展也具有重要意义。在城市化与信息化背景下，城市规模不断扩大，城市经济活动内涵不断丰富，城市管理手段也不断科学化和多样化，城市公共基础设施的规模、种类、呈现形式与运营模式也不断升级迭代，并形成了一个复杂的系统工程。如何根据城市发展需求有效供给公共基础设施并保证其功能高效发挥，是城市运营中一项极具挑战的工作。本章主要对我国城市公共基础设施的基本情况进行分析，阐述其特征、功能和供给机制，并探讨如何评估城市公共基础设施的供给绩效。

第一节　城市公共基础设施及其功能

一、城市公共基础设施及其构成

城市公共基础设施是城市居民生活与城市生产运营的重要物质基础，其内涵随着城市社会经济活动的变化而变化。世界银行发布的《1994 年世界发展报告》将基础设施定义为，永久的和成套的工程构筑、设备、设施以及它们所提供的为所有企业生产和居民生活共同需要的服务（世界银行，1994）。城市公共基础设施的核心意义在于为城市经济活动和居民生活提供基本的设施。近年来，随着新能源技术和互联网、大数据等信息技术的发展，公共信用平台、公共信息平台、物流中心等新公共基础设施也成为城市公共基础设施的重要构成部分。这些新的公共基础设施为政府、企事业单位和消费者提供了平台性、中介性的服务，成为生产和流通领域的社会公用设施，具有社会公共产品或准公共产品性质（周佳，2019）。

为了开展科学研究，不少学者根据其研究目的对公共基础设施进行了不同的分类。按城市的功能划分，城市公共基础设施通常包括供排水设施、能源设施、交通设施、邮电通信设施、环境设施、防卫防灾安全设施等。也有学者把城市公共基础设施理解为一个系统，认为城市公共基础设施由能源系统、交通系统、邮电通信系统、水资源与供排水系统、环境系统、防灾系统等6个子系统组成（程敏、陈辉，2012）。世界银行（1994）基于城市经济社会的综合功能，把城市公共基础设施分为经济性公共基础设施和社会性公共基础设施两大类。交通运输、邮电通信、能源供给等直接满足经济活动的公共基础设施称为经济性公共基础设施，其按照服务对象的不同可分为生产性公共基础设施和生活性公共基础设施。用于改善人们生活质量的公共基础设施，如学校教育设施、卫生保健设施、文体设施、社会福利设施、公共管理设施等称为社会性公共基础设施。按此分类标准，事实上公共基础设施的含义有所扩展。

按城市公共基础设施的作用形态划分，公共基础设施可分为网络公共基础设施和中心公共基础设施（Biehl，1991）。网络公共基础设施包括交通网络、能源网络和信息网络，其作用的发挥带有空间广泛性和流动性。中心公共基础设施包括学校、医院和博物馆，其作用的发挥带有空间集聚性和固定性。按城市公共基础设施投资项目是否具有有偿经营特性，公共基础设施可分为经营性公共基础设施、准经营性公共基础设施和非经营性公共基础设施。那些收入可以回收投资并获得预期利润的公共基础设施，如收费公路、收费桥梁等，称为经营性公共基础设施；那些具有经营收益但一般无法回收投资或达不到社会平均利润的公共基础设施，如轨道交通、污水处理厂等，称为准经营性公共基础设施；那些项目运营不可收费、没有收益的公共基础设施，如公共教育、公共卫生等，称为非经营性公共基础设施（陈银娥、王丹，2017）。

此外，也有学者认为城市公共基础设施按技术性能分类，可以划分为装备性硬件公共基础设施（主要包括公路、铁路、轻轨、机场、港口、电力、通信、自来水、供热、地下管网等）和技术性公共基础设施（主要包括信息及硬件公共基础设施里使用的软件和高新技术装备、材料）。城市公共基础设施按需求的性质分类，可以划分为基本保障性公共基础设施（主要包括供水、供电、供气、供暖以及污水、雨水处理系统等）和经济社会发展性公共基础设施（主要包括交通系统、通信系统、能源动力系统、住房储备以及文化、卫生、科教机构和设施等）（郭先登，2008）。

二、城市公共基础设施的基本特征

城市公共基础设施作为城市社会经济活动的空间载体和城市生产生活的运

行系统，有其鲜明的特征，下面从公共基础设施的功能、服务范围以及公共基础设施与私人产品的区别方面加以分析。

（一）公共性

城市公共基础设施的服务一般是针对所有企事业单位、组织机构和家庭、个人的。与一般的私人产品不同，公共基础设施具有不可分割性。公共基础设施可以服务于不同的生产部门或生活部门，同时，由于其建设成本高且使用具有规模经济性，因此其通常会在较广的范围内使用。同样，尽管不同类型的公共基础设施的竞争性不同，消费的排他性也不同，但其基本物质形态和使用功能决定了其功能和消费的公共性，这种公共性决定了公共基础设施常常具有公共产品或准公共产品的性质。

在现代城市经济中，随着产权制度、技术手段和市场交易方式的创新，一些城市公共基础设施，特别是服务于经济活动的公共基础设施，如交通、通信、能源等设施，以私人投资或社会投资的方式建设，又以市场经营的方式运营，其投资和经营机制与私人产品没有明显的差异，但其公共性特征没有改变。在公共基础设施的所有权方面，正是因为具有公共性，所以大部分城市公共基础设施为国家或国有企业所有。但随着公共基础设施投资与运营机制的改革，一部分公共基础设施也开始由私人企业投资经营，但其公共性没有发生实质性的变化。

（二）外部性

城市公共基础设施作为城市的共有资源，其功能的发挥具有一定的外部性。一是城市公共基础设施的供给可以提升城市经济活动中的要素流动效率，也可以为城市经济部门创造基础性的外部生产条件，从而提升城市经济部门的生产效率，加快释放城市生产厂商的生产潜力。二是城市公共基础设施在产生正向外部效应的同时也会产生负向外部效应，如城市噪声和废气排放，居民自由受到限制等。由于公共基础设施存在外部性，又由于地方政府财政体制机制有一定的局限性，我国城市运营中存在一种奇特的现象：在一些行政区域接壤之地，政府常常不愿意进行环境治理，也不愿意投资建设交通等市政公共基础设施（唐为，2019）。与私人设施相比较，城市公共基础设施的规模更大，所以其外部性也更大。有一点值得注意的是，外部性并不是一成不变的，随着科学技术的进步与管理手段的改进，城市公共基础设施的外部性在很大程度上可以内部化。

（三）低（非）赢利性与效益稳定性

城市公共基础设施属于基础性公用事业设施，其存在的目的在于服务城市内部所有组织和成员开展活动，促进城市有序运作，这直接决定了它与一般商品的区别，即不以经营收益最大化为宗旨，遵循低（非）赢利原则。在政府提供城市公共基础设施的情况下，公共基础设施建设资金直接来源于财政预算，而作为财政收入主要部分的税收是城市公共基础设施使用者缴纳的一部分费用，所以政府提供的公共基础设施应该具有非赢利性。在现代城市中，随着公共产品供给的市场化，大部分公共基础设施由商业性企业经营，尽管这些企业经营的目的在于获取收益，但是企业的经营权来自政府的授权，政府一般是有条件地让渡这些经营权的，所以企业的收费和赢利有明确的限制，企业提供城市公共基础设施只能以低赢利为目的。虽然在城市公共基础设施供给过程中的供给主体获得的直接经济效益不明显，但是城市公共基础设施运营服务的稳定性和规模性，一般可以使经营主体获得社会平均的资金收益，这是城市公共基础设施经营的明显特征。

（四）系统性和配套性

城市公共基础设施是一个庞大的系统，包括地下、地上、空中等多个子系统。不同类别的城市公共基础设施在经济发展中有不同的作用，缺少其中任何一个系统，城市经济活动的效率都将受到影响。一个完整的、适合人类居住与发展的城市，必须有配套的公共基础设施，如道路、供水、供电等设施是居民生存的基础，网络、教育等设施是城市发展的基础。所以城市的高质量发展必须依赖于完整的公共基础设施体系。公共基础设施各组成部分相互依赖，共同形成城市公共基础设施系统，共同促进城市经济的发展（陶志梅、孙玉，2018）。

特别是随着技术的发展以及生产方式和生活方式的改变，城市公共基础设施逐渐由物质形态向网络信息形态扩展。互联网技术及其应用催生了新的城市公共基础设施，随着物联网的发展，万物互联将使城市公共基础设施的内涵和外延彻底发生改变，在现有物质基础上形成更大规模的、具有新功能的公共基础设施系统。

同时，随着科学技术的快速发展，城市活动主体对城市公共基础设施建设水平提出了更高的要求，所以越来越多的高科技产品应用到城市公共基础设施领域，使其智能化与人性化水平越来越高，成为新型公共基础设施。例如，上海市公交站台是一套“智慧城市”公交站亭系统：一方面配备了智能交互界面，为用户提供了公交站点周边信息查询和路线查询服务；另一方面从环境、人流的角度进行设计，使用户能够更加方便地进出车站（钟辉、周雪晴，2019）。

（五）社会福利性

绝大部分城市公共基础设施是公共性质的，在城市发展过程中，正是由于公共基础设施的发展，人们享受到了更多的教育、医疗、文化体育等社会服务。在现代城市经济社会中，公共产品供给所占份额越来越大，这提升了城市居民的生活质量，也消除了由私人社会财富和收入不平等导致的阶层差异。因此，公共基础设施的供给和公共性的不断增强，提高了整个社会的福利水平，也提高了城市各个阶层居民的个体社会福利水平。

三、城市公共基础设施的功能

在城市发展过程中，公共基础设施是城市的基本要素，它影响着城市的发展规模，也决定着城市的生产水平和居民的生活水准。尤其是在现代经济条件下，城市所产生的经济集聚效应有赖于公共基础设施的完备和正常运营。世界银行在对世界各国的公共基础设施考察中发现，公共基础设施可以促进经济增长、减轻贫困和改善环境等。

（一）投资溢出效应和经济增长效应

城市公共基础设施作为社会先行资本，具有很强的投资溢出效应。一是良好的公共基础设施条件可以为城市企业提供便利的经营条件，促使企业投资。例如，交通公共基础设施投资对私人资本具有溢出效应，交通公共基础设施的改善既可以降低企业的物流成本，也可以提高企业的产品生产和流通效率，因此，城市公共基础设施的改善能不断吸引企业的投资。不少实证研究表明，改革开放以后，我国持续、快速的公共基础设施建设改善了投资环境，成为吸引外商投资的一个重要因素（赵平，2012）。一些定量研究也发现，交通物流类公共基础设施建设对成渝城市群吸引外商直接投资的贡献率达到了56.42%（杨波、王琦，2018）。二是城市公共基础设施建设具有很强的投资需求功能。城市公共基础设施投资的不断增长，使这一领域产生了前后向的产业关联效应，促进了相关产业投资的持续增长。

国内外公共基础设施投资与经济增长关系的研究表明，城市公共基础设施投资溢出效应最终体现在城市的经济增长上。美国1949—1985年公共投资对经济增长的产出弹性达到0.39（Aschauer，1989）。还有学者分析了1970—1987年美国制造业数据，发现公共资本对制造部门产出增长的贡献份额为20%~30%（Schwartz，1996）。后续研究进一步将公共投资拆解开来，发现1965—1983年美国50个州中公共基础设施投资（道路、高速公路、机场、供水系统等）对经济增长的产出弹性范围为0.055~0.110（Aschauer，1990）。芒内尔（Munnell，1990）利用美国48个州1970—1986年的数据进行实证分析，采用Cobb-Douglas生产函数方法计算发现，高速公路的产出弹性为0.06，水利设施和下水管道系统的产出弹性为0.12，其他公共设施投资的产出弹性为0.01。他又运用超对数总量生产函数法分析发现，高速公路的直接产出弹性为0.04，水利设施和下水管道系统的直接产出弹性为0.15，其他公共资本的直接产出弹性为-0.02。我国学者也在关注公共基础设施与经济增长的关系。娄洪（2003）实证研究得出，我国公共基础设施资本的产出弹性为0.234 7。范九利、白暴力（2004）的研究表明，我国公共基础设施资本的产出弹性高达0.695。郭鹏飞、曹跃群、杨玉玲（2021）的研究发现，我国公共基础设施资本回报率呈现倒U形变动趋势，且在不同公共基础设施类型和区域间保持稳定。其中，社会性公共基础设施的资本回报率整体高于经济性公共基础设施，东部地区公共基础设施的资本回报率高于中部地区，西部地区则长期处于低位运行状态。

（二）社会福利增进效应

无论城市公共基础设施是纯公共性的还是准公共性的，其都是为城市所有组织和个人提供的服务，都能增进社会福利，这是城市公共基础设施与一般私人产品的根本区别。公共基础设施的供给和服务过程，也是其福利效应发挥的过程。这种福利效应的性质会根据公共基础设施的性质变化而变化，并通过各种公共基础设施的相互协调带来外部和旁侧的福利效应。例如，改善交通公共基础设施及提升其运营效率带来的便捷效应促进了消费的增长（苏素、王珂，2005；王小斌，2017）；教育公共基础设施的建设促进了教育水平的提升和人力资本水平的提高。在各个公共基础设施带来的社会福利增进效应中，经济性公共基础设施主要是通过提升用户的外在效率来增进社会福利的，而社会性公共基础设施则主要是通过提升用户内在感受来发挥其社会福利效应的。

（三）空间规模效应与系统效应

一般情况下，城市公共基础设施的投资规模大、设施分布和服务提供的空间范围广，其投资建设和运营涉及城市社会经济的各个领域。要想发挥好城市公共基础设施的功能，需要在整个城市范围内做好系统性的规划、建设和运营。因此，城市公共基础设施具有较强的空间规模效应，这使城市公共基础设施在一定程度上可以改变城市的生产和生活方式，提高经济交易和社会活动的效率。但同时，无论是交通设施还是环境治理设施和通信设施，都具有系统性，缺少其中任何一个环节，整体功能都会受限或难以发挥应有的作用。城市的交通、通信、能源供给设施等不同的公共基础设施之间相互关联，共同构成城市公共基础设施总系统。一般情况下，城市公共基础设施的规划、建设和运营必须考虑单一公共基础设施及相关公共基础设施的系统性，以便综合发挥其系统效应。

上述公共基础设施的空间规模效应和系统效应决定了城市公共基础设施的功能具有一定的空间集聚性，这也是城市吸引企业和居民集聚的原因之一。企业为了获得生产和经营所必需的公共基础设施及其服务，唯有在公共基础设施供给相对集中、系统相对完备的城市中生产，才可以降低经济活动成本。一些实证研究也得出结论，无论是开发区还是城镇，公共基础设施的建设和服务供给，是我国产业与企业集聚的一个重要原因（任晓红、张宗益，2010；唐红祥等，2018；杨先明等，2018）。

（四）经济效率提升效应

优质、完善的公共基础设施可以在很大程度上提升企业的经济效率。一是完善的交通公共基础设施有利于产品跨区域销售，加速企业出清库存，从而提升企业销售效率（李涵、黎志刚，2009；刘秉镰、刘玉海，2011）。二是完善的公共基础设施可以促进资源在区域间的流动，实现资源配置的帕累托改进，从而避免资源错配，提升资源利用效率（张陈一轩、任宗哲，2019）。三是城市公共基础设施，特别是新的基建设施的建设，可以使各类经济要素得到更充分的利用，也可以为技术创新与科技成果的应用创造更好的条件。这里，城市公共基础设施作为社会经济发展的“助推器”与“润滑剂”，发挥了服务的功能，为城市的能源供给、供应链保障、运行流程优化等提供服务。所以，完善、优质的城市公共基础设施有助于提升城市资源配置能力，最终提升城市全要素生产率（谢剑，2018）。四是一些公共基础设施呈现网络特征，与邻近地区紧密相连，所以一个地区的公共基础设施不仅对本地区的经济发展产生积极的影响，而且对相邻地区的经济效率提升具有重要意义（Pereira et al.，2003；Cohen and Paul，2004；魏下海，2010；刘勇，2010；金江、李郸，2012）。

（五）城市化与人口流动效应

上述城市公共基础设施产生的各类效应，使城市居民的生活更加便利，也提高了居民的社会福利水平，吸引了农村人口不断迁移到城市定居，这对城市化和农村人口流动产生了积极的影响。大部分国家的城市化过程都是城市公共基础设施不断扩展和完善的过程。自改革开放以来，我国城市公共基础设施的建设不仅受到农村转移人口需求的影响，在高速经济增长目标的约束下，还受到开发区经济和城市产业发展需求的影响。因为要实现开发区的招商引资目标和城市房地产业的发展，政府就需要提供良好的公共基础设施条件。尤其是在土地财政模式下，一些地方政府通过加速对城市经济性公共基础设施的投资，为带动更大规模的土地批租和开发做准备，同时又将土地开发资金投入经济性公共基础设施建设中，为新一轮土地开发做准备，由此加快了土地城市化进程，推动城市规模的扩大（黄纯纯、张捷，2014）。另外，与农村公共基础设施相比，城市公共基础设施的规模优势更明显、机构更健全、结构更合理、运行更高效，尤其是社会性公共基础设施，可以很好地保障居民的生存与发展需求。这直接决定了城市的优势，凸显了城市的吸引力，吸引了农村人口流入城市居住与就业，推动了城市化进程。

第二节　我国城市公共基础设施供给规模与结构

一、我国城市公共基础设施资产值估算

城市公共基础设施内涵丰富、项目和范围广泛、形态各异，在综合衡量其发展情况时，衡量单位的选取直接决定了衡量结果。目前将公共基础设施资本化是比较合适的衡量手段，常用的衡量方法有流量衡量法和存量衡量法。城市公共基础设施资本流量是指一定时间节点上的投资额。城市公共基础设施资本

存量是指一段时间内投资所形成的资本总额，它体现了城市现有公共基础设施的规模和提供公共服务的能力。

目前，我国统计部门没有公布可直接使用的城市公共基础设施资本统计数据，所以计算公共基础设施资本存量对于真实掌握我国公共基础设施建设情况具有极其重要的意义。城市公共基础设施资本存量的计算可以采用不同的计算方法：一是投资替代法，即以经济性和社会性城市公共基础设施分行业投资数据之和计算，得到名义上的城市公共基础设施投资总量数据；二是剔除法，即用固定资产投资额减去房地产投资额和农户个人固定资产投资额之和衡量经济性公共基础设施投资额；三是比值法，即用资本形成额或固定资产投资额除以10%来计算城市公共基础设施资本存量；四是固定资产投资计算，即用固定资产投资替代城市公共基础设施投资；五是永续盘存法，它类似于资本存量的测算方法。通过对这些方法的综合评价，永续盘存法能较客观地衡量我国城市公共基础设施建设情况，所以本书采用这一方法核算城市公共基础设施资本存量（金戈，2016；王坤岩，2016）。

依据世界银行的公共基础设施定义和《中国固定资产投资统计年鉴》的统计分类，本书将经济性公共基础设施的固定资产投资统计范围界定为“电力、煤气及水的生产和供应业”“地质勘查业、水利管理业”“交通运输、仓储及邮电通信业”3个行业（2002年及以前）；2003年及以后，将统计范围界定为“电力、燃气及水的生产和供应业”“交通运输、仓储和邮政业”“信息传输、计算机服务与软件业”“水利、环境和公共设施管理业”4个行业。社会性公共基础设施是能够直接或间接地提高人类生活质量的基础性设施和服务，通常包括文化娱乐、教育科技、社会福利和医疗卫生设施等。据此，本书将社会性公共基础设施固定资产投资额的统计范围界定为“卫生、体育和社会福利业”“教育、文化艺术和广播电影电视业”“科学研究和综合技术服务业”“国家机关、政党机关和社会团体”4个行业（2002年及以前）；2003年及以后，将统计范围界定为“卫生、社会保障和社会福利业”“教育”“文化、体育和娱乐业”“科学研究、技术服务和地质勘查业”“公共管理和社会组织”5个行业。设定经济性公共基础设施折旧率为9.21%，社会性公共基础设施折旧率为8.51%，综合折旧率为8.85%。为了消除通货膨胀因素，下面以1997年固定资产投资价格指数为基期，计算公共基础设施资本流量与存量，结果如

表 8－1 所示。

表 8－1 我国公共基础设施资本流量与存量统计

单位：亿元

年 份	公共基础设施资本流量	公共基础设施资本存量	经济性公共基础设施资本流量	经济性公共基础设施资本存量	社会性公共基础设施资本流量	社会性公共基础设施资本存量
1997	—	22 517.60	—	16 168.10	—	6 349.50
1998	6 820.38	27 423.77	5 057.78	19 739.66	1 762.60	7 568.68
1999	6 652.87	31 784.93	4 937.08	22 892.40	1 715.79	8 646.00
2000	6 485.35	35 516.46	4 816.37	25 566.18	1 668.98	9 561.31
2001	8 436.75	40 796.62	6 089.04	29 201.36	2 347.71	11 056.87
2002	9 485.06	46 612.64	6 609.75	32 981.50	2 875.31	12 930.08
2003	15 372.52	57 309.55	11 431.36	40 849.27	3 941.16	15 583.35
2004	25 247.80	75 087.54	19 380.50	54 487.08	5 867.30	19 506.47
2005	30 818.73	95 810.83	23 965.38	70 567.44	6 853.35	23 853.59
2006	36 680.70	119 384.64	29 420.10	89 549.71	7 260.60	28 059.85
2007	41 711.80	143 882.10	33 662.30	109 316.28	8 049.50	32 303.00
2008	50 262.40	169 934.71	40 592.30	130 220.22	9 670.10	36 864.65
2009	70 307.77	210 006.09	56 625.30	162 225.77	13 682.47	44 244.46
2010	83 031.30	254 119.27	67 023.30	197 390.10	16 008.00	52 337.64
2011	81 461.53	289 615.87	64 992.59	224 827.90	16 468.95	59 363.01
2012	95 174.84	331 140.21	75 467.23	256 643.68	19 707.61	67 930.48
2013	115 188.70	382 494.64	92 514.80	296 913.45	22 673.90	77 744.29
2014	139 205.34	445 222.39	111 672.32	346 031.73	27 533.02	89 904.04
2015	164 282.08	521 428.95	132 648.41	406 335.25	31 633.67	104 130.63
2016	190 916.62	609 594.62	154 387.18	476 101.65	36 529.44	120 566.36
2017	216 775.86	699 614.24	175 744.96	547 345.22	41 030.90	137 048.80

资料来源：公共基础设施资本流量引自《中国固定资产投资统计年鉴》，资本存量根据《中国固定资产投资统计年鉴》中的相关数据计算得出。

由表 8－1 可知，从整体上看，我国公共基础设施投资快速增长，2017 年投资流量规模约为 21.68 万亿元，其中经济性公共基础设施和社会性公共基础设施资本流量分别约为 17.57 万亿元和 4.10 万亿元。按不同时期分析，1949—

1978年，我国公共基础设施投资规模很小，城市和乡村的公共基础设施建设严重滞后。改革开放以后，公共基础设施建设速度不断加快，其主要原因是我国加大了对中西部及东北地区的基础设施投入力度。从总量上来看，2017年全国公共基础设施存量约为69.96万亿元，其中经济性公共基础设施和社会性公共基础设施存量分别约为54.73万亿元和13.70万亿元。

鉴于我国各省（自治区、直辖市）的社会状况和经济发展水平差异，公共基础设施的投入必定存在较大的差异，因此下面进一步对31个省（自治区、直辖市）[①]的公共基础设施资本存量进行统计，结果如表8－2所示。

表8－2　各省（自治区、直辖市）公共基础设施资本存量统计

单位：亿元

省（自治区、直辖市）	1997年	2001年	2005年	2009年	2013年	2017年
北　京	1 084	1 750	3 129	6 405	9 453	13 448
天　津	361	660	1 718	4 594	9 329	15 338
河　北	1 524	2 327	4 483	9 828	19 043	34 641
辽　宁	539	1 248	2 972	8 543	18 077	21 737
上　海	781	1 667	3 611	8 108	9 693	12 288
江　苏	1 750	2 952	7 653	13 367	23 197	43 635
浙　江	1 469	2 770	7 266	13 164	20 425	38 173
福　建	1 192	1 518	3 120	7 995	16 250	34 152
山　东	1 504	2 599	6 236	13 349	25 195	47 540
广　东	2 648	3 746	8 009	15 900	26 120	40 042
海　南	107	298	568	1 296	2 195	4 099
山　西	349	910	2 122	5 145	10 176	16 243
吉　林	372	735	1 707	4 608	8 506	14 910
黑龙江	729	1 239	2 358	5 411	9 762	14 842
安　徽	533	1 042	2 632	6 753	12 585	25 408
江　西	436	785	2 566	5 310	8 884	17 000

① 由于数据搜集有一定难度，这里的统计分析未包括港澳台地区。

续 表

省（自治区、直辖市）	1997 年	2001 年	2005 年	2009 年	2013 年	2017 年
河　南	1 094	1 895	4 521	9 326	15 431	30 298
湖　北	936	1 938	3 968	8 388	15 526	29 621
湖　南	670	1 218	2 881	6 866	13 744	28 718
内蒙古	418	714	2 998	7 757	14 512	24 714
广　西	602	1 181	2 544	5 940	12 595	24 779
重　庆	416	721	2 250	5 359	9 925	19 361
四　川	747	1 959	4 637	10 799	21 476	40 272
贵　州	354	670	1 834	3 671	8 129	19 897
云　南	493	1 055	2 649	6 379	11 897	24 045
西　藏	50	156	457	765	1 089	1 274
陕　西	350	943	2 420	6 356	11 931	25 020
甘　肃	318	610	1 360	2 888	6 175	11 933
青　海	167	295	629	1 197	2 378	5 422
宁　夏	189	309	653	1 247	2 234	4 843
新　疆	336	889	1 861	3 290	6 561	15 923

资料来源：根据《中国固定资产投资统计年鉴》中的相关数据计算得出。

由表 8－2 可知，各个省（自治区、直辖市）的公共基础设施存量呈现逐年增加的趋势。同时，我们可以明显地看出区域之间的差距，东部发达地区公共基础设施存量较大，西部欠发达地区公共基础设施存量较小。但随着国家西部大开发等区域平衡战略的实施，2005 年后中西部地区的公共基础设施投资规模不断扩大，资本增量比东部地区更大，区域间公共基础设施资本流量的差距逐渐缩小。

从公共基础设施的资本存量方面考察，薛桂芝（2018）测算了包括道路交通、给水工程、排水工程、供热工程、燃气工程、园林绿化、环境卫生设施、环境保护、防洪、人防等十类公共基础设施投资存量，以反映全国城市市政公共基础设施的存量水平，测量结果如表 8－3 所示。

表 8－3　全国城市市政公共基础设施存量（以 1978 年为基期）

单位：亿元

年　份	金　额	年　份	金　额	年　份	金　额	年　份	金　额
1978	35.60	1988	203.66	1998	1 093.78	2008	5 376.76
1979	41.60	1989	227.08	1999	1 336.76	2009	6 331.52
1980	47.09	1990	251.70	2000	1 584.29	2010	7 825.60
1981	54.78	1991	286.43	2001	1 858.96	2011	9 149.68
1982	65.85	1992	341.06	2002	2 214.69	2012	10 444.52
1983	76.39	1993	425.42	2003	2 758.33	2013	11 811.00
1984	92.46	1994	520.99	2004	3 185.09	2014	13 172.84
1985	116.53	1995	628.27	2005	3 763.17		
1986	144.37	1996	746.95	2006	4 251.98		
1987	172.95	1997	887.37	2007	4 775.53		

资料来源：《中国城市公共基础设施资本存量及产出弹性测算》（薛桂芝，《经济评论》，2018 年第 4 期）。

由表 8－3 可知，自改革开放以来，我国城市市政公共基础设施存量水平在不断提升，从 1978 年的 35.60 亿元增长到 2014 年的 13 172.84 亿元，这与我国快速推进城市化和工业化有很大关系。

二、我国城市公共基础设施实物存量统计

公共基础设施资本存量可以根据城市公共基础设施固定资产投资额进行测算，但固定资产投资是一项复杂数据的组合，包括历年建设工人工资、材料费等一系列费用，所以无法真实地反映公共基础设施的建设情况与服务能力。城市公共基础设施的建设情况和服务能力更加直接的衡量方法是统计公共基础设施实物存量。根据国家统计局的统计资料，我国城市公共基础设施实物存量情况如表 8－4 所示。

表 8－4　城市公共基础设施实物存量统计

项　　　目	2015 年	2016 年	2017 年	2018 年	2019 年
供水管道长度/千米	710 206	756 623	797 355	866 820	920 082
排水管道长度/万千米	54	58	63	68	74

续 表

项　　目	2015 年	2016 年	2017 年	2018 年	2019 年
燃气管道长度/千米	528 388	578 260	641 170	716 008	783 313
供热管道长度/千米	204 413	213 569	276 288	371 120	392 917
道路长度/万千米	37	38	40	43	46
铁路营业里程/万千米	12	12	13	13	14
公路里程/万千米	458	470	477	485	501
高速等级路公路里程/万千米	12	13	14	14	15
公共汽电车运营数/辆	482 975	515 051	554 820	565 933	584 026
市容环卫专用车辆设备/台	165 725	193 942	228 019	252 484	281 558
垃圾无害化处理厂数/座	890	940	1 013	1 091	—
公共厕所数量/座	126 344	129 818	136 084	147 466	153 426
公园个数/个	13 834	15 370	15 633	16 735	18 038
公共图书馆业机构数/个	3 139	3 153	3 166	3 176	3 196
卫生机构床位数/万张	702	741	794	840	881
科学研究与开发机构数/个	3 650	3 611	3 547	3 306	3 217
普通中小学学校数/所	242 930	229 751	218 903	212 739	210 784

资料来源:《中国统计年鉴》(2016—2020 年)。

注：公共图书馆业机构数、卫生机构床位数、科学研究与开发机构数、普通中小学学校数等数据来自《中国统计年鉴》中的全国数据，其他数据来自《中国统计年鉴》中的城市概况。其中，燃气管道长度为人工煤气管道长度、液化石油气管道长度、天然气管道长度三者之和；供热管道长度为蒸汽管道长度与热水管道长度之和，普通中小学学校数为普通初中学校数与普通小学学校数之和。

由表 8-4 可知，我国城市公共基础设施实物存量的变化存在一个明显特征，即民生类公共基础设施实物存量的变化较小，经济性公共基础设施实物存量的变化较明显。

三、我国城市公共基础设施供给结构

如前文所述，近年来我国城市公共产品供给中经济性公共产品的供给远多于社会性公共产品。同样，在城市公共基础设施建设中，经济性公共基础设施存量也远大于社会性公共基础设施存量（见表 8-5）。

表 8－5　我国公共基础设施供给结构（1997—2017 年）

	1997 年	2001 年	2005 年	2009 年	2013 年	2017 年
全　国	2.55	2.64	2.96	3.67	3.82	3.99
北　京	1.79	1.22	1.45	2.62	2.93	3.63
天　津	2.32	3.12	3.42	5.46	5.37	4.54
河　北	2.02	2.62	2.16	3.40	4.19	4.21
辽　宁	1.98	2.78	2.41	3.69	3.82	4.11
上　海	2.19	2.48	3.41	6.51	5.77	5.66
江　苏	2.45	2.44	3.24	3.81	3.58	3.29
浙　江	2.76	2.88	3.88	5.30	4.94	5.08
福　建	5.97	4.41	3.82	4.54	4.81	5.13
山　东	2.95	2.64	1.63	1.64	1.61	1.85
广　东	3.47	2.74	3.15	4.29	4.96	5.14
海　南	0.98	2.26	2.63	2.61	3.11	3.54
山　西	3.42	4.80	5.86	6.89	6.38	6.13
吉　林	3.23	1.99	1.99	3.45	3.91	3.94
黑龙江	4.17	2.65	2.43	3.06	3.25	3.22
安　徽	1.94	2.30	2.19	3.16	2.93	3.24
江　西	4.74	4.05	3.26	3.19	3.32	3.30
河　南	1.77	2.33	3.36	3.38	3.61	3.70
湖　北	1.70	2.33	3.20	3.24	3.17	4.07
湖　南	1.57	2.06	2.15	3.05	3.26	3.15
内蒙古	2.41	2.64	5.22	5.11	5.41	5.86
广　西	4.15	4.56	4.89	4.74	4.58	3.98
重　庆	2.04	1.86	2.94	4.43	4.88	6.31
四　川	1.86	2.73	3.71	4.87	5.59	5.84
贵　州	7.85	6.32	5.88	6.55	8.58	7.09
云　南	1.38	2.09	3.87	4.73	4.87	4.27
西　藏	0.72	1.98	2.49	2.33	2.47	2.77

续 表

	1997 年	2001 年	2005 年	2009 年	2013 年	2017 年
陕 西	1.73	2.83	2.47	2.26	2.50	3.54
甘 肃	4.05	2.90	2.52	2.21	2.59	2.85
青 海	6.95	4.80	4.65	4.90	3.73	4.35
宁 夏	10.81	6.82	5.87	4.85	5.23	5.75
新 疆	1.87	3.09	3.36	3.70	4.78	4.92

资料来源：用各省（自治区、直辖市）经济性公共基础设施存量除以社会性公共基础设施存量得到。

由表 8-5 可知，全国经济性公共基础设施与社会性公共基础设施的结构比例系数一直大于 2，并且呈现逐渐增大的趋势，从 1997 年的 2.55 变为 2017 年的 3.99。2009 年是一个突破点，比例系数突破 3，其主要原因是我国为了应对 2008 年的金融危机，实施经济刺激计划，将大量资金投入经济性公共基础设施建设中。这种结构状况与我国经济增长目标和地方政府竞争模式也有直接关系（乔宝云等，2005；张军等，2007；傅勇，2010）。从区域层面来看，各个地区的公共基础设施供给结构水平都很高，这意味着各省（自治区、直辖市）长期以来较重视经济性公共基础设施建设，对社会性公共基础设施建设的投入相对较少。

第三节 我国城市公共基础设施投融资分析

一、我国城市公共基础设施的投资规模与增长趋势

长期以来我国城市的公共基础设施投资以政府财政投入为主，20 世纪 80 年代后期开始利用资本市场进行投融资，一些项目允许社会资本和外资参与。在计划经济时期，限于经济发展水平，城市公共基础设施投资主要为工业发展提供水、电、煤和道路等设施。直至 20 世纪 90 年代，随着城市化进程的加快和城市房地产业的兴起，城市公共基础设施才得以全面建设。20 世纪 90 年代以后，尤其是 2008 年金融危机以后，经济性公共基础设施的建设更成为拉动经济增长的投资引擎，同时，随着城市社会的发展，社会性公共基础设

施的投资也持续增加（见表 8－6）。

表 8－6　城市公共基础设施投资与固定资产投资（不含农户）情况（2014—2017 年）

项　　目	2014 年	2015 年	2016 年	2017 年
公共基础设施投资额/亿元	86 669	101 271	118 878	140 005
固定资产投资额/亿元	502 005	551 590	596 501	631 684
公共基础设施占固定资产投资比重/%	17	18	20	22

资料来源：《2018 年城市公共基础设施建设市场情况分析报告》。

注：公共基础设施投资中未包含电力、热力、燃气以及水的生产供应。

由表 8－6 可知，近年来城市固定资产投资与公共基础设施投资都在不断增长，2017 年的投资规模分别约为 631 684 亿元和 140 005 亿元。城市公共基础设施投资作为城市固定资产投资的重要组成部分，占固定资产投资的比重从 2014 年的 17%增加到 2017 年的 22%，投资速度不断加快。近年来，城市公共基础设施的建设项目不断增加，由能源设施、交通设施等向安全管理、地下管廊建设延伸，且投资额占固定资产投资额的比例不断加大。

根据《中国城市建设统计年鉴》的统计信息，城市市政公用设施的投资结构如表 8－7 所示。

表 8－7　按行业分的全国城市市政公用设施建设固定资产投资（2015—2019 年）

单位：亿元

项　　目	2015 年	2016 年	2017 年	2018 年	2019 年
固定资产投资总额	16 204.44	17 459.97	19 327.61	20 123.20	20 126.30
供水	619.93	545.85	580.14	543.00	560.10
燃气	350.47	408.91	445.68	295.10	242.70
集中供热	516.83	481.87	584.20	420.00	333.00
轨道交通	3 707.15	4 079.48	5 045.22	6 046.90	5 855.60
道路桥梁	7 414.00	7 564.33	6 996.65	6 922.40	7 655.30
地下综合管廊		294.71	240.83	619.20	558.10

续 表

项　　目	2015 年	2016 年	2017 年	2018 年	2019 年
排水	982.68	1 222.51	673.37	1 529.90	1 562.40
防洪			421.05		
园林绿化	1 594.65	1 670.15		1 854.70	1 844.80
市容环境卫生	398.04	445.21	1 759.64	470.50	557.40
其他	620.70	746.97	1 390.95	1 421.40	956.90

资料来源：《中国城市建设统计年鉴》。

由表 8－7 可知，在城市市政公用设施投资总额中，交通领域投资最多。以 2019 年为例，轨道交通投资额为 5 855.60 亿元，道路桥梁投资额为 7 655.30 亿元。燃气与集中供热投资较少，2019 年分别是 242.70 亿元和 333.00 亿元。总体来说，城市市政公用设施投资中经济性公共基础设施的投资较多，社会性公共基础设施的投资较少。

二、城市公共基础设施投资来源与结构分析

（一）政府预算投资和融资投资

在我国城市公共基础设施投资中，政府的财政预算支出和通过各种方式的融资性投资占比较高。根据《中国城市建设统计年鉴》，我们可以按资金来源统计出供水、燃气、集中供热、轨道交通、道路桥梁、排水、防洪、园林绿化、市容环境卫生、地下综合管廊等项目的固定资产投资额。鉴于难以获得准确的政府市政项目投资数据，本书大致把中央财政拨款和地方财政拨款视为政府的直接投资（严成樑、龚六堂，2014），统计结果如表 8－8 所示。

表 8－8　全国城市市政公用设施建设中的政府直接投资（2015—2019 年）

项　　目	2015 年	2016 年	2017 年	2018 年	2019 年
投资总额/亿元	15 276	16 377	18 245	17 839	18 871
中央财政拨款/亿元	202	119	290	255	413
地方财政拨款/亿元	4 406	5 184	5 466	4 552	5 457

续　表

项　　目	2015 年	2016 年	2017 年	2018 年	2019 年
政府投资（预算内投资）/亿元	4 609	5 303	5 756	4 808	5 870
政府预算内投资占总投资比重/%	30	32	32	27	31

资料来源：《中国城市建设统计年鉴》。

由表 8－8 可知，2015—2019 年，在城市市政公用设施投资中，政府预算内投资占总投资的比重基本保持在 30%左右。其中，地方政府是主要投资者，中央政府投资较少，2019 年中央政府的投资仅为 413 亿元，地方政府投资则多达 5 457 亿元。2015—2019 年，中央政府投资增减不定，地方政府投资基本保持增长趋势。这主要是因为 1994 年分税制改革之后，中央政府将大量事权转移给地方政府，同时通过转移支付将建设资金交由地方政府处理，所以地方政府成为城市公共基础设施投资建设的主要力量。

政府预算内公共基础设施投资的增加取决于政府财政收入的增加，其中关键的是土地使用权出让金的增加，对此，前文已做分析，此处不再赘述。地方政府除了通过预算支出投资公共基础设施外，还通过融资平台获得资金用于公共基础设施的投资。地方政府融资平台的主要功能是为地方政府提供投资项目的融资服务，有关融资平台筹资建设城市公共基础设施的分析参见本书其他章节的相关内容。

（二）私人与社会投资

我国城市公共产品投融资机制的改革，主要体现为在公共基础设施项目建设过程中引入市场机制，允许私人和社会资本直接投资公共基础设施项目。为了估算城市市政公用设施投资中社会资金的比重，本书将除中央和地方财政预算拨款外的资金来源视为社会资本对公共基础设施的投资，限于资料的可得性，下面选择市政公用设施的建设资金来反映社会资本投资状况（见表 8－9）。

由表 8－9 可知，城市公共基础设施的建设资金主要由政府通过控股的公司直接贷款、各类投资平台融资、PPP 及其他方式筹措，其中也包括一部分社

表 8-9 全国城市市政公用设施建设固定资产中的社会投资（2015—2019 年）

单位：亿元

项目	2015 年	2016 年	2017 年	2018 年	2019 年
国内贷款	3 986	4 339	4 988	4 509	5 039
债券	189	133	163	117	392
利用外资	47	35	29	47	50
自筹资金	4 258	3 963	4 998	5 105	4 707
其他资金	2 187	2 603	2 312	3 254	2 813
社会投资（预算外投资）	10 667	11 073	12 489	13 032	13 001

资料来源：《中国城市建设统计年鉴》。

会资金。外资和私人直接投资的比重始终很小。经中央政府批准或由中央直接发行的基础设施等市政专项债近年来有所增加，但总体比例较小。尽管社会资金大部分来源于金融市场，但其本质上仍为政府投资或政府负债。

（三）政府与社会资本合作投资

为了增加城市公共基础设施的投资渠道，变革投资机制，自 2014 年起，我国开始在城市公共基础设施建设中推广 PPP 模式。财政部政府和社会资本合作中心官网显示，截至 2021 年 2 月底，全国 PPP 综合信息平台项目管理库累计入库项目为 9 965 个，投资额为 153 500 亿元。PPP 项目在 2018 年之前一直呈现增长趋势，2017 年达到顶峰，项目数量是 3 381 个，资金规模是 51 673 亿元。但是受 2017 年规范 PPP 项目运行操作的财政部 92 号文件影响，PPP 项目的数量与资金从 2018 年开始骤减。

由国家发展改革委 PPP 项目库可知，我国的 PPP 项目绝大部分是城市公共基础设施投资项目（参见第七章表 7-27、表 7-28）。

三、我国城市公共基础设施投融资影响因素

（一）收益率因素

在市场经济体系中，资本边际收益率决定资本运动方向，这一规律在公共基础设施投融资领域同样适用。随着公共基础设施建设和运营的市场化机制的推进，资本配置中的市场作用日益突出，资本边际收益率影响日益凸显。理论

上，如果投资城市公共基础设施的资本边际收益率高于或不低于非公共基础设施领域的资本边际收益率，私人资本就会进入公共基础设施领域，从而增加城市公共基础设施投资；如果前者低于后者，私人资本就不愿意进入公共基础设施领域。同时，由于城市公共基础设施属于公共产品，政府通常会设置较高的服务或运营价格，要求建设和经营企业低赢利甚至不赢利，这也在很大程度上影响了以资本收益最大化为动机的私人企业的投资。因此，城市公共基础设施的投资主体常常由政府担当。此外，城市公共基础设施的投资具有长期性，特别是在资本市场条件下，公共基础设施的资本具有一定的交易流动性，尽管项目的投资收益率较低，一些企业为了获得长期稳定的收益也会参与公共基础设施的投资。

（二）政治体制机制因素

任何经济活动都受到国家基本经济制度的影响，尤其是关系到民生福利与国家发展建设的公共产品部门的经济活动。公共基础设施是一项复杂的系统工程，具有种类多、规模大、投资多、建设技术要求高等特征，特别是公共基础设施涉及城市居民的切身利益，也影响城市企业的经济活动，所以国家的政治体制和社会治理机制对公共基础设施的建设和运营影响较大。通常情况下，受公共产品特性影响，公共基础设施的建设责任由政府承担。在没有特别的制度安排的情况下，私人资本一般不愿为公共利益进入公共基础设施领域。从各国公共产品部门的实践来看，随着经济的发展和城市的繁荣，公共基础设施也基本上由政府投资建设。但同时政府在主导公共设施的建设和运营过程中，出现了行政腐败、效率低下、财政难以负担等问题。因此，自 20 世纪 70 年代末开始，西方经济发达国家对公共部门的经济制度进行了改革，改革的主要方向是引入市场机制和实施公共基础设施项目私有化。这一改革的过程在公与私的反复中尚未结束，但总体上受混合经济体制的影响，公共基础设施的投资与建设机制也呈现出公私合作的发展趋势。

在我国，改革开放以来，随着社会主义市场经济体制的建立，公共产品部门的体制机制也发生了巨大的变化。正如前面章节讨论的，我国公共产品供给机制从政府供给机制转变为政府、市场和社会多元供给机制。这一变革是伴随着我国经济体制机制的变革而进行的，其中公共基础设施的建设和运营领域是变革最早也是引入市场机制最为彻底的一个领域。

另外，我国公共产品部门的改革与西方国家又有所不同，社会主义市场经济的性质决定了政府必须在公共产品的供给中发挥主导作用，承担公共利益代表的职责。因此，反映到城市公共基础设施的投资建设中，尽管私人资本和社会资本的投资在增加，但投资主体仍然是中央和地方政府。此外，也有学者认为我国部分地方政府官员的投资行为受中央考核机制影响，所以中央政府的政策取向对地方政府公共支出中的公共基础设施建设支出比例有一定影响。尤其是在地区间经济增长的竞争中，地方政府也会通过增加公共基础设施投资来促进地方经济发展（汤玉刚、陈强，2012；初宜红、王晗笛，2019；Estache and Sinha，1999；Kappeler and Vaelilae，2008；丁从明、刘明、廖艺洁，2015）。

（三）政府财政因素

城市公共基础设施的投资建设规模受经济发展水平和政府财力的影响。政府的预算收入、公共支出结构决定了公共基础设施的投资水平和投资结构。政府财力强，则公共支出预算大，城市公共基础设施的建设规模就大。政府财政关系中中央政府的财力强，全国性的公共基础设施的建设投资就多；地方政府的财力强，筹资渠道多，就会注重于建设本行政区内的公共基础设施。如果地方政府财力不足，就无法有效提供基础设施。

（四）金融市场发展因素

一般来说，城市公共基础设施项目的建设与投资规模较大，仅依靠政府财政的投入来建设会受政府财力的限制，难以满足社会和居民的需要。尤其是在经济高速发展和城市化水平急剧提升的阶段，这样的矛盾会更突出。因此，无论是政府主导下的公共产品部门发展，还是社会资本主导下的城市公共基础设施建设，金融市场的发展和开放程度都是影响公共基础设施建设投融资的重要因素。一方面，对竞争性较弱和公共性较强的公共基础设施来说，金融市场的安排可以对其进行制度创新，改变其单一的产权结构；另一方面，金融市场的发展可以动员全社会的资金流向城市公共部门，并降低融资成本。

第四节　城市公共基础设施供给机制

一、城市公共基础设施供给机制的演变

（一）城市公共基础设施供给机制理论

公共基础设施供给机制理论，经历了从政府供给与市场供给的循环争论到

推崇多元化供给机制的演变路径。政府供给机制论认为城市公共基础设施属于纯公共产品，存在外部性，且在供给过程中具有非排他性、非竞争性等特征，容易导致市场失灵，所以政府必须从公共利益出发投资建设公共基础设施。亚当·斯密、凯恩斯和塞缪尔森等对政府供给机制都有明确的论断。

但是，在政府供给机制下，政府失灵现象也会存在。根据公共选择理论，政府也是一个个微观的经济个体，在经济活动中并不总是以公共利益最大化为目标；加之政府的行为也并不总是理性的，在不能有效获取信息的情况下同样会犯错误。沃尔夫（Wolf）、斯蒂格利茨等认为，造成政府失灵的原因主要是派生外部性，如公共支出项目虽然可使多数人受益，但对少数人来说就是外部不经济；不完全竞争或者说政府提供的公共服务是垄断的，属于自然垄断；信息不对称和分配上的不公平等。显然，由“失灵”的政府提供的公共基础设施不是最好的制度安排，因此，以私人产权理论为基础的市场供给机制成为公共基础设施供给的有效方式（岳军，2009）。

随着新制度经济学派的产权理论、蒂伯特的“用脚投票”理论与赫维茨的有效激励理论等理论的发展，公共基础设施供给机制的核心问题不再是关于市场机制与政府机制的选择问题。如何通过供给制度创新与供给方式创新来发挥不同供给机制的优势，成为公共基础设施供给机制的新命题。奥兹（Oates，1972）提出公共服务的项目选择应该根据辖区居民的需求来决定，将公共产品的决策权放到最基层，可以用较低的成本获得辖区居民真实的公共产品消费偏好信息，从而能更好地解决居民享有公共产品的收益与成本负担问题。奥斯特罗姆（1990）则分析了运用非国家（集权）和非市场（私有化）的方案解决公共事务的可能性。她以公共池塘资源的使用问题为例进行研究，认为公共池塘资源问题的解决不是依赖国家，也不是依赖市场，而是依赖社会自我组织和自治（第三部门）。这些理论对于城市公共基础设施供给机制的研究有很大的启发作用。随着人们对城市公共基础设施供给问题的理解不断加深，城市公共基础设施供给机制多元化发展方向越来越明显。城市公共基础设施功能的发挥需要资金筹集、建设、管理、消费、维修保养等多个环节支撑。城市公共基础设施的建设和运营过程可以分割成不同的环节，不同的环节可以选择不同的供给主体和供给机制。尤其是在技术创新和资本市场发展的条件下，公共基础设施供给过程的环节分割成为现实，这也为城市公共基础设施多元化供给机制的创新提供了基础。

（二）我国城市公共基础设施供给机制的演变

在计划经济时期，我国城市公共基础设施由政府投资和国有企业管理。改革开放以后，我国逐步允许私人资本参与投资建设城市公共基础设施。但受限于公共基础设施的公共产品性质和长期以来的制度路径依赖，政府在公共基础设施领域并未进行过彻底的改革。因此，我国城市公共基础设施供给依然是以政府供给机制为主导、市场供给机制为辅、社会组织等第三部门供给机制为补充的格局。我国城市公共基础设施供给机制的演变可以分为以下阶段。

1. 计划经济时期的政府供给机制阶段

此时期，我国城市公共基础设施的规划、建设和运营完全由中央和地方政府计划安排，城市的建设规模和设施由城市的行政等级决定，建设资金由上级财政划拨。特别是城市公共基础设施的使用和服务也由政府计划配给，水、电、煤、交通等市政公共基础设施的产品和服务价格由政府计划决定，甚至有一些公共基础设施是根据单位性质和行政等级供给的。由于公共基础设施部门的技术落后、投资资金缺乏，各城市普遍存在公共基础设施落后、系统性差、规模不足等问题，这也使基础设施的运营成本过高，市政企业经营入不敷出，亏损严重。而城市居民对交通、电信、能源等基础设施的需求难以得到满足。

2. 政府供给机制为主导，适当引入市场机制阶段

此阶段，一方面，在投资和经营主体为国有企业的情况下，适当引入市场供给机制。改革开放以后，随着工业化和城镇化进程的加快，城市经济活动对公共基础设施的需求日益增加，劳动力流动和人口迁移也对交通等公共基础设施提出了需求，但由于缺少建设资金，政府难以筹措财政资金来扩大基础设施建设规模。从 20 世纪 90 年代开始，政府公共产品部门被迫进行改革，尝试在交通、水、电等领域引入国外资本和国内私人资本的投资，如以 BOT 的方式引入外商投资建设自来水厂、发电厂以及修建桥梁等。其中，广西来宾 B 电厂就是原国家计划委员会安排的 BOT 试点项目之一。另一方面，通过政企分离的改革将原来主管城市公共基础设施建设的政府部门改组为国有企业，以企业的方式开展建设和经营活动；同时逐步改变城市公共基础设施建设资金完全由财政拨付的方式，开始吸收私人和社会资金，特别是开放了金融市场的资金。由此，政府开始设立国有的基础设施投资企业，这些企业以投资建设和运营城市

公共基础设施为主业。尽管这些企业是政府控股的国有企业，但它们基本上是通过市场机制进行融资、建设和经营的，由此形成投资主体和产权所有者虽为政府企业，但以市场方式建设和经营的城市公共基础设施供给机制。尤其是在分税制改革之后，我国明确了中央政府与地方政府之间的财权和事权，在经济增长和城镇化的双重发展目标下，城市与开发区公共基础设施建设的需求压力日益增大，资金也越来越紧张。但同时，土地交易市场逐渐发展，地方政府通过出让土地使用权获得了大量的收入，筹集了大部分城市公共基础设施建设资金，这促进了城市公共基础设施市场供给机制的发展。

3. 政府供给机制、市场供给机制和多元主体合作机制共生阶段

2008 年以后，世界性的金融危机对我国经济增长产生了比较大的影响，为了抵御外部经济冲击，以公共基础设施建设为主的公共产品投资成为支撑我国经济增长的重要力量。随之，公共基础设施的投融资机制、运营机制和服务机制也发生了比较大的变化。总体而言，在投资领域，在以政府为主体的格局下，通过市场配置资源，私人投资、公私合作、政社合作投资也越来越多地进入公共基础设施建设领域。同时，大量的公共基础设施企业改制上市成为公众公司，城市公共基础设施的市场化运营逐步推广，形成了城市公共基础设施领域的多元供给机制格局。近年来一个典型的例子是杭绍台高铁的建设，此项目是由民营资本、国家铁路集团有限公司、浙江省交通投资集团有限公司和地方政府共同出资建设，由民营资本控股的 PPP 项目，总投资额为 520 亿元左右。此铁路由商业性企业运营管理，企业拥有车票的自主定价权。

二、我国城市公共基础设施投资机制

（一）城市公共基础设施的投资主体

城市公共基础设施的投资主体主要有政府和各类企业，通过金融市场的工具，个人和其他社会机构也可参与其中。政府主要投资公共性强、收益率低的城市公共基础设施；各类市场主体主要投资具有一定经营收益的城市公共基础设施；第三部门出于公益性目的参与提供城市公共基础设施服务，以弥补政府和市场供给的不足。

迄今为止，在我国城市公共基础设施投资建设和运营中，政府依然是最大的投资主体，政府投资主体由中央政府与地方政府构成。由于中央政府与地方

政府的职能和投资建设目标不同，两者在投资项目选择上也具有很大差异。从投资的公共基础设施项目的功能看，中央政府侧重于投资具有跨区域功能的公共基础设施项目，地方政府则基本上投资本地区公共基础设施项目，以提升本地区公共基础设施运行和服务能力为目的。从投融资工具选择看，中央政府以财政预算和债务融资为主，而地方政府除了以税收为基础的财政预算外，还包括中央财政的转移支付、政府债、土地收入和融资平台的贷款等。

城市公共基础设施的市场投资主体主要是企业，也包括个人、外资等。企业利用自有资金和贷款投资建设公共基础设施，个人通过购买国债、股票等方式参与公共基础设施建设。随着我国对外开放程度的不断提升，公共基础设施的建设也加大了对外开放的范围，国外资本通过直接投资、合资等方式直接参与我国公共基础设施建设项目。这些投融资主体的投资目的在于追求资本经营绩效。近10年来，随着资本市场的发展和投融资制度的变革，私人资本通过PPP方式和股权参与方式，投资了各类城市公共基础设施项目，并深度介入公共基础设施的运行和服务。

所谓第三部门的投资主体，主要是指各类社会组织和公益性基金会等。由于这种组织的资金主要来源于社会捐赠和企业、社会团体设立的非营利性基金，因此资金规模小，缺乏稳定性，在经营过程中容易受到外界干扰。但是这类组织的规模较小，服务针对性较强，主要是通过参与服务性城市公共基础设施的供给来提高供给的质量。

（二）城市公共基础设施的投资机制

城市公共基础设施投资机制在不同的公共基础设施项目中有所差异。一些公共基础设施关系国计民生，具有很强的公共性，如市政管线、城市道路、城市生态环境、公共信息网络等非营利性公共基础设施，基本上由政府出资建设。另有一些公共基础设施属于城市生产、生活类公共基础设施，但可以市场化经营，具有营利性，如自来水厂、污水处理厂、煤制气厂、供热站、收费道路与桥梁、公共交通等公共基础设施。通过有关政策的制定或市场手段的运用，这类公共基础设施由商业性企业投资和经营（王元京，2002）。这两类公共基础设施的公共性程度决定了不同的投资模式。

通常情况下，城市公共基础设施的公共性根据其竞争性和排他性程度来确定。本书将城市公共基础设施分为私人产品性质、准公共产品性质和纯公共产品性质三大类，具体如表 8－10 所示。

表 8－10　城市公共基础设施的属性与投资模式

分　　类	项目属性	公共基础设施项目	投资机制与投资主体
私人产品性质的公共基础设施	排他性、竞争性	电力、自来水、电信、出租车平台、体育场所	市场机制：私人企业、国有企业
准公共产品性质的公共基础设施	部分排他性、部分竞争性	基础教育、信息网络、公共交通	政府机制与市场机制：政府和国有企业、私人企业
纯公共产品性质的公共基础设施	非排他性、非竞争性	公共安全、公共卫生、公园绿化、道路	政府机制：政府

事实上，随着科学技术和资本市场的发展，一些传统的具有排他性的公共产品项目可以通过技术手段实现收费的目的，从而使投资成本与收益平衡成为可能，使项目的投资竞争性增强。公共产品部门经济活动领域的制度、技术和市场条件的变化，促使城市公共基础设施的投资与运营模式发生比较大的变化，从而使项目的投资机制不再只由项目的性质和功能决定，而是根据用户的识别难易程与收费难易程度来决定。那些通过技术手段可以识别用户并收费的公共项目，在特定的制度安排下已经以私有化或政府与企业合作经营的方式投资经营。

此外，公共基础设施项目的投融资模式也可以按项目经营过程中是否有现金流和经济收益加以分类。按此分类方法可将城市公共基础设施分为市场经营性项目、准市场经营性项目和非市场经营性项目（崔国清、南云僧，2009）。市场经营性项目通常是与私人产品差异较小的产业项目，如电力、高速公路、自来水等，虽然它们具有一定的公共性，但通过技术手段可以实现排他性使用和收费。这类项目如上述的私人产品性质的公共基础设施，可以吸引私人投资并进行市场化经营。但是公共基础设施投资环节多、周期长和建设成本高，政府只有提供一定的政策支持才能吸引社会和私人资本投资。

准市场经营性项目通常是那些准公共产品性质的公共基础设施，基本上是为城市的生产和生活提供公共服务的项目。这类项目受社会和政治因素的约束较多，但可以通过技术和经营模式创新以市场化方式经营。由于准市场经营性项目的产品和服务价格影响面广，一般会受到严格的控制，因此投资的收益率较低，需要政府政策的保护和补贴。但对于一些社会需求较大的准市场经营性项目，由于其投资者较多，经营规模较大，一般具有很大的市场竞争空间。

纯公共产品性质的基础设施基本上难以通过市场方式运营。这类公共基础设施是城市运行和发展不可缺少的基础性设施，但不能收费或难以收费。事实上，城市企业和居民缴纳的各种税成为这一类公共基础设施建设和运营的资金来源。因此，政府通常是此类公共基础设施的投资和运营主体。

(三) 城市公共基础设施投融资制度的变革过程

城市公共基础设施投融资制度是为了满足公共利益需求而建立起来的一种不可或缺的制度，其主要职责是筹措、使用、监督和管理公共基础设施建设资金。城市公共基础设施投融资是指投资主体筹集货币资金并投资建设公共基础设施项目的过程。在投资供给方面，城市公共基础设施建设资金来源于各个经济部门和经济主体，尤其是城市企业和居民所缴纳的各种税。在投资需求方面，城市公共基础设施的投资需求表现为城市社会经济单位和居民的公共需求。鉴于城市公共基础设施的公共性，无论实施哪种经济体制机制，其投资决策均需要严格的制度加以规范，这包括投资项目决策、投资主体确定和投资资金筹措管理等。

我国城市大型公共基础设施投资项目的决策流程大致如下：由政府部门或有关组织提议，并征询专家和公众的意见，经人大讨论协商，最后确定项目是否实施。根据项目的性质，项目的投资和建设主体通过竞争性磋商、邀请招标、竞争性谈判等方式择优确定。项目投资主体的投资资金安排需要符合政府的有关规定。

改革开放以前，在行政计划经济体制下，国家的财权与事权集中在中央。在财权方面，国有企业的收益基本上归国家所有，按照国家政策统筹使用。在事权方面，为了保障计划经济制度通畅运行，政府在民生保障和经济建设领域实施“大包大揽”的政策，同时在城市实行全生命周期的财政保障政策。因此，对于公共性极强的城市公共基础设施，其建设资金由政府全额投入，项目由政府有关部门或者国有企业建设。改革开放后，城市公共部门引入市场经济制度，逐步调整政府与市场在资源配置中的关系和定位，民营资本逐步投资城市公共基础设施。尤其是分税制改革之后，中央与地方的财权、事权关系不断明晰，地方政府开始承担投资城市公共基础设施的主要责任。同时，地方政府由于财力所限，开始探索在公共基础设施建设中试行市场化机制，引入私人资本和社会资本。

随着经济改革的不断深入，我国城市公共基础设施建设中也允许外商投资。1995 年公布的《外商投资产业指导目录》包括了城市公共基础设施建设项目。目前，我国允许外商直接投资的项目已经包括城市污水和垃圾处理、城市交通公共基础设施建设与经营、水电煤气的生产与供应等 10 多个领域（苑德宇等，2017）。随着自贸区制度的推广，一些城市开始执行外商投资的负面清单，外商基本上可以投资城市公共基础设施的所有领域。

城市公共基础设施融资是筹集城市公共基础设施投资资金的过程，是城市公共基础设施投资的前期准备环节。改革开放之前，我国城市公共基础设施建设资金主要通过政府财政拨款筹集，政府通过统一规划、统一划拨的方式支持城市公共基础设施投资。改革开放以后，我国开始引入市场经济体制机制，公共基础设施融资渠道与方式不断丰富。一是在政府财政预算收入中，除了税收外，土地出让收入成为公共基础设施建设资金的主要来源，这大大增加了政府财政的投资力度；二是除了政府财政预算支出的投资外，各类融资平台和国有建设公司的融资，也成为公共基础设施建设资金的主要来源；三是我国逐步放开了对国内外私人资本和社会资金的投资限制，国内外私人资本通过多种方式进入城市公共基础设施投资领域；四是政府与企业合作，采用 BOT、TOT 等项目融资方式或 PPP 等股权融资方式把大量社会资本引入城市公共基础设施领域，这在我国城市供水、污水处理、垃圾处理等项目中产生了很好的效果。

可以预期的是，随着我国市场化改革的不断深入，城市公共基础设施融资的市场化手段也将不断丰富。2020 年 4 月，中国证监会与国家发展改革委联合发布《关于推进基础设施领域不动产投资信托基金（REITs）试点相关工作的通知》，标志着我国公共基础设施领域公募 REITs 试点工作正式起步。2020 年 8 月，中国证监会发布《公开募集公共基础设施证券投资基金指引（试行）》，标志着公共基础设施公募 REITs 的启航。不动产投资信托基金（REITs）是房地产和部分公共基础设施等不动产证券化的重要手段。基础设施或不动产证券化是把流动性较低的、非证券形态的基础设施或不动产，直接转化为资本市场上的证券资产，并通过金融市场实现产权的转让交易。不动产证券化包括不动产项目融资证券化和不动产抵押贷款证券化两种基本形式。REITs 这一金融工具能有效盘活存量资产，形成良性投资循环，提升直接融资比重，降低企业杠杆率。同时，REITs 具有流动性强、收益稳定、安全性强等特点，有利于丰富资本市场投资品种，拓宽社会资本投资渠道（谢松，2020）。REITs 为中小投资者提供了投资收益稳定的房地产和公共基础设施的机会，为大众参与城市房地产和公共基础设施的投资创造了机会，具有很强的普惠金融性质。

三、城市公共基础设施投融资体制机制存在的问题与改革措施

（一）存在的问题

经过 40 余年的不断改革，我国城市公共基础设施的投融资体制机制有了较大的变化，比较突出的是市场化程度不断提高，投资的效率也有所提高。但随着改革的深入和需求的增长，城市公共基础设施投融资体制机制也出现了一些问题。

1. 投资体制固化

长期以来，政府作为城市公共基础设施的投资和经营主体，在城市公共基础设施领域处于主导的地位。尽管改革开放以来，在城市公共基础设施需求量大幅增加的情况下，由政府“包办”城市公共基础设施投资建设虽有所改变，但并不彻底。尤其是近年来政府作为公共基础设施最大投资主体的现象越来越明显，民营资本有退出公共基础设施投资领域的迹象。这种情况将导致城市公共基础设施建设资金的短缺（王立国、武文婷，2011），也将影响公共基础设施运营效率的提升。

2. 投资效率不高

尽管近年来城市公共基础设施供给的市场化水平有所提升，但行政管控仍较严重，一些公共基础设施项目在建设和运营过程中受到行政的过度干预，建设与运营成本高、效率低。由于城市公共基础设施的运营涉及城市的千家万户，一旦出现意外而中止供应，会产生较大的社会影响，因此投资和经营者常常不计成本、不考虑经营效率以保证服务的提供，这也导致项目建设和运营的效率低下。此外，部分地方政府对从事公共基础设施建设和运营的企业的监管缺乏专业性，往往以简单的行政方式管理，导致监管不到位，这也是导致城市公共基础设施经营效率和效益低下的一个因素。

3. 政府收入提升缓慢，投融资渠道不畅通

从目前来看，在所有的融资渠道中，财税收入是公共基础设施稳定供给的重要资金来源。但随着我国经济增长速度的放慢，财税收入增长也会放慢甚至出现下滑。同时，为了稳定经济，我国不断减轻企业税负，政府难以通过提高税收水平的方式来增加财政收入。综合来看，财税收入在一定时期内作为公共基础设施资金来源有一定的不确定性。尤其是随着土地出让收入的减少，特别是中央政府对地方政府融资平台和债务的控制，地方政府财政预算收入和预算外资金的增加受到限制，城市公共基础设施的投入难以持续增长。

4. 政府与投融资平台公司边界不清

在现行的城市公共基础设施投融资机制下，投资（建设）公司作为融资主体，大多数是以国有独资公司的形式存在的，其注册资本来源于政府财政拨付，因此，在平台公司的融资活动中政府是实际的投融资主体，直接承担公共基础设施建设的主要责任（石亚东，2010）。这也决定了政府融资平台公司对政府的依赖，两者边界不清。

（二）改革措施

面对上述城市公共基础设施投融资体制机制中存在的问题，近些年政府也在不断改革，通过制度安排以及充分发挥金融市场投融资机制的作用，鼓励社会资本投入公共基础设施领域，增强公共基础设施的投融资能力。未来可进一步采取的措施有以下方面。

1. 创新投融资模式与手段

目前在我国城市公共基础设施的建设中，政府投资的比重很高，其债务压力很大，亟须通过市场化手段和投资机制的变革，降低政府的投资比重。根据国际的经验和我国多年来的实践，社会资本以多种方式参与城市公共基础设施投资和运营是一种有效的方式。城市公共基础设施供给是由一系列环节组合而成的，所以只有从各个环节着手，才可以破解城市公共基础设施供给难题。一是要扩宽社会资本进入城市公共基础设施供给的渠道。除了已有的 BOT 等传统模式外，我国还需要建立城市公共基础设施直接融资渠道。二是建立规范的城市公共基础设施投资基金，允许私人和社会资本参与基金的设立、运营。三是充分利用金融信贷和资本市场，创新金融工具，发行城市公共基础设施彩票和债券等，为城市公共基础设施提供资金。四是将城市公共基础设施中的辅助项

目运营尽早从核心业务中剥离出去，实行市场化运营，减轻国有部门的压力，提高运营效率，并提升核心业务的竞争力。

2. 完善公共基础设施领域投融资的法制体系，切实保护社会资本的权益

近年来，部分公共基础设施项目由政府与社会资本合作建设和运营，但由于一些地方政府的合作目的是解决建设资金的难题，而不是进行机制的变革，因此在合作过程中出现了不少问题。此外，缺乏完善的法律体系和规范的运作制度也是政府与社会资本合作出现问题的主要原因，一旦建设项目出现问题，政府与社会资本难以妥善处理和协调，社会资本的权益就得不到有效保护，建设项目也会遭受巨大的风险。因此，政府需要在现有的政策文件基础上，根据在实践中积累的经验和出现的问题，加快制定社会资本参与公共产品项目的法律，并完善相关投融资法规，切实做到保护社会资本参与城市公共基础设施的合法权益，尤其是要确定社会资本与政府资本的平等地位，公平对待社会资本的投资行为。同时，政府也要督促社会资本在项目建设和经营中遵守相关法律法规，增强自身的法律维权意识。

3. 提升社会资本参与城市公共基础设施项目建设和运营的能力

在我国城市公共基础设施建设与运营过程中，社会资本参与时间较短，对投资周期长、公共性和社会关注度较强的公共基础设施项目缺乏全面的认识，常常以商业化方式运作公共基础设施项目，缺乏对项目环境的综合评估，也缺乏对项目全生命周期的规划和系统管理，因此项目建设和运营中风险较大。而金融机构对于缺乏长期投资战略目的社会资本也同样以商业项目的要求对待，导致参与公共基础设施建设的企业融资成本很高，周期较短。因此，政府有必要提升社会资本参与公共基础设施项目的综合能力，提高企业的信用度；给予这类参与公共性项目的企业政策支持，提升其抗风险的能力；建立公共基础设施项目建设的信息公开化平台，为投资者提供项目建设的信息，使投资企业充分了解项目建设和运营的要求，减少信息不对称带来的风险；通过公开建设单位的信息，增强对社会资本的监督，同时也为金融机构提供征信服务。针对公共基础设施项目的长期性和收益稳定的特点，金融机构应积极开发适宜的金融工具，以增强企业的融资能力；利用资本市场的功能，为公共基础设施投资者创新股权交易制度，提升其长期的投资能力。

第五节 城市公共基础设施运营机制

一、我国公共基础设施运营情况分析

经过快速的城市化和公共基础设施建设，我国各类城市公共基础设施的规模已经位于世界前列，但人均水平仍较低，不能满足城市化带来的日益增长的需要（见表 8-11）。

表 8-11 城市公共基础设施运营状况统计（2015—2019 年）

项目	2015 年	2016 年	2017 年	2018 年	2019 年
供水管道长度/千米	710 206	756 623	797 355	866 820	920 082
排水管道长度/万千米	54	58	63	68	74
燃气管道长度/千米	528 388	578 260	641 170	716 008	783 313
供热管道长度/千米	204 413	213 569	276 288	371 120	392 917
道路长度/万千米	37	38	40	43	46
铁路营业里程/万千米	12	12	13	13	14
公路里程/万千米	458	470	477	485	501
高速等级路公路里程/万千米	12	13	14	14	15
公共汽电车运营数/辆	482 975	515 051	554 820	565 933	584 026
市容环卫专用车辆设备/台	165 725	193 942	228 019	252 484	281 558
垃圾无害化处理厂数/座	890	940	1 013	1 091	—
公共厕所数量/座	126 344	129 818	136 084	147 466	153 426
公园个数/个	13 834	15 370	15 633	16 735	18 038
公共图书馆业机构数/个	3 139	3 153	3 166	3 176	3 196
卫生机构床位数/万张	702	741	794	840	881
科学研究与开发机构数/个	3 650	3 611	3 547	3 306	3 217
普通中小学学校数/所	242 930	229 751	218 903	212 739	210 784

资料来源：《中国统计年鉴》。

注：公共图书馆业机构数、卫生机构床位数、科学研究与开发机构数、普通中小学学校数等数据引自《中国统计年鉴》中的全国数据，其他数据引自《中国统计年鉴》中的城市概况数据。其中，燃气管道长度为人工煤气管道长度、液化石油气管道长度、天然气管道长度三者之和；供热管道长度为蒸汽管道长度与热水管道长度之和；普通中小学学校数为普通初中学校数与普通小学学校数之和。

由表 8－11 可知，我国城市各类公共基础设施运营数量整体呈现增长趋势，但也存在一个明显特征，即社会性公共基础设施运营数量增长较慢，经济性公共基础设施运营数量变化较为明显。

从城市公共基础设施的经营效率上来看，经过几十年的努力，随着城市公共基础设施的不断投入和建设，公共基础设施的经营效率也逐步提高，国际竞争力逐步提升。根据世界经济论坛发布的《全球竞争力报告》，我国公共基础设施的综合质量在国际排名中已经处于中等偏上水平（见表 8－12）。

表 8－12　我国公共基础设施运营效率的国际比较

项　　目	2015—2016 年	2016—2017 年	2017—2018 年	2018—2019 年	2019—2020 年
国家数/个	140	138	137	140	141
公共基础设施总体情况	/51	/42	/46	78.1/29	77.9/36
交通公共基础设施效率（质量）		/43	/47		68.9/24
公路公共基础设施质量	/42	/39	/42	59.7/42	59.7/45
铁路服务效率（质量）	/16	/14	/17	59.0/25	59.0/24
航空服务效率（质量）	/51	/43	/45	60.7/63	60.7/66
港口服务效率（质量）	/50	/49	/49	58.6/48	58.6/52
效用公共基础设施					86.9/65
电力供应质量	/53	/56	/65		99.0/18
电力输配电损耗				98.8/21	
供水可靠性				64.9/68	64.9/68
信息通信技术应用				71.5/26	78.5/18
宽带互联网使用				53.7/36	57.1/32

资料来源：《全球竞争力报告》。

注："/"前的数字表示得分，"/"后的数字表示国际排名；由于每年统计科目与口径不同，部分数据缺少；效用公共基础设施为电力、供水等大类的统称。

从表 8－12 的分项比较中可以发现，我国经济性公共基础设施的运营效率提升得较明显，社会性公共基础设施的运营效率和服务质量提升得不明显。我国电力、通信等公共基础设施的运营效率相对较高，但传统的交通等公共基础设施的经营效率排名处于中等水平，这与我国良好的道路基础设施网络比较，经营效率相对较低。造成这一结果的因素除了技术方面的因素外，还有一个重要的因素就是管理制度的落后。我国交通运输系统长期以来受传统行政管理制度的约束，多头管理，运输成本和维护成本较高，严重影响了道路基础设施效用的发挥。

二、城市公共基础设施运营模式

随着社会的发展和科技的进步，城市公共基础设施的运营管理方式也在不断变革，主要的变化在于越来越多的私人资本和社会资本参与到城市公共基础设施的建设和运营管理中。

如上所述，除了极少数涉及国家安全的城市公共基础设施需要政府直接经营管理外，大量的城市公共基础设施可以由商业性企业或其他经济组织运营管理，也可以通过政府向企业购买的方式向社会提供。城市公共基础设施是一个整体的系统，由不同的业务环节组成，需要众多部门相互协调、相互配合才能有序且高效地运行。在整个系统中，不同子系统和环节的竞争性与排他性差异较大，这为城市公共基础设施各个子系统和各环节采取不同的运营模式提供了多种可能。在实际运营过程中，我们可以对城市公共基础设施的各个系统和环节进行拆分，依据各子系统和环节的竞争性与排他性程度选择运营模式。表8－13对城市公共基础设施运营过程中的不同环节进行了拆分，并提出了不同的运营模式。

表8－13　城市公共基础设施运营模式

运营业务	排他性与竞争性	运营主体	运营模式
检测	强、强	企业	市场
	强、弱	企业为主，政府为辅	市场为主
	弱、强	政府为主，企业为辅	行政为主
	弱、弱	政府主导下的多元主体	行政管理
维修	强、强	企业	市场
	强、弱	企业为主，政府为辅	市场为主
	弱、强	政府为主，企业为辅	行政为主
	弱、弱	政府主导下的多元主体	行政管理

续 表

运营业务	排他性与竞争性	运营主体	运营模式
保养	强、强	企业	市场
	强、弱	企业为主，政府为辅	市场为主
	弱、强	政府为主，企业为辅	行政为主
	弱、弱	政府主导下的多元主体	行政管理
管理	强、强	企业	市场
	强、弱	企业为主，政府为辅	市场为主
	弱、强	政府为主，企业为辅	行政为主
	弱、弱	政府主导下的多元主体	行政管理

在运营过程中，如果城市公共基础设施的检测、维修、保养与管理等任何一个环节具有强竞争性和强排他性，此环节就可以采取市场运营模式，引入私人和社会资本经营，以提升市场竞争水平。引入私人和社会资本一方面可以提升城市公共基础设施的供给效率，另一方面可以减轻政府的财政支出压力。

如果城市公共基础设施的检测、维修、保养与管理等任何一个环节具有强排他性和弱竞争性，或者具有弱排他性和强竞争性等特征，此环节就可以采取准市场经营模式，兼顾市场与政府行政管理机制。只是政府与市场力量的强弱不同，当排他性强、竞争性弱时，城市公共基础设施的运营环节应该以市场机制为主，以政府机制为辅；当排他性弱、竞争性强时，公共基础设施的运营环节应该以政府机制为主，以市场机制为辅。在应该凸显市场力量的时候，政府可以通过补贴等形式鼓励社会资本参与城市公共基础设施的运营。

如果城市公共基础设施的检测、维修、保养与管理等任何一个环节具有弱排他性和弱竞争性，此环节就可以采取政府行政机制或非市场运营模式，由政府控股的公司运营，运营亏损由政府给予财政补贴。因为这一类项目的直接经济效益虽然不明显，但是社会效益显著，政府在企业难以维持运营的情况下，为了社会利益和城市的正常有序运作，有责任提供补贴支持。在具体运作过程中，政府也可以通过引导公益性组织和其他社会团体等来维持城市公共基础设施各个环节的正常运营（崔国清、南云僧，2009）。

三、城市公共基础设施运营中存在的问题与改革措施

一个城市公共基础设施的运营水平代表了该城市的管理水平，也反映了该城市为企业和公众提供服务的水平。改革开放以来，在城市发展过程中，我国曾经提出“经营城市”的口号，但其实质是发展城市产业和扩大城市规模，尤其是通过土地资源的重新配置，建设开发区，发展房地产业。在这一过程中，城市公共基础设施建设取得了很大的成就，经营管理水平也有了很大幅度的提高。但总体上看，在如何高效管理城市公共基础设施，如何保障城市基础设施的安全运行，如何为城市居民提供便捷的服务等方面仍有较大的不足。

（一）存在的问题

第一，在城市建设和管理理念上，重建设、轻运营。由于新建项目通过投资乘数作用可以直接拉动城市经济增长，更能显示政府的施政业绩，而公共基础设施运营、管理和维护工作费时耗力，难以产生立竿见影的经济增长效果或无法带来直接的经济效益，因此城市公共基础设施的建设者和管理者普遍存在重建设、轻运营的观念（王丽英等，2009），这进一步导致城市公共基础设施供给效率低下。与国际先进的城市比较，我国的道路畅通率、通信能力、能源利用效率等均有一定的差距，尤其是普遍存在体育文化基础设施利用率较低、服务方式较单一、经营效益较差等问题。即使是运营水平较高的城市，与国外同级别城市相比，仍存在较大差距。例如，纽约的公共图书馆数量为 214 个，上海为 245 个，但服务效能却相差较大，纽约公共图书馆持卡人数占城市总人口的 64.7%，上海仅占 4.6%（祁述裕，2013）。

第二，缺乏科学的城市公共基础设施规划，更缺乏规划、建设与运营的协调统一。在城市基础设施项目的投资建设中，项目的规划论证常常不够充分，存在的突出问题是，在一定时期内建设项目的最优化选择缺乏社会需求的科学论证，与相关基础设施的关系也考虑不足。因此，虽然城市不断投资建设公共基础设施，但难以形成网络系统，经常出现项目投入使用后与其配套的基础设施不协调，甚至出现项目竣工后因缺乏其他配套设施而难以发挥效果的状况。同时还存在规划缺乏科学的预见性等问题，对于经济社会需求增长和科技发展的变化估计不足，城市公共基础设施建设中常出现浪费资源的现象。

第三，合理定价与收费问题。在城市公共基础设施供给中，收费难题主要

表现在两个方面，即收费标准与如何收费问题。城市公共基础设施具有很强的公共性，以服务广大市民为基本原则，但是市民的支付能力存在一定差距，这导致公共基础设施定价困难。如果定价过低，就会出现供给不足的状况，而且会助长城市公共基础设施浪费行为；如果定价过高，就会把一部分市民限制在公共基础设施服务范围之外，这违背了城市公共基础设施供给的原则。对于如何收费的问题，由于难以严格排除不付费者以确保付费者的产权，在城市公共基础设施的使用中向谁收费、如何收费都成为难题（高健，2011）。尤其是关系到城市发展和居民基本生活的一些设施，如城市道路、公共安全和公共卫生等无法实现使用者付费。因此，现实中大部分城市公共基础设施的使用者都期望成为“搭便车者”，不愿为公共基础设施付费，这使得价格机制在这些服务领域难以发挥作用。

第四，过度供给与服务水平不高。近几年来，出于安全考虑，大小城市的交通道路、公园、商场办公区和住宅区等处都安装了监控装置，这严重影响了居民的隐私保护。同时，随着互联网的发展，城市加快建设行政服务和市民服务类服务网络，加上金融机构和其他商业网络，泄露个人信息的事件时有发生。同样，城市在快速发展移动通信公共基础设施的同时，也出现了过度建设和供给的状况。

此外，在城市公共基础设施实际运营与维护管理过程中，运营部门和企业缺乏专业的运营人员和专业的工作设备，缺乏科学化、自动化的管理维护技术，习惯于依靠人力作业，难以获取即时性与持续性的系统化信息，也难以掌握环境与结构系统特质的变化（王丽英等，2009），公共基础设施的实际服务水平难以达到目标水平。

（二）改革措施

城市公共基础设施运营改革的主要方向是分清政府与市场在运营中的边界，规范运营流程：把适宜于以市场机制运营的公共基础设施运营权交还给企业，充分发挥市场的调节作用；把需要政府供给的公共基础设施运营权留在政府手中，待条件成熟时再实施市场机制。对此，我国政府已经做了诸多尝试，从传统 BOT 模式的尝试，到大规模 PPP 项目的实施，再到 REITs 模式的不断深入推进，这些都展示了政府改革的决心与毅力，也显示着我国公共基础设施运营的未来改革方向。

本书认为，在深化改革的过程中，我们需要不断加深对城市公共基础设施运营内涵与性质的理解。城市公共基础设施建设与运营的目的在于满足城市运行的需要和服务公众，因此国家应该充分动员全社会的力量来建设基础设施，选择最有效率的企业和机构来建设和经营公共基础设施项目，进一步丰富城市公共基础设施运营模式，提升公共基础设施运营效率。这一工作的深入展开需要细分城市公共基础设施运营环节，将各环节中竞争性强、排他性强的部分进行市场化运作。此举有以下好处：一是可以提高城市公共基础设施供给效率，避免轻视运营问题；二是可以通过收费机制收回运营成本，激励市场中的企业提升服务质量；三是可以避免政府大包大揽现象，从而避免政府财政压力过大与政府腐败问题。

当然，实施市场机制依然离不开政府的支撑。政府部门与国有企业在运营一些公共基础设施时，也要去除行政官僚的管理机制，实行绩效考核制度，并在一些环节适度引入市场机制，以提升政府运营效率。例如，对从事公共基础设施管理工作的政府官员进行监管和考核，制定科学的行政管理人员考核体系，对官员的考核不能仅停留在表面，而是要考虑建设项目是不是真正惠及社会和公众利益。

第六节　城市公共基础设施供给绩效评估

城市公共基础设施作为公共资源，服务整个城市的运行与发展，如果其供给效率低下，就会阻碍城市发展。如何以合理的标准来科学地评价城市公共基础设施供给绩效一直是一个难题。

一、城市公共基础设施供给绩效评估的目的与原则

城市公共基础设施供给绩效评估的目的是提高公共基础设施规划决策、建设和运营过程中的科学化水平，促进资金等投入要素的有效配置，从而充分发挥其综合效益。根据帕累托准则，公共基础设施的投资者、运营者应该不断探寻建设和运营过程中是否有进一步提升的空间，从而决定要素投入方式和运营模式。具体而言，城市公共基础设施绩效评估的目的在于通过动态评价和反馈机制发现其存在的问题并及时进行改进，为其后续发展提供一系列操作流程与

参考思路。

城市公共基础设施的性质决定了城市管理者不仅要关注其投入产出比，还要关注其是否公平地惠及公众，建设项目是否具有社会、经济与生态效益。总结实践经验和文献研究可以发现，对公共基础设施绩效的评估可以采用“5E”原则，即经济性、效率性、效果性、公平性和生态性原则（孙珏等，2015）。

经济性原则是指在保证服务质量不变或提升的情况下，用尽量少的公共基础设施资源投入满足社会的需要。也就是说，在保证不影响公共基础设施质量的根本性前提下，运营单位可以用最低或相对较低的市场价格提供同等质量和同等数量的公共基础设施，保证在发挥其最大效用的前提下减少对国家财政的依赖。

效率性原则是指在公共基础设施供给过程中，资源投入与成果产出之间达到最佳比例关系，即在既定资源投入的情况下，促使产出最大化和服务最优化。同时，公共基础设施的供给除了要实现产出效率外，还要实现资源的有效配置。

效果性原则是指公共基础设施建设之前的预期效果与实际运行效果之间的对比关系，即组织实施者在多大程度上完成了预设目标。这是一种客观评价的标准，便于组织者进行工作总结。如果实施后的效果不如预期目标，就表明公共基础设施的实施效果不佳，有待改进；如果实施后的效果优于预期目标，就表明公共基础设施的实施效果较好，组织者的建设经验可以推广。

公平性原则是指公共基础设施的供给要符合服务社会大众的初始目标，不能带有排斥性。公共基础设施的供给要保证广大人民群众的利益需求，它直接决定城市居民的福利水平，同时也是社会公平正义的直接体现。所以，公共基础设施供给的公平性原则是评估公共基础设施供给绩效的重要原则。

生态性原则是指公共基础设施的建设和使用要符合人与自然和谐共处的要求。城市公共基础设施是规模较大的城市建设项目，其建设与运营难免会对城市生态环境产生外部效应，更有可能对生态环境造成破坏。所以，评估城市公共基础设施建设绩效必须坚持生态性原则。

二、城市公共基础设施供给绩效评估方法

数据包络分析（DEA）方法是由查恩斯、库伯（Coopor）、罗兹（Rhodes）三人于 1978 年提出的，之后得到广泛应用。数据包络分析方法具有其明显的优

势：一是它适用于多投入和多产出等情况下效率问题的综合评价；二是这一方法并非直接对数据进行运算，而是在建立模型之前对数据进行无量纲处理，以确保决策单元最优效率的衡量与投入指标值、产出指标值的量纲无关；三是它不需要设置任何权重系数，以决策单元投入和产出的实际数据为依据得到最优权重，以此保证权重设置具有很强的客观性。数据包络分析方法主要有 CCR 和 BCC 两种模型。其中，CCR 模型在规模报酬不变的假设下同时评价决策单元规模有效性和技术有效性；BCC 模型则假设规模报酬不变，并且只考虑决策单元技术效率是否最佳（高阳，2016）。初始的 CCR 模型是一个分式规划，利用 CC（Charnes-Cooper）变换和对偶规划理论并引入松弛变量 s^-、s^+，可将分式规划转化为一个等价的线性规划：

$$\min[\theta - \xi(e^T s^- + e^T s^+)] \tag{8-1}$$

$$\text{s. t.}\begin{cases}\sum_{j=1}^{n} x_j\lambda_j + s^- = \theta x_0 \\ \sum_{j=1}^{n} y_j\lambda_j - s^+ = y_0 \\ \lambda_j \geqslant 0,\quad j = 1,\ 2,\ \cdots,\ n \\ s^- \geqslant 0,\quad s^+ \geqslant 0\end{cases} \tag{8-2}$$

式中，θ 为效率评价值；ξ 为无穷小变量；λ 为一个向量参数。通过求解该模型，可以得到最优解 θ^*、λ^*、s^{-0}、s^{+0}，并可得到以下结论：

（1）若 $\theta^* = 1$，并且 $s^{-0} = s^{+0} = 0$，则说明第 j_0 个 DMU 为 DEA 有效，其创新效率较高，在有限的投入下达到了最大产出，即投入的资源得到了充分利用。

（2）若 $\theta^* = 1$，并且 $s^{-0} \neq s^{+0} \neq 0$，则说明第 j_0 个 DMU 为 DEA 弱有效，表明这时的投入产出结构不合理，在既定投入下没有达到产出最大化，也没有达到投入最小化。此时可通过减少 s^{-0} 的投入来保证原有产出，或者在投入不变的情况下增加 s^{+0} 的产出，从而提高整体的效率。

（3）若 $\theta^* \neq 1$，则说明第 j_0 个 DMU 为非 DEA 有效，表明投入的资源没有得到充分利用。此时可通过减少第 j_0 个 DMU 投入变量的 θ^* 来提高整体的效率。

BCC 模型是在 CCR 模型的基础上增加了附加条件 $\sum_{j=1}^{n}\lambda_j = 1$，即允许规模收益可变。其结论为：若 $\theta^* = 1$，则第 j_0 个 DMU 为技术弱有效；若 $\theta^* = 1$，并且 $s^{-0} \neq s^{+0} \neq 0$，则第 j_0 个 DMU 为技术有效。

三、城市公共基础设施供给绩效评估指标体系

构建科学的评估指标体系是开展后续效率评估工作的重要基础。已有研究常用建成率和建成规模两个指标来衡量城市公共基础设施的供给绩效，这种测量方法存在不足之处，因为城市公共基础设施供给绩效受多重因素影响。本书参考金戈（2016）的方法，选取投入和产出的多重指标构建公共基础设施供给绩效评估指标体系（见表 8－14）。

表 8－14　城市公共基础设施供给绩效评估指标体系

指标类别	符号	名称
投入指标	X1	卫生和社会工作
	X2	教育
	X3	文化、体育和娱乐业
	X4	科学研究和技术服务业
	X5	公共管理、社会保障和社会组织
	X6	电力、热力、燃气及水的生产和供应业
	X7	交通运输、仓储和邮政业
	X8	信息传输、软件和信息技术服务业
	X9	水利、环境和公共设施管理业
输出指标	Y1	劳均产值（元/人）
	Y2	城市化率（%）

四、城市公共基础设施供给绩效测算与评估

参考黄金川等（2011）、程敏、斐新杰（2017）、宋丽锋等（2019）的研究方法，本书用 DEA 方法中的 BCC 模型测量了 2014—2016 年省（自治区、直辖市）级层面公共基础设施供给效率，最终结果如表 8－15 所示。

表 8-15　城市公共基础设施供给效率测算表（2014—2016 年）

2014 年			2015 年			2016 年		
排名	DMU	得分	排名	DMU	得分	排名	DMU	得分
1	新疆	1.00	1	宁夏	1.00	1	宁夏	1.00
1	北京	1.00	1	北京	1.00	1	北京	1.00
1	宁夏	1.00	1	天津	1.00	1	天津	1.00
1	青海	1.00	1	青海	1.00	1	青海	1.00
1	西藏	1.00	1	西藏	1.00	1	西藏	1.00
1	贵州	1.00	1	内蒙古	1.00	1	云南	1.00
1	四川	1.00	1	云南	1.00	1	辽宁	1.00
1	重庆	1.00	1	贵州	1.00	1	贵州	1.00
1	海南	1.00	1	海南	1.00	1	海南	1.00
1	上海	1.00	1	上海	1.00	1	上海	1.00
1	江苏	1.00	1	江苏	1.00	1	江苏	1.00
1	浙江	1.00	1	浙江	1.00	1	广东	1.00
1	广东	1.00	1	广东	1.00	1	山东	1.00
1	湖北	1.00	1	湖北	1.00	14	重庆	0.93
1	河南	1.00	1	河南	1.00	15	湖北	0.89
1	山东	1.00	1	山东	1.00	16	河南	0.85
17	福建	0.99	17	重庆	0.95	17	浙江	0.81
18	天津	0.97	18	河北	0.94	18	江西	0.63
19	江西	0.85	19	辽宁	0.76	19	吉林	0.60
20	山西	0.85	20	江西	0.74	20	山西	0.59
21	云南	0.83	21	山西	0.74	21	四川	0.59
22	湖南	0.82	22	新疆	0.68	22	河北	0.56
23	河北	0.82	23	四川	0.62	23	新疆	0.56
24	吉林	0.76	24	黑龙江	0.60	24	黑龙江	0.55
25	辽宁	0.62	25	吉林	0.59	25	湖南	0.51
26	黑龙江	0.62	26	福建	0.59	26	甘肃	0.47

续 表

2014年			2015年			2016年		
排名	DMU	得分	排名	DMU	得分	排名	DMU	得分
27	安徽	0.59	27	湖南	0.57	27	安徽	0.45
28	内蒙古	0.56	28	广西	0.55	28	内蒙古	0.45
29	甘肃	0.55	29	甘肃	0.54	29	福建	0.43
30	广西	0.50	30	安徽	0.53	30	陕西	0.39
31	陕西	0.48	31	陕西	0.48	31	广西	0.34

由表8-15可知，从整体上来看，公共基础设施供给效率靠前的省（自治区、直辖市）在东部和西部部分地区，西部大部分地区、中部地区、东北地区城市公共基础设施供给效率较低。我国地域广阔且区域发展水平参差不齐，这在地区公共基础设施供给方面体现最明显。东部省（自治区、直辖市）大多位于沿海地区，凭借地理位置优势，自改革开放以来一直是我国经济发展前沿阵地，所以政府格外重视城市基础设施建设，投入了大量人力、物力、财力。同时，东部地区凭借经济发展机遇，吸引了大量资本流入，最终其经济发展速度与城市化水平都领先于其他地区。在城市基础设施供给与城市发展的循环累积作用下，东部地区公共基础设施的利用率较高，服务社会发展能力强，所以其供给效率较高。西部部分地区虽然公共基础设施投入较少，但是其经济发展与城市化水平同样以一个平稳的速度提高，这样两者同样处于一个高匹配层级，不存在过度投入问题，所以整体供给效率较高。其他地区城市公共基础设施供给效率较低的原因在于如下方面：一是近年来随着西部大开发、中部崛起、东北振兴等战略的实施，虽然国家不断加大对这些地区的城市公共基础设施投入的力度，但是面对过低的建设水平，其城市基础设施供给与发达地区依然有很大差距；二是这些地区城市的经济发展速度不断加快，城市基础设施供给难以满足城市发展需要，所以供给效率较低。

参考文献

[1] Aschauer D A. Is public expenditure productive? [J]. Journal of Monetary Economics, 1989, 23 (2): 177-200.

[2] Aschauer D A. Why is infrastructure important? [C]. Boston: Federal Reserve Bank of

Boston, 1990.

[3] Biehl D. The role of infrastructure in regional development [A]. Vickerman R W. Infrastructure and regional development [C]. London: Pion, 1991.

[4] Cohen J P, Paul C J M. Public infrastructure investment, interstate spatial spillovers, and manufacturing costs [J]. Review of Economics and Statistics, 2004, 86 (2): 551－560.

[5] Ostrom E. Covering the commons: the evolution of institutions for collective action [M]. Cambridge: Cambridge University Press, 1990.

[6] Estache A, Sinha S. Does decentralization increase spending on public infrastructure? [R]. Policy Research Working Paper, 1999.

[7] Kappeler A, Vaelilae T. Fiscal federalism and the composition of public investment in Europe [J]. European Journal of Political Economy, 2008, 24 (3): 562－570.

[8] Munnell A H, Cook L M. How does public infrastructure affect regional economic performance? [J]. New England Economic Review, 1990, 30 (9): 69－112.

[9] Oates W E. Fiscal federalism [M]. New York: Harcourt Brace Jovanovich, 1972.

[10] Pereira A M, Roca-Sagalés O. Spillover effects of public capital formation: evidence from the Spanish regions [J]. Journal of Urban Economics, 2003, 53 (2): 238－256.

[11] Schwartz M A E. State infrastructure and productive performance [J]. American Economic Review, 1996, 86 (5): 1095－1111.

[12] World Bank. World Development report 1994: infrastructure for development [M]. New York: Oxford University Press. 1994.

[13] 周佳.“互联网+流通”背景下公益性流通基础设施发展对策研究 [J]. 首都经济贸易大学学报, 2019, 21 (5): 22－33.

[14] 程敏, 陈辉. 城市基础设施系统长效性评价研究 [J]. 工业技术经济, 2012, 31 (11): 84－88.

[15] 陈银娥, 王丹. 社会资本参与城乡基础设施建设营运的机理与对策 [J]. 经济纵横, 2017 (1): 101－104.

[16] 郭先登. 关于提升城市基础设施建设水平的研究 [J]. 东岳论丛, 2008 (1): 160－164.

[17] 唐为. 分权、外部性与边界效应 [J]. 经济研究, 2019, 54 (3): 103－118.

[18] 陶志梅, 孙钰. 城市基础设施系统供给效益影响因素的动态分析 [J]. 财经问题研究, 2018 (6): 131－137.

[19] 钟辉, 周雪晴. 智慧城市公交站亭系统设计 [J]. 包装工程, 2019, 40 (12): 339.

[20] 赵平. 新兴经济体 FDI 流入的决定因素及中国的应对策略 [J]. 经济与管理, 2012, 26 (5): 21－25.

[21] 杨波, 王琦. 交通物流公共基础设施建设对吸引外商直接投资的实证研究: 以成渝城市群为例 [J]. 科技经济导刊, 2018, 26 (6): 148－149.

[22] 娄洪. 公共基础设施投资与长期经济增长 [M]. 北京: 中国财政经济出版社, 2003.

[23] 范九利, 白暴力. 基础设施资本对经济增长的影响: 二级三要素 CES 生产函数法估计 [J]. 经济论坛, 2004 (11): 10－13.

[24] 郭鹏飞, 曹跃群, 杨玉玲. 基础设施资本回报率的估算及影响因素研究 [J]. 南方经济, 2021 (1): 83－101.

[25] 苏素, 王珂. 基础设施投资对消费的推动力研究 [J]. 统计与决策, 2005 (16): 85－87.

[26] 王小斌. 交通基础设施、金融发展与居民消费支出：基于 281 个地级市的空间面板数据 [J]. 消费经济，2017，33 (2)：31 - 37.
[27] 任晓红，张宗益. 交通基础设施与制造业区位选择的空间计量经济学分析 [J]. 经济问题探索，2010 (10)：13 - 17.
[28] 唐红祥，王业斌，王旦，等. 中国西部地区交通基础设施对制造业集聚影响研究 [J]. 中国软科学，2018 (8)：137 - 147.
[29] 杨先明，郭树华，蒙昱竹. 铁路交通基础设施能促进沿边地区产业集聚吗？[J]. 云南财经大学学报，2018，34 (10)：62 - 72.
[30] 李涵，黎志刚. 交通基础设施投资对企业库存的影响：基于我国制造业企业面板数据的实证研究 [J]. 管理世界，2009 (8)：73 - 80.
[31] 刘秉镰，刘玉海. 交通基础设施建设与中国制造业企业库存成本降低 [J]. 中国工业经济，2011 (5)：69 - 79.
[32] 张陈一轩，任宗哲. 改革开放 40 年来交通基础设施投资能够缓解要素错配么？[J]. 人文杂志，2019 (1)：10 - 17.
[33] 谢剑. 基础设施建设与中国区域全要素生产率：基于 285 个地级市的空间计量分析 [J]. 科学决策，2018 (4)：71 - 94.
[34] 魏下海. 基础设施、空间溢出与区域经济增长 [J]. 经济评论，2010 (4)：82 - 89.
[35] 刘勇. 交通基础设施投资、区域经济增长及空间溢出作用：基于公路、水运交通的面板数据分析 [J]. 中国工业经济，2010 (12)：37 - 46.
[36] 金江，李郸. 交通基础设施投资与经济发展：基于广东省的空间计量研究 [J]. 财政研究，2012 (6)：55 - 59.
[37] 黄纯纯，张捷. 城市基础设施建设对城市规模扩张的影响：基于城市化视角的实证研究 [J]. 价格理论与实践，2014 (9)：110 - 112.
[38] 金戈. 中国基础设施与非基础设施资本存量及其产出弹性估算 [J]. 经济研究，2016，51 (5)：41 - 56.
[39] 薛桂芝. 中国城市基础设施资本存量及产出弹性测算 [J]. 经济评论，2018 (4)：72 - 83.
[40] 乔宝云，范剑勇，冯兴元. 中国的财政分权与小学义务教育 [J]. 中国社会科学，2005 (6)：37 - 46.
[41] 张军，高远，傅勇，等. 中国为什么拥有了良好的基础设施？[J]. 经济研究，2007 (3)：4 - 19.
[42] 傅勇. 财政分权、政府治理与非经济性公共物品供给 [J]. 经济研究，2010，45 (8)：4 - 15.
[43] 严成樑，龚六堂. 基础设施投资应向民间资本开放吗？[J]. 经济科学，2014 (6)：41 - 52.
[44] 汤玉刚，陈强. 分权、土地财政与城市基础设施 [J]. 经济社会体制比较，2012 (6)：98 - 110.
[45] 初宜红，王晗笛. 财政分权、公共基础设施投资与地方政府税费结构相关性研究：基于中国省级面板数据的实证分析 [J]. 山东社会科学，2019 (11)：126 - 133.
[46] 丁从明，刘明，廖艺洁. 官员更替与交通基础设施投资：来自中国省级官员数据的证据 [J]. 财经研究，2015，41 (4)：90 - 99.
[47] 王坤岩. 城市公共基础设施效益三维度评价研究 [D]. 天津：天津大学，2016.
[48] 岳军. 公共投资与公共产品有效供给研究 [M]. 上海：上海三联书店，2009.

[49] 祁述裕. 公共管理与公共文化服务体系建设 [J]. 上海文化，2013 (12)：7-11.
[50] 孙钰，王坤岩，姚晓东. 基于 DEA 交叉效率模型的城市公共基础设施经济效益评价 [J]. 中国软科学，2015 (1)：172-183.
[51] 王元京. 论我国基础设施建设中的民间资本进入 [J]. 经济体制改革，2002 (4)：5-9.
[52] 崔国清，南云僧. 关于公共物品性质城市基础设施融资模式创新的探讨 [J]. 经济学动态，2009 (3)：39-42.
[53] 谢松，曲鹏飞. REITs 在建筑、投资企业开展的可行性研究 [J]. 中国总会计师，2020 (3)：44-46.
[54] 苑德宇，李德刚，杨志勇. 外商直接投资进入是否增进了中国城市基础设施绩效 [J]. 世界经济，2017，40 (8)：143-166.
[55] 王立国，武文婷. 城市基础设施项目市场化融资研究：基于专用性投资不足的视角 [J]. 城市发展研究，2011，18 (1)：120-124.
[56] 石亚东，李传永. 我国城市基础设施投融资体制改革的难点分析 [J]. 中央财经大学学报，2010 (7)：62-65.
[57] 王丽英，尹丹丽，刘炳胜. 城市基础设施可持续运营的管理维护策略探析 [J]. 现代财经（天津财经大学学报），2009，29 (11)：63-66.
[58] 高健. 城市基础设施的政府与非政府共同供给 [J]. 城市问题，2011 (7)：78-82.
[59] 高阳，张蒙蒙，游达明. 基于城市视角下新能源汽车产业技术创新效率评价 [J]. 工业技术经济，2016，35 (3)：47-54.
[60] 黄金川，黄武强，张煜. 中国地级以上城市基础设施评价研究 [J]. 经济地理，2011，31 (1)：47-54.
[61] 程敏，裴新杰. 我国地级及以上城市基础设施投入效率的时空差异研究：基于 DEA 和 Malmquist 指数模型 [J]. 管理评论，2017，29 (6)：225-233.
[62] 宋丽锋，孙钰，崔寅. 城市公共基础设施政府供给绩效提升研究：以我国七个超大城市为例 [J]. 财会月刊，2019 (4)：120-126.

第九章　城市公共服务体系与供给机制

随着城市化进程的加快，我国城市公共服务供给的质和量都有显著提升，公共服务覆盖范围不断扩大，区域间公共服务均等化水平不断提升，公共服务供给主体、供给方式逐渐多元化。但我国城市公共服务领域仍然存在着规模不足、质量不高、发展不平衡等问题。本章以新公共服务理论为指导，结合我国城市公共服务的发展历程，梳理我国公共服务的基本特征，厘清当前我国城市公共服务存在的问题，为公共服务供给机制的改革与发展提供新的思路。

第一节　城市公共服务体系

自改革开放以来，我国的城市化进程快速推进。截至 2019 年年末，我国城镇人口已达 84 843 万人，占总人口的比重达 60.60%①。城市公共基础设施在近 10 年也有较大规模的投资，这保证了城市发展中生产和生活对公共基础设施的需求。但是，城市公共服务的供给相对落后，城镇居民日益增长的公共服务需求与公共服务供给的不平衡性和不充分性日益显现，其产生的矛盾已成为我国城市公共服务供给体系中的主要矛盾。

纵观我国公共服务体系的发展历程，政府不断加强公共服务体系的建设。以政府为主导、旨在保障全体公民生存和发展需要、建立与经济社会发展水平相适应的基本公共服务体系成为我国公共服务体系建设的目标。《中华人民共和国国民经济和社会发展第十一个五年规划纲要》（以下简称《“十一五”规划纲要》）首次将实现基本公共服务均等化作为政府工作的重点。此后中央相继提出要不断完善基本公共服务体系，着力推动基本公共服务全覆盖，不断提高城乡区域基本公共服务均等化程度。《中华人民共和国国民经济和社会发展第十四个五年规划纲要》更要求提高城市公共服务的水平，在城乡融合发展中实现基本公共服务的均等化。

---

① 国家统计局：《中华人民共和国 2019 年国民经济和社会发展统计公报》。

一、公共服务的内涵与特征

（一）公共服务的概念与功能

目前，国内外学者对公共服务的概念并没有一个统一的说法。“公共服务”的概念在很大程度上引申于公共产品概念。不少学者把公共服务视同公共产品，并没有对两者的含义加以区分。也有学者较为严格地定义公共服务，以区别于物品类的公共产品。但由于一些公共服务基于公共物品之上，事实上难以非常清晰地界定其内涵和外延（汤建光、李慧中，2002）。目前，学术界常常从不同的角度诠释公共服务的含义。

第一，根据公共产品理论来定义公共服务。塞缪尔森是从公共产品的非竞争性角度给公共产品或服务下定义的，他认为纯粹的公共产品或服务是指这样的物品或服务，即一个人消费这种物品或服务并不会减少他人对该种物品或服务的消费。曼昆（Mankiw，2003）则把同时具有非竞争性和非排他性的公共服务称为纯公共服务，把只具有非竞争性或只有非排他性的公共服务称为准公共服务。从公共产品的外部性来看，纯公共服务的生产会给所有社会成员带来正外部效应。这些观点阐述了公共服务的特性，但并未阐述公共服务的含义。

第二，根据政府或公共部门的社会管理职能来定义公共服务。通常情况下，公共服务的供给难以用市场机制加以调整，存在市场失灵现象，其一般都是由政府或者公共部门提供的。一方面，公共服务可以被定义为政府为满足经济、社会与广大人民群众的公共需求所提供的公众性、公益性公共产品或服务行为的总和（曾旭，2016）。另一方面，公共服务可以被定义为一种资源配置的手段，它是政府为了履行社会管理职能，依托公共设施或者公共部门为消费者提供的公共产品和服务，目的是解决独立的市场主体不能解决的公共问题（孙春霞，2010）。这些定义仅阐述了公共服务的供给主体和供给的基础，同样没有阐述公共服务的内涵。

第三，根据公共服务的内容和形式来定义公共服务。有学者根据内容和形式的不同，把公共服务分为基础性公共服务、经济性公共服务、安全性公共服务和社会性公共服务（李宏、李民，2006）。其中，基础性公共服务主要包括水电气、道路交通、邮电通信等基础设施；经济性公共服务是为国民经济活动提供的各类生产性服务，如技术推广、政策宣传等；安全性公共服务是为保障公民的安全提供的国防、警察和消防安全等服务；社会性公共服务主要是为公民的生存、生活和发展提供的公共服务，如教育、医疗卫生、社会保障、科学普及等（陈秋玲，2010）。也有学者认为，从狭义上来讲，公共服务仅仅是指政府所组织提供的公共服务项目，除了交通基础设施、邮电服务这类基础性服务外，还包括养老、医疗、社会保障、环境保护等具有社会职能的公共服务（柳学信等，2017）。事实上这些定义过于宽泛，基本上把公共服务视同公共产品。

第四，一些学者提出了广义的公共服务概念，他们认为公共服务不仅包括政府为了纠正市场失灵制定的宏观经济政策、保障市场经济正常运行的法律法规等这类抽象的公共产品，还应该包括政府为了满足公民生产、生活、发展和娱乐需求而提供的公共服务项目（鲁国强，2012）。此外，《“十一五”规划纲要》中提出，公共服务领域的任务为义务教育、公共卫生、社会保障、社会救助、促进就业、减少贫困、防灾减灾、公共安全、公共文化、基础科学与前沿技术以及社会公益性技术研究、国防等，政府要运用公共资源为公众提供公共服务。尽管《“十一五”规划纲要》列举了公共服务的众多项目，但这里的公共服务是狭义上的公共服务。

根据上述对公共服务的不同阐述，本书认为公共服务是为满足社会、企业、公众等生产和生活的需要而提供的各类公共性服务。公共服务与公共物品有明确的区分：一种是物质形态的公共产品，可以称为公共物品；另一种是非物质形态的公共产品，可以称为公共服务。这两种形态的公共产品的非竞争性和非排他性特征相同，事实上这两类公共产品在现实中常常你中有我、我中有你，在供给中难以严格地进行空间隔离和功能分解。

（二）公共服务的特征

从服务的公共性出发考察，公共服务与私人服务有不同的特征。公共服务作为一类公共产品，同样具有以下特性。

1. 服务的非竞争性

在一般意义上，任何个人、企业、团体获得和享受某种公共服务，都不排斥、妨碍其他人、企业、团体同时获得和享受此种服务，也不会减少其他人、企业、团体获得此种服务的数量和质量。但与公共物品一样，一些公共服务也受资源的限制或需求量的冲击，需求者的增加会导致公共服务供给的不足或质量的下降，即产生所谓“拥挤成本”和供给短缺。在现实中，政府会采取一些政策来限制获取公共服务的消费者规模，在市场供给机制下也存在以俱乐部制或其他方式限制公共服务分配的情况。

2. 受益的非排他性

非排他性意味着公共服务的获得者在享受某种公共服务的过程中并不排斥其他获得者享受，在一定的时间或权益范围内，众多的公共服务获得者可以共同享受同一种公共服务，这也意味着公共服务的获得者只能拥有相对的服务产权或服务权益。

3. 效用的不可分割性

公共服务的对象是整个社会或一定范围内的社会公众，因而每个社会成员都有权利获得和享受公共服务。公共服务的效用不能分割成若干部分或分别归属于某个人或某个组织，而是公众共同受益，比较典型的如国防安全、交通服务和环境治理等。

公共服务的这些特征使其难以明确界定收益权，也决定了私人难以凭借市场机制进行供给，即使供给也会出现市场失灵的现象。因此，与公共物品一样，公共服务通常需要由政府供给。尤其是公共服务具有规模效益大、初始投资量大的特点，私人企业难以在收益不确定的情况下以市场方式加以运作（刘小玄等，2007）。当然，现实中大多数公共服务并不完全具备纯公共产品的特性，除了由政府提供的纯公共服务以外，一些企业和社会力量也会进入公共服务供给领域，为公众提供准公共服务。

二、主要的现代公共服务理论

公共服务理论主要包括新公共管理理论、新公共服务理论等。

（一）新公共管理理论

新公共管理理论兴起于 20 世纪 70—80 年代，当时欧美等西方发达资本主义国家深陷经济滞胀的泥淖，政府干预的弊端逐渐浮现，政府巨额的财政赤字和低效甚至无效的公共服务造成社会普遍不满，“重塑政府运动”“市场化政府”“企业型政府”等变革开始实行。改革实践催生了不同于传统的公共行政理论和管理模式，逐步形成新公共管理理论（Jane-Erik Lane，2004）。

考虑到政府干预会带来种种弊端，新公共管理理论推崇市场化，主张利用市场竞争机制和效率机制管理公共部门；提倡合理划分政府和市场的职能，认为政府的管理职能是“掌舵”而不是“划桨”，应缩小政府的规模，减少公共开支，提高工作效率（梅志罡，2006）；促进公共机制和市场机制有机融合，主张政府以市场为导向，引入竞争机制，采取绩效管理、目标管理、组织控制等，为公众提供满足其需求的公共服务（戴维·奥斯本、特德·盖布勒，1996）；在公共管理的具体实践上，主张促进公共服务供给多元化，引入私人企业或独立企业作为供给服务工具，消除公共服务供给的垄断性；对于非公益性的公共基础设施采用使用者付费模式，以最经济的方式满足公众对公共服务的需求（李彬，2002）。

（二）新公共服务理论

新公共管理理论追求市场利益最大化，以牺牲公共利益换取市场利益，但西方各国以新公共管理理论为指导来应对财政危机的收效甚微，尤其是在信息技术革命的冲击下，传统产业不断衰退，社会的不平等、不公平问题仍然较严重，公民参与社会事务的意愿不足。在此制度背景下，美国公共行政学家登哈特夫妇（Janet V. Denhard and Robert B. Denhard, 2004）提出“以公民为中心，追求公共利益”的新公共服务理论。

新公共服务理论构建了公民权、民主和为公共利益服务三位一体的理论框架，提出公共服务需要建立在公民对话协商和保障公共利益的基础之上，其包括以下内容：一是政府的职能是服务而不是“掌舵”。政府应以“服务”代替“管理”，积极参与到公共事业中去，以服务者的角色为公众提供服务，将更多的权利赋予公民。二是公共服务追求的目标是公共利益。公共利益与个人利益息息相关，是管理人员与公民的共同利益和责任，也是所有公民追求个人利益的最终结果。政府需要为公民提供良好的法制环境与公平、公正、自由、平等的对话机制，使公共利益深入人心。三是遵守以公民为本的原则。在法律规定和社会责任的范围内，政府应尽最大可能为公民提供高质量的公共服务，注重公民的长期利益，力求与公民建立长期的友好合作关系。四是重视人，而不只是重视生产率。政府在提供公共服务的过程中要保障公民的权利和尊严，除了要注重工作效率之外，还要注重以人为本，尊重每个人的价值。五是企业家精神应当让位于公民权利和公共服务，政府应将自身角色定位为能为社会做贡献的公务员，而不是更注重利益关系的企业家，避免将公共资金视为自己的财产。六是思考要具有战略性，行动要具有民主性。新公共服务理论提出，唯有满足公共需求的政策和项目，促进公民集体通过努力和合作参与其中，才能保证政策的执行是最有效率的。七是承认责任并不简单。政府和行政人员承担的任务极其复杂，一旦忽视其中一方的责任，就会导致公民不满意、社会不平等。新公共服务理论将公民放在首位，强调服务公民，将权利授予公民，其核心价值是追求公共利益（Janet V. Denhard and Robert B. Denhard，2004）。

三、城市公共服务体系

城市公共服务以公共服务理论为基础，具有公共服务的一般特性，同时又是公共服务与城市特性的结合，是公共服务在城市中的实践。基本公共服务体系包括公共服务的范围和标准、公共服务的资源配置、公共服务领域及项目的运行与管理、公共服务的供给方式以及绩效评价等。基本公共服务体系是一种系统性、整体性的制度安排。公共服务体系主要包括以下内容：一是保障民生的基础性公共服务，如能源供给、就业服务等；二是公共教育、公共医疗、公共体育和文化等公共事业与社会保障性服务；三是为公民和企业组织从事经济活动所提供的经济性公共服务；四是保障安全的安全性公共服务，如生产安全、消费安全、社会安全等。这些内容的划分不是绝对的，相互之间具有交叉性和包涵性。

（一）基础性公共服务

基础性公共服务是指国民生活和企事业单位从事经济活动、社会活动所必需的公共产品或服务，如自来水和污水处理、能源供应、邮电通信等关系到国计民生，对公民生活和生产有着基础性作用的服务。这类公共服务供给常带有自然垄断性质，因此由政府供给更具有规模经济性。政府在供给基础性公共服务时要遵守可及性、易得性原则，同时也要避免垄断。否则，就会直接对国民的基本生存和生活造成影响，加重经济活动的成本和经济的不可持续性，不利于推动就业，从而影响整个国家的发展水平（高传胜，2011）。

（二）公共事业与社会保障性服务

公共事业与社会保障性服务是指为社会公众的生活和发展提供基本社会保障，为国民参与社会经济活动创造条件的各类公共服务，如基础教育、医疗卫生、科学技术、体育文化、公共住房等。世界各国在发展过程中，都把公共事业与社会保障性服务作为社会发展的标志，尤其是社会保障服务制度的完善性，体现了一个国家国民的社会安全和福利水平。

目前，我国社会保障制度已经形成了较为完整的体系，主要包括社会救助、社会保险和社会福利等，但社会福利保障的水平还比较低，只是基本的保障服务。党的十九大提出，要全面建成覆盖全民、城乡统筹、权责清晰、保障适度、可持续的多层次社会保障体系。基础教育、医疗卫生、公共住房等社会性公共服务，对于社会经济的发展和公众的生活具有重要的意义。我国已经实行了九年义务教育制度，义务教育普及率达到了世界高收入国家的平均水平，目前正在为提升义务教育质量和城乡一体化义务教育而努力。同样，我国已经形成城市基本医疗保障体系，建立了城镇职工基本医疗保险、城乡居民基本医疗保险和城乡医疗救助制度。

（三）经济性公共服务

经济性公共服务是指为公民与企业组织从事经济活动所提供的公共服务，包括工商税务服务、生活平台服务、金融服务、市场环境与交易服务、政策与法律咨询、科技传播与推广等。一个国家或地区经济性公共服务供给的质和量，直接关系到该国家或地区的经济发展环境。有效的经济性公共服务供给能够减少经济摩擦，形成良好的经济发展氛围和市场交易秩序，促进社会经济良性循环。

（四）安全性公共服务

公共安全是保障社会经济发展和城市正常运行的基本前提，是实现社会有序发展的基础。一旦公共安全保障体系出现缺失或漏洞，经济和社会活动就会进入一个无序、混乱的状态。从本质上来讲，公共安全问题属于公共产品范畴，是政府必须向公民提供的也是必须提供好的一项服务。

安全性公共服务泛指一切关系到公民和国家安全保卫、监督管理的职能，对内关系到经济繁荣发展、社会稳定和谐与公平法制，对外则关系到国家的国防安全、国际环境的和平稳定、国际分工与竞争中国家利益的实现。安全性公共服务涉及的服务和部门包括国防和外交、公共安全和国家安全、司法和监察、消防和环保，以及各类安全生产监督管理部门、城市管理部门、营利性和非营利性组织监督管理部门等。政府提供生产安全、消费安全、社会安全等方面的安全性公共服务，履行安全服务体系建设和监管职责。此外，消费、食品和药品安全等更是政府在公共服务体系建设方面的基础性职责（汪志强，2010；高传胜，2011）。

第二节 我国城市公共服务的发展状况

一、城市公共服务的发展过程

随着经济体制的变革和政府职能的转变，我国城市公共服务的内涵和领域不断延伸，逐步形成具有中国特色的城市公共服务体系。过去，城市公共服务供给不足、城乡发展不均衡、供给主体单一，这严重制约了我国社会经济的健康、协调和可持续发展。为了满足居民生存和发展的基本需求，我国不断完善城市公共服务的体制机制，增加公共服务的投入，努力健全基本公共服务体系，并先后出台了《国家基本公共服务体系“十二五”规划》《“十三五”推进基本公共服务均等化规划》等文件，在学有所教、劳有所得、病有所医、老有所养、住有所居等方面持续取得新进展。

纵观我国城市公共服务体系的发展，其大致可以分为以下几个阶段。

（一）以“单位制”为主的城市公共服务体系（1949—1977 年）

中华人民共和国成立初期，我国处于生产力水平整体低下、资源匮乏的状态，为了建设社会主义经济制度，我国实行生产、消费和资源统一配置的行政计划经济体制。在计划经济时期，为了适应当时的经济社会制度安排，我国建立起了相对简单、平均主义和国家包办的公共服务体系（郁建兴，2011）。当时受到“单位制”“户籍制”“平均主义”等因素的影响，城市公共服务体系形成了中央集权的行政计划性的体制机制。

在计划经济时期，城市的企业、行政和事业机构等“单位”在提供公共服务方面具有重要的作用。此时期我国采取“国家—单位—居民”的公共服务供给模式，政府通过行政机构、国有企业干预和引导社会公共服务的供给与分配，城市居民的工作单位可满足居民教育、养老、医疗等基本的公共服务需求。在这一模式下，“单位”作为中间环节发挥着至关重要的作用（王镇，2019）。

受苏联“共产主义”和“平均主义”的影响，这一时期我国在国内资源极度匮乏的情况下实现了平均化的基础性公共服务，满足了城市大多数居民的日常生活需求，但同时也出现了诸多问题。比较突出的问题是在“单位制”下，公共服务的社会服务功能被弱化，城市中的“非单位人”获得的公共服务非常有限，导致城市居民享受的公共服务不平等。同时，由于城市经济发展水平较落后，政府和单位能够提供的公共服务有限，难以满足城市居民的需要。

（二）“单位制”城市公共服务体制逐渐解体（1978—1992年）

十一届三中全会后，随着改革开放进程的加快，行政计划体制下的公共服务体制逐渐瓦解。但受计划经济的影响，以城乡二元结构和户籍身份为基础的公共服务供给模式的改革困难重重，在不断反复中推进。

促使公共服务体系和供给机制变化的关键因素是市场经济的发展和国有企业的改革。在这一时期，公有制企业在改革中逐渐从社会福利供给承担者的角色中脱离出来。1984年11月，民政部明确了“社会福利社会办”的指导思想，政府开始在城市探索建立新的公共服务体系（李杰刚、李志勇，2012）。

公共服务体系改革的突破口是建立新的教育服务体系。1966—1976年，我国的公共事业遭到严重破坏，其中教育体系受到的冲击最大。因此，中央决定于1977年恢复高考制度，并不断增加教育投入，一方面大力发展高等教育，另一方面逐步建立现代基础教育体系，实行义务教育制度。同时，针对落后的医疗体系，我国逐步建立了社会化的医疗保险制度，发展公共卫生与医疗健康事业。

在社会保险制度方面，1986年国务院颁布《国营企业实行劳动合同制暂行规定》，提出国家对劳动合同制工人退休养老实行社会保险制度，退休养老金由企业和劳动合同制工人共同缴纳。1991年国务院又发布了《国务院关于企业职工养老保险制度改革的决定》，提出实行国家、企业、个人三方共同承担，职工个人也要缴纳一定费用的养老保险制度。这推动了企业职工养老保险制度的改革。

在这一时期，城市公共服务实现了由单一供给向多元供给、由完全免费供给向居民付费享受的转变，城市公共服务的效率和质量有了不同程度的提升。但在“以经济建设为中心”的指导思想下，公共服务职能更多地偏向于经济性公共职能，政府逐渐由计划经济下的“统治型”政府转变为“发展型”政府（朱光磊、孙涛，2005）。为了追求经济增长，政府将更多的资金用于生产性投资，通过招商引资、开发项目等加大社会经济建设力度，导致这一时期公共服务支出占财政总支出的比例处于较低水平。而此时期居民对物质和文化生活的需求日益增长，对城市公共服务的质和量提出了更高的要求，城市公共服务的供需矛盾更加突出。

（三）城市公共服务市场机制的探索（1993—2001年）

随着中国特色社会主义市场经济体制的建立，过去一元的、刚性的公共服务已经不能满足城市居民多样化的需求。这一时期我国实施了诸多改革措施，以促进城市公共服务改革朝着市场化、社会化、地方化方向推进。

此时期，在公共服务市场化的过程中，政府如何利用企业、个人和社会组织的力量来提供公共服务？政府应该在公共服务的市场机制中担当什么样的角色？从总体上来看，学界和政府部门认识到要想实现公共服务的市场化，应该降低公共服务的成本，提高公共服务的质量和效率（王佃利等，2019）。公共服务市场化并不意味着政府的退出，而是应该在宏观上让政府掌握主动权，在微观上建立市场竞争机制，加强公私部门之间的合作，不断壮大社会资本的力量，以消费者的实际需求决定公共服务的供给。在公共服务供给过程中，政府应该从“垄断者”转变为“服务者”（王俊豪、付金存，2014）。在这一时期，中央和地方相继出台了一系列鼓励私营经济发展的政策、条例和法规，扩大私营企业的经营范围，客观上为私营部门供给公共服务提供了制度条件。同时，政府开始对事业单位的行政职能和社会服务职能进行改革，将适合由市场提供的公共服务项目从事业单位中剥离出来。部分传统的事业单位开始进行转制重组，尝试在一些业务活动中引入市场化竞争机制（改革杂志社专题研究部、罗重谱，2012）。在一些经济性公共服务领域，企业和社会资本参与投资与运营；在社会性公共服务领域，如教育、医疗、就业等领域，政府开始与企业、社会组织合作提供公共服务。

1994年，国家推行分税制改革，明确中央和地方政府的财权与事权，这在一定程度上推进了城市公共服务的地方化改革。中央政府主要负责承担国防安全费、重点建设费、本级行政管理和本级各项事业费等财政支出，地方政府则承担本级行政管理费、基础设施建设费、支农支出以及社会保障、义务教育、医疗卫生等各项事业费的财政支出（郁建兴，2011）。中央政府在将权力下放至地方政府的同时，也逐渐放松了管制，有选择性地在一些公共服务领域推行市场机制，如尝试在道路养护、通信、医疗卫生等基础公共服务领域中引入市场竞争机制，以吸引更多的社会资金参与到公共服务的生产和供给当中；同时，按照市场的需求不断增加公共服务的种类，从而更好地满足市场经济发展和城市居民日益增长的公共服务需求（李招忠，2004）。但分税制改革也给城市间公共服务的发展带来了一些问题。不同地区的财力存在差异，对于一些财力雄厚、经济发达的地区，其教育、医疗卫生、科技和社会保障等公共服务供给较多；而对于经济欠发达地区，受财力约束，其公共服务供给不足和供给不均的现象比较严重（郑浩生等，2014）。

（四）城市公共服务均等化的不断推进（2002年至今）

2002年，党的十六大报告明确界定了政府的“经济调节、市场监管、社会管理、公共服务”四项基本职能，随后政府的社会管理和公共服务职能不断得到强化，由“全能型”政府转变为“服务型”政府。无论是经济体制的市场化改革还是政府职能的转变，都推动了新时期我国城市公共服务市场化改革的进程。伴随着城市化水平的提高，我国城市公共服务逐渐朝着标准化和体系化方向发展。

2005年，《中共中央关于制定国民经济和社会发展第十一个五年规划的建议》中首次提出了“公共服务均等化”的概念。2012年，《国家公共基本服务体系“十二五”规划》中指出，要从基本公共教育、劳动就业服务、社会保障、基本社会服务、医疗卫生等方面着手，明确国家公共服务的基本范围、标准和工作重点，引导公共资源配置。党的十九大报告提出，要优先发展教育事业，加快推进基本公共服务均等化，全面建成覆盖全民、城乡统筹、权责清晰、保障适度、可持续的多层次社会保障体系。2021年3月13日，《中华人民共和国国民经济和社会发展第十四个五年规划和2035年远景目标纲要》进一步指出，“十四五”时期经济社会发展的主要目标是明显提高基本公共服务均等化水平、全民受教育程度不断提升、多层次社会保障体系更加健全、卫生健康体系更加完善等，到2035年实现基本公共服务均等化；加快补齐基本公共服务短板，着力增强非基本公共服务弱项；突出政府在基本公共服务供给保障中的主体地位，推动非基本公共服务提供主体多元化、提供方式多样化。

二、我国城市公共服务的现状分析

随着我国城市公共服务理论和实践的不断发展，政府公共服务方式的不断创新，公共服务产品数量和种类的不断增加，我国城市公共服务的水平持续提升，逐渐形成了安全保障、民生服务、社会经济服务等较完备的公共服务体系。

（一）城市公共服务发展概况

第一，城镇化水平提升，非农人口增加，城市公共服务对象的规模持续扩大。改革开放以来，我国城乡分割的二元模式逐步被破除，大量农村人口迁入城镇，尤其是“农转非”政策放宽后，我国城镇化速度加快。截至 2019 年年末，我国的城镇人口达到 8.48 亿人，城镇化率达到 60.60%（见图 9－1）。

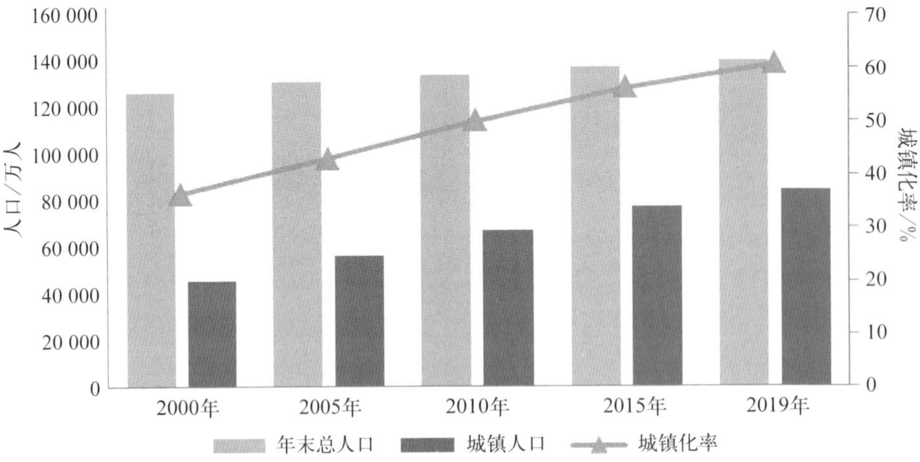

图 9－1　2015—2019 年我国城镇化水平发展趋势

（资料来源：《中国统计年鉴》）

第二，城市公共服务所依赖的基础设施水平提升。城市基础设施水平直接关系到城市居民对生活的满意程度，完善的城市基础设施能够提升居民的日常生活水准，保障各项经济活动顺利展开。伴随着城市化进程的加快，城市供水、供气、供电，城市的市政设施、公共交通、绿地和园林以及市容环境卫生等基础设施都得到了显著改善。

截至 2019 年年末，我国全部地级及以上城市数为 297 个，城市建成区面积约为 6.03 万平方千米。如表 9－1 所示，在公共事业领域，2019 年城市用水普及率、城市燃气普及率分别为 98.78%、97.29%，基本上实现了城市用水、用气的全覆盖；城市公共交通也得到了快速发展，2019 年每万人拥有公共交通车辆数为 13.13 标台，人均城市道路面积为 17.36 平方米；随着城市公共事业的发展，城市的绿化水平也在不断提升，2019 年年末城市人均公园绿地面积达到

14.36平方米，城市建成区绿化覆盖率达到41.50%；城市道路照明、生活垃圾清运能力也大幅提升。

表9-1　城市公共事业发展概况

指　　标	2005年	2010年	2015年	2019年
建成区面积/平方千米	32 520.72	40 058.01	52 102.31	60 312.50
城市用水普及率/%	91.10	96.70	98.10	98.78
城市燃气普及率/%	82.10	92.00	95.30	97.29
每万人拥有公共交通车辆数/标台	8.62	11.20	13.29	13.13
人均城市道路面积/平方米	10.92	13.21	15.60	17.36
人均公园绿地面积/平方米	7.89	11.18	13.35	14.36
建成区绿化覆盖率/%	—	38.60	40.10	41.50
城市道路照明灯/万盏	1 207.02	1 773.99	2 422.52	2 865.60
生活垃圾清运量/万吨	15 577.00	15 805.00	19 142.00	24 206.00
市容环卫专用车辆设备/台	64 205.00	90 414.00	165 725.00	281 558.00

资料来源：《中国统计年鉴》(2006—2020年)。

第三，科教文卫公共事业稳步发展。科教文卫作为城市公共服务供给的重要领域，在促进国民经济发展和社会主义现代化建设过程中发挥着重要作用。如图9-2所示，2007—2019年，我国的研究与试验发展经费支出一直呈上升趋势，截至2019年年末，研究与试验发展经费支出为22 143.60亿元，增长率为12.53%，研究与试验发展经费支出增长率总体呈下降趋势，但自2015年后，增长率开始小幅上升；教育经费支出呈上升趋势，2019年教育经费支出为50 178.12亿元，增长率为8.74%，教育经费支出增长率总体呈下降趋势，2017年年底开始回升。

如表9-2所示，在医疗卫生领域，截至2019年年末，我国城市每万人医疗机构床位数为87.81张，每万人拥有城市卫生技术人员数为111人，每万人拥有城市执业（助理）医师数为41人；在文化领域，截至2019年年末，我国公共图书馆机构数为3 196个，广播节目人口覆盖率为99.10%，电视节目数为3 609套。

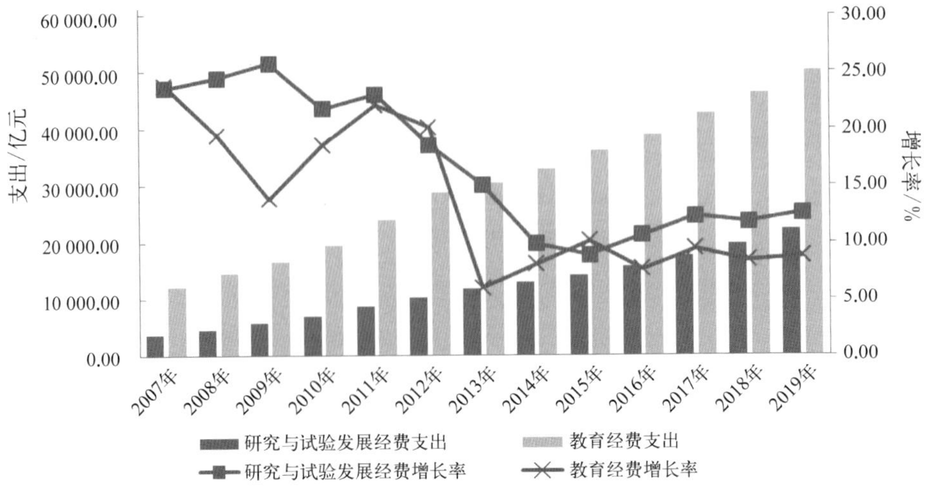

图 9-2　2007—2019 年我国科技和教育发展趋势

（资料来源：《中国统计年鉴》）

表 9-2　科教文卫事业发展概况（2007—2019 年）

年 份	指标					
	城市每万人医疗机构床位数/张	每万人拥有城市卫生技术人员数/人	每万人拥有城市执业（助理）医师数/人	公共图书馆业机构数/个	广播节目人口覆盖率/%	电视节目数/套
2007	49.00	64	26	2 799	95.40	3 127
2008	51.70	67	27	2 820	96.00	3 199
2009	55.40	72	28	2 850	96.30	3 250
2010	59.40	76	30	2 884	96.80	3 272
2011	62.40	79	30	2 952	97.10	3 274
2012	68.80	85	32	3 076	97.50	3 273
2013	73.60	92	34	3 112	97.80	3 250
2014	78.37	97	35	3 117	98.00	3 329
2015	82.70	102	37	3 139	98.20	3 442
2016	84.13	108	39	3 153	98.40	3 360
2017	87.54	109	40	3 166	98.70	3 493
2018	87.00	109	40	3 176	98.90	3 559
2019	87.81	111	41	3 196	99.10	3 609

资料来源：《中国统计年鉴》（2008—2020 年）。

第四，社会保障制度逐步完善。目前，我国城市已经基本建立起包括养老保险、医疗保险、失业保险、工伤保险和生育保险在内的社会保障体系，同时为了解决部分城市居民生活困难的问题，我国还实施了城市最低居民生活保障制度。党十九大报告中提出："加强社会保障体系建设。按照兜底线、织密网、建机制的要求，全面建成覆盖全民、城乡统筹、权责清晰、保障适度、可持续的多层次社会保障体系。"近年来，我国社会保障制度改革进入一个新的重要时期，保障人群持续增加，保障水平逐年提升。截至 2019 年年末，我国社会保险基金收入达到 83 550.4 亿元；我国城镇养老保险参保人数为 43 487.9 万人，其中在职职工参保人数为 31 177.5 万人，离退休人员参保人数为 12 310.4 万人；城镇基本医疗保险参保人数为 135 407.4 万人，基本医疗保险基金支出为 20 854.2 亿元；失业保险参保人数为 20 542.7 万人，年末领取失业保险金的人数为 228.3 万人；工伤保险参保人数为 25 478.4 万人，生育保险参保人数为 21 417.3 万人（见表 9－3）。

在社会救济方面，截至 2019 年年末，我国城市居民最低生活保障人数为 860.9 万人；城乡居民社会养老保险实际领取待遇人数为 16 031.9 万人；2019 年年底，全国共有各类社区服务机构和设施 52.8 万个，城市社区综合服务设施覆盖率为 92.9%。

表 9－3　社会保险体系发展概况

单位：万人

年份	指标				
	城镇养老保险参保人数	城镇基本医疗保险参保人数	失业保险参保人数	工伤保险参保人数	生育保险参保人数
2000	13 617.4	3 786.9	10 408.4	4 350.3	3 001.6
2005	17 487.9	13 782.9	10 647.7	8 478.0	5 408.5
2010	25 707.3	43 262.9	13 375.6	16 160.7	12 335.9
2015	35 361.2	66 581.6	17 326.0	21 432.5	17 771.0
2016	37 929.7	74 391.6	18 088.8	21 889.3	18 451.0
2017	40 293.3	117 681.4	18 784.2	22 723.7	19 300.2
2018	41 901.6	134 458.6	19 643.5	23 874.4	20 434.1
2019	43 487.9	135 407.4	20 542.7	25 478.4	21 417.3

资料来源：《中国统计年鉴》（2001—2020 年）。

（二）城市公共服务的发展水平

为了更详细地分析我国城市公共服务的水平，本书选取长三角地区的城市进行实证分析。

1. 长三角地区公共服务总体发展水平

城市公共服务首先应该满足居民的民生类和公益性基本公共服务需求。本书借鉴诸多学者的研究成果，以长三角地区的城市为例，从教育服务、卫生服务、文化服务、城市交通通信服务、能源资源基础设施服务、生态环境服务等方面构建城市公共服务水平测算指标体系①，对我国长三角地区城市公共服务水平及城市间的差异进行分析，以此反映我国经济发达地区的城市公共服务水平（见表9－4）。

表9－4　长三角地区城市公共服务水平

2007年			2017年		
城　市	得　分	排　名	城　市	得　分	排　名
上海市	8.109	1	上海市	10.471	1
杭州市	6.653	2	杭州市	8.553	2
苏州市	6.547	3	南京市	8.345	3
南京市	6.200	4	苏州市	8.216	4
无锡市	5.908	5	舟山市	6.824	5
宁波市	5.804	6	宁波市	6.673	6
合肥市	5.043	7	无锡市	6.489	7
绍兴市	4.992	8	嘉兴市	5.275	8
常州市	4.805	9	常州市	5.273	9
连云港市	4.799	10	湖州市	4.949	10
舟山市	4.738	11	绍兴市	4.900	11
嘉兴市	4.650	12	镇江市	4.553	12
温州市	4.601	13	合肥市	4.356	13
马鞍山市	4.560	14	衢州市	4.309	14
铜陵市	4.540	15	金华市	4.205	15

① 城市公共服务发展体系数据来源于《中国统计年鉴》《中国城市统计年鉴》。

续　表

2007 年			2017 年		
城　市	得　分	排　名	城　市	得　分	排　名
湖州市	4.422	16	温州市	3.866	16
南通市	4.406	17	扬州市	3.734	17
镇江市	4.357	18	南通市	3.731	18
金华市	4.312	19	马鞍山市	3.610	19
黄山市	4.107	20	铜陵市	3.494	20
扬州市	4.054	21	台州市	3.400	21
芜湖市	4.047	22	黄山市	3.325	22
衢州市	3.936	23	芜湖市	3.314	23
丽水市	3.852	24	丽水市	3.306	24
泰州市	3.775	25	泰州市	3.298	25
台州市	3.640	26	淮北市	2.972	26
徐州市	3.530	27	淮安市	2.916	27
淮北市	3.402	28	宣城市	2.836	28
盐城市	2.970	29	盐城市	2.831	29
淮安市	2.807	30	连云港市	2.757	30
蚌埠市	2.804	31	宿迁市	2.564	31
淮南市	2.770	32	徐州市	2.443	32
池州市	2.696	33	蚌埠市	2.371	33
安庆市	2.581	34	安庆市	2.330	34
宿迁市	2.564	35	滁州市	2.276	35
宣城市	2.369	36	池州市	2.249	36
滁州市	2.262	37	淮南市	2.076	37
六安市	2.183	38	六安市	1.634	38
宿州市	1.603	39	宿州市	1.211	39
亳州市	1.566	40	阜阳市	1.114	40
阜阳市	1.034	41	亳州市	0.952	41
均　值	4.035		均　值	4.085	

资料来源：根据《中国统计年鉴》《中国城市统计年鉴》中的相关数据计算得出。

由表 9-4 可知，总体来看，除了上海市、杭州市、苏州市、南京市等城市外，长三角地区城市的公共服务发展还处于较低水平，2007—2017 年，许多城市的公共服务发展总体水平并没有大幅提升，城市公共服务水平区域差异较大，呈现非均等化的局面。

2007 年，长三角地区公共服务发展水平位于前 3 名的城市是上海市、杭州市和苏州市，有 22 个城市的公共服务发展水平高于平均值，位于后 10 名的城市分别是淮南市、池州市、安庆市、宿迁市、宣城市、滁州市、六安市、宿州市、亳州市、阜阳市。排名第一的上海市的城市公共服务水平得分为 8.109 分，而位于最后一名的阜阳市的公共服务水平得分为 1.034 分，两者相差 7.075 分，并且前 10 名城市综合得分是后 10 名城市的 3 倍左右，这表明不同城市之间的公共服务水平差距较大。

到 2017 年，长三角地区城市公共服务水平有所提高。与 2007 年相比，排名在前 10 位的城市并未发生明显的变化，排名前 4 的城市分别是上海市、杭州市、南京市、苏州市。合肥市由第 7 名跌至第 13 名，绍兴市由第 8 名跌至第 11 名，而连云港市由第 10 名跌至第 30 名；舟山市由第 11 名上升至第 5 名，嘉兴市由第 12 名上升至第 8 名，湖州市由第 16 名上升至第 10 名。排名在后 10 位的城市分别是徐州市、蚌埠市、安庆市、滁州市、池州市、淮南市、六安市、宿州市、阜阳市、亳州市。排名第一的上海市公共服务水平得分为 10.471 分，而位于最后一名的亳州市的公共服务得分为 0.952 分，两者相差 9.519 分，位于前 10 名的城市综合得分是后 10 名城市综合得分的 4 倍左右，这表明 2007—2017 年，长三角地区城市公共服务水平有所提升，但公共服务非均等化的形式仍然比较严峻。

2. 长三角地区公共服务发展水平的分类比较

按照 2007 年和 2017 年得分的不同，我们将长三角地区城市公共服务发展水平分为低水平、较低水平、中等水平、较高水平和高水平 5 个区域。从对这 5 个区域的分析中我们可以观察到长三角地区城市公共服务发展水平区域变化的特点。

第一，长三角地区城市公共服务发展水平呈现出“一核五圈四带”的格局：以上海市公共服务水平为最高，形成了南京都市圈、杭州都市圈、合肥都市圈、苏锡常（苏州、无锡、常州三市）都市圈、宁波都市圈区域性公共服务水平的“高地”；依托沪汉蓉、沪杭甬通道，发挥上海市、南京市、杭州市、合肥市、宁波市等中心城市的综合公共服务优势的沪宁合杭甬发展带；依托沪昆通道，连接上海市、嘉兴市、杭州市、金华市等公共服务水平较高的城市的沪杭金发展带；依托长江黄金水道的沿江发展带以及坚持陆海统筹的沿海发展带。从公共服务发展水平高低的轨迹来看，长三角地区城市公共服务水平是以上海市为核心，从沿海向内陆地区具有逐渐降低的态势，且易形成区域性的发展中心，公共服务的非均等化现象严重。

第二，长三角地区的城市公共服务呈现“金字塔”格局，大部分城市的公共服务水平位于“金字塔”的底端，只有少数城市位于“金字塔”的顶端。与2007年相比，2017年上海市、杭州市、南京市、苏州市一直位于城市公共服务的高水平区，而淮南市、六安市、宿州市、阜阳市、亳州市等城市位于城市公共服务的低水平区。

第三，长三角地区城市公共服务的发展水平存在一定的路径依赖性，大部分城市没有发生明显的位移。这是因为城市公共服务水平受经济发展水平、地方政府对经济的干预程度、城市化的水平、市场化程度等因素的影响，而这些因素在短期内是很难发生巨大变化的。要想普遍提高我国城市基本公共服务的水平和均等化程度，有关方面还需要做出很大的努力。

三、我国城市公共服务供给存在问题分析

自改革开放以来，我国逐步形成了公共服务供给主体多元化、供给方式市场化、供给运行顺畅化的城市公共服务供给机制。但由于历史发展因素，我国的城市公共服务体系建设起步得较晚，城市公共服务存在主体发育不完善、政府行政服务和公共服务边界不清晰、公共服务供给机制不完善等问题。

（一）单一的政府供给主体改革动能不足

我国城市公共服务主要由政府及事业单位提供，地方政府在各自的行政区域内掌握行政权，负责各类行政工作，伴随着“服务型”政府职能的转换，提供公共服务成为政府职能的重要部分。事业单位是我国在计划经济时期形成的特有的公共服务供给单位。在计划经济时期，政府通过事业单位提供一部分公共服务，形成了特有的“政事合一”的公共服务供给体制（宁靓，2017）。事业单位的供给活动在科教文卫等领域较活跃，比较典型的就是公共图书馆、公

立学校、公立医院等。政府公共部门在提供公共服务时带有较为浓厚的行政色彩，供给质量和服务效率较低，服务产品较单一、滞后，难以满足居民多元化的需求。

20世纪80年代以后，随着我国市场经济的发展，公共产品市场化的改革也缓慢展开。随着城市公共服务体系中市场竞争机制的引入，城市公共服务的供给主体发生了一些变化，逐渐形成了以政府为主导、市场组织为重要支撑、社会组织为补充的多元化公共服务供给模式（杨宜勇、邢伟，2016）。这些改革缓解了政府提供公共服务的财政压力，增加了公共服务供给总量，提高了公共服务供给效率。改革带来的变化主要是政府行政部门直接供给的公共服务项目逐渐减少，政府把一些公共服务职能移交给了事业单位。同时，民营企业和社会组织也开始介入公共服务领域，成为部分公共服务的提供方。教育、医疗、福利机构、交通服务等诸多领域形成了由政府、社会组织和市场组织共同供给公共服务的多元主体系统。但目前，我国城市公共服务的主要供给者仍为政府，公共服务多元供给主体发育不足。例如，自治组织、社团组织、志愿机构等的专业化、职业化程度低，营利性组织在公共服务供给中参与度低，租赁、服务外包等市场化运作方式难以发挥作用，难以满足居民对城市公共服务多样化、多层次的需求。

（二）公共服务供给机制的有效性不足

公共服务供给主体解决了由谁供给的问题，供给方式解决了以谁为中心和如何提供的问题，而供给运行则解决了如何生产的问题，供给主体、供给方式和供给运行共同构成了公共服务供给机制。公共服务供给机制本质上就是公共资源的优化配置，其核心是效率和公平的权衡，具体偏向效率还是公平需要根据所处的历史阶段进行调整。公共服务供给运行包括决策机制、效率机制、协调机制、公平机制与责任机制，主要解决公共服务供给机制中的生产问题（于海燕，2018）。

在现行的体制机制下，地方政府财政收入决定了其经济和社会公共事务管理的职能。在我国现行的财政分税制度下，偏远地区的地方政府财力难以承担地方公共服务的供给，而经济发达地区往往财力充足，这导致公共服务出现严重的空间配置不均衡的问题。由于市场失灵的存在，政府仍是公共服务供给的主导者，但也存在政府规制不当、效率不高、监管缺失等隐患。市场组织和社会组织的引入虽然有效提高了公共服务供给的效率，但各主体之间缺乏协作机制，公共服务运行不顺畅，公共服务供给呈现碎片化、分散化状态，难以实现帕累托最优。此外，由于缺乏科学、有效的供给绩效评估机制，公共服务供给成本往往过高；弱势群体的参与意识和参与能力不强，难以实现基本公共服务的无差别供给；相关法律法规的缺失使城市公共服务供给过程缺乏责任监督机制。

（三）政府与社会组织合作中的职责模糊、规范性不强

政府购买服务是社会组织参与公共服务供给的一种新兴模式，但在实际操作过程中存在诸多问题。根据民政部的一项课题研究成果以及新近的情况，突出的问题表现在以下方面。

第一，社会组织的独立性较差，甚至一部分社会组织是由政府以各种方式出资成立的。这些社会组织名义上参与公共服务的供给，实际是为政府承担部门职能，成为政府部门的延伸或外部组织。因此，部分社会组织并不是独立的法人。

第二，购买的具体任务、标准不够清晰，政府与社会组织之间的职责比较模糊。由于在购买服务活动中政府往往视社会组织为其内部行政职能的实施机构，因此，购买服务的内容和实际办理的事务有时并不一致。同时，政府购买服务常常围绕政府的应急工作展开，购买程序的规范性不强，委托任务具有随机性。政府与社会组织的合作也存在较大的随意性，有时政府只是安排预算购买服务的人力而不确定任务（乐园，2008），导致社会组织缺乏长期的发展规划，服务工作缺乏规范性，也难以有明确的工作标准。

第三，社会组织的规模较小，与政府合作时缺乏足够的谈判能力，购买服务有时成为单向度合作行为。在公共服务的供给中，社会组织作为公共服务的承接者，缺乏足够的能力和地位与政府进行谈判协商。这主要是因为社会组织的规模较小，其生存和发展对政府的依赖性较强，除了政府提供的资金外，缺少其他的资源和资金来源渠道。

第四，政府购买服务的绩效评价体系不完善，服务过程缺乏监督体系，导致服务有效性差，服务成本难以控制。在政府购买服务的项目中，政府购买服务效率的评价往往流于形式，常由政府部门自我评价或依附于政府部门的所谓第三方评价，缺乏真实性和公正性；同时，对于购买公共服务效果的评价也缺

乏针对不同项目的评价体系，缺乏公众对服务的客观评价。

第五，社会组织的专业性难以发挥，其提供的公共服务难以获得公众的信任。由于部分社会组织实际上成为政府部门的外部组织，因此其在公共服务供给中所应具有的专业性受到限制。同时，由于部分社会组织承担的是政府的职责，但又缺乏行政权力，因此较难获得公众的信任。

(四) 城市公共服务地区间供给水平存在差异

就全国范围而言，公共服务供给领域通过引入市场机制打破了单一的政府供给模式，提高了公共服务供给效率，但在市场化改革过程中一些弊端也逐渐暴露出来。市场在追求效率的同时，往往容易忽视公平性问题，政策的倾向性导致区域间和城乡间公共服务水平的差距增大。

分税制改革后，地方政府的财政收入差距扩大，尽管中央政府不断增加对中西部地区的财政转移支付，但受经济发展水平、土地财政和土地金融的影响，区域间的实际财政收入差距在扩大，公共服务供给存在空间配置不均衡的问题。近年来，随着中西部地区道路等基础设施建设的加强，区域间公共基础设施水平的差距有所缩小，但除了全国性统一的基础性社会保障外，其他公共服务的水平并没有大的变化。据统计，2019 年北京市人均地方财政预算支出为 33 827. 35 元，河南省人均地方财政预算支出仅为 10 265. 56 元，北京市约为河南省的 3. 30 倍。在养老保险方面，2019 年上海市人均基本养老保险基金支出为 11 203. 86 元，贵州省人均养老保险基金支出为 1 594. 30 元，上海市约为贵州省的 7. 03 倍。

公共服务供给水平区域性差异的另一种表现是公共资源配置不合理。大量的优质教育、医疗卫生资源集中在北京、上海、广州等大中型城市，中西部地区和农村地区的教育、医疗卫生资源较少，社会保障体系不健全，公共服务水平较低。

党的十九大报告指出：“民生领域还有不少短板……群众在就业、教育、医疗、居住、养老等方面面临不少难题。”报告还指出，新时期我国要坚持在发展中保障和改善民生，“在发展中补齐民生短板、促进社会公平正义，在幼有所育、学有所教、劳有所得、病有所医、老有所养、住有所居、弱有所扶上不断取得新进展”。这对于各地区加大民生投入、完善公共服务体系、保障群众基本生活、提升基本公共服务能力和水平起到了积极作用。

四、影响城市公共服务发展的因素分析

（一）公共服务发展影响因素的理论分析

随着我国经济建设的逐步推进，关系民生福祉的基本公共服务体系建设也在逐步加快，但是由于经济发展不均衡、区域差异、行政部门考核机制不健全等各方面的因素，公共服务的供给水平和公众的预期目标依然存在较大的差距。各地的公共服务水平受当地政府的财政水平与管理能力的直接影响。一般情况下，政府财政能力较强的地方，其能够用于公共服务的财政支出占比就较高，也就能为区域内的居民提供更高质量的公共服务；政府管理能力强，也就意味着政府会以更高的效率提供公共服务。然而我国实施分税制改革以来，中央与地方政府事权、财权不匹配的问题一直存在，尤其是在基础教育、医疗卫生等公共服务方面，由于财政分权体制的存在，政府很难做到合理、高效地提供非经济性公共服务。

政府作为基本公共服务的主要提供者，主要是依靠财政收入来提供基本公共服务的。我国地方政府财政收入一部分来源于税收，税收的水平则受到当地经济发展水平的影响。尤其是近年来城镇化进程的加快，使城市人口大幅增长和产业集聚，这也引发了居民对公共服务需求的快速增长，地方政府公共服务供给总量也随之增加。我国城市公共服务的供给过度依赖政府部门和事业单位，尽管在制度上允许社会资本参与，但在实践上企业和社会组织参与公共服务存在许多障碍，这也是公共服务市场发展不快的一个重要原因。

（二）公共服务发展影响因素的实证分析

实证研究表明，近些年来，随着经济发展水平的提高和区域经济一体化的推进，我国各地区城市的公共服务水平均有不同程度的提高。地方财政支出作为公共服务支出的重要资金来源，往往被认为是影响当地公共服务水平的最直接的因素。在现实中，地方政府的财政支出通常会受到制度的影响，在经济增长目标的驱动下，地方政府的财政支出偏向于经济建设方面，这就导致科教文卫等民生类公共服务投资比重偏低。此外，随着城市化进程的加快，大量的人口和产业不断向城市集聚，人口的规模、结构和空间分布等均会影响城市的公共服务水平。

下面以长三角地区城市为例，分析城市经济发展水平、地方政府财政支出

偏好、城市化水平、地方政府竞争程度、市场化程度等因素对城市公共服务水平的影响。这里除了运用基准模型（OLS）外，还将空间权重因素考虑在内，运用了空间计量模型；同时，运用拉格朗日乘数和稳健性检验的方法对空间误差模型（SEM）、空间滞后模型（SLM）的显著性进行检验，并最终采用空间误差模型，分析结果如表 9－5 所示。

表 9－5　基准模型和空间误差模型回归分析结果

变　量	基准模型		空间误差模型	
	2007 年城市公共服务水平	2017 年城市公共服务水平	2007 年城市公共服务水平	2017 年城市公共服务水平
经济发展水平	0.009 0 (0.14)	0.354 7** (2.08)	−0.046 8 (−1.39)	0.347 7** (2.26)
地方政府支出偏好	−0.002 2 (−0.53)	−0.001 6 (−0.19)	−0.005 4 (−1.57)	−0.003 4 (−0.45)
城市化水平	0.071 9*** (12.05)	0.206 5*** (8.38)	0.068 9*** (14.48)	0.206 2*** (8.70)
地方政府竞争程度	0.146 1*** (3.76)	−0.037 7 (−0.90)	0.170 3*** (4.72)	−0.000 1 (−0.00)
市场化程度	0.119 3*** (3.74)	0.017 2 (1.67)	0.115 9*** (4.83)	0.014 7 (1.53)
常数项	−1.153 0 (−1.21)	−12.095 3*** (−4.35)	−0.030 2 (−0.27)	−11.092 8*** (−4.08)
Observations	41	41	41	41
R－squared	0.883	0.766		
R^2_ a	0.867	0.732		
F 值	52.97	22.89		
Lambda			0.166 4*** (3.45)	0.020 1** (1.97)
Wald test			11.898***	3.869**
LR test			8.929***	4.382**

注：**、*** 分别表示在 5%、1% 水平上显著；基准模型括号内为对应系数的 t 值，空间误差模型括号内为对应系数的 z 值。

对2007年和2017年的公共服务进行回归分析我们可以发现，2007年城市化水平、地方政府竞争程度、市场化程度与公共服务水平之间是显著的正相关关系，这表明城市化水平的提升、外商投资比重的增加和市场化程度的提高，会促使区域间的公共服务水平的提高。2017年经济发展水平和城市化水平的系数显著为正，这表明经济发展水平的提升和城市化进程的加快都利于公共服务水平的提高；地方政府财政支出偏好的系数不显著，这表明目前我国的财政支出偏好对公共服务的影响还不显著。

（三）信息技术的发展与城市公共服务供给

公共服务的供给水平和供给方式除了受经济发展水平、财政预算等因素影响外，还受技术因素的影响，特别是从20世纪80年代以来的信息技术革命对公共服务的供给产生了巨大的影响。

大数据给政府公共服务模式发展带来发展的新契机，其以强大的信息采集、解析和协同优势，改善了城市公共服务供给中存在的结构失调、主体单一和效率低下等问题，提升了公共服务供给的效率和社会化水平。大数据、互联网和信息化平台的运用有助于实现公共服务的均等化、社会化、效率化，形成政府、市场、社会、公众多元主体参与和共享共建的供给模式，使传统的被动式、碎片式和粗放式的服务转变为主动推送式、整体性和精准化服务。因此，一方面，大数据在政府领域的应用会引发智能化行政改革。政府通过“一网式”政务服务模式，实现协同运作，推进治理能力的现代化，形成“电子政府”“电子公共服务”等创新型政务模式。电子政务在优化政府业务流程、提高政府工作效率、增强政府透明度以及改进决策等方面能够起到积极作用。另一方面，随着信息技术的进步，数据获取越来越便捷，数据存储成本下降，大数据逐渐向各行业、各细分领域延伸，在教育、交通、医疗卫生、公共安全等公共服务领域的应用也越来越广泛，并且形成了一系列以平台互通互联、数据开放共享、服务协同组织、价值共同创造等为核心的新型公共服务供给模式。

近年来，各地在电子政务建设中建立了沟通政府各部门、各级别的信息网络和管理信息系统，这促进了各地社会治理水平的提高。随着云计算、大数据的快速发展，公共服务信息化逐渐成为提升公共服务质量、拓宽公共服务供给渠道、降低公共服务供给成本的必然选择，也为公共服务的精准化、平等化和公正化创造了条件（唐斯斯，2016；吴山、曾江辉，2020；何继新、张浩南、李原乐，2017）。

第三节　城市公共服务的供给机制

改革开放以来，随着社会经济的快速发展，城市居民和企业对公共服务的需求日益增长，但受传统体制机制的约束，以政府为主导的公共服务供给机制难以满足日益增长的公共服务需求。这两者之间的矛盾推动着公共服务供给机制由单一的政府行政供给机制逐渐向多元社会主体合作的市场供给机制转化。目前，我国城市公共服务供给中同时存在着政府供给、市场供给和多元主体合作供给三种方式。

一、城市公共服务的政府供给机制

（一）公共服务政府供给的领域与内容

政府在向公众提供公共服务时，既要保证公共服务的覆盖面和服务水平，也要关注公共资源的空间配置，聚焦区域和城乡间公共服务的均等化。公共服务均等化要求政府为社会公众提供基本的、适合的、大致均等的公共服务。近年来我国城市公共服务水平不断提高，公共服务总量不断增加，形成了较为完善的公共服务体系，公共服务领域不断延伸，涉及公共教育、医疗卫生、社会保障、就业创业、社会服务、住房保障、公共文化体育等领域（杨清望，2012）。

为了推动城乡与区域间基本公共服务制度统一、质量水平有效衔接，首先，我国需要构建现代公共财政体系。为此，国家强化财政体制改革，加大财政对公共服务均等化的支持力度，始终坚持完善公共财政制度、逐步实现基本公共服务均等化的改革方向，突出政府在基本公共服务供给中的主体地位，明确中央和地方政府在公共服务领域的事权与支出责任，加大中央和省级财政对基层政府提供基本公共服务的支持力度，逐步奠定公共服务均等化的财政制度基础。

其次，教育公平是实现社会公平的重要举措，我国历来重视基础教育的公平性和普及性，政府始终把促进教育公平作为执政的基本理念。为了尽快发展教育事业，实现教育强国、兴国，早在 1986 年，我国就实施九年义务教育制度，《中华人民共和国义务教育法》的颁布正式明确了九年义务教育的公益性、普及性、强制性。随后，我国又全面取消了农村、城市义务教育学杂费，并颁布了《城乡义务教育补助经费管理办法》，提高了城乡义务教育经费的使用效率。为了进一步缩小城乡、偏远山区、少数民族地区的教育差距，我国先后制定了多项政策，加大对偏远山区、进城务工子女教育的普及力度，促进教育服务的均等化。

再次，医疗卫生事业事关民生福祉，只有切实提高医疗卫生服务水平，强化医疗卫生基础设施，才能切实满足人民群众的健康需求。针对我国卫生事业发展的现状，我国医疗卫生工作的重点也从过去的“预防为主”转为“防治结合”。过去医疗卫生改革的侧重点在城市的公共医疗卫生服务体制改革上，基层医疗机构的服务能力薄弱问题依然存在。为了解决人民群众看病贵、看病难的问题，2015 年我国建立了分级诊疗制度，对城乡医疗资源进行合理配置；实施了乡村医生和乡村卫生室制度，促进优质的医疗卫生资源有效下沉，为人民群众提供更加均等的、有效的公共卫生服务（王从虎，2019；何佳馨，2019）。

最后，社会保障制度是全体公民享受我国改革发展成果的基本途径与制度保障。目前我国已经初步构建起种类齐全、功能完善的社会保障制度体系，它以社会保险、社会救助、社会福利为基础，以基本养老、基本医疗、最低生活保障为重点，以慈善事业、商业保险为补充。良好的社会保障体系是实现城乡居民社会保障服务的基础。为此，在养老保险方面，我国全面展开对机关事业单位工作人员的养老保险制度改革，并积极推行新型农村社会养老保险（郑功成，2019）；在医疗保险方面，我国全面推进了城镇职工基本医疗保险、城镇居民基本医疗保险、新型农村合作医疗等制度，保障了城乡居民医疗服务的充足提供。

此外，我国还高度重视市场就业机制的发展，积极引导政府在就业政策方面发挥作用，加大对职业技术人员的培训力度，确保城乡居民就业服务的有序推进；加快基层文化建设，努力构建覆盖城乡的公共文化服务体系；坚持“房子是用来住的，不是用来炒的”定位，加快住房保障体系建设。但城乡二元化结构也使城乡之间的公共服务均等化存在较大的问题，突出表现在教育、社会保障等基本公共服务领域。在教育领域，我国目前已经建立起基础教育、高等教育、职业教育、民办教育等较为全面的教育体系，但我国教育资金主要来源于国家财政性教育经费和公共财政教育经费，少量来源于社会投资。因此，经济发达地区的教育资源较丰富、教育水平较高，而经济落后地区的教育资源和教育水平长期得不到改善，这也就造成了比较显著的区域差距。在社会保障方面，我国城市已经初步建立起养老保险、医疗保险、失业保险、工伤保险、生育保险等种类齐全的社会保障体系；农村地区的各级政府也以补贴的形式鼓励农民参与新型农村合作医疗保险，但总体来说，农村地区的社会保障制度还是低水平、低覆盖率的。

（二）政府公共服务供给的方式

政府供给公共服务并不意味着政府是公共服务的直接生产者，即使在计划经济时期，城市的公共服务也并非全部由政府直接生产。因此，政府公共服务供给是指政府完全掌控公共服务供给的全过程。在计划经济体制下，政府掌握着绝大多数的公共资源，并采取直接供给的方式供给公共产品。在政府职能由“经济型”向“服务型”转变的过程中，政府公共服务供给任务的重心开始向统筹规划、组织协调、监督评估等方面转移。但对于一些关系到公众利益的公共服务（如环境、教育、医疗等），以及一些不适合由市场营利组织提供的公共服务，其供给主体仍然是各类国有企业。

在基础教育领域，我国实行九年义务教育制度。无论是办学的方向和培养目标，还是招生制度、学制学籍、课程教材和教师资格等，均由政府给予明确的规定，学校负责具体执行。在教育经费投入上，近年来我国的教育经费投入占 GDP 的比重均达到了 4%的要求。2019 年，全国教育经费总投入为 50 178. 12 亿元，占 GDP 的比重约为 5. 06%，占一般公共预算支出的比重约为 21. 01%①。按我国的财政体制，教育经费由中央和地方政府根据职责共同负担，省级政府负责统筹落实，除了来自一般公共预算安排和政府性基金预算安排的教育经费之外，国有及国有控股企业办学中的企业拨款、校办产业和社会服务收入也用作教育经费。近些年，政府通过向社会组织购买服务的方式来发展学前教育、社区教育、职业教育和继续教育，这也成为政府提供公共教育服务的新举措。例如，政府通过教育项目招标的方式，向社会组织（主要是非营利性组织）购买公众需要的教育产品，然后以市场化机制实现社区教育资源的优化配置（许云萍、王立军，2020）。在高等教育事业发展中，我国也基本上

---

① 中华人民共和国财政部：《关于 2019 年全国教育经费执行情况统计公告》。

以政府投资和管理为主，绝大部分高等学校由中央或地方政府投资，运营经费也由政府预算拨付。改革开放以来，我国对高等学校的投资机制、管理体制机制进行了一系列改革，特别是从 20 世纪 90 年代开始，经行政审批，社会资本等可以举办高等学校，但在学位授予、专业设置等方面有所限制。对于政府举办的公立高等学校，其招生方式、专业设置、学位授予条件、教师资格等基本上由教育部批准或认定。

在公共卫生与医疗领域，对于公共卫生与防疫等事务，政府以行政管理的方式提供服务。总体上，政府以卫生安全和居民健康为出发点，对重大疾病尤其是传染病进行事前预防、事中医治和事后监控，对食品、药品、公共环境卫生进行监督与管制，以及进行相关疾病的宣传、健康教育、疫苗接种等（陆燕梅，2012）。我国公共卫生服务采用分级管理模式，中央政府从宏观层面进行公共卫生政策、目标的制定，地方政府负责具体的公共卫生事宜，省级政府则为中央政府和地方政府提供协调渠道，共同为公众提高高效、均等的公共卫生服务。尤其是新冠肺炎疫情发生后，中央和地方各级政府全力组织抗疫，形成了由疾病预防控制中心、卫生防疫领导小组、卫生防疫工作小组组成的卫生防疫组织体系，党政部门、专业团队和基层社会组织的合作取得了较好的效果。

我国公共卫生与防疫的经费由各级政府预算支出。据统计，在 2019 年中央财政预算中，卫生健康支出为 247.72 亿元，约占中央财政总预算的 1.49%；地方政府财政预算中的卫生健康支出为 16 417.62 亿元，约占地方财政总预算的 98.51%①。为了抗击新冠肺炎疫情，截至 2020 年 11 月底，各级财政疫情防控资金支出超过 4 000 亿元，为开展疫情防控工作提供了坚实的支撑。

《关于做好 2020 年基本公共卫生服务项目工作的通知》提出，2020 年我国人均基本公共卫生服务经费补助标准为 74 元，2021 年新增 5 元经费并全部落实到乡村和城市社区，统筹用于社区卫生服务中心（站）、乡镇卫生院和村卫生室等基层医疗卫生机构开展新冠肺炎疫情防控的人员经费、公用经费等支出，加强基层疫情防控经费保障和提升疫情防控能力。

在公共卫生服务领域，政府除了直接提供服务和管理外，还通过购买的方式组织社会力量提供公共卫生服务，购买公共卫生服务的资金按照预算管理列

---

① 国家统计局：《中国统计年鉴》（2020 年）。

入财政预算，购买方式采用公开招标、邀请招标、竞争性谈判、询价或单一来源采购定额补助、以奖代补等方式。

在医疗服务领域，我国长期以来是通过政府投资建设公立医院的方式来提供医疗服务的。随着医疗体制机制改革的深化，国家鼓励社会力量建立民营医院，允许一些专科医生设立私营诊所，部分城市也尝试让社会资本管理公立医院，由此形成了多元主体合作提供医疗服务的格局，对此后文将再次论述。

在环境公共服务领域，环境公共物品的非排他性和非竞争性特点，使其通过市场方式来供给较为困难。环境公共物品通常具有管制性，如与环保有关的法律法规、行为规范、公共政策等，它们需要政府采用强制性的方式才能实施，所以政府是环境公共物品供给的责任主体。环境公共物品的外部性和边际社会效率不为零的内在矛盾决定政府并不能作为唯一的供给主体。为了提高政府环境公共服务的供给效率，我国建立了以政府服务职能为核心的政府权威主导供给模式、政府参与型市场竞争模式、政府保障性的志愿服务模式等多元供给模式（华章琳，2016）。环境公共服务资金主要来自财政专项基金、财政预算与财政投入，由中央政府和地方政府分摊提供。

（三）政府公共服务财政支出机制

公共服务的供给是以国家的公共财政支出为基础保障的。2000—2018 年，我国的财政一般预算支出从 15 886. 5 亿元增加到 220 904. 13 亿元，增长了将近 13 倍。伴随着我国财税体制的不断完善，中央和地方的财政支出比重也在不断变化，中央财政一般预算支出占比由 2000 年的 34. 75% 下降至 2018 年的 14. 81%，而地方财政一般预算支出的占比从 2000 年的 65. 25% 上升至 2018 年的 85. 19%。地方财政预算支出比重的不断增加，意味着地方政府拥有更加充沛的资金，在地方公共服务的供给中有更大的主动权，能够更加积极和灵活地结合地方发展状况提供更具有针对性的公共服务。

回顾我国公共服务的变革历程我们可以发现，公共服务取得较大的进步与政府财政预算中公共服务支出的不断增加密切相关。我国政府对公共服务的财政投入根据中央与地方政府的事权划分，由中央和地方政府分别制定财政预算拨款。表 9 - 6 反映了中央财政对公共服务相关项目的投入情况。

表 9-6　中央财政预算支出中的公共服务项目支出

单位：万亿

指　　标	2008 年	2010 年	2012 年	2014 年	2016 年	2018 年
财政支出	13 344.17	15 989.73	18 764.63	22 570.07	27 403.85	32 707.81
一般公共服务支出	2 344.55	837.42	998.32	1 050.43	1 209.15	1 503.68
公共安全支出	648.63	875.20	1 183.47	1 477.76	1 741.91	2 041.51
教育支出	491.63	720.96	1 101.46	1 253.62	1 447.72	1 731.23
科学技术支出	1 077.35	1 661.30	2 210.43	2 436.66	2 686.10	3 120.27
文化体育与传媒支出	140.61	150.13	193.56	223.00	247.95	281.13
社会保障和就业支出	344.28	450.30	585.67	699.91	890.58	1 184.55
医疗卫生支出	46.78	73.56	74.29	90.25	91.16	210.65
环境保护支出	66.21	69.48	63.65	344.74	295.49	427.56
城乡社区事务支出	14.33	10.09	18.19	17.18	19.76	86.38
农林水事务支出	308.38	387.89	502.49	539.67	779.07	592.30
交通运输支出	913.20	1 489.58	863.59	731.16	812.12	1 313.71
其他支出	413.75	98.32	38.31	129.99	432.17	826.74

数据来源：《中国统计年鉴》（2009—2019 年）。

从表 9-6 中可以看到，2008—2018 年，中央政府财政预算是不断增长的，公共服务支出也是不断增长的，其中增长幅度较大的有环境保护支出、城乡社区事务支出、医疗卫生支出等，增长了 4~6 倍；其他领域的公共服务支出，如教育支出、社会保障和就业支出、公共安全支出、科学技术支出等增长了 2~3 倍。近年来，中央财政在环境保护、医疗卫生、教育、社会保障和就业、科学技术等方面的支出增加幅度较大，而中央财政支出力度更多倾向于科学技术、公共安全、教育、交通运输等方面。其中，2018 年中央财政预算中科学技术支出为 3 120.27 亿元，公共安全支出为 2 041.51 亿元，教育支出为 1 731.23 亿元，一般公共服务支出为 1 503.68 亿元，交通运输支出为 1 313.71 亿元，社会保障和就业支出为 1 184.55 亿元。除了公共安全、经济类和民生类公共服务供给数量在不断增加之外，国家对于环境保护、文化体育的支持力度也不断增大，2018 年环境保护支出为 427.56 亿元，文化体育与传媒支出为 281.13 亿元。

按我国的财政制度和事权划分，大量的公共服务项目由地方政府负责，并由地方财政承担支出责任。表 9－7 反映了地方政府对主要公共服务项目的支出情况。

表 9－7　地方财政一般预算支出的主要项目

单位：亿元

指　　标	2008 年	2010 年	2012 年	2014 年	2016 年	2018 年
一般预算支出	49 248. 49	73 884. 43	107 188. 34	129 215. 49	160 351. 36	188 196. 32
一般公共服务支出	7 451. 37	8 499. 74	11 702. 14	12 217. 07	13 581. 37	16 871. 01
公共安全支出	3 411. 13	4 642. 50	5 928. 13	6 879. 47	9 290. 07	11 739. 97
教育支出	8 518. 58	11 829. 06	20 140. 64	21 788. 09	26 625. 06	30 438. 24
科学技术支出	1 051. 86	1 588. 88	2 242. 20	2 877. 79	3 877. 86	5 206. 38
文化体育与传媒支出	955. 13	1 392. 57	2 074. 79	2 468. 48	2 915. 13	3 256. 73
社会保障和就业支出	6 460. 01	8 680. 32	11 999. 85	15 268. 94	20 700. 87	25 827. 54
医疗卫生支出	2 710. 26	4 730. 62	7 170. 82	10 086. 56	13 067. 61	15 412. 90
节能环保支出	1 385. 15	2 372. 50	2 899. 81	3 470. 90	4 439. 33	5 870. 05
城乡社区事务支出	4 191. 81	5 977. 29	9 060. 93	12 942. 31	18 374. 86	22 037. 75
交通运输支出	1 440. 80	3 998. 89	7 332. 57	9 669. 26	9 686. 59	9 969. 05
住房保障支出	—	1 990. 40	4 068. 71	4 638. 31	6 338. 77	6 299. 92

数据来源：《中国统计年鉴》（2009—2019 年）。

从表 9－7 中可以看出，2008—2018 年，我国地方政府财政预算不断增长，公共服务支出也是增长的，其中增长幅度较大的有交通运输支出、医疗卫生支出、城乡社区事务支出、科学技术支出等，增长了 4~5 倍；其他领域的公共服务支出，如节能环保支出、社会保障和就业支出、教育支出、公共安全支出、文化体育与传媒支出均增长了 2 倍多。值得注意的是，近年来我国的教育、社会保障和就业、医疗卫生等方面的支出增加幅度较大。2018 年地方政府公共预算中教育支出为 30 438. 24 亿元、社会保障和就业支出为 25 827. 54 亿元、科学技术支出为 5 206. 38 亿元。除了经济类和民生类公共服务供给数量在不断增加之外，地方政府的环境保护力度也在不断增大，2018 年地方财政节能环保支出为 5 870. 05 亿元①。

① 《中华人民共和国 2019 年国民经济和社会发展统计公报》。

二、城市公共服务的市场（私人）供给机制

党的十六届三中全会首次提出允许非公有资本进入法律法规未禁入的基础设施、公用事业及其他行业和领域。随后，国家进一步放宽非公有制经济市场准入条件，同时，公共基础设施领域进一步引入市场竞争机制，私人资本开始在交通运输、水电气、道路、园林绿化、垃圾处理等公共基础设施领域进行投资（贺巧知，2014）。此后，我国城市公共服务领域也开始探索私人资本的投资与运营，范围涉及教育、就业、住房和文化等多个领域。

随着我国公共基础设施和公共服务市场化的推进，以往由政府包揽的公共产品供给模式被打破，各种营利组织、非营利组织逐渐参与到城市公共服务和产品的生产与供给当中，传统的公共服务供给主体由单一向多元迈进，更多的私人资本进入公共服务的一些领域，市场供给机制开始在公共服务领域发挥作用，这种状况与我国整体的经济体制机制变革直接相关。2017 年，我国非国有全社会固定资产投资占全社会固定资产投资的比重为 78.31%，非国有单位城镇就业人员占城镇就业人数的比重为 85.72%；非国有工业企业实收资本占工业企业实收资本的比重为 93.54%，非国有工业企业外商资本金占工业企业外商资本金的比重高达 99.89%（见表 9－8）。

表 9－8 我国非国有经济的发展概况

单位：%

年份	指标			
	非国有全社会固定资产投资占全社会固定资产投资的比重	非国有单位城镇就业人员占城镇就业人数的比重	非国有工业企业实收资本占工业企业实收资本的比重	非国有工业企业外商资本金占工业企业外商资本金的比重
2007	71.81	79.25	85.27	99.79
2008	71.82	79.92	85.17	99.86
2009	68.97	80.73	88.16	99.61
2010	66.90	81.21	88.30	99.75
2011	73.52	81.33	89.65	99.90
2012	74.32	81.57	89.68	99.67

续 表

年 份	指 标			
	非国有全社会固定资产投资占全社会固定资产投资的比重	非国有单位城镇就业人员占城镇就业人数的比重	非国有工业企业实收资本占工业企业实收资本的比重	非国有工业企业外商资本金占工业企业外商资本金的比重
2013	75. 39	83. 36	94. 39	99. 94
2014	75. 59	83. 94	95. 25	99. 94
2015	75. 14	84. 64	92. 97	99. 91
2016	78. 72	85. 11	92. 80	99. 98
2017	78. 31	85. 72	93. 54	99. 89

资料来源：根据《中国统计年鉴》（2008—2018 年）中的相关数据计算得出。

在教育领域，20 世纪 90 年代我国非义务教育领域开始引入市场机制，一方面允许民营资本投资设立幼儿园和中小学教育机构，另一方面允许民营资本举办民办高校，并放松了对教育收费的管制。民办教育是国家教育事业的重要组成部分，与公立教育具有同等的法律地位，国家大力支持、引导民办教育，推进民办教育进入中高等职业教育和职业培训领域。《2019 年全国教育事业发展统计公报》显示，截至 2019 年，全国共有各级各类民办学校数量为 19. 15 万所，占全国各级各类学校比重约为 36. 13%；招生人数为 1 774. 33 万人；各类教育在校生人数为 5 616. 61 万人，其中民办教育在校生规模中学前教育占比最高，约为 47. 17%，其次是普通小学，占比约为 16. 82%，民办教育事业发展取得了新进展。

在民办教育迅速发展的同时，民办教育的立法工作也取得了重大成就。2012 年，《教育部关于鼓励和引导民间资金进入教育领域促进民办教育健康发展的实施意见》鼓励和引导民间资金进入教育领域。在执法方面，2019 年 12 月，《教育部关于加强教育行政执法工作的意见》对明确教育行政执法范畴、压实执法责任、健全执法机构、提升队伍素质、完善执法机制等提出了要求。

在医疗卫生领域，市场化改革的核心一方面是放权让利，对医院实行分级管理，扩大公立医院的自主权，实行自负盈亏；另一方面是打破传统公立医院垄断的局面，允许社会资本投资经营医疗机构，改变了单一的医疗机构公有制模式。民营医疗机构的经营管理、人事聘任和收益分配以企业方式运作，大部分民营医疗机构是营利性机构，只有少数为公益性机构，享受政府补助。2009 年新医疗卫生体制改革实施后，私人资本进入医疗卫生领域，打破了公立医疗机构的垄断状况。2013 年 10 月，《国务院关于促进健康服务业发展的若干意见》中提出，放宽民营资本进入医疗服务业的市场准入条件，加快落实对非公立医疗机构和公立医疗机构同等对待的政策。此后，民营医院进入快速发展期。2014 年 4 月，国家发展改革委、国家卫生计生委、人力资源和社会保障部联合发出《关于非公立医疗机构医疗服务实行市场调节价有关问题的通知》，放开非公立医疗机构医疗服务价格，鼓励社会办医。《中国统计年鉴》(2020 年) 显示，2019 年全国卫生总费用为 65 841. 39 亿元，其中社会卫生支出为 29 150. 57 亿元，占全国卫生总费用的的比重约为 44. 27%，约为政府卫生支出 1. 62 倍；私人办的村卫生室个数约为 13. 46 万个，约占全国村卫生室总数的 21. 84%；民营病床使用率达到 61. 4%，民营病床的全年工作日为 224 天，出院者的平均住院日为 9. 4 天，平均高于公立医院床位 0. 4 天。

在社会保障领域，1978 年我国开始对社会保障制度进行市场经济体制改革。1998 年以后，我国初步建立了社会主义市场经济体制下的基本保险制度和政策框架，主要是建立了由政府、企业和个人共同承担的社会保障费用筹集制度。在医疗保险、工伤保险、生育保险等领域，我国引入了市场机制，由企业为职工缴纳保险费用。企业养老保险由企业与职工共同承担，采用个人账户的方式进行完全积累，实行市场化管理和运营，政府相关部门主要发挥监督作用。同时，政府也逐渐放开了商业性保险公司的医疗、养老、人身意外等方面的商业保险。商业保险与政府强制的社会保险结合，形成了比较全面的社会保险体系。

三、城市公共服务的多元主体合作供给机制

在我国公共服务的改革实践中，一些允许民营资本进入的领域取得了较好的成效，但也出现了一些问题，主要是部分民营资本过于考虑商业利益和市场化经营，偏离了公共服务的功能与性质，甚至损害了部分弱势群体的利益。在解决政府失灵的同时，反而造成了市场失灵。因此，为了弥补政府公共服务供给的弊端和防止公共服务供给过度私有化或市场化，同时也为了动员更多的社会资本参与社会服务的供给，我国从 20 世纪 90 年代中期开始，鼓励社会资本

与社会组织参与到公共服务事业中，由此也逐步形成了政府、市场（私人）和社会多元主体合作供给的公共服务供给机制。

各国在探索政府公共部门改革的过程中已经积累了不少经验，按萨瓦斯（2002）的总结，政府公共部门与社会力量合作的方式是多样的，包括与社区公民和志愿者的合作、与私营企业的合作、与非营利组织的合作等。我国政府公共部门在与社会力量合作中的伙伴是企业和社会组织等。在公共基础设施领域，政府与社会资本合作多采用与企业合作的方式，对此前文已有论述。在公共服务领域，政府多采用市场机制与社会组织合作，较少与企业合作，这是由公共服务的功能与性质决定的。同时，政府之所以能够推进与社会组织合作提供公共服务，也是因为改革开放后社会组织的发展。20 世纪 80 年代后期，我国允许建立和发展社会组织，1988 年民政部逐渐恢复对社会组织的登记。自此，我国社会组织开始迅速发展，基本上形成了群众有序参与、有效覆盖城乡、门类齐全的社会组织体系（王浦劬，2016）。截至 2018 年，我国社会组织单位数为 817 360 个，社会团体单位数为 366 234 个，相较于 2000 年分别增加了 664 038 个和 235 566 个；基金会单位数为 7 034 个，比 2005 增加了 6 059 个；民办非企业单位个数为 444 092 个，比 2000 年增加了 421 438 个（见表 9－9）。这些社会组织很大一部分参与了公共服务的供给，在政治、经济、文化、教育、科技等方面发挥着积极作用，已经成为我国公共产品供给的重要力量。

表 9－9　我国社会组织的发展概况

单位：个

年份	指标			
	社会组织单位数	社会团体单位数	基金会单位数	民办非企业单位数
2000	153 322	130 668	—	22 654
2005	319 762	171 150	975	147 637
2010	445 631	245 256	2 200	198 175
2015	662 425	328 500	4 784	329 141
2016	702 405	335 932	5 559	360 914
2017	761 539	354 794	6 307	400 438
2018	817 360	366 234	7 034	444 092

资料来源：《中国统计年鉴》（2001—2019 年）。

总体来看，我国的民政事务也取得较快的发展。如表 9－10 所示，截至 2018 年年底，全国民政部门登记和管理的民政服务机构和设施共计 187.6 万个，比上年增长 3.0%；全国社会组织捐赠收入达 919.7 亿元，比上年增长 26.1%；城市社区综合服务设施覆盖率为 78.7%；城市低保人数为 1 007.0 万人。

表 9－10　我国民政服务发展状况

年份	指标			
	民政部门登记和管理的民政服务机构和设施数/万个	社会组织捐赠收入/亿元	城市社区综合服务设施覆盖率/%	城市低保人数/万人
2014	166.8	524.8	81.0	1 877.0
2015	176.5	610.3	82.0	1 701.0
2016	174.5	786.7	79.3	1 480.2
2017	182.1	729.2	78.6	1 261.0
2018	187.6	919.7	78.7	1 007.0

资料来源：《民政事业发展统计公报》（2014—2018 年）。

公共服务供给主体的多元化促进了公共服务质量的提升，政府在这一过程中扮演着公共产品的购买者和监管者角色。公共服务多元供给方式能够根据服务对象的特征和国家经济发展水平，将市场供给与政府供给模式结合，发挥它们各自的优势，弥补它们的不足。目前社会组织参与公共服务主要有三种方式：一是公建民营；二是民办公助；三是民建民营。《“十三五”推进基本公共服务均等化规划》中明确提出要推广政府和社会资本合作（PPP）模式，推行通过公开招标、邀请招标、竞争性磋商、竞争性谈判等多种方式，公平选择具有相应管理经验专业能力、融资实力以及信用状况良好的社会资本进行合作。在具体项目的实施过程中，场所设施的建设和运营管理两个环节可以分拆，从而形成灵活多样的参与形式，如 BOT、TOT、BBO、合同外包、政府采购等（杨卫华、王秀山、张凤海，2014）。

政府与社会组织合作提供公共服务的另一种重要方式是政府购买服务。我国政府购买服务的范围涉及医疗卫生、教育、社区治理、就业、计划生育等公共服务领域，并且在政府的推动和资助下，一批与政府合作的民办非营利社会组织成立，通过政府购买服务方式获得工作经费，受政府委托专门从事公共服务工作（王浦劬，2015）。

四、城市公共服务供给机制的改革思路

在我国经济体制变革过程中，公共服务供给机制也随之进行了较大的调整，社会组织开始承担更多的公共服务供给责任。但政府部门在行政管理过程中过多地限制社会组织以及社会组织发展缓慢等问题，导致市场和社会组织在公共服务供给中发挥的作用较为有限。要想提升公共服务水平，建立有效的公共服务供给体系，除了要增加公共资源供给总量和优化供给结构外，还要不断变革公共服务的供给体制机制。

（一）大力推进政府职能转变，建设服务型政府

公共服务供给体制机制的改革，关键在于政府职能的转变和功能的调整。其核心是在公共服务中发挥市场机制的作用，利用市场机制重塑政府与社会的关系，在政府职能的调整中清晰政府的角色和明确政府承担的责任。

第一，对现代政府的角色、责任和职能要有清醒的认识。现代政府的重要责任是筹集资源向公民提供充分的、高水平的和高质量的公共服务。政府的角色不仅要由“划桨人”转变为“掌舵人”，更要成为“服务者”。改革开放以来，我国政府的职能经历了多轮改革，其间不断进行机构调整、政企关系调整、投资体制机制调整、财政体制机制改革等。这些改革的内容主要涉及私人产品部门，政府对于公共产品部门的直接干预和控制没有大的变化，因此，我国迫切需要深化公共产品部门的体制机制改革。党的十九大报告提出“建设人民满意的服务型政府”，解决社会矛盾和满足人民群众在经济、政治、文化、生态等方面日益增长的需要成为政府机构改革的根本出发点和落脚点。

第二，明确政府在公共产品部门的项目审批、投资、生产、分配和监管的责任与权限，在大部分公共服务领域中政府要由生产者转变为出资者和监管者。政府无论是作为公共服务供给的主体，还是公共服务的委托者，一些生产性的责任都可以转移出去，并下放一部分管理职权。但政府作为公众的代表所应承担的公共服务供给的基本责任不能转移，公共服务供给的机制转变或具体的供给方式的变化，并不意味着政府公共服务供给责任的减少。

第三，在我国公共产品部门的运营管理中，政府与国有企事业单位的关系错综复杂，供给责任较模糊。在未来的深化改革中，我国要厘清政府与国有企

事业单位在公共服务供给中的职能和责任；加快国有企事业单位的分类改革，推动国有企事业单位的去行政化和去营利化，逐步将有条件的国有企事业单位转为企业或社会组织；通过简政放权、国有企事业单位改革和公共部门投资的开放，进一步理顺政府、市场、社会三者的关系，明确各级政府及其所属单位、企业在公共服务供给中的职责。

（二）建立政府、市场和社会组织多元主体协同的公共服务体系

由于公共服务项目内容广泛、涉及面广，供给过程具有许多不确定性和复杂性，因此它通常无法由单一部门或社会组织独立供给，需要跨部门和社会各种力量合作供给。经过多年的改革和建设，我国公共服务供给机制正逐渐由政府一元走向社会多元。但正如前文所述，在我国公共服务的多元主体供给机制建设中，政府的职能定位还有待明确，政府应从公共服务的市场机制建设需要出发放宽对公共部门的限制。一方面，政府应该在市场机制可以发挥作用的公共服务领域，深化体制机制改革，尽快出台公共产品部门全面开放的政策；为了吸引社会资本的投资经营，应适当扩大公共产品市场经营的范围，如允许社会资本参与生态环境的保护与治理、社会保障基金管理等；合理制定公共服务项目的收费制度和政府补贴制度，如在教育、医疗、公共住房等领域实行收费制和补贴制度，由此保证投资经营企业有一定的盈利率，形成市场竞争的环境。另一方面，城市公共服务市场化意味着资源配置方式、企业经营方式将会以获利为主要目标，供给主体也大多是营利性组织，其投资经营的行为可能与公共服务的目标不相符合，甚至会损害公众的利益。因此，政府应该在多元主体合作的公共服务供给中，扮演公众利益代理人的角色，明确公共服务项目生产与供给的目标要求，组织合适的企业和社会组织共同参与投资经营，特别是应该基于法规和合约履行监管责任。

（三）通过制度安排，构建多种公共服务供给方式

在公共服务供给体制机制变革中，创新供给方式和供给工具非常重要，这是实现合适、有效的供给机制的载体和平台。目前世界各国在公共服务供给实践中探索出一些方式，如政府直接供给，企业、私人和社会资本供给，政府购买服务，政府与社会资本合作供给，不同的项目采用的供给方式也有所不同。目前我国公共服务的供给方式主要是政府直接供给和国有企事业单位供给，也有部分是私人企业和社会资本供给。近 20 年来，通过公共服务部门的改革，

政府以购买服务的方式与社会组织合作供给公共服务成为发展趋势。但以购买服务方式供给的公共服务范围与项目较为有限，作用还没有发挥出来。针对这种供给方式的发展情况，我国有必要通过制度创新，以及有针对性地发展公共服务项目产权交易市场和投融资市场，为发展各种公共服务供给方式创造制度和市场条件，构建一个完整的公共服务供给体系。同时，政府也要通过财政税收优惠和财政补助等方式，减轻社会组织和企业参与公共服务供给的资金压力。

（四）加强法制建设，构建政府与社会组织、企业合作供给公共服务的法律体系

目前我国政府制定了一些与公共服务供给有关的政策文件，但仍缺乏全国性的法律法规来规范供给主体及其供给行为，因此在公共服务供给过程中产生了供给主体权利与义务模糊、产权交易不规范等问题。

本书认为，要想建立完整的公共服务法律体系，首先应该明确公共服务供给主体及相关参与者的法律地位、权利与义务。其次应该对一些与政府法规内容相关的公共服务法律法规加以统一。例如，将各类政府购买服务的内容加入《中华人民共和国政府采购法》，规范政府购买公共服务、公私合作等活动中的程序；在《预算法》和各种税法中加入有关公共服务供给中发生的财政预算、税款缴纳等内容，明确参与公共服务的社会组织、企业和个人应有的税务责任和优惠。健全的公共服务法律体系有利于公共服务合作供给中的相关利益者遵循合约，有利于保护各方利益，强化履约的严肃性，保证公共服务稳定和有序供给。

（五）强化对公共服务供给过程的监管，建立公共服务供给的绩效评估机制

在城市公共服务供给的过程中，政府应该建立起动态的管理和监督体系。公共服务项目的规划、决策、申请、评审、立项、采购招标、合同订立、生产或实施、服务提供或产品分配等都需要有专门的部门进行动态的管理和监督，以判断供给过程是否符合规划的目的，合同相关方是否提供了服务内容和履行了合约责任。

建立和健全完整的公共服务供给绩效评估机制，对公共服务的有效供给具有重要的意义。党的十八大报告提出了以建设人民满意的服务型政府为改革目

标，公共服务的满意程度成为公共服务政府供给绩效评估的重要指标。随着政府体制改革的深入开展，公共服务供给的效率和公平问题成为社会关注的重大问题。

城市公共服务供给效率直接关系到整个城市的生存和发展，这是因为公共部门在提供城市公共服务的过程中，需要考虑如何以最少的资源投入，实现居民收益最大化。在实际生活中，政府部门往往承担着城市公共服务供给的主要责任，城市的直接投资和经常性开支在城市经济总量中占据相当大的比重，有限的财政资金必须配置到能实现效益最大化领域中。为了提升城市公共服务供给的效率，政府需要引导更多的市场、社会组织进入公共服务供给领域。但在完全的市场机制运行过程中，城市公共服务的公平性问题容易被忽略。为了保证偏远地区的居民能享受公共服务，国家采取了一系列政策使公共资源向偏远地区倾斜。只有社会成员的基本生理需求和安全需求得到了保障，他们才会将优先权放到更能满足社会性的需求上，进而实现自我价值。

参考文献

[1] Arah O A, Klazinga N S, Delnoij D M J, et al. Conceptual frameworks for health systems performance: a quest for effectiveness, quality, and improvement [J]. International Journal for Quality in Health Care, 2003, 15 (5): 377-398.

[2] 汤建光，李慧中. 公共服务产品的市场特征与成本的公共管理 [J]. 经济问题探索，2002 (12): 30-33.

[3] 曾旭. 中国政府公共服务职能定位演变的历史逻辑：基于历史制度主义的分析视角 [J]. 大连干部学刊，2016, 32 (9): 38-42.

[4] 孙春霞. 美国城市公共服务供给机制的改革及其对中国的启示 [J]. 江汉论坛，2010 (9): 45-48.

[5] 李宏，李民. 传媒政治 [M]. 北京：中国传媒大学出版社，2006.

[6] 陈秋玲. 服务城市：现代城市功能的回归 [M]. 上海：上海人民出版社，2010.

[7] 柳学信，董晓丽，孔晓旭. 政府购买公共服务体系构建与深化事业单位改革 [J]. 经济与管理研究，2017, 38 (4): 35-46.

[8] 鲁国强. 论自由市场与政府干预 [J]. 当代经济管理，2012, 34 (1): 1-6.

[9] 刘小玄，赵农. 论公共部门合理边界的决定：兼论混合公共部门的价格形成机制 [J]. 经济研究，2007 (3): 45-56.

[10] 简·莱恩. 新公共管理 [M]. 赵成根，王洛忠，崔跃嵩，等译 北京：中国青年出版社，2004.

[11] 梅志罡. 新公共管理理论及其借鉴意义 [J]. 行政论坛，2006 (1): 5-8.

[12] 戴维·奥斯本，特德·盖布勒. 改革政府：企业精神如何改革着公营部门 [M]. 上海市政协编译组，东方编译所，译. 上海：上海译文出版社，1996.

［13］李彬. 西方国家公共服务市场化的实践及其评价［J］. 管理世界，2002（4）：142－145.
［14］珍妮特·V. 登哈特，罗伯特·B. 登哈特. 新公共服务：服务，而不是掌舵［M］. 丁煌，译. 北京：中国人民大学出版社，2004.
［15］高传胜. 论公共服务供给与中国实现包容性发展［J］. 东岳论丛，2011，32（12）：67－72.
［16］王佃利，万筠，姜斯宪. 走向均衡可持续的发展之路：中国城市公共服务变革 40 年［M］. 上海：上海交通大学出版社，2019.
［17］郁建兴. 中国的公共服务体系：发展历程、社会政策与体制机制［J］. 学术月刊，2011，43（3）：5－17.
［18］王震. 公共政策 70 年：社会保障与公共服务供给体系的发展与改革［J］. 北京工业大学学报（社会科学版），2019，19（5）：25－35.
［19］李杰刚，李志勇. 新中国基本公共服务供给：演变阶段及未来走向［J］. 财政研究，2012（1）：13－16.
［20］朱光磊，孙涛. "规制—服务型" 地方政府：定位、内涵与建设［J］. 中国人民大学学报，2005（1）：103－111.
［21］王俊豪，付金存. 公私合作制的本质特征与中国城市公用事业的政策选择［J］. 中国工业经济，2014（7）：96－108.
［22］改革杂志社专题研究部，罗重谱. 中国事业单位分类改革轨迹及走向判断［J］. 改革，2012（4）：5－15.
［23］李招忠. 中国公共服务市场化的困境及改革思路［J］. 西北师大学报（社会科学版），2004（3）：67－72.
［24］郑浩生，叶子荣，查建平. 中央对地方财政转移支付影响因素研究：基于中国县级数据的实证检验［J］. 公共管理学报，2014，11（1）：18－26.
［25］宁靓. 公共服务供给侧改革视角下的事业单位改革研究［J］. 山东社会科学，2017（1）：94－98.
［26］杨宜勇，邢伟. 公共服务体系的供给侧改革研究［J］. 人民论坛·学术前沿，2016（5）：70－83.
［27］句华. 公共服务中的市场机制：理论、方式与技术［M］. 北京：北京大学出版社，2006.
［28］于海燕. 新居民公共服务供给机制研究：基于浙江省的实证调查［M］. 北京：电子工业出版社，2018.
［29］王浦劬. 政府向社会组织购买公共服务研究：中国与全球经验分析［M］. 北京：北京大学出版社，2010.
［30］乐园. 公共服务购买：政府与民间组织的契约合作模式：以上海打浦桥社区文化服务中心为例［J］. 中国非营利评论，2008，2（1）：143－160.
［31］唐斯斯. 以信息化推动公共服务供给改革［J］. 宏观经济管理，2016（10）：25－28.
［32］吴山，曾江辉. 基于"大数据驱动"的公共服务供给侧改革思考［J］. 农村经济与科技，2020，31（3）：276－277.
［33］何继新，张浩南，李原乐. "互联网+公共服务" 治理研究：现状述评、逻辑框架与关键问题［J］. 电子政务，2017（12）：12－21.
［34］杨清望. 公共服务的"意义"探析与内容重构［J］. 法律科学（西北政法大学学报），2012，30（4）：100－112.

[35] 王丛虎. 政府有效提供公共服务的路径探析 [J]. 人民论坛, 2019 (34): 71-73.
[36] 何佳馨. 新中国医疗保障立法 70 年: 以分级诊疗的制度设计与进步为中心 [J]. 法学, 2019 (10): 75-92.
[37] 郑功成. 多层次社会保障体系建设: 现状评估与政策思路 [J]. 社会保障评论, 2019, 3 (1): 3-29.
[38] 许云萍, 王立军. 政府购买社区教育服务的模式、逻辑与策略 [J]. 中国成人教育, 2020 (11): 72-76.
[39] 陆燕梅. 公共产品理论视角下推进社区卫生服务过程中的政府责任 [J]. 卫生软科学, 2012, 26 (7): 627-629.
[40] 华章琳. 生态环境公共产品供给中的政府角色及其模式优化 [J]. 甘肃社会科学, 2016 (2): 251-255.
[41] 贺巧知. 政府购买公共服务研究 [D]. 北京: 财政部财政科学研究所, 2014.
[42] E. S. 萨瓦斯. 民营化与公私部门的伙伴关系 [M]. 周志忍, 等译. 北京: 中国人民大学出版社, 2002.
[43] 杨卫华, 王秀山, 张凤海. 公共项目 PPP 模式选择路径研究: 基于交易合作三维框架 [J]. 华东经济管理, 2014, 28 (2): 121-126.
[44] 王浦劬. 政府向社会力量购买公共服务的改革机理分析 [J]. 北京大学学报 (哲学社会科学版), 2015, 52 (4): 88-94.
[45] 穆怀中. 社会保障国际比较 [M]. 北京: 中国劳动社会保障出版社, 2002.
[46] 汪志强. 转型社会中的农村公共安全服务研究 [M]. 武汉: 湖北人民出版社, 2010.

第十章　城市公共产品供给政策与实践

政府在我国市场经济发展过程中发挥着主导作用。公共产品的公共性决定了政府在其供给过程中也要充当主体角色。在公共产品的投资决策和分配运营过程中，政府作为公共产品的供给者，始终以一定的目的、原则和规制进行决策，最终形成一种公共政策。这种公共政策成为政府公共产品供给的主要行为方式。因此，公共政策既是一种特殊的公共产品，也是政府动员公共资源、规范公共产品供给的一种方式和手段。

由于各个国家的经济发展水平不同，基本价值观念和社会文化习惯存在差异，因此各国在公共政策制定上也存在差异。但鉴于公共产品的社会性和福利性功能，各国公共政策的一些原则和方式有共同之处，特别是公共政策所发挥的稳定社会和福利共享等作用是一致的。

本章在阐述公共政策基本理论的基础上，对我国公共产品供给的公共政策演变和特征加以分析，讨论影响我国公共政策的主要因素。通过对公共卫生、公共教育和社会保障政策的分析，评估我国城市公共政策的有效性，并在此基础上提出一些政策性建议。

第一节　公共政策理论

一、公共政策的含义、分类与功能

（一）公共政策的含义

自 1887 年伍德罗·威尔逊（Woodrow Wilson）发表《行政之研究》一文后，学界开始关注公共行政和公共政策问题，但政策与科学真正联结起来以及政策的科学化并形成政策科学，是第二次世界大战以后的事。

对于公共政策的内涵，学界尚未有一致的界定，但公共政策的目的从一开始就是注重应用和实践。伍德罗·威尔逊把公共政策视为由具有立法权者制定的法律法规。这一定义主要从政策系统内的制定者和执行者角度区分了政治与行政，为公共政策的研究提供了思路，但将公共政策限定得过于狭隘。还有一些学者认为，公共政策是政府制定的带有发展目标、价值观和实施策略的一种大型计划（Lasswell and Kaplan，1951）。这一定义侧重于政策方案，突出强调了公共政策的目标和价值取向，并指出了公共政策对理性程序计划的要求。

综合研究文献中各种公共政策的含义，本书对公共政策的理解包括以下方面：一是公共政策是政府为解决各种社会经济问题、实现公共目标、满足群众需求而做出的决定，这种决定表现为法律规章、行政命令、政府文件规定、行动策略与计划等；二是公共政策具有价值性和社会性，是政府对社会行为的引导，通常也是政府履行利益分配职能的一种方式；三是公共政策是政府经由政治过程决定、选择和制定的，是公共选择的一种结果；四是公共政策是政府出于一定的目的或处理特定的事务而采取的一系列计划与行动方案，带有动态性和过程性特征。

基于上述对公共政策含义的阐述，有关公共产品的政策，就是政府针对公共设施、公共事务、公共服务等颁布执行的法律规章、行政命令、行动计划等决策和行政行为。

（二）公共政策的分类

根据社会经济活动的多样性和复杂性，我们可以把公共政策划分成若干类型，这样有助于我们把看起来复杂纷乱的政策简明化和有序化，从而将政策之间的异同之处明朗化。

1. 根据公共政策内容适用的领域进行分类

每项公共政策都是针对一定社会领域中的社会问题制定的。公共政策按照其适用的领域可以划分为政治政策、经济政策、社会政策和文化政策等（周少英，2006）。

政治政策是由国家政权机关或政党制定的调节和处理政治生活、政治关系的规范与准则。政治政策包括民权政策、外交政策、国防政策、国家安全政策、公共安全政策、民族政策、政党政策等。经济政策是国家针对国民经济领域的经济活动所制定的政策，主要目的是协调经济活动中各个主体间的关系，规范经济活动。经济政策主要包括产业政策、金融政策、财政政策和收入分配政策等。社会政策是规范社会关系，解决社会活动中出现的各种问题，促进社会发展的基本原则和规范。社会政策包括社会保障政策、就业政策、宗教政策、劳动政策等。文化政策是政府在科技、教育等文化领域，为处理各种相关问题、发展文化事业而制定的发展规划、指导原则和行为规范。文化政策包括科技政策、教育政策等（刘思源，2015）。

2. 根据公共政策间涵盖与衍生关系分类

根据这一标准，公共政策可以分为总政策、基本政策和具体政策。总政策是政策系统中最高层次的政策，是一个国家或地区在一定时期内总的目标和行为准则，也是其他各项政策的出发点和基本依据。总政策的基本作用在于保证其他各项政策遵循相同的政策理念，谋求实现统一的政策目标，因此它是关于政策的政策。总政策的准确性和科学性直接关系到国家、社会发展的全局。基本政策是在社会经济活动的某个领域或某个方面起主导作用的行为准则，它一般反映执政者的价值观和意志。我国在经济发展方面制定和实施的“加快实施创新驱动发展战略”“推进供给侧结构性改革”“实现共同富裕”等都属于相关领域的基本政策。基本政策在总政策的指导下制定，服务于总政策的执行，同时它又是连接总政策和具体政策的纽带。具体政策是基本政策的具体化，主要内容是依据基本政策并针对具体的问题做出政策规定，往往以措施、方法、条例等形式表现出来（吕炜，2006）。

3. 根据公共政策制定的主体分类

公共政策制定主体的构成是由各国的政治体制决定的。世界主要国家的政治体制可以划分为不同的类型，如人民代表大会制、总统制、议会制、半总统半议会制、委员会制等。根据国家政治体制的不同，公共政策可以分为立法决策、国家元首决策、行政决策、司法决策和执政党决策等（娄成武，2003）。

国家的许多经济政策尽管不是直接针对公共产品部门的，但多少都与公共产品部门的投资、生产、分配和运营等相关，如税收政策、投资政策、消费者保护政策等都会涉及公共产品的供给。所以，本书所述的公共产品的政策，大致是与国民经济体系中公共产品部门经济活动相关的社会经济政策。

（三）公共政策的功能

公共政策的功能是指公共政策在管理社会公共事务过程中所发挥的价值和产生的影响。不同层次、不同社会领域的公共政策，其作用的范围与方式虽有所不同，但都会对社会经济的发展产生影响。综述相关研究文献，我们大致可以把公共政策的基本功能分为导向功能、调控功能、分配功能和管制功能（钱再见，2006）。

1. 导向功能

为了解决社会经济发展中的某个问题或实现特定的目标，政府通过公共政策的制定与实施对人们的行为和事物的发展加以引导，因此公共政策具有导向性。公共政策通过对准则的规范，引导人们依据规范和原则从事经济社会活动。因此，公共政策的内容必然会对社会发展和人们的价值观念产生巨大的影响，尤其是在体制变革或制度创新时期，受历史环境等因素的影响，大量突破传统的公共政策会冲击人们的思想观念、行为习惯，也会改变人们的利益格局。

2. 调控功能

政府可以运用公共政策对社会经济、公共事务中出现的各种利益矛盾和冲突进行调节与控制。由于社会结构和社会关系具有复杂性，不同部门、不同群体间不可避免地会产生矛盾和利益冲突，公共政策作为政治措施，需要发挥有效调控社会利益关系的功能。公共政策的调控功能有时是直接的，有时是间接的。由于政府意志和政策目标的不同，公共政策的利益调控带有一定的倾向性。特别是在公共产品领域，公共政策具有遏制市场过度竞争和保护公众利益的基本要求。

3. 分配功能

在公共政策的制定和执行中，如何实现有效的资源分配一直是有关主体重点关注的问题。社会经济资源的有限性使得一些社会经济活动需要公共政策来平衡资源的配置，尤其是在私人产品部门与公共产品部门间的配置。同时，经济发展过程中必然会出现财富不平衡的问题，公共政策可以通过一次分配和二次分配调剂收入差距，实现社会发展目标。

4. 管制功能

为了避免影响社会正常运行的不利因素的出现，在一定条件下政府会通过公共政策对目标群体加以约束和管制。在不同的社会制度下，公共政策的管制方式和途径不同，这使公共政策的管制功能有积极的和消极的导向。积极性的管制注重正激励原则，以政策手段对某种行为进行物质或精神方面的奖励。消极性的管制注重负激励原则，即对某种行为进行物质或精神方面的惩罚，从而抑制这类行为的发生。

从总体上来说，公共政策对于社会经济的持续发展和稳定运行有着重要的作用。在公共部门中，公共政策对于有效配置资源、改善社会治理和增进社会福利具有重要的功能。正是由于公共政策会对社会公众产生带有公共性的效应，因此它在本质上也成为一种公共产品。

二、公共政策工具

公共政策工具是社会治理的一种工具。在不同的社会体制机制下，公共政策工具的属性不同。在以政府治理为主的社会，公共政策直接代表了政府的意志，是政府执政的手段和方法。在多元主体社会治理的社会，公共政策虽然由政府牵头制定和颁布实施，但其代表了多元社会组织和成员的意志。由于政策工具是实现政策目标的手段，因此具体的政策措施只有通过适当的政策工具才能将目标转化为具体的行动，形成有效的执行机制。根据政府的干预程度不同，可以将公共政策工具分为强制性政策工具、自愿性政策工具和混合性政策工具。

强制性政策工具通常借助国家行政力量，要求和迫使组织机构或群体采取或不采取某种行为。强制性政策工具包括行政管制、直接指令等，其中行政管制是政府做出的规定，相关的目标机构、群体和个人必须遵守、服从，政府通过特定的职能机构进行全程监管（田量亮，2009）。管制分为经济性管制与社会性管制。经济性管制是指政府对产品的质量和价格、市场进入和退出的条件、服务标准等进行控制，如公用设施管制、产品进出口管制等。社会性管制一般用来保护环境和维护消费者等的健康与安全。行政管制所做出的规定发挥维持社会经济秩序的功能，也有防止和矫正经济活动中发生负外部性问题的功能，如净化空气与水源、交通管制、刀具管制、避免职业歧视等。在公共部门的经济活动中，政府通常以内部指令的方式对其所属的事业单位和国有企业发布管制性规定，要求公共部门的企事业单位直接提供公共物品或服务，如提供国防、外交、警察、消防、教育、社会保障等服务。

自愿性政策工具是指在公共政策目标和体系下，政府不直接参与社会经济活动，也不以行政方式管制和干预社会经济活动，而是由社会组织和个体等活动主体自愿进行各种社会经济活动。自愿性政策工具的执行主体有社区组织、志愿者团体、家庭、企业等。自愿性政策工具广泛运用于公共服务领域，特别是用于由非营利组织所提供的公共服务项目。

混合性政策工具兼有自愿性政策工具和强制性政策工具的特征。混合性政策工具分为信息发布和劝导、补贴、产权拍卖、税收和使用者付费等（陈庆云，2006）。信息发布和劝导都是政府期望特定群体按照政府的意愿改变他们的行为，但不通过强制性的奖惩方式来实施政府意志。补贴是指政府赋予个人、企业及其他社会团体以一定数量的财政转移，目的是让补贴获得者采取政府所希望发生的行为。此类工具包括拨款、税收减免和担保等。产权拍卖是指政府通过产权拍卖，在公共物品和服务领域建立起市场机制，它是一种具有灵活性的工具。税收是一种法律规定的由个人和企业对政府的强制性支付，其主要目的是增加政府财政收入，同时引导个体行为（陈庆云，2006；李建军等，2009）。

公共政策工具的选择是政策实施效果的关键。为了运用适当的公共政策工具来实现组织目标，组织需要明确如何正确选择并优化配置公共政策工具。首先，组织要确定的是政策目标及在具体实施过程中应选择什么样的政策工具。政策制定主体在制定政策时需要统筹考虑既定政策目标下的政策工具，因此政策工具的选择主要发生在政策制定阶段。在政策执行过程中，执行者也要根据执行情况调整政策工具。其次，组织在选择政策工具时需要明确选择政策工具的意义和标准。政策工具选择取向通常有两种：一种是效用最大化，即政策工具的选取必须以政策目标的预期效用最大化为标准；另一种是寻求平衡点，即在各种理性与非理性、社会与个人的价值观、环境等因素和关系中求得平衡。另外，政策工具的选择也需要根据政策制定主体的行为动机、偏好、治理能力，政策本身的特性，政策需要解决问题的复杂性、紧迫性、严重性和影响面，政策目标及其目标人群的类型等的改变而调整。

三、影响公共政策的因素分析

（一）政策主体对公共政策的影响

世界各国政体不同，政策主体在政策制定和执行过程中的行为方式也有较大差异，这些都影响了公共政策的内容与实施。影响公共政策制定的政策主体一般包括立法机构、行政机关、司法机构、利益集团、党派和公民群体，这些主体的意志和利益取向都会对公共政策产生不同的影响。

任何国家的立法机构都履行制定法律和政策的职责，但不同国家的政治体制不同，立法机构发挥的作用和承担的责任也不同，主要体现在立法的独立性是否受执政党的影响。立法机构制定的法律、政策具有强制性和最高效力。行政机关是执行国家法律和政策的机构，它通过行使国家的行政权力来贯彻执行公共政策，对社会经济活动和公共事务进行管理。行政机关是国家意志的代表和执行者。在公共政策的制定和执行过程中，行政机关具有行政立法权、法律提案权、授权立法权、行政管理权、经济管理权、社会管理权、外交管理权等权力。司法机构作为社会秩序维护和公共管理的重要主体之一，在公共政策的执行中发挥着重要作用。司法机构通过履行司法职能保证法律和政策按其目的、原则、规范加以执行。各种利益集团基于自身的利益对公共政策的制定施加影响。利益集团影响公共政策制定的方式，主要是将自己的利益主张和要求向立法机构、公共政策制定者表达。我国的利益集团并没有固定的影响公共政策制定的方式和途径，但通过参政议政或其他间接的方式已显示出其影响力。各种政治党派都有自己的政治主张和所代表的社会群体的利益，因此它们会通过各种途径表达对公共政策的意见，特别是执政党直接影响公共政策的制定，一定时期内的法规、政策体现了执政党的意志和主张。现代社会中公民是公共政策主体的重要组成部分，其意志和诉求对公共政策的制定产生广泛的影响。在不同的政治体制下，公民作用于公共政策制定的方式和效果有所不同。在现代社会，公民参与公共政策制定的途径多种多样，既有以直接投票和选举代表间接参与的方式影响公共政策的制定，也有借助政治派别和利益团体影响公共政策的制定，甚至可以通过游行示威等手段影响公共政策的制定和实施。

（二）政策客体对公共政策的影响

公共政策制定和实施的目的在于促进社会经济发展，规范社会经济活动中各主体的行为。社会经济活动中的主体既有企业单位，也有民众群体，公共政策通过规范、管制、调节、制约社会组织和社会成员来实现其目标。这些政策目标群体的意志和行为对公共政策的制定会产生重要的影响。在公共政策制定与执行中，有关主体必须了解目标群体的基本情况、意志诉求，并综合判断拟制定的公共政策对目标群体的影响。一项公共政策是否有效，公共问题能否得到解决，除了取决于政策本身是否具有科学性和合理性之外，还取决于政策能否被目标群体理解、接受和遵守。

（三）公共政策环境对公共政策的影响

公共政策环境主要涉及地理、经济、政治环境和社会文化环境。在开放环境下，国际环境对公共政策制定的影响越来越大。

地理环境与社会经济发展关系密切，因此也间接地对公共政策产生影响。地理环境不仅为社会发展和相应的公共政策提供了各种可能性，而且约束了政策的选择。经济环境是指对政策系统有重要影响的各种经济要素的总和，主要由经济资源、经济制度、经济规模和经济结构等要素构成。经济环境对公共政策的制定和实施有着决定性的影响。无论何种性质的政策主体，其决策体制、政策目标、政策工具、政策行为等都受到经济环境的制约。公共政策的制定必须依据经济环境所提供的经济资源和经济制度，不可能超越经济环境的制约来制定公共政策。政治环境是指对政策系统运行产生影响的国家政治状态，包括政治制度、政治体制、政治结构、政治关系、政治文化、国家与社会的关系状况等。政治环境决定公共政策系统的性质，影响公共政策制定和决策的民主化程度，也决定着公共政策的法制化程度。社会文化环境包括民族、宗教、人口规模、伦理道德风尚、风俗习惯、文学艺术、国民受教育程度、科技发展水平等，它通过社会习俗、道德观念、人力资源、文化状况等对公共政策产生影响，既影响公共政策制定的标准和水平，也影响公共政策运行的效率。国际环境涉及政治、经济、文化、地理等方面的国际关系。国际环境影响公共政策系统的价值选择，也影响涉外公共政策的适用性，同时其他国家的政策也可为本国公共政策的制定提供参照系。

第二节　我国公共部门的公共政策

一、我国公共政策的演变

自改革开放以来，我国的公共政策在不断地调整。

（一）公共政策的变革和探索阶段（1978—1992 年）

这一阶段开始于对行政计划经济体制机制的反思以及十一届三中全会提出的改革开放纲领，公共政策按照改革开放的总路线和建立社会主义市场经济体制的方向不断改变和调整。这一时期由于我国对如何变革和建设社会主义市场经济没有明确的制度和实现路径，因此公共政策的制定和实施处于一个政策动员、政策试错和政策学习阶段。国家一方面需要破除限制经济发展和社会变革的传统的公共政策，另一方面需要寻找适合新发展环境的、符合中国特色社会主义建设的、科学的公共政策。

改革开放后，公共政策的变革是从农村政策的调整开始的。农村包干到户的实践，引发了农村经济政策的变革。经过理论和实践的摸索，中央确定家庭联产承包责任制和统分结合的双层经营体制，废除了统购统销的政策，并制定了一系列农村改革政策。十二届三中全会通过的《中共中央关于经济体制改革的决定》明确提出“对内搞活经济、对外实行开放”的改革方针。1986 年 12 月，《国务院关于深化企业改革增强企业活力的若干规定》的颁布开启了城市经济与国有企业改革的进程。为此，国家制定了一系列企业改革和市场化的政策措施，包括国有企业资产经营责任制、承包经营责任制、股份制等。与此相适应，国家对投资、生产、消费、价格、分配、劳动就业等涉及国民经济大部分领域的政策进行了逐步调整。

（二）公共政策的探索和创新阶段（1992—2002 年）

1992 年邓小平南方谈话后，我国加快推进了市场经济体制的确立。1992 年党的十四大确立了建立社会主义市场经济体制的改革目标。1992 年 5 月，中共中央政治局会议通过《中共中央关于加快改革，扩大开放，力争经济更好更快地上一个新台阶的意见》，全面推进了经济制度的变革和市场体系的建立。到加入世界贸易组织和党的十六大的召开，我国都在探索和创新社会经济新体制下的公共政策。由于新的经济体制机制仍在摸索过程中，公共政策的制定和实施也在不断地探索、创新和实验中，甚至是在试错的过程中不断地纠正和调整。总体来看，此阶段我国不断扬弃传统计划经济体制和突破“双轨制”的体制机制，根据新的发展需要和制度创新，探索和实践适应社会主义市场经济和现代社会制度的公共政策体系。与经济体制的变革相适应，此阶段我国出台了旨在建立社会主义市场经济的财政、金融、外资外贸、企业变革和社会保障等一系列政策。尤其是 1994 年实行财政分税制改革，重新确定了中央政府与地方政府的财权和事权关系。《国务院关于进一步深化对外贸易体制改革的决定》《国务院关于深化城镇住房制度改革的决定》等政策的陆续出台，促进了我国经济体制机制的变革，保证了社会经济的稳定发展。

（三）公共政策的制度化阶段（2002 年至今）

我国加入世界贸易组织以及党的十六大召开以后，对外开放进入一个新的历史时期。我国经济体制机制改革面临如何与国际经济规制接轨的问题，制度创新和政策调整的任务一方面是要建立中国特色社会主义市场经济体制机制，另一方面是要更大限度地融入国际经济体系，按照国际规制和秩序开展经济活动。因此，加入世界贸易组织以后，我国的公共经济政策按照与国际经济规制接轨的要求和时间表进行了全面的调整。同时，我国也逐步探索了适应中国社会经济实际情况的体制机制及相应的政策，建立了具有中国特色的公共政策及其治理体系，它标志着我国公共政策进入创新和制度化阶段。此时期我国出台了大量新的政策，如《国务院关于推进资本市场改革开放和稳定发展的若干意见》《全国人民代表大会常务委员会关于废止〈中华人民共和国农业税条例〉的决定》。此外，国家还制定并实施了涉及对外经济的系统性政策文件，完善了相关法律，逐步形成了较为完整的经济法律体系。经过改革开放的不断推进和市场经济的发展，我国公共政策已经进入制度化建设和治理阶段（陈潭，2009）。

二、改革开放以来我国公共政策演变的特点

(一) 公共政策的制度环境发生了变化，公共政策的目标和内容不断调整

中华人民共和国成立后，我国在社会主义建设过程中形成了行政计划管理的政策体系。但这一体系在改革开放后已不能适应社会主义市场经济发展的需要，新的体制机制要求建立新的政策体系与之相适应，而政策制定和实施的基础条件又在经济改革中不断变化。因此，改革开放以来我国的公共政策在不断地发生变化，这种变化总体上是依据社会经济发展的过程进行调整和创新。事实上，我国社会经济发展的道路有别于其他国家，我们建立的中国特色社会主义体制机制，在世界上没有现成的可以照搬的经验，只能凭借自身的探索不断地完善。在探索的过程中，从改革开放初期破除传统的制度和政策，到建立以经济发展为中心、以改革开放为导向的政策，再到全面建设现代社会经济国家的系统性公共政策，目前我国已经形成了相对完整和稳定的公共政策体系。

(二) 公共政策的重点从经济增长转向全面的社会发展

改革开放后，我国公共政策的导向和重点在于发展经济，政策目标以经济工作为中心。从 20 世纪 80 年代初到 21 世纪初期，我国公共政策的调整主要反映在经济政策上，基本上按照社会主义市场经济体制机制要求重新创立了新的经济政策体系。这一经济政策体系包括资源配置、生产与服务、投资与消费、

收入分配等国民经济的各个领域，尤其在建立市场经济制度、现代企业制度和对外经济制度等方面伴随着改革的深化出台了一系列政策。

我国公共政策的根本性变化还在于从改革初期的偏重于经济增长目标，向经济发展和社会发展的转变。特别是在新时期我国公共部门得到了迅速的发展，政府社会管理体制也朝着多元社会治理体制转变。与之相适应，我国针对公共产品领域制定了大量的政策，引导和推进社会事业的发展。较为突出的是在科技教育、医疗卫生、生态环境保护、社会保障制度、城乡融合发展等方面不断探索出适应中国国情的政策体系。尽管不少政策在实施过程中效果不甚显著，一些政策难以突破传统体制机制的限制，甚至受到利益群体的阻挠而难以实施，但总的趋势是公共政策在促进社会发展方面的功能越来越显著，在推动现代社会治理体系建设中的作用越来越大。

（三）公共政策体现的管制性逐步转变为公共性和人民性

在计划经济时期，我国的公共政策与中央集权的行政管理体制机制相适应，其内容和政策工具都体现了政府对经济社会活动的管制。改革开放以来，随着市场经济的发展和对外开放力度的加大，我国公共政策的内容和工具也越来越体现了政府角色和职能的转变，其指导性、服务性和法制性越来越强。

党的十七大报告提出，要“加快行政管理体制改革，建设服务型政府”“健全政府职责体系，完善公共服务体系，推行电子政务，强化社会管理和公共服务”。因此，在新时期政府加快了自身改革的步伐，切实转变职能，改善公共决策机制，实现由行政直接干预向间接调控的转变。在社会主义市场经济条件下，政府角色的转换和政府职能的调整，使政府切实履行起公共服务的职能（梁波，2007）。

在实践中，一系列新政策的出台体现出了政府在转变职能、提高公共服务水平方面所做的积极努力。例如，在教育政策方面，政府大力发展农村义务教育，促进教育公平和教育均衡发展；在城市住房政策方面，政府把解决城市居民住房问题作为重要的工作任务，制定了一系列稳定房地产市场的政策，明确提出了“房子是用来住的，不是用来炒的”，采取了一系列政策措施限制过度的投资和市场波动，并加大了对公租房的投资和建设，缓解了一部分城市居民的基本住房压力；在社会政策方面，政府改变原有的行政管理理念和实施方式，注重基层社会治理建设，动员民众参与社会治理工作，同时强调基本公共服务均等化，特别是制定了更加完善的贫困家庭扶持政策。通过政策内容的调整、政策实施工具的改变，政府对社会的管理寓于服务之中。

（四）公共政策制定机制由政府主导转向政府与社会合作

随着社会经济活动参与主体的增加和活动内容涉及面的扩大，各个主体的利益矛盾不断产生。公共决策作为调整和协调社会各方利益的手段，仅仅由政府作为制定主体难以反映社会实际情况，实施后也难以取得实效。为了实现经济、社会和环境的协调发展，党的十七大报告提出“人民民主是社会主义的生命”。为了健全民主制度，坚持国家的一切权力属于人民，扩大公民有序政治参与，发挥社会组织在扩大群众参与、反映群众诉求方面的积极作用，增强社会自治功能，国家开始鼓励各民主党派、社会组织和公众参与公共政策的制定。同时，在公共政策制定过程中，媒体的影响力越来越大，大众传媒的地位不断上升，这提高了政策制定和决策过程的信息透明度。

（五）公共政策制定的科学性和法律性有所强化

计划经济时期，许多公共政策过于注重政治性的目标，违背了经济发展和运行的规律。改革开放以后，一些公共政策在一定程度上转向了另一个极端，即过度追求经济增长，这使社会关系协调和社会公平受到损害，贫富差距扩大。近年来，公共政策制定者注重从社会公平视角去解决社会问题。虽然经济增长仍然被视为重要的政策目标，但社会发展、社会公平和环境保护也被赋予同等优先权。在政策取向方面，人民群众的利益受到政策制定者的高度重视，以反贫困为标志的政策取得了显著的成效，在逐步解决涉及人民切身利益的深层次问题中，形成了从根本上保障公民权益的制度和政策体系。

与此同时，随着我国法律体系的健全和决策程序的规范化，公共政策的制定和实施更注重法律依据以及决策程序的公正与公开。政府、社会组织和公众依法参与公共政策的制定过程，对公共政策的严肃性、规范性和有效性产生了比较大的影响。

三、我国公共政策存在的问题与改革建议

一个国家的公共政策决策与实施受该国政治经济体制机制的影响。如前文所述，我国公共政策在改革开放前后发生了较大的变化，但其制定和执行的体制机制仍然留有计划经济时期的痕迹，制度性的决策机制没有发生根本性的改

变。在留有行政计划痕迹的市场体制环境下，公共政策的制定和实施也受到行政计划和市场制度的双重影响，其内容决策、制定和执行过程存在着一些缺陷。针对这一问题，本书提出了以下改革建议。

（一）变革传统的公共政策制定和实施方式，建立科学的公共政策决策和执行机制

我国尚未从经验性的公共政策制定向现代化的、科学的公共政策制定彻底转型，政策制定过程中信息收集渠道较为单一，决策程序透明度不高，与社会实际和民众需求常常有偏差。在现行的行政管理体制下，公共政策的制定方式较为单一，公共政策的制定过程往往是行政部门内部的一个封闭过程，政府与利益相关者的沟通较少，征集意见的面较小。在政策的实施过程中，信息公开程度较低，致使政府部门的政策执行裁量权过大。因此，许多公共部门往往按照公共政策主体的价值偏好，采用经验性的政策制定与决策方式。从某种程度上看，这种方法又可以看作“试错法”，在一些备选方案中选择一个来执行，然后通过反馈回来的情况判定政策的执行状况，如果在政策实施中发现错误，就会根据反馈的信息来修正已经执行的政策或重新选择方案。这种摸着石头过河式的经验型决策，在改革开放初期缺乏理论基础和决策依据情况下尚有可行之处，但长期如此容易导致公共政策的错误，从而造成不可逆转的后果。

因此，我国需要学习、吸收先进的现代公共政策理论技术和方法，改变以部门工作经验为依据的公共政策制定方式，改变政府部门的工作方式，提高公共政策制定相关人员的专业水平；同时改变将行政命令作为公共政策执行工具的做法，积极运用多种公共政策工具，特别是在一些公共政策实施领域充分发挥社会组织和公民的力量，使公共政策能够得到快速、有效的执行。

（二）完善公共政策系统，建设强大的公共政策决策支持系统

我国要想建设现代化的公共政策系统，就需要建立一个包括信息系统、参谋系统、决策系统、监督系统等有机整合的体系。改革开放以来，我国致力于建构现代化的公共政策系统，取得了很大了进步，但与现代社会经济发展的要求比较还有很大的差距。一是在坚持党的领导的前提下，党政之间在社会发展和社会治理上应有职责分工。目前党和政府在公共政策方面的权力、职能与责任划分得还不够细致，人民代表大会的审议和决策职能没有得到充分发挥，特别是在公共政策前期的论证和制定过程中参与较少。二是尽管党政部门加强了

收集群众意见和建议的工作，一些公共决策也通过政策咨询座谈会、听证会等收集公众的意见，但实际情况是通过上述渠道收集的信息及信息反映的社会实际情况与公民的诉求存在差异，公民的信息难以全面和充分地被政策制定者获取，有时公民的诉求与行政部门的意志不一致会导致诉求信息不被接受。三是政策研究机构与智库机构的职能是帮助政府出谋划策，起到咨询功能，但目前一些机构还没有真正发挥其作用。四是体制外的政策研究组织与体制内的政策研究组织发展不对称，并且与官方政策研究组织和政策研究系统之间缺乏紧密的联系。

因此，在我国公共政策的制定、决策和实施过程中，各级政府应该在党的统一领导下，打破单一的政府部门机构封闭的公共政策管理系统，动员和整合社会力量，建立具有开放性、社会性的公共政策系统。特别是要强化人民代表大会的法律地位以及其在公共政策决策中的审议作用，充分发挥专业的政策研究机构和智库机构的作用。

（三）改变公共政策法制化程度不高的状况，促进公共政策法制化

公共政策法制化是政策制定和实施民主化、科学化的基础，也是公共政策的基本保障。改革开放以来，我国的法制建设取得了很大的成就，建立了较为完整的法律体系，这为公共政策的制定和实施奠定了法律基础。但是目前信息收集和公开、制定程序、实施评估等方面还缺乏完善的法律法规，民众如何参与公共政策制定等没有明确的公共条例规定，公共政策制定的体系尚未完善，相关法律法规尚未明确。一些政府部门在制定公共政策时也不够重视以相关法律法规为依据，公共政策在执行过程中缺乏行之有效的法律手段（李绵，2014）。在目前的公共政策体系中，部分公共政策主体的法律地位不明确，行政机关的一些政策文件未经相关法律部门的审核，缺乏明确的行政决策责任制度。

因此，在现有的法律体系基础上，我国有必要制定专门的公共政策法，以法律的形式规定公共政策的制定、决策、执行、评估中的责任要求和程序，规范公共政策相关主体和客体的行为。各级公共政策制定部门要完善决策的规则和程序，建立听取公众意见的制度，建立重大事项社会公示制度和社会听证制度，完善专家咨询制度，实行决策的论证制和责任制；建立责任追究制度和追踪制度，“谁决策、谁负责”，若决策失误，则根据问题的性质、严重程度和实

际情况予以处理；加强对政府部门与相关机构、企业和个人进行法制教育，使其在公共政策的制定和执行中严格遵守相关的规定和程序（谭桔华，2004）。

（四）杜绝特殊利益群体对公共政策制定的影响，充分保护公众的利益

公共政策对社会经济活动和利益分配有重大影响，其作为一种利益分配的方式，也是利益冲突与均衡的结果。公共政策的制定经常会受到各方利益的约束，特别是在市场化过程中代表资本力量的特殊利益群体的意志对公共政策制定的影响越来越大。同时，受政治因素的影响，一些地方政府在制定公共政策的过程中过度考虑社会稳定因素和经济增长因素，致使一些公共政策与社会进步、公众利益并不一致，或者与现阶段社会、公众的需求不相吻合。在公共产品领域，近些年由于政府对公共产品的投资增长迅速，公共基础设施和社会服务项目的规模越来越大，而这些公共资源主要掌握在政府手中，部分利益群体通过各种方式影响政府的决策以获取公共资源。

因此，公共政策的制定和执行在上述法制建设的基础上，要有充分的公众利益意识和要求。同时，一个科学决策的公共政策通常是经过民主程序的公共选择的结果，需要经过一系列规范的政策制定过程，包括政策问题确定、政策目标确立、政策方案设计和选择、政策执行、政策监督、政策评估和反馈等。未来我国应该规范公共政策制定的公开程序，提高信息透明度，广泛征求群众意见，接受社会监督。

（五）健全公共政策的绩效评估与监督机制

在公共政策的制定和实施过程中，依法进行监督是保证公共政策正当性、公平性和有效性的关键，所以国家应该设立专门的监督机构，行使监督公共政策制定和执行的职能。我国现有的法律体系已经赋予社会公众监督政府决策的权利，但在实际生活中，公众对政府决策监督所发挥的作用不大，政府的决策及其执行有时会偏重政府官员或专家的意见，公众的意愿和意见难以被政府吸收。为了解决公共政策制定和实施中的信息公开与监督问题，2008 年我国实施了《中华人民共和国政府信息公开条例》[1]，其规定各级人民政府及县级以上人民政府部门应当建立本行政机关的政府信息公开工作制度，并指定机构负责本行政机关政府信息公开的日常工作。该条例实施后产生了一些积极效应，但

① 2019 年 4 月 3 日根据中华人民共和国国务院令第 711 号修订。

没有从根本上改变行政体制造成的政府与公民之间的信息不对称问题。尤其在面对重大突发问题时，政府为了社会稳定会封锁一些信息，这加剧了民众对政府的不信任，挫伤了公民参与公共政策制定的积极性。为了增强公民参与政策制定和实施的积极性，近年来政府主管部门采取了意见征集、政策听证会和智库专报等方式，但尚未在法律制度上加以规范化和程序化。听证会等意见征询制度的公开性不足，常常有选择地邀请参会人员，导致广大群众难以表达真实的意见，监督权无法落实，社会监督缺位。同时，公共政策的执行效果缺乏基于基层民众的情况反馈系统，通常是各级政府主管部门通过内部报表系统进行内部评估，不能真实地反映政策的短期和长期绩效。

因此，我国除了要完善人民代表大会的监督机制外，在政务公开的基础上，还应允许公众参与公共政策制定和执行的监督，更加广泛地接受社会各个阶层对公共政策的反馈意见，并且对于公众的意见要以正规的渠道和合适的方式进行公开和回应；同时，要在学习和借鉴国际先进的公共政策绩效评估体系的基础上，根据我国的实际情况来制定科学、合理的公共政策绩效评估制度。

（六）利用现代技术增强决策机制的有效性

一项公共政策的制定和有效实施，必须基于对政策环境和影响对象基本情况的了解与分析，但长期以来我国公共部门不够重视对基础数据和信息的收集与分析，也缺乏利用现代信息技术辅助公共决策和政策实施的能力。近年来，随着各项公共事务复杂性增强，政府部门依靠经验无法对所有事务做出科学、准确的判断。

大数据时代的到来为增强决策机制的有效性带来了新机遇。现代技术能够对网络数据进行有效捕捉、深入挖掘和科学分析。借助现代技术，我们可以将海量信息背后的规律以可视化的方式呈现在人们面前。现代技术也可以建立问题与对策之间的逻辑关系，科学、系统地为政策制定提供帮助，进一步增强决策的准确性、实效性、预测性。已有的实践证明，现代技术可以引领政府公共决策和治理模式的创新：一是促进政府决策机制由粗放式转向精细化；二是加快政府决策机制由单一性转向协同共享性；三是促进政府决策机制由被动性转向主动性。因此，要想增强决策工作的科学性和有效性，政府必须改变传统的决策思想和决策手段，合理地运用现代技术，收集并科学解析基础数据，以数据决策替代传统的经验决策。具体应着力做好以下几方面的工作。

第一，树立大数据思维。现代信息技术已经融入社会经济的各个方面，政府工作人员要与时俱进，在行政管理和社会治理中要率先树立“用数据说话、用数据决策、用数据管理、用数据创新”的思维与理念。公共部门的决策方式应顺应时代的发展而进步，实现由经验化向科学化的转变。政府部门要加强对以大数据为代表的现代技术的学习，组织相关培训，普及先进技术，积极投身大数据实践。

第二，建设政府大数据一体化服务平台。政府应基于现代信息技术建设一体化政务服务平台和统一的信息接口，实现信息的高效获取，打破政府部门的信息壁垒，实现信息资源的共享，增强决策的科学性。

第三，通过立法打破数据壁垒，制定有序、开放地使用数据的法律法规，规范现代技术适用的范围和使用方式，明确政府各部门信息收集、使用的义务和权利，切实有效地实施政府信息公开条例。

第四，保障政府公共政策制定和执行中数据应用的安全性。在利用现代技术进行科学化决策的过程中，现代技术的安全应用是基本的保障。政府应加强信息安全建设，构建现代技术安全保障体系，增强安全监测、预警、控制和应急处置能力。

第三节　城市公共教育政策

一、我国公共教育实践与政策演变

公共教育均衡发展是社会公平的重要基石，也是我国教育改革的目标。我国始终重视教育事业的发展，中华人民共和国成立后首先为普及义务教育做出了努力，但受政治运动的影响，无论是基础教育的发展还是高等教育的发展都有较大的波动，义务教育在城乡之间和区域之间的发展不平衡。改革开放以后，国家在经济基础条件还比较薄弱的情况下，强化义务教育的普及，使我国的基础教育水平快速提升，但由于城镇化过程中农村社会经济结构的变化，城乡公共基础教育还存在较大的差异。总体而言，我国公共教育的实践与政策演变经历了由推广普及到均衡发展的过程。

（一）重视和普及基础教育（1949—1977 年）

中华人民共和国成立初期，全国基础教育水平低下，小学学龄儿童净入学率只有20%左右。党和政府为了提高人民的文化水平，高度重视基础教育，在几个五年计划中都强调“有计划有步骤地实行普及教育”的目标，动员社会力量发展公共基础教育。1956年，中共中央提出普及小学义务教育，大力发展中等教育和高等教育。20世纪70年代，中央在普及小学教育的同时，试图普及中学教育，中央和地方政府进行了广泛的宣传动员工作和组织工作，政府财政提供了基本的保障条件。这一时期小学教育的普及程度逐步提高。1956—1976年，小学学龄儿童净入学率由49.2%提高到96.0%，初步实现了普及小学教育的目标。同时，到1976年我国初中阶段毛入学率约为69.0%，初中阶段的教育也实现了一定程度的普及。

（二）普及小学义务教育，实现九年义务教育制度（1978—1990年）

改革开放后，我国全力推进普及小学教育工作，为实施九年义务教育而努力。1982年，我国颁布实施的《中华人民共和国宪法》规定“普及初等义务教育”，在有条件的地方努力普及初中教育。1985年，《中共中央关于教育体制改革的决定》中正式提出实行九年义务教育。1986年，第六届全国人民代表大会第四次会议审议并通过了《中华人民共和国义务教育法》（以下简称《义务教育法》），以法律形式规定“国家实行九年义务教育制度”。此时期我国基础教育发展尤其是普及初等义务教育取得了显著的成效（廖其发，2019）：一是小学教育普及率上升，辍学率下降，初中教育得到一定程度的普及。到1990年，全国小学学龄儿童净入学率达97.83%；二是办学条件明显改善，如1990年小学教职工总数为624万人，普通初中专任教师总数为247万人。但此时期基础教育的质量和水平尚有待提高，1990年小学学生保留率仅为71.40%，初中教育普及程度和入学率比较低，教育资源的保障还不够充分，教师资源缺乏，学校教学基础设施条件比较差。

（三）提高基础教育质量，全面普及义务教育（1991—2009年）

在这一时期，经济发展水平的提高为我国教育事业的发展奠定了经济基础，社会经济体制的变革也为基础教育的全面发展创造了制度条件。一是把普及九年义务教育作为国家重点发展战略。为了实施《义务教育法》，1992年3月国家发布《中华人民共和国义务教育法实施细则》，确立了普及义务教育的目标、原则、步骤和办法。1993年2月，中共中央、国务院印发的《中国教育改革和发展纲要》提出，到20世纪90年代全国要基本实现普及九年义务教育的目标。为了全面普及九年义务教育，2001 年 5 月，《国务院关于基础教育改革与发展的决定》中提出，加大对贫困地区和少数民族地区义务教育的扶持力度。2004 年，国务院通过了教育部等部门制定的《国家西部地区“两基”攻坚计划（2004—2007 年）》①。国家还实施了农村寄宿制学校建设工程、贫困地区义务教育工程、中小学危房改造工程、农村中小学现代远程教育工程、特岗教师计划等措施；先后实行“一费制”和“两免一补”政策，减轻了学生的经费负担，规范了收费标准。2006 年修订的《义务教育法》规定，全国实施义务教育，不收学费、杂费。二是增加中央和地方政府对义务教育的投入，鼓励社会力量办学。2005 年 12 月，《国务院关于深化农村义务教育经费保障机制改革的通知》中提出将农村义务教育纳入政府财政支出范围。2006 年修订的《义务教育法》对中央和地方政府义务教育财政负担的比例做了明确规定，保证了义务教育的经费投入。三是深化教育教学体制改革，加大教育主管部门对义务教育的指导和管理力度。2001 年 5 月，《国务院关于基础教育改革与发展的决定》中提出，进一步完善农村义务教育管理体制，实行在国务院领导下由地方政府负责、分级管理、以县为主的体制。

经过全社会的共同努力，这一时期我国义务教育的发展水平和教学质量都有了全面的提升，义务教育实现全面普及。截至 2010 年年底，全国 2 856 个县（市、区）全部实现“两基”②，全国“两基”人口覆盖率达到 100%。基础教育的办学条件得到显著的改善，截至 2010 年年底，我国小学专任教师学历合格率为 99.52%，初中专任教师学历合格率为 98.65%（廖其发，2019；祝洪娇，2012）。

（四）实现义务教育的均衡发展（2010 年至今）

在基本实现义务教育普及的基础上，我国将这一阶段的着力点放在了实现地区基础教育均衡发展和城乡义务教育一体化发展上。

2010 年 7 月，中共中央、国务院印发《国家中长期教育改革和发展规划纲要（2010—2020 年）》，提出义务教育的核心任务是“巩固提高九年义务教育水平”“推进义务教育均衡发展”。一是解决地区间义务教育发展不均衡和城乡义务教育一体化发展的问题。2012 年 9 月，《国务院关于深入推进义务教育均

---

① 根据《国务院关于宣布失效一批国务院文件的决定》，此文件已宣布失效。

② “两基”是指基本普及九年义务教育、基本扫除青壮年文盲。

衡发展的意见》中提出了义务教育均衡发展的指导思想、基本目标和政策措施。2016 年 7 月，《国务院关于统筹推进县域内城乡义务教育一体化改革发展的若干意见》对城乡义务教育一体化改革发展做出了具体的规定。二是加大中央和地方政府的财政预算投入，改善贫困地区薄弱学校的办学条件。2013 年 12 月，《教育部 国家发展改革委 财政部关于全面改善贫困地区义务教育薄弱学校基本办学条件的意见》中提出改善贫困地区义务教育薄弱学校基本办学条件的任务和政策措施，并要求推进城乡义务教育经费保障机制的改革，统筹城乡义务教育资源的均衡配置。

经过长期的努力，我国义务教育已经达到了较高的水平，2018 年小学学龄儿童净入学率达 99. 95%，全国初中阶段毛入学率为 100%，全国九年义务教育巩固率为 94. 20%。师资水平和待遇也有明显提高，2018 年小学生师比达到 16. 79 : 1，初中生师比为 12. 79 : 1；2018 年全国小学专任教师中本科及以上学历的教师的比例为 59. 10%，全国初中专任教师中本科及以上学历的教师的比例为 86. 22%。同时，义务教育阶段学校布局更趋合理，2018 年全国共有小学 16. 18 万所、初中学校 5. 20 万所；义务教育的学校基础设施条件得到了改善，到 2019 年，94%的学校达到国家基本办学要求，92. 7%的县级单位实现义务教育基本均衡（廖其发，2019）。

我国的公共教育政策及其实践的演变，基本是先提升基础教育的普及度，再注重教育质量的提高，与此同时，强调区域义务教育的均衡发展，促进城乡义务教育的一体化发展。

二、我国主要的公共教育政策

国家是通过制定和实施教育政策来发展教育事业的。公共教育政策是国家为了实现教育事业的战略目标而制定的制度措施，体现了国家的教育发展计划，同时也是政府推动教育发展和进行教育管理的工具。改革开放以来，我国为了促进教育事业的发展，实现现代基础教育发展目标，不断地调整教育政策。

（一）全面普及和均衡发展义务教育的政策

在构建社会主义和谐社会的进程中，我国教育资源更多地向基础教育倾斜。其中普及义务教育是最重要的教育目标，这是促进科教兴国战略和教育优先发展战略的基本举措。义务教育的发展过程也是义务教育政策的探索和实践过程。如前文所述，我国基础教育发展的战略目标是全面普及义务教育、实现地区间义务教育的均衡发展和义务教育的城乡一体化。为了逐步实现这些目标，国家颁布并实施了一系列政策：一是制定并修订了有关义务教育的法律法规；二是政府部门颁布了一系列有关促进义务教育的政策措施；三是对教育管理体制机制进行了变革。梳理我国历年来颁布的法律法规和政策措施可以发现，教育政策变化的脉络由普及义务教育向地区和城乡教育均衡发展演变，这反映了我国基础教育的公平和均等化发展。尤其是改革开放以来，国家出台的一系列政策除了继续普及城乡义务教育外，还重点解决了农村中小学的均衡发展和经济落后地区的义务教育发展问题，在最近的 10 年，政策还重点关注进城务工人员子女的义务教育问题。进城务工人员作为城市中的一个特殊群体，由于户籍制度和社会保障制度的差异，很多人的子女无法享受城市公立学校的义务教育（朱德全等，2017）。为此，政府出台了《流动儿童少年就学暂行办法》（1998）、《关于进一步做好进城务工就业农民子女义务教育工作的意见》（2003）等政策，在制度和政策上全力解决进城务工人员子女的义务教育问题。

（二）变革公共基础教育的办学机制，鼓励社会力量投资基础教育的政策

发展公共基础教育是政府的基本职责，但教育也是社会发展的重要内容，需要全社会各种力量的支持和资源的投入。我国经济发展水平和财政能力还不足以支撑高标准的民办教育投入，因此国家需要鼓励社会力量投资基础教育，这也是以不同的教育机制提升我国基础教育水平的一种有效方式。

改革开放以来，我国义务教育等公共教育的办学机制有了较大的变化。这种变化主要体现在两个方面：一是中央与地方政府承办义务教育的事权和财权的变化，建立了以地方政府为主导的义务教育体制与机制；二是允许民办教育的发展，建立了以公立为主导，以民办教育为辅的体制。1985 年，《中共中央关于教育体制改革的决定》规定，地方政府制定自己的教育政策，安排自己的教育财政。1993 年，中共中央、国务院印发《中国教育改革和发展纲要》，确定了教育体制机制改革的方针、原则和政策。1999 年，《中共中央 国务院关于深化教育改革，全面推进素质教育的决定》确定了基础教育主要由地方负责、

分级管理的体制，同时鼓励和支持社会力量以多种形式办学。2002 年 12 月，第九届人大常委会第三十一次会议通过《中华人民共和国民办教育促进法》，明确提出民办教育事业是社会主义教育事业的组成部分，国家对民办教育实行积极鼓励、大力支持、正确引导、依法管理的方针，这使教育成为全社会共同参与的事业，拉开了教育多元化和多样化的序幕（龙翠红、易承志，2017）。

根据《中华人民共和国民办教育促进法》，民办是指利用非国家财政性经费办学，包括社会组织办学和个人办学。民办学校由举办者投资和运行，政府给予政策扶持。在城市发展中，民办教育发展有其内在的原因，包括现有公立学校难以满足流动人口家庭子女的教育需求，民办学校的特色教育可满足部分个性化发展的学生的需要，部分学生家长愿意在经济条件允许的情况下选择教学设施优良的民办学校，等等。民办教育是我国教育的重要组成部分，在基础教育发展中贡献了办学方式、教育管理等方面的经验。但是民办教育在发展中也存在着一些问题，如过度追求办学的经济效益，资金投入不足导致校区和教育设施落后，等等。地方政府应该客观地分析问题产生的原因，出现问题时不能简单地一收了之，将民办转为公办。从长期看，这样不利于我国基础教育发展的生态格局。政府应该在规范管理民办教育的同时，适当加大支持民办教育的力度。

（三）城乡融合发展中义务教育一体化的政策

在我国基础教育的发展中，城乡之间的教育水平差距较大，农村义务教育的普及和质量约束了我国整体基础教育水平的提升。制约农村义务教育发展的主要因素是教育经费不足和师资力量不足，在农村劳动力流动的背景下，农村学龄儿童减少，学校教育难以达到规模。为了解决上述问题，2015 年，《国务院关于进一步完善城乡义务教育经费保障机制的通知》中指出，中央和地方政府要加大义务教育投入，财政经费重点向农村义务教育倾斜。《国家中长期教育改革和发展规划纲要（2010—2020 年）》中也指出，在国家教育经费持续增加的条件下，加大农村、边远贫困地区和民族地区的教育投入。考虑到部分省市的财力问题，中央财政通过加大转移支付力度，支持农村欠发达地区和民族地区教育事业发展。财政政策的支持使得农村义务教育经费逐年增长，城乡之间虽然义务教育经费支出还有一定差距，但差距已大大缩小（见表 10 - 1）。

表 10－1　城乡义务教育生均预算内教育事业费支出

单位：元

年　份	普通小学 全　国	普通小学 农　村	普通小学 差　额	普通初中 全　国	普通初中 农　村	普通初中 差　额
2006	1 633.51	1 505.51	128.00	1 896.56	1 717.22	179.34
2007	2 207.04	2 084.28	122.96	2 679.42	2 433.28	246.14
2008	2 757.53	2 617.59	139.94	3 543.20	3 303.16	240.09
2009	3 357.92	3 178.08	179.84	4 331.62	4 065.63	265.99
2010	4 012.51	3 802.91	209.60	5 213.91	4 896.38	317.53
2011	4 966.04	4 764.65	201.39	6 541.86	6 207.10	244.76
2012	6 128.99	6 017.58	111.41	8 137.00	7 906.61	230.39
2013	6 901.77	6 854.96	46.81	9 258.37	9 195.77	62.60
2014	7 681.02	7 403.91	277.11	10 359.33	9 258.37	647.51
2015	8 838.44	8 576.75	261.69	12 105.08	11 348.79	756.29
2016	9 557.89	9 246.00	311.89	13 415.99	12 105.08	1 310.91
2017	10 199.12	9 768.57	430.55	14 641.15	13 447.08	1 194.07

资料来源：全国教育经费执行情况统计公告（2006—2017 年）。

为了解决农村地区师资力量不足的问题，近年来国家除了增加从事义务教育师资的薪酬待遇外，还加强了师资培训，并出台了城乡中小学学校领导和教师适当交流的政策，这在一定程度上提升了农村中小学的教学质量。

三、公共教育政策绩效评估与未来发展目标

（一）义务教育普及政策的绩效评估

通过有力实施义务教育发展政策，我国义务教育发展水平和质量得到了均衡发展。按照朱德全等（2017）编制的义务教育评价指标及其分析结果，依据教育的发展政策，各项义务教育发展指标均得到明显的改善。

一是《国家中长期教育改革和发展规划纲要（2010—2020 年）》规定的义务教育均衡发展目标任务基本落实，无论是地区间还是城乡间义务教育均衡发展的水平均有明显提高。二是近 10 年来，随着政府公共支出预算中教育经费占 GDP 的比重达到 4%的目标，中央和地方政府将义务教育支出纳入公共财

政预算范围，加大了基础教育的投入，城乡之间的教育经费投入差距也在缩小。2009 年国家对义务教育阶段教师实施的绩效工资政策，大幅度改善了义务教育阶段教师的待遇；完善了义务教育经费投入机制，建立了依法保障义务教育经费的财政体系。三是随着教育经费的增加，学校标准化教育设施的建设取得显著成效，办学条件大幅改善。到 2014 年，全国小学生均建筑面积已经达到 6.85 m^2，初中生均建筑面积为 11.99 m^2。四是基础教育的师资队伍建设取得了较好的成绩。2012 年，《国务院关于深入推进义务教育均衡发展的意见》中提出实行城乡统一的中小学教职工编制标准，对农村小学和教学点予以重点倾斜。2014 年，《中央编办 教育部 财政部关于统一城乡中小学教职工编制标准的通知》的出台，在一定程度上解决了城乡教师编制倒挂的问题，稳定了农村教师队伍。同时，2010 年以来，国家全面实施“中小学教师国家级培训计划”，每年安排教师培训财政预算，建立了教师培训体系，加大教师培训力度，提高了教师队伍的质量。

（二）城乡义务教育一体化进展状况评估

经过多年的努力，我国城乡义务教育一体化政策取得了一定的成效，部分政策扭转了城乡义务教育发展失衡的状态。城乡一体化发展的政策得到了有效落实，一些影响城乡义务教育均等化的基础性制度，如户籍制度等也在逐步破除。这些政策措施保障了农村学龄儿童在城镇学校就学，也缩小了城乡基础教育水平的差距。尤其是国家通过扩大农村教师规模，逐步解决了农村基础教育教师缺乏的问题（见表 10－2）。

表 10－2 全国城乡义务教育生师比状况（2017 年）

年级	师生	全国总量	城区	镇区	乡村
小学	专任教师/人	5 944 910	1 865 679	2 161 813	1 917 418
	在校学生/人	100 936 980	34 622 854	38 560 500	27 752 636
	生师比	16.98	18.56	17.84	14.47
初中	专任教师/人	3 548 688	1 221 327	1 752 616	574 745
	在校学生/人	44 420 630	15 671 422	22 315 114	6 434 094
	生师比	12.52	12.83	12.73	11.19

数据来源：《中国统计年鉴》（2018 年）。

由表 10－2 可知，乡村义务教育生师比已经低于城镇地区。这一方面是因为农村学龄儿童迁往城市学习，导致农村学校在校生减少；另一方面是因为国家提高从事农村基础教育阶段教师的待遇，吸引了一部分教师到农村学校工作。同时，我国城乡教师交流轮岗机制逐步建立，2014 年，随着《教育部 财政部 人力资源和社会保障部关于推进县（区）域内义务教育学校校长教师交流轮岗的意见》的出台，全国各省市也相继出台了关于推进教师流动的相关政策，并开展了改革试点，促进了优秀教师向农村学校、师资薄弱学校流动，推动了教师资源的均衡配置。

与此同时，城乡间中小学的学校布局趋于合理。2012 年，《国务院办公厅关于规范农村义务教育学校布局调整的意见》提出县级人民政府要科学制定农村义务教育学校布局专项规划。2013 年，《教育部关于做好农村义务教育学校布局专项规划制定工作的通知》提出各地要合理制定农村义务教育学校布局专项规划，并严格规范学校撤并程序和行为，坚决制止盲目撤并农村义务教育学校的行为，保障农村适龄儿童少年就近入学权利。

（三）公共教育政策的未来目标

中共中央、国务院于 2019 年印发了《中国教育现代化 2035》，这是未来我国公共教育的一个纲领性政策文件，它提出了我国教育的未来方向、任务、实现路径和保障措施，同时也提出了“一地一案”“分区推进”的要求。

《中国教育现代化 2035》提出，推进教育现代化的指导思想是：“以习近平新时代中国特色社会主义思想为指导，全面贯彻党的十九大和十九届二中、三中全会精神，坚定实施科教兴国战略、人才强国战略，紧紧围绕统筹推进‘五位一体’总体布局和协调推进‘四个全面’战略布局，坚定‘四个自信’，在党的坚强领导下，全面贯彻党的教育方针，坚持马克思主义指导地位，坚持中国特色社会主义教育发展道路，坚持社会主义办学方向，立足基本国情，遵循教育规律，坚持改革创新，以凝聚人心、完善人格、开发人力、培育人才、造福人民为工作目标，培养德智体美劳全面发展的社会主义建设者和接班人，加快推进教育现代化、建设教育强国、办好人民满意的教育。将服务中华民族伟大复兴作为教育的重要使命，坚持教育为人民服务、为中国共产党治国理政服务、为巩固和发展中国特色社会主义制度服务、为改革开放和社会主义现代化建设服务，优先发展教育，大力推进教育理念、体系、制度、内容、方法、治理现代化，着力提高教育质量，促进教育公平，优化教育结构，为决胜全面建成小康社会、实现新时代中国特色社会主义发展的奋斗目标提供有力支撑。”

《中国教育现代化 2035》还提出，推进教育现代化的总体目标是：“到 2035 年，总体实现教育现代化，迈入教育强国行列，推动我国成为学习大国、人力资源强国和人才强国。”2035 年主要发展目标是：“建成服务全民终身学习的现代教育体系、普及有质量的学前教育、实现优质均衡的义务教育、全面普及高中阶段教育、职业教育服务能力显著提升、高等教育竞争力明显提升、残疾儿童少年享有适合的教育、形成全社会共同参与的教育治理新格局。”这一目标的实现将使我国形成一个纵向衔接、横向沟通、协调发展、相互融合的教育体系。

要想实现上述教育目标，我国既要有明确的、统一的建设方向，又要有不同区域、不同教育层次的个体特性。对于不同发展水平的区域，国家应因地制宜地采取符合教育规律的教育发展方式，不应该以高度集中和固化的行政计划机制来管理教育事业；应充分发挥教育机构的主体作用，增强教育单位的办学自主性。

未来国家在推动教育高水平、高质量发展的过程中，也要不断提高公共基础教育的质量，在现有初中和小学教育普及水平的基础上，提升高中阶段教育普及水平，推进中等职业教育和普通高中教育协调发展，鼓励普通高中多样化、有特色发展；实现基本公共教育服务均等化，提升义务教育均等化水平；在实现县域内义务教育基本均衡的基础上，进一步推进优质均衡；推进随迁子女入学待遇同城化，有序扩大城镇学位供给；完善流动人口子女异地升学考试制度；实现困难群体帮扶精准化，健全家庭经济困难学生资助体系；办好特殊教育。

要实现现代化教育发展目标，国家应全力推进教育治理体系和治理能力的现代化建设，提高教育法治化水平，构建完整的教育法律法规体系，完善学校办学法律支持系统；同时，应继续加大教育的财政投入，鼓励社会力量投资民办教育和支持基础教育，形成多元主体合作的公共基础教育发展机制。

第四节　城市公共卫生政策

一、我国公共卫生政策的演变

19 世纪初，美国公共卫生专家查尔斯·E. 温斯洛（Charles E. Winslow,

1920）将公共卫生定义为“通过有组织的社会活动来改善环境、预防疾病、延长生命和促进健康”。这一概念得到世界卫生组织和学界的广泛认可。公共卫生具有广泛的内涵，包括食品卫生、妇幼卫生、精神卫生、传染病和重大疾病的监控、突发公共卫生事件的预防和处置等。

中华人民共和国成立以来，人民生活水平日益提高。国家高度重视公共卫生服务，公共卫生的目标和政策随经济社会的发展和国家总体发展战略的变化发生了一系列演变，先后经历了中华人民共和国成立初期的福利卫生事业建设阶段、改革开放时期的卫生政策调整阶段、公益卫生事业建设阶段和“健康中国”战略建设阶段（李洁，2019）。

第一阶段，福利卫生事业建设阶段（1949—1978 年）。中华人民共和国成立初期，国家经济和军事基础较薄弱。由于这一时期医药卫生事业严重落后，因此国家非常重视发展卫生事业，致力于提高人民的卫生福利水平。1950 年，中央提出“面向工农兵”“预防为主”“团结中西医”的卫生工作方针。1952 年，周恩来又提出“卫生工作要与群众运动相结合”。在这些工作方针的指导下，我国的卫生事业发展迅速。世界银行这样评论我国的卫生事业：以最少的投入获得了最大的健康收益（刘世杰，1999；张毅强，2010）。但这一阶段我国的公共卫生政策并没有形成系统和完善的体系，卫生事业建设仅处于初级阶段。

第二阶段，卫生政策调整阶段（1978—2003 年）。1978 年，十一届三中全会确立了改革开放政策，我国社会经济进入新的发展阶段。公共卫生领域中原有的管理体制和运行机制在改革过程中不断受到冲击，在经过一段时间的调整后，政府重新强调公共卫生与医疗事业的发展。1990 年，卫生部发布《关于我国农村实现“2000 年人人享有卫生保健”的规划目标（试行）》。此后，随着《中共中央 国务院关于卫生改革与发展的决定》和《中共中央 国务院关于进一步加强农村卫生工作的决定》等文件的出台，公共卫生领域有所发展，也建立了比较稳定的工作局面。在“以经济建设为中心”的战略方针和市场经济机制下，社会资本也参与了部分公共卫生服务事业。但这一时期地方政府对公共卫生事业的投入有所下降。这一阶段我国的公共卫生事业出现了资源配置不合理、基层卫生保健薄弱、公共卫生事业发展缓慢等问题。

第三阶段，公益卫生事业建设阶段（2003—2015 年）。2003 年“非典”疫情的暴发和长期积累的“看病难、看病贵”等问题，促使政府反思公共卫生领域过度市场化的倾向，重新关注公共卫生事业建设和突发性卫生事件的预防与处置问题。2009年，《中共中央 国务院关于深化医药卫生体制改革的意见》中提出，建立覆盖城乡居民的公共卫生服务体系，促进城乡居民享有均等化的基本公共卫生服务。这一阶段政府在公共卫生服务领域的财政投入急剧增加，公共卫生服务体制机制也逐步完善，公共卫生服务水平明显提高（见图10－1）。

图10－1 1978—2018年政府卫生支出占财政支出的比重变化

（数据来源：《中国统计年鉴》）

第四阶段，“健康中国”战略建设阶段（2015年至今）。2015年，十八届五中全会提出“推进健康中国建设”；2016年，《中共中央 国务院关于深化医药卫生体制改革的意见》出台；2019年，《国务院关于实施健康中国行动的意见》《国务院办公厅关于印发健康中国行动组织实施和考核方案的通知》出台，其中《国务院关于实施健康中国行动的意见》明确了到2022年基本建立健康促进政策体系、到2030年基本实现健康公平的总体目标。

新冠肺炎疫情暴发后，我国采取全民抗疫行动，同时也制定了一系列政策，并开始改革公共卫生体制机制。此次疫情将推动我国公共卫生制度变革和实践创新，使我国公共卫生事业上一个新的台阶。

二、主要公共卫生政策及实践

公共卫生事业的内涵和建设范围广泛，在不同时期有不同的工作重点。中华人民共和国成立以来，我国在加强基础卫生设施建设的同时，重点落实重大传染性疾病的防治工作，并建立了公共卫生与医疗保障体系。

（一）重大传染性疾病防治

在我国，一系列传染病曾经严重威胁公众的身体健康和生命，如血吸虫病、血丝虫病、钩虫病、黑热病、疟疾、天花、艾滋病等，中央和地方各级政府为此展开了艰苦且长期的工作，以控制和消灭这些传染性疾病：一方面，大力宣传和推广疫苗接种；另一方面，群防群治，科学施策，依靠人民群众的力量，建立了传染病预防和治疗体系，有效处理了一系列由传染病引发的公共卫生事件。下面主要介绍两种传染性疾病的防治。

1. 血吸虫病的防治

血吸虫病是一种严重危害身体健康的寄生虫病。血吸虫病曾长期在我国各地肆虐，在疫情严重地区，土地荒芜、劳动力匮乏。为此，1955 年 11 月，中共中央成立了防治血吸虫病领导小组，统一领导血吸虫病流行地区的工作。1956 年 2 月，中央做出“全党动员，全民动员，消灭血吸虫病”的重大决策，确定了“加强领导，全面规划，依靠互助合作，组织中西医力量，积极防治，七年消灭”的血吸虫病防治工作方针。随后，各地制定了本地区总的防治规划，建立了定期汇报制度（庄嘉声，2020）。

为了实现血吸虫病防治的目标，中央制定了一系列政策，如 1956 年 1 月颁布的《一九五六年到一九六七年全国农业发展纲要》，1957 年 4 月发布的《国务院关于消灭血吸虫病的指示》《中共中央关于保证执行国务院关于消灭血吸虫病指示的通知》。这些政策文件明确了血吸虫病防治工作目标、方针政策、行动计划和时限要求。随后，在江西平江、江苏无锡等地防治试验的基础上，全国各地展开了大规模的防治工作。

由于血吸虫病易感染、复发率高，为了从根本上消灭这一病害，我国在防治实践中形成了抓关键环节的经验。一是建立防治机构和防治队伍。从 1956 年到 1957 年 8 月，全国各地血吸虫病流行地区共建立了 19 个防治所、236 个防治站、1 346 个防治组，培养了 1.7 万多名专业防治干部，有 309 个县开展了大规模的防治工作。二是查治病例，积极治疗患者，以彻底消灭血吸虫病的传染源。三是清除钉螺。在血吸虫病流行地区开展大规模水利设施建设和生态环境治理改造工作，消除钉螺这一血吸虫的中间宿主，彻底切断血吸虫病传播的渠道。四是采用中西医结合治疗的方案。从全国 1 000 多个治疗药方中选出16个有效的中医药方，与西医治疗相结合。五是大规模开展科普宣传工作。在疫区广泛深入地开展思想动员和科普教育工作，提高人民群众对血吸虫病的科学认识，增强群众防治疾病的信心和决心。六是督促检查。中央与地方各级党委政府建立了督促检查小组和工作汇报体系，定期汇报工作进展和相关问题，并协调各有关部门的防治配合工作（林金祥、李莉莎，2005；庄嘉声，2020）。

经过全国人民的共同努力，截至1957年年底，全国血吸虫病疫区中13个县基本消灭血吸虫病，343个乡镇基本消灭钉螺，全国各地共治疗了50万例血吸虫病患者。到1958年，全国各地收治300多万例血吸虫病患者，消灭钉螺面积达33亿平方米（新中国预防医学历史经验编委会，1988）。我国血吸虫病防治工作取得了重大的阶段性胜利，并为此后的长期防治工作奠定了扎实的基础。

2. 艾滋病的防治

1985年，我国首次报告艾滋病病例。由于艾滋病流行形势严峻，传播广泛，国家进行了一系列决策部署。1989年，第七届全国人大常务委员会第六次会议通过了《中华人民共和国传染病防治法》，经过2004年和2013年两次修订，形成了针对预防、控制和消除传染病的比较完善的法律法规体系。

1999年，《卫生部关于对艾滋病病毒感染者和艾滋病病人的管理意见》中指出，各地卫生防疫部门负责组织对本地艾滋病病毒感染者和艾滋病患者进行流行病学调查，建立个人档案，并按计划定期随访。2004年4月，《卫生部 国家中医药管理局关于艾滋病抗病毒治疗管理工作的意见》中明确指出，要监督相关法律法规的执行情况，严肃处理拒绝为艾滋病患者提供医疗服务的医疗机构和医务人员。2006年，国务院颁布《艾滋病防治条例》，将针对艾滋病患者实行的“四免一关怀”政策①制度化。2013年，国家卫生和计划生育委员会、国家发展改革委等5部委发布了《关于进一步推进艾滋病防治工作的通知》，要求各地在2014年6月底之前将艾滋病机会性感染纳入新型农村合作医疗大病

① “四免一关怀”政策包括以下内容：① 向农村艾滋病患者和城镇经济困难的艾滋病患者免费提供抗艾滋病病毒治疗药物；② 在全国范围内为自愿接受艾滋病咨询、检测的人员免费提供咨询和初筛检测；③ 向感染艾滋病病毒的孕产妇免费提供预防艾滋病母婴传播的治疗和咨询；④ 对于生活困难的艾滋病患者遗留的孤儿和感染艾滋病病毒的未成年人接受义务教育的免收杂费、书本费，接受学前教育和高中阶段教育的减免学费等相关费用；⑤ 将生活困难的艾滋病患者纳入政府救助范围，按照国家有关规定给予必要的生活救济，并积极扶持有劳动能力的艾滋病病毒感染者和艾滋病患者从事其力所能及的生产和工作。

保障范围。2017年，国务院办公厅印发《中国遏制与防治艾滋病“十三五”行动计划》，要求发挥中医药在防治艾滋病工作中的作用，研究形成中西医综合治疗方案。

目前，我国艾滋病防治情况依然不容乐观。据国家卫生健康委员会统计，2018年我国艾滋病发病人数高达64 170例，其中死亡人数高达18 780例，艾滋病发病率从2005年的0.43/10万人增长到2018年的4.62/10万人。2019年9月，国家卫生健康委员会等多部门发布《遏制艾滋病传播实施方案（2019—2022年）》，协调艾滋病防治协调机制办公室、卫生健康部门、政法部门、教育部门，计划实施预防艾滋病宣传教育、艾滋病综合干预、艾滋病扩大检测和治疗、预防艾滋病社会综合治理、消除艾滋病母婴传播、学生预防艾滋病教育六大工程，遏制艾滋病性传播上升势头。经过几十年的努力，我国艾滋病防治工作成效显著，特别是建立了预防、控制和治疗体系。

（二）建立和完善突发公共卫生事件处置系统

突发公共卫生事件可能会在极短的时间内造成难以估量的经济损失，也会引起社会恐慌。2003年暴发的“非典”疫情，是对我国公共卫生事件处置和重大传染性疾病防治体制机制的一个考验。

“非典”疫情暴发后，我国政府动员全社会的力量进行抗疫，在较短的时间内控制住了疫情。在此次抗疫过程中，我国积累处置突发公共卫生事件的经验，同时我国也颁布了一系列防治政策，建立了处置预案和规范，建立和完善了相关的法律体系。2003年5月，国务院颁布《突发公共卫生事件应急条例》，明确要求各级政府制订突发公共卫生事件应急预案，建立突发事件应急报告制度。2006年，国务院发布《国家突发公共事件总体应急预案》，将突发公共事件分为自然灾害、事故灾难、公共卫生事件和社会安全事件，并按严重程度等因素分为四级进行管理和处置。同年，国家颁布和实行的政策还有《国家突发公共卫生事件相关信息报告管理工作规范（试行）》《突发公共卫生事件与传染病疫情监测信息报告管理办法》《国家突发公共事件医疗卫生救援应急预案》《突发公共卫生事件社区（乡镇）应急预案编制指南（试行）》。这些政策文件为突发公共事件的确认、分级、报告、监测和应急处置提供了较为具体的指导（孙梅等，2014）。

2019年年底，新冠肺炎疫情暴发后，国务院迅速出台了疫情防控政策。在抗疫过程中，中央和各级地方政府采取了一系列措施：一方面，以建设方舱医院为主扩建医疗设施，通过基层社区的力量，对患者尽收、尽治，进行集中封闭式诊疗，控制疫情的社区传播；另一方面，将全国各地物资和医疗资源集中到抗疫一线。财政部紧急下拨防控补助资金，同时通过及时发放失业保险金、单位职工防护用品免征个税、免除新冠肺炎患者的医疗费用、医务人员享受补助保险待遇等财政政策，为居民、患者和医务人员排忧解难。通过上述措施，我国有效控制了疫情。在抗击新冠肺炎疫情过程中，我国也积累了经验：一是在抗疫过程中形成了居家隔离、集中隔离与社区防控相结合的防疫体系；在救治上形成了定点医院和临时医院相结合的模式，并预留医疗服务供给能力。二是认识到在突发疫情时保证医疗资源、生活物资供给以及交通运输等公共部门正常运行的重要性。三是各地、各单位必须制订应对突发公共卫生事件的应急防控方案，并在组织制度保证下实施。四是加强党的统一领导和统一部署，建立组织和制度保障体系，特别是要依托基层社会组织，动员全社会的力量建立群防群治的抗疫网络，并形成跨部门、跨区域综合防治和统筹协调的体制机制。五是在法律法规的保证下，基于互联网、大数据等信息技术，建立信息公开和报告制度，并建立快速的决策反馈系统。

（三）妇幼卫生建设

中华人民共和国成立初期，我国整体的医疗卫生水平较低，卫生机构和医护人员的防护知识有限，产妇感染的病例时有发生，婴儿死亡率也较高。这一阶段我国妇幼保健工作的重点是推广新法接生，即“一躺三消毒”[①]，宣传节制生育的思想。

1977 年，世界卫生组织提出“2000 年人人享有卫生保健”的全球战略目标。1986 年，我国明确承诺实现这一目标。1986 年，卫生部修订和完善了 1980 年颁布的《妇幼卫生工作条例》[②]，该条例明确阐述了妇幼卫生工作的任务和目标，为相关专业机构和基层组织的建设提供了指导。1990 年，《卫生部关于推行妇幼保健保偿责任制的意见》中指出，全国推广妇幼卫生保健保偿责

---

① “一躺三消毒”中的“一躺”是指躺着分娩；“三消毒”是指接生用具消毒，接生者双手消毒，产妇会阴部消毒。

② 依《关于废止〈妇幼卫生工作条例〉等 7 件部门规章的令（国家卫生计生委令第2 号）》废止。

任制，内容包括青春期及婚姻保健（婚前体检）、孕产妇系列保健、儿童系列保健、优生系列保健和计划生育技术服务等。同年，国务院妇女儿童工作协调委员会成立，负责组织和指导保障妇幼权利、促进男女平等的相关工作，1993 年其更名为国务院妇女儿童工作委员会。

1992 年我国颁布了《中华人民共和国妇女权益保障法》，1994 年颁布了《中华人民共和国母婴保健法》，1995 年颁布了《中华人民共和国母婴保健法实施办法》，这标志着我国的妇幼保健工作进入了依法管理、依法服务阶段。1996—2000 年，我国与联合国儿童基金会合作开展了妇幼卫生工作，这推动了我国妇幼卫生工作迅速发展。为了降低孕产妇死亡率，2001 年国务院批准实施了《中国儿童发展纲要（2001—2010 年）》和《中国妇女发展纲要（2001—2010 年）》，提出了 21 世纪初我国妇女儿童发展的目标任务和政策措施（李鸿斌等，2011）。

1982 年 9 月，计划生育被确定为基本国策并写入宪法，计划生育政策的严格实施控制了人口的增长。据国家统计局统计，1982 年我国人口出生率为 22. 28‰，计划生育政策推行后，这一数字逐步降低，2012 年降至 12. 10‰。2012 年，我国 65 岁及以上老年人口达到 100 403 万人，老年人口抚养比例为 12. 7%（程志强、马金秋，2018）。由于劳动年龄人口减少，人口老龄化速度加快，2013 年 12 月 28 日，第十二届全国人大常委会第六次会议通过的《关于调整完善生育政策的决议》，提出我国正式实施单独二孩政策，即允许一方是独生子女的夫妇生育两个孩子。2021 年，我国的计划生育政策又调整为一对夫妻可以生育三孩的政策。

2017 年，依据《国务院关于修改部分行政法规的决定》，国家对《中华人民共和国母婴保健法实施办法》进行修改，进一步完善住院分娩的技术规范。2018 年，国家卫生健康委员会印发《人工流产后避孕服务规范（2018 版）》《母婴安全行动计划（2018—2020 年）》和《健康儿童行动计划（2018—2020 年）》，进一步明确妇幼卫生健康服务的具体目标和重点行动。

经过长期努力，我国妇幼卫生工作取得了显著的成效。《中国卫生统计年鉴》（2015 年）显示，2014 年全国孕产妇死亡率为 21. 7/10 万，比 1990 年的 88. 8/10 万下降了 75. 56%，提前完成联合国有关降低孕产妇死亡率的目标。国家医疗保障局公布的《2019 年医疗保障事业发展统计快报》显示，2019 年全年我国生育保险参保人数达 21 432 万人，比上年增长 4.90%。

三、公共卫生政策绩效评估

公共卫生政策的实施绩效是衡量一个国家卫生服务水平的重要标志，实施绩效评估是检验政策执行力、提高公共卫生水平的重要推动力。美国公共卫生学者阿维迪斯·多那比第安（Avedis Donabedian）创立的结构、过程、结果三个维度评估框架得到了学界的广泛认可，许多国家以此为基础建立了本国的公共卫生绩效评估框架（苏海军，2010）。与西方国家相比，我国的公共卫生绩效评估起步较晚，因此一些公共卫生政策的绩效评估参考其他国家或世界卫生组织的评估标准。下面从卫生系统建设、医疗机构运行、基本公共卫生服务水平三个方面介绍我国公共卫生政策绩效评估的进展。

（一）卫生系统建设绩效评估

世界卫生组织在《2000 年世界卫生报告》中用健康期望寿命、反应性水平和分布、卫生筹资公平性和人均卫生费用等指标对各国卫生系统建设进行评价。该报告显示，我国在综合绩效评价方面排名第 144 位，在国民健康状况的总体水平方面排名第 61 位。但是有学者认为，世界卫生组织建立的评价指标体系没有包含经济、文化等重要因素，或者没有反映卫生服务需求和利用的水平（黎成，2011）。

我国卫生系统建设的绩效评估主要通过国家卫生城市（镇、县城、区）评选来进行。1989 年，为了贯彻落实《关于加强爱国卫生工作的决定》，我国开展了创建国家卫生城市活动，1997 年开展了创建国家卫生镇（县城）活动，2000 年又在 4 个直辖市开展了创建国家卫生区活动。为了确定国家卫生城市（镇、县城、区）的考核标准和管理办法，全国爱国卫生运动委员会于 1991 年制定了《国家卫生城市检查考核标准实施细则》。1999 年开始，全国爱国卫生运动委员会相继发布《国家卫生城市标准》《国家卫生城市考核命名办法》《国家卫生区标准（试行）》等文件。全国爱国卫生运动委员会于 2015 年修订了《国家卫生城市标准》，并颁布《国家卫生城市考核鉴定和监督管理办法（试行）》；于 2007 年、2010 年和 2011 年分别颁布《国家卫生城市考核命名和监督管理办法》《国家卫生城市、区标准及其考核命名和监督管理办法》和《国家卫生城市考核命名和监督管理办法（2011 版）》；于 2014 年再次修订

《国家卫生城市标准》，细化评价标准，完善了国家卫生城市（镇、县城、区）的评价体系（阮师漫，2015）。根据国家卫生健康委员会的文件，截至2019年2月，国家卫生城镇数量已达1 452个。卫生城市、卫生县市的评审大大提高了我国地方卫生健康的水平（阮师漫，2015）。

（二）医疗机构运行绩效评估

1950年第一届全国卫生工作会议提出建立三级医疗卫生服务网络，1951年国务院批准发布《医疗诊所管理暂行条例》[①]，这一阶段针对医疗机构管理的国家政策还很少。改革开放后，国家开始关注医疗机构的考核与评价。1989年11月，卫生部发布了《医院分级管理办法（试行）》，根据《医院分级管理标准》将医院分为三级十等。1994年，国务院发布《医疗机构管理条例》，规定未取得医疗机构执业许可证的医疗机构不得擅自执业。1995年发布的《医疗机构评审办法》对评审医疗机构的标准和流程进行了更为详细的规定。1997年，卫生部下发了《乡镇卫生院评审标准》《综合医院评审标准》《医院、乡镇卫生院评审结论判定标准》，对全国的医院进行了评审定级。

进入21世纪以来，国家根据医疗机构发展水平和医疗问题不断对《医疗机构管理条例》《医疗机构管理条例实施细则》等文件进行修改，同时建立和完善了三级医院评审体系。2008年，卫生部发布《医院管理评价指南（2008版）》，这是建立我国医院管理评价指标体系的重要基础，重点适用于三级综合医院。2011年，卫生部又发布了《三级综合医院评审标准（2011年版）》，详细介绍了378条评审标准。国家统计局信息中心数据显示，截至2018年11月底，我国三级医院共有2 498个、二级医院共有8 806个、一级医院共有10 477个、未定级医院共有10 695个。2019年，国家卫生健康委员会发布《国家三级公立医院绩效考核操作手册（2019年版）》，建立了四个维度的绩效考核指标体系，这是我国医疗机构绩效考核的一项开创性工作。

除三级医院评审标准外，国家还制定了新建医院评审标准，开展了新建医院医疗设施和管理水平的评审。此外，1994年，国际医疗卫生机构认证联合委员会（JCAHO）建立附属机构国际部（JCI），对美国以外的其他医疗机构进行

---

① 已于1994年9月1日废止。

评估认证。截至 2017 年，我国有 80 多家医院通过了 JCI 认证。

（三）基本公共卫生服务水平绩效评估

我国疾病预防控制政策的绩效评估开展得较早。2008 年 12 月，卫生部疾病预防控制局下发了《各级疾病预防控制中心基本职责》和《疾病预防控制工作绩效评估标准》；2009 年下发《疾病预防控制工作绩效考核操作手册（2009 版）》，详细规定了绩效考核的实施流程和数据收集；2013 年下发《疾病预防控制工作绩效评估标准（2012 年版）》。

2009 年，《中共中央 国务院关于深化医药卫生体制改革的意见》中明确提出“促进城乡居民逐步享有均等化的基本公共卫生服务”。此后，国家开展了针对基本公共卫生服务的整体考核和管理。2015 年 6 月，《关于印发国家基本公共卫生服务项目绩效考核指导方案的通知》公布了省级、地市级和县级的考核指标体系参考文件，包含组织管理、资金管理、项目执行、项目效果和附加指标 5 个维度。

新冠肺炎疫情发生以后，党和国家高度重视公共卫生服务，将完善公共卫生体系作为卫生健康事业改革发展的重要内容，全面加强各类专业公共卫生机构建设，稳步提升公共卫生服务水平。公共卫生体制机制的改革，有利于完善疾病预防控制体系，提高评估监测的敏感性和准确性，健全应对预案体系；有利于提升突发重大公共卫生事件的发现和处置能力，健全分级、分层、分流的重大疫情救治机制，优化重大疫情救治体系；有利于动员全社会的力量，特别是发挥基层社区组织的作用，深入开展爱国卫生运动；有利于加大政府对公共卫生领域的投入，集中力量开展基础研究和核心技术攻关；有利于完善公共卫生相关法律法规，完善公共卫生法治保障体系（国家卫生健康委员会，2020）。

经过多年的努力，我国建立了较为系统的基层医疗卫生机构和疾控机构，这些机构承担了基本医疗和公共卫生服务的“双层网底”职责。据统计，截至 2019 年年底，全国拥有县（区、县级市）级疾病预防控制中心 2 755 个，县级医院 16 175 所，乡镇卫生院 36 000 所，村卫生室 616 000 所，基本实现每个县都拥有综合医院、中医院和疾病预防控制中心，每个乡镇都拥有一所乡镇卫生院，每个行政村都拥有一所卫生室；同时，全国县（区、县级市）级疾病预防控制中心人员达到 12. 68 万人，乡镇卫生院医务人员有 144. 5 万人、执业医师（助理）有 50. 3 万人，村卫生室医务人员有 144. 6 万人、执业（助理）医师有

43.5 万人。医疗机构及医务人员的增加使居民的就医更加便捷，现 80%以上的居民可以在 15 分钟内到达医疗点就医。

四、公共卫生政策的改革

改革开放以来，我国的公共卫生服务水平有了大幅度提高，医疗卫生事业得到空前发展。据统计，1978 年，我国医疗卫生机构仅有 16.97 万个，卫生机构床位数为 204.17 万张，卫生技术人员为 246.39 万人。2019 年，上述指标分别增长到 101.40 万个、892.00 万张和 1 010.00 万人，年均增长率分别为 4.46%、3.66%和 3.50%。医疗机构、医疗设备、医疗人员和医疗水平的进步，离不开公共卫生政策的颁布和实施。但由于经济发展水平和财政能力的限制，我国的居民医疗保障水平还较低，城乡公共卫生投入、公共卫生服务资源分布、基本医疗保险制度和居民健康水平仍存在一定差距。

由于 20 世纪 80 年代传统的公共医疗体制受到市场经济的冲击，政府投入增长缓慢，卫生事业的发展比较缓慢，医疗机构亏损严重，医患矛盾比较突出。1985 年，国务院批转的《卫生部关于卫生工作改革若干政策问题的报告》中明确提出要对卫生事业放宽政策，全面推进公共卫生制度改革。与城市其他公共部门一样，全国卫生机构普遍实行了责任制，如行政首长负责制、岗位责任制、定额包干、任务指标等，医院或医药企业自主权逐步扩大，仪器药物朝市场定价方向发展（李玲，2008）。1992 年，《卫生部关于深化卫生改革的几点意见》中明确了医疗卫生体制的市场化改革方向，政府对医疗服务供给的管制逐步放松。1997 年，《中共中央 国务院关于卫生改革与发展的决定》要求加大卫生投入，多渠道筹集卫生资金，建立起有效的竞争机制。1998 年，我国建立了城镇职工基本医疗保险制度。2000 年，《关于城镇医药卫生体制改革的指导意见》决定同步推进城镇医药卫生体制改革。为了缩小城乡公共卫生服务的差距，2006 年颁布的《中华人民共和国国民经济和社会发展第十一个五年规划纲要》和《中共中央关于构建社会主义和谐社会若干重大问题的决议》，提出了完善公共财政制度，实现基本公共服务均等化，其中一个重要内容就是实现公共卫生服务均等化。2008 年 12 月，国务院成立了深化医药卫生体制改革领导小组。2009 年，《中共中央 国务院关于深化医药卫生体制改革的意见》和《2009—2011 年深化医药卫生体制改革实施方案》出台。2012 年，《深化医药卫生体制改革三年总结报告》中提出了医疗改革的重点方向：健全基层医疗卫生服务体系，完善新型农村合作医疗制度，稳步推进国家基本药物制度改革，基本公共卫生服务均等化工作取得新的进展，改革公立医院，进一步提升医疗服务安全质量。随着改革的深入，我国基本医疗服务提供体系逐步完善，城镇职工医疗保险、城镇居民医疗保险和新型农村合作医疗参保人数基本覆盖城乡居民，城乡居民大病医保试点也在全国范围内推广开来。同时，基本药物制度在基层医疗机构中得到巩固，医疗改革效果显著。

《中华人民共和国国民经济和社会发展第十三个五年规划纲要》中提出了建立覆盖城乡居民的基本医疗卫生制度，推进医药卫生体制改革和医疗市场改革。2016 年的《政府工作报告》中提出，协调推进医疗、医保、医药联动改革。为此，各地开展了一系列公共卫生和医疗体制机制改革实践。例如，上海市试点建立家庭医生签约服务制度，启动“1+1+1”签约模式，即患者每年自愿选取社区卫生服务中心、区中心医疗中心和三甲医院各一家（段玉良，2017）；安徽省试点医政管理、卫生监督和新型农村合作医疗“三力”协同，加强对定点医疗机构药费、检查化验费、材料费“三费”的通报，使新型农村合作医疗基金使用效率最大化；福建省三明市成立医疗保障基金管理中心，切断医院与药品供应商的资金往来，抑制过度医疗。上述政策从社区、城市、县域三种角度对“三医联动”① 做出了尝试。

2016 年 10 月，中共中央、国务院印发《“健康中国 2030”规划纲要》，提出到 2030 年，我国居民主要健康指标进入高收入国家行列的战略目标。2019 年，国家成立健康中国行动推进委员会，制定《健康中国行动（2019—2030 年）》，制定了健康中国的具体目标和重大行动计划，提出了加强组织领导、开展监测评估、建立绩效考核评价机制、健全支撑体系和加强宣传引导五大保障措施。

随着经济发展水平的不断提高，国家越来越注重个体的健康生活方式。我国公共卫生改革的方向将注重于切实推进公共卫生政策的落实，使公共卫生政策惠及更多人民。新冠肺炎疫情的暴发，让我国意识到突发公共卫生事件对于公众健康和社会经济的极大破坏性，因此，我国还要进一步完善公共卫生制度，加快医疗制度改革。

---

① “三医联动”即医疗、医保、医药联动。

第一，切实推进公共卫生政策的落实。国家一方面要增加经济落后地区的财政补贴，建立医疗基础设施建设的中央专项资金支持项目；另一方面要加强公共卫生政策绩效评估，强化对公共卫生政策落实情况的监管和检查，对敷衍了事的政府官员严惩不贷，避免地方政府因财政压力或官员不作为而影响公共卫生政策的执行。

第二，完善公共卫生体制机制。国家应针对人口老龄化、人口流动加剧和城乡二元体制等问题进行公共卫生体制改革，促进城乡居民基本公共卫生服务均等化，从医疗设备、医疗服务水平和医疗保险等方面缩小区域和城乡差距；改革医疗保险报销制度，建立医疗服务信息平台，解决异地就医难题。

第三，增加公共卫生资金投入。国家应提高公共卫生支出在政府支出中的占比，设定相对固定比例的公共卫生资金，以保证基本公共卫生服务活动的开展；要求各级政府财政预算中列明公共卫生经费并按时拨付，同时加强对预算执行的监管、审计和绩效评估。

第四，推进健康中国建设。国家应加强对食品、药品、保健品、化妆品的卫生检疫和监管，增强公共卫生风险的识别能力，降低公共卫生事件突发的可能性；同时，通过学校课程教育、公益广告宣传等方式宣扬公共卫生的重要性，增强国民健康生活意识。

第五节　城市社会保障政策

一、我国社会保障政策的演变

社会保障是政府通过经济手段来解决社会现实问题，保障公民基本生存权利、保证社会成员生活质量以及提高社会成员福利水平的重要社会制度和政策。中华人民共和国成立以来，我国的社会保障制度经历了从传统社会保障制度逐步向现代社会保障制度演变的过程。

1949—1979 年大致为传统社会保障制度阶段，这一时期的社会保障制度与计划经济体制高度一致，具有明显的国家保险和集体保障性质。随着我国经济社会的快速发展，传统的社会保障制度在实施过程中表现出保障水平低、平均主义、封闭运行、个人责任缺失等问题，与经济社会发展不相匹配。改革开放后，我国社会保障体系在发展中不断得到完善。1979 年至今大致为现代社会保障阶段，这一时期社会保障在保持传统的行政计划体制机制的基础上，引入了市场机制，形成了政府、企业、个人共同承担责任和风险，权利与义务相结合，注重公平性和社会化运行等特征（唐钧，2008）。

在计划经济时期，我国的社会管理按城乡和阶层区分。在户籍制度的影响下，城乡居民在劳动就业、社会保障和公共服务等方面存在很大差别。在户籍制度下，城镇居民和农村居民享有不同的社会保障权利。城镇居民按就业单位和工作性质划分为机关事业单位人员、企业（国有企业和集体企业）人员和非就业居民。政府对不同性质单位的就业人员和非就业城镇居民实施不同的社会保障政策。农村居民不享有政府直接提供的社会保障，由农村集体为农村居民提供基本的社会保障、教育、医疗卫生等公共服务，资金由农村集体经济组织和农村居民个人承担。在城乡不同的社会保障制度下，国家严格限制城乡居民和城市不同单位就业人员的流动，以保证制度的实施，这导致了城乡社会保障水平和项目存在巨大差异（王震，2019）。

改革开放以后，随着社会主义市场经济体制机制的建立，城乡之间经济关系发生了变化，人员流动性增强，计划经济时期建立的社会保障制度难以适应市场经济的格局，从 20 世纪 80 年代开始我国逐步建立起现代社会保障制度。变革社会保障制度的一个直接动因是随着国有企业改革的深入，国有企业亏损严重，并出现大量的下岗失业人员。据统计，在 20 世纪 90 年代，我国约有 6 000 万国有企业和城镇集体企业的职工下岗失业，这给传统的“单位制”社会保障带来了巨大的挑战，企业难以负担职工的社会保障经费。为了解决下岗职工的生活保障问题，稳定社会发展，国家逐步建立起下岗失业人员社会保障制度，并由此开始了一系列社会保障制度的变革。在养老金方面，1984 年我国开始在沿海经济发达地区推行合同工社会基本养老保险制度，对企业固定职工的退休费用实行社会统筹；在公费医疗方面，1984 年卫生部和财政部联合发文改革传统的公费医疗制度；在失业保险和女性职工保护方面，1986 年我国实施国有企业职工待业保险制度，1988 年国务院颁布《女职工劳动保护规定》[①]，开始建立生育保险制度（郑秉文，2018）。

① 已于 2012 年 4 月 28 日废止。

经过40多年现代社会保障制度的建设，我国的社会保障制度在保障项目设立、保障水平和受益者覆盖面等方面均有非常大的发展。但迄今为止，限于经济发展水平和政府的财力，与经济发达国家比较，我国居民的社会保障水平还仍然较低，城乡居民的社会保障水平存在一定差异。为此，国家把完善社会保障制度作为社会经济发展中的重点任务，根据社会经济发展水平，逐步消除城乡之间的差异，扩大社会保障项目的覆盖面。2002年党的十六大报告提出，在城市“坚持社会统筹和个人账户相结合，完善城镇职工基本养老保险制度和基本医疗保险制度。健全失业保险制度和城市居民最低生活保障制度……在有条件的地方，探索建立农村养老、医疗保险和最低生活保障制度”。根据国民经济发展情况，在城市基本建立社会保障体系的情况下，2007年党的十七大报告提出，加快建立覆盖城乡居民的社会保障体系，建设覆盖城乡居民的公共卫生服务体系，形成城乡劳动者平等就业的制度；建立以工促农、以城带乡长效机制，形成城乡经济社会发展一体化新格局。由此把城乡社会保障从统筹发展提升到一体化发展的高度。2012党的十八大报告更为明确地提出，“统筹推进城乡社会保障体系建设……要坚持全覆盖、保基本、多层次、可持续方针，以增强公平性、适应流动性、保证可持续性为重点，全面建成覆盖城乡居民的社会保障体系”。近10年来，政府在财政公共支出预算中加大了社会保障支出，完善了与企业、个人共同承担社会保障责任和费用的制度体系。在初步建立了现代社会保障制度的情况下，2017年党的十九大报告强调，“全面建成覆盖全民、城乡统筹、权责清晰、保障适度、可持续的多层次社会保障体系”。由此我国开启了提高社会保障水平和建设城乡一体化社会保障制度的新阶段。

二、社会保障体系及其实践

按社会保障制度的项目和受益者覆盖面等指标衡量，我国已建成了世界上规模最大的社会保障体系，这一体系包括社会保险、社会救助、社会福利、社会优抚安置制度。

我国社会保险制度包括医疗保险、养老保险、失业保险、工伤保险和生育保险等（见表10－3）。自20世纪50年代国家颁布《劳动保护条例》以来，经过长期的努力，目前我国已经建立了具有中国特色的社会保险制度体系。在实践基础上，2010年全国人大常委会第十七次会议通过《中华人民共和国社会保险法》，从法律上保证了社会保险制度的执行。

表 10－3 我国社会保险覆盖人数（2015—2019 年）

单位：万人

年 份	城镇职工养老保险	城乡居民养老保险	基本医疗保险	失业保险	工伤保险	生育保险
2015	35 361	50 472	66 570	17 326	21 404	17 769
2016	37 862	50 847	74 839	18 089	21 887	18 443
2017	40 199	51 255	117 664	18 784	22 726	19 240
2018	41 848	52 392	134 452	19 643	23 868	20 435
2019	43 482	53 266	135 436	20 543	25 474	21 432

数据来源：根据《中华人民共和国 2019 年国民经济和社会发展统计公报》整理。

由表 10－3 可知，到 2019 年，我国基本养老保险参保人数达到 96 748 万人，养老保险覆盖率达到 69%；基本医疗保险参保人数为 135 436 万人，医疗保险覆盖率接近 97%，基本实现了医疗保险全覆盖。

我国社会发展中一直存在社会救助，但具有制度规范性的社会救助则是中华人民共和国成立后逐步建立的，它以保障被救助者最低生活需要为主要目的。《社会救助暂行办法》中规定了最低生活保障、特困人员供养、受灾人员救助、医疗救助、教育救助、住房救助、就业救助和临时救助等 8 项救助制度。近年来，我国按照脱贫攻坚的要求，加强社会救助制度与扶贫政策的衔接，大幅提高社会救助标准，扩大救助面，2015—2019 年，建档立卡贫困人口减少 5 024 万人，贫困发生率从 5.7%降到 0.6%。到 2020 年，全国 832 个贫困县全部脱贫（宋凤轩，2021）。我国已建成了覆盖城乡的综合性社会救助制度，截至 2019 年 11 月底，全国保障城乡低保对象 4 333.5 万人，全国供养特困人员 471.6 万人，累计支出救助供养资金 335.1 亿元，救助生活无着的流浪乞讨人员 86.1 万人次，基本实现应救尽救。2015—2019 年，我国城市低保人数减少 840 万人，农村低保人数减少 1 448 万人，城乡特困人员平均每年减少 11 万人（李继霞等，2021）。

社会福利制度是为了增进国民的福利和改善国民的物质文化生活而建立的制度。我国社会福利制度包括社会津贴、住房福利、教育福利、职业福利、社会服务等内容，给予政策性困难人群、残疾人、妇女、老年人、少年儿童照顾和保护，提高了他们的生活水平。

社会优抚安置制度是我国社会保障制度的特殊构成部分，主要是针对军人及其家属的社会保障制度。国家为军人及其家属提供各种优待、抚恤、养老、就业安置等待遇和服务，政府也大幅度增加了社会优抚安置的财政拨款，多次上调了优抚对象的抚恤和生活补助标准。

此外，社会服务、保障性住房、义务教育、老年人服务等社会福利事业也得到全面发展。截至 2019 年年末，全国共有 3 579.1 万老年人享受到老年人补贴，社会服务床位有 803.6 万张（董克用、沈国权，2021）。

三、社会保障政策的调整与改革

改革开放以来，我国社会保障制度不断变革和发展，建立了符合中国实际和具有中国特色的社会保障制度。但从客观上来说，我国的社会保障水平与国民的愿望和需求还有比较大的差距，与社会保障的建设目标也有一定差距，社会保障制度本身也存在一些缺陷和问题，亟须深化改革，以完善我国的社会保障制度。

（一）明确社会保障的政策定位，从高速度发展向高质量发展转型

目前我国社会保障制度的覆盖面已经比较广，也建立和实施了与社会保障制度配套的一系列政策，保障居民基本生存的目标已经达到。但总体而言，我国的社会保障水平还比较低，还存在社会保障不平衡和不充分的问题。因此，未来我国的社会保障政策目标应该定位为满足人民不断发展的需求，并逐步解决社会保障制度中存在的问题。

党的十九大报告提出了以人民为中心的发展思想，坚持“在发展中补齐民生短板、促进社会公平正义，在幼有所育、学有所教、劳有所得、病有所医、老有所养、住有所居、弱有所扶上不断取得新进展”，还提出了“全面建成覆盖全民、城乡统筹、权责清晰、保障适度、可持续的多层次社会保障体系”。按照这样的目标，我国社会保障制度将从高速度发展转向高质量发展，与此相适应，我国社会保障制度和政策需要进行适当的调整：一是从制度体系建设、运行机制建设、社会保障功能出发，完善社会保障制度体系；二是健全社会保障制度，实现全国统筹和城乡一体化的基础养老金、基本医疗保险、大病保险等社会保障项目，完善失业和工伤保险制度，统筹城乡社会救助体系；三是建

立全国统一的社会保险公共服务平台，切实增强人民群众参保积极性和社会保障制度的可持续性，转变经营管理方式，扩大社会保障的覆盖面，遏制“断保”现象；四是强化和细化社会保障的各项功能，包括其收入调节功能、促进就业功能、社会安全基础功能等，通过各项功能的充分发挥实现社会保障事业的更高质量发展；五是在扩大社会保障覆盖面的同时，重视风险较高和最需要覆盖的法定参保人群，目前尚有很多新业态就业人员、自由职业者和农民工等法定参保人群没有加入基本养老保险；六是推进依法行政，守住基准，坚持“保基本”的制度目标，为发展多层次的社会保障体系创造良好、理性的条件（宋凤轩、康世宇，2021）。

（二）加强社会保障制度建设，解决不平衡、不充分问题

我国要想建立有效的社会保障制度，需要建设有效的社会保障运行机制，充分发挥市场机制的作用，根据受保障对象的实际需要，合理设计社会保障项目，增设合适的险种，扩大保障范围。

目前我国社会保障制度中存在的不平衡、不充分问题（郑秉文，2019），主要表现在如下方面：一是社会保障制度的结构和保障项目的不平衡。国家承担的社会保障项目发展比较迅速，占据社会保障体系的绝对主导地位，各企业的补充保障制度差异比较大，发展不充分，居民家庭、个人通过保险基金投资和购买社会保障类项目的比例还很小。因此，国家应该优化社会保障制度的结构，大力发展企业补充社会保障，推进居民家庭、个人参与投资和购买的保障体系建设。二是社会保障制度在地区和城乡间的不平衡。除了一些基本的社会保障项目外，地区间大部分与地方政府财政相关的社会保障项目在保障水平上差距较大，尤其是企业补充保障的差异较大。城乡之间的不平衡不仅体现在保障水平上，还体现在保障项目上。消除这种不平衡的最大困难在于地方政府和农村的经济实力不足。三是政府作为社会保障资源配置的主体，其投入的结构和方式不尽合理，对社会保险的投入相对较多，对社会救助与社会福利的投入相对较少。四是社会保障项目设计、资金筹措和保障服务的政府机制与市场机制的不平衡。在社会保障制度建设中，市场机制的作用还没有得到很好的发挥。五是社会保障制度的设计与运行管理之间的不平衡。例如，重待遇的调整，轻供给结构和效率的改进；增值保值、需求服务和技术支持等能力不足。因此，国家需要明确发展目标，加大改革力度。

（三）合理规划社会保障项目的费用结构

社会保障制度的有效实施和可持续发展，取决于政府的财力和社会资金筹措能力。同样，社会保障的社会效应取决于其成本费用。目前我国社会保障存在着社会保险缴费过高和个人账户缴费激励不足两大问题，国家需要系统地进行制度设计，逐步予以解决。一是调整社会保障费用政策，解决企业缴费过高的问题，切实减轻企业的负担。对此，国家要充分发挥市场配置资源和经营资源的作用，制定合理的社会保障项目的费用结构，将部分社会保障基金委托给商业性金融公司投资经营，以提高社会保障基金的投资收益率。二是解决个人账户的激励不足问题。由于费率过高和制度可持续性较差，个人多缴多得的激励性不强。为此，《中共中央关于全面深化改革若干重大问题的决定》中指出："完善个人账户制度，健全多缴多得激励机制，确保参保人权益。"同时，国家还要求降低名义缴费率，以增强个人缴费的积极性，提升社会保障基金的财务可持续性。

（四）保持适度的社会保障水平，坚持"精算平衡"原则

我国社会保障制度的建设应与经济发展水平相适应，在确保人民群众社会保障水平提升的同时，要坚持尽力而为、量力而行，充分考虑人口变化、社会文化、经济发展、财政状况因素对社会保障水平的影响，使社会保障待遇标准与经济发展水平相一致，建立动态调整的机制（龙玉其等，2020）。社会保障制度在实施过程中要坚持"精算平衡"原则，即追求年度社会保障缴费收入与待遇支出的平衡，采取精确的方式确保社会保险计划的目标与手段的一致。在居民收入提高的前提下，国家应努力实现参保人保费与保障待遇的一致；适当增加中央财政转移支付和社会保障专项投入，特别是应该把"精算平衡"以立法的形式加以规范；全力推进依法治国，建立社会保险约束机制，确保社会保障财务的可持续性（郑秉文，2018）。

参考文献

[1] Cochran C L, Malone E F. Public policy: perspectives & choices [M]. 2nd ed. Boston: McGraw-Hill College, 1999.

[2] Easton D. The politicl system, an inquiry into the state of political science [M]. New York: Alfred A. Knopf, 1971.

[3] Anderson J E. Public policymaking, fifth edition [M]. Boston: Houghton Mifflin

Company, 2003.

[4] Dye T R. Understanding public policy [M]. 9th ed. New Jersey: Prentice Hall, 1988.

[5] Baker E M, Eyestone R. The threads of public policy: a study in policy leadership [J]. American Political Science Association, 1973, 67 (3): 1013.

[6] Winslow C E. The untilled fields of public health [J]. Science, 1920, 51 (1306): 23-33.

[7] World Economics Forum. The global competitiveness report 2018 [R]. Switzerland: WEF Publishing, 2018.

[8] 谢明. 公共政策导论 [M]. 北京：中国人民大学出版社，2015.

[9] 那格尔. 政策研究百科全书 [M]. 侯鲲，译. 北京：科学技术文献出版社，1990.

[10] 张金马. 政策科学导论 [M]. 北京：中国人民大学出版社，1992.

[11] 陈振明. 政策科学 [M]. 北京：中国人民大学出版社，1998.

[12] 周少英. 公共政策 [M]. 北京：人民日报出版社，2006.

[13] 刘思源. 公共政策的基本理论探析 [J]. 法制与社会，2015 (14): 150-151.

[14] 娄成武. 行政管理学 [M]. 沈阳：东北大学出版社，2003.

[15] 吕炜. 中国公共政策：演进、评价与展望 [M]. 大连：东北财经大学出版社，2006.

[16] 钱再见. 公共政策学新编 [M]. 上海：华东师范大学出版社，2006.

[17] 陈庆云. 公共政策分析 [M]. 北京：北京大学出版社，2006.

[18] 田星亮. 政府管制与公共服务的关系研究 [J]. 学理论，2009 (25): 35-36.

[19] 陈潭. 改革开放以来的中国公共政策变迁 [J]. 湖湘论坛，2009，22 (4): 10-13.

[20] 李建军，武玉坤，姜国兵. 公共政策学 [M]. 广州：华南理工大学出版社，2009.

[21] 梁波. 新时期中国公共政策制定研究 [M]. 兰州：兰州大学出版社，2007.

[22] 李绵. 我国公共政策中存在的问题与对策研究 [J]. 边疆经济与文化，2014 (7): 43-45.

[22] 谭桔华. 加强政府决策科学化、民主化和法制化建设探讨 [J]. 云南行政学院学报，2004 (2): 44-46.

[23] 邬志辉，秦玉友. 中国农村教育发展报告 2012 [M]. 北京：北京师范大学出版社，2014.

[25] 廖其发. 新中国 70 年义务教育的发展历程与成就：兼及普及教育 [J]. 西南大学学报（社会科学版），2019，45 (5): 5-13.

[26] 朱德全，李鹏，宋乃庆. 中国义务教育均衡发展报告：基于《教育规划纲要》第三方评估的证据 [J]. 华东师范大学学报（教育科学版），2017，35 (1): 63-77.

[27] 郭庆旺，贾俊雪. 公共教育政策、经济增长与人力资本溢价 [J]. 经济研究，2009，44 (10): 22-35.

[28] 祝洪娇. 我国居民受教育状况的性别和地区差异分析 [J]. 社会科学家，2012 (10): 42-45.

[29] 祝志芬. 中国义务教育福利制度的发展及其完善研究 [D]. 武汉：华中科技大学，2011.

[30] 龙翠红，易承志. 基本公共服务均等化、义务教育均衡发展与公共政策优化：我国义务教育政策变迁与路径分析 [J]. 湘潭大学学报（哲学社会科学版），2017，41 (6): 14-20.

[31] 朱许强. 影响农村教学点发展的政策执行偏离及其消解 [J]. 教学与管理，2019 (12): 27-30.

[32] 王善迈. 教育公平的分析框架和评价指标 [J]. 北京师范大学学报（社会科学版），

2008（3）：93－97.
［33］郑磊. 财政分权、政府竞争与公共支出结构：政府教育支出比重的影响因素分析［J］. 经济科学，2008（1）：28－40.
［34］当代中国卫生事业大事记编写组. 当代中国卫生事业大事记：1949—1990年［M］. 北京：人民卫生出版社，1993.
［35］新中国预防医学历史经验编委会. 新中国预防医学历史经验：第3卷［M］. 北京：人民卫生出版社，1998.
［36］庄嘉声. 新中国防治血吸虫病的历史经验及启示［J］. 中国行政管理，2020（3）：143－146.
［37］孙强. 我国药品价格政策分析和改革思路探讨［J］. 中国卫生政策研究，2009，2（4）：28－31.
［38］万泉，翟铁民，李岩，等. 新中国70年卫生投入回顾与展望［J］. 中国卫生政策研究，2019，12（11）：1－5.
［39］刘世杰. 贯彻预防为主　促进人民健康［J］. 中华预防医学杂志，1999（2）：67.
［40］张毅强. 风险感知、社会学习和范式转移：2003年以来突发性公共卫生事件引发的政策变迁［D］. 上海：复旦大学，2010
［41］林金祥，李莉莎. 血吸虫病防治的回顾与现状［J］. 海峡预防医学杂志，2005（1）：22－23.
［42］赵因，代勇. 艾滋病人隐私保护中的权利问题探讨与立法建议［J］. 医学与法学，2020，12（3）：36－40.
［43］吴苇，方严. 卫生法规［M］. 西安：第四军医大学出版社，2012.
［44］程志强，马金秋. 中国人口老龄化的演变与应对之策［J］. 学术交流，2018（12）：101－109.
［45］黎成. 新医改背景下我国全民医疗保险体系改革研究［D］. 西安：第四军医大学，2011.
［46］李新超，别凤赛，李树峰，等. 公共卫生服务评价研究的国际经验及启示中华医院管理杂志［J］. 2019，35（9）：728－731.
［47］段玉良. 城市社区家庭医生签约服务模式的探索［J］. 医药前沿，2017，7（25）：367－368.
［48］代涛. 我国卫生健康服务体系的建设、成效与展望［J］. 中国卫生政策研究，2019，12（10）：1－7.
［49］钱小霞. 城市生活垃圾分类管理研究：基于公共政策学的角度［J］. 中小企业管理与科技，2019（28）：82－83.
［50］傅卫，张植晟，王秀峰，等. 新中国70年卫生改革发展的道路与展望［J］. 中国卫生政策研究，2019，12（9）：1－4.
［51］王荣荣，张毓辉，王秀峰. 健康中国建设进程指数的建立与应用研究［J］. 中国卫生政策研究，2019，12（9）：36－40.
［52］胡绍雨. 促进农村公共基础设施供给的财政政策研究［J］. 财政科学，2019（9）：94－103.
［53］李洁. 从“制度”到“生活”：新中国70年来公共卫生政策演变［J］. 中国公共卫生，2019，35（10）：1281－1284.
［54］姚文涛. 从公共政策合法性视角看国家治理的现代化［J］. 法制与社会，2019（15）：108－111.
［55］董克用，郭珉江，赵斌. “健康中国”目标下完善我国多层次医疗保障体系的探讨［J］.

中国卫生政策研究，2019，12（1）：2－8.
［56］杜鹏，纪竞垚．中国长期照护政策体系建设的进展、挑战与发展方向［J］．中国卫生政策研究，2019，12（1）：29－34.
［57］张研，张亮．健康中国背景下医疗保障制度向健康保障制度转型探索［J］．中国卫生政策研究，2018，11（1）：2－5.
［58］叶良海．城市社区公共资源整合困境及其政策工具选择［J］．青海社会科学，2016（5）：130－135.
［59］叶俊．我国基本医疗卫生制度改革研究［D］．苏州：苏州大学，2016.
［60］阮师漫．国家卫生城市创建综合评价研究［D］．济南：山东大学，2015.
［61］孙梅，吴丹，施建华，等．我国突发公共卫生事件应急处置政策变迁：2003—2013年［J］.中国卫生政策研究，2014，7（7）：24－29.
［62］李立明．新中国公共卫生60年的思考［J］．中国公共卫生管理，2014，30（3）：311－315.
［63］孙晓霞，陶箐，金新政．中国公共卫生服务绩效评价研究［J］．中国卫生质量管理，2013，20（3）：13－17.
［64］代涛，白冰，陈瑶．基本药物制度实施效果评价研究综述［J］．中国卫生政策研究，2013，6（4）：12－18.
［65］郑建，管仲军．我国公共卫生服务均等化研究现状［J］．中国卫生政策研究，2012，5（8）：62－66.
［66］胡善联．我国基本药物制度改革的进展与挑战［J］．中国卫生政策研究，2012，5（7）：1－5.
［67］郑见立．公立医院绩效考核指标体系及评价系统设计［D］．武汉：华中科技大学，2012.
［68］樊立华，段孝建，于玺文，等．城乡基本公共卫生服务均等化存在问题与政策设计［J］．中国公共卫生管理，2011，27（3）：225－227.
［69］李程跃．我国疾病预防控制绩效考核的研究与实践［D］．上海：复旦大学，2011.
［70］苏海军．我国公共卫生服务体系绩效评价指标体系研究［D］．武汉：华中科技大学，2010.
［71］冯显威．促进基本公共卫生服务逐步均等化政策分析［J］．医学与社会，2009，22（7）：9－11，17.
［72］周寿祺．实现基本医疗卫生服务均等化的条件、问题和建议［J］．中国卫生政策研究，2010，3（7）：52－56.
［73］宋晓梧．建国60年我国医疗保障体系的回顾与展望［J］．中国卫生政策研究，2009，2（10）：6－14.
［74］刘岩，李士雪．我国卫生服务改革与发展历程［J］．中国卫生政策研究，2009，2（2）：35－39.
［75］李玲，江宇，陈秋霖．改革开放背景下的我国医改30年［J］．中国卫生经济，2008（2）：5－9.
［76］董克用，沈国权．党指引下的我国社会保障制度百年变迁［J］．行政管理改革，2021（5）：21－35.
［77］潘姝敏．城镇职工养老保险政策绩效评估［J］．市场研究，2017（7）：20－21.
［78］邢福俊．刍议城市公共物品的供给决策机制［J］．财经理论与实践，1999（6）：66－67.

[79] 冯景. 中国城市公共物品有效供给研究 [D]. 天津：天津师范大学，2007.
[80] 曾慧莲. 利用大数据提升政府决策的科学化水平 [J]. 领导科学论坛，2018 (13)：21-22，25.
[81] 余曙光，邓浪. 我国政府决策科学化民主化的探索 [J]. 西南民族大学学报（人文社科版），2005 (8)：159-163.
[82] 吴平. 统筹城乡视角下农村公共品有效供给机制研究 [D]. 成都：西南财经大学，2014.
[83] 徐靖. 我国城市公共产品的有效供给研究 [D]. 上海：上海社会科学院，2011.
[84] 张树习. 公共政策制定的法律规制研究 [D]. 北京：中共中央党校，2018.
[85] 王永超. 提高城市公共品供给效率的研究与探讨 [J]. 技术经济与管理研究，2012 (1)：113-116.
[86] 王永超. 我国当前城市公共品供给现状分析与研究 [J]. 技术经济与管理研究，2012 (5)：78-81.
[87] 阳彦华. 中国城市公共政策执行中的公民参与问题研究 [D]. 上海：上海师范大学，2007.
[88] 常琨. 公共政策制定中的公民参与机制研究 [D]. 青岛：青岛大学，2012.
[89] 鄞益奋. 公共政策评估：理性主义和建构主义的耦合 [J]. 中国行政管理，2019 (11)：92-96.
[90] 唐钧. 中国的社会保障政策评析 [J]. 东岳论丛，2008 (1)：12-34.
[91] 王震. 公共政策 70 年：社会保障与公共服务供给体系的发展与改革 [J]. 北京工业大学学报（社会科学版），2019，19 (5)：25-35.
[92] 李继霞，翟天豪，冯钰. 我国城市贫困治理现状、问题与对策 [J]. 社会治理，2021 (3)：57-67.
[93] 宋凤轩，康世宇. “十三五”时期社会保障建设的成就、问题与展望 [J]. 河北大学学报（哲学社会科学版），2021，46 (4)：138-146.
[94] 郑秉文. 中国社会保障 40 年：经验总结与改革取向 [J]. 中国人口科学，2018 (4)：2-17.
[95] 崔凤，赵缇. 论公共政策法律化 [J]. 山东行政学院学报，2019 (1)：56-61.
[96] 郑秉文. 中国的社会保障改革亟须顶层设计 [J]. 四川劳动保障，2013 (2)：24.
[97] 郑秉文. 中国社保制度改革取向与基本原则 [J]. 经济研究参考，2019 (12)：127-128.
[98] 郑功成. 社会保障：中国减贫事业的长久制度保障 [J]. 中国社会保障，2020 (10)：18-19.
[99] 郑功成. 面向 2035 年的中国特色社会保障体系建设：基于目标导向的理论思考与政策建议 [J]. 社会保障评论，2021，5 (1)：3-23.
[100] 龙玉其，王延中，宁亚芳. “十四五”时期社会保障发展的目标思路与关键举措 [J]. 经济学动态，2020 (8)：105-118.

后　记

正如本丛书总序中提到的，我们在研究经济社会的现实问题时发现，我国公共产品部门对经济活动的影响越来越大，不但公众对公共基础设施的运营效率和公共服务的供给质量越来越关注，而且无论从增长规模还是制度变迁方面观察，改革开放40余年来公共产品部门都发生了巨大的变化。但相对于其他经济学研究领域，学界对公共产品部门经济的研究还比较少。在我国经济学科的分类中，尚未设立公共经济学分学科，研究生的培养也通常归入应用经济学的财政学二级学科中。

华东理工大学商学院经济发展研究所设立于20世纪80年代中期，研究所中一直有学者研究公共经济学，当时就职于研究所的蔡江南、许斌等翻译了《公共经济学》（安东尼·B. 阿特金森、约瑟夫·E. 斯蒂格利茨，1992）。历年来，华东理工大学商学院和社会与公共管理学院的不少教师承担了与公共经济研究相关的课题，有大量学术成果出版。2011年，华东理工大学商学院设立应用经济学一级学科博士点，也培养公共经济学方向的硕士生和博士生。2016年，华东理工大学与上海市政府发展研究中心合作成立上海公共经济与社会治理研究中心。该中心将公共经济理论与应用研究作为主要的研究方向，承担了一系列课题，也定期召开学术研讨会，目前该中心已经成为公共经济研究领域的一个开放式学术交流平台。

本书是华东理工大学商学院经济发展研究所、上海公共经济与社会治理研究中心的教师和博士生集体讨论与合作研究的一项成果。2017年，我们获批上海市教育委员会科研创新计划项目重大课题——“城市公共产品有效供给机制研究”，几年来我们不定期地召开城市公共经济专题研讨会，邀请了一批国内外的专家进行演讲交流，这些学术活动为本书的撰写提供了很大的帮助。

在本书撰写的过程中，吴柏钧总体规划和确定了本书的撰写思路和提纲，撰写了第一章，并对全书所有章节的内容进行了整理、修改；唐茂钢撰写了第二章、第三章、第六章、第七章；李振撰写了第四章和第七章的一部分；赵蔡晶、邱真、奚瑜婷、吴中杰、闫亚、高杉凌云合作撰写了第五章；曹志伟撰写了第八章；吕婷婷撰写了第九章；高杉凌云、李梦琪、邱真、奚瑜婷合作撰写了第十章。

本书能够完成，一方面得益于华东理工大学社会科学高等研究院和上海公共经济与社会治理研究中心提供的学术交流环境，另一方面要感谢国家社会科学基金、上海市教育委员会科研创新计划项目的资助。本书是国家社会科学基金重点项目“健全城乡融合发展机制研究”（21AZD036）和2017年度上海市教育委员会科研创新计划项目重大课题“城市公共产品有效供给机制研究”（2017－01－07－00－02－E00008）的研究成果。同时，本书作为“城市公共经济与社会治理创新研究”丛书分册，得到了国家出版基金和上海市文教结合“高校服务国家重大战略出版工程”的资助。本书能够顺利出版，也离不开华东理工大学出版社的大力支持，在此一并致谢！

限于学识水平，本书中的观点和内容难免有肤浅和错漏之处，敬请专家、学者批评指正。

吴柏钧

2021年初秋于沪